寧波歷史文獻叢書

寧波歷代專志選刊（二）

【三】

寧波市人民政府地方志辦公室　整理

寧波出版社

嘉慶十年歲次乙丑重刊

杜白二湖全書

王崇德堂藏板

本書選用中國國家圖書館藏本影印

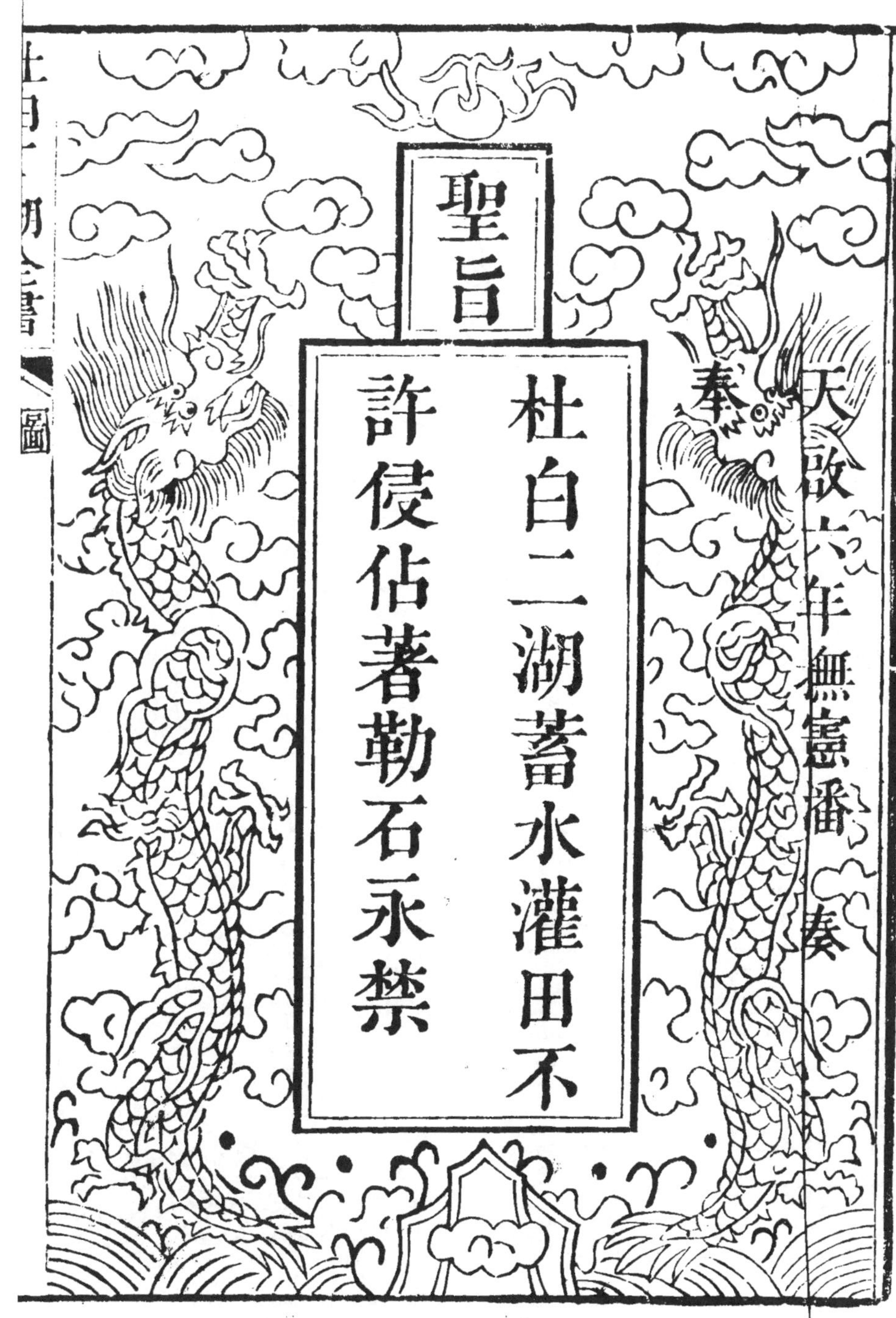
杜白二湖全書　圖
天啟六年無憲番　奏
奉
聖旨
杜白二湖蓄水灌田不
許侵佔著勒石永禁

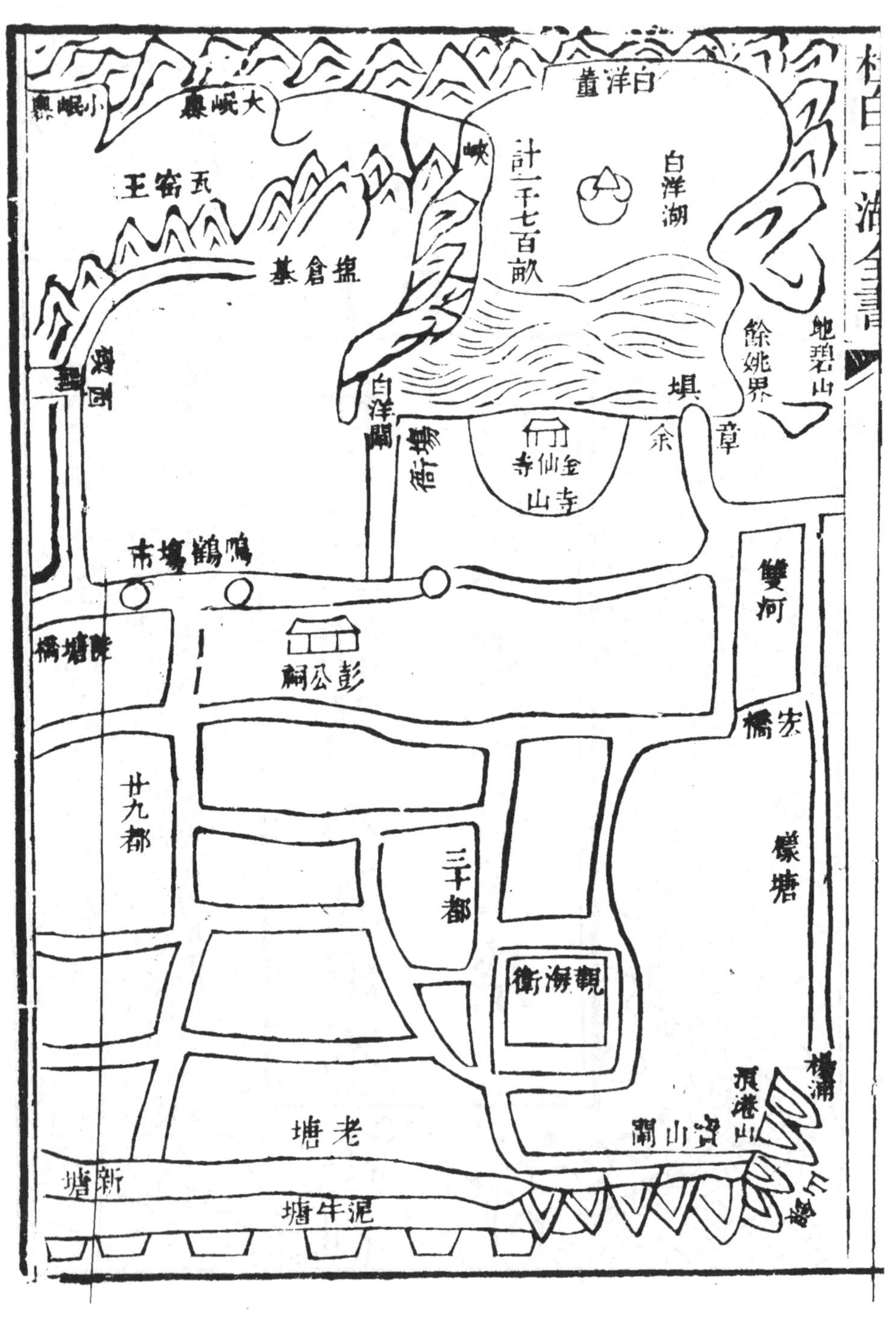
白洋湖
計一千七百畝
白洋閘
餘姚界
雙河
彭公祠
廿九都
三十都
觀海衛
老塘
新塘
泥牛塘
寶山閘

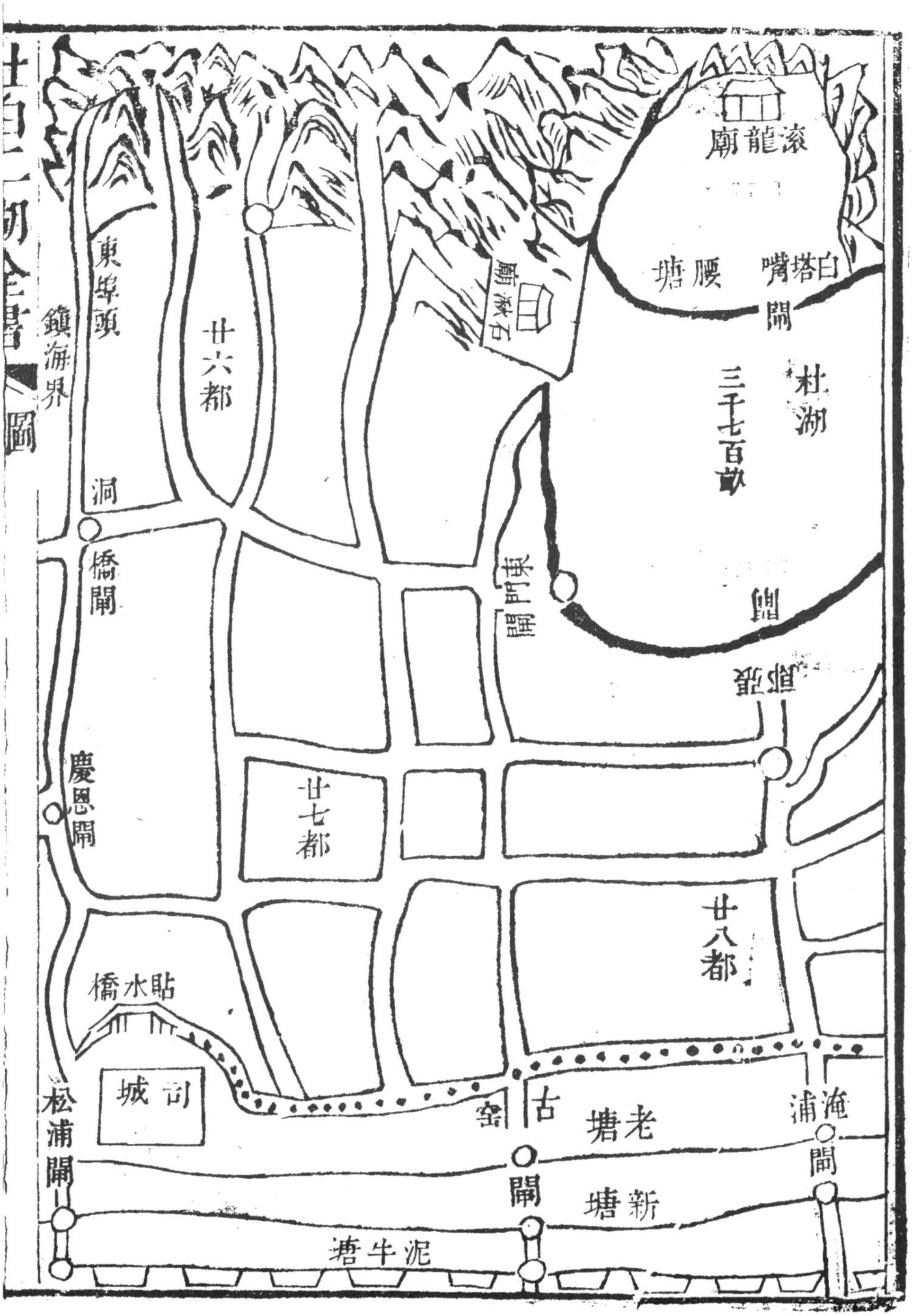

杜白二湖全書圖

滚龍廟
白塔嘴閘
腰塘
石湫廟
東塢頭
鎮海界
廿六都
杜湖
三千七百畝
洞橋閘
東門閘
閘
張郎
慶恩閘
廿七都
廿八都
貼水橋
司城
松浦閘
古窑閘
老塘
新塘
淹浦閘
泥牛塘

隆慶二年告王浩十二叙嘉靖廿四年初案沈禮九公告宓榮廿五等問擬斬絞軍徒

重刻慈谿縣鳴鶴鄉杜白二湖全書序

三月初六日予由杜湖入山祭埽祖塋見滚龍廟前湖灘被定水寺奸僧新耕作田四十餘畝循問駭然徧覽湖滑則侵佔作田者纍纍皆是年增一年湖廢不久矣嗟乎湖號我鄉第二重天天可廢乎哉少聞長老言前明爲盜湖爭訟死喪相繼欲問其事而人無能舉者其二湖界址亦杳莫知所向予思事關水利縣誌必詳尋得縣誌內所載白洋湖與杜湖相連西界餘姚姚八田于淺渚者侵湖殆半明時告官清復案詳湖書內於是方知有湖

書也因急徧搜湖書至六月初得之其書起明嘉靖隆慶萬歷天啟八十餘年間鄉民之詞狀官府之審斷以及搢紳先生之碑記序跋議對并修築毀壞利弊一一備載予閱之淚凄然欲墮葢諸先輩爲湖之力勤矣而爲湖之心至矣夫前人作之於前後人何可不繼之於後自天啟至今歷一百八十餘年而盜者更甚此我五都同人宗祖之大仇也奈何任其侵佔而莫之奮哉其故由於不知湖之興廢利害也其所以不知湖之興廢利害者由於湖書之莫得而見也予訪湖書知舊僅分五都首事數十卷故存者寥寥求其板藏沈氏宗祠而燬於火故五都同人如予年六十有九而有莫知有所謂湖書者矣此非可慨者歟爰將二湖全書重梓之以公諸同人庶幾人知湖之興廢湖之利害諸先輩爲湖之力爲湖之心而慼嘆興起除積蠹而復舊跡予老矣尚其拭目以俟之並於杜湖白塔嘴腰塘舊基予獨力重建閘壩依古分爲上下二湖蓄水汪洋以絕奸民奸僧侵佔之端也

皇清嘉慶十年歲次乙丑仲秋月吉旦

刑部司獄加八級邑人名揚王相能重刻并序

邑庠生族弟功叙王　臯
廩膳生族弟武林王　棨
附貢生堂姪又圻王見龍　全校對
邑庠生從堂姪啟臺王　鈞

鳴鶴杜白二官湖紀事序

慈谿鳴鶴鄉在邑治西北五十里浮碧山之陰蓋介郎林莽閒也民田萬餘頃去江遠不得般引江水爲渠吻大海海鹹不可溉以故旱輒不登水則山潦滑陸至沒田廬之半無所農桑谷畜漢時始作杜湖白洋湖東西南距山北通故塘注近鄉諸山水以溉田時其鍾洩於是兹鄉爲沃野無凶年其後湖堙唐刺史任侗大興卒浚築之民頌二天因命曰二天湖宋慶歷初湖又堙邑主簿周常習

灌溉事於湖中爲石堤溆列東門張郎西碶白洋諸閘瀦水入湖以備旱松浦淹浦洋浦諸閘洩水入海以防澇歷千百年世蒙其利

國朝成宏以來有司網疎一切勿案豪數不勝而禁數潰乃率曹耦竊壞隄水廞廢爲皐陸蠶食作田稍下作陂池湖寖失其故陼有塡淤反壤之害歲惡不入田者不能償種黎民重困嘉隆閒民言於有司有司尋端治之竟復湖樹表墢焉事在邑人顔御史鯨碑記中柴桒生曰長民者務圖所以利民

利民者務驅斲以害民民利害非一而水之爲民利害也尤甚余考覽明州郡邑誌及杜白二湖碑記水利害所從來亦多故矣昔禹得洪範五行之旨知水潤下而順導之隨山濬川而九州寧建萬世之利春秋列國各專利自封殖往往合水工相便宜鑿渠引溉堙塞故道其後河數徙或溢或决禹蹟大壞爲中國害始此漢元封二年武帝自臨河沉白馬玉璧羣臣從事將軍以下負薪塞瓠子稍復禹舊蹟梁楚以利而海內蕭然煩費矣由是

九州多用賈讓中策引河及川谷溉田各發卒數萬人作之十餘歲費各巨萬十數小渠披山通道以億萬計不可勝言然猶未得其饒王侯公卿司空水衡二千石牧相之屬以至河隄使者都水丞皆心煩於慮而身親其勞竟未復九河故道失中國之利自是之後爭言水利者彌衆然其害可睹矣蓋作偏列國哉鳴鶴鄉土不過一聚百石之吏治之業定水令何敢與大國齒顧其害惟壞隄專利背故法而不利於公其事有類之者與列國之

堙塞禹蹟也無異嗟乎豪民之趨利猶水之趨下不以法隄防之不止也

皇明萬歷十八年歲次庚寅孟春吉旦前浙藩左使柴桑勞勘序

敘重清杜白二湖全書

不佞嘗奉
上命按兩浙兩浙之東偏爲勾章勾章之西北則杜白兩湖此方民號二天時不佞觀風之四明道經湖之南越數十里山林間阻灌莽極目未由望見其形勝址界既而按功令計屬吏獲於慈隰中稍稍知兩湖訟端然竟莫有熟言其利害者戊戌春鵬海沈君計偕入京以予有通家之誼過陽和公署持其鄉所鍥全書徵予言爲之序不佞展閱數四乃掩卷嘆曰甚哉湖之爲利害也夫以數十萬生靈直倚兩湖爲命而截清截佔莫能堅决此無它則長吏過自好欲無受任怨名不者奪於豪有力輒阻撓中廢又不者視爲故事牽姑息與衆爲政耳夫利不勝害毋以利冒害害不勝利毋以害掩利長吏者誠權其佔湖之害與復湖之利孰重毋恖外搖毋從中寢一舉而行之以斷即二湖萬世常清可也何有於聚訟之紛紛哉憶不佞觀風時弗克身任其事以覩厥成今幸是書之梓可與兩湖不朽故樂爲之序并以告夫後之吏茲土者其

永利是圖云

賜進士第通議大夫總督宣大山西等處地方軍務糧餉兵部左侍郎兼都察院右僉都御史前侍經筵巡按浙江監察御史廣平王世揚序

題禁二湖全書目錄

寧波府誌

慈谿縣西北五十里有湖址唐刺史任侗重加浚築溉鳴鶴一鄉之田號第二重天即杜湖也宋慶歷初主簿周常募衆築堤修閘爲利甚溥著作郎倪思爲記歲久碑不存今並湖奸民竊甃石破堤岸水洩不畱民甚病之白洋湖與杜湖相連西界餘姚彼民田於淺渚者日多侵湖殆半告官清復

慈谿縣誌

縣西北六十里古有湖址唐刺史任侗重加浚築

灌溉鳴鶴一鄉之田號爲重天宋慶歷初主簿周常募衆築堤修閘爲利甚溥著作郎倪思爲記歲久碑不存附湖豪民竊去甃石毁堤岸侵湖水洩不畱民甚病之白洋湖與杜湖相連西界餘姚彼民田於淺渚日多侵湖殆半告官清復

寧波郡水利總議畧

是郡居天下極東跨山際海包江絡河江通瀚海之湖河灌山溪之水尤賴湖渠碶堨有受有泄所以裨江河之不足者又相攸而區別之是故壤地

吳齊水道既宅溪譬則口也河譬則喉也江譬則
胃也海譬則腹也湖渠碶堰譬則經絡也故高無
淺溉仰亢之憂卑無包束浸淫之患乃若海嘯山
重江河迷故湖渠碶堰受泄不能此則百年而一
日變未可以先圖者今乃言其常分慈谿則江湖
山水厥利惟均鄞縣山水之利多而江潮甚少奉
化猶慈谿象山猶鄞縣定海江之南猶象山而江
之北猶江之南凡語曲悉章程具見於各邑圖誌
云

慈谿縣水利總議畧

切觀慈之爲邑巨海浮於北重江襟於南層巒疊
嶂橫亘東西即浮鱉山而建縣治治之南郭置坊
郭街道河脈劃若棋路闤闠井井四週相埒包絡
林野可三十里籍戶總十五圖盡四境而分都屬
鄉爲鄉者五爲都者三十自一都至二十五都屬
於西嶼德門石臺金川四鄉則居山之陽而表裏
乎江河鳴鶴鄉屬二十六都至三十都則居山之
陰而濱於海夫有山則有溪有江則有浦有海則
有潮溪則腋山而出泉流入於浦浦受溪而達於
江江會浦而歸於海海潮生則江水漲而流復入
浦水之往來去住境上者若主人既出而旋入無
虛室焉此則天地自然之氣脈晝夜不舍焉者乃
若山勢有淺深地形有崇下水道有曲直於是乎
鑿湖穿渠置閘設碶築堤備閘而水利之說叢此
則盡於人謀相宜而制焉者是皆經始於唐更定
於宋元潤色於洪武永樂間孟子曰天下之言性
也則故而已矣故者以利爲本要之順其自然而

不失其已然禹之行水用是道也矧一郡一邑之
水乎夫所謂順其自然者海水濁而味鹹性重其
潮之生也自蛟門出而西入由夾江溆於桃花渡
合奉化江鄞江二流厥水澄淡海潮遇之則縮故
至此水恒鹹淡相半然亦視旱澇而加損也由是
稍北而西經郡城背至西渡爲慈谿達府之通衢
以其居郡河西注之壖下故渡以西名沿赭山轉
三過趨車廐而抵丈亭江分爲二慈民呼爲前江
者止是是江自桃花至丈亭並無北入之浦但南

受鄞慈餘三境諸下浦之水故潮水常淡自是直西匯爲鹹池名舜江北折而東入則爲慈谿之後江也其浦之南入者居前大江而不通於江積三四日不雨則大江之水滋鹹而惡其入之速也其浦之北入者皆上接溪流觸山而止究東之極波及於鄞之江北之田與定之西界之土然浸淫包東漸淺而狹其尾端或名爲河或名爲港無以江名矣此潮水之利尅期而至故曰當順其自然者此也夫所謂不失其已然者縣境地局東北差高

臨高則下順而東鄉之水易泄而竭外雖鎖而夾田橋其如沛然之勢何於是去官莊橋東三里建茅洲閘復東北五里近驃騎山之陽建化紙閘所以節其順下之勢也閘內之河卽後江之尾也所瀦若文溪香山雁門等水甚多加以積雨浹旬洪水暴發則重閘之口瀉洩不暇則河不能容而思溢又於南濱大江之河口作碶閘作堰殺其勢而分其力以消其泛溢之患且防其鹹水之入若李碶若青林堰新堰其功居多者也審是則縣東一

鄉當常有獲然五日不雨則四都五都之民先見告荒蓋以其民惜其餘力習於怠惰昔焉受江河之河港淤塞淺澱而莫肯淘濬素乏積泉徒仰覩於天落之水天其可常恃乎卒受旱災夫復何咎是東鄉之田常苦於旱者類如此夫湖所以資蓄洩本不可廢也如花嶼湖在昔亦以宜湖而湖今變而田上下不以爲怪者何蓋以唐令肇開之時民力未繁管山未鑿民力未繁則耕有餘田尚何望田其湖其民於湖既無所利必不屑加功於湖

決其壅而濬其淤惟不加功於湖此他日成田之漸也管山逼扼於夾田橋外此山不鑿則水道不利外之潮不易入內之水不易出有雨輒滂無雨輒涸縣東一鄉鄞定二境交受其病是故不可以無湖也自宋吳潛開管山江而夾田橋內外潮水出入大利外潮易入旱不苦於無灌內水易出滂不苦於不泄田惟此利是湖旱滂皆無功也於是日就爲田而復湖之議廢追

國朝永樂間稅如官田之課雞鳴湖則三面距山南

亘沙石礦其先有蓄而無洩自宋吳潛洞其碶置
閘口下通潮浦以利蓄洩湖遂爲田故今收穫與
常田同而稅如花嶼之額今近鄉之民亦不聞有
廢湖之嘆此固當安其今日之已然而不必更張
者也若杜白二湖則異於是鳴鶴五都之田率皆
海濱無江潮之利惟資二湖蓄諸山之水以灌溉
自昔日杜白爲二天言天能生物亦以功同天也
是故隄防不可以不堅碶閘不可以不飭壅淤不
可以不時濬三者不備不可又並山之麓民佔爲

田是湖既失深廣有容之量下乘以河所賴以泄
者則惟松浦洋浦淹浦而已然遠接於海塘之表
而吞納之口泥以壅積是浦又鮮直瀉快泄之功
遇三日雨則五都之田如洋故鳴鶴一鄉常苦於
澇者職此故也澇無所備旱可知矣又白洋湖鄰
於餘姚上林鄉地勢彼高而此下旱則公然激而
行之以奪其利澇則畢力障而壅之以稔其害每
呈訟而不息今非但爭水湖且爲其田者半此當
有處而未有所處也且杜湖並山之田爲日未久

與未田之淺湖高下殊形誠欲復之從其高而濬
之抵乎山麓從其下而浚之抵乎故塘必須添作
中堤分爲二湖不得留田分寸時常蓄水庶獲全
湖之利否則弊端未絕行將兼并日盛重天不幾
廢乎縣後湖位於縣山北麓舊有環碧亭敬思亭
以資遊息今亭址俱廢東通北瀟橋則慈湖也廣
裏中倍亦舊有八景今存者無幾可指而數者則
闞相寺普濟寺楊文元公書院而已野航澄清徒
存橋址古栢老松僅留數樹蓋如此亦爲分司之

美觀而若非慈湖之故物竊嘗考古作湖之意乃
潴北山之水浮縣治之山壯遊覽之勝資灌溉之
利一舉而四得焉今湖上之景不可復追重可惜
者畝坵大半殘湖剩水能有幾何矧西碶已廢而
移藉東閘以泄瀉一旦山水暴發則逕入民落湖
下之田槩受其病非徒無益而又害之茲二湖者
在所興乎在所廢乎此又不可不講也大抵縣境
之湖皆依山而鑿容納溪流依山則勢高而塘易
決納溪流則潦沙礫石隨水而下積於湖故湖易

漲湖漲則作田易而潴湖難瞭覘其傍而規便利者行且至矣如太平湖鳳凰姜湖菰湖又未知何如也石臺鄉曰藍溪會一十六嶴之水走十餘里昔人當溪之衝而障以堰引三分於越之楊溪而西北入江歸七分於長溝而東南灌洪庄保之田積爲霖潦衝激今長溝漫爲平壤溪流盡歸楊溪而灌溉無所資矣一縣水利有是夫

重修寧波府誌載慈谿水利

鳴鶴地方四十里許不通江潮惟資杜白二湖之

水以給灌溉故名爲第二重天謂其生物之功與天埒也湖制大塘横截而用碶閘蓄洩之皆山水相接而杜湖之南漸入山麓視北頗高不能積水故於白塔山直東復置大塘碶閘名曰上湖而夏秋旱則上下閘俱啟水下注河渠民實賴焉今近湖猾豪輒循山作田與水爭地重妨農而有司置不問此一病也白洋湖亦如之而湖西皆餘姚山餘之猾豪又以隔治無畏侵湖殆半此又一病也海壖有塘東接定之靈緒鄉西接餘之上林鄉沿塘置閘曰松浦曰古窰曰淹浦曰洋浦制皆三門啟閉以時而蓄洩之惟洋浦一閘與餘姚共而上林之水發源於游源諸山天暴雨輒汎濫横流且地勢高於鳴鶴而鳴鶴地廣洋浦諸閘道遠不得驟泄巨浸積旬爲害滋甚故昔置漾塘障之今其湖塘之西直趨洋浦故曰樣塘非以此爲二邑界也漾塘古有木閘所以通行舟楫而啟閉之司屬之慈人然閘啟水復爲患故閉弗復啟而置堰堰之曰雙河邇年餘之貪狡者輒塞絕洋浦行海

之道而利其膏腴水溢則決塘東注病慈無已且搆訟於官必欲以隣爲壑慈邑諸生方鏇聾不勝患苦乃相謂曰如此吾其不爲魚鱉乎亦與訟後先相訐爭者十餘年破產者數十餘家雖當道不直餘人而往往以財力相屈迄不得還其舊郡理董雲漢忿不能平率諸生庭辨之而當道亦終不決可慨也已故慈邑水利莫要於鳴鶴而鳴鶴又以洋浦漾塘爲最正分界杜侵淩謹碶閘備塘堰時蓄洩此治河之大都也

慈谿縣鳴鶴五都被害鄉民呈告佔湖原詞

呈爲乞救命湖弊根爲民造福事鳴鶴五都不通江源民田十萬八千餘畝歲旱無靠漢人捐田爲湖一名杜湖一名白洋蓄水灌田民命官糧有賴湖址三面距山北抵故塘延袤山麓不留分寸科田古人慮後世藉爲佔湖媒孽故也唐刺史任侗主薄周常加意修濬誌書總議具載詳明當時號爲二天卽今附湖豪民始焉傍山爲田就低掘池養魚佈稼得利巨萬旣而塡及湖心懼水淹禾私

置塘衕淴意偷泄大旱決湖沿海三十餘里點滴不沾以致持刃相殺經年久訟歷問絞斬軍徒爲患巳極節蒙

撫按差官丈量造冊改正還湖鑿巖樹界永爲遵守案墨未乾豪民玩法乘今通量田地厚賄遞書葉正十七莫佐等計將入冊改過湖田偷插民田册號混入黃冊潛種禍根將來因而藉口立見兩湖盡爲豪業十萬糧田萬民性命將何抵賴若湖可爲田則古人不必改田爲湖天幸

老爺爲民立命正當轉禍爲福之時伏望推原古人立湖救農本意蓄一畝之水包灌三十畝之田缺一不可也痛加禁革悉拔弊根仍乞申明

水利道明文鑿巖樹界以杜遷移刊刻石碑置諸縣門趂此農隙增築湖塘三尺比照餘姚縣竹溪湖故事歲編沿海要水大戶充爲閘夫時開時閉則二天之號不獨專美於前而甘棠之德亦將並稱於後矣

隆慶二年三月　日沈元　方岳　阮智　馮

禮　葉文明　呈

本縣吳　批　天下無兩利之事奸輩奉何明文佔湖作田而害數萬生靈之命也准拘究

狀告滅憲佔湖酷害事鳴鶴五都不通江源糧田十萬餘畝歲旱無救漢置杜白二湖蓄水灌田誌號二天嘉靖廿六年間惡霸宓童等姓侵奪水利通鄉爭擾殺人問擬斬絞軍徒

撫按差官勘驗改正案存憲墨未乾魁惡王浩十二錢杲六童智一等塡湖爲田掘池養魚穿塘泄水

大旱無救害及萬民乘縣量田偷入洪圖希圖牢
佔岳元等連名告
院司各道俱批本府提問奈佔湖夥衆賄書氷閣
總成虛文且二湖百萬生靈所靠五千錢糧所資
懇恩准批水利道查卷恢復萬代瞻仰連名奔告
隆慶三年正月　沈元等告
軍門谷　批　仰水利道查報
慈谿縣知縣吳　詣湖踏勘鄉民呈稿
呈爲恢復官湖事鳴鶴五都糧田十萬八千餘畝

逼山濱海不通江源古人捐田五千四百餘畝制
爲杜白二湖以資灌溉計湖一畝溉田三十餘畝
毫不可缺誌書號曰二天其關係甚重也又曰山
水相連並無寸田其防範甚密也又曰附湖猾豪
循山作田鄉民並受其害其傷痛甚切也卽今王
浩十二等見乘丈量田地之際棄毀界跡賄囑里
書揑編湖麓二號希圖陞科沈元等連名具告
巡撫衙門行臺勘問幸今親詣湖所釐革宿弊斷
復全湖以活一鄉之民命誠萬世一時也然倡浮
議以惑淸聽者不無麓字一號可以陞科之說而
其爲說有三爲欺罔之說者則曰其田高阜無妨
水利爲影射之說者則曰以此抵補城基及虧折
田糧爲姑息之說者則曰懇佔已久豈忍遽棄其
成業夫蓄水洪深然後其流遠大若聽其爲田則
春漲宜蓄之時彼必以掩沒爲患而決瀉之矣夏
旱宜洩之際彼必以車灌爲利而壅障之矣若欲
詰之彼將曰吾獨非糧田哉爭殺之禍從是始大
是箇一畝之田與百畝無異此欺罔之說不可聽

也卽今通行丈量之後比照原額出田三千餘畝
所佔城基已經除豁並無虧折何用抵補此影射
之說不可聽也大凡官物總然無害於衆猶當斷
復於官況此利歸一已害及通鄉若憐其塡墾之
勞恣其侵佔之弊倚此爲媒日月侵奪將盡湖而
爲麓矣夫是恤一家之苦不恤一路之哭此姑息
之說不可聽也恭遇
父母大人存無偏無黨之心奮有爲有猷之志毫
髮之事皆順人情重大之舉必詢輿論況此係萬

民之命關百世之圖肯墮於偏詖之謀乎旣屈已
而躬踏勘之勞必虛心而攄訪問之至伏望體
國爲民留神秉德查照誌書水利總議及節年改正
過案冊推原古人何以禁絕之嚴如此復權其害
之輕重究其利之多寡如果留田利少而害多去
田利多而害少則當大奮乾剛責令改正不留分
寸仍前鑿巖釘界永絕侵佔之端則五都生靈再
覩重天之慶萬世永賴功德無窮矣

本縣吳批　准行

寧波府問結復湖始終文卷招擬

一問得王浩十二年四十五歲係慈谿縣二十九
都民本縣鳴鶴鄉共五都官民田十萬八千餘畝
逼山濱海不通江湖歲旱無救漢時居民捐田五
千餘畝衆力修葺杜湖白洋湖蓄水灌溉誌號二
天三面距山北抵故塘絕無分寸民田間雜舊置
東門西門西碶等閘止水防旱松浦淹浦古窖等
閘泄水防澇唐宋以來迄爲定制至成化宏治等
年法制廢弛附湖居民宓翁童葉等姓漸肆侵佔

傍湖爲田延至嘉靖二十四年居民效尤各將湖
內塡高濬身爲田爲池種稻養魚以至湖水不蓄
十萬餘畝涓滴不沾一人雖獲小利五都實貽大
患通鄉爭水聚衆殺人已問結沈禮九等將佔湖
宓桊廿五等告蒙
撫按各司道行縣鑿巖樹界給示嚴革三十七年有
已問徒宓小八等復行侵佔是不在官沈殿告蒙
水利道批府行縣勘究未結四十一等年蒙縣遵
查舊規於秋成熟之際沿坵履畝抽分籽粒數千

餘石抵倒塌塘閘之費至四十五年蒙
本縣熊知縣議將槩縣田地丈量均分三則起科
十二與已到官童智一等各不合與已故解貞三
爲頭要將原佔湖田混同槩縣田地一體陞科偷
挿民號各不合收斂沾利人戶共銀貳兩送付已
問結管冊吏鄭銳收受輒就捏編湖麓等號共田
五百五十七畝商通未到管冊書手童深十一等
各不合聽將十二等湖田挿入洪圖十二等犯該
前罪俱於隆慶二年三月十一日遇蒙

恩詔宥免訖比十二與朱維廿一等各又不合不將
侵佔湖田情由不行首鳴改正在官沈元等思得
杜白二湖俱被十二等節次填佔必至盡湖爲田
數千載成業一旦輕廢百萬家民命將何依賴連
名具詞告蒙
本府行縣轉行謝主簿親詣湖邊會集糧里耆老
陳雍柯盛等公議佔湖情由結覆在縣沈元方岳
阮智與未到官馮禮等思事未杜連名具狀又於
本年五月十三日赴告

水利道李　蒙批仰府查明究報又赴告
布政司蒙批仰府勘議報蒙府查勘間沈元等又
詞於本年十月十三日告
分守道崔　蒙批仰華通判究報又赴告
巡按李　蒙批仰華通判查究報蒙
本府知府徐　行提十二等到府審問間比十二
等各又不合執稱祖用工開墾成田五百餘畝已
經丈量陞科十二與錢杲六等各又不合妄執沈
元葉文明聽憑奸人主唆欲壞丈量之法恃強出

蒙布政司駁五百畝之糧十萬畝之家已納之矣

頭刁告等情致准問擬沈元葉文明各依誣告反
坐減等杖一百徒三年阮智等各杖罪具招通呈
水利道李　詳批依擬沈元葉文明調發清泉塲
照徒限加煎另項結課滿放阮智等各贖決發落
實收收管繳隨蒙
布政司駁批湖以蓄水所灌不啻十萬畝今湖作
田王浩十二等所得不過五百餘畝而十萬畝之
家皆受其害況闢五百畝之糧十萬畝之家已納
之矣所關係甚重仰府虛心訪究另議報奪沈元

葉文明等思被十二等侵佔湖田反問誣罪不甘
又詞於十二月初三日赴訴
水利道李　蒙批仰府覆查詳奪嚴岳等又將十
二等佔湖事情具詞赴告
布政司蒙批仰華通判速勘議報仍將誌書送司
一檢查繳行間沈元賫執誌書并水利總議又詞
於隆慶三年正月二十五日赴告
布政司蒙批據告送府誌并水利總議到司看得
杜白二湖名爲二天近湖猾豪循山作田與地爭

水重妨農務而有司置不問此一病也開載緻明不知何故倘久不決致猾豪蝕緣告擾耶仰府速查議報再遲提吏沈元等又詞於本年三月初三日赴告

都察院谷　蒙批仰水利道查報隨蒙

本道李　抄詞牌行本府卽將沈元等所告事情嚴提王浩十二等逐一從公勘問明白具招解道蒙審開十二與錢杲六等各又不合隱下佔湖作田實情混稱沈元等藐欺遍告挨家取利貧無奉

承等情并牽不在官沈四十告

分守道陳　蒙批仰府掌印官嚴拘追究虛心爲民造福毋縱勢豪強佔招解蒙

府行提十二等到府查審得杜白二湖關係民間利害先經該縣問勘未免偏執尚無以服其心訪得本縣吳知縣公正廉明合委查勘帖仰卽提一干有名人犯并弔各行文卷冊籍親詣杜白二湖沿湖踏勘是何年間墾佔湖田見在何人管種應否陞科補廢作何丈量是否利少害多有妨水利各要審究明的畫圖粘帖具招連人解府覆審轉解比十二又不合爲首復同童智一等各又不合聽從仍往湖田佔種前田不肯改正隨蒙

本府華通判行拘十二等到官審得十二等混將前佔湖田五百五十七畝偷揷民號及又揑編湖麓字號塡入洪圖是的又蒙參看得鳴鶴五都之田全賴杜白二湖之水古人捐田瀦湖今人佔湖爲田訟搆連年害非一日因襲之弊當釐改正之圖宜決俯從輿論須立界址以防侵漁曲順人情

宜固塘堤而復舊址判令十二等各以改正不許仍前佔恡取供問擬十二等各杖罪具招於本年五月十三日申詳

分守道陳　蒙批仰候新察院詳示繳蒙府行牌隨該本縣吳知縣於六月二十六日親詣杜白二湖地方踏勘審問間比十二又不合將復糾童智一等佔湖種田情由隱不供出致蒙審得杜白二湖委是十二等作田五百五十七畝揑編湖麓等號揷入洪圖是的看得鳴鶴一帶逼山濱海不通

江湖而腴田十萬八千民稱富饒者則杜白二湖
之功也杜湖舊分上下二塘與白洋湖共約五千
四百餘畝計田積水以防凶旱數萬生靈命脈皆
賴於此是寸湖豈特寸金哉邇來近湖居民循山
作田漸以填築佔墾爲田者五百餘畝夫湖山水
相連無天漲之沙灘何以有田白洋不過掘泥填
築日積月累杜湖則毀其上塘泄其碶閘水落灘
出漸以填補而成田耳多一畝之田則少數十畝
之水且每每盜洩碶閘日夜不閉鄉民散居焉能

一一防閑湖日小而水日淺倘遇荒旱十萬餘田
皆爲赤地矣此其利害之所居蓋相去甚遠屢告
屢復而貪利居民猶且冒犯不顧況欲與其陞科
則彼將公然洩水以防浸沒孰敢禦之水漸落而
灘漸出今日填一畝明日填一畝不出十年而湖
盡廢矣其間田坵高阜可以陞科無妨水利者不
無十之一二但此如莽梗菑之必爲後患不如盡
數改正嚴加禁止使湖無寸田庶民不生心其碶
閘等處仍當嚴督啓閉定水額以防盜洩俟秋冬

放水之後修復杜上塘再定界石大書官湖邊界仍
申詳
撫按請嚴禁約有奸民侵湖作田者定加顯刑庶沿
海居民得安享二湖之利矣判令十二等各行改
正不許仍前復佔取供問擬十二等各不應杖罪
具招連人解府蒙
本府知府王　再三查審得十二等委果復侵佔
湖田五百五十七畝乘縣丈量鄞縣田地要得混
同一體陞科偷挿民號賄買管冊吏鄭鋭商揑湖

麓等字號輙將前田挿入洪圖及至沈元等公舉
前弊告行提問却撩仍前佔種抗拒不服改正是
的又蒙審看得杜白二湖考之誌書乃唐刺史任
侗浚築以溉鳴鶴一鄉之田廣五千四百餘畝灌
田十萬八千生民之命脉係焉舊有碶閘以蓄瀦
之修補以隄防之因沿湖奸民竊去磔石破其堤
岸水洩而土積佔湖爲田其來非一日矣夫欲除
湖之害莫先於嚴湖之禁錮膚寸之利以杜覬覦
之心則湖可復矣所謂嚴湖之禁者有四修復碶

堰募民不時司守置板以定水則漫則啟之旱則閉之使湖常蓄聚一也防其湧嚙時其修葺漁利者有禁盜毀者有罰二也查得湖中高者積爲沙漲因以成田汙者深爲魚蕩因以取利合令浚其高土運以築堤使高者就下與湖爲平奸民無以嘗利三也王浩十二等要報陞科不顧大害一或聽信則彼公然侵盜其勢必至盡湖爲田所當嚴爲禁止以杜蠹食四也夫旣嚴其禁而不重其罰則趨利之心勝而畏法之意微合無今後凡有毀

壞硋閘盜洩湖水及將湖內漲地仍前佔種治以重罪則法行而奸弭禁肅而利溥矣姑將王浩十二治以強佔官民湖泊之罪其餘量擬發落仍合該縣置立界石大書官湖邊界請給禁約嚴示以便遵守施行各情是的審供在官將十二等仍問罪犯

一照出沈元方岳阮智嚴岳王浩十二童智一朱惟廿一錢杲六葉正十七俱告紙各一分照例折價并贖罪稻穀王浩十二五十二石五斗每石折銀貳錢五分共銀十三兩壹錢二分五釐童智一十石五斗共折銀貳兩六錢貳分五釐工價銀朱惟廿一錢杲六葉正十七各壹兩叁錢伍分俱追發官庫收貯聽候扣解通取庫收繳其杜白二湖判令王浩十二等各行改正築塘復舊不許仍前復佔仍令該縣置立界石大書官湖邊界請給禁約嚴示以便遵行未到鄭銳係問結人數馮禮俱供狀人免提合問童深十一莫英十一顧十五王浩十五朱福十二葉正十六另行提結

隆慶四年七月廿五日奉

軍門谷　批依擬王浩十二等追贖仍枷號一箇月計所佔湖田每畝罰穀三石備賑實收繳杜白二湖俱復舊如再有奸民佔種者照王浩十二等處治童深十一等提結發落

水利道李　批覆審得王浩十二委糾衆佔種官湖致害居民搆訟初據該府徐知府止據各犯硬執祖墾之田以致輕信招誣及本道覆行備細檢勘卷籍沈元等所告是實首佔官湖地畝速應改

正一體嚴禁以杜將來緻

重濬杜白二湖建立永賴碑記

賜進士出身資政大夫南京刑部尚書前奉
勅總督湖廣川貴地方軍務都察院右都御史兼兵
部右侍郎邑人貞所馮岳篆額

賜進士出身中憲大夫行太僕寺少卿前山西道監
察御史湖廣提刑按察司副使兩奉
勅提督北畿南楚學政邑人冲宇顏鯨譔文

賜進士出身嘉議大夫貴州提刑按察司按察使前

工科都給事邑人緯川馮成能書丹

古之立國者不與水爭尺寸之地陂障水澤美厥土疆是與百物以阜兆民非特利滋大也重湖游波山川兑順則元氣包房而無旱熯札瘥鬱瘀之虞亦天地所含靈焉若夫地濱瀉鹵金隄土納萬衆死生卽圭泉尾流慮闕百世注蓄猶恐後矣慈於明越彈丸邑也厥土泥塗宜秔稻重穋之饒三農九穀水泉是資其東西南表裏紆江去海四遠借潮汐利便往往股引自給惟鳴鶴一鄉當勾餘

湖山之麓絕無寸田

之交處邑北鄙陂山通道薦莽之墟陋中而枕海江源所不至霖雨浹旬滔陸爲壑稍亢陽輒收槁無所藉手其僅僅需以立命者在杜白二湖杜湖廣凡三千七百餘畝白洋湖廣凡一千七百畝茹納衆山之水肇自漢時唐刺史任侗宋吳潛嘗濬築之溉田可萬頃號爲二天言民之所由生生功與天同也湖分上下二區甃石爲隄下有東門張郞西碶白洋諸閘以時啓閉而湖山之麓絕無寸田以廣瀦蓄前人之爲慮遠矣正德以來禁弛人

玩並湖豪右始穴堤走水塍淤作田畝收十鍾就下爲魚池營殖自肥效尤寖廣而兩湖之天幾亡百姓嗷嗷持挺刃相格鬭而死訟牒紛如而爭不止更數達官不能決由其人強力足持衆自堅官鮮當事而難任怨也邇因丈量之議諸豪家欲報課湖田意在吞湖廣業塞言者口鄉民羣走控籲邑大夫一洲吳公躬歷茲土周視山原博詢父老嘆曰此地肘腋滄溟食土之毛懸命惟湖無湖則十萬膏腴皆赤土矣且湖山相含靜影沉碧非若

江河之有移徙灘安從生厲階之作罪在人也會郡伯王公鵬江有海上之役亦過其鄉吳公具白其狀指湖所在王公曰古者開湖以澤物今欲湮湖以厲民小人干紀不可長也爲嚴湖禁量水則固隄防樹表掇四議從縣所請聞於兩臺亟報可覺罪民之爲奸利者蓋至是復兩湖之侵疆垂將來之法戒生靈嘉賴魚鱉咸若王道其永成矣夫覽山川之委悉利害之源考故詢言洞若觀火明哲之上乘也塞私門袪專欲戒因循之輙慰萬民之情公平之選政也冒暑雨涉修途燮姍於沮洳叢薄之間苦身集事切於家理勤宣之偉畧也因民所利以俶百世之澤惠而不費勞而罔怨若乾始以美利利天下不言所利仁膏之廣淵也是不可以不書公之善政他皆稱是當垂光別傳此舉則從諸父老懇勤之請云迺爲歌使水濱之人歌之歌曰湖堤繚繞春雲橫湖水澄時嘉禾生犂鋤一握烟雨盈婦子行饁溪毛烹東王公漢吳公君民一念神與盟復我兩湖天重明千頃汪汪萬玉

平林花寸草赤子情滄浪一曲擊壤聲

隆慶五年歲在辛未仲秋之吉立石

慈谿縣縣丞翁汝濟　主簿謝愛　尹大賓

典史閔明陽

致仕州同沈　美　沈　愚　俞　鎭　沈　宇

經歷沈　亨　馮成恩　沈如京　沈天澄

縣丞葉　綺　沈　珩　杜德輝　翁　蘭

主簿阮　海　沈　奇　陳　珂　裘　吉

耆民沈　禮　嚴　華　柴　宗　裘　梅

沈　勉　裘艮吉　洪謙遜　樂　桂

魏　証　葉滔遜　李清廉　厲　英

陳　卿　沈殿冲　吳祠仁　王　彬

林治聰　胡丘賢　戎　福　張　淮

王徐武

萬歷年間童應龍等佔湖種田五都鄉民呈詞

呈爲遵憲案復命湖以救萬姓事嗚鶴五都糧田十萬八千畝逼山濱海不通江源十年九荒古人捐田五千四百餘畝置杜白二湖計湖一畝灌田三十餘畝唐刺史任宋主簿周重加浚築民賴其利誌號二天嘉靖二十六七等年爭湖殺人節告案積隆慶二年間王浩十二等佔田五百五十七畝五都被害沈元方岳等告蒙本縣吳　本府王勘實二湖民命所關必湖無寸田方濟民命等因

將王浩十二等問結招詳合干上司蒙

督撫軍門谷　批王浩十二等追贓仍枷號一月計所佔每畝罰穀三石備賑二湖俱復舊如再有奸民佔種照王浩十二等處治蒙縣刻石立碑賓館應卽重禁以斬禍根夫何憲墨未乾朱惟廿一王阿京童智一等以佔湖之利鑽籽粒之征每畝納銀貳錢以鉗鄉民之口官司因籽粒而弛禁豪等以籽粒而肆奸且本鄉科田一畝瘠者收租三石肥者四石湖田之肥倍於科田止收貳錢故豪等冐利而玩法侵佔日甚今已至六百餘畝矣況鄉民捐已貲以爭告豪等歛湖利而鑽刺所以告者倦而佔者愈肆湖田日增湖水日減將置萬姓於死地矣伏望我父母老爺垂救一方民命乾斷痛懲自隆慶五年以後復佔如朱惟廿一等申明

軍門前案俱照王浩十二等問徒枷號仍每畝罰穀三石以充公用之外委官修築二湖塘閘俟後嚴加禁革使湖無寸田則二湖重清萬民頂德又覩一天矣事係一鄉民命公舉理合具呈須至呈

者

萬歷十五年四月　日通鄉具呈

本縣何　批准行

萬歷十八年五月奸民童應龍周奇四王京朱壽五錢恩四王廉二董大四章明復假籽粒佔種湖田通鄉耆里具詞知縣呈　府又增開四欵具呈

軍門列後

一申憲斷以除痼弊夫

軍門之批至嚴也華通判吳知縣王知府多官之

議至詳也以至詳之議奉至嚴之批宜永爲恪守
夫何墨跡未乾豪等卽每畝歛銀壹兩總八百有
餘兩肆行打點秉署事之官人情囑託於前吏胥
譖潤於後將二湖復舊再犯照王浩十二等之批
與多官湖無寸田之議廢閣不遵及每畝納銀貳
錢以作籽粒是豪右之鑽刺勝於
軍門之批斷而胥吏之神通愈於多官之詳議也
財足回天官湖佔爲樂業糧田變爲赤土海民鬻妻
賣子之冤何所控訴伏乞大奮乾斷案行府縣悉
如多官之詳議
軍門之批斷嚴究復佔之罪痛革籽粒之徵沿山
置立界石必使湖無寸田永斬禍根法行而弊除
萬姓切更生之福俯賜施行
一改册籍以絕禍根夫舉人水手天下通典辦出田
畝民亦樂輸今豪右以籽粒鑽入賦役册内每年
納籽粒銀貳錢以充舉人水手之費葢以假納籽
粒肆志得以侵佔添入册籍成案卒難更改此豪
右交通吏胥之隱禍也切查餘姚鄞縣舉人過半

於慈谿水手倍之二縣有竹溪上林東青等湖未
聞縱湖田徵籽粒以供水手何獨慈谿以害民之
利而充待賢之需且水手之徵自有成規不以籽
粒爲增减中間之故惟在借名以滋浸漁耳伏乞
大奮乾斷將籽粒盡行裁革若舉人水手果於缺
乏不必辦及槩縣愿於五都田畝補數且佔湖者
沿山百有餘家而受害者五都千百其姓納籽粒
者除欺隱外不過五百餘畝而受害者糧田十萬
八千餘畝不日除奸革弊而權事體之輕重利害
之大小尤當爲生民立命俯賜施行
一修塘閘以障水利竊查鳴鶴五都不通江源旱無
救濟故沿山置杜白二湖杜湖舊分上下二塘與
白洋湖總計五千四百餘畝原循山爲湖高於科
田塘高閘固水方蓄積杜湖上塘被佔湖豪右毁
其塘閘其下塘與白洋湖塘每年縣委巡檢修築
虛應故事兼種湖淤漶塘日低而水日淺去年旱
災無救沿海居民十九無收伏乞行令府縣水利
官於每年十一月農隙之時親詣塘所起五都民

夫查照舊分界址分投修築塘内以頑石鑲砌以
備風浪冲激高加五尺濶如舊式其上塘亦照里
均分内外夾以頑石高濶一如下塘碶閘原置石
湫僻地難以防閑以至日夜盜洩移置東門閘或
張郎碶邊庶防閑有人而盜洩有忌新修上塘一
閘并舊閘四座俱應修造委官量爲估計其費盡
出於五都沾利田畝督責仰承於官府工費盡出
于本鄉雖不能不日成之而庶民子來情所必有
也革佔湖修舊塘蓄水多而旱災有救赤滷之地

遂成樂土矣萬姓額天永祝無疆之福也俯賜施
行
一爬湖田以絶民害竊查餘姚竹溪湖隣于世宦孫
胡等宅而佔湖過半被害海民鄒陸陳高等姓節
次爭告而莫之與禁鄒陸陳高等姓聚集千人將
湖田盡行爬平府縣不較倘書都憲之家亦未如
何嗣後佔丈則爬丈佔尺則爬尺永絶弊根湖水
利公而一鄉受福今杜白二湖佔者非世家安等
守分良民不敢效尤於彼以取專擅之議奈去年

失水遭旱沿湖少收七八而海民十九無收鬻妻
賣子家啼路哭怨恨切骨坐受其殃尤不忍也夫
嚴禁佔湖痛行改正諒猶未盡不如容安等爬平
以盡去其根故敢申明於狀末俯准施行
萬歷十八年五月　日通鄉具呈
軍門傅　批仰寧波府查究報奉此先據沈安等
呈詞前事已經批縣查勘議詳未報今蒙前因擬
合并行查究爲此仰本縣官吏照帖備奉抄粘詞
單内事理卽將所呈杜白二湖拘集里長知識人

等該縣親詣逐一查勘卽今侵佔湖田實有若干
畝辦納籽粒若干兩收貯何處作何公用曾否詳
何衙門允行據稱有妨水利作何改正清復其田
原辦籽粒作何分豁應修塘閘幾處工料作何設
處逐一詳議明確并將有罪人犯究招連人解府
以憑覆審轉詳施行須知帖者
被犯　周奇四　童應龍　王廉二　董大四
章明十五　王　京
萬歷十八年七月十五日到縣

萬歷十九年二月又呈

軍門常　原詞

狀呈故蔑憲案復佔命湖事慈谿鳴鶴一鄉不通江源遇旱無救古人捐田五千餘畝置杜白二湖灌救十萬八千糧田誌號二天循山為湖不留寸田以杜後佔總議可考禍自嘉靖廿三四年土豪童宓等姓掘池養魚塡田種禾以至鄉民持刀相殺問擬斬絞軍徒隆慶二三年王浩十二等復加侵佔蒙吳知縣華通判王太守勘議招詳奉

軍門谷　將王浩十二等枷號發配每畝罰穀三石備賑湖田改正再犯照例處治遵行在卷積書俞安二十童應龍王京等歛銀百數秉官陞改鑽求吏書將罰穀改作籽粒改正反為存舊是豪等之鑽求勝於軍門之批示書手之神通愈於多官之禁議欺天玩法一至此極復以籽粒銀兩鑽入舉人水手不留寸田官湖佔至八百餘畝萬歷十五年以來遇旱無救鄉民十無九收鬻妻賣子餓塡溝壑怨聲載道前年八月告蒙

軍門傅　批府張太府備行本縣至嚴至明隨蒙明示重加嚴禁民望復湖喜切更生豈期俞安二十等每畝歛銀伍錢積銀四百餘兩鑽刺百出勢欲吞湖衆稱止爬新開仍存舊佔官府之明斷未示羣豪之惡聲先揚萬民驚戰惟呼天作主伏望拯救一鄉民命速賜明文無分舊佔新開盡行爬平水手粒粒盡行裁革其塘閘毀塌行令水利官照依舊定界址起夫修築高濶各加五尺修理湖閘工費辦出本鄉沾利田畝盡復舊制重覩二天

萬姓幸甚地方萬幸有此開單上告

一興利除害

國朝首政且佔湖土豪百有餘家受害鄉民千百其姓每年籽粒百有餘兩受害糧田十萬八千有餘量其利害之大小財賦之多寡尤宜明斷舊田新開均為佔湖害民若容其舊止去其新是猶除皮膚之癬疥留心腹之痼疾不留分寸今至八百餘畝若容舊田則湖盡佔為田矣不惟重加民害似

國法亦盡廢之伏乞乾斷速行嚴明張太府新到黃

縣主查照誌書總議及王知府吳知縣勘議將湖
田盡行爬平不留分寸再斬禍根復覩二天萬民
受福俯賜施行
一禮賢愛民
國典無二舉人水手將以禮賢辦出田畝通浙皆然
惟慈谿近今既辦田畝復徵湖田籽粒與湖內蒲
草之價以附之且隆慶以前豈無舉人彼時籽粒
無徵未聞水手有缺何獨於今以害民之利而供
禮賢之舉迨非同仁之政也若果水手不敷願將
籽粒之數加於本鄉沾利田畝若曰偏累非法猶
勝於湖田之害諺云一碗水一碗穀湖田一革萬
民獲利誰不樂輸籽粒伏乞乾斷速行府縣將湖
田盡行爬平籽粒盡行裁革水手不敷不加於通
縣則加於本鄉痛斬禍根永感救死迴生之恩俯
賜施行
欽差督撫軍門常　憲牌爲改正官湖事照得爲政
必先除害姑息乃爲害政查得杜白二湖蓄水防
旱爲利甚溥近被附湖豪民覇佔作田有妨水利

雖經前院節准糧里沈安等呈詞及
本院屢次行牌有司漫無回覆甚非事體仰府照
牌事理轉行該縣將佔種湖田盡行改正有犯各
犯究招解報仍將恢復過湖田數目備造文冊送
院查考
本院仍以此課各有司職業之修廢如再遲回定
提承行吏究革毋得違錯不便須至牌者
右牌仰寧波府准此
萬歷十九年閏三月初二日姚江驛發行

寧波府慈谿縣問結復湖招詳文卷
問得一名童應龍年四十六歲寧波府慈谿縣二
十八都一啚竈籍狀招本都亘有杜白二湖計濶
五千四百餘畝蓄水灌溉鳴鶴五都糧田十萬八
千餘畝上下二塘上塘置白塔嘴一閘下塘置東
門張郎堰西溪等三閘白洋湖置白洋一閘其塘
五都居民分立界址每年自行修築先年有沿湖
居民盜砌塘石鑽掘塘洞將水漏洩循山掘池塡
湖作田至嘉靖二十四年間有前卷問結已故宓

榮廿五因佔種湖田致水少蓄遇旱無救通鄉居民爭水殺人沈禮九宓榮廿五等問擬斬絞隨蒙撫按二院司道本府行縣鑿巖樹界嚴示禁革傍湖居民漸復佔至四十五年間陞任本縣知縣熊奉文丈量田畝有在官王浩十二等乘屬前卷問結已故管冊吏鄭銳將原佔湖田共五百五十七畝零挿編湖麓二號陞科有已故方岳沈元等連名具詞赴告院道批發　本府轉行本縣陞任知縣吳　勘得

鳴鶴五都逼山臨海不通江源而腴田十萬八千民稱富饒者則杜白二湖之功也毀其上塘壞其碶閘水泄灘出漸以偷塡湖有一畝之田則少糧田數十畝之水一遇荒旱則十萬腴田皆爲赤土盡數改正嚴加禁止必使湖無寸田庶民不生心再立界石仍將王浩十二等擬徒申詳陞任軍門谷　蒙批王浩十二等追贓仍枷號一月計所佔湖田每畝罰穀三石備賑實收繳杜白二湖俱復舊如再有奸民佔種者照王浩十二等處治勒碑存証至萬歷元等年間陞任本縣知縣戴　查勘得前湖附近居民冐漸復種仍照詞穀事例共追巳到官王廉二等籽粒銀叁百九十餘兩易穀備賑奉文支銷萬歷五年間蒙陞任本府推官葉　署掌縣事查有前銀實係無碍適值淸審丁田議將此湖田每年每畝追籽粒銀貳錢共伍百五十七畝零每年共追籽粒銀一百一十一兩陸錢三年共追叁百叁拾叁兩壹錢八分抵作府縣起送會試舉人卷資路費酒席銀兩不必另派於民申詳

院道議入賦役全書如遇會試之期總徵支給各舉人案証知縣黃　親詣二湖拘集里老知識魏謙等面同覆勘湖田的確委應開復又蒙審得杜白二湖民號二天自古迄今資其蓄水灌溉萬頃糧田先被傍湖居民塡塞成田霸截水利已經詳告問詳罰治立碑示爲禁止後又倡納籽粒遂至公行佔種舊田之外復又侵塡以至上流愈分而下流愈竭湖田日增而糧田日荒矣何怪夫受害

之家不蝟起而連名赴愬乎今蒙查重覆踏勘明
白合每於農隙之時將前新舊所墳湖田無分已
佃未佃盡行開掘務足舊日湖形其每年輸納籽
粒抵充舉人水手卷資等項銀兩相應除豁所缺
前銀雖據居民願與五都科糧用內量加徵補恐
亦非經久之規况查據賦役全書原議有卷資等
項銀兩與五縣一體豈得慈谿一縣獨借充於佔
湖之稅乎還於均平冊內仍照舊例槩縣通融均
派初非額外加徵於民也其二塘硋閘悉居民沈

安等候委官勘估工料自備修築仍督行刻期完
報以時啓閉使湖流不阻旱澇有備則此一方之
田均得蓄水之利而無壅淤之患矣工完立石使
民永守其創立湖麓二號舊佃田畝屢經問結曾
又輸稅姑不復究外今將童應龍等新佃田畝姑
擬不應其未到童兎等墳田則一原呈無名田今
改正罪免提結伏候解詳鈞奪將童應龍等取問
實招罪犯
一人諸斌等各杖七十審童應龍董大四有力周奇

原本錯三兩今照原本

四章明十五俱稍有力各照例折納穀工贖罪王
浩十二王廉二王京等與供明告人沈安等告紙
童應龍周奇四董大四章明十五俱民紙各一分
照例折價童應龍董大四又該贖罪穀十四石照
例各折叁兩五錢周奇四章明十五各該贖罪工
價銀壹兩叁錢五分俱收貯庫聽扣類解童應龍
等原侵種杜白二湖湖麓二號湖田共五百五十
五畝二分九釐六毫及今新墳湖田一百三畝悉
行改正永不許佔種湖麓二號每年每畝申抵籽

粒貳錢每年共該壹百壹拾壹兩六分三年總徵
銀叁百叁拾兩壹錢八分追抵府縣給舉人卷資
路費酒席銀兩相應除豁自萬歷十九年為始今
復於均平冊內槩縣派徵其十七年十八年之湖
田童應龍等已經種收二年共該籽粒銀二百二
十二兩一錢二分合行追抵舉人卷資等銀二湖
塘閘硋碶候委官督率五都得沾水利人戶分立
界址自行備價買料修築堅固嚴督司守使湖時
常蓄水改正湖邊仍立板榜禁約嚴示沿湖軍民

人等如有仍前毁壞碶閘盜洩湖水及將官湖作田佔種司守人役並治以罪未到童兎并田丈出改正姑免提餘無別照

萬歷十九年閏三月縣招申府七月十五日寧波府申詳　合干上司

萬歷十九年七月二十日奉

軍門常　批杜白二湖蓄水灌田一方永利若使奸民承佃將無紀極民生何賴依擬查照舊形盡數開掘卷貲路費槩縣攤派仍立石遵守不許再行侵佔童應龍等四名贖完發落其餘八衆免究

餘照取庫收繳

察院黃　批杜白二湖大關水利乃童應龍等圖佃侵塞取資公家之利甚微而貽民家之害滋鉅切議極明悉矣應龍等姑依擬嚴追種收籽粒贖發庫收繳一應改正開復勒石禁止俱如照繳

海道吳　批地方利害原有大小官府爲地方計當擇其大而畧其小看得杜白二湖灌田十萬餘畝眞一方之大利籽粒百金之害而妨其水利哉

仰縣立石禁止繳

重復杜白二湖碑記

賜進士第正奉大夫湖廣左布政使前奉勅整飭應天巡寧池泰蘇松常鎮兵備按察使邑人修吾馮叔吉譔文

賜進士第文林郎刑部福建淸吏司主事邑人海日劉志選篆額

鄉進士邑人沈道全沈祖述書丹

慈谿海巖邑也地瀉滷厥田下下秔稻之利惟水泉是資其東西南襟帶紆江支流足自潤其北鄙爲鳴鶴鄉當勾餘之交肘山而背海蓋江流所不能通焉古有杜白二湖受衆山之水以資其灌漑漑田可萬頃自昔號爲二天利可知矣杜湖廣凡三千七百餘畝白洋湖廣凡一千七百餘畝上下二區亘以金堤爲碶爲閘以時啓閉旱澇無虞鄉稱殷庶而並湖朋家窺湖田之利時穴其堤因淤爲田湖日塞蓄灌日阻淫雨卒爲淤稍亢陽則赤

士矣先是邑大夫往往奮正無慮三五申合然載復載阻鄉之訟譊如山至磽磽相格鬬以死而莫可竟迺朋家且以利賈借籽粒以佐貧與計淤湖爲永業用塞言者口當事者牽於利害莫或一劃毋惑乎厲階之於今梗也歲庚寅太倉黃侯甫下車輒問民所疾若鄉二老羣走控於庭侯慨然曰利百則法必守害百則法必更蓄瀦之與淤阻利害奚啻百十別稱名佐費取義非矣奈何以一鄉之務官授之柄與朋家爲政哉爲白其狀於

兩臺司郡俱報可則之部趾履湖山之麓量侵田廣俠定以尋丈約以期日盡二湖舊形而復之令朋家不得擅攘自封蓋自唐刺史任侗宋吳濟浚築而後復覩二天侯之功誠鉅矣昔李栖筠復鄭白二渠毀水磑以灌萬頃孫曼叔禁竊渠黜豪致萊畝率成沃壤二子者傳所稱慈儉吏其始未嘗不犯怨速謗迄其後而守約束不忍弛也侯今用人和完地利跡因於前而功倍於翔民情歡豫不俟異日比侯於二子不尤遠乎是役也垂永澤以惠袪積蠹以義燭利害以明奮獨斷以任轄強梗以和一舉而五善備焉侯他善政多類此不具論記所以復二湖者如此斯父老請命於監司意也非我侯意也侯名元勳字明宇己丑進士吳之太倉人今幸我邑侯父母顧公下車成其事萬民忻躍頌黃侯之德而感顧侯之恩於不衰侯諱言字中瑜壬辰進士吳之江陰人

萬曆二十二年歲次甲午冬十二月穀旦

萬歷二十年奸豪余明十一等復佔五都耆里沈安
華等具呈縣府招由文卷
一名余勝即余明十一年五十二歲係本縣二十九
都四啚匠籍狀招本都亘有杜白二湖計濶五千
四百餘畝蓄水灌溉鳴鶴五都糧田十萬餘畝上
下二塘上塘置白塔嘴一閘下塘置東門張郞西
溪等三閘白洋湖一塘置白洋湖一閘其塘五都
居民分立界址每年自行修葺先年有沿湖居民
盜稧塘石鑽掘塘洞將水漏洩掘池塡湖作田致

嘉靖二十四年有已故宓榮廿五等因佔種湖田
致水少蓄遇旱無救通鄉居民爭水殺人問擬絞
斬軍徒已蒙
撫按司道本府行縣勒石樹界嚴示禁革四十五年
間奉文丈量田畝有王浩十二等乘囑已革管冊
吏鄭銳將原佔湖田共五百五十七畝揷編湖麓
二號陞科有已故方岳等連名具告
院道行府發縣已將王浩十二等擬徒申詳計所
佔湖田每畝罰穀三石備賑至萬歷元等年間附

湖居民日漸復種仍照罰穀事例共追不在官王
康二等籽粒銀兩叁百九十餘兩易穀備賑奉文
支銷至萬歷五年間蒙
陞任本府推官葉　署掌縣事查有前銀實係無
碍適値淸審丁田議將湖田每年每畝追籽粒銀
二錢共五百五十七畝每年共追籽粒壹百壹拾
壹兩六錢三年共追叁百叁拾叁兩壹錢八分抵
作府縣會試舉人卷資路費酒席銀兩不必另派
於民申詳

院道議入賦役全書如遇會試之期總給支繳各
舉人案証有別卷已問結童應龍等於舊塡之外
復又新塡以致湖田日增湖水日減連年旱荒二
十六都至三十都田畝缺水救灌害各無收該都
里耆沈安華等具呈
陞任軍門老爺傅　行府帖縣查究問奉前任
巡按老爺黃　明文行縣條陳應興應革事宜隨
該
本縣知縣黃爺將二湖應濬緣由申蒙

本院批行

陞任海道老爺張　憲牌行府帖縣逐一查勘蒙

本縣知縣黄爺親詣二湖拘集里老知識魏謙等

覆勘得童應龍等除原種湖麓二號湖田外各又

倚舊新塡湖田一百一畝蒙將應龍等問擬杖決

及各將前種湖田并先年申派籽粒銀兩悉行改

正除谿舉人眷資等銀派入槩縣均平銀内且招

申府轉詳

撫按老爺已遵批文勒碑嚴禁外余明十一等又不

遵嚴禁恣意趨利漸種湖田各多寡不等共計田

十八畝零又以管種納課詞撫復湖蓄水萬民頌

公但白洋湖山䃌高田十餘畝並不侵佔水利等

情於萬歷二十三年六月十三日具告本縣查勘

問該都耆里沈安華等亦連名於本年七月初三

日詞開余明十一等二十名復行塡種一百餘畝

一夫倡禍萬姓效尤不一年而湖盡爲田等情具

呈本縣隨據沈安華又於本年七月十三日詞開

余明十一五名在狀赴告

本府蒙府仰縣究解當行本縣水利李主簿履畝

踏勘余明十一等佃種湖田各畝數該衙另由具

冊連人牒解

本縣知縣黄爺覆審得余明十一等皆杜白二湖

附近居民也稔知湖田易種利饒各將官湖掘土

爲池益土爲田以耕以漁漸侵漸塞致絶水利非

一日矣先年告輸籽粒將藉爲永佔計也本縣査

拘通鄉耆里沈安華等呈詞體知二湖灌溉一方

湖田日廣則湖日淤利一害百也法當嚴禁已經

條議除稅改正申詳

撫按道府案卷猶新也乃頑民趨利冐罪朝禁而夕

犯之以致通區里耆告府批縣帖水利官履畝丈

勘分計二湖之數佔種共四百四十八畝有零造

冊牒縣審將各犯擬杖示懲每畝仍追穀價銀肆

錢以爲建造本縣學倉之需仍將前田改正嚴行

禁止永杜再侵之漸合將詞内有名人犯具招呈

解

一議得余明十一等所犯俱各依不應得爲而爲之

事理重者律各杖八十俱有
大誥減等各杖七十審余明十一俱有力王文明童
應鶴吳四張瑞十一董森六蔡十二俞明俞三八
葉五一王章八沈賢俱稍有力各照例折納稻穀
工價贖罪張阿拾朱澤十二沈艮俱無力依律的
決與供明沈安華等俱候抄招連人申解覆審允
示施行
一照出沈安華等告紙余明十一等俱民紙各一分
俱照例折價余明十一各又該贖罪稻穀十四石

王文明等各該贖罪工價銀壹兩叁錢伍分招斷
余明十一等原種湖田共計四十八畝三分各照
原種畝數每畝仍追穀價銀四錢共該銀十九兩
三錢與紙贖俱追收貯庫聽候批允動支建造本
縣儒學義倉外其餘仍糴稻穀入倉聽候寒生告
賑通取倉庫收附繳其原種湖田遵照原禁悉行
改正永不許再種未到錢榮八另行提結餘無別
照

萬曆廿二年羣豪朱維等復佔五都里遞沈安等呈
督撫軍門王
呈爲頑豪藐憲復佔事鳴鶴五都糧田萬頃全賴
杜白二湖湖水灌救湖存水足則民生湖廢水減
則民病所以爭水殺人致問斬絞軍徒上年安等
將佔湖土豪童應龍等呈告
軍門准行府縣勘改十九年七月奉
撫憲常爺嚴批查照舊形盡數開掘改正立碑遵
守不許再行侵佔二十年余明十一等復佔告府

批縣究申案存正在遵憲立石將垂萬世不磨永
絕强梁吞噬豈期立法之始朋惡朱維等藐官蔑
法仍今强佔復種如故一夫倡禍萬人效尤不一
年而湖盡爲田憲案同於故紙方命害勝四凶盍
緣禁輕豪玩職此朝禁夕犯也仰叩委官望青踏
勘逐片丈量按畝罰穀上倉痛追上年花利抵補
移縣工費責令佔犯督丁各認已田勒限即時爬
平疆界斬絕禍根懇奮乾斷照依强佔官民湖泊
律例重禁庶豪畏法而忘利令行而禁止

國課有賴恩德同天有此激切連名上呈

軍門王　批仰縣查報

署慈谿縣事寧波府推官張　查覆

撫院申文

杜白二湖蓄水灌溉一方之田其資利甚溥而近湖住居十萬八千餘畝之田皆賴生活而其中奸民屢以湖田爭競刺刺不休此非有他故也蓋本湖坐落三面傍山一面築堤蓄泄自堤而下居民是沾湖水灌溉者自山而上居民是不賴湖水之

有無者惟不賴湖水之有無故所利而垂涎者正此山麓之湖田惟專賴湖水之灌溉故所不利而忌侵者亦此山麓之湖田及查湖田之所由來固非朱惟等之祖業亦非二湖之所本有止因靠山流沙淤塞日積一日沙壅湖傍久則成地而近湖之民若朱若童若章若周等姓從而闢墾爲田私自耕種又懼覬覦者之呈舉也乃假以陞科公議開報在官而一時當事者意謂歲增公家百金之課遂暫許之而佃者以唾手而得膏腴之地念種不會年侵一年久假不歸又惡知其固爲公物也但山土之崩溢也無已故湖中之淤塞也亦無已此之湖田多一尺則彼之湖水必少一尺朱維等爲便巳之私圖致妨衆姓之公利本縣止爲每年得百金之新課而不知民間十萬八千畝之舊額則所關輕重當有辨之况卷資舊額派載在全書原不利此倘及今禁止猶或可及若緩焉猶豫視爲兩可恐湖田日增湖水日減而此方之民不至於相爭相殺而驅之血肉土地不已也合申明原

議速令刊石嚴約禁止庶人心自定爭端可杜矣

鳴鶴五都士民仝梓

杜白二湖永久議

邑進士石南葉應乾著

杜白二湖蔭注鳴鶴五都十萬八千餘畝之田所稱二天久矣湖之內初未有田也湖之有田自不築堤岸始堤岸何以不築也民力不齊習於怠惰任其廢闕卽有巡行水利之官每年收得常例卽有廢闕而不之問甚至奸民私置湖洞潛自偷放亦有常例而不究上下相瞞故湖堤日低無如之何今北自鳴鶴場起一段又南自石湫頭起一段

皆堅厚高濶此故額可鏡也旋至中間或高或低或起或伏廢闕甚多盡失其故矣然則欲其積水也可得哉水不積則四岸皆可田者其勢然也日積月累田邊田地邊地漸漸開闢漫延幾及湖心蓋田愈多則湖愈隘湖隘則水不廣而十萬八千餘畝之田灌漑不及遇旱仰天無望束手無策故有今日之爭焉第沾水利者以田多湖隘爲辭而不原其所以隘之之故得田利者以相承耕種爲辭而不原其湖初無田之說各執一端互相告訐比及委官行勘則見田畝相連乃天地自然之利而一旦遽奪之使不得種似非好生之心故始而欲以與民者此見牛未見羊之說也及見故牒所載十萬八千餘畝之田皆仰給于湖水而爭此水者盡五都之民則又計切民隱而嚴爲之禁今歷奉

上司嚴切批詞可考也不移時而爭此田者又訴之切而紛紛起矣當事者惻隱之心感物而動未免又生右心旋稽往牒則又斷然以爲不可湖之

告訐案積如山而皆無補于爭者此也自予見之無慮七八次矣或問罪或刻碑每見海邊諸公熟記

上司嚴戒之詞彙成一帙以爲可以息爭矣而不能息民貪利之心何益哉予家近二湖暇時集父老議頗知其詳乃反覆細思以爲欲息湖之爭者必在于築湖堤堤既築則滿湖皆水滿湖皆水則見水而不見田況水勢衝激則舊成田者皆蕩而爲湖矣雖有覬覦之心何自而生哉凡小人見食

塘基廣六丈頂四丈

則必爭世固有紾兄之臂而奪之食者豈有目前之田其能不垂涎乎而欲禁其不染指也故又有不畏官法而偷種湖田者能盡防乎爲今之計在上司不可不嚴其禁在五都不可不究其原天下事不一勞者不永逸也莫若急懇

本縣正堂父母作主檄佐貳父母一位親到湖邊會集五都沾利識達長者先築湖堤其法將北自鳴鶴場原舊高堤土處丈量至石湫頭原舊高堤土處共若干丈即以十萬八千餘畝田地會計之每若干畝管築一丈以天地元黃爲號每一號管十丈如天一天二之類天一爲一丈天二亦二丈挨次編去會計既定分派于五都遞年每遞管幾丈每里以本里識達長者率之即令照畝出銀作爲工食每一丈基廣六丈頂收四丈務要土石相和高厚堅固上接石湫頭之高下接鳴鶴場之高不徒虛應故事照數加置閘板片片上下子口相護亦不如往日泥置板而已也乘趁農隙作速完工而又令築者以三年爲期如過三年不壞者官

爲奬之如有壞者管理人役自備工料填補之又設巡湖老人每都一名共五名分管而以松浦向頭司巡檢統之令其督率老人日逐巡視遇有損壞及有偷掘放水者報官拿究如不報者被人告發老人同罪巡檢戒飭每老人每年能舉一二放水者計功行賞其老人三年一換或五年一換如此行之既久人心自安此堤既成貪心自息又何釁而可逞其無忌之訟哉且杜湖地勢南高北下舊設腰塘西起白塔嘴東抵黃泥嶴口分爲上下兩湖中置一閘故址見存腰塘廢則水落灘出南望皆田也腰塘築則上湖之水亦滿横田塍下皆湖也横田塍下從來原無寸田所隔止此一塍其修築尤要其丈尺分派亦當如前今不修築此等塘閘每見告湖一次每田斂銀以作盤費如填溝壑莫若今總出若干以絕後患以垂永久此誠二天之大利也往年亦曾僉報大戶分役修補矣然皆爲吏書侵尅官價責以倍出已資徒應故事何益于湖欲絕告擾必依前法不則復有見牛未見

羊者起矣何時已哉何時已哉謹著芻議以備採

擇云耑

萬歷二十一年歲次癸巳夏五月也

一問得　一名陸大有年二十五歲寧波府慈谿縣
　都　圖民籍狀招大有投充本縣承發房書手
凡遇上司批詞事件是大有掛號始付各房承行
本縣鳴鶴五都杜白二湖廣凡五千四百畝蓄水
灌溉五都官民田十萬八千畝杜湖分爲上下二
塘上塘置白塔嘴一閘下塘置東門閘張郎堰西
碶閘白洋湖置一閘其塘五都居民分立界址自
行修葺以備旱澇唐宋以來迄爲定制至嘉靖初
有附湖居民將湖邊高阜沙漲處所佔懇成田佈

種約六百餘畝致水少蓄通鄉人民告蒙
撫按司道行縣鑿石立界嚴示禁革至嘉靖四十五
年本縣奉文丈量有在官王浩十二前卷問結王
浩十二乘將佔種湖田五百六十七畝偷插湖麓
二號升科已故方岳等連名具告
院道批府行縣該吳知縣親勘嚴禁將王浩十二
問徒解府轉詳
軍門老爺谷　蒙批王浩十二等追贖枷號一箇
月計所佔湖田每畝罰穀三石備賑實收繳杜白

二湖俱復舊再有奸民佔種者照王浩十二等處治萬歷元年間本縣戴知縣查得前湖被在官王廉二等日漸復佔共追籽粒銀三百九十餘兩易穀備賑至萬歷五年蒙　本府葉推官署縣事清審丁田又將湖田每年每畝追籽粒銀二錢三年共追三百三十三兩八錢八分抵作本縣起送會試舉人卷資酒席銀兩申詳

院道議入賦役全書萬歷十四年蒙

撫按明文示諭軍民人等但有荒蕪地土許容開懇每畝納稻備荒有間結童賀郎童應龍告縣給帖在舊塡湖田之外日漸新塡以致在官里遞沈安華等于萬歷十八年呈府及告

軍門老爺傅　批府查究報隨奉

巡按老爺黃　明文著各府縣條陳興革事宜該本縣黃知縣條陳扒平改正杜白二湖緣由申詳

蒙批

巡視海兵道查議報隨該

海道老爺張　憲牌行府查議轉行黃知縣查勘

二湖湖田盡行扒平勒石永禁卷資酒席照舊派入該縣均平追徵將童應龍問罪申府覆審具招通詳　二院俱依擬追贖立石嚴禁後童應龍等仍復佔種湖田不已本縣照罰穀事例歲追籽粒銀一百二十兩因本縣改造縣治公費支銷訖萬歷二十七年奉　上司明文如有無主曠土許貧民開種三年成熟升科突出在官俞隆朱維澤王一白童應龍王浩十二等各不合復佔種湖田仍圖升科與在官施恭五郎施一陽張四六不在官羅元等連名呈縣行查間俞隆等以叩憲庇國福民事并訐已到官羅禮廿八在內于本年四月十四日赴呈

軍門老爺劉　蒙批仰縣查報羅禮沈安華與在官唐彩陳福等以逆憲謀佔官湖事于本年五月初五日起呈

本部院　蒙批仰寧波府問報沈安華等又詞告

水利道老爺吳　批寧波府查報羅禮沈安華等又以滅憲謀佔官湖以絕竈命事于本年五月二

十日具告
鹽院老爺　蒙批仰寧波府查報行間俞隆朱
惟澤拘提到府隨該備牌抄粘憲詞并發有行文
卷書冊碑記仰縣照牌事理逐一從公查勘明確
具招連人卷解府等因到縣查勘間俞隆以逆旨
事朱惟澤以裕課事并不在官宓華爲証王盛以
遵旨事并訐在官洪華解憲爲証各于萬歷二十
七年四月初五日赴告
巡按察院老爺李　蒙批仰縣查報沈安華等以

遵旨復湖以救一方民命事并訐在官朱壽五并
不在官葉助等在内同日赴告
本院蒙批仰縣究解沈安華等又詞告府仰縣刻
期勘報隨因顧知縣陞任未曾勘結俞隆朱惟澤
王盛朱壽五王廉二等竟將湖水偷決佔種前田
淹没湖外苗禾比沈安華羅禮等與已到官戎來
賓等并五都人民上湖拔禾補苗互相爭毆戮傷
沈康小八戎來賓沈安華等以佔湖殺竈事并訐
已到官俞甫三十八俞敬一不在官俞慶十八俞
甫二十六在内本年八月十八日赴告
鹽院老爺葉　批仰慈谿縣勘問報致該署縣印
丞爺將批詞發與大有掛號俞甫三八盧恐問罪
解府要改故弟俞甫五八出官私付大有銀三錢
却不合枉法接受入己將俞甫三八改作俞甫五
八付與到官楊汝成出牌比戎來賓等查知前弊
不甘以藐憲大弊事復告
本院蒙批仰縣併問報今該本縣韓知縣親詣杜
白二湖拘集里老履畝逐一踏勘明白將俞隆等

帶回到縣審得杜白二湖塘閘合令鳴鶴五都沾
利人戸計田多寡分派用石塡築各加五尺務使
堅固蓄水仍召湖外居民充當閘夫管守任其起
閉以防禦旱澇仍僉里長數名爲巡湖老人以杜
偷決等弊其依山高阜舊墾湖田俟清明水漲時
水石到處會同里長計其丈尺立界仍聽耕種納
價庶免透支其納價銀外另行查府縣賦役全書
内一欵有府縣起送會試舉人卷資路費原係杜
白二湖籽粒銀出辦自萬歷十九年以後奉文革

除巳經該縣派入均平理合將本書改正不得以湖田籽粒影射重科將去有等取問罪犯具招連人解送

巡按老爺李　蒙批海兵道覆議報隨蒙本道憲牌仰府卽吊該縣并該府管粮廳有行始末文卷并招内有名人犯從公查審議擬妥確限十日内具招解詳以憑覆議轉奪等因蒙府查得羅禮等所告湖田事情據經該縣招斷詳批發府覆議係關水利備牒本府黄通判卽吊該縣并各應查有

行始末文卷及招内事情備細查勘明確牒府覆審轉詳等因隨蒙本廳親詣杜白二湖會集慈谿縣鳴鶴等五都里遞保副長週圍踏勘得慈谿縣杜白二湖灌溉之田號稱十萬八千餘畝此未便于稽詳而沾利之戸則自廿六都以至三十都此五都其槩也是爲鳴鶴之五都者也杜湖長十里横三五里不一白洋湖週圍七里共約五千四百餘畝慈之西北逼山濱海河源不接灌溉必資於湖故二湖實相連云職始至見其湖頭盡處去水

二湖之田決不可使有也

稍高兩旁閒亦有然者似皆可以成田而于水無相妨得令其納價而每畝三十亦蕬定二縣韓與朱之所議者第意其未有升科之説故莫杜其告爭之訟而復擬斷其升科矣于此別去繼而五都之皓首龎眉俯伏道旁含淚乞憐殆有痛失所天之狀職復細玩湖情而遍諏輿論則知二湖之田決不可使有也何也開數畝之田則必儲數畝之田之水則必鑿足供數畝田水之塘卽非塘鑿亦必長濠巨壑見今可據也自是而遞至于數十畝

數百畝之田田猶是則鑿塘亦猶是如此而不妨湖外之田之水未也此爲湖外之民病一也抑春雨水宜蓄也彼因患于淹没則決而瀉之夏旱水宜洩也彼因利于車蔭則必障而壅之鑽穴穿洞塡埂圍塍爲洩爲壅罔非利巳湖外之民焉得蚤夜爲防此湖水卷舒收放之權握之由内而湖外之民聽之而巳此爲湖外之民病二也猶且湖内之田不去湖外之民必爭爭必訟訟必鬬而相毆相殺之禍如昔時沈葉俞童宓王施張案至今在

也然則湖田之害豈獨湖外之民病哉此有[illegible]湖外之民俱病三也所謂湖田之決不可使有也然猶有說焉前擬納價訪寧郡之田上者不下六七兩中者五六兩而湖田則最上膏腴之畝也每畝三兩衆固不平卽令納價出于三兩之上至四兩五兩焉似以湖而易價亦甚非官府因勢利民之雅道也納價似未可也前擬升科夫湖田既已升科則公然輸國稅之田矣稅也爲國則水也亦爲國而湖外之民烏得告其湖水之佔也又況此

科一升效尤者衆新法雖嚴而執詞有例矣後將何以收拾之升科似未可也前有加築高堤之議據職之見湖內之田既去合將加堤之力倒平現田之土使田入于塘池濠洲之內則滿湖皆平水多之時固稱深湖卽水少時而淺薄之水亦溥浸于湖中而湖田自息籽粒不必裁界石不必立而且成一目大觀之象矣況倒平之力又孰便于加築之功卽加堤似不必也卽又以湖內之田論彼固未之納價未之升科者也今欲去之而不復留

則亦去其分外之物耳而非失其所固有相傳之業也且邇來數年亦皆奉文追没於湖而未之耕種矣惟是舊年纔復種焉則又生此一端之說矣豈謂湖田之去而重爲湖內之民病哉職謂湖田不可使有而亦不必使有也然猶有說焉湖內之田決不可使有也而湖之上有高阜之田瞰山之下者去湖尚隔一溪此非湖也亦非湖田也而說者謂不以此田而盡去之恐後作湖田之厲堦耳此甚說之遷也湖之田與湖之外有日者皆能辨

之烏得指山以謂水乎職爲此田當爲原主照管而有無升科該縣查之可耳又以白洋之西接于餘姚之界其田于湖者雖數不多然均爲湖內之民則當遵湖內之例不則湖田既一而去存有二恐不足以示畫一之規也至于閘口碶碶之修此故事耳無言也等緣由　署印同知黄　覆審得杜白之湖一也近湖者利于便處爲田湖外者利于多水承蔭然爲田者數十餘家而承蔭者千百其戸盖慈谿自廿六都以至三十都皆承是蔭者

也所謂鳴鶴五都是巳使皆是湖卽皆是蔭也牧
民者豈不欲彼此之民竝沾其惠哉顧水時宜蓄
也而田者洩之水時宜洩也而田者注之則田湖
之民與湖外之民利害相殊而好惡之互異也玆
以利害多寡之分數權之似宜盡田卽歸湖可耳
況湖內之田時種而時廢其田且非價買相傳之
業以此搆訟不休歷案軍徒比比則尤可鑒者也
田湖之民得非狃目前之利而忘舊轍之尋乎此
舊年卑職之親詣卽申有成案在也但湖上有圳

圳上有田此則當留以遺民而未可執一以槩湖
田之廢也彼此爭湖皆爲生養之計非故越爭姑
以原被首犯纏訟竝擬之杖具招解蒙帶管　海
道老爺張　覆審得白杜二湖之水鳴鶴鄉十萬
八千之田灌漑胥賴其有利于民者甚溥先年近
湖居民將流沙淤塞處所開墾爲田私自耕種致
起爭端業經究罪招詳勒石永禁矣俞朱等乘有
開墾明文仍掘池塡田佔種禾稻是以鄉民沈戎
等受害不甘連名具告夫理之是非不出民情之

利害而利害之中又當權其輕重多寡以爲定論
彼佔湖爲田者利歸一人而害歸衆人則此田之
不可墾明甚俞等借　旨自利實啟釁端沈戎等
不候官斷擻毀稻禾據法俱難輕恕但事各有因
姑各杖懲陸大有受財枉法改易行名俞甫三八
以財行求希圖脫罪俱應從重俞等所耕之田俱
令改正歸湖其湖圳上田畝仍准還業不許混淆
再啟爭釁將大有等取問罪犯外
一議得陸大有等所犯陸大有除增減官文書罪名

不坐外合依受財枉法一卞五貫無祿人減一等
律杖九十俞甫三八除有事以財行求得枉法計
所與財坐贓論輕罪不坐外與俞隆朱惟澤王盛
童應龍王浩十二俱合依不應得爲而爲之事理
重者律各杖八十俱有
大誥減等陸大有杖八十俞甫三八等各杖七十審
俱有力各照例折納陸大有革役與供助施一陽
等俱候通詳允示施行
一照出俞隆朱惟澤王盛童應龍沈安華羅禮戎來

賓俞甫三八各告紙一分陸大有王浩十二各民
紙一分照例折價并各贖罪工價陸大有俞甫三
八俞隆王盛朱惟澤童應龍王浩十二各該銀一
兩三錢五分陸大有一兩五錢并枉法接受俞甫
三八銀二錢合追入官俟追收貯官庫聽扣類解
通取庫收繳照
通詳三院奉
巡撫都御史劉　批兩湖水利歷行禁案甚明奸民
借詞妄起爭端可恨依問仍加責二十板示懲墾

田改正歸湖繳蒙
巡按察院馬　批閱二湖水利所關甚大則湖不可
爲田明矣豪民安得而擅墾之如斷繳蒙
巡鹽察院周　批以利計之田湖之民少而湖外之
民多自宜從其多者該縣所處良當豪民墾田著
速改正歸湖不許混佔
寧波府慈谿縣鳴鶴鄉里遞葉浙等
呈爲旨佔湖蠹國殃民事鳴鶴五都粮田十
萬八千畝逼山阻海不通江源古人捐田爲湖聚

納諸山灌水旱澇有備誌號二天節被奸民佔湖
爲田屢告屢復憲案碑書存証突出棍惡俞隆等
機職部文閒墾曠地計操復沾沈安華等奔告
撫按批縣究解因無正官賄捺吏書沉没憲詞偷洩
湖水恣佔插苗駕禍粮田雨後增水數尺淹死早
晚禾稻痛思杜白二湖百姓血食倚靠豈是無主
曠土豈非江瀕海隅有何天漲沙塗今遭黨惡朱
壽五等詐冒
聖旨欺誑天人流毒通鄉頓絕課命地方水患莫大

於此見奉
老爺明文清查災傷重輕仰叩軫念民瘼督批廉
明朱知縣嚴懲稔惡照案改正庶郡奸警惕萬民
頂德上呈
萬歷二十七年六月
巡視海道范　批仰定海縣查報
寧波府爲禁約事照得本府通詳俞隆等侵佔杜
白二湖招由奉
都察院劉　批

按院馬　批

鹽院周　批各改正等因俱經行縣遵禁在卷續據王盛等逆禁隱情奉文開墾曠土成熟陞科又稱湖上有圳圳上有田等情狀詞到府就經批縣查報去後隨該該縣覆查得湖田之禁　三院詳允今王盛等復有前詞叩乞嚴禁等情前來據經查得杜白二湖灌溉粮田十萬八千餘畝夙號二天固五都生靈命脉也湖內種田則水利壅塞利小害大不待智者而辨之去田復湖之案幾積如

山王盛朱惟澤等猶視之垂涎指圳上有田數語爲之口實耳夫除害必拔本塞源凡近湖諸田一槩不許種方保水利仰縣查行姑將呈首王盛等責十板警衆批發訖合給示諭爲此除王盛究治外示仰杜白二湖地方一應軍民人等知悉今後務要各遵明禁不許如王盛等隱情妄呈仍前佔種湖田致妨水利自取罪戾若有故違許地方人等指實赴府陳告以憑從重究治容縱不舉者一體連坐決不輕貸須至示者

萬曆三十年六月

慈谿縣鳴鶴五都里老邱賢等

呈爲電閱成案亟祛積害事古置杜白二湖額救粮田十萬八千山水相連絕無寸田利溥五都誌號二天向被附湖奸民循高作田就深掘池屢告屢復不遂私情卽捏公務或投鄉宦抵補城基或賄積書陞科入冊或願輸穀入倉備賑或甘納銀折充水手事公害大一槩除豁雖係下人呈告實由上司裁奪府縣各有改正文卷都里俱存刊刻

全書經今荒廢六載茲無耕種一人突出棍惡俞隆等輕蔑憲案藐視國法鼓黨王一白等恣將改正湖田悉行復佔插秧

撫按批詞玩若故紙任意用强勝如化外據稱湖內有田一鄉可種豈止俞隆等人若云高不妨水則三面可耕何獨敏爨等處告田爲湖者初非懷私挾仇止是爲課爲命佔湖爲田者全在利己妨人何用賠租賠稅沈安華等所告專慮以高作田大妨水利旱則閉閘留水不容盡放救苗澇則決塘

盜放先行偷洩害衆勢必爭奪禍無紀極是以前
古郡侯防微杜漸俱蒙依制復湖竝不姑息存田
今幸　老爺甫臨本縣勝天啟目哀叩備閱成
案恢復二湖值今苗禾已秀實穫在邇若不速斷
扒平必致放肆收割後雖繩法先已得利叩乞出
示撤毀斬絶利源庶奸惡知警民害永清上呈
萬曆三十二年四月　日
本縣潘　批查勘
本縣潘　四月内親詣杜白二湖踏勘冒風冒雨
杜白二湖全書　七十四
歷盡崎嶇山麓任勞任怨力拒勢要尺牘仍於六
月内委鄭典史督率五都里遞拔苗伐樹斬斷不
了禍根塞洞平地頓復巳虧湖制具由申詳司府
慈谿縣爲電復官湖普救民命再加脩築以垂萬
世事據鳴鶴五都耆民樂昶葉滔林義張喬翁智
等呈稱鳴鶴一鄉東接定海西界餘姚延袤三十
餘里逼山濱海不通江源旱澇相仍饑饉薦至賴
古賢哲捐田爲湖蓄水救旱傍海開閘泄水防濫
頌稱二天萬民受福近被附湖豪民佔湖作田大

失古制沾利入戶經年告訐屢禁屢佔旋告旋復
止有揚湯之計竝無熄薪之謀今幸
天臺專心興利除害注意拔本塞源二湖重清萬
民永賴所有脩築事宜應動錢糧甘在十萬沾利
田畝派徵思得工程浩大恐難遙度仰叩專委典
史估計停妥派在三十三年料銀帶徵發與委官
轉給大戶買辦木石僱倩人夫民皆鼓舞樂從事
可不日而成等情到縣據此看得杜白二湖坐臨
濱海南山之下廣計五千四百餘畝其杜湖之内
杜白二湖全書　七十五
亘設腰塘
向有南灘高阜將及其半亘設腰塘故塘以界地
勢之高低分爲上湖下湖蓄水灌溉鳴鶴五都糧
田十萬八千慈民稱爲二天北設海塘備禦潮患
腰塘廢弛
以固一方誠生靈保障也因年久腰塘廢弛形跡
雖存水無節制俱歸下流而泄其灘露處豪民墾
佔作田壅塞以妨水利其在深處掘池蓄魚隨便
開壩以肥私家又於故塘之下私開塘洞張捕魚
蝦偷洩雜注是以一遇旱致令一鄉滋灌失藉屢
禁屢佔官案爲空文矣卑縣自莅任以來見五都

之民水利連年訐告悉查院司道府積案而知豪民敢于犯禁者以田塍可據公費爲名弊源未清也故于往歲六月巳經親詣踏勘彼卽廢田平塍無據侵種併革從前官追籽粒與湖內草稅不得以公費藉口然非重建復舊則雖能革豪民霸佔之患而終不能永遠以興五都水利此卑縣夙夜疚心思工費浩繁公帑無以爲筴今據居民備稱甘于五都沾利田畝派辦工料以埋石堅立則正疆界以重建腰塘則復舊制中開一閘則備啟閉

邊築淺壩一區則洩泛濫併脩原設塘閘上下積水則可隨時放洩斯信萬民灌溉有賴而一勞永逸計也又恐前議未經會同復委典史鄭逐項查勘果衆情允協是此功告成不惟五都生命有賴而國課攸關亦非淺鮮但前項工料派辦于佔利田畝卑縣未敢擅便理合具由呈請

裁奪施行

計開興革事宜八欵

一築舊塘以廣茹納杜湖廣凡三千七百餘畝三面

亟宜修築腰塘

距山北抵故塘形如建瓴若無節制水俱歸下北平故塘南尙灘出以致奸民作田佈種故有腰塘之築以界地勢之高低分爲上湖下湖迄今腰塘雖壞基址尙存亟宜修築兩傍用石密砌以防衝決仍建一閘以備啟閉又築一壩以泄泛濫洪水不惟免妨湖南之居民又可拖揪船隻卽北方謂滾水壩也

一增湖閘以免淤塞白洋湖廣凡一千七百餘畝地勢中深形如食鍋舊制一閘在地僻山邊隣於姚

地一遇放水慈人未沾而餘人先得故更閘于鳴鶴場前其如閘高湖低水無半泄是亦一患爲今日計相其地勢低處增置一閘水可盡放田可多灌新閘亦不廢弛一湖兩閘不以爲多而人皆稱便

一堅故塘以防偷泄杜白二湖北面俱抵故塘一遇南風大颶波浪洶湧衝擊崩損故用石塊密砌以固其塘近被奸民私置塘洞偷水灌田張鰕捕魚者約有二十餘處事雖小可蟻穴決堤水滴石穿

防微杜漸杏決不留此以妨湖利須著該管地方里老從實供報盡數塡塞塘內密砌石塊石外密加木樁塘面加高一尺有閘去處各用細石砌成一壩以便拖撥船隻亦可許塘面開溝車戽湖水築完之日分派各都里遞認號看守萬一崩損看守之人脩築不得扱及各都里遞

一革閘夫以省工食二湖共置五閘每閘僉夫看守以司啟閉其如充夫者俱附湖居民作弊者非親則眷莫敢指舉遂致有閘而無板有板而無土湖

水日夜滲泄臨放灌溉有限是閘夫徒受工食而無益于公家今議革去閘夫五閘分與五都一都專管一閘比照餘姚竹溪湖上林湖行事僉報殷實大戶輪管每都公舉五名每名獨管一年週而復始不妨更替務要閘中有板板中有土夯築完固再加鎖鍊非旱決不擅開若此不惟節省工食而獘孔盡除矣

一正疆界以杜侵佔二湖原無分寸民田相雜間有開墾已久陞科在前者如黃泥畈三十六畝之類故得侵佔官湖今當正其疆界以別公私沿山掘河隨麓埋碑河則均派五都濶一丈深六尺止用里遞人夫須俟農隙之時擇日興工其石碑二十丈一座須用動支沾利銀兩倩匠細琢鑿寫官湖界石俱應大戶領價豎立庶無魚魯之嫌而永絕侵佔之獘矣

一疏河道以過外流五都三十里粮田十萬八千橫濶三十里其河道寬狹淺深灣曲迴遶不爲不遠少有壅塞阻礙不通今被富豪霸佔水利當港通

流高築板堰隄障上流以致二十七都三十都點滴不沾再有一患尤宜亟圖東界定海設有鷺鷥堰慶雲橋洞橋以過東流西連餘姚置有韓家閘顧家閘以阻西流近來遇旱止曉告放杜白二湖不識預築餘定二界遂致慈水普救餘定之田而五都之田反無一半車戽今後放湖先築兩縣界閘松浦司管東洋浦司管西完固之日纔許告假放湖仍著兩司往來巡河三日庶水不外出而五都均沾湖利矣

一宿湖水以除積弊二湖之閘清明則閉秋分則開此舊制也是一年有二季空閒故附湖豪民乘其乾燥計出百般或填高作田或掘池畜魚或取土作坯或割草爲薪散放六畜不在禁限因湖無水各得逞謀而強佔之漸實起於此今後比照湘湖西湖議著管閘人戶四季封閉非遇天旱決不開閘湖水涸日卽行版築則湖中有水力無所施魚不得取而池自不掘土不得起而田自不填

一除蒲草以杜湖害杜湖廣凡三千有奇蒲草蔓湖六百餘畝向係王阮等認稅三十兩近豪恢復全湖亟宜除去蒲草緣其爲害有三此物無水不長多水則死認稅之家唯恐湖漲漫用計泄漏養育長盛及其收成患草濕爛必欲涸湖求其乾燥今議四季閉湖之法寧不有悖乎此其爲害者一大凡置湖必欲地勢光潔平坦所蓄之水計湖一畝灌田三十畝少有水草叢生或高阜坑陷計湖一畝止可溉田十餘畝湖中積水如碗盛水若無衝擊滿而不溢少有捧杖插入則溢而傾外今蒲草蔓延寧不佔湖之地減蓄其水乎此其爲害者二杜湖之南山皋三十六處霪雨連日水高數尺流沙樹葉齊擁落湖者無阻碍直流入海少有窒當堆積不行今蒲草密生寧不攔住前物日積月累有草湖地漸高所蓄之水不多此其爲害者三有此大害而尚留蒲草只爲稅銀不可缺故也慈邑頗稱煩冗何必藉此以病民

巡視海道洪　批杜白二湖昔人設以利民豈容土豪佔塞據由具見該縣留心爲民捍災但此重

役也須先估計明確通將沾利田畝派出使多寡適均又當委一廉能官一員有鄉誼者民二人前去督率其事庶公議成而人情不譁仰府行縣遵照先取工用及委官職名報查繳　隨蒙

本府吳　駁查公費到縣

慈谿縣鳴鶴五都耆民洪牢等

呈爲電復官湖等事杜白二湖救旱備澇功德浩大誌號二天驀被豪強循高作田就深掘池侵佔幾半受害人戶旋告旋復屢禁屢佔年無虛日案

積成邱近蒙　陞任鄒太爺速出榜文嚴行禁革
仍面諭本縣潘父母親正疆界相土度形建壩置
閘估計木石物料召集五都糧塘里老再三酌處
逐項定價履畝起徵沾利衆人鼓舞願輸備造文
冊申呈喜逢
老爺廉明仁恕愷悌慈祥保民如保赤子不忍費
財勞力致將估計條款仔細裁正節省通鄉萬姓
心感如傷至德暫勞永逸敢申補牘微忱葢緣價
有官民之别用有公私之分以官價而充公用各
行勉強聽從以私用而定官價諸色執滯不服今
奉明示本縣不敢議復後慮賠累各匠不敢承當
若欲興工將來半途而廢遽欲停止已往前功盡
棄與其恤費而功虧一簣孰若依議而事得萬全
仰叩
爺臺俯順民情上呈司道下督縣官乘此空閒聿
興緊急工程庶二湖垂不涸之恩萬世沾無窮之
惠爲此連名粘結上呈
鳴鶴五都三十里見役里長胡承宗等

今於與
結伏爲電復官湖等事依蒙結得杜白二湖建閘
置壩應用木石物料堪動銀兩俱出一鄉沾利田
畝庫藏毫無干預盡出五都里遞估計每件不可
缺少分毫不敢虛冒公出公用實放實收一舉惠
而不費百姓勞而無怨不致扶同虛捏結狀是實
萬歷三十四年三月　日具結里長
二十六都胡承宗　蔣祿　童勝
童寀　潘清
二十七都戎福　柴宗　羅章
虞文賓　嚴福　陳良
二十八都唐文錦　沈民　宏經
嚴聰　虞昂
二十九都王龍　張英　王喬
陳玉　葉德　俞正　鄭華
三十都翁明　蔣明　王正　洪遜
葉聰　張德文　胡黃信
本府吳　批杜白二湖正宜乘時修完壩閘蓄水

廣濶向與該縣面議詳悉至於工價材料一節原係民間計田均派以民間之物力作民間之活計不得執定官批數目致妨工匠不服有妨大事仰縣委佐二督率定限八月終完繳用過銀數存縣查明不必申府滋擾此繳

潘侯重浚杜白二湖碑記

按志迺縣西北鳴鶴五都率濱海地多瀉鹵田無潮汐之通利而惟山泉之餘瀝於是漢置杜湖白洋湖東西門及雨磯等閘主瀦水以防旱松浦淹

浦古窖等閘主泄水以防潦其區畫至詳也唐剌史任侗宋主簿周常遞為修築杜湖舊分上下塘與白洋湖凡五千四百畝有奇灌田十萬八千餘畝此參伍於水利與田所須僅畧相當釋此無復恃矣故兩湖以重天名云

國朝成宏初猶循舊制嘉隆以來居民之舞智射利者高壑為湖田汙穿為池蕩以佃以漁水利日以淺偪而民失其天由是戈矛相向訟獄繁興余覽復湖全書對簿無慮數百家其理直而壯公案無慮數十人其義正而嚴似足為百世利害計者然而案壘未乾衝命益甚道謀築室迄無成功是何異狐埋而狐搰之也何者惟斷乃有成去害莫如盡往者或未解於董子更張而鼓之說耳潘侯挽綬甫四月廉得兩湖狀白諸上司大宰沈公名一貫者深嘉其善憲副鄒公名希賢者力贊其行郎單騎入鄉上下山坂者累日備知湖之所以利與侵湖之所以害也遂按治而大創之謂侵湖不削田制不復也時禾已穟穟民以秋杪改正為請侯

深知需為事賊立芟其禾而剗其土廓然復湖舊壖而止謂堤塘不葺民無坊也勅令鳩工治石度水之上下而分隄之塘閘如十座具嶄焉若新皆一勞永逸之策也謂小利未革大蠹復萌也為詳覈科額凡鄉所僞稱湖麓二號入冊陞科以備賓興等費者一切報罷而田有定稅湖有定額矣謂畜魚俾利湖其為沼也侯設以厲禁令民間毋得就窪為蕩以施網罟摧颮而無患蛇矣謂守望不峻罔與責成也約湖之溥長募夫稱是為平板黔

量水則以時啓閉防旱潦仍勅巡司巡邏惟謹不愆於素謂界限不飭農鮮知畔也山有石工則採之琢爲貞珉沿湖塘而立者葢一百五十座俾民知幅利而無相淩奪也侯爲兩湖計甚周而擘畫則甚核上不以空文事事下復得漫然以空文藐之而衡命如故耶鳴鶴鄉仕庶圖勒石以識不朽而請於余余曰治湖者其知易乎物窮而變功什利百取諸革猶豫不設以剛決柔取諸夬考中度衷裁以制度取諸節信志以往民忘其勞取諸兌

格彼豚魚民以永利取諸中孚侯於易之義深矣昔史起引漳水以溉鄴特因利以利民我侯袪積弊而全湖則除害以利民夫天下之最難爲者在仍弊習舛而惕於意所聞舉也非侯大勇孰能當之覩沃野而興歌獨在鄴民後哉勒言以識不朽固宜然而自古有亂國無亂民有治人無治法侯苦心立法而畫一守之責當誰屬吾願嗣莅兹土者無忘侯意則一規一隨湖利永賴而法常治吾又願聚族兹土者無忘侯意則與仁興讓湖利同賴而民亦常不亂上下相守以爲世世萬子孫餘澤豈不並受其福哉侯名汝禎字克生桐城人甲辰由縉雲調本邑廉明愷悌有雅量挹之如坐春風而一當民隱竅會卽勞怨不避以身肩之殊績總總而究功兩湖者其一也余不善諛而書事則善覈或可爲異日採風者備諸信史

賜進士第奉政大夫光祿寺少卿前禮部儀制清吏司郎中邑人劉憲寵撰

賜進士第朝議大夫湖廣布政使司參議前翰林院

侍講

經筵邑人韓孫愛篆額

賜進士第中順大夫雲南曲靖府知府前刑部湖廣清吏司郎中邑人李應宸書丹

萬歷三十六年七月　日州判沈承恩

經歷沈　華　阮三省

主簿葉　祥　宓　滄

耆民陳文榮　袁尚忠

樂　恕　方　盛

李　清等仝立

寧波府慈谿縣爲急救民命事蒙
巡按監察御史王　批告人朱惟澤等呈稱前事
蒙批仰慈谿縣查報等因到縣據稱杜白二湖志
額五千四百畝額外山䅣田五百畝澤等亘種輸
稅到今禍被土豪田霸貪佔不憾鼓勢壓告把持
撓斷不分傳買血產一槩混革地方慈華陳繼等
証活殄一方民命蕩滅百竈烟火壯竄老填慘驚
天地縣碍莫剪泣思

大誥有懷保之恩仁臺持造命之柄豈忍生靈受
此荼毒不爲痛心伏叩准勅本縣勘復原田救濟
蟻命陰德倖乾連名上呈等情據此參看得杜白
二湖居鳴鶴五都之上周圍五千四百畝灌溉五
都田十萬餘畝故五都之民利焉湖邊高阜地以
杜湖上流荒地計之約有三百餘畝高二尺許白
洋湖山䅣地計之有一百三十畝高五尺許皆可
田而未陞科者也在五都沾利之民則欲不令其
田以杜其覬覦侵佔之漸而在附近居民則欲因
以爲利而爲地爲無妨也屢禁屢爭文案堆閣萬
歷初年居民墾田五百餘畝有司亦爲之計畝收
稅而五都沈成等告憲改復故前墾俱爲赤鹵矣
本縣親至地所勘得杜湖上流地高二尺湖水雖
不沒然其地低下則因田而漸爲填墾猶可妨也
若白洋湖山䅣百餘畝高湖水五尺謂因田而恐
其填築侵佔誠恐非有驅石填海之神力不及此
豈五都之民爲此不必然之防乎第屢經告禁未
敢輕議理合具由呈請

照詳示下施行

巡按察院王　批以附湖之官地捏爲傳買之血產
奸民朦朧復生厲階利害自有大小胡可徇也近
日餘杭之南湖可爲明鑒仰縣將呈內爲首重責
三十板前詞銷繳

萬歷三十七年三月　　日知縣向

慈谿縣知縣陳　審

審得鳴鶴五都之民命寄於十萬畝之田而十萬畝之收成寄於杜白兩湖之水葢五都江源不接蓄洩無資全賴古人捐田濬湖而旱澇兼濟遺留至今恩至渥也故利垂千載民號二天侵湖者以國法從事憲案炳然無可議矣祇緣湖邊之土最肥而收可數倍近湖之民乃始敢於犯法而侵湖爲田懼其廢也則又混告陞科借名助學以爲靑衿之仰望在此則有司不得擅議此奸民之巧計

也今本府奉有　憲詞而本縣奉有府檄單騎親勘而五都之民遮道號呼自兒童以至皓首無一不以侵湖爲壑額者敢不矢公核實以詳報乎葢身職履勘杜湖自北塘石湫廟始從石湫南有大路一帶路之上皆山路之下皆湖也湖之中有腰塘一帶塘之南有横田塍卽路之上古立滚龍廟爲湖界額諸山之嶴水統會焉而今則半佔以成田矣塍之北有田三伯七十餘畝則皆借名學田而以實豪民之腹者也循塍而西爲大小觮嶴過嶴爲雁山嶺從雁山嶺而過則白洋湖湖之東爲山而西爲餘姚界東西佔湖之田共一百三十餘畝則亦名借於學而利入於豪民與杜湖一也轉而西北抵故塘而兩湖之觀止矣職於是歷覽其形細摹其勢而邇者陞科助學之說始有可得而議者葢前案謂湖之可田也曰內外高卑之辯以爲可據而實不可據也以內外言則北始官塘而南至横田塍皆湖也今田皆在塍之北而謂不在湖之內乎以高卑言則五都之田較湖皆卑三四

尺最下者至尋丈故置爲湖以瀦諸嶴之水而設之閘以禦湖水之奔蓄之洩之各有候也湖近於山而民田遠於山原以高者爲湖安得以其高而遂爲可田也此形勢也而利害更有甚焉者矣葢湖無田則湖之所積者適足以當田之所需故潦不至於滔天旱亦不成赤地湖有田則湖之所流者不足以供田之所酌故巨浸則私自啓之不顧五都爲魚鱉涸轍則故爲塞之誰知萬頃之焦枯干戈相尋而訟無寧日此在沈彥等爲心腹之苦

而在朱七等爲鳩毒之安任其侵佔陞科而不爲
之挽恐非所以垂長利而息訟端也故利當權其
小大而法欲垂之長久杜湖之三伯七十餘畝白
洋湖邊之一百三十餘畝非盡削去以復湖之舊
不可朱七等混佔官湖而巧於射利法宜重懲姑
念田租借名輸助學宮止將朱七羅僧董森從輕
擬杖示警其田悉應改正復湖助學宮費另行酌
議申詳具招解奪

署府事同知梁　批據詳湖之利害昭然在目明斷

詳且妥矣第學田之議無幾頓令翻然一新恐碍
於成議該縣再一酌量之以便轉詳批行

本縣陳　覆議由文

重覆參看得兩湖之形勢利害已該本職歷覽而
詳悉之具在前招不敢贅矣今奉府批酌議惟有
學田助貧之說耳初時本邑諸生紛紛爭擾卑職
曾謂之曰湖中之田必不可有而學中之助必不
可無斷不使爾貧儒觖望也但去疾期於必盡而
姑留漸不可長爲今日計惟設處別項以當助貧
之需則可若稍存田畝以伏侵佔之實則不可蓋
田以學名祇謂其少輸於學而借名學田也非亘
古所遺而不能廢也亦謂其止輸於學而僅名學
田也非國課所關而不能廢也今查杜湖之內歲
有蒲稅銀三十兩先該本縣項下公費不足取以
充數卑職澹泊寡交不敢靡費議將此項銀兩量
助本學貧生永爲定例庶萬頃之重天不致爲奸
民巧佔而寒儒之所待以舉火者亦不以廢田而
遂絕矣若本邑以外則非卑職所應議者也緣蒙

酌議事理未敢擅便具由詳奪

本府楊　審結詳　道文卷并行縣帖

一名朱七狀招本縣鳴鶴五都有官民田地十萬
八千餘畝俱係阻山濱海不通江流古人因蓄洩
無資捐田疏濬名爲杜白二湖共計五千餘畝誌
號重天舊置堤塘碶閘以時啓閉旱澇有濟利普
一方先年有附湖居民先存今故王浩十二童智
一等將杜湖中墾佔三百七十餘畝爲田白洋湖
邊墾佔一百三十餘畝俱欲混入陞科納稅致使

先存今故沈元等歷告　院司道府行委勘悉二
湖利害攸關不可爲田已將王浩十二問徒董智
一等問杖田俱改正復舊訖復至萬歷二十六年
及三十年間又有先卷問結今不在官余隆并先
存今故朱惟澤各因貪利前田又復佔種被先存
今故沈安華等詞告　院道批府行該前任韓知
縣復行勘明改正歸湖問杖招詳發落萬歷三十
一年間朱惟澤與已問結今故童賀等復捏遵
憲陞科裕國救民事詞赴告　本府批蒙韓知縣

查議未結至三十二年間朱維澤等各先零星私
種復蒙前任潘知縣親詣踏勘審明將前田歸湖
問擬朱維澤等杖罪詳允發落立石遵守無容復
佔至萬歷三十八年間本縣奉有
督撫軍門老爺高　明文查理寺湖等田有未報
官者許出首登冊收租出示曉諭間朱惟澤與不
在官解小八等各又乘機墾種前田致被已問結
今不在官沈乾恩等連名備將土豪强佔官湖屠
戮一方民命事詞有先存今故父朱壽五同朱惟

澤等亦具遵憲報墾裕國救民事詞同於本年六
月初一日赴呈
本都院俱奉批仰府查究行勘問沈乾恩等不俟
審斷急將朱惟澤等種稻毀壞後蒙
本府前任太爺戴　牒行　水利通判李　查勘
具由牒蒙覆勘問七與已到官羅僧董森各不合
與已問結在官洪小八今不在官解小八等貪利
湖田膏腴同父同朱壽五各希圖佔爲業用計誑
稱愿將田租助學等語致蒙審斷朱惟澤等所種

湖田丈量盡入該學著朱惟澤等仍舊承佃每年
每畝納稅銀一錢五分單備賑恤貧生支給問擬
沈乾恩棄毀人稼穡徒罪朱惟澤解小八洪小八
朱壽五各盜耕種田杖罪具招於三十九年正月
十五日申詳照擬隨蒙府帖行縣將田丈量得二
湖田共計五百十三畝八分七釐七毫五絲編號
徵稅每年給賑府縣二學貧生并追完各犯抵贖
取具庫收申繳訖沈乾恩因思一方受害無極以
此又與問結今不在官葉愷在官郭靜等備將故

蔑憲案強佔官湖事詞於本年三月初二日赴呈
本都院秦批仰海兵道究報蒙
帶管海道老爺甯　備牌抄詞行府轉行鄞縣江
知縣同本縣向知縣勘田申覆照依先奉批詳遵
行無異招詳依擬發落訖今有在官沈彥郭靜唐
寧方茂等思被七等射利佔湖爲田以致湖水枯
涸妨害糧田關係民生連名以急復二湖以救萬
姓事詞并訐在官解阿僧張四六施恭及省發金
艮於萬歷四十二年七月十三日赴呈

巡按老爺李　蒙批兵巡道查報蒙
海道老爺秦　憲牌抄粘呈詞仰府即將原呈里
遞并詞內各犯嚴提到官并將所呈事情逐一查
審明確有罪人犯依律究招解　道覆審轉詳等
因隨蒙　本府備牌抄詞轉行本縣提審間七與
羅僧董森等連名亦詞投訴蒙縣申詳　本府始
將招卷到縣行間朱七羅僧又具勢豪蔑憲民抄
王土事詞赴呈
本道蒙批仰府并查報行縣并拘七等到官互執

不一又蒙本縣陳知縣單騎親詣杜白二湖細加
踏勘遍閱形勝度量利害明白研審得鳴鶴鄉五
都之民命寄於十萬畝之田而十萬畝之收成寄
於杜白兩湖之水蓋五都江源不接蓄洩無資全
賴古人捐田濬湖而旱澇兼濟西遺至今恩至渥也故
利垂千載民號重天侵湖者以國法從事憲案炳
然無可議矣祇緣湖邊之土最肥而收可數倍近
湖之民乃始敢於犯法而侵湖爲田懼其廢也則
又混告陞科指名助學以爲青衿之仰望在此則

有司不得擅議此奸民之巧計也今　本府奉有
憲詞而本縣奉有府檄單騎親勘而五都之民遮
道號呼自兒童以至皓首無一不以侵湖爲蹙額
者敢不矢公矢慎據實以詳報乎蓋卑職履勘杜
湖自北塘石湫廟從石湫南行有大路一帶路之
上皆山路之下皆湖也湖之中有腰塘一帶塘之
南均係湖額諸山之麋水統會焉而今則半佔以
成田矣南之極爲橫田塍而湖額至此止塍之北
有田三伯七十餘畝則皆借名學田而以實豪民

之腹者也循塍而西為大小鰣鼻過鼻為雁山嶺從雁山嶺而過則白洋湖湖之東為山而西為餘姚界東西佔湖之田共一百三十餘畝則亦名借於學而利入豪民與杜湖一也轉而西北抵故塘而兩湖之觀止矣職於是歷覽其形細摹其勢而邇者陞科助學之說始有可得而議者蓋前案謂湖之可田也曰內外高卑之辯以為可據而實最不可據也以內外言則北始官塘而南至橫田塍皆湖也今田皆在塍之北而謂不在湖之內乎以

高卑言則五都之田較湖皆卑三四尺最下者至尋丈故置為湖以瀦諸嶴之水而設之閘以禦湖水之奔蓄之洩之各有候也湖近於山而民田遠於山原以高者為湖安得以其高而遂可田也此形勢也而利害更有甚焉者矣蓋湖無田則湖之所積者適足以當田之所需故潦不至於滔天而旱亦不成赤地湖有田則湖之所流者不足以供田之所酌故巨浸則私自啓之不顧五都為魚鱉涸轍則故為塞之誰知萬頃之焦枯干戈相尋而

訟無寧日此在沈彥等為腹心之苦而在朱七等為酖毒之安任其侵佔陞科而不為之挽恐非所以垂長利而息訟端也故利當權其大小而法欲垂之久長則杜湖中之三百七十餘畝白洋湖邊之一百三十餘畝非盡削去以復湖之舊不可朱七等混佔官湖而巧於射利法宜重懲姑念田租所入借名輸助學宮止將朱七羅僧董森從輕擬杖示警其田悉應改正復湖助學公費另行酌議申詳具招解奪於萬歷四十三年十一月二十五

日具招申解　本府批據詳湖之利害昭然在目明斷詳且妥矣第學田之議無幾頓令翻然一新恐碍於成議該縣再一酌量之以便轉詳批行本縣覆議間隨據慈谿縣學在官生員徐得名等備具叩原憲案永固學政事詞連名具呈　本府蒙批仰慈谿縣併酌議報又該本縣陳知縣覆看得兩湖之形勢利害已該本職歷覽而詳悉之具在前招不敢贅矣今奉府批酌議惟有學田助貧之說耳初時本邑諸生紛紛爭擾卑職會謂之曰湖

中之田必不可有而學中之助亦不可無斷不使
爾貧儒觖望也但去疾期於必盡而姑習漸不可
長爲今自計惟設處别項以當助貧之需則可若
稍存田畝以伏侵佔之竇則不可藉田以學名特
謂其少輸於學而借名學田也非亘古所遺而不
可廢也亦謂其止輸於學而僅名學田也非國課
所關而不能廢也今查杜湖之内歲有蒲稅銀三
十兩先該本縣項下公費不足取以充數弗職濬
泊寡交不敢靡費議將前項銀兩量助本學貧生

永爲定例庶萬頃之重天不至爲奸民巧佔而寒
儒之所待以舉火者亦不以廢田而遂絶矣若本
學以外則非弗職所應議也具由申詳　本府覆
審得慈谿縣鳴鶴地方四十里江源不通蓄洩無
所漢時居民捐田五千四百畝合力開濬一曰杜
湖一曰白洋湖瀦大小山之㬥水灌十萬畝之糧
田唐刺史任侗宋吴潛嘗濬築之誌書具載號爲
二天此其慮何遠而其澤又何溥也成化正德等
年附湖豪民宓童不一姓往往竊去湫石壞其堤

岸水洩土積傍湖種田至嘉隆年間愈肆侵佔填
高濬弗爲田爲池以致沈郭諸族聚衆阻撓持刀
相向經年久訟歷問斬絞軍徒節蒙
院司道督委府縣正官覆勘屢審斷令改正復湖
不許侵佔作田以啓訟端歷歷案牘炳如星垂至
萬歷三十八年
前任都院高　行文清查寺湖田而朱惟澤朱七
解小八等復乘佔種田杜湖二百七十餘畝白洋
湖一百三十餘畝畝數日增湖地日促始以墾科

告照假公而營私既以奈學備租捐微而圖鉅俾
青衿相率呈爲已業問官狥迹輒翻成招若朱七
等眞可謂兎窟營三虎威狐借者也兹兩湖地勢
高弗利害該陳知縣勘議最詳無庸置喙不及今
復古歸湖則春漲宜蓄之時彼必以淹沒爲患而
決瀉之矣夏旱宜洩之時彼必以車灌爲利而壅
閉之矣十萬八千畝田幾爲赤地五都億萬生齒
何以輸糧勢必聚衆角爭相毆相捽如嘉隆年間
叠傷累控禍安有窮乎夫利不百不必言興害不

百不必言除今以兩湖數百畝較之五都十萬餘畝多寡既不相敵而豪民幾家之工本絕五都億萬之命脈利害又甚相懸何取何舍不待再計而後決者相應盡削湖田鑿深蓄水仍乞
憲飭竪碑湖岸永絕侵佔之端至於學租一節原無額載乃朱七等圖佔湖田爲難拔奸計故歲輸租穀入學以賑貧生陽予陰奪不亦狡乎今該縣議以湖邊每歲蒲稅銀三十兩例爲本縣充費者割充學租貧生既有所需五都生靈亦且再睹重

天之慶豈非萬世一時哉沈彥郭靜等告賞免擬朱七羅僧董森佔湖啓釁各杖示警

一寧波府爲急復二湖以救萬姓事蒙
欽差海兵道副使秦　憲牌蒙
巡按御史李　批道呈招蒙批一畝之湖可灌田三十餘畝而湖佔則十萬餘田無以獲於不涸矣詎細故哉朱七等射利而乃以學租爲詞是地方之有貧生乃以爲民害也而可乎依擬盡削其田而濬疏如舊額至於以蒲稅充學租則該縣之處分婉而盡矣朱七等贖杖仍竪碑詳載湖額及議復詳批永絕侵佔地方奸民再有垂涎生事者從重嚴究如照庫收繳等因蒙此案照先據寧波府招解前來該本道覆審得鳴鶴五都當時居民捐田開濬一爲杜湖一爲白洋湖共計五千餘畝統灌十萬畝糧田啓閉以時旱潦兼濟利垂不朽所從來遠矣後因傍湖豪民竊石壞堤多方侵佔雖屢勘屢斷改正復湖而猶有奸民朱七等智工壞利術足營私復佔種湖田共五伯餘畝始焉混告

陞科繼焉借名充學以故青衿紛紛呈爲巳業而朱七等陰受其科此沈彥等切膚之苦不得不爲之具呈也夫以五伯畝侵佔之田而傷十萬八千之多以數人之奸術而殘億萬之生齒則孰利孰害彰彰昭著誠不待再計而明者委應盡削湖田照舊開濬至於學租一節該縣議以杜湖之內歲有蒲稅銀三十兩例爲本縣充費者割充學租是在奸民不得借充學以肆侵佔在諸生猶得竊升斗以濟貧寒而沿湖之民更得遍沾灌溉以享豐

稔之利仍乞　憲飭竪碑湖岸永杜侵佔朱七羅僧董森本當重懲但念田租借助學宮姑從府擬各杖示警轉去後今蒙前因合行發落備行仰府卽追犯人朱七等紙分工價貯庫其侵佔湖田悉歸舊額仍竪碑湖岸永禁不許侵佔如再有奸民垂涎生事者從重嚴究學租照縣議給出狀庫收一樣二本報道轉繳等因蒙此擬合就行爲此仰縣官吏照帖備蒙憲牌內事理卽追犯人朱七等紙贖銀兩照數解府貯庫仍竪碑湖岸永禁不許

侵佔如再有奸民垂涎生事者從重嚴究學租照縣議追解府給賑毋得違錯未便須至帖者

萬歷四十三年四月　日

慈谿縣委官復湖票

慈谿縣爲急復二湖以救萬姓事除外仰役卽著松向二司查杜白二湖內所佔田畝原斷不許種佃敢有違抗復種者該司速著刈去恃頑者指名申報候本縣卽日親詣查究施行

萬歷四十三年五月　日行

松浦司囘文

慈谿縣松浦司爲急復二湖以救萬姓事抄蒙本縣信票著馮秀仰役卽著松向二司將杜白二湖內所佔田畝原斷不許種佃敢有抗違復佔者該司刈去恃頑者指名申報候本縣卽日親詣查究等因蒙此遵該卑職會同向頭司林巡檢於本月初四日親詣杜白二湖沿湖一帶去處挨坵逐畝將有妨水利佔種禾苗諭令各佃刈拔間詎解僧朱七羅僧董森張四六洪小八施恭余艮等聚擁

攔黨抗拒不服刈拔爲照民乃國本食爲民天若可舍湖爲田

太祖豈肯置於此前項二湖灌溉鳴鶴鄉數十萬糧田名曰二天甚關休戚第今附湖豪右奸黨違禁復種勢必洩水萬一天時叵測旱魃爲災何以拯救若不改正爲湖委爲地方厲階呈乞著令鳴鶴五都沾利里遞速起衆夫及時刈去不惟頓息告端誠爲安民良策卑司不敢擅便擬合呈詳伏乞照詳示下須至牒呈者

萬歷四十三年六月　日

本縣陳　覆審

審得杜白兩湖之水利關五都千頃之糧田其形勢利害已具前招不敢贅矣今據朱七等所呈不過侵湖之念未息耳蓋湖田五伯餘畝計妨糧田一萬五千有奇其害之大小昭然也七等奸民惟知湖土最肥收可數倍稍俟秋成則所獲者便可藉爲經年告擾之資而孰知天時不測水旱無常蓄洩之源已失則糧田其何所賴乎身職所以熟

睹其情形而必禁其佔種也據呈法審未結詳允未示則去留之權正應聽之官府乃招詳業已具申而奸宄猶然佔佃恐非所以爲法也害當權其小大而利必計其久長則今日佔種之田禾非盡行剷去不可若曰姑俟其收則目前之便計也身職獨無人心者而必欲毀其成功乎事關地方利病不敢不直陳惟候裁奪

五都鄉民呈詞

呈乞立碑祠特題

請以永水利以活萬姓事鳴鶴一鄉糧田十萬古[illegible]杜白二湖蓄水救旱嘉隆來附湖奸惡佔湖作田旋告旋佔罰輕無了近蒙前任

見任巡院潘爺問徒改正湖無寸田湖書備載碑詞甚明不十年間奸惡朱七等乘假開墾荒蕩之部文詐准二湖有田無妨去田無益揑作學田濫濟各學貧生縣各有學學各有田空忍一鄉令湖赤幟各縣市恩樹黨毀祠剗碑大肆塡佔不下五七百畝頻年旱乾水溢無救民轉溝瘠扶死控告

天幸　按院李爺明見萬里轉送　爺臺目割額二湖蒲草銀三十餘兩條銀抵補本學勘覆申詳救此一方奸膕　軍門老爺出巡定海抗　憲藐告幸天不行通鄉情切碑祠頌德費派本鄉沾利田畝猶慮見任不得私立碑祠彥等呈稟

爺臺赴鳴　道爺　府爺再控　巡院李爺懇照年前蕭山湘湖近年餘杭南湖事例奏請

旨意樹禁佔湖斬足仍乞俯順下情批允立碑建祠庶法峻奸懾兩湖永清民永安生國課有賴激切

連名上呈

萬歷四十四年六月　日呈

本縣陳爺批　前任潘爺原有碑祠著修復之可

矣不必另立以生科擾

寧波府通判署慈谿縣事梁　爲懇恩給示以杜奸

佔以全水利事案據鳴鶴五都里遞唐彩等連名

呈稱鳴鶴五都糧田十萬八千亘賴杜白二湖蓄

水灌溉誌號二天節蒙

撫按司道竪石嚴禁近蒙陞任

潘陳二爺築塘增閘旱潦有備萬民安堵立祠頌德

今幸

太爺按臨除奸剔蠹必無侵佔但防微杜漸懇求申

飭乘今春耕給示曉諭庶奸豪知警水利得全二

天再覩等情前來據此合行給示爲此示仰鳴鶴

五都附湖軍民人等知悉務遵告示內事理毋得

將杜白二湖仍前佔墾作田以妨水利如有奸豪

不遵示禁故違

憲碑復行佔種者定行重究不貸特示

右仰知悉

萬歷四十七年三月　日給

告示

仰松向二司輪流常川張掛不致風雨損壞各

具結狀繳

唐彩　郭靖　方盛　沈恩　虞昂

杜白二湖對

邑進士念庭劉伯淵著

或問周禮大司徒用任土法辨十有二壤之名物

以瀦蓄水使不泄以防止水使不淫其區畫一何

詳密辨治也後之用事者爭言水利往往令水工

相便宜專自封殖若叔敖起芍陂文翁穿湔口史

起引漳灌鄴鄭國導涇間秦彼其手調川原吐納

之宜坐收名物沃衍之息國以富强名亦附焉邈

難尚矣然而鞅開阡陌悝盡地力迺與水爭尺寸

卒亦傾隣國而雄諸侯則治水之與營田非兩利與曰天下無兩利之理故有交相利而亦相爲害者害者半利者亦半將弋獲焉可也利不勝害則固不得兩持之而與害爭矣王司馬曰利不勝害毋以利冐害害不勝利毋以害掩利勞柴棗曰長民者務圖所以利利民者務驅所以害吾從其利多害少者要在歸福民庶而已或曰異哉今之爲杜白湖計者也割湖身以爲田畝可十鍾如僅僅湖而已倏而旱倏而澇功倍而入不及半焉與其役役於粘天倒漢不可逆料之中孰若畝收十鍾坐享其利之爲得乎而胡紛紛聚訟爲今伹傍山爲田就低穿池以佃以漁兩利而存之何如曰否否諺有之皮之不存毛將安附不有湖也其有田乎不有田也其有人乎夫以十萬八千之賦取給於五千四百餘畝之湖卽不幸有陰陽旱澇之變天不能使之蓄地不能使之害則湖一畝三十畝之藉也積而極於五千四伯細而入於圭泉尾流五都萬家之命也是故不因利於田而捐田以爲

湖不以田爲天而以二湖爲天前人之計慮深矣奈何以隣爲壑曰高可佃也汙可漁也所得在近而所失在遠利在目前以爲必然而害在意外以爲未必然如二天何或曰花嶼非湖乎而胡以鞠爲禾黍雞鳴官田之課其初亦湖也開利孔而散下握利權以歸上誰復議其後者然則杜白獨有異與曰子知二湖與杜白同而不知杜白與二湖異蓋邑治之初開也支流未分導口尙梗故雞鳴苦於內之不出而花嶼急於外之不入自吳潛鑿管江而股引潮水入矣濬雲浦而股引積水出矣故當時秖見有田之爲利而不思無湖之爲害則鳴鶴五都去江河回遠去瀉瀉之海最近遠者不得入近者不可入不得已捐田爲湖以與萬家之聚其此灌注也一勺之益有重於千金安得而與湖爭牛蹄之鱗委命於涸轍又安得而不與湖爭故曰聖人有金城此物此志者則二湖之謂也非可與花嶼雞鳴同年而語也或曰湖之利害前後案墨詳哉其言矣然狐埋之狐搰之苐聞揚湯而

未聞止沸者何曰民之趨利猶水之趨下不以法隄防之不止也葉石南云息爭莫若築堤瀦湖皆水見水而不見田則奸心不生志曰侵田不剗厲階未除今宜盡去新舊開墾湖田則奸心不生夫湖三面距山大塘橫截而杜湖之南山麓壙起誠從其壙起者剗之抵山麓而止從其汙下者濬之抵故塘而止使高者就下與湖為平循山皆湖不留寸土則何揚湯之為慮而抽薪之無日哉或曰傳有云需為事賊故李栖筠復鄭白二渠先毀水磑昔所稱慈儉令如某如某曷嘗不用此哉亡何

而金隄穴矣麓沙漲矣砥平者薦莽矣則又奚法以隄防之曰國功曰功民功曰庸方叔敖史起輩之勤勞民庸也鏤於碑板著為水令豈下勒燕然封狼居胥者哉數世而降墾者洳植者朴要誓約束委於草莽何也當事者牽於利害無能以國視民之庸也或雖國視之而不以聞於
天子其誰信之而誰守之夫二湖水利令得與而不得專令所得專者令為之令所不得專者宜請
兩臺轉叩
九閽尋漢塞宣房瓠子故事俾水歸其壑土返其宅射工之巧伺者諸稗民之憑城社者罰無赦而又量水則慎啓閉固包防樹表掇復兩湖之侵疆垂將來之法戒即二湖萬世常清可也即用周禮任土宜法制三年九年三十年之通亦可也不然而徒紀疆界秖為質劵紀田賦秖為戶冊紀錢穀秖為簿牘紀前後之案墨秖為聚訟於二湖奚利焉此在恤民庸者深長思矣

五都里遞具呈

撫院潘　原詞

呈為急復命湖以救萬姓事本縣鳴鶴五都倚山瀕海不通江源古置杜白二湖灌溉糧田十萬餘畝旱澇有備誌號二天節被附湖豪民巧立名色塡湖作田或議抵補城基或輸粟備賑或挿洄麓字號或充舉人水手俱經　撫按道府裁革旋佔旋禁案積如山向蒙　天臺臨莅親詣踏勘獨斷扒平重修堰閘並修腰塘捐豁蒲稅豎碑刻石湖無

寸田利垂奕世二方永賴萬姓謳歌詎因利壟罪
輕豪民奸謀百出瞰　天　欽召巧借學田名色
妄告陞科復蒙今陞兵部陳　仰體德意力復全
湖不數年間仍借鄉兵名色塡佔七百餘畝裂碑
拆祠毁塘倒閘日塡月塞今計一千餘畝切
國初原無鄉兵增設非制慈邑地非要害設兵滋
擾割萬姓之命湖充數百之游惰二湖日窄豪腹
日肥十旱九荒籲天無路茲奉　天臺福星東照
千載一時急叩法斬羣奸急先禁革復叩悉援禍

根特疏題
請如湘湖斬足事例奉
旨碑禁庶兩湖永清萬世永賴二天永戴激切連名
奔呈
天啓六年六月　日鳴鶴五都里遞
胡承宗
沈　民
阮　信
張　華

虞　昻呈

督撫軍門潘　批
據胡承宗等連名呈稱仰縣查勘果否塡佔
鄉兵自鄉兵安得藉此以逞奸謀卽由報

本縣陳　清復二湖具申　潘撫臺由稿
鳴鶴五都計爭湖田從嘉隆迄今無寧歲具載湖
書中大較議復湖者如熊耳議留田者如兎角利
害前列甚詳不再贅卽　憲條八款鑿鑿舉行雖
千百年無爭可也但沿海百姓其爭時直欲滅此
而後朝食迫其事平千百相睬誰復以一日之力
一抔之土加工於隄塘之上者乎何恠湖水歲以
淺湖地歲以窄夫逐利之民雖窮山深谷猶將田
之剏此唇舌可耕之地而甘袖手其間也然則麓

之號田湖之號田墾之號田浸淫豈緊朝夕之故哉天啓元年前縣有設兵酌餉之議而以湖田六百畝議給鄉兵天啓四年又有捐派加徵之議而以湖田稅銀七十六兩充抵遼餉其意蓋與竈田之溢額天漲之塗田互相表裏嗟夫此輩盜湖爲田猶慮上人之有所制耳自與以鄉兵之名目加之遼餉之標題鷹張虎眎復何所忌日斲二湖昔猶田於山麓之下今已田於深渚之中昔丈勘稱五百畝今延袤又不啻數百畝矣而試還而問此

鄉兵之用曾有稱干比戈之衆乎曾有投石拔距之雄乎不過徒供豪姓之佔藉而已沿海自有衛城防秋舊有汛兵何所用二百二名之傭募爲乎況其涸百姓之泉水以飽一二亡命之谿壑耶故爲今日復湖計鄉兵必不可留湖田必不可不剗沿湖之孔洞必不可不塞併佔田之蒲草亦不可不除查自黃泥畬口三十六畝外杜湖之五百畝白洋湖之百六十畝槩行削去務使山水相連盡復古人五千四百畝之制而後快焉夫縣令猶[illegible]

傳舍豈忍以數百畝膏腴之田一旦蕩爲深源大澤蓋直欲爲二天永杜侵欺之源而兼爲萬姓開無窮之福利害自有大小也不見近日開闢之事不幾成數十年前兇殘之光景乎然從來所以屢復屢廢條禁條開者皆言利之說誤之也故或以奉　明文之開墾而田或以充本縣之公費而田茲又以輸遼養兵焉而田在上者利其錙銖而不忍割渠又惜其豐入多方爲難捨是狐埋之狐搰之耳慈民雖貧奚少每畝毫釐之數貧生即苦寧

哺一方向隅之膏則遼餉與蒲稅何不可蠲之有至不可蠲則何如聽從民便於十萬八千畝之田沾利代輸七十六兩於遼以充加派之額即蒲草三十金業捐賑學宮者併沿納其數然此亦權宜變通之說非確論也或者借此二項以塞後來覬覦之口乎夫然取其腰塘而築之每畝都分築某處若干高厚必倍往昔責堅壞之有所歸也取其碶閘而修之每一歲都輪一人看守蓄洩各嚴所司懼久佔之易生奸竇也壞則與衆議修蟻漏在

所必謹早隨告縣批放夏秋不限常期又著爲令督松向二巡司不時察其盜開孔洞開掘魚池者申行究治塘之內塘之外滿目而皆巨浸從何處見可田之地萬草亦俱朽蓼何處蔓易生之蒲侵佔不期消而自消湖天不期復而自復凡此者皆考之往冊稽之成案參之故老之輿言者也抑卑職更有請焉世界桑海人必山川 憲規炳若傚忽已不遵守以硜硜之末議而能長可恃乎惟憲臺開霹靂手奠不遠謨使二天之湖如漢鄒子故事庶成勞不朽五都居民稽首待命卑職不敢擅便伏惟

上裁

天啓六年八月　日

撫院潘　批二湖屢禁屢開誠爲言利所誤而鄉兵遼餉斷宜裁止爲十萬餘畝永永水利計則修築防守該縣自擊必維得其要領矣仰海道覆議具詳候查寧紹侵佔水利奸徒一併彙題永杜其害繳

爲杜白二湖上海道書縣誌摘入　汪　偉休寧縣人

卑職新進書生到任未旬日不敢輕言因革事宜至於杜白二湖則聞之頗詳有不得不言者黃刑廳署縣事值奸民倡爲佔湖之說又倡爲助餉之說彼此訐告都院蒙批在縣審結佔湖之說其議甚長助餉之說其名甚正未有不行者而卑職竊謂不然也夫天下之事利權其大小害權其輕重百頃之湖利與十萬八千之田利孰大孰小無百頃之害與無十萬八千田利之害孰輕孰重況古人捐田以爲湖而今人塞湖以爲田豈古人之計利害固不及今人之計利害耶何以民至今感之名湖曰二天而縣至今祀之春秋不忘報耶卑職初在京時會在京諸大老請問邑中利害何事關係最鉅禮垣阮公旭青曰敝邑之事利無過於開杜白二湖害無過於佔杜白二湖授書二冊歷來相爭積案已結復奉聖旨永禁者意謂招案既如彼明旨又如此豈敢復有異說一旦不料奸民敢冒禁背旨剌剌不休卑職已將前情備陳於刑廳而

奸民又復請之踏勘夫田之受旱在五六月間湖之貯水亦以五六月間今隆冬水涸有何可勘不過以此時湖乾見底可以開墾使其說易行耳若改期明年五六月踏勘則其說不攻自破矣夫湖之通塞是地方第一件事卽卑職到任第一件事伏將前案批縣問結仍大刻聖旨於石示左右居民冬間開淘使深夏間貯水防旱此生身之源而不教當自行者則十萬八千所養之老穉男女皆台臺所推食而生之者矣地方幸甚卑職幸甚

海道蕭　批仰府查批詳事理備細覆議妥確具由詳道覆酌轉詳行縣查照

本府王　批仰縣卽將該縣所申佔復杜白二湖田地緣由備細覆議妥確作速具由申府以憑覆覈轉詳施行

五都里遞具呈　道府詞

呈爲遵制恢湖叩鼎　院疏永活萬姓事痛慈鳴鶴五都十萬八千糧田逼濱山海不通江源亘制杜白二湖灌漑旱澇有備誌號二天　國課民命

全賴近被附湖豪民竭萬姓之膏漿肥數家之粒食掘池塡田毀塘倒堰佔種滿湖阻撓水利旱則閉閘揹水五都點滴不沾豈惟竟畝焦枯抑且渴喘立斃澇則以隣爲壑高原盡屬滔天奚特禾腐民莩登時沉屍相枕枉費三春力耕徒成一路號哭以致人情洶湧計迫操戈爭水相殺絞斬不避歷告縣府道院節蒙禁革案積但嗜利入髓藐憲如芥非奉

天朝三尺禍根不斷天幸前縣主今　撫院潘老爺

福星載照控送本縣陳爺改正詳奪轉送　爺臺
伏叩按法嚴剪鼎　院特疏照蕭山湘湖餘杭南
湖斬足事例欽
旨鐫珉共除萬姓禍殃同垂不朽鴻恩庶訟端立杜
民生帖席灑血上呈須至呈者
天啓六年　月　日五都里遞胡承宗等呈
本縣陳　覆詳　道府文由
覆看得鳴鶴五都地濱海滷無江湖灌漑之利古
人義捐田五千四百畝築爲杜白二湖以萃諸山

舉之水凡五都十萬八千畝之田咸待潤焉誌號
二天谿來遠也人力不施腰塘日壞沿山布下湖
地灘起嘉靖年間始有惢童等姓因而侵耕爲田
者矣沿海居民從而爭之遂至鋒鏑斃命數十年
來訟無寧日局幾屢更禁者不勝禁復者不勝復
干戈相尋蜩螗弗已非邑之福也卑職前報申
院蒙准疏　請再行查覆豈毋其詳其慎纖毫未
確有難上聞者乎越人盜湖爲田是其通智宋曾
南豐之湖議中郎如五都侵佔多端前經禁革者

不具道天啓元年以湖田五百餘畝給鄉兵二百
二名天啓四年復以湖田科稅七十六兩湊抵遼
餉加編夫豈以二百二名塵飯土羹之衆有資於
邊海緩急之用乎又豈以七十六兩之數有補於
慈民毫忽之需乎湖禁森嚴不借兵餉絕大名目
不足以糊前人議定之案又借口公家使後來當
事者難於動手庸知論　國課則較多寡五百餘
畝之輸與十萬八千畝之輸孰多論利害則擇重
輕割五百餘畝之利與全十萬八千畝之利孰重

不待智者而較然已且此輩盜湖之弊尤有可髮
指者湖中地極膏腴每一畝歲可當他田二年之
入故彼一意而力於斯爲澇則懼水渰沒恣意偷
泄旱則利水車灌覇截上流又其傍湖而居所耕
種者皆附湖之田每三數畝輒鑿開一孔洞任情
洩水時時有灌故雖旱亦不甚畏夫山林不能供
野火江漢不能實漏巵曾藪積之幾何而供此種
種弊竇一當焦金爍玉之時名雖告縣批放而沿
海三十餘里豈復有一滴之沾乎誌云一畝水灌

三十畝田蓄必有貯五千四百畝之水而後可以溉十萬八千畝之田者也今湖水日以淺田日以漲蒲草日以長魚池日以開掘從今不盡行掃除二湖將安所底止矣勢必爭爭而不已必殺孰爲爲之孰致致之慈阡陌魚鱗自可以供公賦何取於窮源竭澤以贍惟正之供縣官清釐節約亦堪以備應酬何假於別竇之旁流而給公家之費矧鄉兵徒恣豪右之虛名加派實爲宇內之通行奪諸彼以與此惜小利而釀鉅害此亦撫土者之所

深痛也今五都之民悉三尺至六尺無不願於十萬八千畝之中沾利代輸遼餉七十六兩并蒲草稅三十兩亦足以見民情復湖之切矣其可從與否聽 上臺裁處耳若夫築堤塘修碶閘相旱澇嚴啓閉前規具悉俟臨時酌用不敢贅事關疏請謹爲據覆申詳緣蒙前因擬合具由申報爲此縣司今具前由伏乞照驗施行

天啓六年十月　日由

五都生員上 督撫軍門潘 呈詞

寧波府慈谿縣鳴鶴五都沾利生員沈嗣姬沈運明童正謨陳大雅張有聲阮震龍沈嘉登沈世德等呈爲懇恩特疏以復全湖以活萬民事鳴鶴五都海角窮崖江潮不通古置杜白二湖互資灌溉一方生命攸賴附湖屠豪墾田自肥巧立名色如議補城垣備充水手及揷湖麓字號歷經告憲屢革屢佔前蒙 天臺泣慈親勘利病洞悉民艱濬水增塘設碶建閘萬姓沾恩家歌召杜豈惡乘天

欽召茭根復萌假充學田嗣後復揑鄉兵種種罩佔一千餘畝澇則洩水佃種旱則揹水私灌一反艮規萬命立斃天幸望正切於雲霓見獲遂於衮舄遐邇騰歡蠉蠕丐澤伏叩速賜禁革斬絕禍根借鼎疏於 彤庭永天制於不朽特本達 闈使吾民世飲湖水而代含 帝力爲此翹恩激切上呈須至呈者

五都生員上 海兵道蕭 呈詞

寧波府慈谿縣鳴鶴五都沾利生員沈嗣姬沈運

明馮奎英柴翹杞俞逑阮臨亨沈世德等呈爲遵
制恢湖叩鼎院疏永活萬姓事痛慈邊海五都拾
萬捌千糧田自漢至今藉灌杜白二湖築塘建閘
旱澇有備誌載邑乘號爲二天國課民命攸賴近
被附湖豪虎負嵎射利剜肉自肥竭萬民之膏樂
培數家之粒食掘池塡田毀塘倒堰佔種滿湖阻
撓永利旱則閉閘捐水五都點滴不沾豈惟竟畝
焦粘抑且渴喘立斃澇則以隣爲壑高原盡屬滔
天奚但不腐民苧登時洸屍相枕枉費三春力耕

徒成一路號哭更仗神鑽巧妬逞奇兵於六出動
肆奸詞悍鬭藐成案於屢翻以致爭水相殺絞斬
不避非奉　天朝三尺禍根曷時得止天幸前邑
侯今撫院潘　福星再照控送本縣陳　改正詳
奪轉送　天臺伏念　君門萬里欲控訴而無繇
父母孔邇抱疾痛以長呼泣叩轉文鼎院特疏達
闕照蕭山湘湖餘杭南湖斬足事例　欽旨鐫珉
庶訟端得杜恩垂不朽哀哀灑血上呈
署本府事推官汪　詳　道申文

看得杜白二湖之水漑十萬八千之田五都共依
爲命此二天所由號也顧復湖之議案纍如山而
究成道傍之築者總爲科田誤耳蓋陞科之端一
開則謀侵之名轉巧如抵補城基之後變而納籽
粒再變而輸學租近又變而曰納遼餉曰充鄉兵
種種名色甲禁乙開獨計昔人捐田爲湖者謂何
今反樂其壅而墾之爲利惜百金有限之入貽一
鄉無窮之害乎故爲今日計洵非盡削侵田不可
而欲永爲杜侵計非題奉

明旨不能此里遞胡承宗等所爲引餘杭南湖蕭山
湘湖二湖而切陳籲者也雖山谷民情似不敢有
煩題　請要以復二湖之舊便可息數十年難息
之爭救十萬餘之田卽可活數十萬人待活之命
關係亦自非細也比例舉行將二天永賴而澤流
億禩不泯矣
海兵道蕭　詳　督撫申文
覆看得慈邑鳴鶴五都襟山帶海河流阻隔故內
有田十萬八千餘畝惟藉水於杜白二湖湖瀦則

旱澇有備俱爲沃壤湖淤則灌漑無資遂成焦土
是湖之興復關係非渺然而復湖之議旋興旋阻
總爲佃田必陞科以急供上今其名色餘不暇論
卽如給鄉兵見已議革學租亦屬緩務至急莫若
遼餉而奉
旨原行加派況均之通邑每畝不越厘毫何必欲取
給于湖田而以通邑至微之賦役重困此一方民
甚無謂也是湖之應復已如此今爲復湖計亦惟
縣官不憚勞瘁不避怨嫌單騎親詣其地按之冊

籍詢之里遞務清出此湖從來界址凡有佃田不
論新舊盡行開削無留一隙自此築塘置堰次第
舉行是復湖之略又如此至於事關因革藉本
都院俯順人情特賜彙　題立石垂禁庶豪强不
敢覬覦水利永永不朽是在運掌間而萬家更生
矣
督撫軍門潘　批
二湖成案如山而奸民敢于侵佔總由無識縣
官餌陞科之蠅頭釀害開爭今該令洞然矣該

府所謂非盡削侵田不可此除根之論也業已
具　題計日下可達
睿照矣得　旨嚴禁爲一方永賴惟該道終之此繳
浙江巡撫潘　會同　巡按徐　題　請禁湖疏稿
一本爲水利之禁當嚴謹陳其槩仰祈
聖鑒以杜横佔事臣聞有利不興有害不除百姓何
以安其性命之情而長人者何以稱塞仰副
朝廷爲民設官之意但山野横民騖利走險公然捍
網非　雷霆震懾則禍胎何以永杜故臣等受事

以來凡兹兩浙民生利害所以防奸横之侵佔者
不敢不冒昧陳之謹會同巡按浙江監察御史徐
仰瀆
天聽盡爲二湖水利查得寧波府屬慈谿縣鳴鶴五
都民田十萬八千餘畝不通江潮歲苦乾旱有杜
白二將軍者捐田爲湖漢唐宋以來先後修築蓄
水灌田故湖名杜白又號爲二天爲十萬餘畝之
田保命于此也豈意嘉隆以來近湖奸民倚衆恃
强將湖田擅自開墾耕種五都之民受害非一年

矣乃府縣踏勘之案京設三院歷禁之令不遵揆
厥所由則以藉湖開田籽粒納官或爲公費或指
行學救貧或假鄉兵抵餉名色縣官濡忍不斷以
致奸民眈眈盤踞强佔夫古人開湖以澤物而今
反佔湖以厲民乎在昔一畝之水足灌三十餘畝
之田計杜湖原廣有三千七百餘畝白洋湖凡一
千七百畝以茹納衆山之水故湖下五都之田灌
漑收成而　國賦有賴若湖水淤塞惟是區區籽
粒以小利而忘大害且爭訟不休禍根不絕是誰

之愆乎今知縣陳　業已洞晰源委爲民請命毅
然任之革除籽粒矣所慮禁不嚴則奸竊發防不
密則害難除修築不堅則大利難永惟明示民以
此寸土尺地皆屬官產向來開田掘池一槩爬平
此後若有勳豪栽一根苗動一塊土必誅無赦可
也侵佔官湖已爲法所不宥況强梁蜂湜而貽害
千萬民尤難以姑息坐視耳至于修湖之欵其要
在築舊塘也增湖閘也塞塘洞也簽閘夫也正疆
界疏河道宿湖水除蒲草也此縣官督率五都民

一勞永逸之事若佔湖居民已往之罪姑宥方來
之惡必懲
天語申飭刻石永載臣所謂水利之禁當嚴者此也
伏乞我
聖明俯採臣等所言立賜　俞允勅工部申嚴二湖
之禁轉行臣等永杜奸暴侵佔庶橫民斂跡而仰
戴高厚獨百姓已哉奉
聖旨杜白二湖蓄水灌田不許侵佔著勒石永禁
天啟七年六月　日

浙江巡按徐　會同　巡撫潘　具題奉
旨嚴禁告示一道
寧波府慈谿縣爲水利之禁當嚴謹陳其槩仰祈
聖鑒以杜横佔事奉　本府帖文蒙
欽陞太僕寺卿仍管浙江鹽屯水利道事戴　案驗
奉　督撫軍門張　案驗准　工部咨前事都水
清吏司案呈奉　本部送工科抄出巡按浙江監
察御史徐　題稱臣聞有利不與有害不除百姓
何以安其命而長人者何以稱塞仰副

朝廷爲民設官之意但山野横民鶩利走險公然捍
綱非 雷霆震慴則禍胎何由永杜故臣受事以
來凡茲兩浙民生利害所以防奸横之侵佔者不
敢不冒昧陳之謹會同巡撫浙江右僉都御史今
陞任候代潘 仰瀆
天聽蓋爲二湖水利查得寧波府屬慈谿縣鳴鶴五
都民田十萬八千餘畝不通江潮歲若乾旱有杜
白二將軍者捐田爲湖漢唐宋以來先後修築蓄
水灌田故湖名杜白又號爲二天以十萬餘畝之

民田係命于此也豈其嘉隆以來近湖奸民倚衆
恃强將湖田擅自開墾耕種五都之民受害非一
年矣乃府縣踏勘之案空設三院屢禁之令不遵
揆厥所由則以藉口開田籽粒納官或爲公費或
指行學濟貧或假鄉兵與抵餉名色縣官濡忍不
斷以致奸民耽耽盤踞强佔夫古人開湖以澤物
而今反湮湖以厲民乎在昔蓄一畝之水足灌三
十餘畝之田計杜湖原廣有三千七百餘畝白洋
湖凡一千七百畝以茹納衆山之水故湖下五都

之民灌溉收成而 國賦有賴若湖水淤塞惟是
區區籽粒以小利而忘大害且爭訟不休禍根不
絶是誰之愆今知縣陳 業已洞晰源委爲民請
命毅然任之革除籽粒矣所慮禁不嚴則奸竊發
防不密則害難除修築不堅則大利難永惟明示
民以此湖寸土尺地皆屬官産向來開田掘池一
槩爬平此後有動一塊土栽一根苗者必誅無赦
可也侵佔官湖已爲法所不宥況强梁蜂逞而貽
害千萬人尤難以姑息坐視耳至于修湖之欵其

要有八築舊塘也增湖閘也塞塘洞也簽閘夫也
正疆界疏河道宿湖水除蒲草也此縣官督率五
都民一勞永逸之事若佔湖强民已往之罪姑宥
方來之惡必懲
天語申飭勒石永戴臣所謂水利之禁當嚴者此也
等因奉
聖旨已有旨了該部知道欽此欽遵通抄到部送司
奉此又奉本部工科抄出浙江巡撫右僉都御史
今陞任候代潘 題同前事奉

聖旨杜白二湖蓄水灌田不許侵佔著勒石永禁欽
此欽遵通抄到部送司奉此相應咨行案呈到部
擬合就行爲此合咨前去煩爲遵照
欽依內事理轉行司道府縣一體欽遵等因前來准
此擬合就行爲此案仰該道照案備奉
明旨內事理卽便移行該道轉行該府縣將杜白湖
蓄水灌田不許侵佔仍勒石永禁等因備案到道
備行仰府行縣查照備奉
明旨內事理卽將杜白湖蓄水灌田不許侵佔著勒

石永禁違者嚴拿解究毋得違錯等因奉此擬合
給示曉諭爲此示仰鳴鶴五都居民等知悉遵奉
明旨內事理卽將杜白湖蓄水灌田不許奸民侵佔
著勒石永禁如違定行嚴拿究解仍候本縣不時
親勘施行須至告示者
天啟七年十一月　廿七　日給

撫按題　請永禁兩湖總議

夫牧民之長撫馭一方誰無興利除害之思而利
一害百非生斯長斯者疇悉其隱吾慈北鄉鳴鶴
五都濱海逼山延袤數十里粤稽古府縣誌載自
唐宋則地以來生齒日繁人物漸盛其間科第流
芳者代不乏人而於今我
明歷啟樹駿流鴻更英英未可涯量由今思之迺天
造非人力也此土亘有杜白一帶三面距山古人
北置一塘盡豬諸山之水名爲兩湖曰白洋曰杜

湖山水相涵靜影澄碧實鍾靈秀以挺人文雖然
此猶術家形勝之說耳蓋五都粮田統計萬頃去
江遠不得般引江潮海又鹹不可灌古人捐田爲
湖歷唐宋遞加濬築以迄于今號爲重天兩湖之
利蓋宏遠矣哉迨嘉隆間附湖一二奸民見小利
而忘大害傍高作田漸復鼓衆效尤互相呼應日
加侵佔以滋其害田愈廣害愈大甚至巧立名目
計圖不拔抵補城基輸償籽粒賕編湖麓字號鑽
入賦役全書借充舉人水手假托鄉兵工食助學

田供遼餉逍計百出托名非一覗　府縣之明禁
司道之　憲禁　撫按之立石永禁舉若弁髦
經年累月訟不可了所以然者良由覬覦之人窟
而防禦之人踈一人一家之事視爲關切而千萬
其人百千其家視爲泛常故也凡值官府更代輒
爾借題翻局掩耳盜鈴此中利害什伯倍蓰殊隱
而難見無論刁頑嗜利肆螯卽居壤去湖漸近未
親被其患亦且臨波楚歌而況　邑父母新涖茲
土民瘼未周土俗未諳一旦巡行其間徒見彌望

高腴似可裕民足用而又烏知目所未擊身所未
嘗數十萬生靈之大害卽從此小利中釀之也哉
大抵奸民屢挪此舉亦第起于趁空乘機而圖已
之利勢不得復顧人之害圖一身一家之利勢不
得復顧千萬人之害方澇之藉湖也當諸山之衝
以爲藏墟之谷而佃湖者苦水多輒偷洩毀塘以
致五都萬姓之田奔流千頃方旱之藉湖也受萬
水之輸以爲建高之甕而佃湖者慮水少輒措水
閉塞以致五都萬姓之田焦土一望切身之痛不

世之患所以百萬生靈不愛髮膚不惜貲費甘冒
鼎鑊羣而殉之豈曰得已顧是非久而自定邪正
數常不勝歷數十年來余髮未燥每見吾鄉父兄
長老廢寢忘餐憂心如焚嗟嘆不寧歲丙寅幸逢
石乳潘太公祖巡撫兩浙公嘗舊令吾慈利害
洞晰釐剔永禁一見鄉民復有呈告心甚痛之輒
會　按臺徐太公祖　海兵尊蕭太公祖署府事
四尊汪老公祖　縣中尊陳老父母互相籌議爲
民除害并爲民除不可之害合詞題　請幸

聖明俞允勒石永禁此後奸民庶造釁無端葛藤立
斷得與蕭山湘湖餘杭南湖並垂不朽矣嗟夫古
人捐田爲湖者何意今必欲湖而田之所利幾何
而貽害無窮若此是亦聞夫文忠公治河之議乎
古者河之側無居民棄其地以爲水委今也隄之
而廬民其上所爲愛尺寸而忘千里也今而後
嚴旨之下誰復敢以身膺不赦之誅而爭此錐刀之
利者哉此一舉也是誠數萬姓之幸也夫是亦數
萬世之幸也夫

皇明崇禎二年歲次己巳仲秋吉旦

邑後學沈履祥其旋甫謹識

遵

旨奉　憲爬平湖池本末開后

崇禎十六年十月內附湖土豪樓得樞項敬等開

掘湖池大妨水利五都里遞沈安等具呈

海兵道盧　原詞

呈爲憲斬滅旨佔厝事民害厝民亟籲轅門本縣

鳴鶴五都粮田十萬八千畝全賴杜白二湖蓄水

灌苗計湖一畝灌溉粮田三十六畝該號二天屢

佔屢復向蒙撫臺潘　特

疏　題准奉

聖旨杜白二湖蓄水灌田不許侵佔著勒石永禁欽

此欽遵湖書碑記歷炳突出訟虎樓得樞起滅橫

潑告案山積前任府主張　釘發枷示永不許入

郡城詎惡漏網愈肆滅　旨蔑　憲兜塘角杜湖

內掘池二口築塘堤水養魚霸截水利湖外塡佔

官河數十丈壅淤水道搆腹項敬白洋湖內塡築

兜襟今年旱極放湖水壅不流延海一帶併觀海

衛地方顆粒無收國課無抵萬姓寃號罪歸里遞

泣思一夫發難勢必無湖下控勢鈐非　憲莫討

伏叩　青天霜肅親提委勘擄

疏內事理揷一株苗動一塊土必誅無赦刑一警百

永清二天激切連名泣呈

崇禎拾六年十月　日五都里遞沈　安

阮　信

裘　瑞

柴　宗

沈　恩等　呈

蒙

海兵道盧　批　仰府察報　隨蒙

本府陞　發慈谿縣署印同知王　踏勘改正招

詳

署縣事寧波府同知王　覆詳

本府併　海兵道盧　招詳

審得樓得樞項敬杜白二湖畔居民也兩湖綿亘漫衍環接五都之壤所廕注田拾萬餘畝誠通鄉一大水利也第廣而不深每有奸民成田妨水之患天啟陞年　潘撫臺先以慈令起家乃准慈民

請特

疏　題禁已得明

旨且勒之石迄無有敢犯之者久矣得樞乃敢于湖中開挖魚塘自一而二復進而四一作俑而效尤者比比更有甚焉者矣項敬則于臨湖　田割築堤岸夫公湖無主也魚塘則有主併水不歸公矣田堤雖亦湖岸也然堤廣亦隘湖而矣防微杜漸以此謂之侵佔也詎特誅意不已有其事也共湖千家勢力寧無大于樓項者長此安窮將不至盡湖割據不止者水利于何有五都能不公舉耶本廳親勘其地樓項之魚塘堤岸私築是實第望中之爲堤爲塘者更不可指數明

旨永禁之謂何又豈法之可逭也哉合斷得樞堤塘卽今自行挖毀與湖底平　項敬新岸止留舊土其新土一并劃去外二湖之中凡有魚塘及幇田崖者悉著五都地方里保從公一槩刬平不許容留抔土寸堤痕跡以爲後來藉口庶本湖之明禁已申而水利共有永濟矣得樞項敬滅

旨破禁專利倡奸律以王章幾同亂首罪亦何可勝誅也姑念愚民且有前此宓貫之例在也仍擬徒懲以垂侵碍水利之永鑒招解

署慈谿縣事　寧波府同知王　爬平湖池告示

一道開後

寧波府海防廳署慈谿縣事王　爲嚴清水利以

申永禁事炤得杜白二湖蔭注廣遠奉

旨禁佔以公灌溉蓋自崖以至中心從湖面以及湖底點滴皆關通鄉血脉誰敢違禁作奸以私勺水亘古以來嚴且重矣近有射利奸民假以開掘魚池爲名從中深挖塘底圈壘塘堤故令高不出水以隱其形深倍于湖以厚其蓄迨至水落堤出藉

口各人工力之說魚利入不得問水利併所自私致衆乾暵而已獨潤此誠不佔之佔專利害衆莫此爲甚者也茲以湖民樓得樞重犯此弊本廳親行踏勘得樞之掘塘壘堤罪案已明但一望湖中井井多塘爲得樞者不少總以一人作俑衆悉效尤從此若不嚴行清禁則近湖有力之家人盡私

塘公于何有將煌煌

天語之謂何而十餘萬粮田不坐困耶爲此除將樓得樞臨湖責治仍行究擬外合著落五都地方里保通行清察二湖之內凡有私塘私堤不論誰人所開憑衆盡行掘毀不許容留一口併留堤塘形迹削高塡低與湖底取平庶俾盈則俱盈涸則俱涸令湖水無別洩無曲防庶爲二湖大公之溥利也如掘毀之時敢有出身抗阻或私庇存留者許衆即時扭結到縣以憑重責究擬之外仍行枷示

湖邊以重

明旨申禁之令決不姑恕自後永爲遵守毋得再犯致衆公舉即如往者恣貴事例徒取重坐悔無及

也爲此嚴行申禁須至示者

崇禎拾七年貳月　日　發湖所張掛

淸復杜白二官湖後跋

杜白二湖古稱二天蓋五都民命所係者制湖之初盡山麓而爲之原不留田豈無見哉有田自沿湖諸民侵之也沿湖民命比五都民命多寡若何而欲以曲庇沿湖之民貽害五都之民亦左矣非見之左也予所謂見牛未見羊也惟湖爲五都之民而設故稱二天天之所覆者廣也若沿湖諸民何足以稱二天觀二天之說而侵湖者可罪矣奚庇之爲蓄花羊不與子貢之去羊予以爲湖不作

田則湖利未絶若以爲山麓任民作田則湖制既廢湖利莫興而五都民命其無望矣都人士彙集利弊始末

憲語名言勒爲全書其存羊意乎予昔著二天永久之議今復贅數言末篇以見是湖也決不宜狥數人之言以害五都之民命云

賜進士出身中憲大夫四川按察司副使邑人葉應乾謹跋

乾隆二十五年建縣城

復湖勒石跋言

天子方惻然重農也

憲宗丁卯歲從浙江撫按復湖之

請下工部議曰杜白二湖夙號二天天無雨則山童澤枯下民其癉二湖其雨乎復之亟旋奉有

杜白二湖不許侵佔著勒石永禁之

聖旨自是鳴鶴居民歡然如時雨降也而庀工勒石則在崇禎之二年時撫按趣本縣親督五都人士從湖濱金仙寺等處徧立之石煌煌

天語昭示士民其誰弗恪遵以逭禍譎者而通鄉所輯湖書亦以告成夫旣勒之石焉用書書以書事書時書地書官而即以書夫勒石之所繇來者也書之壽也有如石是不可以不書雖然天王正月春秋大義四字盡之冠書以

旨

天子言之矣臣下復何言如以其言也前玆誌載既詳且析吳父臺一洲有三不可聽之說曰謂高阜無妨水利者欺罔之說也抵補城基虧折錢粮者

影射之說也墾佔已久豈忍遽棄者姑息之說也
潘父臺石乳有興革事宜八欵曰築舊塘以廣茹
納也增湖閘以免淤塞也堅故塘以防偷泄也革
閘夫以省工食也正疆界以杜侵佔也疏河道以
過外流也宿湖水以除積弊也除蒲草以杜湖害
也陳父臺元素有兩湖地勢高卑利害之勘議曰
利權之大小法宜立之長久非盡去侵田之不可
也陳父臺亶洲有盡復古制之確議曰爲今日復
湖計務使山水相連復古五千四百畝之制而後

快也鄉紳馮司寇貞所馮都諫緯川顔侍御冲宇
劉少卿行素方伯修吾葉憲副石南劉憲副念廷
諸先達有二湖永久議杜白二對重淸二湖碑記
二湖總議有曰一畝水灌三十畝田蓄必有貯五
千四百畮之水而後可溉十萬八千畝之田也有
曰侵田不削厲根不除無異狐埋而狐搰之也有
曰息爭莫若築堤滿湖皆水見水而不見田則奸
心不生也用綴簡編燦然心目又何取奉
旨之後詞之重而筆之複耶愚亦可毋多言然有不

敢不奉揚恐後者惟此臣子稱
天之大義欲令居其土飲其流者尊
天誦
聖而共食其福毋犯其禁已耳春秋一書特嚴乎亂
臣賊子而亂臣所繇起始於一念之爭奪今夫祖
父貽厥成業凡子若孫堂搆菑畝於玆侯伯侯亞
式飲式食如樽斯衢莫敢私者不順之子私攫而
杯羹焉卽羣起而訟之曰逆况夫以十萬八千之
戸口之繁多也而懸命于湖泉之一沫而此一沫

者又從南江斷綆東海斥鹵中湜湜其流者耳誰
非生命誰無父母而奸豪悍然杯羹之豈
聖世所曲貸乎向來湖事之壞不關水土而在人心
水土之高下可以平衡人心之浸淫譎於陵谷壞
堤專利背古法而害大公始爭之以鍬耜繼爭之
以軀命及爭之不勝而飾名惑聽蜩螗不休苞苴
無忌偃云幇公費偃云贍學租偃云納遝餉偃云
充鄉兵偃云願輸穀賑濟偃云廿折充水手種種
名目不過大家播弄作一場斷壟計耳於

朝廷曾何分毫利焉而且置此五都生靈於何地耶其爲禍亦甚烈而度諸時數正在剝極必復之候矣不覩雲陽練湖之事乎墾田充稅之說幾爲言利小人所誤幸遇

皇上軫郇民瘼估湖爲田者罪無赦民獲安堵而河運亦賴以疏利無梗滯竊計練湖一水櫃云爾流注呂城京口不越襟帶間利害攸關尚煩

聖慮若以視十萬八千畝之賦取給瀆海之窮黎即得二三練湖未足爲多寧涓涓杜白遂足饜五都

之渴飲乎然悉心民隱者之所能深求而幸於

聖明之時適新勒石之舉也五都屢苦旱澇蹙蹙救餓無寧日自立石後歲凡五稔農樂勤動士知禮讓彬郁之氣蔚爲簪組藹然稱敉寧之盛治斯亦見召豐集慶之非偶然矣而說者猶有日後犯禁之虞是大不然未奉

聖旨之先湖其水也水柔則人爭濡之今且禁嚴於火矣誰其狎以自焚其身孔子成春秋而亂臣賊子懼大義存焉耳讀是書者其必有凜然而知恩者乎

崇禎八年冬日工科都給事中阮震亨謹題

重築杜湖堤閘記

慈邑三鄉以江爲灌漑而北鄉仰給於杜白二湖湖廣五千四百餘畝創之自漢而唐宋以來因而葺之至明而大壞矣當是時其鄉之僉憲葉公應乾著培堤之議堤若干丈以田畝會計之每若干畝築一丈每丈基廣六丈頂收四丈中丞潘公汝禎莅慈踵而行之列八款以杜其弊而堤閘嶄焉一新湖之得以延至於今者繫二公之力也

國家承平日久雨暘時若百姓因循玩愒而當事者又

莫肯加之意於是堤閘自就傾頹其近堤者憚於力挽多穿堤以浥注近閘者貪饞漁利復穴閘以網羅余雖厲設之禁督以及時修整而旋修而旋廢溢雨涸晴慨其嘆矣當明嘉隆之際湖之不廢也蓋無幾余觀其下之所訟與上之所禁者亦綦詳矣而受病之原卒莫之及一勞永逸之謀自僉憲而始發至中丞而始定豈非民不可與慮始而可與圖終哉功不什者利不百由今之勢以治今之湖非曠然一大變不爲功而耆紳葉坦園慨然以閘壩爲已任與其鄉人沈成蛟葉永昌王名揚等謀曰治湖不治堤猶無湖也固堤不固閘猶無堤也侯屢以堤閘爲言閘壩吾勉爲之堤按畝以築可乎即日集議於邑之金仙寺議成走告余余曰此守土者之責也皆曰民之所利也其敢以勞侯余無以奪而移鳴鶴場蕭大使共督之堤亘十一里有奇高廣若干堤上以石溝過水俾不得復穿也閘三曰東門張郎西碶高廣若干板三道俾不得復穴也壩二高廣若干一基於舊一新增焉

嘉慶二年十月始至明年三月而落成事莫難於創而不可以無因也今之所築者因乎僉憲與中丞也雖然僉憲以故堤或高或低則尚有高者可因也今則低者且坍矣中丞革閘夫之款曰有閘而無板有板而無土則閘固可因也今則並閘之材而或毀矣且僉憲以畝計築而中丞於工費派之沾利之田其或不能無擾歟豈若今之分甲以立界民不譁而事以集而甃石椿木之材一不以煩民余欲捐俸以倡而亦無從也是則昔之創也

乃其天也而今之因也蓋其創也可不謂之難哉嗟乎僉憲之立議也名曰永久其固有望於後之續而終之乎葉君不惜一已之利以利一鄉其於象賢洵無負矣而成蛟永昌名揚諸君矢一心以共襄其事不彬彬皆有鄉先生之風哉獨余令慈且十年視中丞之涖治四月即按治兩湖勒豐碑而謳道路愧其多矣雖然余愧而民利焉余之愧也乎余之願也夫

皇清嘉慶三年歲次戊午春三月吉旦

敕授文林郎廕生知慈谿縣事舒城醴泉鍾德溥撰

重修杜湖堤閘記

舉人葉　燕次耆

我鄉之有杜白二湖也或曰漢有之或曰在齊梁之間以余論之其在漢無疑也鄉縣治之北包以重山江流之所不到外際大海土斥鹵溢雨涸晴患不移時非是湖也鄉不可得置漢之句章即今之慈谿豈能待齊梁哉是故前世號湖為第二重天其濬治之功與隄防之力由唐而宋而明詳矣顧其屢築屢壞以至於今者豈可不原其故哉其故有二焉並湖而田者率穴堤以溉流泛積日夜

鄉之人忿爭而議塞矣旋塞而旋穴而近閘之民利捕魚私竊甃石甚或傾閘底以網之以故堤壞閘亦壞夏秋之交河未竭而湖已涸由其涸也旁南一帶沙漲日高垤者為邱窪者為池而湖幾於廢矣家君惻然憂之謀於族祖永昌曰湖不一大興築鄉其曷濟雖然築堤人力可齊也堰與閘難以畝斂金難者吾請任之可齊者曷糾而謀諸即日會於鄉之金仙寺議成以上之邑侯鍾公鍾公移鳴鶴場蕭大使共督之堤高一丈面廣三丈六

尺底廣六丈舊穴盡廢而禁堤上不得過水懼其浸成穴也閘三曰東門張郎西碶高丈四廣丈一懼其泛也底椿石礨以瓦搗灰以彌其縫懼其私啓也板子母相嵌以鐵鎖聯之堰二廣丈四高八尺水盛即以洩也經始於嘉慶二年十月落成於三年三月栽以蘆柳樹以表畷基舊拓新既完而固嘗讀郡乘及兩湖全書穴堤之患始於明之中葉今而甚焉夫其穴之也以利已也穴以竭湖湖竭而田亦槁矣湖溉田萬頃近湖之田以千計究

之而畝收其益矣遠於湖之不得收者安往哉彼捕魚者湖水常盈利豈有盡耶果其旱澇之無憂也舍網罟而趨南畝得喪相除亦何彼負之有人有言曰天下之寶當爲天下惜之湖爲鄉之天何如其爲寶也居是鄉者可不思所以寶之乎寶之之道去是二患而已此家君之意也余故詳著之俾來者有考焉家君諱本字天麟别號坦園候選州同知　勅增承德郎刑部安徽司主事加三級　晉贈朝議大夫

整理二湖條款　　王相能纂

一重設杜湖腰塘以絕侵佔查書內杜湖白塔嘴亘有腰塘閘壩明季修築堅固
國朝鼎興以來五都失於防守被奸民陰損偷拆毁壞以致侵湖奸心復萌今仍舊基築塘閘船壩使湖水滿蓄而侵湖者之奸心自不生矣

一增築舊塘以廣瀦蓄查書內二湖之塘塘基廣六丈收頂四丈加高數尺今增修之如舊式水則勿碍水埠頭張姓白洋董姓住屋爲止

一石湫頭舊設減水壩非減也乃直放而不蓄也至放湖後纔無流也何稱減水壩哉推其故被捕魚奸民漸漸拆壞也所謂減水壩者照依所蓄水則造殺使無滴流也水則上面非我所管任其去也方謂之減水壩也

一諸先輩捌修二湖各浦海閘船壩大費心力爲一鄉水利命脈最關緊要古來海閘長年緊閉蓄水防旱非遇淹浸田畝則不啟二湖清明下閘秋分啟非遇旱救苗則不啟豈容懶於拖壩徇情便私

偷放船隻掘塘盜水嗣後應照古規著現年該管
啚分嚴行時督倘有不遵古規便私偷放者該管
現年指名投明地方卽知會五都現年同人連名
鳴官究治皆是鄉黨同人各宜遵古心平氣和自
愛體面豈不美哉
一杜湖大塘石湫頭減水壩至西碶閘長貳千七百
十五弓
一杜湖腰塘自白塔嘴山至黃泥梟山長貳百三十
五弓

一白洋湖塘自地僻山脚至金仙寺涼亭三百八十
七弓其東俱是山脚
一杜湖東門閘係廿八都五啚施諸樓王嚴林高翁
葉等姓十甲輪年承管啟閉
一杜湖張郎堰閘係廿八都四啚宓童韓郭等姓十
甲輪年承管啟閉
一杜湖西碶閘廿九都一啚上張下張俞家橋俞朱
阮等姓十甲輪年承管啟閉并三十都上一啚葉方林包等甲同管
一杜湖白塔嘴閘廿六都二三四啚袁洪樂戴童魏陳羅戴馮承管啟閉

一杜湖減水壩廿六都四啚魏陳羅戴廟[illegible]承管
一白洋湖閘係廿九都四啚場中等姓并地僻山余
章等姓十甲輪年承管啟閉
一松浦閘三洞東洞鎮海管中洞廿七都三啚
西洞廿七都五啚吳謝陳葉羅施沈等姓十甲承
管啟閉
一古窑閘廿七都一啚厲管一半戎劉翁等姓十甲
承管啟閉
一淹浦閘廿七都四啚虞蔣徐柴羅廿八都一二三

啚沈羅鄭等姓十甲承管啟閉
一東山頭寶山閘卅都上一啚併二三四五六啚衞
城各姓併蔣葉王方翁陳徐林吳等姓承管啟閉
一慶恩橋閘廿七都五啚陳邱厲等姓十甲輪管放
湖時啟閉
一吳家門前貼水橋堰廿七都三啚吳謝陳葉羅施
沈等姓帶管
一洪橋閘三十都下一啚韓施羅蔣葉陳張杜等姓
十甲輪管放湖時閉閘

湖河蓄掘浦洩

六月間六月雨次大雨後至水埠頭看水則張姓多人共相喜悅爲風水有益許稍工築塘

一東埠頭洞橋閘廿六都一啚王祝童陳徐韓袁等
姓十甲輪年承值放湖時閉閘

一吾鄉所賴湖河蓄救苗之水者猶
國家之養兵也兵可以千年而不用不可以一日而不
備水可以百年而不旱不可以一年而不蓄或上
天責人過愆致罰旱澇人能虔誠用心力於蓄洩
仍必賜佑豐歉非力挽天心之效哉予聞雍正元
年予見乾隆廿六年皆夏秋遇旱稻粒無收雖

蒙

國恩賑濟不免間有鬻賣兒女者四出數十年來偶
遇雨暘失時秋收或三五分者屢屢皆我同人蓄
湖水管海閘不時時依古嚴防而息於輕忽也

一以上各款均係保全水利永戴二天今重建白塔
嘴閘壩子獨力任之欲善水利必得以身先之凡
增築修補各項祈五都同人照舊踴躍從公不日
成之爲幸如此則我鄉之糧田可期歲歲豐收者
也

一附刻清釐海地河道以全水利一條

老塘下海地古來皆種棉花自乾隆二十年間改
種水稻沿塘不過百餘畝近年以來因花息歉收
種水稻至四五千畝每有掘塘盜上河之水以救
海田之苗豈知亘古鄉規海塘海閘長年緊閉防
旱向有松浦司查管海塘各閘及二湖塘閘與場
主就近同爲查察葢緣修湖海塘閘船壩並明時
爲侵湖爭訟多年資費皆糧田派出即如乾隆十
一年厲姓爲花地種水稻遇旱於老塘掘洞盜上
河之水經戎姓糾合二十四啚現年同人連名告

縣縣主親勘堵塞結案成案森嚴豈可紊亂舊章
欲種水稻自應清釐侵佔各地查東山頭起至掌
起橋除松古淹三浦外有牛路浦河九條并徐家
浦新浦周家浦翁家小團浦澤山等浦及老塘下
塘河一條新塘上下塘河二條泥牛塘上河一條
其塘並河各有二十四弓或三十弓今河塘日狹
地畝日濶再有各管界河一一照規清釐河道掘
塘河之土即增其塘以禦潮患以保田畝如此則
河道明而水利普即泥牛塘上之地槩種水稻則

水自能充足有餘也何必掘塘盜水有碍一鄉親誼致傷和氣古人云和氣致祥眞至言也予見聞所及祈　諸君察之

一老塘下有牛路浦河九条於乾隆廿九年奉憲立碑於寶山菴內　因前失落以此補之

一具公呈北鄉首事沈廷芬等

為修築腰塘永垂利澤公叩飭諭督成事切我鄉水利全資杜白兩湖而杜湖舊分裡外緣湖勢裡高外下外湖水平裡湖已涸且裡湖沿溪並山水源所出曲折甚長暴雨傾注雷吼雲奔昔賢特置腰塘正為水不下瀉則渟蓄有餘而中流一斷游波寬緩外堤亦藉以少固也百餘年來外堤屢修而裡塘坍廢旁南一帶沙漲已高滿目蒿蕪竟同瀚海每水發時溪流直衝北岸以致堤防易壞而湖身日隘湖水日少而畝收亦日蹙矣

仁臺下車即徧覽湖堤延訪父老思復舊迹而百姓因循玩愒誠以治堤難治閘尤難蓋築堤人力可齊而造閘畝金難歛也前者外堤三閘二壩棄封翁天遴捐貲獨任至今賴之今紳士王名揚於裡湖一閘一壩慨然亦願獨建於是遠近踴躍願共協力築塘已經集議具有成規百年廢之一旦與之在

仁臺則惠心不百在鄉民則利澤無窮為此公叩

仁臺飭責啚保督成首事庶幾不肅而成一勞而逸誦白公而歌召父固不僅遍滿海隅矣上呈

一廿六都首事紳士　王茂三　童宏載　童尚理
袁維梅　洪觀奇　洪孔堂　戴維範　童鳳池
樂燦玉　馮大年　陳翼贊　魏嘉亨

一廿七都首事紳士　翁元和　沈開斌　黃名鄉
戎邦偉　戎華章　厲德林　蔣紹賢　柴尚發
裘乾若　葉翰青　吳昌玉　虞國明　虞嗣潤
厲觀瀾　陳夏尊　吳華賓

一廿八都首事紳士　沈廷芬　沈守信　沈國全
沈啟達　沈士茂　沈兆昌　沈玉峰　羅秉鈞
童國宰　宓舜佐　宓杏洲　宓九英　宓明山
嚴廷傑　嚴登超　林玉峰　林一清　葉廷樞
王名揚　王積泰　樓紹銓　諸專學　施輔周

一廿九都首事紳士　俞可宗　俞啟昆　翁沛膏
阮鶴千　葉永昌　葉辰之　葉載之　葉孟吹
俞逸堂　王魯泮　張元佐　解鼎和　洪朝魁
葉岐鳴　裘啟襄　姚德宜　王廷英

一三十都首事紳士　韓靖甫　韓錫麒　方亣本
蔣兆爵　吳一清　吳偉才　徐朝封　林世遐
翁鼎傑　阮思郊　阮佐廷　葉向昺　葉楚材
阮南昌　湯配義　陳兆標　朱安邦　高發賢
童彩文

一本縣正堂　袁太爺　批該鄉腰塘閘壩水利所關惟因年久被奸民陰損偷石毀壞廢弛以極急宜修復今據該紳士協力從公分肩獨任各加踴躍實爲地方善舉候立飭二十四啚地保照所議

塘堤高寬樣式趁此農隙之時督同一月辦竣具報另稟附

一慈谿縣正堂加五級袁　爲北鄉杜白兩湖蓄水灌田最關緊要事據北鄉紳士沈廷芬等稟請杜湖亘設腰塘閘壩自明季萬歷年間重修以來被奸民陰損偷石毀壞以至裡湖乾涸奸輩易於侵佔爲田害五都田禾遇旱無救今該紳士王名揚肩任閘壩五都衆紳士集議踴躍築塘已定於十一月二十一日起工誠恐各甲人夫有懈怠不前

未便延緩叩　恩嚴飭二十四啚地保督催各啚首事務於一月內完工其所築腰塘兩面皆水易於坍壞宜築高濶高依閘面基廣十丈頂面四丈遠基十五丈外取土可期悠久等情到縣據此除出示曉諭外合亟諭飭諭到該啚地保即督催各啚首事照依高寬丈尺務於一月內辦竣並催各甲人夫毋許懈怠定限十二月二十日將修築完竣緣由稟縣以憑查驗如有不法棍徒在工滋擾立即稟究不貸速速特諭分給二十四啚知悉

嘉慶十年十一月二十日

一白塔嘴腰塘閘壩查書內在明季萬歷年間經先輩重建其塘兩旁皆用頑石至今二百餘年早被奸民偷賣拳石無存其壩亦塊石無存其閘僅存橋梁一根閘柱一對條石廿幾塊底檻骨石三根其餘俱被奸民偷去其大塘頑石又被奸民偷去將半於乾隆四十七年經廿六都方姓適送親家之殯在山做坟見奸民偷伊啚內湖塘石即趕回家叫族衆多人拿獲偷石船二隻鳴官究治經松浦司有案詳縣若此者豈不深可痛恨哉從今以後斫五都同人均各留心要緊勿至仍前不管也

一白塔嘴閘舊閘高一丈今裡湖有窑人掘瓦泥較明時畧深閘底乾出於閘東水流一港今閘底下深三尺閘高一丈三尺仍依古製向亦依古向大吉系毫不敢改作王相能謹識

一腰塘減水壩舊跡無存今建閘西濶三丈二尺接開山脚活石二丈共濶五丈二尺倘遇連日大雨使泛濫洪水暢流勿礙水埠頭住屋亦可拖揪船隻其工程於上年九月起工至嘉慶十一年五月告竣上年印分湖書三百本未能徧及今五都同人索取者衆今續印分二百本

一特於今夏兩次大雨後至滾龍廟前看水平高底較初次放湖水則腰塘上可加蓄水四尺下塘若無偷水湖洞亦可加蓄三尺白洋湖較拖船壩加高塘二尺可加蓄水三尺若湖洞海塘洞不除管海閘不嚴蓄水雖多亦奚以爲

一明季被奸民侵佔二湖致我一鄉先輩爲爭水傷人問擬斬絞軍徒殊屬慘傷及於天啟六年蒙撫憲潘奏明定例嗣後再有侵佔者必誅無赦始得安靖多年近年來復被金仙寺槤樹菴累累侵佔

數百餘畝一人作俑千人效尤將重天命湖可作布施之具也歟今春更有定水寺奸僧胆敢於杜湖灘一時新開四十餘畝如入無人之境如此蔓延再數年後豈復望其有救我一鄉民命重天之二湖者哉異端之蠹國害民甚矣哉故孔子曰攻乎異端斯害也已孟子曰楊墨之道不息孔子之道不著韓昌黎之說曰人其人火其書廬其居五代時魏太平眞君七年爲長安僧寺大藏兵器及抄有窟室藏婦女卽毀佛像佛書魏境內沙門無

西方之佛不靈可知

少長盡誅之周武帝建德三年初定三教[illegible]先道爲次釋爲後遂毅然廢佛道二教經像悉毀令僧道還俗除淫祠唐傅奕吳顥狄仁傑皆奏毀淫祠佛像朱子感興詩云誰哉繼三聖爲吾焚其書蓋疾之甚者矣唐宋諸先賢劈佛者仍有配享

聖廟與天地參強盜刼人財物數拾百金謂民害斬首號令陽惡也僧尼欺騙人財物盈千累萬而無罪陰惡也至不耕而食者日增月盛欺騙抄化者其門如市而無寧日深可痛恨也伊等果眞修行自

應力耕而食人豈惡之哉人豈惡之哉自秦漢晉梁陳唐宋元明酷信僧尼道士之帝王其被惑布施或數千萬或數百萬金浩大如天尚且無福利之報而皆得奇異之禍況我民俗以區區之布施念佛關牒妄想福壽下世豈不謬哉欲求福壽下世男則必于孝弟忠信正身齊家女則必于孝順父母勤作女工婦則必于孝公婆敬丈夫和妯娌勤紡織善教子子端正治內事于節儉此眞謂之修行所以修逐日之行爲而已書云自天子以至

於庶人壹是皆以修身爲本自古西域諸國之人深信西僧之言咸稱其爲活佛故漢唐宋元明賢聖之君欲與西域諸國和好來朝必得與西僧聯絡以期邊境寧靖此仁厚盛德之美意非眞好佛而信異端也且夏商周諸聖人所傳幼而學壯而行訓敎子弟老則卒而已何信異端之欺騙哉

王名揚公創建杜白二湖石塘誌

吾慈一邑九五鄉德門西嶼石臺金川其水發源於四明入於蛟川潮汐往來無憂旱澇而惟我鳴鶴一鄉海濱廣斥不通江湖漢光武與開杜白二湖以豬蓄之灌溉禾苗民得粒食號爲二天唐刺史任公侗宋置使吳公潛暨鄉先生童公金復置堰壩自石湫以至大茗十里長堤橫如虹貫而又設三閘以節之曰東門曰西溪曰張郎以時啟閉又設閘於鎮之靈緒則爲黃泥姚之上林則爲洋浦以分其疆界而其北一帶則猶有松浦古窪諸閘以截其下流此吾鄉之水利實屬萬世永賴之先務也慨自晚近以來刁惡侵佔隄防不修一經陰雨連綿不特漏洩過甚而且至於泛溢無歸將使五千四百畝之湖不足以救十萬八千畝之田以致先哲救民利世之婆心消歸烏有則吾鄉千萬戶口之衣食無依即吾鄉千萬戶口之性命焉託嘉慶辛酉王公名揚諱相能旋自京都慨然有志復古爰邀合鄉紳耆咸會於崇壽道院按圖分甲計

畚斂貲築腰塘用泥以殺其勢復築舊塘用石以鞏其基幸而天誘其衷從公踴躍願量力以相輸無吝情而或尼卽時諏吉鳩工庀材伐石不數年而落成綜其數約費白金十萬有奇除公歛外尚有不敷者皆藉公佽助之而公又於腰塘之間名白墖嘴者肩任獨建此乃吾鄉五都水利所關而非可與尋常除道成梁者同日語也抑吾又聞之當明季時瀕湖居民覇墾蠶起爾時訟於 大憲勒碑永禁成案如山讀湖誌一書明載發憲葉公應乾都諫阮公震亨太僕冼公履祥諸記以見二湖爲生民生活之源不禁爲之流涕後數百年而有王公其人克於吾鄉自古未竟之業一旦改砌石塘以藏其事此古戴禮所謂有功德於民則祀之者非耶 枏 捷南宫由薇省

予告歸慈竊喜吾二湖公事之有成而實出於公一人締造之力也爲誌其事于左

皇清道光五年歲在乙酉仲春上浣

賜進士出身

敕授承德郎内閣中書委署侍讀加三級嫺愚姪雙湖

陳寶枏拜譔

陳寶枏

雙湖

王名揚公新築杜白二湖石隄記

夫養民之政莫急於五穀五穀之資莫急於水利蓄水利之本尤莫急於隄防隄防堅則水不洩水不洩則灌溉足灌溉足則五穀秀而實穎而栗雖有鑠石流金爇林焦土之亢陽亦將無所慮其患此吾慈鄉先輩祭酒陳公敬宗之說也慈北鶴皐之東曰杜湖鶴皐之西曰白湖其水發源於五磊槖駝栲栳諸山其地之廣杜三千七百畝白一千七百畝其隄之長杜石湫至鰤奧約十里許白隱

山至地碧約一里許而其所溉之田松浦至雙河二十里而遙陡塘至浪港十里而近以開方法計之得田十萬八千有奇去城郭溝渠廬墓十之三猶得田七萬二千畝有奇春秋以時啟閉旱則可以長養其禾苗而潦亦斷不至於淹沒而下爲魚鱉自漢以來歷二千百餘年於茲其法誠良其利誠博近自私墾盜洩之風起而田日侵湖日窄穴日夥隄日圮故其二湖之水漏洩者半泛濫者亦半由斯以往幾與姚之銀嶴黃沙而俱廢矣刑部

王公名揚歸自京師盡然傷之曰此吾鄉之第二天也既不同於西鄉之花嶼雖廢而無害於水利又不同於沼後之德潤雖不廢而無益於水利曷壘不以垂諸永久可乎僉曰可泒畝分築興工於嘉慶之六年告竣於嘉慶十三年吾鄉飲其福食其德迄今猶嘖嘖稱道弗衰昔者柴桑勞公勘爲浙藩左使嘗欲復二湖以爲民利其後屢侵屢復屢復屢侵而爲二湖勘問官者若吳公一洲有三不可聽之說潘公石乳有興革事宜八欵陳公元

素有兩湖利害勘議陳公瀛洲有復二湖確議而其詳尤具載於邑紳馮司寇貞所馮都諫緯川顏侍御冲宇劉少卿行素葉副憲石南諸記中民皆德之以爲神人今公以一鄉之主著垂老家居非有官守於民而尤能不恤其身家不辭其勞瘁修利隄防爲我鄉裕衣食之源求生活之計此實足以步先人之後塵而導後人之先路者矣而或者謂白洋爲伯陽湖爲先人蹲鶴往遊以名杜湖爲杜若湖嘗載於釋者湙游集中此言無關於水利

予姑弗深考云

皇清道光甲辰孟夏月中澣

三十都一啚廩貢生西郿蔣檻譔

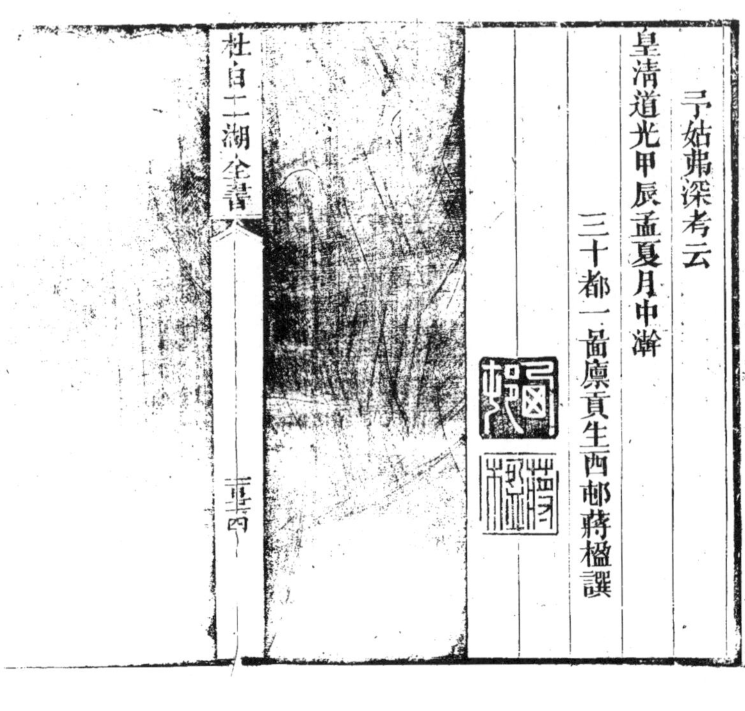

杜白二湖全書

二十四

續刻杜白兩湖全書

續刻杜白二湖四浦水利全書

原編者杭縣浩吾葉　瀚

續纂者四明枕谿楊振驥

凡例

一本書係記載吳公錦堂續修慈谿北鄉杜白二湖水利工事而作。按慈邑先賢王公名揚。於前清嘉慶時。曾重刋杜白二湖全書。故吳公命本書之名。曰續刻杜白二湖全書。所以示不敢專美前人之意。並表仰紹先緒之初衷也。

一本書中所載之稟呈奏咨照會公函等。計自前清光緒三十三四年始。至民國六年止。共閱八九年之久。中更易代之變。浙省公署各檔案頗多遺失。故本書中記錄前清時諸稟呈奏咨照會公函等。其有年月日可稽者。均標明年月日於篇末。以示確有根據。其無可稽考者。則姑從闕如。意取謹嚴。乞閱者鑒之。

一本書如續修杜白二湖水利自誌。及崇壽宮開會報告。乃係記錄文體。前後屢有增損。意在求其詳盡。至官署公文。及致水利局公函等事關公牘。均不任意增竄。期與官署局所諸案牘合符。惟書手傳鈔。間有僞舛之處。則詳考諸篇。據爲改正。以歸一律。

一二湖工事最關緊要者。爲聘用專門日本技師。實地精測。將二湖面積眞相。全然揭明使舊來沿僞。與日後侵占。永斷葛藤。故刋印。本書。特將所精測之二湖全圖訂入。庶閱者可覽圖而見經營者之苦心。至水利諸工事。各有寫眞。茲亦備載於書。且二湖水利。雖由吳公錦堂獨力捐資。告厥成功。然先後盡力擘畫。俾得觀成者。如葉公鴻年。柴公啓標。宓公蓮君。沈公醉漁。沈公退泉等。均熱心毅力。碩畫良謨。裨益不尠。亦徵求諸公玉照遺像。與吳公影相並刋卷中。以慰後人景仰之心。

一湖工告成。鄉田之害盡革矣。不意鄉民之害又踵至。花會是也。吳公爲興利除害計。日夜焦勞。屢上稟牘。幾於寢饋俱廢。編者目擊其苦心。不忍湮沒。故特將興利革弊案由。附錄於後。而並將所有案卷。採入篇末。俾閱是編者。知除害即以興利云。

編者識

葉爾康先生續刊二湖四浦水利全案序

我鄉有杜白二湖。灌田十萬八千畝。又得三浦以洩水。無旱潦。無荒歉。其爲利也滋大。而湖以不濬。故洳爲田。始則盜竊。繼則僭踞。文獻無徵。競爭斯起。近浦居民。復各圖小利。啓閉不時。因而涉訟械鬭。毁家殺身者。指不勝屈。其爲害也亦滋大。鄉先輩名揚王先生。嘗刊湖書以正經界。年湮代遠。板既散失。其書亦少流傳。予高高祖坦園公。嘗出鉅貲修湖堤。命高伯祖白湖先生記其事。其文俱載白湖文集中。我先祖晴嵐公又出鉅貲濬浦。鄉人德之。至今稱頌勿衰。百餘年來。風流闃寂。繼起無人。欲考吾鄉水利。利少害多矣。錦堂吳君。經商日本。熱心公益。省墓回國。目擊心傷。爲之正其界。爲之平其爭。其田之已贖者。登册以記之。其田之未贖者。出貲以益之。繪圖以誌其疆理。測量以杜其欺蒙。修堤以防湖之溢。建閘以疏浦之淤。築漾塘俾東西水之無混淆。是役也。捐金計七萬餘。閱時歷六七載。向之所謂利者興。向之所謂害者去。庶幾對鄉先哲而無愧也乎。事既舉。乃設局於鄉之崇壽宮。集鄉先生之有選權者。公舉總理一人。協理六人。俾經紀其田租。以供水利之用。既列案於大吏。又具揭其事於書。付諸手民。以爲後世法焉。夫有治法尤賴有治人。得人則興。失人則廢。興廢之由。責在選舉。選舉當而一鄉蒙其利也。惟諸君之功。選舉不當而一鄉受其害也。惟諸君之咎。願諸君毋爲威懾。毋爲利誘。毋阿私所好。毋隨俗以趨。毋徇親友之要求。毋受豪強之運動。秉大公無我之心。爲實事求是之舉。庶吾鄉水利有利而無害乎。吳君既嚴定其法。復索予爲弁首之言。以申其義。使後之覽者知所警也。於是乎書。

邑人爾康葉廷枚撰

樓琴五先生續刊二湖四浦水利全案序

嗚呼。六鄉之不可一日無水利也。周轉一百里區域。環列數千頃田地。約計數十萬生靈。所賴以養命脈資生計者。南有蓄水之兩湖。

西有障水之漾塘。東北有洩水之浦閘。鄉先達爲桑梓造福。業已規畫井然。意至美法至良也。然年湮代遠。或因時遷變。或乏人主持。利也而弊隨之矣。吳公錦堂。亦慈北一分子。東瀛服賈。積有豐貲。每念祖鄉貧瘠之由。實地利人事之兩失其宜。乘暇返里。思有以濬其源而節其流。爲重建漾塘。測量杜白二湖。並整理二湖公田。其閘壩之應修應增者。不遺餘力爲之。旋又添築各浦閘。延技師測繪。鳩工竣事。靡不超越前人。竭五六年心血。費七萬餘金錢。迄今農事少旱潦之災。其功顧不偉歟。抑更有慮之深遠者。有治法。有治人。乃可以興利。兩者缺一。其弊不可勝言。爰於舊有湖書外。重訂水利局管理章程。並　公署各案卷。暨兩湖全圖。彙載成書。欲後之經理是事者。追念前賢。創建湖浦漾塘之熱忱。曲體吳公興修水利。險阻備嘗之苦心。總期慎能照章管理。實心毅力。相輔而行。俾鄉民得世沾其惠。語曰。衣食足而後禮義興。行見化野蠻之俗。進文明之教。以水利爲之基礎也。是所望於六鄉之諸君子。謹敘。

中華民國四年五月吉日　鄉人樓良

陳伯剛先生續刋二湖四浦水利全案序

傳曰。莫爲之前。雖美勿彰。莫爲之後。雖盛勿傳。以是知倡業難。而收成亦非易易也。吾鄉僻處海隅。面積百餘里。人口數十萬。西哲有言。地土之肥瘠。物產之豐歉。與夫生齒之盛衰。關係密切。鄉之有田十萬八千畝。江水遠而海水鹹。以故旱輒不登。潦復淹沒。漢時始築杜白二湖。由是而唐而宋而元。或築隄備塘。或置石設碶。春蓄夏洩。澤沛徧地。民頌二天。廼歎古人造福鄉里爲靡涯也。有明以來。禁弛人玩。沿湖居民。茫然不知利害之所在。循淤作田。與水爭地。黠者則營殖自肥。愚者亦相率效尤。侵佔衆而攘奪起。械鬭劇而訟獄興。而豪右之鑽刺。猾吏之舞弊。尤復黑白混淆。是非顛倒。憲墨未乾。訟端又起。案牘之繁。難更僕數。降及前淸。變而加厲。瀕湖豪猾。又復穴隄走水。私置湖衙。自規便利。湖田日闘。湖水日蹙。是故此十萬八千畝之田。歲値亢陽。膏腴成赤土。民深憤怨。呼籲無靑天。蜂擁而爭。蝟起而訴。有司輒模稜兩可。與衆爲政。訟牒如山。案懸未結。烏虖。湖水起迄之界淆。而小民身家性命之禍積。家產墮落。死喪相繼。蓋數百年於玆矣。夫古人之築此二湖。捐田數十頃。計一畝之水。足灌三十畝之田。是湖豈特寸金足水乃始足食所謂君子務其大者遠者也。使湖可爲田。則古人不必捐田爲湖矣。查嘉慶初年。鄉先哲葉公坦園王公名揚等。先後慨捐巨資。築修塘閘。兩湖沿灘。以及西埠頭循山之田。復變爲湖。奸猾無所施其伎倆。而民始相安無事。百餘年來。流風歇絕。其佔竊作田者。又復肩相摩而踵相接。寖假將及全湖矣。間有二三有志紳耆。籌議恢復。則訟端又起。彼控此訴。糾纏不休。幸吳公錦堂。歸自海外。慨念二湖。愍焉神傷。出而調劑和洽鄉誼。又蒙捐資鳩工庀材。重修碶閘。複整堤防。且測量以正其界限。繪圖以絕其變更。所有沿海浦閘橋梁漾塘等。凡關於水利者。罔不一一興修。往來跋涉。孌姍於沮洳叢芒間。無倦容。無吝情。獨自經營。捐資七萬餘。歷時六載餘。以是知倡業固難。而收成亦非易易也。吳公斯舉。其害既擯。其利斯溥。是實足以踨先人之後塵。而導後人之先路矣。吳公具有卓識。知水利之重要。在百年不在一日。有前人尤賴後人。故事既竣。復設局於鄉之崇壽宮。集公正紳士。選舉總理協理以董其事。俾此後管理一切。有專屬焉。然至是而吳公之事終。亦至是而諸君之責始。欲諸君之無忝厥職。是在選舉諸君之愼重將事。毋懼外搖。毋從中寢。毋爲勢絀。毋被利誘。選舉者秉無偏無黨之公心。被選者奮有守有爲之堅志。則庶乎繼起得人。二湖之利。溥及全鄉。垂諸百世可也。是諸君之有以答吳公者。即諸君之可以對萬民也。抑鄙人更有進焉。二湖迄今二千餘年矣。其間不乏曠達之士。與明察之吏。爲之固其隄防。濬其源流。明諭永禁。示世恪守。然屢侵屢復。屢復屢侵。湖田之訟案。幾與吾鄉爲終始。是何故哉。

蓋由專管乏人。難垂永久。又以湖非天然。依山而築。容納溪流。依山則勢高而塘易決。更以並湖而田者。率穴堤以溉苗。洩水無禦。及至夏秋之交。河未竭而湖先涸矣。問諸父老。始悉此病之來。已數十年。每遇放湖。滴水未入吾村者屢屢。歷稽往籍。治湖者或整其隄。或修其閘。而能事畢矣。鮮有籌及善後者。故不加工於前。今日之湖。難保不爲異日之田。所謂人亡政息。至爲可慮。如姚之銀瞿黃沙。慈之花嶼等湖。迄今幾無勺水。此其證也。顧前車可鑒。來軫方遒。吳公之拳拳於選舉。不以湖事爲已了者。蓋重在管理之得人耳。今日者。諸君之責。當堅固塘閘爲第一要著。公田之租。除修理塘閘。及辦事人酬勞薪水。諸費外。餘即儲爲全鄉水利興修之資。修葺既勤。湖堤自固。積水盈盈。雖二湖萬古尚存可也。今吳公將續修水利之案卷。付諸剞劂。蓋欲使人人知湖之興廢利害。用意亦良苦矣。前朝成案。嘉慶年間。王公名揚彙爲成書。記載甚詳。惜年湮代遠。重遭兵燹。所存極稀。吳公乃爲之重刊五百部。以保陳蹟。而垂永久。及今又刋是書。凡所以昭示來許。俾知法守。以保數十萬生靈之命脈於勿替也。不綦重歟。士達服賈海上。故鄉桑麻。久疏問訊。然曩嘗事先君子於贛署。習聞庭訓。始悉我鄉二湖四浦。全鄉利害攸關。及後回里。屢經父老詳示。具悉巔末。苟能慎選賢能。照章管理。實乃我鄉萬世之利。故樂爲之序。

里人伯剛陳士達謹譔

中華民國五年　月

吳啓鼎君續刋二湖四浦水利全案序

聞之天下有治人。又貴有治法。有治法。又賴有治人。蓋得其人。則法可經久不壞。失其人。則法難徒立自存也。癸丑冬。兩湖四浦全功告成。家伯父廼慨然言曰。自漢迄今。鄉之大夫君子。治兩湖亦屢矣。曾幾何時。而治者壞。壞又治。治與壞相終始。卒莫得一一勞永逸之謀。推厥原因。或由有治法而尠治人。或由有治人而鮮治法。徒博義務虛名。而無悠久遠略。無怪乎人存政舉。人亡政息。治壞相乘。可與經始。不可與於圖終也。枵腹從公。世無其人。今欲爲慎終於始。長治勿壞計。既有田租的欵。非設立專局以董其事不爲功。於是乃就鄉之崇壽宮。邀集本鄉公正紳士。議設局其間。舉總理一。協理六。各酬薪金。俾經理田租。主管湖事。夫然而治法立治人得矣。且所貴乎治人者。不在廩祿之坐糜。而在梭巡之周徧。不在時日之曠守。而在防護之勤能。浦閘所以洩水。必嚴其啓閉。勿令勢豪私放。見壞即修。有弊即除。勿等虛設。家伯父不惜一己之利而利一鄉。深望董其事者。志其志。心其心。不以日久而懈。不以事冗而倦。不以人之多言。而放棄職守。要知此舉關於全鄉命脈。非比尋常公務。而選舉諸公。又望其謹慎將事。廉明自矢。毋爲勢屈。毋爲利誘。秉大公無我之心。作慎選賢能之舉。責任既專。規畫自便。夫然而治人立治法行矣。抑僕更有言者。家伯父之復此兩湖。費時幾何。費銀幾何。費心力幾何。鄉先生多能言之。無待贅述。惟查鄉先哲復湖諸法。如王公明揚葉公坦園葉公晴嵐等。或濬浦。或築隄。或建閘。苦心慘澹。營成鉅工。或亦與家伯父同其勞瘁。然而精選技師。測量繪圖。載明疆界。杜絕蒙混。是爲先朝所無。而我伯父特異之法也。今而後按圖索驥。照章保管。可無慮攘奪霸阻偷漏之虞矣。吾故曰有治人又貴有治法。而有治法又賴有治人也。

中華民國五年　月　後學吳啓鼎謹撰

附錄吳君錦堂爲慈北地方興利革弊案由

盛世有治人焉有治法焉。斯親賢樂利。物阜民康。所由安耕鑿於無事也。繼自今民德日墜。世風日薄。竟至各私其利。身擁厚資。昆或季終窶且貧。不屑略施任卹者。其他無待論矣。推而至於天下有公利而莫之或興。有公害而莫之或除。如浙江慈谿北鄉之湖浦水利。以及賭場花會是也。慈北地勢面山負海。江河遙隔。民田十萬畝。花田五十萬畝。昔人南築杜白二湖以備旱。北開淞古淹竺四浦以洩潦。旱澇無虞。號稱二天。洎乎咸同以來。水利失修。湖漏浦塞。因之連年荒歉。民生日疲。天生吳君錦堂。熱忱人也。僑商日本。還念桑梓。皇然切己饑已溺之思。獨出鉅資。興修全鄉水利。殫厥精。竭厥慮。捐金七萬餘。勞力六年餘。始得大功告成。全鄉蒙福。廼又糜金錢二十餘萬。創建錦堂學校一所。規模宏遠。擘畫周詳。而其用心亦良苦矣。不謂天未厭禍。民國肇興。海嘯爲灾。沿海花稻。籽粒無收。以致餓殍載道。慘不忍聞。吳君又願出己資。捐洋二萬八千餘圓。振平並辦。奈今秋又値霪雨爲災。陡起海嘯。花稻歉收。更被花會之毒。民不堪命。群起而吃大戶。閭閻不安。而吳君又慨助洋五千圓。以惠貧黎。斯其功德滿鄉里。而使民得耕讀安居。不至流離失所。宜乎有口皆碑。頌生佛者萬家也。所惜者。民國法律稍更。游手好閒之徒。乘機輒起。吸民膏血。先則廟會局賭。繼乃明目張膽。大開花會航船聽筒。無村勿有。老幼男女。猜打者十而八九。鄉民本貧苦。至是而典鬻俱空矣。弱或爲丐。强竟爲盜。失節輕生。時有所聞。舉鄉若此。成何世界。吳君痛官吏之坐視。廼又不避嫌怨。思有以杜其害。絕其禍。數年間屢陳當道。請爲嚴禁。嚴辦。案牘盈尺。又念官署公費無多。不能厚出賞格而緝要犯。慨然允助洋千六百圓。以資鼓勵。而花會之勢。乃得稍殺。綜其所爲。勞心倍於人。而耗財更什百倍於人。至其身又遠僑異域。未克同享其利。是必非天下人情所樂爲者。而吳君乃毅然爲之。泰然處之。實由愛國愛鄉之熱忱所激而出也。傳曰。太上立德。其次立功。吳君實兼而有之。特其慘澹經營。於今數年。寢饋屢廢。且於親友之間。扶困濟危。爲數奚啻鉅萬。尤非外人所能知者。僕忝預筆政。耳熟能詳。而尤不忍淹沒。用特將所有卷宗。備載於後。藉資攷鑑。所望後之君子。聞風興起。心吳君之心。事吳君之事。利無不興。弊無不革。永保水利。扶持鄉梓。廓清賭風。夫然而治人存。治法亦永世勿替矣。

中華民國五年　月　　匏園謹述

續刻杜白二湖全書跋

前清光緒辛丑秋。余游日本。即耳吳先生錦堂名。然卒未緣謀晤也。今春先生招東行。留舞子別莊。坦衷相接。儼舊相知。殊恨相見之晚。暇示續刻二湖全書藁。屬爲排纂校字。既訖事。謹書其後曰。先生本農家子。少又失學。赤手經商於東海。起家數兆。顧能念鄉邦之阽危。慨然出鉅金。興水利。立學校。濬裁熄鬩。裕生開智。事具於本書。凡吾鄉先輩數百年所不能舉者。先生於二三年之間。以一手足之烈。剗絕而樹植之。其行事顧不偉哉。彼世之享高名而膺厚實者。假口公益。抑惟是計妻孥。規田廬。覩他人之利害。寔秦越之罔屬。倘叩以先生所爲。罕不目笑其愚。然益見先生之爲人。其過人也遠矣。烏虖。河山易改。事業長留。先生此舉。其爲不朽。夫何待言。獨予也際此殘年。竟與覩是書之成。誠爲予所深幸。今茲相見恨晚之感。亦可不概於心矣。

杭州葉瀚謹䟦

中華民國四年三月四日

續刻杜白兩湖全書書後

兩湖全書校讐竟。枕谿乃把筆而歎曰。天下事在人爲。慈之有杜白。猶鄞之有東錢也。東錢屢議濬而不果。杜白一轉移間。旱潦有備。豐亨堪慶。美利利天下。是足徵君子務其大者遠者。其思深。其志卓。其經營擘畫。恍然運巨靈之掌。抉象罔之精。高出於尋常流輩者萬萬。儻所謂一勞而永逸者非歟。循是以往。歷十世百世千世以迄靡窮。夫復何憾。吳公廼皇然而言曰。我殫精竭思復此兩湖。惟冀兩湖能垂諸永久耳。枕谿思深一語。差窺我意。向也思欲復湖。乃思購田。田購矣。乃思濬浦。浦濬矣。乃思立壩。壩立矣。乃思築塘。塘築矣。乃思設閘。閘設矣。乃思建橋與亭。橋與亭亦已建矣。乃思有以善其後。絕其弊。杜其漸。防其微。節節繪圖。思備考查。處處攝影。思便觀覽。一一丈量。思清界限。設水利局。思有以顓其責任。刊水利書。思可以昭茲來許。凡此者吾之思也。思之弗得弗措也。蓋湖未修。吾之思固念茲在茲。湖既修。吾之思又釋茲在茲也。我殫精竭思復此兩湖。惟冀兩湖能垂諸久遠耳。枕谿思深一語。差窺我意。嗚呼。吳公之言如是。彼不顧公益。屢議而不果修。與祗圖自私。已修而不克保。同一未之思也。坐視亭之舊而壞。橋之欹而側。閘之闢而漏。塘之剝而蝕。壩之低而傾。浦之淤而塞。甚或毀湖走水。忍令巨浸汎濫。下泉苞稂。而彼且步步侵佔。時時攘奪。豪霸一方。害及全鄉。自以爲得計者。是又別具肺腸。弗思之甚者也。而今可無虞矣。皋陶之謨曰。慎厥身修思永。谷風之詩曰。就其深矣。方之舟之。就其淺矣。泳之游之。凡民有喪。匍匐救之。其吳公興修水利之謂歟。天下事在人爲。用贅數語。以殿其後。

四明匏園居士枕谿楊振驥謹書

民國四年乙卯新秋

目錄

葉蕉先生肖像

吳錦堂先生肖像

柴啓標先生肖像

宓蓮君先生肖像

沈遐泉先生肖像

沈醉漁先生肖像

明治四十二年予受 貴國吳君錦堂之聘為其故里浙江慈谿縣北鄉測量杜白二湖事該二湖依山傍野綿亘數十里越四閱月測始告竣予正擬整裝歸國適大雨滂沱不克成行而 吳君與修杜湖塘閘又創築杜湖東門閘傍之減水壩工程初興而大雨連朝山水暴漲湖內湖外盡成汪洋風勁浪高幾至沖決 吳君赤足冒雨親自監工日夜趕築始獲保全 吳君之功偉矣竊 吳君以中外望重之豪商而為故鄉圖公益乃不惜身家躬履險地罔顧勞瘁求之晚近誠世所罕儔時予適亦在塘次見 吳君形容憔悴肅然有感特撮此照以作紀念而誌欽仰惟白洋湖與杜湖之裏湖四面高山迴抱全湖天然水源利垂萬世故號曰二天其杜湖南山北塘形勢頗廣十里長隄一望如海兩湖面積八千餘畝雖遇大雨水不為病以湖能受之也湖高田丈餘田高海五丈餘水多則浦洩歸海旱潦無虞惟愿貴鄉賢人達士永保湖浦水利毋負 吳君之苦心此則鄰邦下士實所厚望也是為序

宣統元年五月十五日吳君錦堂在杜湖東門閘傍監督搶築減水壩之肖像

日本鐵道工程局測量師工學士

島總彥

大清宣統紀元五月　日

大日本明治四十二年六月　日

杜湖西碶閘及減水壩外圖

杜湖東門閘及減水壩之圖

白洋湖山之全景

杜湖中門閘之圖

白洋湖金仙寺前之湖景

杜湖西碶閘及減水壩內圖

杜湖裏湖閘及減水壩之圖

杜湖裏湖茭草之圖

杜湖裏湖全景黑點者柴船也

杜湖瓦窰頭之湖景

杜湖石湫廟前之全景

藥皇殿前杜湖之全景

白洋湖塘北吳錦堂墓圖

慈姚分界雙河漾塘之全景

吳錦堂墓前白洋湖之景

慈姚分界漾塘鎮龍橋即虹橋閘

白洋湖沿塘之湖景

慈姚分界漾塘石塥之圖

東山頭蛟門之東西塘閘圖

羅壇廟下順海橋即韓家路閘

東山頭蛟門口西廟山北保安橋

錦堂西橋即蔣家路閘

東山頭浿港廟後錦堂學校第一橋

海岸寺前大沽塘之大沽橋

東山頭吉岐山前錦堂學校第五閘橋

東山頭都神殿後錦堂學校第二閘橋

竺民浦下閘即古五眼陰洞搬建

東山頭都神殿前錦堂學校第三閘橋

新建竈浦下閘橋

東山頭龍王堂東錦堂學校第四閘橋

西龍山嘴鄭家浦靈峯閘

錦堂學校前面之全圖

下澤山陡門廟北橫塘閘

錦堂學校側面全景

錦堂學校後桑園全圖

錦堂學校前桑園之圖

古窰浦第一閘之圖

淹浦第一閘及壩之圖

古窰浦第二閘之圖

淹浦第二閘之圖

古窰浦第三閘之圖

淹浦第三閘之圖

古窰浦第四閘之圖

松浦下閘即第三閘之圖

松浦第一閘之圖

東埠頭下慈鎮分界洞橋閘之圖

松浦第二閘之圖

邱吳童南慈鎮分界慶恩橋閘之圖

沈家白塘橋下大沽塘便農東橋

邱吳童南首慈鎮分界鷺鷥堰之圖

沈家塘下之北中便農橋

邱吳童門前慈鎮分界貼水橋閘之圖

沈家舊塘下大沽塘顧家陰洞橋

柴姓路下大沽塘之衆安橋

續修杜白二湖水利自誌

前清光緒三十一年。鏌自日本省墓歸里。時適淫雨爲災。數百頃禾棉悉遭水渰。觸目傷懷。不忍坐視。鄉父老告鏌曰。慈谿北鄉稻田花地六十餘萬畝。關係數十萬人民生計。南山北海。全賴蓄洩得宜。鄉先輩南築杜白二湖以防旱。北開四浦以洩潦。慈姚境相犬錯。姚北地形較高。積潦東注。病慈無已。又築潒塘以障西水。爲地方謀安全者無微不至。所以杜白二湖號稱二天。惜無專管機關。人亡政息。遂致豪強佔田。釀訟歷朝不息。塘坍浦塞。頻年荒歉。其原有潒塘。早被奸民姜岳斌乘明紀之亂。掘毀爲田。遂致滔滔西水。以隣爲壑。四浦淹塞。下無歸墟。水利不修。地方凋敝。雨稍多。則田地淹沒。晴未久。而河湖皆竭。故遭連年失收。若能濬修湖浦塘閘碶壩。水利完全。雖遇大澇。湖能蓄。而浦能洩。水不爲病。旱能灌溉。豐收可卜。蓋禮義起於飽煖。盜賊被於饑寒。此理甚明。鏌眷念桑梓。聞言心惻。私自竊計。非重築潒塘。濬浦建閘。大修湖塘。並將湖內田畝一律歸公。無以紹前人之遺緒。而絕後世之訟禍。並購覽鄉先達著杜白二湖全書。始知杜湖面積傳稱三千七百畝。白洋湖面積傳稱一千七百畝。以一畝之水。灌三十畝之田。時山水相連。絕無寸土。而兩湖上流。山嶺綿亘。沙礫隨雨而下。積淤極易。於是豪猾之民。利此膏腴。納糧佔墾。而賴此水利之農田。以占湖成田。攸礙大局。羣起相抗。激成訟獄。數百年來。案如山積。陷於刑辟者。實繁有徒。破家蕩產者。更僕難數。事具詳於前書中。其垂戒之意深矣。而利之所在。頹風難挽。前清同治年間。釀成械鬭人命。纏訟多年。經官丈量息訟。由衆紳籌集公欵贖回佔田八百八十二畝。作爲公產。其糧開入杜白將軍戶。至光緒八年。大訟復興。又經官重量。杜湖有田九百六十四畝。白洋湖有田一百二十四畝。合計田一千八十八畝。除同治年間贖回外。尚餘占田二百六畝。當因公欵不繼。遂至延擱。嗣勢豪漁利。濱湖奸民重行侵占。至光緒三十一年。公議收租。訟端又起。互控不止。因而塘坍湖溢。害及全鄉。然欲將全鄉水利。一一修治。則工煩費鉅。阻力尚多。不得不查明緩急先後。循序而漸進也。按慈北水利。西以洋浦漾塘爲最要。府誌載洋浦一閘。慈姚共管。而上林之水。發源於游源諸山。遇天暴雨。輙汎濫橫流。且地勢姚高慈低。洋浦諸閘。道遠不得驟洩。巨浸積旬。爲害滋甚。故昔置漾塘以障西水。而救慈潦之困。古有木閘。所以通行舟楫。而啓閉屬之慈人。然閘啓水復爲患。故閉弗復啓。而置堰。堰名雙河。邇年姚之狡者。塞絕洋浦行海之道。而利其膏腴。水溢則決塘東注。屢爲慈害。且搆訟於官。必欲以隣爲壑。慈邑諸生方鏞輩。不勝患苦。乃相謂曰。如此。吾其不爲魚鼈乎。亦與之訟。後先相訐爭者十餘年。破産者數十家。雖當道不直姚人。而往往屈於財力。迄不得復舊。郡理董雲漢忿甚。率諸生庭爭。當道亦終不決。細繹志文。殊深慨歎。且漾塘自姜岳斌乘明季之亂。朦陞爲田。數百年來。輾轉售賣。盡屬姚人。遽欲規復此塘。殊非易易。然

鎮矢志築復。不吝鉅資。倩葉鴻年君。百方計畫。購得漾塘基田三十一畝二分八釐零四絲七忽。其契據現存。鎮處。是年冬。即倩柴啓標君。鳩工庀料。建築石塘。沈遐泉君。專司出納。塘基狹處。兩面以條石築。計長一百十六丈。濶處用大山石堅築。計長二百三十四丈三尺二寸。又北從虹橋閘起。洋浦閘大塘止。重建石路。其狹處兩面用條石建築。又拆修虹橋閘。又將由漾塘石壩。南至洋浦廟東官塘止之一帶道路。全行築高。由是上下各路及漾塘壩閘。一律築妥。使餘姚之水。無從東注。遂得一勞永逸。自光緒三十一年冬起。至三十三年。大工告成。共用洋二萬二千餘圓。柴沈二君。始終其事。不受報酬。其急公好義之誠。尤可感荷。惟每遇放湖及虹橋閉閘時。船隻往來。均由漾塘壩出入。而姚人强占扳壩。勒索重資。所欲不遂。輙恃强凌弱。若孤身婦女經此。僅持裹物。亦勒重資。無惡不作。人神共憤。鎮痛茲惡弊。又將所購漾塘基田餘田十九畝之出息。歸放湖時扳壩之用。稟地

方官通詳在案。光緒三十四年初次放湖。經鎮託人出資雇工代拔客船過壩。不取分文。人皆稱便。第二次放湖所託非人。不肯力任。坐視姚人勒索。鄉人咸爲切齒。旋將餘田十九畝歸入水利局經管。收租嗣後放湖及大水閉閘。往來客船。悉由水利局在租息項下。雇人車壩不取分文。並由鎮在虹橋之南。建凉亭一座。繼移建壩北。以便行人憩息。若遇貨物重船。添雇車壩工人。費歸船主自出。仍由局監視。以免勒索。倘山水暴漲。虹橋立時閉閘。以免東灌。俟水平再啓。但前年放湖閉閘之際。經姚人託本處紳士。請免造車壩。仍留拔壩。懸牌定價。禁止勒索。惟有無後患。全在當事者隨時體察耳。此鎮築復漾塘以障西水之情形也。然西水之害雖去。而全鄉水利。實惟杜白二湖是賴。蓋慈北濱臨大海。不通江河。灌溉田疇。全資湖水。欲湖水之瀦蓄不匱。專賴環湖塘閘修築堅固。值年管閘。具有前例。無論何時放水後。立即關閉。又可滿貯湖水。以備用。蓋湖中之蓄水。如國家之養兵。兵可千年不用。不可一日不備。水可百年不旱。不可一年不蓄。其關係重大如此。二湖之中。杜湖面積尤大。風狂湍急。堤岸易圮。故先輩在杜湖中間。築塘建閘。以減慓悍之勢。名杜湖裏塘閘。又名白塔嘴閘。此裏塘閘及石壩。先自嘉慶年間。經王名揚公重建。道光間。葉六敬堂復修。嗣後失修坍塌。且裏湖基高。無滴水可貯。宣統元年。由鎮出資拆造橋脚。用水泥膠樁。又用以疊石。而石壩亦拆造重建。均用水泥膠黏堅固。又慮山水暴漲。舊壩宣洩無多。於山脚鑿去活石澗三丈許。俾可暢洩。且能滿貯湖水。惟湖面水量須以西埠頭房屋無浸水爲限。嗣因裏湖滿貯。而蓮池庵前後之路。形勢低陷。易遭水淹。不便行走。是冬。鎮又捐洋壹百圓。雇工塡高。以利行人。此鎮修理杜湖裏塘閘之情形也。爲杜湖全湖保障者。厥爲杜湖外塘。亘長十里。土石相間。中有閘三。一東門閘。二張郎閘。一名中門閘。三西碶閘。東門閘暨西碶閘旁及石湫頭。又各有減水壩一座。實爲全湖筦鑰。使湖水蓄洩得宜關係匪輕查杜湖塘自嘉慶初年諸先賢修築後年久失修傾塌不堪光緒三十一年公收湖田租項下雖修百丈無濟於事且塘外佃戶私挖塘洞形如蜂窠致湖水漏洩光緒三十四年邀集紳董公議修築所有明洞暗洞盡行填塞數月而工竣共用工料洋一千九百餘圓內有水利局公租項下撥來洋一千三百五十圓按湖書及道光年間縣示杜湖塘基底濶六丈面濶四丈現存基址不滿二三丈俱被塘外田主私行墾占光緒三十四年稟請當道委員會同慈令履勘始得恢復釘界宣統元年春復在塘外依舊塘基掘運河一條一以使塘外之田水源永有接濟一以絕私穴塘洞之弊冀保湖內之蓄水此項掘河之費由鏌墊付洋貳千圓訂明是年冬公租項下歸還詎屆期未付又恐湖塘築固以後滿貯湖水湖面廣濶風勁浪高防衝激石塘經邀集闔鄉紳耆會議建築土附護塘以禦波濤爲石塘外護當經諸紳承允各分都圖按照舊例認築迨後印發傳單數次設宴邀飲催其興作僅東山頭三十都上下三圖及沈師橋二十八都各圖照築餘無應者此後所收湖田租息除歸還鏌墊欵外應將陪塘工程逐年築竣以保萬世之利鏌僑居外洋年力就衰此項未了工程對於六鄉公組之水利局實含無窮之屬望此鏌修築杜湖外塘之情形也又杜湖之張郎閘即中門閘年久失修坍漏不堪光緒三十四年冬拆造橋脚用水泥膠椿又以疊石比舊式加高加濶修造此閘適在冬令冒雪督工數月始竣又杜湖西碶閘畧有損壞宣統元年修築完固此鏌修築杜湖張郎西碶二閘之情形也環湖皆山溪泉百道涓滴歸湖設山水暴注湖不能容衝決隄岸殊爲危險且早年私開湖洞業已盡塞纖芥不漏倘貿然啓閘既恐驟減應瀦水量又恐漫及田疇斟酌其間欲使所蓄湖水滴流不減非我所蓄任其自去以減水勢洶湧而免隄岸沖決則減水壩之築尤關緊要杜湖東門閘之東首由鏌出資建減水壩一座計長十丈

壩潤照舊塘式。內外及中間均作水泥泥龍二條底樁亦用水泥膠黏。外塘基鍵以亂石。面用水泥膠之。以期堅固。上用潤厚石條。以便行人。建築之時。在宣統元年五月中旬。適連日大雨。山水暴漲。湖心田中。一片汪洋。時此壩正在動工。湖水獨注此處。風勁浪高。如萬馬奔騰。幾欲沖決。鎮冒雨赤足。日夜監督。不吝重賞。雇工搶築。如是三晝夜。幸天霽始全越三月工竣。時鎮日夜在波濤中。幾滅頂。非冒險赶築。一經沖決。非惟禾棉盡付東流。而全鄉廬墓。亦必盡遭湮沒。現雖事過境遷。談虎猶覺色變。當有測繪師日人島總彥同在工次。甚憐鎮之艱劬。爲撮影題序。茲附卷首。以留鴻爪。又在西碶閘南鑿去山脚活石。濶八丈。以備湖水暴漲時自洩之用。壩面舖石版橋。以利行人。石面用水泥縫固。以期經久。石湫頭亦有減水壩一座。均用水泥膠石。修築堅固。冀垂永久。倘有捕魚淘壩等情。尤望當事者隨時稽察。此鎮修築杜湖各減水壩之情形也。至白洋湖隄閘。亦鄉先達葉公所築。功績昭著。迄今百數十年。其湖塘仍歸鳴鶴場葉氏修理。終始不懈。尤爲難能。總之杜白二湖。均爲蓄水灌田之用。故塘閘不得不嚴。而宣洩淫潦。使有歸宿。則四浦實爲尾閭。但潮汎挾泥沙而至。水退沙留。輒厚一錢許。淤塞極易。全賴建閘以禦濁潮。雖有舊例。逢潦開閘。水平即閉。由各姓專司啓閉。無如土豪勢惡。往往受人賄賂。私放海船出入。祇圖一己飽暖。不顧全鄉魚鼈。以致各浦漸塞。水難歸海。淫潦漫溢。花稻蒙害。又以淹浦爲尤甚。上閘左右。開設兩行。代客賣買魚豬糧食爲營業。恃有勢豪爲護符。大小海船。任意出入。至門前招徠商販。以圖近便。數十年來。浦塞潮淺。又用水牛拉縴。間有公議開濬。均被勢豪霸阻。歷來全鄉受害。何至數千百萬。其傷痛爲何如。及光緒三十三年。告荒民怨沸騰。始議以工代賑。畝捐濬浦。鎮不避嫌怨。獨捐洋八千餘圓。建設第三閘一座。閘分五洞。每洞七尺五寸。以杜海船出入。敦請沈醉漁先生監造。八閱月而工始竣。從此放船塞浦之害一掃而空又竺民浦即東山頭祝家浦亦爲洩潦之要道向有上下二閘下閘古稱五洞閘經鏷於光緒三十三年濬浦移建下集錦堂學校地東分爲三洞橋脚用水泥膠黏層石堅固用洋二千七百餘圓查舊邑志及浦界碑載明浦闊二十四弓浦流有濶有狹今將浦灘濶處翻種花地狹處一律掘深所有花息應先歸還三十二年濬浦墊欵俟歸清後即歸承管三姓公收備經管修並濬掘閘下浮泥等用惟望當事者隨時察看勿任廢弛是所望也此松淹古竺四浦均爲洩潦入海要道除放潦水外切勿擅自啓閘倘有得賄私放海船出入必致漲沙淤塞尤祈當事者留心查察庶啓閉有節淫潦無虞此鏷修築淹浦祝家浦橋閘並查勘松浦古窰浦之實在情形也鏷案橋閘之設在通海各浦者重在杜濁潮之倒灌其設在腹地各處者重在保湖水之漏洩同一橋閘命意各別今浦閘既逐一修築而內地各閘亦難膜視隨查得大塘下蔣家路之下閘名雖存而址久湮宣統元年經鏷出資獨建一橋名錦堂西橋用洋八百餘圓橋脚用水泥膠椿又用以疊石甚爲堅固此閘議歸蔣姓管理惟放湖及大潦時由水利局知照啓閉平時不得擅自閉閘致礙舟楫又如大塘韓姓羅壇廟後古有老閘後人拆毀改橋又在韓家路下築小橋一條有橋無閘每遇放湖將灌禾有用之水直洩姚屬海地百里之遙實堪痛恨鏷不忍坐視於宣統元年在韓家路下出資獨建韓家路閘一座命名曰順海橋其橋脚用水泥膠椿又用以疊石甚爲堅固用洋八百餘圓此閘議歸韓姓承管遇放湖及大水時由水利局知照啓閉不得任意致礙行船如有偷放湖水等情應即公議究罰此鏷修築大塘蔣家路韓家路各閘並查勘其他各閘之情形也經此逐一修濬慈北全鄉水利蓄洩攸資自可旱潦無虞而湖田訟案未結即禍根未去若不一律歸公勢必爭端不息歲修無出難期永久夫杜白二湖自宋迄今迭起訟端者實緣向無精細之圖奸民將

湖內漲沙。私墾成田。久則暗相售賣。作爲已產。以致屢訟不休。明代隆慶三年。慈谿縣舊案有曰。山水相連。並無寸土。其防範甚密也。又曰。附湖豪猾。循山作田。鄉民並受其害。其傷痛甚切也。湖書舊案。班班可考。前清同治間。甚至因爭田械鬬釀命。官紳理息。光緒間。又起大訟。經官委復量。杜湖有田九百六十四畝。白洋湖有田一百二十四畝。合計田一千零八十八畝。除同治年間贖回外。尚餘占二百零六畝。當時因公欵不繼。遂至延擱。界址未釘。嗣被勢豪土棍。藉此漁利。近湖奸民。益復侵占。至光緒三十一年。公收田租。訟端復起。互控不已。經鎮邀請全鄉紳耆。調處息訟。復因訟端由於田畝。更出已貲。公議驗明有新舊契串者。依前官價。每畝作二十千文。經鎮增作二十圓。贖回白洋湖占田二畝零。杜湖占田五十畝零。其新舊田契五十八紙。領價據廿八紙。現在鎮處。並將湖閘湖塘減水壩。逐一修築。一面將先後辦理情形。節次稟詳地方官在案。於前清光緒三十三年十一月二十六日。蒙前浙撫馮批。據詳已悉。湖田界址未清。遂致豪強霸占。奸民影射。紛紛訐告。纏訟不休。吳紳作鎮。海外歸來。獨捐鉅欵清理整頓。爲一勞永逸之計。仗義疎財。實堪嘉尚。十室之邑。必有忠信。不其然乎。仰按察司轉行知照。所有從前訟案。應准一併註銷。如再有奸徒。砌詞上控。即行押發懲究等因。嗣蒙委員吳劍泉。會同慈邑尊吳喜孫來北。邀集本鄉紳耆。秉公會丈釘界。所有前後贖回占田九百三十四畝。其餘占田既無新舊契串。顯係私墾之田。一律歸公。並設慈北全鄉水利局。專司其事。即以湖田千餘畝。歸局出租。以便沿湖佃戶。分領耕種。照例收租。以給專員管理之修脯。修湖築塘濬浦之需。公益之欵。概歸公用。鎮又以歷年湖田多事。爲無精細湖圖。以致纏訟不已。不惜重貲。二次聘請日本工程師。照官紳公定杜白二湖之界。實地測量。計杜湖全面積七千六畝六分六釐。內含裏湖面積壹千四百三十七畝三分貳釐。白洋湖面積一千二百八十五畝七分一釐繪製二千分之一之母圖爲準。呈請奏咨立案。其母圖存錦堂學校備查。由是數千年之禍。一旦廓清。而杜白二湖之面積。員相朗若列眉。自漢迄今。相傳湖畝之誤。不煩言而自解。所有公田千餘畝。其糧均開入杜白將軍戶。其糧銀自宣統元年起。由租息項下完納。又漾塘餘田十九畝。亦歸水利局承管收租。其糧已開入吳錦堂捐助慈北水利局戶下。即歸局中完納。此鏌整理湖田。測繪湖圖。設局專管。冀垂萬世之情形也。統計慈北全鄉水利。鏌經營以來。耗七萬餘金錢。費六七年心力。至今旱潦無虞。稍有成效可覩。惟當時設水利局由經理人沈衍周（即增輝又名韶達）主持。初本冀其清白乃心。力圖公益。乃自前清光緒三十三年十月起。至宣統三年夏止。僅三年有半。先後向鏌逐時支借。名曰酬勞。計洋四千圓。前此彼捐官進京時。又向鏌貸川資一千兩。屢次函懇。迄今未還。外又誆取錦堂學校購料洋四百十圓。又宣統元年三月以前。頁所述。杜湖塘外應開河一條。當時

爲水利局乏欵由。鏌墊付洋貳千圓。訂明是年冬。公租項下交還。及至十月二十日。公租收到。沈增輝並不付還。（迨至民國二三年間。始由水利局將墊欵償清。）一面多結羽黨。聲勢赫赫。強假鏌之監輿出入護衛。威同官府。湖田公事。獨斷獨行。視同己產。出入之賬。並不照章報告。迨經衆查詢。始怫然册報。覩其叙跋。驕橫恣睢。儼然強占。鏌自愧付託不當。幾至反利爲害。不得已於宣統二年冬回里。正在錦堂學校。擬訂期邀請全鄉紳士。公議辦法間。不意沈增輝恐將其水利局弊竇查出。先發制人。本欲暗中謀刺。有親筆密書爲據。乃毒計未遂。膽敢糾黨數百人。持械圍校。意圖殺鏌而甘心。兼以耀武揚威。爲永占公田。敲詐鄉愚之計。幸事聞於當道。派兵保護出險。發委會縣查明屬實。業將沈增輝之江蘇試用知縣。奏明斥革。交地方官嚴加管束。並派印委。勒令沈衍周將經手帳目。點交慈北自治會葉鴻年君等接管。此鏌因整頓湖田。慍於羣小。險遭毒手之實在情形也。然事關全鄉利害。鏌矢志修復。決不因

險阻艱難。稍更初志。追溯先輩盡瘁水利者。代不乏人。何以時興時廢。變遷迭出。轉貽後來訟禍。揆厥所由。不外乎向無精細之圖。界址不清。奸民占墾。易於影射。又以籌無的欵。專管無人之故。譬如凡物無主。必遭攘奪。凡事無主。必至廢弛。庵廟無僧道。人將廬其廬。公司無董事。人將僨其事矣。今雖賴父老兄弟輔助之力。大工次第告成。湖內公田千餘畝。整理已妥。出息有欵。濬理有資。考核有圖。管理有員。脩脯有項。然無永久章程。詎能有利無弊。垂諸萬世。當擬慈北全鄉辦理水利善後章程草議。連同測繪湖圖。稟詳前清浙撫增韞。奏咨立案。嗣後諸父老以鏌籌修水利。創辦學校。畧有微勞。公請當道。查明成績。奏獎四品京堂。實則鏌視為國民義務。既非沽名釣譽。亦非妄冀榮寵。早經瀝情呈明。不敢仰邀獎叙。況鏌僑商東洋。所擬草議。適用與否。尤不敢自信。改歸慈北自治會接管。以來屢請開會議決實行。繼因武昌起義。未遑及此。而沈增輝等。又乘光復初定。死灰復燃。

廣刷公田捏欵之報銷。淆人耳目。竟將鏌處強索之酬勞洋四千圓。一字不題。又復虛付假帳洋二千四百五十五圓六角貳分一釐。此為其捏名化戶。監守自盜。鯨吞公欵之確證。此外無形之弊。尚難悉數。又捏稱倒欠該痞薪水洋二千二百八十八圓一角。且妄言視接辦之員。是否皆盡義務。以相要挾。語多狂妄。登諸册尾。其圖奪公田之狀。情迹顯然。甚且假自由黨之名。廣招匪類。虎視一方。捐牌鳴鑼。強迫舉彼為當選人。圖奪公田。擾亂治安。大違國法。已蒙當道查明嚴拏。封產備抵在案。自宣統三年秋。我鄉霪雨海嘯。非常災歉之後。又值武漢起義。軍書旁午。遂致飢民載道。羣吃大戶。盜賊蜂起。富室遷徙。且各省遏糴。米價奇昇。無從購買。人心恐慌。地方擾攘。警電頻來。鏌還顧桑梓。憂心如焚。竊計光復初定。人心浮動。非速籌賑平。則數萬窮黎。飢寒切膚。亦將流而為盜。倘害馬不去。則數年來辛苦經營水利湖田各事。必遭破壞。朕兆已露。隱憂方大。當由鏌捐墊鉅欵。托虞治卿君。在江北購米運鄉。請各鄉父老兄弟。按鄉設局。先查戶口。極貧賑濟。次貧平糶。計共平糶之戶。大小五萬四千三百三十九口。自壬子陰曆四月朔辦起。至十月間。先後停止。共售平糶米一萬六千五百十六袋。計捐平糶虧耗銀一萬五千二百九十二圓六角一分六釐。又慈北各鄉賑米八百九十三袋。合銀七千五百圓。共計貳萬貳千七百九十二圓六角一分六釐。又助裘市賑濟米二十三袋。洋壹百七十五圓五角。共計貳萬貳千九百六十八圓壹角壹分六釐。此皆出自鎭愛念鄉里之誠。故不敢不竭我汗血。而沈增輝之種種不法。自經浙都督委員。會縣查明屬實。密飭兵隊。拿獲羽黨一名。解省究辦。首痞餘黨。聞風遠竄。地方爲之一靖。水利各事。始得繼續辦理。此葢光復後湖田水利。幾遭破壞。經鎭不避嫌怨。力遏狂瀾之實在情形也。嗣因各鄉自治成立。葉鴻年君。以年老辭退。遂請六鄉。公共組織水利局一所。公選總理一員。協理六員。蓋全鄉水利。地面遼濶。必得衆擎共舉。庶能歷久不弊。而關心水利。卓著勤勞之宓蓮君先生及沈醉漁先生。均於年前同歸道山。鎭欲規畫久遠。頓失臂助。痛悼無已。遂捐銀千圓。在崇壽宮。開追悼大會。以誌哀慕而勸將來。嗣以沈增輝經理湖田之事。高下其手。非惟租額不均且有匿田吞租。並有在局包租。轉放與佃。間接漁利之事。言之實可痛心。查光緒三十三年。原丈有杜湖田八百六十畝零七分五釐。又荒地松茅場柴篷基共四十六畝五分八釐。共杜湖田地九百零七畝三分三釐。白洋湖田。於民國元年。丈得壹百四十四畝。共計杜白二湖田及地壹千零五十一畝三分三釐。均於民國元年。經水利局。逐坵丈量。按畝調查。共得可耕種者九百六十四畝。分爲等第。按照大例。另定租額。比較往年。約可增收銀壹千數百圓。此係化私爲公之效驗也。但因丈量時間局促。必須次年復丈。方爲盡善。並將善後章程。公同議定。俾垂永久。惟觀歷來公益之事。往往誤於義務二字。反致各無責任。縱有良法美意。雖免人亡政息之慨。是以歷代水利。屢興屢廢。推原其故。均由無專責之人。以司其事耳。茲查各鄉所議章程。於總理年俸。僅定百圓。雖以示儉。但總理擔任全部水利事大責重。年俸菲薄。斷難專其責守。枵腹從公。必無其人。若然賢能者。見其俸不足以贍其身。必不肯擔任。而奸邪之徒。必從而營謀。冀從中作弊。飽塡私壑。放棄公益。於水利不特無益。反被其害。與其惜小費而誤大局。曷若出厚俸而專其責守。故由鎭函商各鄉自治會諸君。總理年俸。增定三百圓。每鄉協理一人。共六人。每人年俸五拾元。以二年一任。再行公舉。若衆情和洽。毫無私弊。連舉者亦得連任。其銀錢出納。必須每月報告。其餘各條。如文牘會計。併爲一人。以節公欵。巡湖巡浦。均須將所巡察水利情形。五日一次。報告本局。由局中司事。每十日繕成說帖。報告六區自治會。暨錦堂學校。庶幾各種情形。盡人而知。應修應築之處。亦不致任其坍壞。凡有關於水利重要之處。均經鎭參酌損益。附刻於後。旋因前清宣統三年秋。各省光復。浙省各公署中。舊存檔案。多遭遺失。竊慮鎭所聘日本工程師精測二湖面積畝數。與向來傳稱之畝數。大相懸殊。且自漢迄今。向未從事實測。又無確案可據。或後來勢豪。再圖强占。爰於民國二年十二月三十日。由鎭再呈請。農林工商部總長張。將明季至前清道光間舊案卷湖書一册。光緒三十二年起至民國二年止。慈谿縣北鄉水利全案幷管理善後章程彙爲一册。杜湖全圖四張。白洋湖全圖四張。呈部批准存案。並請咨照浙江民政長。轉飭地方官立案。永爲保護。以垂永久。至民國三年一月十九日。奉農商總長張批准。與立案。並令行浙省民政長。查照飭令慈谿縣。保護在案。蓋自是以後。二湖水利之新舊案卷志乘與圖繪章程等。始有成蹟可稽矣。總之慈北全鄉水利。如湖浦塘閘。無一不關係吾鄉人民生計。古人云。國以民爲本。民以食爲天。杜白二湖。向有二天之稱。若不時加修築。以保永久。則數十萬人民。勢將失所。可不愼乎。鏌亦慈北一分子。來自田間。深知稼穡之艱難。旱潦無備。爲害最烈。今雖竭我棉薄。草草修繕。然較之諸先輩創築之功。萬不及一。何敢自炫其能。陳於父老兄弟之前。但鏌籌辦此事。備嘗險阻。今幸章程已訂。大致就緒。爰照先輩杜白二湖全書成例。將關於水利公牘。及湖圖。水利工事各映圖。以及宓蓮君。沈醉漁遺像。葉蕉生柴啓標沈退泉諸公。及鏌之影相。彙印一編。非敢夸功。以詳其事之艱難。希冀鼓勵後來耳。鏌尚有不能已於言者。今全鄉水利。雖粗具修理完全。而應修之事尚多。三橫六直之河應掘。三浦亦不久應濬。河深則水量多。浦深則洩水速。全仗水利局之總理之得人。去年所舉。或謂得人矣。蓋總理得人賢。視公事如家事。度其緩急。逐漸籌辦。則全鄉六十萬畝之田地。數十萬人之生計有賴。原知工大費鉅。事非容易。顧念吾鄉人口漸增。田畝無多。食糧全仗外來。近今數年。外洋化學製造。無一不興。工金日貴。雜糧減種。如黃荳芝蔴菜子荳麥雜糧。皆向我國購辦。每年出口何止數千萬金。雖然我國土產。易彼黃金。固屬富國裕民。而人口漸增。糧食日缺。故即平年收成。亦已有貴無賤。一遇荒歉。各省自衞。米糧禁不出口。所以吾鄉之河與浦。不能不即籌濬修。統盤計算。大約需五六萬金。以十萬民田而計。每畝不過出費五六角。多至壹元。苟能每年每畝多收百斤之穀。何在區區之費。尤望全鄉諸公熱心發起。早爲籌辦也。至不幸所舉水利局總協理不賢。因循將事。應管不管。應修不修。甚至舉不正之人。參預其間。詢及水利。無一所知。徇私舞弊。無所不爲。已成水利。必被復壞。貽害全鄉。豈不寒心。將來選舉總協理。尤望吾全鄉紳耆業主。愼選賢能。素有人望。熱心公益。持有田產。精於水利者。方可稱職。薪水雖微。責任甚重。萬不容勢豪土霸。濫厠其間。願後之來者。愼以行之也。鏌伏讀前杜白二湖全書所載。歷朝吾鄉諸先賢所論保護二湖之事。盡詳。明季崇禎間。沈公履祥。書撫按題請永禁兩湖總議。名言至論。利害全形。萬世留爲寶鑑。鏌在同治初年。時方齠齡。日聞父老言鄉先哲沈書賢孝廉公。痛念毀湖爲田。全鄉蒙害。不惜其身家。不避其嫌怨。不辭勞瘁。籌議毀田復湖。以救全鄉數十萬民命。結訟數年。耗盡心血。籌捐公欵。贖回占田八百八十二畝。永作公湖。當時乃被前清不肖官吏。不察歷朝案卷。私占公湖之田。飛糧執業。以據有糧必有田之詞爲斷。致令出價贖田。以三百畝開種。以五百八十二畝封禁。旣不丈量分界。又安能依據絕害。敷衍了事。貽毒全鄉。沈公之志未竟。抱恨謝世。人亡政息。殊可悲也。今鏌整理二湖占田。興修全鄉水利塘閘減水壩等。幸已大工告成。以繼沈公未竟之志於萬一。伏念沈公當時爲湖之心。爲湖之功。彰彰在人耳目。其功甚偉。鏌所修二湖。全仗此爲據。我全鄉人士。飲水思源。亦當感戴沈公之德於無涯。惟同光年間。缺佚案卷。搜集補印。祇能俟諸異日。其杜湖應築護塘一事。最關緊要。並將湖內葑草設法除盡。若掘絕根株。工鉅費大。故其除法非養魚不可。湖中積水如碗盛水。少有筷棒插入。則溢而外傾。今葑草蔓延。非惟佔湖地面。更且此草非水不長。湖留一寸之草。即少一寸之水。況葑草吸水滋長。每值炎天暑熱。吸水更甚。日減一寸。十天一尺。如旱一月。減水三尺。此理婦孺皆知。故將湖內養魚以除葑草。護塘栽杞柳以固塘根。務求水利局總協理諸彥。不避艱辛。接續籌辦。匡予不逮。俾二湖水利垂萬世而不廢。是皆鏌所馨香禱祀以求之者也。嘉慶年間。鄉先哲王名揚公。訪求杜白二湖之全書。重梓五百部。以供全鄉諸同好。距今百有十年。且咸同兵燹後。蕩然無存。鏌向親友覓得兩本。以一本呈農工商部存案。俾知歷朝案情。茲鏌復梓五百部。今又續刻杜白二湖及各浦閘橋等水利全案。倣西式大冊印刷九百五十部。以供全鄉各宗祠。暨紳耆諸同仁。庶幾知二湖各浦。從古迄今之興廢。關乎全鄉之利害。全載在前續兩書。雖非珍本。幸祈保存。俾知公署案卷。水利局管理章程。惟望我全鄉人士。協力維持。永守勿替鏌才識譾陋，不計文之工拙，聊叙修湖始末，并陳胸臆。謬誤之處，尤望諸君指正之，則幸甚矣。

中華民國四年四月吉日吳作鏌錦堂氏謹誌

附誌

宣統元年十月間　吳縣尊偕撫委　吳大令蒞北檄傳全鄉　紳耆公同履勘湖界。作鏌追隨左右十餘天，每遇近山遠水湖田與民田交界之處，而官與各紳一再斟酌，衆議僉同，始得釘界，以昭公道。量時湖田均有尺寸，惟瓦窰頭一處塡湖成基，地面甚大，本應折屋還湖，姑念歷年既久，不忍拆毁，其屋基外之晒場地若不限制，日塡月增，將來伊於胡底，因此劃線分界。今圖中紅線者，是湖界。紅線之外黄色者，乃公湖塡基之地，應向用戶收租也。圖中之公田公地者，皆黄色也。他人之田地皆赭色也。杜湖裏湖之陸輿廟上盡湖處及白洋湖之董家之上盡湖處圖中均有紅線爲界，俾來者有可查察焉。

上慈谿縣詳請撫院委員會丈禀。

具禀　紳士候選同知 日本神戶僑商花翎二品封典道銜　葉鴻年 吳作鏌

爲和洽鄉情，振興水利，紹前人之緒餘，絕後世之訟禍，詳請發委丈量清界，通禀各大憲，一面出示曉諭事。竊以鳴鶴一鄉，地皆斥鹵。前濱大海，後不通江，賴古人開三浦，築二湖，又築漾塘以備西水東溢，反瘠爲腴，功至偉。利至溥矣。年久功廢，甚或轉利爲害。前年　職作鏌自海外歸，獨出己資二萬餘金，請五都紳耆，董修漾塘。今年重蒞故土，工已告竣。而淹浦、竺浦亦由各紳耆按田捐費濬掘，查古窰浦掘費已有沙地案内公欵可支。其淹竺浦兩閘費約需萬金以外。職作鏌願獨力承當，以成闔鄉之利益。此外杜白二湖，今正值湖田搆訟，總因各鄉未盡和衷，以致意見兩歧，亦由前人辦理此案，未曾掘盡根株，轉將闔鄉利源變成禍水，殊堪浩歎。湖書縣志，非不班班可考。楊陳二前撫之奏牘案墨原亦未乾，第今昔殊形，民智發達，變通辦理，未爲不宜。今擬請委丈量重行釘界，即在向稱有糧有契之各業戶。定能和衷共濟。以體古人捐田爲湖之志。慷慨而進步其高躅。職等情關桑梓。不忍袖手旁觀。爰於九月初一日在崇壽宮道觀。邀請五都紳士。公議妥辦湖田事宜及弭訟之策。僉稱願請熟諳輿地之孫教諭來鄉。並各鄉公正紳董。秉公先行履勘。丈量清界。務使湖山劃然爲二。免得混淆不清。以絕禍根。職作鎮願助洋壹萬元。以備整理湖田及修築杜湖裏湖閘及杜湖中門閘並湖塘等用。其辦理之法。另繕條欵。並請各紳列名簽字。一併附卷備案。足前人未竣之偉功。餉後人無窮之幸福。銷目前紛爭之訟累。出自公心。勉成公益。除稟

府道憲外。伏乞

公祖大人。據情詳請發委丈量。一面出示曉諭。保護閘壩湖塘工程。鄉民不得滋擾阻撓。和洽鄉情。振興水利。一俟清界妥洽。再行稟請銷案。實爲德便。

光緒三十三年十月　日呈

附條欵

一請釘界址。此番清理湖界。前九月初一日。請紳耆會集。公議稟請熟諳輿地之孫教諭來鄉。五都各派正紳秉公履勘清界之後。再行丈量。

一勘丈測量。查原案杜白二湖。共占田八百八十二畝。光緒年間。又丈得壹千零八十八畝。以爲此項田畝。本係侵占。故有盈餘。即以丈餘近山遠水之二百六畝。歸抵未領田價之業戶。以三百畝開種。五百八十二畝封禁。仍合原案八百八十二畝。必須丈足。事爲公益。更擬商於未領價各業戶。倘能將此二百六畝。一概輸入公項名下。則名譽陰功。兩皆浩大。如有不願者。請將同治年間糧串印契。檢出核對。果係眞實不虛。即行給發官價。奏案已定。二百六畝。在近山遠水之處。則湖內皆係侵占之田。何有業主。惟湖田內或舊有墳墓。自應推廣仁心。永不平毀。再山麓之田。若已領價而仍未歸公者。查出亦當歸公。

一生息濟公。奏案原定留三百畝種禾稻。收租息。作爲築塘修隄等用。以湖內生息濟湖

內公用。所以保十萬八千餘畝民田之水利。法亦善也。無如迄今二十餘年來。仍未舉辦。其封禁五百八十二畝。依然盜種。五都鄉民。藉爲口實。搶割之案。間年一出。甚至械鬬。夫利之所在。人所必趨。傍湖居民。何從遏其臨淵之羨。今議不如一律開禁。佈種禾稻。公收租息。而濟水利之公用。取財既宏。用力亦衆。隄塘高固。蓄水愈多。五都水利。不愈厚乎。今擬丈量除八百八十二畝外。尚有未給價之二百六畝。業主願助者。則助歸公。不願助者。照章由吳作鏌給價。其田歸公。以絕萬世之害。總之湖田萬無平毀之日。與其留此禍根。不如變通辦理也。

一倍塘以分水勢。湖身廣濶。水勢滔滔。風勁波高。隄塘常被撞壞。昔人築裏湖腰塘。以分全湖之水勢。以減波濤之撞力。日久坍圮。外塘因而更受其害。今吳作鏌出銀壹萬元。以備整理湖田並修理裏湖閘及中門閘即張郞閘並裏湖塘壩等用。是皆爲緊要之舉。隄厚水聚。湖田之低窪者。皆淹没而無從播種矣。是不平自平也。所望五都紳民。和衷共濟。玉成全湖之公事。實即大衆之幸福。

一善後事宜。凡物無主。必遭攘奪。凡事無主。必致廢弛。歷來辦湖田者。議平議毀。議種議禁。而迄無成功者。實緣無專司之人。以董督之也。譬如菴廟無僧道。人將廬其廬矣。公司無董事。人將僨其事矣。自後湖中水利。必宜敦請一人。專司其事。雇傭數名。日夜巡邏。遇有塡湖爲田者。即刻毀之。挖塘偷水者。立時補之。其人不遵禁令者。禀官究之。一切薪水辛工。當籌定的欵酌給。俾專責成而無推諉。

一二湖既擬辦法。三浦尚有漏議。浦通潮汐。必須閘以啓閉之。不然。渾漲清落。一潮汐停泥兩錢許。不一年積泥數尺厚。則濬事方畢。而浦已淤矣。今始就淹浦而論。吳作鏌出資獨造第三閘。凡五門。防釣船私行進出。致帶上潮泥也。將來造壩。必須用石。其廣濶高低丈尺。須照上閘老石壩之式。所以宜高不宜低者。防潮水內灌也。開浦本便商農。今似重農而略礙於商者。農衆而商寡也。况商貨可用駁船駁費仍加於貨。商亦無所礙於事也。竺浦向無船隻。古窰浦間有貨船。是在司閘者嚴其啓閉也。

一漾塘宜設官壩。天旱放湖。虹橋閉閘。盤漾塘壩者。免受姚人之勒索。此事當另籌辦法。禀請立案聯合鎭北諸紳。公同具呈禀請道憲核辦。

附簽字啓

竊以居民惟水利是賴。吾鄉數萬戶。全仗二湖三浦以救澇旱偏災。每屆辦理水利事宜或因各鄉意見不洽。輒生牴牾。故特於九月初一日在崇壽宮道觀會集五鄉紳耆公議辦法。宜倣大衆三浦已由五都捐費合濬淹浦之閘。由作鎭出貲獨造竺家浦之閘亦由作鎭一人獨辦作鎭再願出銀壹萬元以備整理杜白二湖之田修築杜湖裏湖閘杜湖中門閘及修塘之用。其湖田一案公同擬請係教諭先行清界再行丈量。妥爲籌辦禀請備案所有一切公私訟觝當衆理明。由衆紳具禀　道府縣請即通詳各大憲將案註銷。此後和衷協力。共襄水利。除一己之私見。造萬民之幸福。今附呈禀稿。及辦理湖田章程。恭呈尊鑒。謹列台銜。即希簽字。以可具呈列名。上存

憲案。

葉蕉生　葉秋生　葉羹枚　葉雪舫　葉超增　葉珊舫
葉藕生　葉祺山　俞磻溪　俞維綱　俞安之　翁稚卿
俞玉書　俞逸嵐　翁煥卿　翁惠卿　翁松林　張桐伯
沈冬生　張掄元　張承福　王槐卿　孫詠樵　葉福蓀
姚贊堯　樓琴五　方譜香　韓畫卿　岑如璋　施顯裕
韓本紳　將震宏　陳蒔舲　高藹亭　王長春　倪懿隆
童蒔峯　戎菁菴　戎庠生　胡琴仙　胡友笙　沈春潮
沈桂舫　沈桂庭　沈乾竺　沈韻蓮　沈醉漁　沈斯梅
沈馥三　沈長齡　沈東寶　沈震良　沈爾繩　沈夢蓮
沈遐泉　沈振玉　翁潤德　翁又魯　方楚賢　嚴彬成
洪瑞洲　杜和暘　姜雪莊　林雲仙　吳竹崖　徐惠生
徐季仙　羅塊泉　虞小漁　虞瑾章　岑曉棠　元通行
廣大行　裘勉齋　裘信甫　裘如齋　裘七襄　柴啓標
柴釆惠　沈載瑤　戎繼篁　戎復初　戎滋畦　厲啓賡
厲坤元　厲寶成　陳用卿　陳季壽　陳渠青　陳雪樵

陳壽門 陳簡青 陳達華 陳保蘅 陳啓濠 羅尙卿
謝如勳 樂蔚卿 洪甄宜 洪蕊卿 兪子衡 童祥甫
陳帆笙 宓蓮君 宓友庭 宓友琴 宓甫田 宓庭舫
韓桐仙 韓壽丞 沈春生 以上均簽字及押

案。此稟呈後。即由慈谿縣詳省。光緒三十三年。十一月二十六日蒙。
撫憲馮批示。據詳已悉。湖界未清。遂致強豪霸占。奸民影射。紛紛訐告。纏訟不休。吳紳作鏌。海外歸來。獨捐鉅資。清理整頓。爲一勞永逸之計。仗義疎財。實堪嘉尙。十室之邑。必有忠信。不其然乎。仰按察使。轉行知照。所有從前訟案。應准一併註銷。如再有奸徒。砌詞上控。即行押發懲究云云。先於上年九月初一日。諸紳耆會集。公議稟請孫教諭。會同正紳。履勘清界。詎孫教諭自撫委後。百計留難。既不辭差。又不即來視事。傳言非重薪厚幣不可。於是作鏌復多方設法。稟呈當道。嗣於三十四年十月。復蒙撫委吳劍泉大令。會縣邀集紳士。查丈釘界。一面由作鏌具稟將侵占湖田。贖回歸公。各項水利工程。逐漸修濬。手續繁多。各稿散佚。特附記於此。

稟請慈谿縣催速派委員會丈稟

具稟道銜吳作鏌候選同知葉鴻年等
爲催委勘量。俾成公益事。竊敝鄉紳耆一百餘人。公議杜白二湖清界量田等因。前蒙稟詳大憲。批准札委孫教官樹禮前來。會紳清丈釘界各在案。迄今半載。孫委不來。湖田租息。雖已歸公收。並無異議。而所擬由職出資。承買歸公湖田二百六畝。輒無定址。尙難給價。深恐含渾拖延。或日後別生枝節。爲此叩請
公祖大人。轉稟各
大憲。速飭委員來鄉會勘。萬一孫教官樹禮。另有差遣。或辭不赴差。務求迅速改委明白幹練之員。即懇馳赴敝鄉。會同紳耆。憑公清界勘量。俾全闔鄉公益。頂祝上稟。
光緒三十四年六月　日呈

光緒三十四年九月慈北辦理水利第三次

在崇壽宮開會報告

今日開會。蒙　諸公光臨。鄉晚實深欣幸。吾鄉湖浦塘閘各要事。雖辦有頭緒。今再欲與諸位。公同酌議。以期盡善。鄉晚生長於斯。灼知吾鄉農業。全賴水利。先輩爲生靈計。苦心籌劃。近山捐田。築杜白二湖。以備旱潦。迤西築漾塘。障西水。極北開三浦。供疏洩。水旱無憂。天然福地。足稱膏腴之鄉。無如年久失修。湖浦坍塞。以致一遇水旱。受害不淺。　諸公早已洞悉。毋待再瀆。鄉晚自光緒三十一年省墓回國。適霪雨爲災。花稻盡沒。詢諸父老。僉謂受浦塞塘坍之害。民田十餘萬畝。花地四十餘萬畝。以每畝約損洋三圓計。已虧百五六十萬圓。是皆吾鄉農民汗血。枉被損害。既可惜。又可痛也。議者謂吾鄉民智未開。公德薄弱。顧私利而不顧公益。業戶憚以資倡辦。佃戶吝以力助公。坐視天產利益。任其蹂躪。即間有熱心公益者。輒限於勢力。有願莫償。如五六年前。濬淹浦之議方起。而梗者隨之。洎今春告荒。始議以工代賑。今浦事告成。實爲萬幸。惟近者百物騰貴。人口日增。工商未興。全恃農產。入不敷出。財力漸涸。一遇荒歉。危險實甚。故有志公益者。無不殫心竭慮。預籌補救之法。夫天之大水大旱。不常有也。至小水小旱。何歲無之。數十年來。水利失修。浦塞塘坍。雨稍多。則田地淹沒。晴未久。而河湖兩竭。故遭連年荒歉。若能修塘濬浦造閘築壩完全。雖遇大澇。湖能蓄而浦能洩。水不爲病。旱能灌溉。大有可卜也。蓋禮義起於飽煖。盜賊起於饑寒。其勢然耳。若水利不修。不獨耕者受其病。獄訟盜賊。皆此之由。自不得不急於籌辦。裕民生而安閭閻也。鄉晚起家寒微。奔波異域。歷三十餘年。薄積錙銖。非不愛惜金錢。實爲眷念桑梓。不忍坐視。故於前年。先捐己資。修築漾塘。請　諸位公舉柴君啓標沈君退泉等經理。閱兩年而工竣。去年歸里。又移建竺浦三眼閘。今年。又新建淹浦五眼閘。託沈君醉漁等經理。八閱月而工亦竣。費用甚鉅。早邀　諸公洞鑒。毋庸贅述。惟淹浦閘改築五眼。每洞濶七尺五寸。共濶三丈七尺五寸。或有訾其便農而不便商者。鄉晚則謂便公而不便私。亦復何所顧忌。故仍毅然爲之。區區苦衷。當亦爲　諸公所同諒者也。至古窖浦閘。數年前。舍弟吳作賢。與陳誠記。爲地事涉訟多年。案懸莫結。嗣荷　裘如齋君調處。由陳將地售去。承產之業主。則出貲萬圓。當由舍弟作賢。願助爲濬浦造閘之用。其洋由　裘如齋君手收。據云自願擔任此事。待全工告成。想彼定報告於　諸君也。夫三浦漾塘。工雖全竣。獨二湖失修。則尚貽禍無窮。光緒三十一年。公收湖租。又起大訟。控訴不已。查自宋迄今。迭起訟端。實因向無精細分析尺寸之湖圖。致湖事模糊。湖內漲沙。全爲奸民私墾。久則暗相購售。均作已產。故同治年間。闔鄉衆紳協籌公欵。購湖田八百八十二畝。作爲公產。其糧額開入杜白將軍戶。其糧銀歸五都各業戶攤完。迨光緒八年。覆量得杜湖有田九百六十四畝。白洋湖有田一百二十四畝。共計田壹千零八十八畝。除購回外。餘二百零六畝。時因籌欵不繼。事遂延閣。界址未清。而勢豪土棍。猶得藉此漁利。濱湖奸民。益相侵占。二湖愈壞。蓄水愈少。遇旱農田失灌注者。都數十萬畝。全告歉收。且闔鄉數十萬人。以飲水汚毒。染疫殞生。尤屬無算。吾鄉人咸痛恨切骨。惜爾時官紳合辦之局。功虧一簣。眞可痛心者矣。鄉晚去秋歸時。二次迸集　諸公。會商辦湖之法。願再捐洋萬圓。備贖回近山遠水未給價之田。並修理塘閘之用。如各戶有願助者。則稟官嘉獎。如不願者。則每畝給官價錢廿千文。贖回充公。圖將向來禍根。永遠剷絕。幸蒙諸位贊成。故一面稟詳各大憲。去年十一月二十六日。蒙前撫憲馮批示。據詳已悉。湖田界址未清。遂致豪强霸占。奸民影射。紛紛訐告。纏訟不休。吳紳作鎮。海外歸來。獨捐鉅欵。清理整頓。爲一勞永逸之計。仗義疎財。實堪嘉尚。十室之邑。必有忠信。不其然乎。仰按察司轉行知照。所有從前訟案。應准一併註銷。如再有奸徒砌詞上控。即行押發懲究云云。仰見　上憲燭照二湖占田之害。洞徹無遺。

莫名欽佩。近鄉晚又接邑尊吳公函催速歸。委員　吳劍泉大令。即日蒞慈。偕　邑尊來北。邀集吾鄉紳耆。秉公會丈釘界。凡湖中占田。除舊有墳墓外。勿留絲毫禍根。湖事興廢。在此一舉。故鄉晚不得不歸。雖小女病危。命在旦夕。亦不敢不割舐犢之愛。忍痛含酸。越數萬里重洋而返里。冀稍盡義務。方今立憲時代。朝廷求治。百度維新。屬在臣民。皆有自治之責。公害應除。公利應興　聖諭煌煌。悉以國計民生爲念。况近山遠水二百零六畝之田。本屬公湖。私占。安有業戶。今議給價贖回。已是通融辦理。還祈　諸位開誠布公。力爲勸導。毋生意外枝節。以全鄉誼。故愚意務祈來會　諸公。并闔鄉同胞數十萬人。一德一心。必籌一相當之法。誓達其目的而後已。今鄉晚延日本測量繪圖技師一人。擬預先測定湖界。憑官定奪。待官憲到時。隨同詳註尺寸。繪圖備案。務將湖山公私界址分清。永絕禍根。未知　諸公高見。以爲何如。鄉晚壯適異國。居鄉日少。才淺識短。見聞不廣。　諸公近在咫尺。自必洞澈詳細。務祈不避嫌怨。各抒高見。秉公協辦。共成公益。絕萬世之害。造無窮之福。闔鄉幸甚。又去春濬掘淹浦竺浦之費。衆議以民田五畝起捐。每畝收費洋三角。時蒙　諸紳函示。約收洋萬三四千圓。乃去歲接　裘公來信。言畝捐只收洋九千餘圓。僅能抵濬掘淹浦之費。而竺浦自去年四月完工。共費洋二千七百餘圓。時蒙　翁可堂君。　徐季仙君。二位暫墊。及至秋間。二公力不能支。故九月間。由鄉晚墊洋貳千圓。面交　裘公轉交。以解當時困阨。迄今均未還清。未免向隅。可否求執事　諸公。不失前諾。設法催收歸還。以清結其事。夫同爲濬浦。同是畝捐。均屬公事。自不當意存兩歧也。此後尤祈和洽辦理。切勿各存意見。則全局幸甚。已夫近世列强競爭。教養二事。實爲至要。國民失養。則無以爲生。國民失教。則難以爭存。竊謂保身保家。計無逾此者。鄙意務勸吾鄉　諸大紳士仁人君子。大發慈悲。廣爲倡辦。湖山常存。而貧富無恆。有千百年之湖浦斷無千百年之財主。看破此情。何樂不爲。遺澤在人。乃眞能綿長富貴者。又何必視錢如命。積遺子孫。若無完全教育。或不免驕奢淫佚。傷身敗名。百年之後。徒與草木同腐而已。自問亦何所取哉。夫在會　諸公。均係明哲之士。通達時事。固毋待鄉晚之曉曉。惟謹陳愚見。以質　高明而已。至應議各事。另擬條件。務請　諸位。公同議妥。俾得遵辦。鄉晚不嫌讕陋。頓忘忌諱。畧就所知。敢瀆清聽。設或所言不當。幸祈見教。辭過繁冗。尚希諒宥爲感。

光緒三十四年九月　日慈北五都辦理水利事務代表　鄉晚吳作鎮叩述

稟慈谿縣吳喜孫報告捐欵清册等文

具稟僑寓日本神戶紳士花翎二品封職道銜吳作鎮。籍職商經營海外。僑寓日本。眷念祖國。切懷桑梓。每思本鄉地方。農業居多。全資水利。關係所在。首賴杜白二湖及淹浦竺民古窖三浦。並與姚北分界之漾塘。爲全鄉民命衣食所利賴。先輩爲生靈計。苦心籌辦。近山捐田築杜白二湖。以備旱涸。西築漾塘以障水。極北開三浦。以供疏洩。本屬水旱有資。無如年久失修。湖浦坍塞。一遇水旱。饑荒立見。職員於光緒卅一年省墓回國。適及霪雨爲災。花稻盡沒。詢諸父老。咸謂被浦淤塞。湖塘坍塌。民田十餘萬畝。一經旱潦。損害不下數百萬圓。北鄉民情素悍。偶遇飢荒。即多鋌而走險。貽害全局。不可設想。職員目擊傷懷。故於是年回國。不暇謀家室之安。情願捐擠己資。先築漾塘。閱二年而工竣。用洋貳萬貳千餘圓。光緒三十三年。又出己資。建築淹浦五洞閘。竺民浦三洞閘。石橋各一座。合用洋一萬一千餘元。第洩水有路。蓄潴無資。鄉父老咸多觖望。而蓄水要區。即屬杜白二湖。整理無人。以致塘闊倒坍。又因歷來無精細湖圖。湖界模糊。所有湖中漲沙。輒爲奸民私墾。勢豪霸占。朦稟陞糧。概作己產。自宋迄今。二湖訟案累年不休。先於同治年間。械鬬人命。纏訟多年。經憲委丈量息訟。衆紳籌集公欵贖回占田八百八十二畝其糧開入杜白將軍公戶至光緒八年大訟復興又經憲委復量杜湖有田九百六十四畝白洋湖有田一百二十四畝合計田一千八十八畝除同治年間贖回外尚餘占田二百六畝當時因公欵不繼遂至冰擱界址未釘嗣被勢豪藉此漁利近湖奸民益復侵占至光緒三十一年衆議收租訟端又起彼控此訴健訟不已職員不忍坐視遂挺身犯難邀請全鄉紳耆調處息訟更捐已資洋一萬圓公議驗明有新老契者照前官價贖回占田外餘資建造湖閘修築湖塘減水壩等以期灌溉民田斬絕禍根已將先後辦理情形由職員會同鄉紳葉鴻年禀蒙轉詳在案光緒三十三年十一月奉到前撫院馮批示據詳已悉湖田界址未清遂致豪強霸占奸民影射紛紛訐告纏訟不休吳紳作鎮海外歸來獨捐鉅欵清理整頓爲一勞永逸之計仗義疎財實堪嘉尚十室之邑必有忠信不其然乎仰按察司轉行知照所有從前訟案應准一併註銷如再有奸民砌詞上控即行押發懲究等因嗣蒙憲委候補知縣吳令壎會同印官邀集本鄉紳耆秉公查丈釘界禀報亦在案職員備資贖回白洋湖田二畝零杜湖田五十畝零連前贖回田共九百卅四畝零均開入杜白將軍公戶錢糧即以是項田租完納其餘占田既無新舊契串概歸水利局管業共田千餘畝公議出租以便沿湖佃戶分領耕種照章收租以濟管理人員薪水及修濬湖浦等用職員又聘請日本工程師照官紳公定杜白二湖界址測繪詳細全圖以杜後患當時因事未竣工圖尚未定草創伊始暫設水利局舉沈衍周管理收租計自卅三年冬季起至宣統元年年底止職員出資先後付給沈衍周洋四千元作酬辦理湖浦修膳之資乞札飭沈衍周將三十四年及宣統元年出入賬項分造清册呈核一面令其報告大衆以昭信用目下各工已竣詳圖復定若辦法不善難垂久遠如永歸一人經理則用人偶一不當必致日久玩生非特職員鉅萬金錢付

諸流水。勢必貽害全鄉。後患無窮。若仿諮議局公選法遞年由本鄉選舉賢良總理一員。協理一員。重予修脯。以專責成。再擬定善後章程。呈縣立案。將是項湖田租息。定期收取。由省城諮議局每年於收租前選派常駐議員。來局監視收取。並將是年進出各項賬目。檢查明白。列表公布。應送議員往來川資膳費。由本局給送。惟總協理員將所收租欵。及期年出入賬項。辦理各事。須在收租期後。當衆報告。刋印徵信錄。分送大衆。其次年接任總協理各員。即於議員監視期內。由水利局設席召請全鄉紳耆。有諮議局選舉權者。投票公舉。當衆檢票。多者接任。以昭公允。而專責成。即在鳴鶴場金仙寺。或崇壽宮內。設立北鄉水利事務局。專司籌辦湖浦各事。至湖塘並可栽桑。湖內又可養魚。以廣生息。如是辦理。實爲萬世之利。伏乞將職員歷辦全鄉水利。先後捐助銀欵共七萬餘圓。捐欵淸摺。水利善後章程。杜白二湖詳圖。伏乞

俯賜　察核

恩准。請即轉詳各

大憲。奏請立案。以垂萬世。實爲公德兩便。

謹稟。

宣統元年十二月　　日呈

附水利捐欵淸摺一扣　水利善後章程一本　杜白二湖詳圖各四分

稟駐日神戶領事請詳駐日欽使轉咨浙撫奏請立案文

具稟僑寓日本神戶職商吳作鏌爲捐辦學校申詳咨行浙撫奏明立案事。竊職商眷念祖國。民智未通。前於浙江省寗波府慈谿縣。北鄉東山頭創立學校一所。獨立捐辦。不募外欵。即名爲錦堂學校。當於光緒三十四年。宣統元年。疊次稟詳地方官在案。惟職商所辦錦堂學校。計捐基地及房屋等。共用銀六萬二千元。圖書標本器具。及裝修等項。共用銀三千二百七十元。又捐入學校產業。計海地一千二百六畝。計銀四萬六千元。浙江鐵路優先正股二百股。計銀二萬元。兩共計資

產基本銀六萬六千元。所收租息。作爲常年經費。總共計用銀十三萬一千餘元。職商又因實業學校。尤爲根本之計。現又設立蠶桑一科。招生開辦。以便逐漸推廣。惟蠶桑見效最速。强國富民。莫此爲最。所有學校基地房屋。及所捐之地畝鐵路股分。均係永遠作爲錦堂學校之產。雖職商子孫不得干預。若非奏明立案。恐後來或生轇轕。相應稟請
公祖大人。申詳
欽憲大人。咨行浙江　巡撫出奏定案。俟奉
諭旨允准。飭部立案。以便後人遵守。除開具詳細基地房屋地畝路股等清册外。相應稟
請
公祖大人查核施行。實沾德便。
宣統元年十一月十九日呈
外附清册一扣

駐日神戶領事張鴻詳駐日欽使胡維德文

爲華僑在祖國創辦學校。申請咨行浙撫。奏明立案給奬事。竊據神戶華商吳道作鎮稟稱。職商係浙江寧波府慈谿縣人。向在日本貿易。惟眷念祖國。民智未開。非上下熱心。共謀公益。不足以振興國勢。開通風氣。前於浙江省寧波府慈谿縣北鄉東山頭。創建學堂一所。獨力捐辦。不募外欵。定名爲錦堂初等實業學校。於光緒三十四年。疊次稟詳在案。惟職商所辦錦堂學校。計捐基地及房屋。計銀六萬二千元。圖書標本器具。及裝修等。計銀三千二百七十元。又捐入學校產業。計海地一千二百零六畝。浙江鐵路優先正股二百股。共計銀六萬六千元。共捐助銀十三萬一千餘元。所收租息利金。作爲常年經費。職商又因實業學堂。尤爲强國富民之根本。現又設立蠶桑一科。招生開辦。以便逐漸推廣。惟此項學校。基地房屋。及所捐之地畝鐵路股分。均係永遠作爲錦堂學校基本之資產。雖職商子孫。不得干預。若非奏明立案。恐後來或生轇轕。因即稟請申詳
欽憲。咨行浙江撫憲。以祈出奏定案。俟奉
諭旨允准。飭部立案。以便後人遵守等因前

來。查神戶職商吳道作鎮。素來熱心公益。神戶華商。創辦中華會館及山莊等。均慨助鉅資。又於神戶華僑同文學校。曾助銀一萬餘兩。更且每年捐助常年經費。該校曾蒙
先皇帝御賜匾額傳
旨嘉獎。庚子拳亂。天下振動。該職商報効銀二萬兩。以紓國難。恩賞伊子啓藩舉人。又於江南江防直隸東三省雲南淮徐廣東等處荒歉。各捐鉅萬。歷蒙四次傳
旨嘉獎。賞給樂善好施字樣。幷賞給二品封職。獎給花翎道銜。其在本鄉慈谿縣興修水利。建築漾塘。修理杜白二湖。改造竺民淹浦寶山各處橋閘。費資銀七萬數千元。俾海濱荒鹵。頓成膏腴。數萬農民。同聲感激。亦經稟明地方官在案。該職商熱心公益。開通風氣。殊堪嘉尚。現據稟請將獨力創建錦堂實業學校之基地房屋及地畝鐵路股分之資產。
詳請
欽憲。咨行浙江。 巡撫。奏明立案。應即詳請
鈞核。可否咨行。 浙撫。 奏明立案。幷應如何照章核給獎勵。以示 朝廷鼓勵海外華僑。力謀公益之處。統候 裁奪施行。須至申者。

宣統元年十二月 日呈

駐日神戶領事張奉駐日欽使胡劄照會文

欽加三品銜記名御史奏補駐紮神戶兼管大阪正領事官張爲照會事。頃接
欽憲劄開。據該領事申稱吳紳作鎮。在浙江慈谿縣捐辦學堂。又捐欵修濬杜白兩湖。統共捐銀十九萬數千元。懇請轉咨立案奏獎。幷鈔送辦學濬湖兩案。用欵清單。各圖册前來。本大臣查吳紳作鎮。久旅日本。眷懷祖國。曩年遇有中國江海防務。內地水旱偏災。莫不竭誠輸將。該紳忠愛之忱。出於天性。實屬可嘉。是以迭蒙
先朝褒獎。得有花翎二品封典道銜。茲復獨力捐辦學堂。又捐修杜白兩湖。前後統共用銀至十九萬數千元之鉅。其熱心公益。慷慨樂助。尤爲難得。自應據情咨請立案奏獎。查光緒三十四年十二月。檳榔嶼副領事鹽運

使衔戴春榮。助建法部模範監獄經費銀三萬元。經奏奉
諭旨。以道員分省補用。並加二品銜。光緒三十四年十二月。道員蘇秉樞。報効助建法部模範監獄經費銀十萬元。經奏奉
諭旨。以四品京堂候補。宣統元年七月。道員朱昌琳。報効開濬長沙河工。經費銀十三萬三千餘兩。經奏奉
諭旨。以三品京堂候補。今吳紳所捐銀數。較戴春榮蘇秉樞。多至一二倍以上。即較之朱昌琳。其數亦相同。業經咨請浙江巡撫查援蘇秉樞戴春榮朱昌琳成案。專摺奏請將花翎二品封典道銜吳紳。破格恩施。
特旨以三四品京堂候補。俾薄海內外。咸資觀感。合就劄飭照會吳紳等因。奉此相應照會查照可也。須至照會者。
宣統二年正月二十九日呈

稟慈谿縣吳喜孫呈送湖圖請改湖畝文

具稟僑寓日本神戶紳士花翎二品封典道銜吳作鏌稟稱。竊職員自光緒三十二年。在本邑北鄉地方。捐資籌辦水利事宜。節經稟請申詳各　憲在案。茲查所辦各工。先後均已告竣。計修漾塘一條。湖浦河各石橋十二座。減水壩二座。濬河二條。贖回湖田。買回漾塘全數基田。開鑿山麓。平治道路數處。共用銀七萬餘圓。造具清册。以昭核實。此項捐銀。係爲整頓地方水利起見。非敢希冀邀榮。前稟業已聲明。惟在公言公。理宜核實。使後人有所依據。至二湖測量繪圖之作。爲將來地方自治所必要。而歷來湖訟之興。尤在苦無精細湖界之圖。可以核勘。以致訟端迭出。故職員於二湖測量繪圖一事。不惜鉅資。不厭詳求。於光緒三十四年間。聘請本國及日本技師測繪均不得法。宣統元年。又聘日本政府鐵道工程局專門測繪技師島總彥測量繪圖。惟去年所呈二湖之圖。係五千分之一。於湖山之田。丱不甚清楚。茲將二湖境界。及湖內之田。繪具二千分之一之詳圖。尤覺一目瞭然。故復附呈杜白二湖詳圖各四分。務

乞

察核。伏查舊志所載。杜白二湖。始自漢代。沿稱杜湖面積三千七百畝。白洋湖面積一千七百畝。而此次島總彥。按照前年由縣偕同委員。並全鄉紳耆所公同勘定湖界內。實地測量。費時四閱月。費金數千元。乃用三角法。按照華弓。實測得杜湖面積七千六畝六分六釐。白洋湖面積一千二百八十五畝七分一釐。按與志載不符。意以古者測量之學未精。二千年來得之傳聞。尤多影響之談。今既用新法實測。似未便再沿舊稱。致貽後患。職員數年來。爲故鄉捐資籌辦水利。粗告成功。而杜白二湖之面積眞相。湖山境界。劃然分清。禍根永絕。惟善後方法。尙祈賢長官與地方公正紳民。維持保護。爲此縷述原委。

敬叩察核

恩准轉詳請

奏立案。實欲妥籌善後。杜患未形。以保全鄉萬世之利賴。實爲德便。再職員除捐欵銀七萬零零四百七十六圓一角六分九釐外。又於宣統元年三月。借與水利局沈衍周濬掘杜湖塘基運河費洋二千圓。訂明由湖田租項下交還。合併聲明。謹稟。

附呈二千分之一杜白二湖詳圖各四分

宣統二年三月　日呈

稟浙江巡撫增報告捐欵清册湖圖等文

具稟花翎二品封典道銜日本神戶華商吳作鏌

爲捐辦水利。全功告竣。據實開呈捐用欵項清册。並繪具放大兩湖詳圖。及畝分清單。善後章程。續行呈請。並懇

俯賜詧核。併入前案。一律奏咨定案。以垂久遠而杜後患事。竊職商在慈谿本鄉地方。捐資籌辦水利。先後均經稟明地方官有案。並於去年十二月。由田委嚴紳。稟陳

憲座。籲懇奏咨在案。仰荷

批示。飭查核辦。無任感頌。現因各項工程。一律告竣。杜白兩湖放大詳圖。亦經日本技師繪竣。計自光緒三十一年。迄今先後由職商捐資建造漾塘一條。新建凉亭二座。修壩二

座建造石橋十二座。減水壩兩座。濬河兩條。開鑿山麓。平治道路。並價買漾塘全數之地。及贖回湖田五十餘畝。均關係全鄉水利之事。陸續捐用欵項。合數七萬元有奇。另繕清册呈　核。至杜白兩湖詳圖。及實測畝分清單。擬定善後章程。均爲杜絕後患要著。緣兩湖訟端。累爭不休。原因皆由定界欠嚴。無詳密之畝分圖本。可資稽核。遂至混訟不休。此次職商捐資籌辦。釐請定案。爲垂諸永久利賴全鄉起見。故於測繪一事。不惜鉅貲。一再詳求。光緒三十四年。曾請本國及日本技師。分次測繪。均未合法。復於宣統元年。特聘日本政府鐵道工程局專門測繪技師島總彥。從事實測。越四月之久。始將兩湖全圖。測實繪竣。原印五千分之一。因圖內界限。不甚清楚。復加放大。繪就二千分之一之圖各一紙。並實測畝分單一紙。呈請
憲鑒。此次島總彥測勘。係用三角法實測。按照華畝合計。纖毫無遺。計實測得杜湖全面積七千六畝六分六釐。內裏湖面積一千四百三十七畝三分二釐。白洋湖全面積一千二百八十五畝七分一釐。與湖志所載。及父老相傳畝分。大有不符。第測繪之學。後精於前。自漢迄今。二千餘年。所有漢時畝分圖册。已湮沒散失。無從稽考。唐宋元以下縣志湖書。均係後人所刊。當時所謂測量畝分。亦不過估步約里。仍沿舊日傳說爲標準。或有畸零之未乘。澗谷之未除。遂致以訛傳訛。相沿迄今。即如江浙之太湖。自古至今。相沿稱爲三萬六千頃。然究其實在畝分。亦漫無可考。此次杜白二湖所測圖中。均清載畝分。按圖可稽。而測繪之法。古約而今繁。古略而今精。則所測畝分。自必古懸擬而今確實。應請
奏定。以此次所測定畝分爲準數。以免將來復以有舊說爲陳例。致另生事端。并擬具全鄉水利善後章程一册。併請一律
奏請。作爲定案。藉垂久遠。所有捐辦全鄉水利告竣各情由。爲再瀝叙陳請。職商本志冀以能力所逮。畧盡桑梓義務。且藉以整頓水利。振起農業。並非有意希榮。仰邀獎叙。前稟

業已聲明。伏乞
大公祖大人。俯賜鑒核。迅予
奏咨定案。俾垂永久而資利賴。實爲公便。再
職商除捐助墨銀七萬四百七十六元一角
六分九釐外。另於宣統元年三月間。由水利
局。現充管事之沈衎周手。借墊濬掘杜湖塘
基運河費二千元。訂明由湖田租息項下提
還。現尚未收。合併聲明。謹稟。

宣統二年二月　日呈

計附呈　捐款清册一扣　杜白兩湖二
千分之一詳圖各五分　畝分清單一紙
善後章程草議一册

謹將捐資籌辦慈北水利事宜各款開
列於左

一築石駁漾塘一條從虹橋至壩長六百零四弓及買漾塘基田三十一畝另建涼亭一座修上下路　計洋貳萬貳千貳百元

一築淹浦五洞閘石橋一座每洞闊七尺五寸民浦三洞閘石橋一座淹浦閘涼亭一座　共計洋壹萬壹千壹百參拾四元四角

一新開東山頭河一條並築舖路此河因農民及學校交通而開造橋閘五座稟請立案永作官河　計洋陸千玖百八拾壹元壹角

一築竈浦閘石橋一座幷濬河　計洋貳千五百三十壹元

一築韓家路閘石橋一座工料等　計洋捌百五十元

一築蔣家路閘石橋一座工料等　計洋捌百五十元

一修杜湖裏閘石橋一座築減水壩二座張郎閘石橋一座　三共洋陸千零四拾玖元四角七分

一修減水壩二座杜湖石塘工料等　計洋壹千玖百拾元

一修白洋湖閘捐助　計洋壹百元

一開鑿杜湖裏湖山脚三丈西稧閘山脚六丈工料　計洋參百九十五元

一兩次聘請日本技師測量杜白全湖器具辛俸川資等　計洋貳千九百六十五元

一聘日本土木技師測量湖浦閘基薪水器具等　計洋捌百五十元

一修杜湖蓮池菴前路工料等　計洋壹百元

一籌辦全鄉水利崇壽宮兩次設席及雇工伙食雜繳等　計洋壹千九百柒拾元零五角

一買回杜白二湖田五十二畝零　計洋壹千壹百念六元貳角貳分九釐

一酬沈衍周辦理湖田收租事從光緒三十三年冬起至宣統二年　計洋肆千元

一酬葉秋生料理湖田事夫馬費　計洋參百元

一酬委員夫馬費及督工先後十五人辛費等　計洋壹千貳百五十元

一調處湖田訟事勸和請酒及各費等　計洋貳百七十五元

一測量湖浦機器二副及各器具　計洋壹千壹百五十元

一各工匠用龐架木及閘板石版幷水泥水脚捐稅等　計洋貳千七百五十九元五角

一湖田查姚糧食用等費　計洋參拾壹元九角七分

一繪杜白二湖全圖幷刋印銅版及刷報告紙幷湖圖每種一千幅　計洋壹千五百三十元

一移造漾塘涼亭等並修補塘壩各費　計洋五百元民國元年移建共用洋一千二百元

一買回湖田過戶費　計洋拾七元

總共計洋七萬壹千捌百貳拾六元壹角六分九釐

收回水利局貼修湖塘費洋壹千參百五十元

除收過共計吳作鎮捐助洋七萬四百七拾六元壹角六分九釐

加民國元年移造漾塘涼亭等費前列五百元已在奏案之內因其亭告成共需洋一千二百元洋七百元

杜湖及白洋湖面積計算

湖名	地種	清國尺度	日本尺度
杜湖	水面荒池地及湖底田在內	六千八十一畝二分八釐	四百十六町二反七畝三步
	湖田	七百十六畝一分	五十二町五反一畝十一步
	湖地	七分九釐	五畝十二步
	荒地及湖岸地在內	九十六畝一釐	六町五反七畝六步
	島嶼	九畝七分五釐	六反六畝二十三步
	隄塘趾	一百二畝六分五釐	七町二畝二十步
	計	七千六畝六分六釐	四百八十三町一畝十五步
內裏湖	水面及荒池低田共在內	七百二畝八分八釐	四十八町七畝八步
	湖田	六百三十五畝四分二釐	四十三町四反五畝二十五步
	荒田及荒地	七十九畝六分六釐	五町四反五畝二十五步
	隄塘趾	十九畝三分六釐	一町三反二十二步
	計	一千四百三十七畝三分二釐	九十八町三反一畝十一步
白洋湖	水面荒池地在內	一千一百零九畝七分九釐	七十六町八畝七步
	湖田	一百五十九畝六分一釐	十町九反二畝十六步
	荒地	一畝八分五釐	一反一畝
	島嶼	九分五釐	六畝十四步
	隄塘趾	十三畝五分一釐	八反二十四畝
	計	一千二百八十五畝七分一釐	八十七町九反八畝二步

宣統元年五月　日　日本鐵道工程局測量技師工學士　島總彥證

一杜湖母圖　壹幅　存錦堂學校

一白洋湖母圖　壹幅　存錦堂學校

一彩印杜湖圖　壹千幅（已有分送各鄉自治公所等而此圖雖已精詳總以母圖爲標準此書附釘每一幅）

一彩印白洋湖圖　壹千幅（已有分送各鄉自治公所等而此圖雖已精詳總以母圖爲標準此書附釘每一幅）

一買回杜白二湖田　五拾貳畝零計契據（正我契五十三紙　領契念八紙）　存吳錦堂處

一買回漾塘基田　參拾一畝貳分八釐八絲七忽契　存吳錦堂處

一漾塘基計塘身　拾貳畝零尚有田拾九畝零　歸水利公局收租

杜白二湖契據田畝摘錄

張成康　正我老契二紙　領契一紙　地五分六釐七毫

張增奎　正契一紙　領契一紙　田六分九釐貳毫參絲

張成康　正我老契三紙　領契一紙　田壹畝九分五釐

張寅川　正契一紙　領契一紙　田壹畝

洪金泉　正廢契二紙　領契一紙　田壹畝七分

張炳增　正契二紙　領契一紙　田壹畝四分四釐

王長水　正契一紙　領契一紙　田八分四釐

解鈿榮　正契一紙　領契一紙　田七分

張介康　正契四紙　找契二紙　收據一紙　領契一紙　田參畝五分壹釐

葉文芳　正我契二紙　領契一紙　田九分四釐

葉文芳　正我契二紙　領契一紙　田七分七釐

洪含仁　正我契二紙　領契一紙　田貳畝參分七釐

馮王氏　正我契二紙　領契一紙　田壹畝八分三釐

解海榮　正契二紙　領契一紙　田貳畝參分

王介甫　正契二紙領契一紙　又推契壹紙　田貳畝八分

董寶順　新老契三紙找契一紙　推契一紙領契一紙　田壹畝六分貳釐九毫

董將氏　領契　壹紙　田四分六釐

解海榮　老正契一紙領契二紙　田貳畝七分貳釐九毫八絲四忽

宓嘉順　正找契二紙領契一紙　田四畝八分九釐

洪阿乾　正契一紙領契一紙　田壹畝參分七釐

宓雅泉　領契　壹紙　田壹畝五分

宓炳儒　正找契二紙領契一紙　田四畝五分壹釐

張新水　正契二紙領契一紙　田參畝五分

沈阿富等　領契　壹紙　田壹畝壹分

宓王氏　領契　壹紙　田貳畝八分四釐參毫

以上共計田契五拾參紙領契念八紙計田五拾貳畝七分六釐五毫壹絲四忽

又地五分六釐七毫

以上合共田地計五拾參畝參分參釐貳毫壹絲四忽

東山頭開河買進田畝摘錄於後

吳體海　契　壹紙　計八分六釐參毫

馮浩永　契　壹紙　計壹畝四分三釐五毫

虞桂福　契　壹紙　計壹畝壹分四釐

杜啓戎　契　壹紙　計貳分壹釐參毫

林景高　契　壹紙　計壹畝四分

林品者　契　壹紙　計壹畝五分
洪繼勳　契　壹紙　計參畝三分
虞阿發　契　貳紙　計壹畝
沈高元　契　壹紙　計
胡阿林　契　壹紙　計四分
林高桂　契　貳紙　計貳畝壹分三釐
普成菴　契　壹紙　計壹畝貳分七釐

以上共計拾四紙計地田拾參畝伍分壹釐壹毫

從浪港廟北唐家村買田開河（至瓜蒂龍王堂下至十番河止）其契共計拾四紙　存吳錦堂處

稟慈谿縣仲鳳文

具呈候選道浙江諮議局參議員日本神戶僑商吳作鎮為呈覆事頃讀錦堂學校校長江起鯤附來六月十二日　仁臺照會內開奉　府憲鄧札。藩憲顏札。撫憲增札神戶華商吳作鎮獨力倡辦學校。並修慈北水利杜白兩湖。共捐銀十九萬數千圓奉批核議詳辦自應照章援案奏獎。以昭激勸。擬請行府飭縣。逐項切實確估造具册結。尅日詳送為此照會貴校長。請煩查照施行等因竊錦堂學校。應行照章估計壹層。自有敝校長江起鯤辦理。當蒙　仁臺裁奪。唯（職商）有不能已於言者。查照會內。一再聲及奏請獎叙。層憲之激勸。非不銘心。第實非區區之微願所敢出此意於造次稟報時。亦曾臚及。今復為　仁臺贅陳之。伏思（職商）在本籍慈谿縣北鄉。倡辦錦堂學校初名兩等小學。繼設初等農蠶先後共捐銀十三萬一千二百七十圓節經造具清册。稟呈　各憲并荷前邑尊吳於宣統元年十二月。具結詳報　曆憲在案。此次照會內。所稱用銀十三萬一千餘圓者也。今年春間。職商又思非亟設中等農學。不足以大造就而裕生計。兼之承　撫憲特達之知。專委員紳蒞東。教及異域。殷殷以提倡實業相勸。乃再捐助漢冶萍第二優先股壹千股。從壹千貳百陸拾參號起。至壹千貳百七拾貳號止。共計銀五萬圓。其出息充作常年經費。並另捐銀貳萬圓。以充添築校舍及添置器具等費。準備明年改設中等農學之用。農蠶兩科。今年預行布置一切。計又共捐銀柒萬圓。亦業於三月間。由敝校長江起鯤具禀立案。五月十二日。奉前兼理邑尊照會。內開奉署提學憲袁批回。詳送該校收欵切結等因職商亦具禀　撫憲在案。此次照會內。未蒙叙及。想係尚未續奉　曆憲明文也。惟是職商之所爲斤斤過慮者。實緣該校基地。以及農事試驗場。並校舍房屋與所捐之地畝。浙江鐵路優先股。漢冶萍公司優先股。均係永遠作爲私立錦堂中等農業學校之產。雖職商世世子孫。不得干預。若非奏咨立案。恐世事滄桑。後來或生轇轕。並非爲先後兩共捐銀二十萬壹千餘圓。敢以此區區。妄希　朝廷恩寵也。此職商興辦錦堂學校。迭次將所捐貲產。禀請奏咨立案之實在情形也。又照會內開出使日本大臣胡所稱職道捐欵修濬浙江慈谿杜白二湖。共用銀六萬數千圓云云。伏查此項捐欵。至本年春間。修理湖閘移建漾塘涼亭。功始告成。共用銀七萬一千捌百餘圓。除收水利局貼修湖塘費洋一千參百五十圓外。實共用銀七萬四百餘圓。前職商具報清摺。儘可覆按。　胡公使所稱。係據去年十一月所報告。爾時尚有未了工程。故先後數目不符。竊職商辦理此項水利事宜。自光緒三十一年入手。迄本年春間告竣。閱時既久。兼之身在外洋。凡一切經理。多託之他人。鉤稽尤難。所開清摺。尚祗大段工程。其餘細節。固已難盡臚列。而事爲數千年來所未有。從中經營困苦之處。凡有筆墨所不能述者。即如湖田。多爲勢豪占領。欲清界限非從測量入手不可而此項測量非聘專門技師不可故於光緒三十四年迭延測繪技師數次未及就緒乃於宣統元年再出重金延聘日本鐵道院技師島總彥精細測繪始成全圖祇此一項計先後用去銀已數千圓實非初計所及料此外若選料之求精估工之不專支費因之多耗猶其顯焉者也是故除築漾塘並建淹浦第三橋有柴沈二君監督不致稍涉糜費外其餘假手於人百端要索從中耗損數實不輕此尤經營水利以來幾經忍聲吞氣而不足爲外人道者也今幸事已告成而未遂慾壑者容或有不根之蠻語亦未可知且杜白二湖此次測量畝分與古有差業經具稟附圖在案若非奏請奉旨勒石示明文以垂永久恐日後占田病農之故智必至復萌故再三熟籌不得不瀆請詳奏立案實欲絕數千年之禍害以保全鄉千萬世之利益至前呈所擬善後章程容後邀集全鄉公正紳耆公同議決修正再行呈案所辦一切工程具請履勘此職道捐資辦理全鄉水利糜費至七萬餘金而不得不迭次稟請轉詳奏咨立案之實在情形也總之職道之創辦錦堂學校先後共用銀二十萬一千餘元係爲振興實業教育起見修築湖浦塘閘先後共用銀七萬餘元係爲規復全鄉水利起見兩共實用銀二十七萬一千餘元並非有人相勸出於職商自願實爲報効祖國情殷桑梓決不敢妄希求榮仰邀奬敘爲此具呈伏乞

公祖大人俯賜察核准予將不敢仰希奬敘一層隨詳聲明不勝感德之至謹呈

計黏呈　清册二扣

右前清宣統二年七月十一日呈

錄前清浙撫咨農工商部文

爲咨明事據慈谿縣詳稱案據僑寓日本神戶慈籍紳士花翎二品封典道銜吳作鏌稟稱職員經營海外僑寓日本眷念祖國切懷桑梓每思故鄉地方農業居多全資水利關係所在首賴杜白二湖及淹浦塋民古窰三

浦並與姚北分界之漾塘。爲全鄉民命衣食所利賴。先輩爲生靈計。苦心籌辦近山捐田。築杜白二湖以備旱。迤西築漾塘以障水。極北開三浦以供疏洩。本屬水旱有資。無如年久失修。湖浦坍塞。一遇水旱。饑荒立見。職員於光緒三十一年。省墓回國。適及霪雨爲災。花稻盡沒。詢諸父老。咸謂被浦淤塞。湖塘坍塌。民田十餘萬畝。花地五十餘萬畝。一經旱潦。損害不下數百萬。北鄉民情素悍。偶遇飢荒。即多鋌而走險。貽害全局。不可設想。職員目擊心傷。故於是年回國。不暇謀家室之安。情願捐擋已資。先築漾塘。閱二年而工竣。用洋貳萬貳千餘元。光緒三十三年。又出已資。建築淹浦五洞閘。竺民浦三洞閘。石橋各一座。合用洋一萬一千餘元。第洩水有路。蓄瀦無資。鄉父老咸多觖望。而蓄水要區。即屬杜白二湖。整理無人。以致塘閘倒坍。又因歷來無精細湖圖。湖界模糊。所有湖中漲沙。輙爲奸民私墾。勢豪霸占。朦禀陞糧。概作已產。自宋迄今。二湖訟案累年不休。先於同治年間。械鬬人命。纏訟多年。經憲委丈量息訟。衆紳籌集公欵。贖回占田八百八十二畝。其糧開入杜白將軍公戶。至光緒八年。大訟復興。又經憲委復量。杜湖有田九百六十四畝。白洋湖有田一百二十四畝。合計田壹千八十八畝。除同治年間贖回外。尚餘占田二百六畝。當時因公欵不繼。遂至冰擱。界址未釘。嗣被勢豪。藉此漁利。近湖奸民。益復侵占。至光緒三十一年。衆議收租。訟端又起。彼控此訴。健訟不已。職員不忍坐視。遂挺身犯難。邀請全鄉紳耆。調處息訟。更捐已資洋壹萬元。公議驗明有新老契者。照前官價贖回占田。外餘資建造湖閘。修築湖塘。減水壩等。以期灌溉民田。斬絕禍根。已將先後辦理情形。由職員會同鄉紳葉鴻年。禀蒙轉詳在案。光緒三十三年十一月。奉到前　撫院馮批示。據詳已悉。湖田界址未清。遂致豪強霸占。奸民影射。紛紛訐告。纏訟不休。吳紳作鏌。海外歸來。獨捐鉅欵。清理整頓。爲一勞永逸之計。仗義疎財。實堪嘉尚。十室之邑。必有忠信。不其然乎。

仰　按察司轉行知照所有從前訟案應准一併註銷如再有奸民砌詞上控即行押發懲究等因嗣蒙　憲委候補知縣吳令埏會同印官邀集本鄉紳耆秉公查丈釘界稟報亦在案職員備資贖回白洋湖田貳畝零杜湖田五十畝零連前贖回田共九百三十四畝零均開入杜白將軍公戶錢糧即以是項田租完納其餘占田既無新舊契串槪歸水利局管業共田千餘畝公議出租以便沿湖佃戶分領耕種照章收租以濟管理人員薪水及修濬湖浦等用職員又聘請日本工程師照官紳公定杜白二湖界址測繪詳細全圖以杜後患當時因事未竣工圖尚未定草創伊始暫設水利局舉沈衍周管理收租計自三十三年冬季起至宣統元年底止職員出資先後付給沈衍周洋四千元作酬辦理湖浦脩膳之資乞札飭沈衍周將三十四年及宣統元年出入賬項分造清册呈核一面令其報告大衆以昭信用目下各工已竣詳圖復定若辦法不善雖垂久遠如永歸一人經理則用人偶一不當必致日久玩生非特職員鉅萬金錢付諸流水勢必貽害全鄉後患無窮若仿諮議局公選法遞年由本鄉選舉賢良總理一員協理一員重予脩脯以專責成再擬定善後章程呈縣立案將是項湖田租息定期收取由省城諮議局每年於收租前選派常駐議員來局監視收取並將是年進出各項賬目檢查明白列表公布應送議員往來川資膳費由本局給送惟總協理員將所收租欵及期年出入賬項辦理各事須在收租期後當衆報告刊印徵信錄分送大衆其次年接任總協理各員即於議員監視期內由水利局設席召請全鄉紳耆有諮議局選舉權者投票公舉當衆檢票多者接任以昭公允而專責成即在鳴鶴場金仙寺或崇壽宮內設立北鄉水利事務局專司籌辦湖浦各事至湖塘並可栽桑湖內又可養魚以廣生息如是辦理實爲萬世之利伏乞將職員歷辦全鄉水利先後捐助銀欵擬定善後辦法各情形申詳各大憲劄行省城諮

議局備檔照行。並乞照會慈北現年諮議局員每月蒞水利局查察。及商辦應興應革事宜。以期盡善。並懇轉請　奏明立案。俾垂永久等情。呈送辦理水利善後章程及湖圖前來。知縣查吳紳作鎮。僑居海外。心繫宗邦。不惜數十萬鉅資。修水利建學堂。興實業。竭思殫慮。爲君國謀富強。幾不知有身家。其立心之純。致力之果。實非尋常捐資興辦公益者。所可同年而語。除該紳捐建錦堂學校一節。業於上年十二月間。專案詳報外。據稟前情。未便壅於上聞。理合據情詳祈察核。俯賜　奏明立案。並劄行省城諮議局。於慈北水利事務局。收取湖田租息時。選派常駐議員一員。赴局監收。並稽查賬目。以絕弊竇。而昭信實。至該紳疎財仗義。利普全鄉。應如何破格優奬。以資鼓勵之處。出自憲裁。又據慈谿縣詳稱。據北鄉紳士花翎二品封典道銜吳作鎮稟稱。竊職員自光緒三十二年。在本邑北鄉地方。捐資籌辦水利事宜。節經稟請申詳各憲在案。茲查所辦各工。先後均已告竣。計修漾塘一條。湖浦河各石橋十二座。減水壩二座。濬河二條。贖回湖田。買回漾塘全數基田。開鑿山麓。平治道路數處。共用銀七萬餘元。造具清冊。以昭核實。此項捐銀。係爲整頓地方水利起見。非敢希冀邀榮。前稟業已聲明。惟在公言公。理宜核實。使後人有所依據。至二湖測量繪圖之作。爲將來地方自治所必要。而歷來湖訟之興。尤在苦無精細湖界之圖。可以核勘。以致訟端迭出。故職員於二湖測量繪圖一事。不惜鉅資。不厭詳求。於光緒三十四年間。聘請本國及日本技師測繪。均不得法。宣統元年。又聘日本政府鐵道工程局專門測繪技師島總彥。測量繪圖。惟去年所呈二湖之圖。係五千分之一。於湖山之田廾。不甚清楚。茲將二湖境界及湖内之田。繪具二千分之一之詳圖。尤覺一目瞭然。故復附呈杜白二湖詳圖各四分。務乞察核。伏查舊志所載。杜白二湖。始自漢代。沿稱杜湖面積三千七百畝。白洋湖面積一千七百畝。而此次島總彥按照前年由縣偕同委員。並全鄉紳耆所公同勘定湖界內實地測量費時四閱月費金數千元乃用三角法按照華弓實測得杜湖面積七千六畝六分六釐白洋湖面積一千二百八十五畝七分一釐按與志載不符意以古者測量之學未精二千年來得之傳聞尤多影響之談今既用新法實測似未便再沿舊稱致貽後患職員數年來爲故鄉捐資籌辦水利粗告成功而杜白二湖之面積眞相湖山境界劃然分清禍根永絕惟善後方法尙祈賢長官與地方公正紳民維持保護爲此縷述原委敬叩察核恩准轉詳請　奏立案實欲妥籌善後杜患未形以保全鄉萬世之利賴實爲德便再職員除捐欵銀七萬四百七十六元一角六分九釐外又於宣統元年三月借與水利局沈衍周濬掘杜湖塘基運河費洋貳千元訂明由湖田租項下交還合併聲明計呈清摺並杜白二湖詳圖等情到縣據此知縣查吳紳作鎮所稟均屬實情該紳不惜鉅資爲地方興利除弊力謀公益似此仗義疎財近世罕有其比除已另詳懇請　奏獎以昭激勸並照會水利局董沈衍周將借項洋貳千元赶緊在湖田租息內籌還歸欵外請祈察核　奏咨立案以杜後患而裨民生等情據此本部院復核無異查吳作鎮尙有獨捐鉅資建立錦堂學校一案已咨學部立案除查明水利學校成績併案　奏獎外相應將該紳辦理水利善後章程並杜白二湖詳圖又捐助銀數清册一併咨送爲此合咨

貴部請煩查照立案核覆施行須至咨者

計咨送　水利善後章程一本　圖二幅

銀數册一本

右　前清宣統二年七月三十日咨

錄開錦堂學校捐欵前清浙撫增咨度支部學部文

爲咨明事案據慈谿縣知縣吳喜孫詳稱據北鄉紳士花翎二品封典道銜吳作鎮世居三十都三圖東山頭地方尙義急公素講實業光緒元年挾資經營於日本神戶操奇計贏頗有所獲因念日本富强悉基教育雖販

夫收暨。無不勤學讀書。其原籍東山頭僻處海濱。多業農漁。不講學業。欲開風氣。舍我其誰。爰矢志獨力捐建學堂一所。啓廸後進。於三十一年旋里。度地庀材。鳩工起造洋式樓房五十二幢。平房十九間。几講堂操場膳房寢室浴室廁池湢溷。靡不悉備。因該紳素號錦堂。即名其校曰錦堂學校。聘請品學兼優之奉化廪貢生江起鯤爲校長。編訂章程。額收高等生四十名。初等八十名。於宣統元年正月開辦。計用建築費洋六萬元。又購浙路優先股票二百股。計洋二萬元。置本鄉新陞海地一千二百六畝。計價洋四萬六千元。作爲校產生息。以供常年經費。並陸續置備校內應用圖書標本器物等項。核計共用洋一萬八千餘元。嗣爲因地制宜起見。注重實業。又於十月間。改訂章程。另聘蠶學教員。定於宣統二年正月起課授蠶業。並附設初等四年級簡易科。以冀教育普及。即該校左近之地添造育蠶洋房五幢。儲桑及器具等平屋五間。計用洋二千元。又購置育蠶器具標本等項。計洋一千元。連前共建洋房五十七幢。平房二十四間。先後統共用洋十三萬一千餘元。業經知縣親詣勘查。該校規模宏敞。措置適宜。締造經營。無一不臻美備。茲據該紳稟稱。伊爲仰體　朝廷作育人才。振興實業至意。不惜鉅資。一再推廣。如蠶業科。辦有成效。擬即添設農業科。並俟初等畢業後。再設中等實業。所有學校基地房屋及所購地畝鐵路股分。均永遠作爲錦堂學校之產。伊世世子孫。不得干預。惟世事滄桑。將來恐生轇轕。特開校產清單。稟懇轉請

奏明立案等情。由縣開造捐建該校用欵。及資產清册。加具印結。詳請具　奏。續據該縣吳喜孫詳稱。據北鄉錦堂學校校主吳紳作鎮稟稱。職紳於宣統元年正月。在本鄉縣北東山頭開辦錦堂兩等小學校。宣統二年。改設初等實業學校。栽桑三十餘畝。首以蠶業爲本科。附設初等四年級簡易科。先後捐置校產海地。及浙江鐵路優先股單。共計本銀六萬六千元。建築置備等。共用去銀六萬五

千二百七十元。兩共捐銀十三萬一千二百七十元。繼捐元年下半季補助費洋四千三百八十元。於光緒三十四年宣統元年。疊稟請詳出奏在案。茲據本校長江起鯤函報。本年正月十九日。業已照章開學。計本科學生二十一名。簡易科學生一百零七名。現復加培校地。舊有桑樹。添辦短期蠶業講習會。以三個月畢業。下學期擬再設繅絲傳習所。職員教員。均尚熱心辦事。職紳竊維蠶業爲農家副產。而農科正業。亦實有不容以已者。查本鄉僻近海濱。沿海沙地。不下五十萬畝。東與鎮海北鄉毘連一處。其沙地亦共約二百萬餘畝。居民均以種棉爲業。惟素未講求農學。不能免於歉收。邇年以來。各國人口增多。棉價騰漲。我國產棉。非惟不足敷外人所求。而棉質之柔韌。且遠遜於美棉。故通商各口。紡織機廠所需之上等細紗。自六七十號以上。多取之遠洋。因之美棉之價。倍漲於昔。而內地脂膏。且將爲外人吸取。若不設法補救。則民生日促。國計愈窮。職紳有鑒於此。於迫不及待之中。爲併營急進之策。用特竭盡綿力。再捐本校基本銀五萬元。計漢冶萍煤鐵廠鑛公司第二優先股。自一千二百六十三號起至一千二百七十三號止。共一千股。作爲常年經費。再另加開辦費洋二萬元。擬設中等農業。於明春招生開辦。而以初等農蠶各科附之。其原有初等簡易科。悉仍舊章辦理。此項初等各科學生。即於本年下學期設法廣招。職紳謀興實業。敢於馳驅恐後者。實緣時事艱難。爲祖國急維危局。故不惜一再捐助鉅資。以開風氣。而厚民生。除中等農業學校章程。候調查各省辦法。斟酌妥訂。再行繕送外。所有續捐銀七萬元。擬將現設初等實業。升改爲中等農業。仍附設初等各科之處。合先呈懇轉詳。請奏立案等情。先後到院。均經批司核議詳辦。並飭取該紳履歷及續捐册結。應俟取到。併案核議。詳候
奏請給奬外。相應將送到册結。先行咨送。爲此合咨貴部。請煩查照立案。希即核覆。至該紳履歷及續捐册結。應俟取到。於抄摺文內。

另行咨送。合併陳明。須至咨者。

計咨送　清册一本　印結一紙

宣統二年八月初六日咨

錄前清慈谿縣照會錦堂學校校長

慈谿縣爲照會事。案奉　勸業道憲董札開。案奉　撫憲增札開。案查慈谿縣僑商日本之吳紳作鎮前因創助巨資。修濬杜白二湖。及慈北全鄉水利。全功告竣。曾由縣具詳請獎到院。當經批飭司道核議在案。現據司道會詳請獎前來。細核原詳。於歷年水利。如何成績。尚欠明白聲叙。據詳先行咨明農工商部立案外。合行札查。札到該道即日轉飭慈谿縣。查明吳紳捐辦水利。歷年及本年成績若何。仰即通稟察奪。以憑奏獎。該縣前詳水利用欵細册。補造一本。呈院備查。毋違等因。奉此。合亟札飭。札到該縣務將吳紳捐辦水利。歷年及本年成績若何。迅即通稟察奪。以憑奏獎。該縣前詳水利用欵細册。補造一本。呈院備查。毋違等因。奉此合亟札飭。札到該縣務將吳紳捐辦水利。歷年及本年成績。遵照　憲檄。詳切查明。尅日通稟。以憑核請奏獎。仍將該紳前詳水利用欵細册。補造一本。逕由該縣呈院並報道備查。均毋違延切速。特札等因到縣。奉此。擬合照知。爲此照會貴紳。請煩查明吳紳。捐辦水利。歷年及本年成績。詳核見復。并造水利用欵細册一本送縣。以憑核轉。望切施行。須至照會者。

右前清宣統二年九月初二日照會錦堂學校校長

錄前清浙撫增奏請立案摺

浙撫增韞奏。爲紳士獨捐鉅欵。創興學堂水利。先請立案。恭摺仰祈

聖鑒事。竊於宣統二年三月。慈谿縣知縣吳喜孫詳稱。邑紳花翎二品封典候選道吳作鎮。少游日本。僑居神戶。以經商起家。眷念祖國。輸納頻聞。救荒拯飢。動輒萬計。光緒三十一年。該紳回國省墓。慨故里之學校不興。水利不治。毅然引爲己任。遂於東山頭地方。依

傍故居闢地百餘畝創辦兩等小學堂一所堂外鑿渠數里導引清流時閱三載建造西式樓房五十二幢平房十九間其他圖書標本尤爲學校所需靡不周備該紳別字錦堂因名曰錦堂學校宣統元年正月開辦二年添設蠶業科兼辦蠶業講習會及繅絲傳習所更造樓房五幢平房五間核其買地建築開辦等費值銀六萬九千六百五十元其籌備經常費捐助鹽課地一千二百六畝浙路股票二百張值銀六萬六千元現擬改辦中等實業仍兼小學酌定學額三百六十名加捐開辦費銀二萬元漢冶萍煤鐵公司股票一千股計銀五萬元其出息作爲常年費共實用銀二十萬五千六百五十元呈明校內產業後世子孫不得干預至慈谿北鄉水利向賴杜湖白洋湖蓄水以防旱逈西築漾塘以障水極北開竺民等三浦以洩潦本屬水旱有資無如年久失修竟無豐歲前年吳作鎮自東回里適値霪雨爲災目擊傷懷矢志興復計自光緒三十一年冬季發起至宣統

元年全工告竣修築杜湖外塘一條中門閘一座減水壩二座杜湖裏閘一座新鑿減水壩二座新築漾塘一條修理塘閘一座修石壩一座新建亭各一座又建造竺民浦淹浦竈浦各路建造石橋十二座濬河二道購買杜白二湖墾田五十二畝漾塘基田三十餘畝鑿山麓以疏水勢治道路以利行人又實用銀七萬四百七十六元零籌設水利局以辦善後舊日所有與新購公田共得千餘畝由局收租以爲歲修之用攷之縣志杜湖面積三千七百畝白洋湖面積一千七百畝前聘日本工技師島總彥如法測量杜湖面積七千六畝六分六釐白洋湖面積一千二百八十五畝七分一釐核與志乘所載畝數不符今既量得實數自應繪圖呈明以備稽考該紳興學興利均求實際不冀寵榮等情當經札查去後旋據司道會詳以查明捐辦各項均與原報相符等情請　奏前來已將圖册送部查核在案臣伏查慈谿紳士吳作鎮創辦學堂水利裨益桑梓捐銀至二十七萬

元有奇。殊非尋常捐輸可比。擬俟查明成績。再行奏請。給予優獎。用昭激勸。合無仰懇
天恩。飭下學部農工商部度支部。分別立案。以垂永久。除分咨查照外。所有紳士獨捐鉅欵。創興學堂水利。先請立案緣由。理合恭摺具陳。伏乞
皇上聖鑒訓示。謹奏。

宣統二年十一月十七日拜發

錄前清浙江勸業道照會

浙江勸業道爲照會事。本年十一月二十四日奉
撫憲增札開。照得本部院。於宣統二年十一月十七日。 恭摺專差具奏。慈谿紳士吳作鏌獨捐鉅欵。創辦學堂水利。先請立案一摺。除俟奉到
硃批。另行恭錄咨行外。合先抄摺札知。札道即便照會吳紳作鏌查照等因。奉此。合行照會。爲此照會貴紳煩爲查照。須至照會者。

計黏抄摺

右前清宣統二年十二月　日照會

錄前清浙江勸業道照會

浙江勸業道爲照會事。業奉　撫憲增札開。照得本部院。於宣統二年十一月十七日。恭摺專差具奏。慈谿紳士吳作鏌。獨捐鉅欵。創興學堂水利。先請立案一摺。當經抄摺咨行在案。茲於本年十二月二十二日。差弁賫回原摺。奉到
硃批。該部知道。欽此。合行恭錄札知。札道即便照會吳紳作鏌。查照欽遵等因到道。奉此。合行照會。爲此照會貴紳。請煩查照欽遵。須至照會者。

右前清宣統二年十二月　日照會

錄前清浙江勸業道照會

浙江勸業道爲照會事。宣統三年正月初十日。奉　撫憲增札開。宣統二年十二月二十三日。准農工商部咨開。宣統二年十二月初八日。內閣抄出浙江巡撫增奏。紳士獨捐鉅

欵創興學堂水利。先請立案一摺。於本月初
三日奉
硃批該部知道欽此。欽遵抄出到部。相應恭
錄咨行貴撫。欽遵查照可也等因。到本部院。
准此合行札飭。札到該道即便照會吳紳作
鎮。查照欽遵各等因。奉此相應照會貴紳。請
煩查照。須至照會者。
宣統三年正月十二日

錄慈谿邑紳上稟浙撫請獎稟並批

具稟紳士 陳炳瑞 葉鴻年 胡濬永 樓艮 童詠春 宓清翰 戎獻琛 岑斯和 陳鍾瑞 宓崇煥

稟爲紳士出貲興學。籌辦水利。已著成效。環
乞詳請奏獎事。竊紳等世居慈谿北鄉。地濱
海澨。民風質樸。教育未及普興。晴雨失調。棉
花稻子。時虞歉歲。際茲國家注重立憲。自治
進行。若鄉村僻野之區。非讀書日多。何以濬
國民智識。非旱澇有備。何以謀花稻豐收。爰
有二品封典候選道吳紳作鎮。東游數十年。
歲時省墓返里。與紳等談及時事。慨然謂欲
圖富教之策。必從根本上。先立基礎。以期漸
至擴充。迺獨出鉅貲。將本鄉湖浦閘塘。大加
修濬。計出工費洋七萬元。又在東山頭倡設
錦堂兩等學校。復改爲中等農業學校。先後
出貲洋二十萬元有奇。統計共出洋二十七
萬元之鉅。去今兩年。民田十萬畝。遇旱則有
杜湖白洋湖。爲之灌溉。棉地五十萬畝。遇潦
則有淹浦古窰浦竺民浦。爲之宣洩。天災流
行。秋收無害。約計每歲增欵數百數十萬。成
效衆所共悉。至其所立學校。自開幕迄今。學
額添設三百六十餘名。撰之富教兩端。利賴
正未有艾。僉以謂若非吳紳之熱心毅力不
爲功。似此慷慨捐輸。實所罕覯。雖在該吳紳
祇視爲國民義務。不敢有存獎叙之思。惟是
爲地方育成如此利益。以例諸樂善好施輸
財仗義者。其資格應加數等。已證諸鄉田父
老。衆口同聲。紳等詎關公感。合桑梓而贊成。
事慮壅聞。效芻蕘之上貢。爲此列名環懇。所
有吳紳作鎮爲本鄉慨出巨欵。興學培農。成
蹟卓著。緣由。公乞
大公祖大人。迅賜據實奏請。可否仰邀　恩

獎之處。俾資勸勵而順輿情。無任合詞企禱之至。謹稟。

宣統二年十二月　日呈

錄前清浙江巡撫批

前清宣統二年十二月奉　浙撫憲批據稟吳紳作鎮。熱心公益。眷懷桑梓。興辦水利。倡設中等農業學校。獨助鉅貲。深堪嘉尚。業經本部院奏請立案。應如何獎勵之處。俟奉到諭旨。再行酌核辦理可也。此批

錄前清浙江勸業道照會

浙江勸業道。爲照會事。奉　撫憲札開。宣統三年二月十九日。准　度支部咨開制用司案呈內閣抄出浙江巡撫增奏。紳士獨捐鉅欵。創興學校水利。先請立案一摺。宣統二年十二月初三日奉

硃批該部知道。欽此。欽遵到部原奏內稱慈谿紳士吳作鎮。創辦學堂水利。裨益桑梓。捐銀至二十七萬元有奇。非尋常捐輸可比。擬俟查明成績。再行請給優獎。用昭激勸。先請立案等語。查該紳獨捐鉅欵。創興學堂水利。所請立案之處。本部自應照准。至該學校暨水利局一切收支欵項。應令按年造具清册。報部查核。相應恭錄

硃批。咨行浙江巡撫遵照可也等因。到本部院准此。除分行外。合行札飭。札道即便照會吳紳作鎮遵照。並轉飭慈谿縣。查明該學校暨水利局。一切收支欵項。按年造册具報。毋延等因。到道。奉此。除轉飭慈谿縣遵辦外。合行照會。爲此照會貴紳。煩爲遵照。須至照會者。

宣統三年二月　日

錄前清浙江勸業道照會

浙江勸業道爲照會事。奉　浙撫憲札開。宣統三年三月十二日。准　度支部咨開。制用司案呈准浙江巡撫咨。據慈谿縣詳稱僑商日本神戶之慈籍紳士候選道吳作鎮稟稱。職員經營海外。切懷桑梓。每思本鄉地方。全

資水利首賴杜白二湖及淹浦竺民古窖三浦。並與姚北分界之漾塘。年久失修。湖浦坍塞。職員回國。適值霪雨爲災。花稻盡沒。目擊傷懷。願捐擋己資。先築漾塘。用洋二萬二千餘元。光緒三十三年。又出己資。建築淹浦五洞閘。竺民浦三洞閘。石橋各一座。合用洋一萬一千餘元。又因歷來湖界模糊。纏訟多年。衆紳籌集公欵。贖回占田八百八十二畝。其糧開入杜白將軍公戶。又經憲委覆量。杜湖有田九百六十四畝。白洋湖有田一百二十四畝。合計田一千八十八畝。除同治年間贖回外。尚餘占田二百六畝。因公欵不繼。界址未釘。勢豪藉此漁利。健訟未已。職員更捐己資洋一萬元。公議照前官價贖回占田外。餘資建造湖閘。修築湖塘。減水壩等。已將先後辦理情形。會同鄉紳葉鴻年。稟蒙轉詳在案。光緒三十三年十一月。奉前撫院馮批示。湖田界址未清。遂致奸民影射。吳紳作鏌獨捐鉅欵。清釐整頓。嗣蒙憲委候補知縣吳令鋆。秉公查丈。釘界稟報。亦在案。職員備資贖回白洋湖田二畝零。杜湖田五十畝零。連前贖回共田九百三十四畝零。均開入杜白將軍公戶。錢糧即以是項田租完納。其餘占田。概歸水利局管業。共田千餘畝。暫設水利局。舉沈衍周管理收租。職員出資。先後付給沈衍周洋四千元。作酬辦理湖浦修膳之資。乞劄飭沈衍周將三十四年及宣統元年出入賬項。分造清册呈核。又據慈谿縣詳稱。據吳作鏌稟稱。職員捐資籌辦水利事宜。節經稟請申詳各憲在案。計修漾塘一條。湖塘一條。湖浦河各石橋十二座。減水壩二座。濬河二段。贖回湖田。買回漾塘全數基田。開鑿山麓。平治道塗數處。共用銀七萬餘元。造具清册。以昭實在。職員於二湖測量繪圖一事。不惜鉅資。宣統元年。聘日本工程局測繪技師島總彥。測量繪圖。二湖境界及湖內之田。繪具二千分之一之詳圖。呈乞察核。此次勘定湖界內實地測量。費金數千元。乃用三角法。按照華弓實測得杜湖面積七千六畝六分六釐。白洋湖面積一千二百八十五畝七分一釐。

職員爲故鄉捐資籌辦水利。縷述原委。叩准詳奏立案。再職員除捐欵銀七萬四百七十六元一角六分九釐外。又於宣統元年三月。借與水利局沈衍周濬掘杜湖塘基運河費洋二千元。訂明由湖田租項下交還。由縣轉詳到院。並據司道查明水利用欵屬實。詳請奏咨等因。相應將清册咨部查照前來。查慈谿縣吳作鎮捐助銀七萬零四百七十六元餘。籌辦湖浦水利。本部按册核算散總數目符合。應准備案。歸入該撫奏案內考核。相應咨行浙江巡撫查照可也等因。到本撫院准此。查吳紳捐辦水利之成績。前經札道轉飭查明通稟。嗣因延不稟復。又經札催在案。准咨前因。合行札飭札道。即便轉行查照。並即飭催慈谿縣。遵照迭次札文。趕將前項成績。詳細查明造册送院。不得草率延緩。以憑與學堂捐欵。一併奏獎。毋延切切等因到道。奉此。除轉行慈谿縣遵照外。合行照會。此爲照會貴紳。煩爲遵照。須至照會者。

宣統三年三月　日

錄前清浙撫札慈谿縣查拿痞棍滋擾密札

爲密札事。查慈谿縣北鄉吳紳作鎮。獨捐銀廿七萬餘元。創辦杜白二湖及全鄉水利。並立錦堂學校。裨益桑梓。實非淺鮮。已經本部院奏咨立案。凡在鄉鄰。宜如何共圖保護。藉答吳紳好義之心。乃訪聞該處痞棍沈衍周即沈增輝。經理湖工。從中舞弊取利。竟因查賬。與吳紳挾仇。糾同痞黨沈瑞竹等多人。各持槍械。突圍錦堂學校滋擾。幸經營縣聞風彈壓。始得解散。沈衍周似此妄爲。實屬目無法紀。若不嚴拿懲辦。何以正風俗而勵人心。合行密札查拿。札到該員。立即馳赴甯波。密報道府。探詢痞棍情形。速至慈谿。會縣勒拿沈衍周即沈增輝到案。即日解省審辦。勿得走漏消息。致任遠颺。並由縣速將該痞棍舊案。與其黨羽姓名。另行查明詳報。以憑一併訊辦。如該痞黨糾聚未散。即就近會同左路巡防隊管帶楊萬泰。撥隊同往。藉資鎭攝。毋得違延。此札。

宣統二年十二月初五日

右札張令懷信准此。

錄前清浙撫札慈谿縣管束沈衍周札

浙撫院爲札飭事。宣統三年四月初七日。准吏部咨開。考功司案呈宣統三年三月二十一日。內閣抄出浙江巡撫片。再華僑候補道吳作鎮。經商日本有年。熱心公益。曾在原籍慈谿縣北鄉地方捐銀二十萬元。創辦錦堂學校一所。以廣教育。又出資七萬元。開濬杜白二湖。以興水利。均經先後奏咨在案。上年十一月。吳作鎮回籍。至杜白二湖。查勘塘工。擬邀合鄉紳耆。妥定善後章程。以爲經久之計。並議將錦堂學校改爲中等農學。正與校長教員等。會議訂章。突有在籍紳士江蘇試用知縣沈衍周。糾黨多人。各持槍械。闖至錦堂學校。四面圍守。欲得吳作鎮而甘心。幸經營縣聞風馳往彈壓。始得解散。保護吳作鎮出險。復經派員前往會縣密查起釁情由。茲據稟復沈衍周包攬詞訟。控案纍纍。武斷豪霸。虎視一鄉。綽號百步大王。黨羽甚多。遇有事故。無不一呼百應。此次糾衆持械。與吳作鎮尋仇。意圖擒拔勒詐。或云。因經手湖工。從中舞弊取利。恐被吳作鎮查賬後查出其奸。故謀先發制人。並悉沈衍周經理湖工。係由吳作鎮見其可用。故加委任。其報捐知縣時。並資借款項。冀其改惡從善。乃竟不知感激。恩將仇報。實屬衣冠敗類。查華僑回國。迭奉上諭。優加保護。乃沈衍周身爲職官。竟至行同無賴。魚肉鄉里。若不加以懲處。非特吳作鎮以後回籍時有戒心。貽害地方。實非淺鮮。相應請旨。將江蘇試用知縣沈衍周。即行革職。永不敘用。並交地方官嚴加管束。倘再妄爲。立予嚴辦。以勵官方而儆邪僻一片。宣統三年三月十九日奉硃批着照所請。該部知道。欽此。欽遵。抄出到部。相應恭錄硃批。移咨貴撫欽遵可也。須至咨者等因。到本撫院准此。合行札飭。札到該慈谿縣。即便欽遵嚴加管束。不准干預杜白二湖事件。以免後患。切切此札。

錄慈北水利改歸自治會經管稟浙撫增文

僑寓日本神戶花翎二品封典候選道吳作鏌

稟爲慈北水利擬歸自治會收管叩請派員會紳辦理事。竊作鏌捐辦慈北水利修築杜白二湖等全工告竣。用銀七萬四百餘元。一切辦理情形並備圖册呈縣轉詳。已蒙奏咨立案。作鏌前邀鄉紳暫設水利局籌辦善後事宜。舊有與新贖湖田共計九百三十四畝零。以及湖內無主之田共千餘畝。一併議歸水利局管業召人領種。以充歲修局用之需。祇以付託非人。經手租欵迄未報繳。深用疚心。伏思興此水利原所以保鄉里農田事關地方公益。擬請專歸本鄉自治會收管。水利局務。即由會內公舉經理之人。原訂章程。如未妥協。亦由會內。公議修正。冀求盡善。作鏌僑寓東瀛。一時未獲遄返。際此春作將興。亟應請紳管理。庶旱潦可備。惟前經理沈衍周。自光緒三十四年起。至宣統二年止。收支賬目。並不報告。借用濬河費銀二千元。言明於湖田租花項下撥還。亦未交出。若不及時清釐。必致反利爲弊。爲作鏌之捐欵事微。爲全鄉之水利事重。辱蒙奏咨於前。不得不仰求保護。以杜後患。而裨民生。理合稟祈

大公祖大人鑒核。俯賜派員赴慈。查明湖塘情形。約同本鄉自治會紳。議定接收慈北水利。並清理湖田事宜。水利局務。亦即督商自治會。公舉經理人。妥訂辦法。俾垂久遠。一面會縣。勒令沈衍周。交清賬欵。由會接收。實爲公便。至捐辦水利學校兩事。倘蒙印委官長。親臨履勘。尤爲欣幸。伏候批示祇遵。實爲公德兩便。謹稟。

宣統三年二月　日呈

錄浙江勸業道董照會浙撫委員會縣查勘學校水利成蹟批文

浙撫院批。據稟慈北湖田水利事宜。擬歸邑自治會管理。請派員赴慈查理。並會縣勒令

沈衍周將湖田水利賬目交會接收等情自應照准以重公益至沈衍周前因是案糾衆尋衅派員查明事多不法業經本撫院奏請將江蘇試用知縣沈衍周即行革職永不敘用並交地方官嚴加管束本年三月三十日奉到
硃批着照所請該部知道欽此已分行司道府縣欽遵在案該紳所辦水利學校成蹟俟飭此次委員會同地方官查勘明晰詳細具報仰勸業道錄批知照稟抄發等因奉此合即錄批照會
貴紳希即知照須至照會者
宣統三年四月二十九日

錄慈谿縣仲硃批憲札催造水利學校收支清册照會

署慈谿縣爲照會事本年三月十三日奉
勸業道憲董札奉　撫憲增札准　度支部咨開制用司案呈內閣抄出　浙江巡撫增奏紳士獨捐巨欵創辦學堂水利先請立案一摺宣統二年十二月初三日奉
硃批該部知道欽此欽遵到部原奏內稱慈谿紳士吳作鎮創辦學堂水利裨益桑梓捐銀至二十七萬元有奇非尋常捐輸可比擬俟查明成蹟再行請給優獎用昭激勸先請立案等語查該紳獨捐巨欵創興學堂水利所請立案之處本部自應照准至該學校暨水利局一切收支欵項應令按年造具清册報部查核相應恭錄
硃批咨行浙江巡撫遵照可也等因到本撫院准此除分行外合行札飭札到該道即便照會吳紳作鎮遵照並轉飭慈谿縣查明該學校暨水利局一切收支欵項按年造册具報毋延等因奉此除照會吳紳外合行札飭札到該縣仰即會商吳紳將該學校水利局一切收支欵項造具清册由縣稟報以憑詳咨毋稍違延切切等因到縣奉此合行照會爲此照會貴紳請煩查照來文赶造收支欵項清册送縣以憑轉詳望速施行須至照會者
宣統三年三月廿八日

錄委員陶慈谿縣仲會詳查明請獎詳文並撫院批

委員候補知縣陶彬 署寧波府慈谿縣知縣仲鳳 為會詳事。案奉憲台札飭。以吳紳作鎮。捐貲建立學校。興修水利兩項成績。會同查勘詳報等因。奉此遵經知縣。會同確查。親詣履勘。謹將所查成績。為憲臺詳晰陳之。查慈北鄉東山頭一帶。地處海濱。風俗質樸。未施教育。習尚剛強。光緒三十一年。吳紳作鎮。由日本經商回國。因見故鄉教育未興。智識固陋。慨捐鉅資。創建學校一所。名曰錦堂學校。當時購買地基。鳩工庀材。興築建造。計先造成高大洋式樓房講堂。及寄宿舍房屋五十二幢。夫役室廚室平房十一間。穀倉雜物室二間。蓄水池一口。廁室一間。門房二間。浴室三間。花園一所。操場一方。至光緒三十四年冬落成。宣統元年正月。先行開辦兩等小學堂。額定高等生四十名。初等八十名。延請教員。遵照部章。編訂課程。一切規則。無不完備。迨宣統二年正月。將高等小學。改為初等實業。並附設短期蠶業講習會。隨又添設養蠶室。及儲桑室樓屋八幢半。繅絲間十二間。繭竈室三間。揚返場六間。事務所及選繭場六間。會食堂六間。游廊九間。蓄水池一口。桑園一所。雨操場六間。肥料室二間。遷造門房三間。遷造夫役室四間。遷造廚房等室九間。添請實業教員。遵章另編課程。均極周妥。宣統三年。復將初等實業。升改為中等實業學堂。分設農蠶本科。兼設中等預科。原設之初等小學。仍舊附屬。另開農業試驗場二所。於氣候土宜。亦頗相合。知縣等當將以上校舍房屋。及場地園圃。逐一履勘。委係工堅料固。名實相副。而規模之廣大。設置之周妥。器具之精良。尤無一不臻完美。洵為浙省私立各學堂之冠。至所訂規則。所編課程。亦與部章相合。目下該校短期蠶業生畢業者。已有拾名。嗣後諸生次第畢業。人才輩出。其成效必有可觀。而於實業前途。尤能收美滿之效。綜查吳紳先後獨捐該校經費。已達二十萬五千餘元之多。實屬不可多得。此知縣等查明錦堂學校成績之實在情捐資辦理。利賴尤多。知縣等查勘得該處地勢。負山面海。向苦積潦。宋時築有漾塘六百餘丈。堵截西來之水。而民田十萬八千餘畝。始不沒於巨浸。明季有奸民姜佐岳等混報陞科。變塘爲田。漾塘收狹。因而不固。且年久失修。坍圮不堪。每逢水潦。三浦之洩。不能抵西水之溢。而遇乾旱。則杜白二湖。亦從塘缺西流。苦難潴蓄。是旱潦皆不免於害。吳紳作鏌。前自海外歸來。目擊情形。慨捐巨欵。先築漾塘。以扼其衝。並將近塘墾田出資購買。悉復舊觀。於是重隄無潰決之虞。下泉息苞稂之歎。有益民田。已非淺鮮。又復建築淹浦五洞閘。竺民浦三洞閘。竈浦閘。韓家路閘。蔣家路閘等處石橋各一座。又修杜湖裏閘張郎閘石橋各一座。減水壩二座。暨杜湖石塘及白洋湖閘。並新開東山頭河道。造橋五座。以及建造凉亭。鋪砌道路。均經知縣等。逐一親往勘明。罔不料固工堅。堪垂永久。蓋潴蓄得宜。沿湖稻田拾萬餘畝。得資灌溉。不復憂旱。

亦不苦潦。其法甚善。其利甚溥。數十里內人民。咸感頌不置。總核吳紳所捐水利各欵。計七萬元有奇。始得成此偉績。此又知縣等查勘杜白二湖及漾塘水利成績之實在情形也。竊以吳紳作鏌所辦學堂水利兩項。計共捐洋二拾七萬六千餘元。洵屬見義勇爲。克圖公益。實爲世所罕見。又經吳紳呈明。所有捐助水利欵項。成立之後。悉由地方公舉入正紳耆管理。如有不肖子孫。不得干預。立志尤爲難得。並據聲稱。不敢仰邀議敘等情。

縣等查該紳吳作鏌於宣統二年。以捐助交艦協會銀兩。業蒙　奏獎以道員歸部雙月選用在案。茲復獨力捐欵。辦理學堂水利。並其數至鉅。知縣等既查明成績。若不隨案請予從優獎敘。何以昭激勸而勵將來。恭讀鈔報光緒三十四年間。道員蘇秉樞報効法部准範監獄經費銀拾萬元。得獎四品京堂。又宣統元年。道員朱昌琳報効開濬長沙河工經費銀拾參萬三千餘兩。得獎三品京堂。今吳作鎮捐欵數目。實較以上兩員。增加不少。似可援案請獎。以三品京堂候補。以爲熱心公益者勸。理合將學校捐欵。水利捐欵。開具清册各一分。印結一分。水利圖二張。吳作鎮履歷一分。並將前項册結詳圖履歷附呈各四分。以備分咨學部度支部內閣農工商部備案。會銜詳報。仰祈

憲臺察核。俯賜援案　奏請獎叙。實爲公便

知縣彩係候補人員。會銜不會印。合併聲明。爲此由呈。乞照詳施行。須至詳者。

今詳送　學堂捐欵清册五分　水利捐欵清册五分　印結五分　杜白二湖圖各五分

宣統三年五月　日詳

委員候補知縣陶彩 署寧波府慈谿縣知縣仲鳳 今於與

印結事。依奉結得浙江慈谿縣在籍候選道員吳作鎮。捐建學堂經費二十萬五千六百三十元。又捐修水利經費七萬四百七十六元一角六分九釐。合共洋二十七萬六千一百六元一角六分九釐。委係實捐實用。並無虛揑。合具印結是實。

宣統三年五月　日

浙撫院批。據詳已悉。候即核明。併案

奏獎。另札行知。並候將送到履歷册結湖圖。分別咨

部查核。仰勸業道咨會提學司。並行該縣知照。繳詳抄發。

錄委員陶慈谿縣仲會稟水利湖田改管查帳情形稟並撫院批

委員候補知縣陶彩 署寧波府慈谿縣知縣仲鳳 敬稟者。竊 知縣彩 奉　憲臺札開。據浙江寧波府慈谿縣日本神戶華商二品封典候選道吳作鎮。稟稱慈北水利。擬歸自治會收管。叩請派員。會紳辦理。並會縣勒令沈衍周。交清賬欵。由會接收等情到院。據此。除批據稟慈北湖田水利事宜。擬歸該邑自治會管理。請派員赴慈查理。並會縣勒令沈衍周。將湖田水利賬目。交會接收等情。自應照准。以重公益。至沈衍周前因是案。糾衆尋衅。派員查明。事多不法。業經本撫院奏請。將江蘇試用知縣沈衍周。即行革職。永不

敘用並交地方官嚴加管束本年三月三十日奉到

硃批著照所請該部知道欽此已分行司道府縣欽遵在案該紳所辦水利學堂成績候飭此次委員會同地方官查勘明晰詳細具報仰勸業道錄批傳知該紳知照稟抄發印發外合特札委札到該員即便遵照迅赴慈谿縣查照原稟批示妥爲辦理並會縣勒令沈衍周交清帳欵悉交該處自治會接收吳紳所辦水利學堂成績亦即會縣查勘明晰詳細具報毋得違延切切特札計黏抄原稟等因奉此遵即馳抵慈邑會晤知縣鳳並奉札同前因遵即飭令水利局經董沈衍周交賬候查一面照會該鄉自治會內各紳開會公舉接收經管之人旋即監督舉定葉紳鴻年宓紳清翰爲經理胡紳濬永宓紳福永陳紳錫昌陳紳鍾瑞沈紳湛然兪紳渭爲協理當據前董沈衍周繳出湖圖三紙報告册四本田畝坐簿兩本田租簿兩本收租簿七本光緒三十四年起至宣統三年春季止銀洋總簿兩本滾存二本光緒三十二年起至宣統二年止收租票根拾本據稱並無隱匿知縣等即將所呈各簿檢齊點交葉紳鴻年等接收經管該紳等業已擔任嗣後杜白二湖歲修及收租事宜悉屬該紳等之責成此知縣等辦理沈衍周交賬及舉紳接管水利之情形也至沈衍周呈賬本應督紳澈查第據各紳聲稱吳紳作鎮從前付給沈衍周各欵多係親手交付事已數年該紳等並未接洽僅按簿籍恐亦不足爲憑知縣等檢閱所呈各簿一時亦無從察其弊之所在再四思維若必待清查始議接管深恐躭延時日值此夏秋水漲之時瀦蓄宣洩實不可一日無人經管現既由葉紳等接收管理水利即責有攸歸從前吳紳所交沈衍周欵項該紳等既未接洽自應隨後核算又吳紳稟沈衍周向借銀貳千元作爲濬河之費指撥湖田租息歸還請爲催追一節查沈衍周呈賬並據稟稱該欵借作濬河業已開支無存而湖租頻年收不足數以致無從歸欵自未便信其一面

之詞。應俟將來澈查湖田租息時。一併公同核算。另案議結。已由知縣鳳諭知沈衍周。仍俟查賬。不得以接管有人。作爲交收清楚。以杜藉口。此知縣等議擬先擧接管之人。另行查賬。以免躭誤之情形也。除將會同查勘吳紳作鎮。獨捐巨欵。辦理學堂水利成績。另文詳報外。理合肅具稟復。仰祈察核。俯賜銷委。實爲公便。再知縣霦係候補人員。會銜不會印。合併陳明。

宣統三年五月　日

浙撫院批慈谿縣等稟。遵飭擧紳接管水利。陳明辦理情形。乞銷委由。　如稟。准予銷委。仰勸業道。轉行慈谿縣。照會葉紳鴻年等。務將杜白二湖歲修及收租事宜。查照吳紳原訂水利局章程。妥爲接管。毋稍弊混。一面速將沈衍周交出賬目及借欵租息各項。分別澈查明確。由縣另稟察奪。所查水利學校成績。已於另詳批示。並由縣錄批轉移陶委員知照。繳稟抄發。

錄前清浙撫增援案請奬片

再慈谿縣紳士花翎二品封典候選道吳作鎮。由日本僑商起家。前年回國。創辦錦堂學校及修築杜白二湖。共捐助銀二十七萬六千一百六元。業飭司道。查明捐辦情形。造册咨部。經臣於宣統二年十一月。奏請立案。並聲明考查成蹟。再請優奬。奉到

硃批。該部知道。欽此。欽遵在案。茲據慈谿紳士陳炳瑞等。稟稱錦堂學校。教授中等實業。兼辦小學。現定學額三百六十名。設施完備。杜白二湖。保障三邑。自經修築。旱潦有資。時閱三載。成績昭著。吳作鎮嘉惠鄉里。事功遠大。公懇援案奬勵等情。隨即委員赴縣。會同查勘無異。並具印結。詳送前來。伏查光緒三十四年。道員蘇秉樞報効法部模範監獄經費銀十萬元。由部奏奉

諭旨。以四品京堂候補。宣統元年。道員朱昌琳。報効長沙河工經費銀十三萬三千餘兩。經湖南巡撫臣岑春蓂。奏奉

諭旨。加恩以三品京堂候補。今該紳吳作鎮。

創辦學校水利。裨益桑梓。捐銀至二十七萬元有奇。其急公好義之忱。殊非尋常捐輸可比。核其捐數。較之朱昌琳爲尤鉅。該紳吳作鏌。係花翎二品封典候選道員。合無仰懇
天恩。特予破格奬勵。以昭激勸。出自逾格鴻施。除將履歷印結咨部查照外。理合附片具陳。伏乞
聖鑒訓示。謹奏。

宣統三年閏六月二十八日

錄前清浙江勸業道核奬照會

浙江勸業道。爲照會事。奉　撫憲札開。宣統三年七月二十六日。准　學部咨開。准度支部咨開。浙江巡撫增奏。候選道員吳作鏌。創辦學堂等項銀元。請奬附片一件。宣統三年七月初十日奉
硃批。吳作鏌著以四品京堂候補。欽此。相應鈔錄知照。再該員尚應將原捐候選道員執照。送部查驗。以憑核辦。應一併行知等因到部。相應轉咨查照飭遵等因。准此。查該員吳作鏌。前因捐助商艦協會銀兩。當經本撫院。於宣統二年五月十二日。附片奏請。以道員歸部雙月選用。是年六月初四日奉到
硃批。著照所請。該部知道。欽此。欽遵咨行在案。是該員所得道員之案。係屬奏奬。並非捐納。似可毋庸飭取執照。茲准前因。除抄錄該員前送履歷。咨復學部。並咨　度支部暨分行外。合行札飭。札道即便照會吳紳。並行該縣知照。此札等因到道。奉此。除行縣知照外。合行照會。爲此照會貴紳。請煩知照。須至照會者。計粘抄片一紙

並抄上

宣統三年七月二十六日

撫憲咨度支部　內閣農工商　學部文

爲咨送事。案查慈谿邑紳花翎二品封典候選道吳作鏌。創辦學堂水利。捐銀至二十七萬六千一百六元一角六分九釐。本撫院於宣統二年十一月十七日。具摺奏請
敕部立案。聲明俟查明成蹟。再行奏請。給予

優奬奉

硃批。該部知道。欽此欽遵。並已繪圖造册。分咨立案。茲據慈谿紳士一品封職陳炳瑞等禀稱。吳紳作鎮創辦錦堂學校教授中等寔業。兼辦小學。現定學額三百六十名。設施完備。杜白二湖。保障三邑。自經修築。旱潦有資。時閱三載。成蹟昭著。吳作鎮嘉惠鄉里。事功遠大。懇援案奬勵等情。環乞奏奬前來。當經本撫院札委候補知縣陶霦。會同慈谿縣知縣仲鳳。將吳紳捐辦之學堂水利兩項成蹟。切實查勘。由該縣委等。出具查勘印結。暨取吳紳履歷。詳送到院。本撫院復核無異。除附片　奏請破格給予奬叙。抄片另咨外。相應將册結咨送。爲此合咨　貴部請煩查照施行。須至咨者。

計咨送履歷册一本　印結一紙　清册二本

宣統三年七月　日

錄浙江巡撫增照會

爲照會事。本撫院於宣統三年閏六月二十八日。附片具　奏。爲　貴紳捐辦學堂水利。援案請奬一片。茲於本年七月二十四日。差弁賫回原片。奉到

硃批。吳作鎮著以四品京堂候補。欽此。除分別咨行外。相應恭錄照會。爲此照會

貴紳查照欽遵。須至照會者。

宣統三年七月二十九日

錄民國元年呈慈谿縣照會北鄉自治會清欵定章呈文

具呈浙江財政顧問員日本神戶僑商吳作鎮

呈爲杜白二湖水利攸關。早經捐貲修竣。請即查明前案。照會慈北自治會。清出墊欵。妥定歲修章程事。竊鎮前因慈谿北鄉之有杜白二湖。蓄水以防旱。又有淹浦竺民古窖三浦。遇潦以洩水。并有與姚北分界之漾塘。以障西水。均爲全鄉旱潦攸關。民命所賴。無如年久失修。浦塞塘坍。漾塘早被奸民姜岳斌。

乘明紀之亂，掘毀爲田，遂至稻田十餘萬畝，花田五十餘萬畝。一經旱澇，荒歉頻聞。前清光緒三十一年，鎮省墓回國，捐貲贖田，先築漾塘，越二年工竣。又于三十三年再築淹浦五洞閘、竺民浦三洞閘，石橋各一座；並竈浦閘、韓家路閘、蔣家路閘，石橋三座；又開濬東山頭及竈民河各一段，新建橋閘五座。惟蓄水要區，實賴杜白二湖，素無精細湖圖，湖界模糊，湖中漲沙，輒爲豪強佔墾，朦請陞糧。自宋迄清，訟牘山積。前清同治年間，械鬬人命，纏訟多年，經官丈量息訟，衆紳籌欵贖回占墾田八百八十二畝歸公。至光緒八年，大訟復興，又經官量見杜湖有田九百六十四畝，白洋湖有田一百二十四畝，兩共一千八十八畝。除同治年間贖回之外，尚餘私墾田二百六畝，當因公欵不繼，事遂冰擱，嗣被豪強漁利，湖民占據。至光緒三十一年，訟端又起，鎮不忍坐視，邀請全鄉紳耆調處息訟，復捐貲贖白洋湖田二畝零、杜湖田五十餘畝，連前贖田共田九百三十四畝零，均開入杜白將軍公戶。其餘私占之田，一概歸公。更脩築杜湖裏閘石橋一座、張郎閘石橋一座、減水壩二座，以及開鑿山麓，平治道塗，務使工堅料固，一勞永逸。並先經官查丈釘界，隨設慈北全鄉水利局，專司其事，即以湖田一千餘畝歸局放租抵修，擬有善後草議。猶以湖無詳圖，日久無所依據，前清宣統元年，又聘日本政府鐵道工程局專門測繪技師島總彥，用三角法按照華弓實測，得杜湖面積七千六畝六分六釐，白洋湖面積一千二百八十五畝七分一釐，繪製二千分之一之詳圖，呈請立案。山是數千年之湖患，一旦廓清，而杜白二湖之面積眞相，朗若列眉。統計慈北水利，鎮數年來共捐洋七萬四百七十六元一角六分九釐。惟水利局事，先因沈衍周貌似有才，託其管理，詎事權入手，要索無厭。鎮猶冀其清白乃心，力圖公益，所以格外優容，不惜厚薪。計自前清光緒三十三年冬季至宣統二年冬間止，先後付給沈衍周洋四千元，以作薪水之需。另有洋二千元，係在宣統元年三月。由沈衍周借作濬河之費。訂明.由湖田項下交還。孰知沈衍周自第二年後既不將所收湖租及時造册報告。即所借濬河之費。亦未提還分文。辦事既獨斷獨行。湖租又不實不盡。頗有據公田爲私產之糶。而且廣結惡黨。虎視一方。致有百步大王之綽號。鄉里士紳。畏其兇燄。箝口結舌。豈非鎭數載經營。一方民命。一旦將盡喪其手。不得已。於二年十一月間回國。訂期擬邀全鄉紳耆。公議管理。清查追欵。妥訂善後章程。不料沈衍周先發制人。糾集羽黨。持械圍校。意圖殺鎭而甘心。事爲當道所聞。保護出險。飭委訪查屬實。將沈衍周之江蘇試用知縣。奏明斥革。交地方官嚴加管束。並派印委。勒令沈衍周將經手賬目。點交慈北自治會。葉鴻年等接管。所有前借濬河洋二千元一欵。未據交出。聲明俟將來公同核算。另案議結。由印委詳復有前清舊案可查。此去年夏間事。茲錄全案呈覽。繼因武昌起義。局面一變。自治會紳未遑清理。現在民國已定。此等關係全鄉農田水利之事。斷不因政體變更。稍失效力。自應繼續進行。惟沈衍周自革職後。稍稍斂迹。乃乘嬗代之際。死灰復燃。近又廣刷公田揑欵之報銷。淆人耳目。竟將鎭所給四千元之薪水。一字不題。又復重支薪水。揑列付呂祖殿葉秋記名目。意圖朦混。爲鯨吞公欵之計。慈北水利。經此一番修濬。似可旱潦有備。去年海嘯爲災。實出意計之外。然鎭一聞災後乏米。猶復寢饋不安。百計圖維。不惜以萬里奔波汗血所得。變產數萬。助賑助糶。若論對於二湖。尤爲心力交瘁。經營至五六載之久。助欵至七萬有餘。縱勿論糜費金錢。即曩年搶築東門閘傍減水壩時。冒雨督工。數晝夜。亦足植立於驚濤駭浪之中。幾及於難。當爲就地諸君所親見。總之二湖三浦溇塘水利。均爲慈北數十萬民命所繫。既經鎭捐修於前。尤賴自治會各紳。善治其後。鎭前擬草議是否妥善。前墊濬河之欵能否淸出歸還。均應公同議結。報告於衆。若因豺虎舞爪。望而却步。豈鎭所望於自治會者。倘再任其破壞。則

此後地方公益。尚有何人敢辦。爲此萬不得已。將鏌前辦慈北水利全案。連同善後草議。杜白二湖繪圖。一併呈請

貴知事申詳

大都督。飭委會縣查辦。並飭慈北自治會。速即妥議慈北全鄉水利善後章程。幷請將鏌所墊濬河洋二千元。追出歸欵。仍俟章程議妥。即請都督轉報

大總統。飭部立案。以垂永久。實沾德便。謹呈

計呈白洋圖五張　水利全案卷一本

杜湖圖五張　全鄉水利善後草議一本

民國元年六月　日

錄咨慈谿縣王知事函

仲香先生閣下敬啓者。五月二十九日。晉上

蕪函。度塵

清聽。鏌前助陸家埠賑濟洋壹千元。未識執事晉否派人。赴敝申號收取否。際此米價日漲。貧民艱於一飽。深以爲念。慈北全鄉。經鏌籌墊六萬餘金。託虞洽翁赴揚辦米。助賑助糶。並承當地諸紳。會同查辦。已糶去平米五六千石。惟後批之米。係在安徽邊界。及裡下河一帶。採辦貳萬石。已由洽翁委友。於陰曆四月十六日。親往辦運。惟長途跋涉。須三禮拜方可運鄉。且祇可陸續而辦。尤不便過急。恐惹該處紳民反對。敝鄉飢民平糶不能不籌。而民害尤不能不求速除。慈北大利首推二湖。三浦。及漾塘等水利。旱潦蓄洩。關係全鄉生計。至重且大。鏌耗六七年心血。費七萬餘金錢。始能逐一修濬。且有湖內公田千餘畝。可爲歲修之資。惟昔年經營伊始。委因二湖痼疾。已深。任用沈衍周即沈增輝。以毒攻毒。所以不惜厚薪。冀其革面洗心。潔已奉公。計自前清光緒三十三年冬起。至宣統三年夏止。爲時僅三年半。共向鏌支過洋四千元。作爲辦理湖浦薪水。不謂不厚。經前清官廳奏明有案。乃該痞狼子野心。不知感激。既不將經手公租及時報告。種種要挾。竟有攘爲已有之狀。宣統二年冬。鏌在錦堂學校。

正擬邀集衆紳議歸自治會經管。乃其先發制人。恩將仇報。糾集黨羽。沈瑞竹沈廷官沈阿二沈阿三沈長林等。率衆數百人。持械圍校。圖殺鎮而甘心。事爲當道所聞。派兵保護出險。會縣查明屬實。經前清官廳奏革嚴拿在案。今乘民國初定。不法更甚。又揑造公租報銷。虛付呂祖殿葉秋記等欵項千餘元。又重支薪水七百餘元。再揑倒欠該痞薪水貳千餘元。竟將向鎮支取薪水四千元。一字不。題。鯨吞公欵。黑白倒置。近且假自由黨爲名。廣招匪類。狼狽爲奸。縱黨搒詐。無惡不作。甚敢糾衆威嚇。干涉選舉之權。破壞公論機關。阻撓公益。擾亂治安。本年若無鎮費數萬金錢。賑濟平糶。全鄉貧民。六萬五千口之多。非惟流爲盜賊。尚恐有意外不忍言之事。此乃該痞等近日罪狀之顯著者。昭人耳目。可訪可查。地方正紳。畏其兇燄。箝口結舌。豺虎當道。民不聊生。所以慈北水利善後章程。及澈查公租之賬。追吐吞欵。屢請自治會開議。慑于該痞之威。未敢集議清查。

執事嫉惡如仇。賢聲素著。舊尹重臨。地方推戴。該痞作惡多端。積案如山。早在　洞鑒。諒因內乏幹差。外無護兵。深恐撥草尋蛇。反受其害。是以暫緩須臾。但該痞近來異常跋扈。若再任其横行不法。塗毒全鄉。非惟鎮數載經營之水利。一方民命之關係。將盡喪該痞之手。且與鎮舊怨新恨。積嫌已深。一旦回國。報復必毒。是以另具公牘。可否懇請申詳

都督派委遣兵。立拿該痞。及黨羽沈瑞竹等到案。勒追吞欵。儘法嚴辦。一面會同慈北自治會各紳。妥議水利善後章程。實爲公益。肅此敬請

鈞安

治愚弟　吳作鎮謹上

錄民國元年請浙江都督派員會縣清欵定章呈文

具呈浙江財政顧問員日本神戶僑商吳作鎮

呈爲杜白二湖水利攸關。早經捐貲修竣。請派委會同慈谿縣慈北自治會。清出墊欵。妥

定歲修章程事。竊鑛前因慈谿北鄉之有杜白二湖蓄水以防旱。又有淹浦竺民古窰三浦。遇潦以洩水。并有與姚北分界之漾塘。以障西水。均爲全鄉旱潦攸關。民命所賴。無如年久失修。浦塞塘坍。漾塘早被奸民姜岳斌。乘明紀之亂。掘毀爲田。遂至稻田十餘萬畝。花田五十餘萬畝。一經旱澇。荒歉頻聞。前清光緒三十一年。鑛省墓回國。捐貲贖田。先築漾塘。越二年工竣。又于三十三年。再築淹浦五洞閘。竺民浦三洞閘石橋各一座。並竈浦閘韓家路閘蔣家路閘石橋三座。又開濬東山頭及竈民河各一段。新建橋閘五座。惟蓄水要區。實賴杜白二湖。素無精細湖圖。湖界模糊。湖中漲沙。輒爲豪强占墾。朦請陞糧。自宋迄清。訟牘山積。前清同治年間。械鬭人命纏訟多年。經官丈量息訟。衆紳籌欵贖回占墾田八百八十二畝歸公。至光緒八年。大訟復興。又經官量見。杜湖有田九百六十四畝白洋湖有田一百二十四畝兩共一千八十八畝。除同治年間贖回之外尚餘私墾田二百六畝。當因公欵不繼。事遂冰擱。嗣被豪强漁利。湖民占據。至光緒三十一年訟端又起。鑛不忍坐視。邀請全鄉紳耆。調處息訟。復捐貲贖白洋湖田二畝零杜湖田五十餘畝。連前贖田。共田九百三十四畝零。均開入杜白將軍公戶。其餘私占之田。一概歸公。更脩築杜湖裏閘石橋一座。張郎閘石橋一座。減水壩二座。以及開鑿山麓。平治道塗。務使工堅料固。一勞永逸。並先經官。查丈釘界。隨設慈北全鄉水利局。專司其事。即以湖田一千餘畝。歸局放租抵修。擬有善後草議。猶以湖無詳圖。日久無所依據。前清宣統元年。又聘日本政府鐵道工程局專門測繪技師島總彥。用三角法。按照華弓。實測得杜湖面積七千六畝六分六釐。白洋湖面積一千二百八十五畝七分一釐。繪製二千分之一之詳圖。呈請立案。由是數千年之湖患。一旦廓清。而杜白二湖之面積眞相。朗若列眉。統計慈北水利。鑛數年來。共捐洋七萬四百七十六元一角六分九釐。惟水利局事。先因沈衍周貌似有才。托其管理。詎事權入手。要索無厭。鏌猶冀其清白乃心。力圖公益。所以格外優容。不惜厚薪。計自前清光緒三十三年冬季至宣統二年冬間止。先後付給沈衍周洋四千元。以作薪水之需。另有洋二千元。係在宣統元年三月。由沈衍周借作濬河之費。訂明由湖田項下交還。孰知沈衍周自第二年後。既不將所收湖租。及時造册報告。即所借濬河之費。亦未提還分文。辦事既獨斷獨行。湖租又不實不盡。頗有據公田爲私產之意。而且廣結惡黨。虎視一方。致有百步大王之綽號。鄉里士紳。畏其兇燄。箝口結舌。豈非鏌數載經營。一方民命。一旦將盡喪其手。鏌不得已於二年十一月間。回國。訂期擬邀全鄉紳耆。公議管理淸查追欵妥訂善後章程。不料沈衍周先發制人。糾集羽黨。持械圍校。意圖殺鏌而甘心。事爲當道所聞。保護出險。飭委訪查屬實。將沈衍周之江蘇試用知縣。奏明斥革。交地方官嚴加管束。並派印委。勒令沈衍周。將經手賬目。點交慈北自治會葉鴻年等接管。所有前借濬河洋二千元一欵。未據交出。聲明俟將來公同核算。另案議結。由印委詳復。有前清舊案可查。此去年夏間事。茲錄全案呈覽。繼因武昌起義。局面一變。自治會紳。未遑清理。現在民國已定。此等關係全鄉農田水利之事。斷不因政體變更。稍失效力。自應繼續進行。惟沈衍周自革職後。稍稍歛迹。乃乘嬗代之際。死灰復燃。近又廣刷公田捏欵之報銷。淆人耳目。竟將鏌所給四千元之薪水。一字不題。又復重支薪水。揑列付呂祖殿葉秋記名目。意圖朦混。爲鯨吞公欵之計。慈北水利。經此一番修濬。似可旱潦有備。去年海嘯爲災。實出意計之外。然鏌一聞災後乏米。猶復寢饋不安。百計圖維。不惜以萬里奔波汗血所得。變產數萬。助賑助糶。若論對於二湖。尤爲心力交瘁。經營至五六載之久。助欵至七萬有餘。縱勿論糜費金錢。即曩年搶築東門閘傍減水壩時。冒雨督工。數晝夜。赤足植立於驚濤駭浪之中。幾及於難。當爲就地諸君所親見。總之二湖三浦及漾塘水利。均爲慈北數十萬民命所繫。既經鏌捐修於前。尤賴自治會各紳善治其後。鏌前擬草議是否妥善。前墊濬河之欵。能否清出歸還。均應公同議結。報告於衆。若因豺虎舞爪。望而卻步。豈鏌所望於自治會者。倘再任其破壞。則此後地方公益。尚有何人敢辦。爲此萬不得已。將鏌前辦慈北水利全案。連同善後草議。杜白二湖繪圖。一併呈請

大都督鑒核。俯念下情。派委幹員會縣查辦。一面札飭慈谿縣知事。會同慈北自治會。速即妥議慈北全鄉水利善後章程。并請將鏌所墊濬河洋二千元。追出歸墊。仍俟章程議妥。即請呈報

大總統。飭部存案。以垂永久。實爲公益。謹呈。

計呈杜湖圖十張　白洋湖圖十張（以母圖爲準存錦堂學校）

慈北全鄉水利善後草議一本

錄呈水利全案一本

中華民國元年六月十一日呈

錄慈谿縣知事王答復

稟叙修築杜白二湖。辛苦經營。需糜巨欵。具見造福於慈北人民者。實無涯涘。私衷欽佩。曷其有極。沈衍周以如是際遇。而不知感奮振作。直涼血動物之不若。正擬查拿間。適奉

都督諭。飭軍政司副官斯烈君來慈。密訪查拿。即經派撥軍隊。恊同嚴拿。去後。詎該犯先期赴滬。致未弋獲。斯烈君當即赴滬。密探踪迹。一面由縣拿其餘黨。旋經拿獲沈廷官一犯。當即解經寗波常統領。轉交斯烈君收訊。復由縣飭派幹練兵警。前赴上海偵探。並備具公牘。咨請會審公堂協拿。尚有羽黨多名。仍由縣按名飭拿各在案。一俟弋獲。即行解請

都督。從重究辦。以爲破壞公益。擾亂治安者戒。至慈北水利善後事宜。候即照會自治會從速妥議章程。另行呈請

都督。轉報

大總統。飭部立案可也。希即知照。

錄慈谿縣知事王函

錦堂先生大鑒。迭奉

函電備悉種切祇緣病體頹唐新政繁多未遑搦管是以裁答稽遲抱歉之至弟於陽曆四月十二接篆未及旬日賽會事發因會前謠言紛紛不能不先事預防託紳勸導諭保約束請兵彈壓逐處防閑以爲可以無患不料四鄉會衆來城尚未滋生事端止剩本城附近一會於念七下午頓起風潮人情洶洶形同叛逆理喻勢禁兩窮於術幸事後拿獲數犯訊明首要一犯立予正法餘犯分別輕重酌量監禁保釋一懲而百儆以後或可斂迹矣慈北客歲水災饑民嗷嗷待哺幸蒙慨捐鉅欵平賑兼施免致流離載道造福梓桑實深感佩連接旅滬同鄉會寗波接濟公所來函米源近頗活動當可無慮匱乏自陰曆五月十一日始慈邑各鄉均辦平糶經縣議會議決暫撥大有倉存穀存欵爲銷耗之費以後再設法籌補是以前荷續捐陸家埠洋一千元至今尚未赴滬領取且俟平糶辦竣再與諸紳商酌此欵或領或不領容再專函以報雅命可耳貴鄉一帶辦理平賑方法聞各區雖未能劃一而要皆因地制宜窮黎均沾實惠北鄉自開辦平糶後地方甚屬安靖刻下滬米源源而來新穀不到一月即可登場可無青黃不接之慮總之大君子此番好施貧民得免餓莩富室亦藉免騷擾功德實無涯涘將來平糶辦竣之後統計賑欵耗欵共洋若干詳開數目示知以便呈報都督請示獎勵在盛德固不望報而彰善亦理之當然也沈增輝結黨橫行擾亂治安實堪痛恨業經省委斯烈君來縣會拿已探知增輝避匿上海斯君當即回滬設法捕拿矣弟即派縣隊夜往師橋密捕餘黨於陰曆五月初八獲到沈廷官一犯當即釘鐐星夜函解常統領處轉交斯君帶省訊究旋接斯君來函在滬探聽增輝消息尚無著落弟即選派法警咨請上海縣暨租界會審公堂協同探拿至今旬日尚無回信殊爲焦灼現又暗許賞格諭捕餘黨頃聞師橋鄉人有承認捕送邀賞者能否辦到亦難預料至慈北水利善後事宜俟自治會章程議定另行呈請

都督。轉報

大總統。飭部立案可也。附呈抄發稟復一件。暨　軍政司處派委協拿沈增輝羽黨照會稿一件。統希詧閱。匆此手佈。敬請

台安。

愚弟王蘭芳頓首　七月五號

附呈稟復即批答錄前照會稿各一件

錄浙江軍政司陳致慈谿縣照會

浙江軍政司。現奉

都督諭。慈谿縣北鄉著名痞棍沈增輝即沈衍周。近仍不知斂跡。假自由黨名目。廣納無賴。值地方選舉。膽敢糾黨強舉伊爲當選。甚用手鎗逼勒。並有種種不法。抄發該痞棍劣迹多端。暨經前清增浙撫奏辦原案。以及現在訪查各情。飭司派員嚴拿務獲解省訊辦。又該痞棍之羽黨最著者。如沈廷官等。亦應擇尤一併拿解等因。茲派本司副官斯烈前往。除照會駐甯陸師巡防常統領。就近撥兵會同往拿外。相應照會

貴知事。煩爲查照。特此照會。

慈谿縣知事王　　陳毅

民國元年五月　　日

錄呈請慈谿縣知事金查封沈衍周財產抵欵呈

具呈慈谿縣公民吳作鎮　葉鴻年　宓昞翰

呈爲痞棍鯨吞公欵。環請封產備抵事。竊慈谿北鄉。稻田十餘萬。花田五十餘萬畝。關係數十萬民生。地勢南山北海。全賴蓄洩得宜。昔人南築杜白兩湖。以防旱。北開三浦以洩潦。迤西築漾塘。以障氾濫之水。本屬水旱無憂。號稱二天。歷來爲失修兼管理不善。以致湖浦淤塞。閘漏塘坍。連遭荒歉。民不聊生。結訟連年。案牘如山。自前清光緒三十二年起至宣統二年止。經作鎮捐助銀七萬餘圓。將湖浦塘閘。逐一修濬。始能旱潦有備。歲慶有秋。惟常年管理及修濬之費。經作鎮續購杜白二湖墾田五十二畝。連原有湖田。共得一千餘畝。放佃墾種。收租抵用。當時設立水利局。由沈衍周即增輝又名韻蓮經理。冀其清

白乃心力圖公益所以不惜厚薪計自前清光緒三十三年冬間起至宣統三年夏止為時僅三年半先後向鏌支取薪水四千元早年彼捐官進京亦向鏌求借川資銀一千兩又宣統元年三月間在杜湖塘外基內開掘一河為灌田保塘計當由沈衍周向鏌墊借洋二千元訂明是年公租項下交還詎至今分文未付至二年冬作鏌回國在錦堂學校正擬邀集全鄉紳耆等妥議管理辦法豈料沈增輝先發制人率衆數百人持械圍校意圖殺鏌而甘心耀武揚威以圖永占公田之計當時有前清官廳聞信派兵保護出險由浙撫委員會縣訪查屬實將沈衍周之江蘇候補知縣奏革勒令交出水利局歷年收租簿據歸自治會公舉葉鴻年宓晒輸為總理接管所有借欵洋二千元及歷年經手帳目聲明俟公同核算另案議結並由前清撫委陶霦並慈令仲鳳諭知沈衍周仍候查帳明白有無弊竇另議辦法不得以接管有人作為交卸清楚由印委詳復各在案此宣統三年夏間之事繼因武漢起義事遂冰擱嗣據該痞沈衍周乘光復之初補刊報告將鏌所給薪水洋四千元一字不題又擅自重支薪水洋七百十一元八角九分調查以前報告揑付呂祖殿戶洋五百四十五元六角零一釐又揑付葉秋生洋三百元又揑付詣縣詣郡費洋一百五十元路僅百里何用如許旅費又揑付伙食洋五百元又本局自種田項下付有穀種忙工洋廿八元零後來收穀若干一無報告照穀種計亦該洋二百廿元總共虛付吞沒共洋二千四百五十五元零此該痞揑名化戶監守自盜鯨吞公欵確鑿証據乃反揑倒欠該痞薪水洋二千二百餘元形諸報告為圖吞公田之張本嗣聞沈增輝自光復後又假自由黨為名無惡不作甚至鳴鑼聚衆強阻選舉擾亂治安大違憲法勢將實行占奪公田破壞公益適蒙都督訪聞飭派營縣協拿究懲已將匪黨沈廷官獲住解省沈增輝在逃未獲伏查該痞沈增輝鯨吞公欵確鑿有據際此民國肇建

自治初立。此等阻礙公益。鯨吞公欵之事。萬難稍事姑容。該痞現雖在逃。應請將其住屋財產。發封備抵。以儆貪婪。而重公欵。除呈大都督示遵外。爲此呈請縣知事。俯賜將沈增輝住屋財產。查抄發封。限日拍賣。以歸公欵。實爲公益。上呈。

右於中華民國元年八月三日。呈請　浙都督並慈谿縣王知事核辦。嗣蒙　浙都督批准。指令慈谿縣將該痞房屋財產。一併發封召賣備抵。繼因王知事交卸。不及執行。迨　朱都督及慈谿縣金知事接任後。又以前情續請核辦。奉復如左。

錄浙江都督朱答復及慈谿縣金復

浙江都督朱　復。沈增輝爲地方之害。前經飭縣將該犯房產加封。頃又加催會營密緝。無論現時已否回慈。自當隨時飭緝。有勞遠注。附此復達。統希　詧照。

慈谿縣知事金彭年復。查沈增輝房屋器具。已於元年十二月。親赴北鄉。督派練隊長帶隊前往一律查封。并開有房屋器具清摺存卷。一面仍飭購線。隨時認眞偵拏。各在案。所稱該棍黨等。現已潛回。是否屬實。容即探查確切。嚴密緝拿。務獲解辦可也。此復。

二年一月六日

錄吳作鎮致六區自治會紳耆書 民國元年七月

鄉長先生閣下。敬啓者。慈北全鄉水利。如湖浦塘閘橋堰。無一不與民生國計。有密切關係。葢水旱有備。豐穰可卜。地方自臻富庶。設水旱失調。禾稼歉收。則地方元氣有傷。飢寒多盜。古今皆然。所以必須隨時修理。列在自治範圍之內。雖經晚修濬於前。但因章程未經公訂。恐難久持於後。業經晚節次函請公同議決。惟重洋迢隔。未得確耗。朝夕圖維。無時或釋。茲悉各鄉自治。均已成立。當選諸公。均係熱誠磅礴。勇於任事之人。逖聽之下。無任欣幸。竊以此項水利。與各鄉均有關係。而辦事機關。必須統一完備。所有總協理各員。自應由各鄉公選。鄙見總理以德高望重者任之。協理以才具出衆者任之。餘如巡視工程。及征收湖田公租。會計文牘。在在須人。均須公推辦事職員。或定二員。又雇巡湖巡浦二名。小使一名。爲定額。其辦事員必須常川駐局。事事與總協理接洽而行。定以年限。俾均勞逸。局內收支。一屆一結。刊印報銷清册。報告大衆。屆時或公推查帳員二人。先行查察。愈昭大信。而總協理及各職員薪水。均應從優明定。蓋有薪水而後有責任。水利各事。可以日臻完善。湖田素稱膏腴。租額應否另定。即如養魚種桑栽柳各事。亦可次第試辦。晚前擬善後草議。昨又分送

台覽。但今昔情形不同。前擬請諮議局員檢察監視各條。均可刪除。還請

諸公斟酌損益。勿以爲據。至於宏綱細目。均應恭候

諸公訂定。惟晚亦慈北一分子。且曾稍効棉力。既有所知。不敢不陳於

長者之前。並非越俎。還祈

垂諒是幸。但望早日議妥。惠我佳音。海天遼濶。臨潁神馳。肅此敬請

公安。鵠候

還雲。

鄉晚 吳作鎮 謹上

錄吳作鎮致慈北紳耆。不准沈痞盤踞崇壽宮書 民國元年八月六日

鄉長先生閣下。敬啓者七月廿六日。爲慈北全鄉水利善後事宜。函請自治各鄉。正副議長。鄉董鄉佐。公選總協理。及駐局辦事各員。並懇優定薪水。俾專責成。定邀

鑒及。迄今又旬日。仍未接有確覆。深以爲念。總之地方公產。以及水利事宜。均係地方自治範圍內應辦之事。際此共和時代。民權擴張。 諸君均屬公民。自應實力整頓。切勿放棄權利。即如慈北之崇壽宮。係五都公共之產。自經陳蓉池封翁發起。及沈國民柴啓標二君。辛苦十餘年。矢志修復。始能鞏革一新然陳沈二公。相繼逝世。尤以 啓公之力爲最多。繼而委雇姚人胡君經理出入之欵。遂有報告。詎遭沈痞增輝覬覦佔奪。命其兄恩輝入宮盤踞。據爲私產。所收香金盡入私囊。

迄已多年。並無一紙報告。鎮亦山北一分子。萬難緘默。用敢陳於諸君之前。如果沈增輝自知爲公論所不容。即宜遵自治章程。將歷年經手簿據及欵項。和盤托出。交由全鄉自治局公同接收。即日出宮。不稍逗遛。自可寬其既往。倘再强佔公產。則新律具在。應請自治會諸君呈請有司。傳案勒繳驅逐出宮。至於以後接管事宜。鄙見由各鄉自治會雇人。或各鄉自治輪流管理。惟所有香金所支薪水及修理宮屋必須半年報告一次。有餘留作公用。即以該處爲慈北全鄉水利局辦事之所。亦甚相宜。是否仍候諸君公同議決施行。彰善癉惡。尤爲自治精神。從前柴啓標先生辦理漾塘沐雨櫛風。辛勞兩載。沈醉漁先生建築施浦第三五洞閘。所夕督工。辛苦年餘。均未受鎮絲毫酬報。且備受委屈。二公均爲地方公益。盡心竭力。愛我同胞。其高誼真不可及。應否公請有司表彰之處。並乞一併　示復。鎮無不贊成也。肅此敬請

公安。

鄉晚 吳作鎮謹上

錄吳作鎮致慈谿縣督催鄉長修訂善後章程文 民國元年九月三日

吟谷先生閣下。久慕鴻名。未由摳謁。欣悉榮蒞慈邑。下車以來。諒必竹馬歡迎。羣歌來暮。允符鄙頌。爲祝。前日曾上寸柬。定荷惠鑒。恐語多隕越。尚祈　海涵。前接保黎醫會諸君來書。以慈邑保黎醫院。建築新舍。需費頗巨。寄册勸捐等因。公立醫院。保我黎庶。嘉惠閭閻。德莫大焉。據告該院自前清宣統二年創立以來。日臻發達。茲因院舍不敷。添建新舍。此誠當務之急。素欽執事痌瘝在抱。造福我鄉。方興未艾。事關地方善舉。鎮敢不稍竭綿薄。茲特捐助洋五百元。並附覆函。至祈執事轉交保黎醫會諸君鑒收爲荷。土壤細流。聊盡區區而已。沈痞增輝一案。前接　蔣都督來函。云早已行文　氷案懸賞購緝。並

將羽黨沈瑞竹等一併獲案。盡法懲辦。所需賞欵。乞向敝校支取。並將沈痞增輝產業查封。限期拍賣。以抵所呑公欵。餘則充公。想蒙照案核辦矣。該痞罪惡種種。擢髮難數。爲全鄉公民所共惡。茲將公告一份。寄呈台覽。

執事嫉惡如仇。執法如山。此等敗羣害馬。自必速行剪滅。毋待鎮嘵嘵瀆陳也。至慈北全鄉水利。關係民生國計。前經鎮捐貲修竣。惟善後章程。管理方法。至今尚未訂定。事屬自治範圍之內。務祈

執事查照前函。督促各鄉自治員紳。從速議妥。以垂永久。前寄王知事禀內。附呈湖圖及全案卷宗。刻由郵局退回。嗣由敝校遞呈。並另寄湖圖兩張。諒蒙

鑒收。總之公共事業。若無專管之人。明定薪水。必致日久廢弛。

執事明察。諒荷鑒及。現在如何辦法。便祈

賜示一二。實所殷盼。餘詳前函。茲不贅述。肅此敬請

公安。

治愚弟吳作鎮鞠躬 九月三號

附呈 覆保黎醫會函 捐册壹本 公告壹分 又捐洋伍百元由敝校繳呈

錄吳作鎮呈縣知事金嚴緝沈增輝並痞黨文 民國元年九月

具呈浙江財政司顧問員日本神戶商會總理吳作鎮

呈爲除惡務盡。請速查案懸賞購緝。務獲究辦事。竊因慈北全鄉。自治之未能成立。及水利善後之未能議訂者。由於光復之初。秩序未復。痞首沈增輝捐牌鳴鑼。强阻選舉。並假自由黨之名。招納匪類。圖奪公田。遂致賢者束手。匪黨橫行。不自今始。自前清宣統二年十一月中。該痞沈增輝知鎮返國。謀刺未遂。有倩人行刺之親筆信發現。嗣于二十二日午後。糾集羽黨沈瑞竹等數百人。持械圍校。欲得鎮而甘心。當時幸有建校工匠抵禦。旋經營縣聞風。派兵保護出險。前清浙撫曾

查明奏革嚴拿在案。種種不法。詳載全鄉公告。前已函呈。茲不贅述。鎮僑寓東瀛。情殷桑梓。自聞沈痞重害閭閻。且欲殺鎮之心愈久愈烈。乃於本年六月間呈請

浙都督派委會縣。查明屬實。並由王前知事。派出隊兵。將餘黨沈廷官拿獲解省。痞首沈增輝聞風遠竄靑島。又於八月間會同接管水利之葉鴻年宓炳翰等查明沈增輝鯨吞公欵確據。呈請

浙都督指令。先將沈增輝住屋財產。查抄發封。限日拍賣。以歸公欵。餘則充公。想已早蒙

一辦理。慈北各鄉。經此一番整頓。痞黨逃避一空。地方始得安靖。譬如旭日當空。魍魎斂迹。不獨萬民感戴。即各鄉自治。已一律成立。水利善後。亦將開會集議。君子小人。勢無兩立。其效如是。乃刻聞該痞沈增輝。又潛至上海匿跡。並有痞黨爲之出死力運動。意圖抵抗。以致餘黨沈瑞竹等。聞此風說。蠢然思動。又在慈北地方出現。恐有不利於地方之事。情殊可危。伏念地方自治。最關緊要。莠草不除。良苗不秀。沈增輝等荼毒全鄉。法所不容。設再縱虎歸山。勢必至民無噍類。除惡務盡。古有明訓。事關全鄉利害。爲此呈請貴知事察核。速賜查案懸賞。並派得力衛隊。購線密緝。務獲究辦。再慈北崇壽宮。爲六區五都之公產。出息頗豐。亦被沈增輝强佔多年。派其羽黨盤踞在內。同惡相濟。該宮出息。悉入私囊。一無報告。並請立傳到案。勒令交出簿據。押追公欵。歸自治會公同管理。以符公產公有之例。實爲公便。上呈。

中華民國元年九月　日

錄吳作鎮復永乂鄉諸公不得將湖田公租移作別用啓　民國元年九月日

永乂鄉自治會諸君均鑒。敬復者。頃展　公函承　示九月五號提議各事。一一誦悉。惟湖田公租。鄙見專備北鄉水利之需。不作別用。昨接師橋鄉沈桂舫高生先生來函。亦抱定此旨。足徵關懷桑梓。視水利爲全鄉之命脉。欽佩無已。惟查第四條所議。首先將桂舫先生

所墊去年請兵之費七十餘元。在水利局賬支付。殊與不作別用之宗旨相左。恐非桂舫先生之本意。況鏌尚有掘杜湖塘外河墊欵洋貳千元。言明在湖租內歸還。案牘具在。乃諸君一字未提。似不足以昭公道。又第五條所議。每年餘費。補助各鄉自治會。不特此後湖租。除管理經費外。既須提還掘河墊欵。又須建築陪塘。支欵浩繁。未必有餘。況籌備濬修需欵。屆時亦須補助。以鄙見不若專備水利之用。所有該議兩條。鏌均不敢贊同。應請諸君再行覆議。若論山北公產不一而足。傳聞五磊寺有寺產。崇壽宮有香金。魚灘可養魚築田。古窰淹兩浦。照府縣志。餘地尚多。松浦司城荒廢已久。鳴鶴場有壚倉基。觀海衛城內有營地。城外有營田。均可作爲自治公產。務求各鄉自治諸君。逐一清釐。何患經費之不足。又何必眈眈於此。昨日已將高桂翁偉議。略附鄙見刷呈公鑒。至桂翁所墊之欵。查崇壽宮沈恩輝有應交之欵。又裘如齋君。亦有淹浦餘剩。及他項公欵等。儘可俟清出後。撥還。何必汲汲也。此復。敬請
公安。

鄉弟 吳作鏌啓

錄沈桂舫提議建築陪塘啓 民國元年九月

竊惟我鄉水利。以杜湖陪塘爲急務。自石湫廟至瓦窰頭石塘十里。有條石者。有戤板者。五六月間。南風撞撼。戤板易於搖動。加之近湖之田。挖掘偷水。時有所聞。所以湖塘未修以前。水不上灘。下鄉之田。不能灌溉。旱災堪虞。今年佈種之時。適值天旱。無水可車。幸而有滿湖之水以救急。否則不堪設想矣。斯亦我父老兄弟所共見共聞者也。陪塘不築。不數年間。其敗壞勢必照舊。欲求一勞永逸之法。惟有建築護塘爲第一急務。前以自治經費無着。議將湖田租息貼補。此說若行。則護塘永無成功之日。查自治章程第五條自治範圍內。有籌辦水利一項。籌辦云者。籌欵以辦水利者也。豈有水利自有之欵。反貼自治。況自治均已成立。不貼補不致消滅。護塘尚未舉辦。無欵項萬難成功。若歸各鄉自治承

辦。惟有照前年之議。捐丁築塘一法。但此法沈增輝在師橋鄉。曾經辦過。每丁捐洋兩角。兩年以來。護塘形迹全無。已捐之丁。豈肯再捐。此外惟有按畝攤捐。然誠恐各殷戶以爲有湖田租可抵。勢必群相藉口。總之不築護塘。於湖塘大有關碍。不貼自治。於自治毫無損失。兩相比較。利害顯然。豈容分剖。天下公益之事。約有兩端。有實在公益。有表面公益。築護塘。是實在公益也。貼自治。是表面公益也。我鄉五都地面。除觀海衛東山頭海神廟垻等處。民田不多。專靠海地外。其餘各都圖。民田居多。均以護塘爲急務。況吳錦堂君來信。殷殷以護塘爲念。爲全鄉三十餘萬人保全命脉。其惓念桑梓。不分畛域。眞堪欽佩。尤當體貼其苦衷。

諸君子素懷公益。諒必共表同情也。

錄沈高生提議建築陪塘啓　民國元年九月

北鄉水利。以湖浦爲大端。現在浦道已通。濬可從緩。目下情形。惟杜湖護塘爲第一要工。湖塘十里。有條石。有戧板。雖已修好。不甚堅固。五年十年之後。勢必照前敗壞。未修以前。湖水不能上灘。下鄉之田。不能灌溉。今年種田時候。適及天旱。無水可車。若無滿湖之水以救旱。民田豈能盡種。此修理湖塘之大利也。但湖塘無護塘。五月南風。滿湖之水。朝夕撞撼。勢必戧板縮落。兼之近湖之田。挖掘在所不免。數年之後。誠恐照舊。一遇旱年。不堪設想矣。我鄉公益之事甚多。其效尚緩。惟護塘一事。其效立見。此護塘之萬不可緩也。

錄吳作鎮函請各區自治會書　民國元年九月

鄉長先生公鑒。逕啓者。前蒙沈桂舫沈高生兩先生寄來各區自治會議案。並附建築杜湖陪塘意見書各一紙。內開九月五日六區自治會提議。擬將湖田租項下。撥充自治公費。又議擬選舉管理水理局總協理。不取薪水。以盡義務云云。謹按事貴人爲。枵腹從公。必無其人。間有熱心桑梓者。難免人亡政息。謹列按語於后。倘祈　垂鑒。

一以湖田租息。建築護塘。此爲正當辦法。所有本年租欵。應還作鏌宣統元年掘河墊欵二千元。方昭公道。餘作爲歲修及護塘之用。

三立法必期經久。枵腹如何從公。不必徒慕義務虛名。反致事無責任。自古至今。隨修隨廢者。害由於此。萬不可再蹈覆轍。

四湖田租息。專爲水利之用。鏌亦贊成。蓋籌辦水利。載在自治章程。是無欵尚須籌辦。今鏌千辛萬苦。捐洋七萬餘元。又墊掘河費二千元。始能將湖田千畝。整理歸公。歲修有着。實非易易。今若移作自治貼補。試問一旦閘漏塘坍。全鄉蒙害。安能自治。諸公高明。必不出此。如有此議。尚祈收回成命。另議善法。如果將公租貼補自治會之資。鏌斷難承認。幸祈垂鑒焉。　餘條仍請交議可也。肅此敬請公安。

鄉晚　吳作鏌謹上

錄致慈北全鄉父老請訂水利章程書

諸位鄉長先生公鑒。敬啓者。我大中華民國。必由市鄉村組織而成。地方自治。最關緊要。農田水利。尤爲富强命脉。一國有人。則一國治。一村有人。則一村治。鏌生長慈北。早游日本。經營商業。垂三十年。深知外國之強盛。由於內治之修明。無如前淸政府。泄沓成風。不可救藥。而鏌愛國愛鄉之心。始終不渝。自維才短學淺。不敢輕談國事。然對於父母之邦。未嘗不盡我寸心。所以於慈北全鄉水利。不惜獨捐鉅金。逐一修濬。並在東山頭。創立學校。無非教我鄉子弟。裕我鄉生計。兩共實捐洋二十八萬有奇。畧竭棉薄。樹地方自治之基礎。夫吾鄉固多君子。如葉蕉翁宓蓮翁沈醉翁柴啓翁陳錦翁沈逷翁及當時發起諸君。類皆洞明大義。熱心公益。或宏規遠畫。或沐雨櫛風。督役工程。歷數載如一日。見義勇爲。均堪欽佩。內如葉蕉翁之購買塘基。接管水利。柴啓老之督築漾塘。沈醉翁之督造淹浦五洞閘。不受絲毫之謝。一切公益。知無不爲。尤爲急公好義。至沈痞增輝。經理湖租。僅三年有半。除捐官借欵不計外。索酬至四千元之鉅。而猶鯨吞公欵。百端破壞。鏌幾罹殺身之禍。其荼毒全鄉之罪狀公告。均蒙鑒及。毋庸贅述。可知君子小人。鳳麟梟獍。自有公評。今聞沈醉翁宓蓮翁。同歸道山。哀痛之心。出於至誠。開會追悼。無非彰遺愛而勸後來。俾地方水利。日有進步。區區愚忱。諒爲 諸君所贊許。但鏌有不能已於言者。杜白二湖事。開辦後。曾於前清光緒三十三年。報告大衆。擬請公築護塘。與正塘輔車相依。愈形鞏固。當時僅有敝鄉及二十八都沈氏。曾出人夫。從事培築。其餘各鄉。初未聞知。以至塘工未能盡善。猶有遺憾。至於全鄉水利。若無管理專員。酌定薪水。及一切善後章程。譬如凡物無主。必遭攘奪。凡事無主。必至廢弛。從前均以義務爲美名。遂致互相漠視。旋興旋廢。鏌因此重洋萬里。魂夢難安。大聲疾呼。不憚煩瀆。今幸各鄉自治。均已成立。公道大彰。魍魎斂迹。諸君均負一時物望。夙抱救世熱忱。定可將地方水利各事。各抒偉議。實力整頓。和衷共濟。永無失墜。但求完全負責。取薪何傷於廉。鏌年近望六。精力漸衰。從此水利一事。能息仔肩。實出萬幸。但前清時代。專制政體。官權較重。辦事非易。計自光緒三十二年。創修水利。至宣統二年。全功告竣。並將湖田千餘畝。整理歸公。測繪湖圖。界限分清。不獨斬斷數百年訟獄葛藤。而且永久之歲修有著。鏌雖捐助水利洋七萬有奇。又借墊杜湖塘外基掘河費洋二千元。而無形之費。亦有數萬金。尤未便形于筆墨者。明哲如諸公。諒能洞鑒。無待再瀆。幸賴 諸君子相助爲理。始能有此成績。去年海嘯。乃非常災異。就今年之屢次放湖。田疇胥賴。成效有無。公論自在。猶記當時搶築東門閘傍減水壩時。鏌曾冒雨督工。數晝夜赤足植立於驚濤駭浪之中。繼因清查湖租。又遭痞黨閩棧圖刺。爲此湖事。險阻備嘗。既非沽名釣譽。亦豈希榮求寵。無非敬恭桑梓。盡我血忱。總之治鄉猶治國。歐風美雨。日逼而來。苟能保此水利。即富源不竭。百事可爲。慈北全鄉。生機有望。惟願諸君鑒鎮苦衷。俯採芻蕘。妥籌管理良法。以善其後。並於數年內。將護塘工程。一律告成。以期一勞永逸。不獨鎮禱祀以求。即沈宓二公。亦可瞑目九原矣。伏維

公鑒。

中華民國元年九月　日　鄉晚吳作鎮鞠躬

錄賑平事竣請六鄉公局寄示公議章程文

民國二年一月二日

鄉長先生公鑒。敬啓者慈谿北鄉。暨餘姚北鄉。一帶濱臨大海。居民向種禾棉。自前年秋間。迭遭霪雨海嘯。籽粒無收。去年春間。各處禁米出口。鄉間來源斷絕。米貴乏買。飢民羣吃大戶。盜賊蜂起。地方擾攘。經鎮捐助賑欵洋壹萬五千元。慈姚兩北。各歸一半。並墊銀五六萬兩。託　虞洽卿君。在江北購米運鄉。一面懇請吾鄉　父老兄弟。察看地方情形。按鄉設局。調查戶口。極貧賑濟。次貧平糶。計共平糶之戶。大小五萬四千三百三十九口。自陰曆四月間起。至十月間。先後停止。共售平糶米一萬六千五百十六袋。共捐平糶虧耗銀一萬五千二百九十二元六角一分六厘。又慈北賑米八百九十三袋。合銀七千五百元。又袁市賑米二十三袋。合銀一百七十五元。於是人心大定。地方安謐。同時又轉助諸暨縣賑欵銀五千元。並助慈谿陸家埠。賑欵銀一千元。江蘇同鄉賑濟會米五十石。合銀三百八十元零。繼又捐助溫處賑濟日金二千元。合銀一千九百十八元九角二分。統計賑平兩項。耗息不計外。共捐銀三萬八千七百六十七元三分六厘。業經刷印報告清册。呈

覽。鎮亦慈北一分子。對於桑梓義務。自應稍竭棉薄。今幸賑平已竣。年成豐稔。　浙都督暨　慈谿知事。除暴安良。地方安謐。吾鄉父老兄弟。咸得衣租食稅。於光天化日之下。應否聯名函謝之處。還祈　諸君酌奪。但查戶賑糶。手續極繁。經理出納。爲時又久。若非諸君熱心公益。相助爲理。何能井井有條。使貧戶咸沾實惠。鎮謹代數萬貧黎三鞠躬以

謝所期故鄉父老兄弟。痛定思痛。力戒奢華。崇尚節儉。耕九餘三。綢繆未雨。倘遇天災。免呼庚癸。此鎮禱祀以求者也。但慈北養命之源。首推湖浦塘閘水利各事。握六十餘萬畝禾棉之命。養三十餘萬人民之生計。經鎮捐七萬餘金錢。費六七年心血。連年以來。旱潦有備。頗有成效。今既六鄉組織公局。公議章程寄示。容即參酌付梓。倘祈實力籌辦。以保萬世之利。際此共和時代。所要者共謀公益。力矯私弊。刻聞崇壽宮內設有禁烟公所。犯禁之人。罰欵纍纍。已有數千金。未聞報告。是否悉歸政府。抑充地方公用。　諸君有監查之責。並祈查示為禱。肅此敬請

公安。

鄉晚　吳作鎮　鞠躬

錄吳作鎮致慈北紳耆請即籌議水利善後事宜書 民國二年十月

鄉長先生大鑒。暌違

絮範。幾度星霜。依慕私忱。時勞夢轂。敬稔

道履綏和。

勛祺懋介。亮符鄙頌。竊自李逆倡亂。叛徒四起。東南半壁。糜爛最甚。幸賴政府命將出師。即時撲滅。罪魁禍首。都各捲資逃亡。惟無告良民。致遭顛沛流離之慘。商業損失。何止數千萬金。興言及此。最為痛心。今幸　正式政府成立。列強均已一致承認。我國基礎。從此砥定。特共和政體。全藉市鄉組織而成。對內對外。端由於自治精神。農田水利。最關緊要。國利民福。實賴於斯。但得措置裕如。何患不安土樂業。鎮生長慈北。早游日本。深知外國之強盛。由於內治之修明。夫亦曰國以民為本。民以食為天。內治之道。水利一端。實為國家之命脈。用是竭盡棉薄。於慈北全鄉水利。不辭艱辛。逐一修濬。以樹地方自治之基礎。前委沈衍周經理湖事。方冀清白乃心。力圖公益。豈料該痞虎狼性成。種種不法。經　浙都督統飭嚴拿。以靖地方。乃由六區自治會。公舉接收經管水利之人。　旋舉定葉君蕉生　宓君蓮君為經理。嗣　宓君來函辭職。即由　葉蕉翁一人經理。不避嫌怨。力任艱

鉅。從事一載。對於水利一端。尤極意進行。其他各項應行事宜。靡不措置裕如。蕭規曹隨。實爲我鄉之福。在蕉翁之意。以爲應盡之義務。在鎮之鄙見。以爲理當酬勞。應即補送洋三百元。雖區區之數。不足爲報。鄙意如是。應請
諸君公決。至添築護塘。尤爲切要之圖。但工大費鉅。事非易舉。如必待水利之欵。與水利之事。恐遲至數年。勢亦難成。鎮即以去歲賑濟師橋之欵。所餘八百餘元。存在沈師橋自治會者。提撥以作此項之費。擇要先築。以慈善之金錢。充公益之要需。其他不敷之欵。莫妙於按照畝捐辦法。鉅欵必可立集。想
諸君樂善爲懷。定表同意。惟願
諸公鑒鎮苦衷。俯採芻蕘。務將水利善後章程。先請立案。幷將護塘辦法。即行開會提議。公決妥辦。將來護塘工程。一律告成。裨資一勞永逸。近鎮疊接虞洽翁來函。爲鎮慈姚三北鐵路一事。先築龍山至觀海衛。後接周巷達甬。以連絡各省。曾與公司議妥辦法等云云。鎮當以大畧情形。謹爲我鄉
諸公一一陳之。竊我鄉民生之困苦。農事之不振。工商之難興。皆由於交通之不便。際此列強競爭。非昔日閉關自守比。欲使交通利便。惟火車實爲要圖。不幸南山之隔。輪船火車。祇得通於姚城。優勝劣敗。顯而易見。但沿海一帶。雖有海船出入。塗遠浦淺。危險萬分。且我鄉例用民船。從上河裝貨趁客。至甬行駛。遇有風雨之阻。盜賊之虞。動則五六天方能達到。查我鄉花田五十萬畝。每畝扯花欵拾元。合有五百萬之數。自用約四十萬。尚餘四百六十萬。又加一切雜項種作。統共約有五百餘萬。延遲四五天。其利息何止數萬。惟食米一項。我鄉所出無多。全賴外埠周濟。輸運艱難。川繳增重。水漲船高。受虧更甚。商農之人至甬進出。非惟川資不輕。又且躭擱日期。以致所食所用。無一不貴。我三北民力日縮。商業日衰。職是故也。大抵車通則商興。商聚則地富。即如海產花布。易於分運。此盡人之所知也。然自姚邑輪車通後。我三北之暗

損實劇。此則有知有不知也。倘若有盜賊之警。即可飭差發兵。舍船就車。風馳電掣。一二時可立至。其便利爲何如乎。今欲圖挽救之策。莫若利用火車。然須東接山南。西連餘姚。方爲一氣貫通。完全支路。此事鏌於昔年早曾籌及。今既有議築之機。還望吾鄉諸公集議辦法。此又鏌所切禱者也。肅此敬請

籌安。伏維

公鑒。並乞

賜福爲感。

鄉晚　吳作鏌鞠躬

錄覆永乂鄉自治會請議水利善後事宜啓

永乂鄉自治會諸君公鑒。敬復者。頃接惠玉。敬悉一切。竊以杜白二湖及各浦塘閘。吾六鄉五都利害與共之水利。今既公舉總理一員。並由各鄉各選協理一員。組織辦事機關。則集思廣益。建築陪塘。必能日臻完備。承示徵集意見。再行會議。鏌亦慈北一分子。對于故鄉水利。刻不去懷。爲再竭我管見。以備

諸君採擇。玆條列如左。

一慈北全鄉水利。鏌不自度量。費六七年心力。耗七萬餘汗血。所有湖浦塘閘。逐一修濬。惟善後章程。迄未訂定。蓋一人之知識有限。究不如　諸君常居里閈。此中利弊。較爲詳悉。但鏌曾擬善後草議一本。愚者千慮。不無一得。敢乞逐條討論。重行訂定。此稿現存敝校樓琴五先生處。

一工程浩繁。籌欵爲先。整理田租。清丈爲急。杜白二湖公田。每畝租額僅二元二三四角不等。按照大例。實在太賤。致有攬種後得以轉租漁利。昨承沈高生君函示。查有佃戶任小和尚等。向納增痞每畝租穀二百斤之事。恐其餘似此者尚多。而西埠頭小茗嶴等處。竟有歷未報租。私種至百餘畝者。現已派人查出。所以鄙見擬將所有公田。逐一清丈。租額重行訂定。化私爲公。與佃無損。惟湖田僅種一熟者多。或照大例。折減若干。以昭平允。即以本屆爲始。俾

經界正。田租足。陪塘工事易蕆。是否乞
公決。

一水為田母。點滴黃金。放湖之時。謹閉各閘為要。如浦閘及姚鎭交界處之閘。每遇放湖時。必須多雇臨時巡丁。各處梭巡以防漏洩。如洋浦下之堰。與韓蔣兩姓路下之新閘。以及西龍山嘴。幷咬門竺民浦錦堂學校第五橋之閘。翁家澤山浦。及過東沿塘之閘堰浦。以第二閘為限。過東惟柴裘界黃家浦。及松浦東邊閘。聞該處刁惡土棍。往往抗阻不閉。敢將黃金之水。任氽入海。令人髮指。今秋放湖。松浦司城東堰倒閉。任氽鎭北。而東埠鎭慈鎭分界之洞橋閘。本年被管閘者舞弊。將閘底之板。拔上水面。任其私放入鎭海。揚范一帶。迢河水平岸後。經東埠頭族長地保查出。該管閘願罰了事。故放湖之時。必須多雇正直忠心巡丁。輪班管閘一星期。此為最要之事。亦請加入議案。

一地方公欵。絲毫為重。久不報銷。嫌疑攸關。

查　裘如齋君。從前經手修濬古窰淹浦。其他尚有公欵。未曾報告清楚。至濬竺民浦鎭有墊欵洋七百餘元。分文未還。查宣統元年二月。濬掘淹浦報告。據說收付兩抵。淨支九百三十餘元。又說新閘下。尚有三十餘節未濬。約需洋六百餘元左右。再有餘支。應歸何項公用。容再公同商撥等語。鎭因竺民浦墊欵無着。托　宓蓮君先生向索。後蒙來信云　裘如齋先生言先還若干。繼因武昌起義。事遂氷擱。有信為證。可見以上兩項。　裘君處均有應交之欵。至於古窰濬浦費。當時斷作洋壹萬元。餘多亦在　裘君處。自應請其一一報告。以重公欵。如有餘存。請其如數交出。俾可歸還鎭竺民浦墊欵及沈桂舫先生請兵之墊欵。請開議公決。此外如鎭所墊開掘杜湖塘外河經費二千元。承示儘先提還。非鎭汲汲於此。蓋橋歸橋。路歸路。有案如鐵。理應如此辦法。至於湖欵湖用。亦屬正當不易之理。既須訂入章程。萬不可作游移斁衍兩可之語。轉啓日後齟齬之端。況地方公事。尤當相見以誠。草案即章程之根。所以鎮閱此草案。竊期不可據以爲令。諸君既以雍言爲然。取消此條。則與水利前途。大有裨益。造福地方。寔有涯涘。倘祈諸君迅將善後章程。開會議決見示。實所拜禱。肅復敬請

公安。

鄉愚弟 吳作鎮謹啓 十月廿四日

慈北全鄉水利局善後章程叙

竊吾慈北稻田花地六十餘萬畝。關係數十萬人民生計。鄉先輩築杜白二湖以防旱。開四浦以洩潦。以故水旱無虞。號稱二天。後之繼者代不乏人。惟時作時輟。惜無專管機關以司其事。無歲修的欵。以濬壅塞漏。遂致浦塞塘坍。積淤日增。蓄洩無由。旱潦爲害。而豪强之民。利此湖畝。占墾成田。攸礙大局。群起相抗。激成訟獄械鬬。歷朝不息。與慈姚接壤之漾塘。亦被奸民掘毀爲田。滔滔西水。以鄰爲壑。四浦淹塞。下無歸墟。水利不修。地方凋弊。是皆先輩未有統籌全局。使一勞永逸。而垂裕後人之故也。前清光緒三十一年。吾鄉巨紳吳君錦堂。歸自日本僑地。見數百頃禾棉。悉遭水沒。慨水利之不修。憫農民之無告。於是慨助巨欵七萬餘金。重築漾塘。濬浦建閘。大修湖塘。其所修湖閘二座。新築減水壩二座。及築淹浦竺民浦二閘。關於全鄉水利。尤爲重要。並將湖內田畝及漾塘基田。一律出資贖回歸公。以絕訟禍。而於杜湖東門閘傍。新築減水壩。開工之時。適值逐日大雨。山水暴漲。吳君錦堂冒雨赤足。屹立於狂瀾勁浪之中。日夜監督。不吝重賞。雇工搶築。如是者三晝夜。始得保全。其餘各項工程。竭意經營。歷五六年之久。其中辛苦艱難。衆目所覩。費無限之心血。始克大工告竣。嗚呼如吳君之熱誠毅力。慷慨捐輸。使吾鄉數十萬人民。數十萬田畝。得免旱潦之災。饑寒之苦。所有種種利益成效。均詳載於前清吾鄉紳耆公禀。並浙撫奏案中。班班可考。其功德可謂偉矣。然吳君猶慮年深日久。無人專管。必蹈前

代之覆轍。於是特設水利局於慈北之崇壽宮。以專司湖浦塘閘歲修及巡察啓閉等事。復測繪詳圖。以定公界。整理兩湖公田。以資公費。可謂無微不至。以冀吾鄉水利。歷萬世而不廢。吳君之用心。又可謂深且遠矣。今水利既興。而專管機關。亦已完備。是宜妥訂章程。嚴定責守。庶幾職有遵守。事無廢弛。爰集六鄉自治會各紳董。開會公議。釐定水利局善後章程十二條。一面呈縣申詳省長。呈報大總統。飭部立案賜批。以垂永久。一面刻碑立石。以昭規定。尤願任其事者。體吳君之心爲心。豈第吳君之名不朽。行將造吾鄉之福。於無窮極矣。其有缺點而待補葺者。務祈隨時增改。以興利除弊爲宗旨。是所望於吾鄉諸君子。

慈北水利局謹具

民國二年歲次癸丑冬十一月

慈北全鄉水利局善後章程

計開

第一條　局址

本局現定崇壽宮。爲會議辦事之所。將來如有重大之工程。必須就近駐劄。或金仙寺。或杜白將軍祠。均可借用。

第二條　選舉

本局總理一員。由六鄉自治局議員公選。協理六員。由六鄉自治會議員。各鄉選一人。以充斯任。均兩年一任。任滿改選。連舉者均得連任。任滿三個月以前。由本局報告六鄉自治會。投票公舉。如總協理任內。因事故出缺者。當再補選。

第三條　專員工役

本局總理一員。協理六員。文牘兼會計一員。巡湖一名。巡浦一名。佃戶領袖五名。使役一名。

第四條　責任權限

本局總協理。均受全鄉公衆付託之重。所有湖浦河道閘壩啓閉。以及公田收租栽桑養魚。關於全鄉水利等事。皆係專職。惟總理有舉劾駐局司員及工役等權。文牘兼會計。專司一切公牘及收支公欵。既由總理。派充局中應辦事宜。均須秉承總理命令而行。巡湖巡浦。按期輪巡。凡有湖水河水之大小。湖浦塘閘橋壩及一切閘板浦道等。有無移動損壞。幷關於水利等情形。五日報告本局。由文牘繕成說帳。十日一期。報告六鄉自治會。幷錦堂學校。以昭慎重。遇有偷放閘壩。掏浦掘塘占田移界毀壞各情。亦須立刻報局。即行從嚴罰辦。如有舞弊怠惰。立即斥革。倘三年無過。由總理酌賞。以示鼓勵。　佃戶領袖須人地熟悉。堪以充當。公田租票。由領袖發給。租期一到。帶領佃戶到局繳租。如遇田租不清。有意玩延之佃戶。憑領袖追繳。或更換種戶。然須與本局商准。方可執行。不得挾嫌擅動。併不許佃戶領袖託名包租額外多收。察出公同議罰。

第五條　薪俸工膳

本局規定總理公費。每年洋三百元。協理六員。每年共洋三百元。文牘兼會計一員。年俸百元至二百元。膳三十六元。常年駐局以重職守。又巡湖一名。每年工食洋六十元。巡浦一名。每年工食洋六十元。佃戶領袖酬勞。照其所經手收入之多寡定數。使役一名。工食洋每年　元。以上均須按月支取。不得逾額。如有要公及收租時。另請人帮忙。酌量酬勞。

第六條　出納

本局照案。有公田壹千零八十八畝。現在可放佃開種者。有九百六十四畝。因內有數十畝。爲山溪沖改。故隨旱潦爲增減。此項公田租息。現分甲乙丙丁四等。照壬子年一屆。約收洋三千七百六十三元零。惟須癸丑秋間覆丈後。方能作爲定額。該欵專作慈北水利經費。不得移作他用。玆定完納國課及職員薪俸工膳局中一切雜費等。約計每年支出經費壹千數百元。至歲修工程。大小不等。及臨時開會費用。均難預算。待公租收起後。局中酌留數百元。餘存殷實錢莊生息。所有存支各欵。逐月由會計。報告六區自治會。以照鄭重而便稽察。遇有工鉅費大之工程時。必須開會公決。方可撥欵修理。不得擅自動用。

第七條　國課

本局價併公田。有糧稅者。均已開入杜白將軍戶。共計九百四十九畝七分。每年完糧銀七十七兩一錢九分一釐。又歸併漾塘基田三十一畝二分八釐八絲七忽。內除塘身十二畝零。已呈請豁免外。餘田十九畝零。每年完糧銀二兩九錢七分二釐。亦已開入吳錦堂助水利局戶。兩共合計糧銀八十兩一錢六分三釐。統歸本局完納。

第八條　浦閘

松浦有上下兩閘。上閘分三洞。東洞歸鎮屬范姓啓閉。中西兩洞。歸二十七都吳謝陳葉羅施沈等姓啓閉。　古窰浦上閘。歸二十七都厲戎劉翁等姓承管。惟下閘水利局自管。淹浦上閘。歸二十七都虞蔣徐柴羅二十八都沈羅鄭等姓承管。惟中下二閘。歸水利局自管。　東山頭祝家浦寶山閘。歸三十都吳徐翁三姓承管。閉閘守閘。潦時由蔣姓開放。大塘蔣家路下閘。係吳錦堂君。獨資建造。議歸蔣姓管理。　韓家路閘。係吳錦堂君。出資獨建。議歸韓姓承管。　慶應橋閘。歸二十七都陳邱厲等姓輪管。　虹橋閘。歸三十都韓施羅蔣葉陳張杜等姓輪管。　吳家門前貼水橋堰。歸二十七都吳謝陳葉羅施沈等姓帶管。　東埠頭洞橋閘。歸二十六都王祝童陳徐韓袁等姓輪管。　東山頭錦堂學校第五橋閘。歸該校經管。　各浦閘仍循舊例。歸各姓承司啓閉。惟須憑本局咨照。方可執行。倘遇連日霪雨。山水暴漲之時。虹橋立時閉閘。以免西水東灌。俟由本局咨照。與蔣韓二閘同時立即閉閘。俟水平再啓。一切秉承本局執行。不得擅自啓閉。

第九條　湖閘

白塔嘴閘。歸本局自管。　東門閘。歸二十八都施諸樓王高翁嚴林葉等姓。輪年承管。張郎閘。歸二十八都宓童韓郭等姓輪年承管。　西碶閘。歸二十九都上張下張俞家橋俞朱阮等姓。輪年承管。並三十都葉包方林等姓同管。　白洋湖。歸二十九都場中等姓。

並地僻山余章等姓。輪年承管。各湖閘向歸各姓承管。今循其舊。惟啓閉之際。由本局報告。始得照行。惟白塔嘴閘。亦須在芒種後。夏至前閉閘。總協理責任所在。永爲遵守。放湖時。酌量湖水大小。苟能裏湖不放。以備萬一。是望於總協理盡心籌劃。萬不可狥私害公。又違衆望。

第十條　禁令

浦閘湖閘。雖歸各姓承管。分司啓閉。如得賄。將浦閘私放海船出入。湖閘私放偷水洩水等情。均有礙水利。察出由本局稟明地方官重罰。遇有旱年。須開放湖閘時。由本局視東山頭官河之水爲標準。官河水涸。即由本局。知照各姓。一例開放。俟田水滿足。即行閉閘。放湖後。倘蒙　上蒼驟霈甘霖。察田稻水量。如有十日之源。立刻閉閘。總協理應負責任。

第十一條　出產

湖中宜試養鯶魚。由局購魚秧若干。魚利既厚。發達又速。至試養辦法。以及禁止民間網捕。保護魚族等事務。須另訂章程。又湖塘宜種桑樹。由局買桑秧若干。沿塘種植。三年後。即局中不能養蠶。可以售葉。其利甚厚。若將來陪塘工成。十里長隄。桑秧普植。尤爲無窮之利。並可栽種杞柳。其料柔韌。可做籐箱。其根繁衍。可固隄根。大利所在。急須興辦。是所望於理事諸君。

第十二條　圖說魚鱗册

圖說魚鱗者。內繪圖一張。限於尺幅。祇要求其大勢。餘則每段各繪分圖。必要四址界限。將田塊劃散。每田塊編爲千字文。畝分弓口種戶姓名。悉載無遺。以便佃戶領田佈種。有字號。即畝分弓口。已暗庽其內。不致有從前鄰田混淆。指東話西。無從查究。遺漏私占諸弊。惟此事辦理非易。須請擅長繪事者。不惜功夫。悉心從事。以免毫釐千里之訛。

附錄濬湖備案之嘉獎（三月一日四明日報）

（慈谿僑日紳商吳作鎮君。前將修濬杜白二湖水利原因。呈向農工商部立案。以垂永久。茲得該部咋令屆民政長文云。案據浙江工商顧問員僑日神戶商務總會總理吳作鎮。呈稱浙江慈北杜白二湖及漾塘浦閘等水利。經伊獨捐巨欵修築。曾於前清。呈請農工商部度支部立案。繼於民國元年六月。呈報浙江都督及慈谿縣。各在案。茲復具呈。並將杜白二湖書圖及歷辦案卷。公議章程抄送。請予立案等情到部。查該員獨捐巨欵。興辦水利。洵爲熱心公益。有裨桑梓。殊非淺鮮。所議水利。善後章程。亦均尚妥洽。除批示外。合即抄錄原呈及章程。令行該民政長查照。並轉飭該縣。一體保護。以重水利而維公益云。聞省長已轉飭知照矣。

錄呈慈谿縣知事金請將水利局章程立案呈並批

具呈慈北水利局總理吳作賢協理陳鍾瑞童其濬沈佩藩徐樹章宓福永葉序

呈爲全鄉六區自治會。公議妥定水利局章程。懇請立案。俾垂永久事。竊慈北杜白二湖及漾塘浦閘等水利。前經吳作鎮一人。獨捐巨欵柒萬餘金。修築完備。繪圖勘界。設局管理。業經具呈。幷附杜白二湖詳圖各五張。及水利善後草議。水利全案各一本。於民國元年六月十一日。呈報前　知事王在案。復於同日具呈幷附圖二十張及水利草議全案各一本。具呈前

都督蔣在案。嗣蒙前　知事王。照會本鄉六區自治會。公同議妥善後章程。以便局有專守。職無廢弛。今由全鄉六區自治會各紳董。公同開會議決水利局善後章程十二條。以爲永久之規定。作賢等謹將議決章程。呈請

貴知事察核。

賜批立案。並乞轉呈

省長。咨

農工商部各存案。以垂永久。俾全鄉水利。歷萬世而不廢弛。章程永守。旱潦無虞。人民幸甚。再去年八月間。由六鄉自治會。公舉作賢爲慈北水利局總理。佩藩等爲協理。今已試辦一年。理合一併聲明。謹呈。

附慈北水利局善後章程三份。

慈谿縣知事金批

來牘及水利局章程均悉。應如呈立案。並據
情轉呈
省長察核咨
部備案可也此復

慈北水利局總理

民國二年十一月廿九日

錄呈請農商部准水利局章程立案呈文並
批

具呈浙江工商顧問兼財政顧問員僑日神戶商務總會總理吳作鏌呈爲浙江慈谿縣全北鄉六區自治會公議妥定水利局章程懇請立案俾垂永久事竊慈北杜白二湖及漾塘浦閘等水利前經作鏌一人獨捐鉅欵七萬餘金。修築完備。繪圖勘界。設局管理。業經具呈前清農工商部暨度支部各在案。繼又於民國元年六月十一日呈報慈谿縣知事王在案。復於同日具呈幷附圖二十張及水利草議全案各一本。具呈前
都督蔣在案。嗣蒙前慈谿縣知事。照會本鄉六區自治會。公同議妥善後章程。以便局有專守。職無廢弛。今由六區自治會各紳董。公同開會。議決水利局善後章程十二條。以爲永久之規定。除由水利局總協理。呈請慈谿縣知事立案。申請在案。慈谿縣北鄉六區自治會。爲杜白二湖。自漢迄今。父老相傳。杜湖面積三千七百餘畝。白洋湖面積壹千七百餘畝。灌溉民田十萬八千餘畝。遇旱無虞。故號稱二天。經（作鏌）聘請日本專門測量技師。實地測量。杜湖面積實有七千六畝零。白洋湖面積壹千二百八十五畝零。似先代相傳面積。大相懸殊。尤恐日後勢豪。再圖強占。爲特附圖及歷辦案卷。抄呈
鈞部察核。賜批存案。以垂萬世。並乞
咨照浙江民政長。轉飭地方官立案。永爲保護。以垂永久。俾全鄉水利。歷萬世而不廢。章程永守。旱潦無虞。人民幸甚。實爲公便。須至
文者。

計呈明季至前清道光年間舊案卷湖書

壹本　光緒三十二年起慈谿縣北鄉
水利全案并管理善後章程・共壹本
杜湖全圖　四張　白洋湖全圖　四張

右呈
農林工商部總長張
中華民國二年十二月三十日呈
三年一月廿五日奉到部批。照錄
農商部批第九十五號。
原具呈人吳作鎮
呈及章程等件均悉。該員於前清。在浙江慈谿縣北鄉。獨捐鉅欵。修築湖閘。興辦水利。曾經立案。洵爲熱心公益。有裨桑梓。茲復呈請在案。并送公決善後章程前來。查所議各條。均尚妥恊。自應准予立案。除令行該省民政長查照。轉飭保護外。仰即知照。書圖存部。此批。
中華民國三年一月十九日
農商總長張

監印校對　吳必昌

錄浙江省慈谿北鄉六區自治會議員紳董葉鴻年等呈農商部總長兼水利局總裁張
公呈
具呈浙江省慈谿北鄉六區自治會議員紳董葉鴻年　陳錫昌　陳鼎年　沈錦鈺　沈佩藩　陳鍾瑞　宓福永　棄其浴　葉序　沈延祺　樓良　徐樹章　與作賢
呈爲浙江慈谿縣山北全鄉六區自治會。公議妥定水利局章程。並杜白二湖畝數。環請立案。俾垂永久事。竊紳等世居浙江慈谿縣北鄉。地濱海澨。民風質樸。教育未普。晴雨失調。棉花稻子。時虞歉歲。茲際民國肇興。注重自治進行。若鄉村僻野之區。非讀書日多。何以濬國民智識。非旱澇有備。何以謀花稻豐收。經有吳君作鎮。東遊數十年。歲時省墓返里。與紳等論及時事。慨然謂欲圖富教之策。必從根本上先立基礎。以期逐漸進行。查慈谿縣北鄉。稻田花地六十餘萬畝。關係數十萬人民生計。地勢負山面海。全賴蓄洩得宜。先賢南築杜白二湖以防旱。北開四浦以洩潦。慈姚接壤之間。因姚北地勢較高。積潦東注。病慈無已。又築漾塘以障西水。爲地方謀安全者。無微不至。其杜白二湖。鄉人號稱二天。惜無專管機關。人亡政息。遂使豪强勢霸。以湖墳田。占田釀訟。歷朝不息。數百年來。案如山積。陷於刑辟者。實繁有徒。破家蕩產者。尙難悉數。溯吾鄉之有湖浦漾塘。爲保護人民命脈起見。漾塘築於宋時。計六百餘丈。堵截西來之水。嗣由明季奸民姜佐岳等。混報陞科。變塘爲田。漾塘因而收狹。且年久失修。坍圮不堪。每逢水潦。雖洩水有浦。不能抵西水之來。如遇乾旱。則杜白二湖之水。亦從塘缺西流。苦難瀦蓄。是以旱潦皆不免於災。吳君作鏌。前自海外歸來。目擊情形。慨捐巨欵。先築石條漾塘。以扼其衝。將近塘墾地。出資購回。悉復舊觀。於是重隄無潰決之虞。下泉息苞稂之嘆。有益民田。已非淺鮮。又復築淹浦五洞閘。竺民浦三洞閘。竈浦閘。韓家路閘。蔣家路閘等處石橋各一座。又修杜湖裏閘張郎閘石橋各一座。減水壩二座。暨杜湖石塘及白洋湖閘。並新開東山頭河道二里餘。造石橋五座。以及建造涼亭。鋪砌道路。種種無不畢舉。盖瀦蓄得宜。沿湖稻田拾餘萬畝。

得資灌溉。啓閉以時。左近棉田五十餘萬畝。得所宣洩。既不憂旱。亦不苦潦。每年花稻。可多收百餘萬元。其心苦。其利溥。數十里內。鄉民咸頌其德。總核吳君所捐水利各欵。計七萬元有奇。始得成此偉績。吳君又創捐巨資。特建學校一所。名曰錦堂學校。當時購買基地。鳩工庀材。造成高大洋式講堂及寄宿舍房屋五十貳幢。夫役室廚室平房十一間。穀倉雜物室二間。門房二間。浴室三間。廁所一間。蓄水池一口。花園操場各一方。至光緒三十四年冬落成。宣統元年。先行開辦兩等小學。一切規則。悉臻完備。迨宣統二年正月。將高等小學。改爲初等實業。並附設短期蠶業講習會。隨又添設養蠶室及儲桑室樓屋八幢半繅絲場十二間。繭竈室三間。揚返場六間。事務所選蠶場六間。會食堂游廊九間。蓄水池一口。雨操場六間。肥料室二間。遷造門房三間。遷造夫役室四間。遷造廚房等室九間。桑地三十餘畝。農業試場一所。屋九間。地計三十餘畝。該校規模之廣大。設置之周妥。

器具之精良。無一不臻完美。洵爲浙省私立各學校之冠。嗣後諸生。次第畢業。人才輩出。其成效必有可觀。對於實業前途。尤能收美滿之效果。綜查該校經費。已達二十二萬餘元之多。竊吳君所辦學校水利兩項。計共捐洋二十九萬六千餘元。洵屬急公尙義。力圖公益。至辛亥海嘯爲患。所種禾棉。悉付洪濤。實近古未有之巨災。又値武昌起義。軍書旁午。以致數萬災黎。顚連無告。蓋飢寒切膚。人心思亂。於是桀驁之徒。乘機勾結。星火燎原。每釀巨患。吳君環顧桑梓。非賑平糶。無以救垂死之民。統計賑平兩項。捐洋三萬八千餘元。於是人心大定。閭閻安謐。此案經由浙都督呈報在案。荷蒙

大總統獎賞吳君作鎮五等嘉禾勳章。以昭激勵。至光復之初。吳君捐助滬軍政府銀一萬六百兩。又銀二千五百元。捐助寗波軍政分府一萬六百兩。又捐助紅十字會銀一千元。統計前後捐助餉項。實有三萬元之多。當軍務吃緊之秋。得該項捐欵。維持地方秩序。所裨誠屬不尠。此外捐助公益捐欵。尤不勝縷舉。總而言之。吳紳身居外洋。不忘祖國。推廣學校。其識見已不同凡俗。而慷慨輸將。急公尙義。又其餘事。綜計吳君先後捐欵。除賑平案。蒙

大總統特賞五等嘉禾章外。實有三十餘萬元之巨。職等忝列自治會員。見聞較確。似未便聽其湮沒。應如何優獎之處。出自

鈞裁。並請將六區自治會各紳董。公同開會。議決浙江慈谿縣北鄉水利局善後章程十二條。並杜白二湖畝分詳細湖圖各一張。呈請電核。再杜白二湖。自漢迄今父老相傳。杜湖面積。三千七百餘畝。白洋湖面積。一千七百餘畝。經由吳君。聘請日本專門測量技師。實地測量。杜湖面積。實有七千六畝零。白洋湖面積。一千二百八十五畝零。似與先代相傳面積。大相懸殊。尤恐日後勢豪土霸。再圖强占。除由呈請　慈谿縣知事。轉詳浙省民政公署外。故特環請

鈞部察核。俯賜立案。懇請　咨照浙江民政

公署暨慈谿縣公署立案。永爲保護。並乞批示遵行。實爲公德兩便。須至呈文者。

右呈

中華民國農商部總長兼水利局總裁張

葉鴻年 陳錫昌 陳鼎年 沈錦鈺 沈佩藩 陳鐘瑞 宓福永 童其淞 葉其序 沈延祺 樓良 徐樹章 吳作賢 謹呈

中華民國三年一月十三日

錄呈請慈谿縣知事何將續刻杜白二湖全書采入邑志呈

具呈日本神戶華僑神戶華商商務總會總理吳作鎮

呈爲捐欵興修故鄉水利。仿前人纂修湖書例續刻二湖全書。謹呈副墨。祈采入邑志。絕禍根而闢利源。冀垂久遠事。竊作鎮祖居慈北。起家田間。僑商日本。略積錙銖。前清光緒三十一年。省墓旋里。時適霪雨爲災。數百頃禾棉。悉没巨浸中。觸目傷懷。不忍坐視。詢諸父老。稽之湖書。始知慈谿北鄉。南負山而北面海。既不能如東南諸鄉。有前後江天然之水源。而上游諸山。又水不時至。旱則失溉。雨則憂澇。昔人病之。乃捐田鑿杜白二湖。用以蓄水。資農田灌溉。然又恐積潦不去。久而爲患。乃就濱海之地。闢松浦古竺諸浦。以利疏洩。再慈姚接壤。地形西高東下。上游諸山。溪流暴漲時。慈北亦每被水患。昔人知其然也。又築潒塘虹閘。以障西來之水。夫昔賢之爲吾鄉水利計者。亦可謂周且至矣。然世俗澆季。人心日漓。但計私利。不顧衆害。於是湖則占之爲田。沼之爲鮫。障則徹之爲溝圳。洩之害鄰封。浦則壟之爲壖。堙之使不通洩。而昔賢所建置。以爲疏洩瀦蓄隄防之利者。自明代中葉以訖清季。已均湮廢而不可問矣。其間爲爭論利害。私則鬩鬭。公則訐訟。緣是傾身命。圮族產者。尤難䙰數。作鎮見聞所及。不禁盡焉心傷。願捐微末之身家。爲故鄉水利計永久。伏案前賢所修二湖全書。知二湖歷來之訟禍。原其由起。不出占湖爲田。平田復湖兩端。而兩方啓爭之故。實由利害不同而致。需水利者。必主平田復湖。利膏腴者。必涎涸湖爲田。雖歷代賢長官。爲民請命懲奸懸禁而卒莫能止吾邑先賢葉公石南著杜白二湖永久議謂宜爲一勞永逸之計洵爲探本之論餘如先賢劉公念庭杜白二湖對謂宜重國視民庸又如先賢王公名揚捐資修理隄閘訂立專章責成本鄉紳衿分段管司均能圖根本之計樹永久之規竊謂官斯土者苟乃心民瘼居是鄉者苟念在公益宜乎取法而有餘矣乃法立而猶弊利瘝而莫興者何也則以在官之人更置不常視職責若傳舍居鄉之士徇義務之虛名而不謀經久之實利故雖有良法美意亦僅等夫具文況驅於欲利之餤而罔顧公利害者又不啻恒沙耶遂以致此可慨也已作鏌生長玆土旣目擊鄉人之疾苦又備聞先賢之宏議乃遂奮然發心冀以紹絕緒而永利賴又諗知但爭一隅之利害不定先後緩急久暫之計則徒滋爭端而無裨大局故先修漾塘虹閘以除毀障洩水之害次乃修淹古竺三浦橋閘以興疏洩之利又次始修建二湖之隄閘理息湖田之訟事竊查二湖爭訟之事所最難解決者在丈田釘界二事二湖界址之不明則由向未精加測量繪立詳圖雖向稱杜湖面積三千七百畝白洋湖面積一千七百畝然事出傳聞並無確證遂致糾紛不已作鏌鑒此乃不惜重資聘日本專門工程師照官紳公定杜白二湖之界實地測量計杜湖全面積七千六畝六分六釐內有裏湖面積一千四百三十七畝三分二釐白洋湖面積一千二百八十五畝七分一釐繪製二千分之一之圖呈請奏咨立案其母圖存錦堂學校備查由是二湖之面積眞相朗若列眉又以自宋迄清命訟諸案全因豪猾占湖爲田而起前清同治間釀成械鬬重案經官清丈並由紳籌欵贖回占田八百八十二畝作爲公產至光緒八年大訟復興又經官重量杜湖有田九百六十四畝白洋湖有田一百二十四畝合計田一千八十八畝除同治年間贖回八百八十二畝外尚餘占田二百零六畝以公欵不繼延未贖回至光緒三十一年公收田租訟端又起經作鏌邀請

全鄉紳耆。調息訟端。出資贖回白洋湖占田二畝零。杜湖占田五十畝零。併前公贖田八百餘畝。及收回無契占田共千餘畝。全歸水利局經管。自繪圖定界。贖回歸公後。而數千年訟鬩之禍根。爲之全數剗絕。此一舉也。作鏌捐七萬餘金資。耗六七年心血。竊自謂能得治本持久之要領。深望後之君子。將所繪湖圖。妥爲保存。庶日後清查湖界公田。可有根據。而吾鄉之訟禍。不致再行發生。是爲私心所竊祝者也。繼念全鄉利害之事。非羣策而衆扶。雖有善法。亦難垂諸久遠。又念舉國實業之振興。自治之組織。非教育普及。人才輩出。雖有至計。尤難望其實行。於是除禍之計方終。而興利之謀攸始。爰商諸耆老。公立水利局一所。以專司湖事。又先後獨捐洋二十一萬圓。立錦堂學校一所。以養成實業自治之才。所有水利工事與學校成蹟及捐款鱗册等。在前清時。已具有函咨奏報稟呈各件。備詳其事。不幸自前清光緒三十三年。至宣統三年。水利局經理。初以沈衍周任之。付託非人。幾被紊法而敗事。前清宣統二年冬。作鏌聞信歸里。正在錦堂學校。擬訂期延本地紳耆。公商辦法。乃沈衍周恐將其水利局弊竇。全數揭出。思先發制人。初謀刺不成。後竟糾黨圍校。意圖殺鏌而甘心。並爲威嚇鄉人計。幸事聞於當道。派兵保護出險。並派委查明屬實。當奏請將沈衍周功名斥革。交地方官嚴加管束。並由印委勒令沈衍周將經手帳欵。點交慈北自治會葉鴻年君經管。乃議訂善後章程。請前清浙撫增奏咨立案。嗣民國初建。沈衍周又欲乘時局未定。爲死灰復然計。竟揑造帳欵函據等。圖再鯨吞公產。並假自由黨名義。號召徒衆。迫舉彼爲領袖。以謀擾亂治安。旋由浙都督委員查拿。又封產備抵。禍始得弭。嗣各鄉自治成立。葉鴻年君。以年老辭職。乃請六鄉。公組水利局一所。選總理一員。協理六員。以冀衆擎易舉。可垂久遠。又以前清時。沈衍周經理湖田。叢弊甚夥。民國元年。由局再將湖田。逐坵清丈。計二湖田地。共一千零五十一畝三分三釐。中有九百六十四畝。可以布種。分別等差。招佃承種。計年增欵項千數百圓。又詳議水利善後章程。呈縣並農商部。請准立案。以垂永久。當議章時。鏌意竊謂總理年俸。僅定百圓。未免太菲。與其以義務爲名。誤公益而滋私弊。不若厚其俸給而專責成之爲愈。遂改爲歲俸三百圓。至章程中所訂興利各欵。如培護塘。蓄魚苗。植杞柳等。苟當事諸公。能竭力擴充。則以後水利興修。不患無經常之費。是鏌爲吾慈水利圖久遠之計。雖愠於羣小。生命幾壞。而猶力求進行。並望六鄉紳耆暨水利局諸君。合力維持。俾得持久。則作鏌所感盼不已者也。至錦堂學校。則意在養成興業自治之才。與水利之事。勢猶輔車。惟教與養。二者相資。不可缺一。在前清時。初立兩等小學。繼增立初等實業學校。後又增立中等農蠶學校。不意光復之初。慈北濛海嘯之災。致本校基本田產千二百畝。是年租息。分文無著。又本校基本金。有漢冶萍鋼鐵廠股資五萬圓。計息每年可得四千圓。但自光復初至今。全未付息。故本校經濟。大爲困難。又以實業專門教員。難得良師。遂決計將中等農蠶教育。暫行停辦。現此校但辦兩等小學。一面訪選本國純篤之青年。赴日習農蠶諸科。俟卒業後。再續開中等科。以期貫徹其初旨。惟章程報告。別有專書。茲不復及。但志其崖略。見教養不可偏廢而已。竊思作鏌年屆六旬。精力漸衰。深恐所懷之計。未克竟施。爰倣前人編二湖全書例。將作鏌捐資興辦水利及學校與水利有關之始末。勒爲一編。名曰續刻杜白二湖全書。首以續修杜白二湖誌。係鏌自述水利工事之始末。終以水利局善後章程與呈文公呈。係鏌爲吾鄉水利立定法。寓厚望之所在。其關乎水利之禀呈奏咨案件等。亦依次編集。至要之二湖詳圖與工事寫眞。並載其中。而錦堂學校之建置用項。與工事有關者。亦附記焉。夫作鏌之編此書。非敢以成蹟夸示鄉人。惟爲國家謀教養。實當以修水利立學校爲亟。二者不可偏廢。後之君子。亦有念作鏌區區之苦衷。而力求竟其未竟

之志者乎。則循覽是編。要亦足資攷鏡矣。今編纂既竟。方謀付鉛槧。側聞

仁臺下車嚴邑。

勤考文獻。有新纂邑乘之役。於作鎮興修水利。捐建學校事。

垂訪殷殷。欲掇要編入志乘。使後來明哲。藉以鑒禍本而闢利源。用意甚盛。作鎮聞風之下。不勝感奮。今將新編續刻二湖全書。校錄副墨。貢於

鈴轅。伏乞

俯念事關全鄉利害。而鎮之爲此。亦未敢存有夸功邀名之心。

准編入官書。俾垂久遠。與私家著刻。相輔而行。則全鄉幸甚。須至呈者。

計呈　新編續刻杜白二湖全書一冊二湖圖各一幅

中華民國三年四月　　日呈

錄致慈北水利局總協理等公函

水利局總協理暨六區紳耆諸公均鑒。敬啓者。本年舊曆二月杪。拜誦

公函。敬悉壹是。欣諗

諸公起居納祜。

杖履延釐。莫名忭頌。承

示兩湖水利脩濬之計。擬先築附塘。後辦植牧。伏思

諸君子身居里閈。農利緩急。自必周知靡遺。況事經公議。更屬計出萬全。所籌辦法。當無不洽。惟鄉晚尚有難已於言者。今請再爲

諸公陳之。夫培築附塘一事。關係全鄉水利。最爲切要。昔年數次筵邀。懇

助築附徒成空談。亦屬無可如何。爲今之計。惟有從湖田公租項下。積存餘欵。按年逐段增築。庶可爲經久之圖。水利局昔曾該鄉晚代墊掘河費洋貳千圓。前去兩年。已經還清。本年倘蒙　天佑。湖田收獲。得能豐稔。約計除支付補修工程。並發水利局諸君夫馬費及辦事員薪俸外。必有餘欵。合前存平賑之欵八百餘圓。務祈趕就本年冬季。試築一二段。以固塘根。萬勿再事因循。是爲至叩。至湖

田收額。高下不等。總望
諸公。於刈稻之前。按畝秉公。親自估勘。應增
則增。如此則辦法持平。想佃戶之心。亦自甘
樂從矣。至蓄存湖水。又全恃薙除菱葦。始免
淤積。自兩湖修復後。冬湖雖閉。惟一至春季。
湖中菱草。依然彌蔓全湖。菱長一寸。即占水
一寸。若遇晴旱時。吸水尤甚。是在三尺童豎。
亦盡知之。故去冬鄉晚曾函告水利局　諸
君。請購魚秧數百元。畜放兩湖。非專爲圖利。
起見。實因魚食菱草。湖中畜魚。即可絕菱草
根株。免其繁殖。無菱草吸水。湖水即可積貯
日多。愚意所重。全在於此。乃旋奉
函復。謂禁捕甚難。頓加拒絕。捧誦之下。大失
初望。然鄉晚謂政府雖弱。國法尚存。
諸君苟知公利應興。公害應除。何妨照法試
辦。至保護魚類。偵防盜竊之役。就令雇役專
管。爲費亦屬無多。脫強梁之徒。前來竊捕。亦
可呈官究懲。何庸未事之先。如是之顧慮乎。
今年已矣。來春務求
諸君。如法照辦。無任盼切。若湖塘種桑一節。

一時容或未便。姑且從緩籌辦可也。再者沈
痞增輝。昔年經理水利。曾鯨吞湖租公欵洋
貳千四百五十五元。又欠鄉晚銀一千兩。誑
錦堂學校洋四百十元。前年已公呈都督查
明。飭縣將該痞住屋器具。查封備抵在案。然
官中政令屢更。公務冗碌。終未能限日拍賣
歸欵。今得鄉中父老通信。謂該痞父子。先後
已伏冥誅。斬絕後嗣。闔鄉稱慶。惟查封之屋
物。亟宜呈催本縣知事。速即限日拍賣。以重
公欵而結懸案云云。鄉晚聞信後。即擬定呈
稿。係與原呈　葉君鴻年並水利局　總協
理諸君。聯名呈縣。懇請速爲執行。責任所在。
理應辦結。今特將公呈底稿及查封之房屋
器具清單。錄呈
公鑒。至其所吞之欵。以水利局爲尤鉅。鄉晚
爲故鄉水利。耗七萬餘金錢。竭六七年心血。
有生之日。決不忍坐視敗壞。故於該痞生前。
鯨吞公欵。斷難姑容。不能因該痞身故。即事
婦人之仁。置之不問。轉令痞族子姪。覬覦繼
產。並非好爲己甚。俟該痞封產拍賣得價後。

即請水利局　諸君。按照該痞吞没水利局之欵。領取歸償。以期結案。俾備築塘之用。實爲翹盼。至該痞生前。所欠鄉晚之銀一千兩。業於此次呈文中聲明。領欵以後。撥充錦堂學校校費矣。謹以附陳。統希賜鑒。耑肅敬頌署安。

鄉晚吳作鏌鞠躬

民國三年七月五日

錄呈慈谿縣知事何呈文

具呈前慈北水利代表吳作鏌 葉鴻年　水利局總理吳作賢協理陳鍾瑞 沈佩蕃 宓礪永 童其澔 徐榕章 葉序呈爲痞棍鯨吞公私各欵。身故未繳。請速拍賣封産。以了懸案事。竊慈谿北鄉。花稻等田。計共五六十萬畝。地形北瀕海而南負山。旱潦之備。全賴杜白二湖與三浦蓄洩得宜。民命方有所賚。惟歷來修濬管理。均鮮善法。致湖淤浦塞。閘漏塘坍。連遭荒歉。民不聊生。訟案山積。貽害無已。自前淸光緒三十二年起至宣統二年止。經作鏌捐助銀七萬餘圓。將湖浦塘閘。逐一修濬。始得旱潦無憂。又因常年管理修濬。均需用欵。由作鏌續購杜白二湖墾田五十二畝。連原有湖田。共一千餘畝。放佃墾種。收租抵用。當時設立水利局。由沈衍周一名增輝又名韻蓮。充當經理。不料該痞任事以後。事事假公濟私。圖吞公欵。以期肥己。自前淸光緒三十三年冬至宣統三年夏止。爲時僅三年半。先後向鏌硬支強借。計薪水洋四千圓。已作酬勞在案。又向鏌借銀千兩。前淸光緒三十二年。誑𢿘錦堂學校。該痞又託言代購木料。鏌洋四百十圓。未購寸木片瓦。向追則延約不還。業由鏌呈追在案。宣統二年冬。作鏌歸國。正在錦堂學校。擬邀闔鄉紳耆。集議管理水利之法。該痞恐鏌查明其歷年吞欵舞弊之事。膽敢先發制人。初則謀刺未成。嗣則率領匪黨沈瑞竹等百餘人。持械圍校。欲殺鏌而甘心。當經地方官。派兵保護出險。繼蒙浙撫增。派委會縣查明屬實。業將該痞捐職奏革在案。並勒令交出水利局歷年收租簿據。歸自治會。舉葉鴻年宓晒翰等爲總理接管。至該痞經手之帳欵。則俟後清算另結。業經縣委等禀詳在案。旋因宣統三年秋。光復事起。案遂延擱。該痞又乘時局未定。補刊報告。重支薪金。揑造過付。計虛付吞沒之欵。共洋二千四百五十五元。當由（作鏌鴻年）等。於中華民國元年八月。聯名呈請將該痞沈增輝住屋財產。查抄發封。限日拍賣。以清公欵。旋奉都督朱。飭前慈谿縣知事金。於民國元年十二月。親赴慈谿北鄉。將增痞房屋器具。一律查封。開摺存卷在案。再伏查該痞沈增輝。除經管水利鯨吞公欵外。又乘民國初建。在鄉假自由黨名義。鳴鑼聚衆。强迫當選。圖擾治安。當經前都督蔣訪聞密拿。僅獲從犯沈廷官一名懲治。該痞則遠颺青島。迄未逮案。故該痞之房屋器具雖經查封。惟拍賣清欵。迄未蒙
層臺尅日實行。致應償之公欵。仍然懸未清給。今聞增痞父子。俱經冥誅。斬絕後嗣。全鄉同慶。該痞平日居鄉。結黨縱惡。敲詐所入積貲鉅萬。故該痞身後。族衆謀繼。紛爭不止。並聞有盜售查封器物等情。竊念該痞生前鯨吞各欵。實爲慈北全鄉民命所關。况謀傾個人之生命。圖擾全鄉之治安。罪尤擢髮難數。
竊謂
仁臺疾惡如仇。
愛民如子。必不因該痞自伏天律。即寬其已往之罪。而不爲後來貪黷效尤者之鑒戒也。竊查該痞生前。鯨吞水利局公欵。計洋貳千四百五十五元。又欠（作鏌）借欵銀一千兩。又誑吞錦堂學校購取木料洋四百十元。合共計二千八百六十五元。銀一千兩。先後呈明在案。敢祈
仁臺俯念公欵至重。即日
督飭員役。將前年所查封沈增輝之住屋器具。照原案清單。速行限期拍賣。以重公欵而儆貪邪。實爲公德兩便。須至呈者。

計黏抄呈

浙江都督朱　前慈谿縣知事　批詞暨查封沈增輝房屋器具清單一紙。伏祈
鑒核。

中華民國三年七月初四日　呈

錄呈慈谿縣知事楊呈文

具呈前慈北全鄉水利代表錦堂學校校主
僑日神戶華商總會協理吳作鏌

呈為痞棍積欠局欵誆吞校金身故未繳。請速拍賣封產。以了懸案事。竊作鏌於前清光緒三十二年歸國省墓時慈谿北鄉杜白二湖水利失修。積潦為患。全鄉數百頃花稻悉沒鉅浸中。鏌目擊心傷。誓竭一己血資為故鄉水利圖永久。當捐金七萬餘圓。將湖浦塘閘隄岸等。逐一修濬。始得旱潦無憂。又因常年管理修濬均需用欵。由鏌續購杜白二湖墾田五十二畝。連原有湖田共千餘畝。放佃開種收租。抵用。當時設立水利局。由沈衍周一名增輝又名韻蓮充當經理。不料該痞任事以後。事事假公濟私。圖吞公欵。以期肥己。自前清光緒三十三年冬至宣統三年夏止。為時僅三年半。先後向鏌硬支強借。計薪水洋四千圓。以作酬勞在案。又向鏌借銀一千兩。前清光緒三十二年。鏌捐錦堂學校。該痞又託言代購木料。誆洋四百十圓。未購寸木片瓦。向追則延約不還。業由鏌呈追在案。宣統二年冬。作鏌歸國。正在錦堂學校。擬邀闔鄉紳耆。集議管理水利之法。該痞恐鏌查明其歷年吞欵舞弊之事。膽敢先發制人。初則謀刺未成。嗣則率領匪黨沈瑞竹等百餘人持械圍校。欲殺鏌而甘心。當經地方官派兵保護出險。繼蒙浙撫增派委會縣。查明屬實。業將該痞捐職奏革在案。並勒令交出水利局歷年收租簿據。歸自治會。舉葉鴻年宓昞翰等為總理接管。至該痞經手之帳欵。則俟後清算另結。業經縣委等稟詳在案。旋因宣統三年秋。光復事起。案遂延擱。該痞又乘時局未定。補刊報告。重支薪水。捏造過付。計虛付吞沒之欵。共洋二千四百五十五圓。當由作鏌鴻年等。於民國元年八月。聯名呈請。將該痞沈增輝住屋財產。查抄發封。限日拍賣。以清公欵。旋奉

都督朱。飭前　慈谿縣知事金。於民國元年

十二月。親赴慈谿北鄉。將增痞房屋器具。一律查封。開摺存卷在案。再伏查該痞沈增輝。除經管水利鯨吞公欵外。又乘民國初建。在鄉假自由黨名義。鳴鑼聚衆。强迫當選。圖攫治安。當經前

都督蔣。訪問密拿在案。僅獲從犯沈廷官一名懲治。該痞則遠颺青島。迄未逮案。故該痞之房屋器具。雖經查封。惟拍賣清欵。迄未蒙

層台尅日實行。致應償之欵。仍然懸未清結。本年夏。作鎮得本鄉紳耆來函。據稱增痞父子。俱經冥誅。後嗣斬絕。闔鄉稱慶。又風聞該痞雖故。而平日縱惡漁獲之遺資尚鉅。該痞故後。族衆謀嗣。紛爭不止。並有盜售查封器物等事。作鎮竊思增痞生前鯨吞各欵。實慈北全鄉民命所關。況謀傾箇人之生命。圖攫全鄉之治安。罪尤擢髮難數。雖該痞已經身故。然斷不能以彼已伏天律。即寬其已往之罪。致無以爲後之貪黷效尤者戒。當由作鎮會同前慈北水利局代表葉鴻年。暨慈北水利局總理吳作賢等。呈請前慈谿縣知事何。

速行

督飭員役。將前年所查封沈增輝之房屋器具。照原案清單。速行限期拍賣。以重公欵而儆貪邪在案。旋何知事交卸篆務。所有原呈。未荷

批示。拍賣封產清償公欵之事。亦未照行。距今又時隔半載。惟本年夏秋以來。歐洲戰禍發生。波及吾國。日德又在膠島宣戰。全世界民力凋弊。商業艱滯。滙兌不通。金利奇昂。兼以慈屬北鄉本屆旱災。花稻歉收。水利局需欵。學校需費。實爲困難迫急之至。伏思

仁台下車伊始。

百政振興。

嫉惡必嚴。

愛民如子。於興業育才之計。必能

力爲提倡。況興修水利。設立學校。原爲裕民生造人才之基。查錦堂學校。剏立至今。共捐洋二十二萬餘元。內漢冶萍鐵廠股本五萬圓。浙路股本二萬圓。爲其基金。光復以後。漢廠爲兵火所壞。至今未能規復。浙路今歸爲

國有。雖經　政府允將舊有商股。分期攤還。然浙路清算處定章。第一二期。先還零星小股。若股本數鉅者。則排列在後。方今時局艱虞。中央財政窘迫。延期支付。事所或有。以故錦堂學校。原有基金。全數空懸。惟所恃者。祇有校產田壹千貳百畝之出息。適值連年荒歉。租息減收。自辛亥迄今。歷四五年。均仍由鏌節縮衣食。融通金資。勉爲支拄。萬分困難。爲是再瀝訴下情。伏求

仁臺。速即督飭員役。將前年所查封沈增輝之住屋器具。照原案清單。速行限期拍賣。以歸血欵而維教育。並儆貪邪。以垂後戒。實屬公德兩便。須至呈者。

計黏抄呈

致慈北水利局總協理暨六鄉紳耆公函一件。呈

前慈谿縣知事何呈文一件。

浙江都督朱　前慈谿縣知事金批詞及查封沈增輝房屋器具清單一紙。伏祈

鑒核。

中華民國三年十二月初四日　　呈

錄慈谿縣公署公函

逕復者。案准

貴協理　函開。茲奉呈公文一件。係爲請追沈增輝生前充當慈北水利局經理。虧吞該局公欵及詐吞錦堂學校公欵等事。其情節具在文中。茲不贅陳。祈查照前案。准與執行。以清懸案等因。准此。當經披閱呈文。並抄呈各件。案情瞭如指掌。自應准與拍賣封產。清償公欵。惟房屋器具。能否敷還原數。尚逆難料。現值舊曆年關。伊邇商民收帳之期。急於拍賣。勢必賤售。擬俟來春。竭力辦理。以副

雅囑。除將來件一併附卷外。爲此函請

貴協理查照。此致

慈北全鄉水利代表錦堂學校校主僑日紳戶華商總會協理吳作鏌先生鑒。

浙江慈谿縣知事楊遵路

中華民國三年十二月廿六日

錄致慈北水利局總協理暨六鄉紳耆公函

慈北水利局總協理暨六鄉紳耆
諸位鄉長先生均鑒。敬啓者。日前奉到舊九
月十九日
貴局公函。暨本屆崇壽宮集議之議案二份。
謹悉壹是。欣諗
貴局自總協理以下。各位職員。業已舉定。甚
善甚慰。惟細察
尊處來函。未蓋局印。果係由
貴總協理之所寄。抑以一二私人。託名公函。
眞僞不能遽辨。惟議案出自公決。似非全由
假託。其中實情。究係若何。現尚未敢懸定。謹
特具函奉
聞。伏祈
嚴加查詢。即日求
諸公自行賜復。以慰懸懸。無任盼禱。再查此
次議案。所議決各欵。似
貴局全係受人運動。而提出此案者。其情形
尤爲可疑。似非
諸公本意。若果如斯。未免玩視公益。偏徇私
情。嫉惡輿論。尤爲鎮平日意計所未及。雖誦
之下。不勝駭詫之至。夫鎮於故鄉水利。既獨
出鉅金。任勞任怨。有生之日。決不忍坐視已
經舉辦之成局。日加敗壞。不行救正。區區之
心。早在
諸公洞鑒之中。亦無庸再瀆
淸聽。今謹將鄙人對於該案之愚見。條列於
後。伏乞
垂鑒爲幸。

一原案第二第五兩條。謂築護塘。種杞柳。蓄
魚苗各議。現今必難舉辦云云。查以上各
節。已列入水利善後章程中。呈部立案。並
經鎮屢次函懇試辦。乃
諸公惠復。則每以鄉民程度未高。局中經費
支絀。未允舉辦。今又將此案列入專條。雖
事實上或有窒礙之處。亦未可知。然以上
各項。早列在章程之中。而迄今尚未舉辦。
倘吾浙他縣人來慈者。覩此情形。恐將竊
議其辦理過緩。且此次原案。將以前議辦
各項。似隱然具有取消之意。究竟水利之

建置。何日始可履行。敬想
諸公。必有成算在胸。倘祈
明以示鏷。此其一也。

一原案議將沈衍周虧吞各款。謂其人已故。可否從寬免追。命鏷曲從羣言。允與不究。用意至仁且厚。甚可佩仰。惟鏷意則竊謂
諸公此舉。未免主持稍偏矣。夫增痞生前。所虧吞者。爲局款與校款。均公款也。即該痞欠鏷銀一千兩。雖借與之始。出自個人私款。然今年夏間。鏷會同
諸公。呈催本縣知事。請速執行限期拍賣封産時。已由鏷函致
諸公。聲明該欠款給領後。捐充錦堂學校經費。是亦爲公款也。前鏷與　葉蕉翁等呈請查封。今鏷會同
諸公。呈催執行。均爲重視公款。求速結案起見。其事純屬法律之行動。並非有圖快私人恩怨之意。雜乎其間。與議
諸公。果對增痞遺嫠。意存矜憫。儘可自捐囊金。或鳩集公捐。恤彼妻子之孤苦。何必假慈善虛譽。慨許公款。以示嘉惠。其如公論何。原案謂罪不及孥云云。按此語雖見經訓。然其事出自君主之仁意。並非故撓法典。以寬罪人也。不知
諸公所引。係據民國法律條文第幾款。鏷賦性蠢愚。竊所未聞。又原案謂宜稍存道德心云云。措詞尤爲可異。夫前代表追欠全鄉公款。而呈請查封者。係鏷與　葉蕉翁宓蓮翁等。其事全屬依據法律。熱心桑梓。詎此舉爲不合人道耶。不意愚劣如鏷。爲水利一事。出七萬餘金錢。
蕉翁暨　諸同志。費六七年心力。而購得無道德之評語。招致反對之結果。我市怨而人市惠。是亦爲初心所未料也。況呈請查封增痞産物者。鏷與　蕉翁等也。而詳請查封者。與飭縣查封者。則爲浙省之當道。成案具在。今遽以一二人之私議。呈請詳銷。獨不慮當道者之惡其出爾反爾乎。且
諸公既知建築護塘各事。現因局中無費。不

能遽辦矣。乃獨於應追之公款。爲徇情而請免。則揆諸酌盈劑虛之道。既似未合。且日後再有效尤增痞者。亦將何以處之。統望
高明有以教我。又原案謂增痞開荒。曾著微勞。查增痞經理水利時。威福自專。荼毒全鄉。且先後僅閱三年。而索取酬勞洋四千圓。鯨吞局款洋二千餘圓。非得
諸公力爲維持。水利全局早經敗壞。功於何有。令人不解。總之此種議案。明係出於增痞親屬運動所致。抑或有一二私人爲其利誘者。託名公議。亦未可知。惟鎮對於案中此項議事。決不能於在生之日。犧牲其血汗之資。生命之險。所博得之權利。而妄行贊成承認。務求
諸公先自取消前議。另爲該痞家屬謀其救恤之計。是鎮所竊望者。此其二也。

一原案第四項。謂嚴童二人。揑函誣衊水利局總協理名譽。請鎮以後當加詳察云云。鎮意竊不爲然。夫求言之典。經史屢載。舜爲大知。好問察言。見諸禮經。禹爲大聖。拜受昌言。見於典謨。古昔聖賢。不避諫謗。意至善也。雖
諸公經理局務。竭盡心力。其苦情有外人未盡知者。然我苟無瑕。何恤人言。倘飛語偶加。遽斷斷相爭。似乎所見過隘矣。此其不合者三也。

以上各節。鎮僅就鄙見所及。聊效瞽箴朦誦之規。尚乞
諸公鑒其愚誠。
俯采芻議。
允將寄呈之原案。立與取消。再行詳議。期水利全局克底於成。無任感盼。耑肅敬請道安。

鄉晚吳作鎮拜上

十二月　日

錄慈谿縣楊知事復吳作鎮函

錦堂先生賜鑒。昨奉
惠書。並節署一紙。盥誦再三。感愧靡已。弟於上年十月到任。接篆之初。訪悉縣境以北鄉

爲最淵而賭風亦以北鄉爲最甚嗣經查確著名賭棍沈阿宏翁守元沈瑞竹沈賴毛諸人疊次會營督隊嚴密查拏詎該賭棍消息靈通聞風即竄雖有所獲均非首魁屢思懸賞緝拿礙於無欵可撥遷延數月實乏良謀今承

先生允繳巨欵爲獲犯酬勞之貲敢不盡心竭力以圖報

命業已分別標明賞格出示通告並會同鄞鎮姚三縣詳請

上峯重懲花會按照會匪處治一面密探踪跡親往拏辦彼輩授首之日即人民安枕之秋飲水思源出自

大德惟是重賞之下必有勇夫將來此項銀兩務乞

貴學校憑文繳呈或於拍賣沈增輝產內先提五百元存儲縣庫以便隨獲隨發是否之處仍希

卓裁抑弟更有進者北鄉賭犯擢髮難數異日渠魁既擒彼輩窮無所歸不免流而爲盜似宜標本兼籌庶可一勞永逸弟愚以爲慈邑地土膏腴物產饒厚富商大賈實繁有徒而實業極少講求以致商場不振貧民日多環顧閭閻曷勝浩歎因思敝省南通一縣十餘年來經　張季直先生經營提倡足爲天下之模範夫張公富不敵

先生其所以能創各種實業者全賴集合衆人之資耳北鄉產棉最盛如得

先生首認巨股闢辦紗廠聞風響應自不乏人今交通極形利便獲利可操優勝有此巨廠以消納無業游民人誰不樂業而安居也深願數年之後並駕南通更望各屬官紳羣相則效則中華富强之日不難翹足而待矣素知

先生熱心祖國略陳鄙見未識有當

高明否此覆敬請

台安并盼

德音不旣

弟楊遵路拜啓

一月廿一日

錄慈谿縣招賣沈增輝封產告示

慈谿縣知事楊　爲通告標賣事。照得已故沈增輝即衍周。虧空北鄉水利局公欵。計洋貳千八百六十五元正。又銀壹千兩。前據水利局代表吳作鎮呈奉
前都督朱　飭縣查封房屋備抵等因。業經金前知事遵照辦理在案。本知事抵任接准移交。當以此案延擱未結。又經詳奉
興武將軍督理浙江軍務朱　暨
浙江巡按使屈　批令變賣還欵等因。特將該屋間數基地。以及各種器具開列標賣。爲此示仰本邑各界人等。一體知悉。如有願購此項產業者。查照後開章程。就近在錦堂學校內投標。所有該房屋公用廳堂及公同出入之道路。一律仍舊公用。此係官廳奉令辦理之事。爾等毋得造謠阻撓。致干查究。切切特示。

中華民國四年三月廿一日

錄慈北水利局總理吳作賢稟慈谿縣示禁挖塘偷水文

竊慈北杜白二湖。嗣經吳紳作鎮捐貲重修。築閘濬河。以保閤鄉農田。禁止不准私放。詎有近湖居住之農民。一遇缺水。不顧公衆。屢敢將已築湖塘。私自挖洞竊水。本局曾雇派巡丁。逐日巡邏。以防不虞。今年四月間。正值下種秧苗之際。竟有宓大明宓繼仁宓南仁宓夢登等。在東門閘之西塘。挖洞用車桶及鉛水鎦接水過河。專圖私利。大碍公益。經巡丁查見報告。本當送請處分。因該農民等自知過失。即挽葉紳說明。免其深究。議罰水門汀貳拾伍桶。以備重築湖塘等工程之用。第恐無知鄉愚。再有前項情事。公議勒石湖旁以垂久遠。應請給示嚴禁。並繕發拾道。俾得分貼要道。使各明曉週知。實爲公便。伏乞
恩准察核施行。頂德上稟。

中華民國肆年六月　日稟

錄慈谿縣示禁挖塘竊水文

爲示禁事。案據慈北水利局總董吳作賢等

稟稱竊慈北杜白二湖。嗣經吳紳作鏌。捐資重修築閘濬河。以保闔鄉農田。禁止不准私放。詎有近湖居住之農民。一遇缺水。不顧公衆。屢敢將已築湖塘。私自挖洞竊水。本局曾雇派巡丁。逐日巡邏。以防不虞。今將四月間。正值下種秧苗之際。竟有宓大明宓繼仁宓南仁宓夢登等。在東門閘之西塘。挖洞用車桶及鉛水鎦接水過河。專圖私利。大碍公益。經巡丁查見報告。本當送請處分。因該農民等自知過失。即挽葉紳說明。免其深究。議罰水門汀貳拾五桶。以備重築湖塘等工程之用。第恐無知鄉愚。再有前項情事。公議勒石湖旁。以垂久遠。應請給示嚴禁。並繕發拾道。俾得分貼要道。使各曉明週知。實爲公便等情。據此。查建閘築塘。原以保農田而維水利。豈容挖洞私放。致妨公益。據稟前情。除批示外。合行出示諭禁。爲此示仰該處居民人等一體知悉。自示之後。不得再有挖塘竊水等事。倘敢故違。准由該局董等指名稟究。不貸。凛之切切此示

中華民國四年七月十三日

錄呈慈谿縣拍賣沈痞封產兼嚴緝賭匪文

具稟浙江財政兼工商顧問員僑日商民吳作鏌（年籍在卷）爲痞棍鯨吞公欵。身故未繳。懇恩迅即查明原封物產。限日拍賣。以維公益而清懸案事。竊慈谿北鄉。稻田十餘萬畝。花田五十餘萬畝。全賴蓄洩得宜。秋收豐盈。昔人南築杜白二湖以防旱。北開三浦以洩潦。西築漾塘以障水。旱潦無虞。號稱二天。歷來爲占田訟案。彼控此訴。案牘山積。因此水利失修。湖浦淤塞。閘漏塘坍。疊遭荒歉。民不聊生。（作鏌）於前清光緒三十三年省墓回國。適值霪雨多日。積潦爲患。全鄉花稻數百頃。盡淹水中。目擊心傷。誓竭己資。先和鄉情。調息訟案。次則整理湖田。興修湖浦漾塘橋閘等。費六七年心力。捐七萬餘金錢。始得全功告竣。先後疊稟各公署。並大部在案。伏查曁鋼我鄉水利。所以時興時廢者。皆緣未籌公費。無專管之人。

間有一二熱心任事者。難免人亡政息。故特立水利局。雇沈衍周又名增輝爲經理。所有杜白二湖原有公田。及作鎮買回之田。兩共有公田千餘畝。歸水利局收租。不料該痞任事之後。事事假公濟私。橫行武斷。無惡不作。自光緒三十二年冬起至宣統三年夏。爲時僅三年半。先後向作鎮索洋四千元。所有公租欵項。匿不報衆。又昔年捐官時。向作鎮借銀一千兩。又誆騙錦堂學校買料洋四百十元。未購片瓦寸木。屢索不還。又宣統元年四月。代沈東來將田十八畝。向作鎮押借洋六百元。訂明是年底交還。至期該痞函致敝校書記吳品笙。持契劵到其家收欵。及至契劵交出。頓時反臉。持鎗用强。聲言吳作鎮應酬謝水利事洋二萬元。方可將公租賬報告。吳品笙孤掌難鳴。含淚空回。是該痞圖占公田情迹顯然。至宣統二年春。作鎮奉江浙大吏召回祖國。該痞深恐作鎮呈控漏契呑欵。將此六百元吐還。惟公租之賬。始終不肯交出。而全鄉人士。咸謂作鎮所委不當。似必反利

爲害。故不得已於是年冬回國。正在錦堂學校擬邀全鄉紳耆集議管理水利之法。不意該痞心虛。恐將歷年公租修理一切弊端查出。乃用先法制人之策。先則倩人行刺不成。確有親筆之信爲憑。繼則率領黨痞沈瑞竹等數百人持械圍校。意圖殺鎮而甘心。耀武揚威。如捕大盜。近隣婦孺。逃避一空。幸得地方官派兵保護。始得出險。後蒙浙撫增派委會縣查明屬實。將該痞功名奏革在案。並勒令沈增輝將水利局歷年簿據田圖。交與慈北自治會。公舉葉鴻年爲總理接管。該痞經手之賬欵。則俟後查明清算另結。業經縣委等稟詳在案。旋於宣統三年秋。光復事起。案遂延擱。該痞又乘時局未定。補刋報告。重支薪水。揑造假賬。計慮付呑没之欵。多至洋二千四百五十五元。當由作鎮鴻年等。於民國元年八月。聯名呈控。請將該痞沈增輝所有住屋財產。查抄發封。限日拍賣。以清公欵。旋奉前都督蔣查知該痞强用手鎗。迫人舉伊爲當選。飭屬嚴拿。該痞聞風遠颺青島。嗣又

奉都督朱。飭前慈谿縣金於元年十二月親赴北鄉。將該痞房屋器具。一律查封存卷在案。所欠（作鐼）銀千兩。並校欵。亦經呈控併追。並聲明千兩之欵。待歸還後。亦助於錦堂學校。惟產雖發封。而拍賣清欵。未蒙歷任尅日實行。以致一切應償之欵。仍然不能清結。去夏（作鐼）得本鄉紳耆來函。據述該痞沈增輝父子。俱經冥誅。後嗣斬絕。闔鄉稱快。又風聞該痞雖故。而平日縱惡暴斂之遺資尚鉅。族衆謀嗣。紛爭不止。並有人盜賣查封器物等情。（作鐼）竊以沈痞生前鯨吞各欵。實慈北全鄉民命所關。況其害箇人之生命。圖擾全鄉之治安。罪尤擢髮難數。故雖身故。斷不能寬其罪戾。致無以爲後之貪婪不法者戒。當經（作鐼）會同前慈北水利局代表葉鴻年。暨水利局總理吳作賢等。呈請前縣。詎金何兩知事。皆因循玩法。未荷執行。不得已於去年臘月。又呈請前任楊知事。始蒙詳請　上台。奉命出示招賣。迄今無人投票。乃風聞所封器具。被近隣羽黨盜取一空。該痞子姪揚言。如有人買此房屋。必欲暗殺。因此更無人接手。謠傳如此。未必無因。若果如此。不法已極。爲此瀝陳下情。務祈

仁台迅派親信員役。查明實情。將前年所封沈增輝之房屋器具。照原卷速行限期拍賣。以歸公欵。興教化而維公益。儆貪邪以清積案。伏乞

恩准施行。謹呈。

民國四年七月五日

再慈北地濱海隅。民鮮教育。其樸誠純良者固居多數。而無業流氓。成羣結黨。專事賭博敲詐者。又不乏人。近年且花會盛開。如沈師橋下澤山等處。搬移不定。首領總筒乃沈阿宏沈阿剛翁守元等。日獲猜打之資。不下一二千元。男女老幼。舉鄉若狂。或露宿荒塚。或夢卜神廟。傷風敗俗。莫此爲甚。甚或傾家蕩產。流爲乞丐。強凶霸道。變爲盜賊。更爲地方之害。而魚肉鄉里無論矣。查沈阿宏等。本係赤貧無賴。近均擁有巨資。連絡書吏衛隊。無

惡不作。視上官如聾啞。欺下民如刀俎。故得肆無忌憚。爲所欲爲。衛隊長陳雲程。工於逢迎。蒙蔽官長。袒護匪黨。與賭棍。狼狽爲奸。甚且上官舉一事。捕一犯。令甫下。若輩即先行通風。雖一時似稍斂迹。移時則不法如故。致使鄉民藐視法令。於本年春因抗官禁會。釀成重案。巨犯沈阿宏翁守元等。雖經歷任知事嚴拿在案。無如若輩神通廣大。與衛隊聯絡一氣。匿不到案。作鎮爲鄉里除害計。曾出賞格洋壹千六百元。呈請嚴緝在案。乃爲時已久。並未弋獲。該犯等依然逍遙故居。近且聞沈阿宏等旺興花會。凶燄更熾。流毒全鄉。人神共憤。是非有霹靂手段。終難殲厥巨魁以蘇民困。伏審

明公嫉惡如仇。愛民如子。必能雷厲風行。除暴安良。務祈密飭親信。偵察實情。按名嚴緝到案重辦。務使宵小不至漏網。地方得以安乂。實爲德政。頂戴上稟。

附呈　前縣楊知事告示一件

中華民國四年七月五日

錄慈北衆紳公呈知事請獎紳士葉鴻年文

具公稟紳士吳作鎮　俞渭　吳作賢　葉崇栩　胡浴永　葉廷枚　陳鼎年　虞喬祥　樂錦龍　樓良　沈延祺　高彭年　陳鑑瑞　沈鼎梅　翁湘　阮光陛　沈震夏　葉序　柴常春

爲耆年碩德。矜式鄉閭。懇　恩援例詳請核獎以維風教事。竊維輶軒下采。鄉賢叨錫賚之榮。齒德俱隆。人範荷闡揚之典。是以宣力國家者。均膺懋賞。爲善里黨者。不使向隅。此

大總統訓俗型方。我

知事下車賢勞。彰善癉惡之至意。全鄉人士之所翹首欽仰者也。茲有鄉先生葉鴻年。字蕉生。慈谿鳴鶴鄉人。前清由監生報捐同知。民國光復時。省委代理鳴鶴場鹽事長。現年六十有九歲。幼承祖業。慷慨性成。壯年棄商旋里。見義勇爲。不辭勞怨。大吏知其名。輒以鄉里事相委任。歲癸未。瀕海潮患。顆粒無收。居民饑餓流離。待哺孔亟。奉前寧波府宗照會。籌辦沿海賑濟事。各紳畏難却步。鴻年獨毅然請往。先爲調查戶口。平均給發。男女老幼。均沾實惠。其躬親督率。昕夕不離賑所者兩月餘。活人無數。迄今沿海耆民。猶交口頌

德此其一也。每遇旱潦諸災。在本鄉或設粥廠。或辦平糶。蒿目時艱。引爲己饑己溺。必設法拯救。除夕巡視貧戶。有無以舉炊者。分給米票。并不令受者知。此救困濟貧。施惠不望報。又其一也。前清之季。盜賊充斥。每屆冬令。奉縣設立民團。除派丁防守外。夜必親出巡查。雖風雪嚴寒。不稍休息。經費或至不敷。概由自己補助。如是者十餘年如一日。地方賴以安靖。歲丁未。奉前寧紹台道喩照會。籌辦清鄉捕盜事宜。廼力加整頓。嚴行防範。捕獲巨盜數名。送官懲治。地方遂益形安謐。夫罰一勸百。固可破姦盜之膽。保衛治安。不得不然。然制人於法。實非鴻年本懷。若非盜首曲加矜察。苟有一線可原。無不立請上官許其保釋宥其既往。勉爲善良。其存心仁慈維持人道。又其一也。歲丙午。縣屬倡興學校。我鄉爲經費無出。咸懷觀望。獨鴻年力任其艱。謂我鄉地濱海隅。民多野蠻。非讀書識字。何能灌輸文明而裕生計。廼創設敬樂兩等小學校一所。其開辦及經常各費。除向葉氏各祀戶勸募外。概由鴻年補助。歷來畢業者甚衆。甲寅。慨女界風氣閉塞。特倡設柔强女學校。一切捐辦各法。與前畧同。及至任鄉自治委員。又添設第一第二單級小學校兩所。其熱心興學。培植人才。又其一也。歲甲午。修造鄉之普安橋。丙午。修造寶成橋。丁未。修造寶善橋。設地方之救火會。歷任商市董事自治會員。舉凡有益於社會。有利於鄉鄙者。靡不實力奉行。首先捐助。此其樂善好施。扶助公益。又其一也。葉氏先世在杭垣設有藥肆。從鴻年主持以來。施柩育嬰。施醫送藥。各捐。無不踴躍捐助。其先代德筱公創立六一義莊。捐有田產。凡矜孤恤寡。撫養殘廢。靡善不舉。鴻年接辦後。克承先志。除照章給發外。連年增置民田百餘畝。陞報海田貳千四百畝。利溥親族。澤及貧黎。又其一也。歲己巳。作鎮海外歸里。晤鴻年。談及故鄉疊遭荒歉。病由水利失修。二湖訟端。浦塞湖廢。貽害全鄉。勸以興修水利以救里閈。作鎮聞言心惻。私自竊計。非重築漾塘。修湖塘。建閘壩。整理湖田。無以紹前人之遺緒。爲慈姚分界之漾塘基。被民人姜岳斌。乘明清嬗代之際。朦陞毀掘爲田。二百年來轉輾相賣。業主盡屬姚人。乃鴻年力任其難。悉心購贖基田三十餘畝。作鏌始得重建石塘三百六十餘丈。費洋二萬二千餘圓。恢復舊基。斬絕後患。作鏌整理杜白二湖公田。及修湖塘造閘壩等各水利。鴻年無不誠心襄助。當時爲湖田涉訟。彼控此訴。纏訟不休。若不和洽鄉情。取消訟案。無從着手。鴻年久居鄉里。人望素孚。平時除暴安良。解紛息訟。恤孤憐貧。功德在人。小人懷惠。君子懷德。乃鴻年身任其艱。百方勸導。曉以全鄉利害。始得和平息訟。公舉鴻年作鏌二人爲代表。呈請前清各公署。飭委履勘湖界。作鏌方能逐一興修完全。雖作鏌捐助七萬餘金錢。而鴻年實費六七年之心力。其先代屢修二湖。功德載在湖書。鴻年繼先人之遺志。熱心水利。澤惠全鄉。利賴無窮。又其一也。嗣爲光復事起。人心浮動。適是年夏秋霪雨海嘯。全鄉禾棉。悉付洪濤。數萬災黎。顚連無告。作鏌遠居海外。初無聞見。鴻年疊函作鏌。請各省禁米出口。姚慈北鄉。粮源斷絕。米貴乏食。弱者苜蓿充饑。苟延旦夕。強者千百成羣。紛吃大戶。村落之間。盜賊日聞。政府軍書旁午。未遑顧及。深恐饑寒切膚。勢必挺而走險。禍患無窮。乃力勸作鏌賑平並辦。以救灾民。杜患無形。賑宜速急。作鏌眷念桑梓。欣然樂從。當捐賑洋壹萬五千圓。慈姚各半。一面墊銀六萬兩。設法在無錫揚州等處購米運鄉。極貧施賑。次貧平糶。又請各鄉父老設局調查人口。大小五萬四千三百三十九口。從民國元年春起。至十月止。共賑平洋二萬三千圓。於是數萬灾民。免塡溝壑。人心大定。里閭安寧。實乃鴻年勸募之功。蓋鴻年灼見本源。函電交馳。而又不辭勞瘁。始終襄辦。其愛鄉救困衛民之血誠。又其一也。歲壬子。公舉爲水利局總理。適値多事之秋。不避嫌怨。應設一切事宜。俱臻完備。亦曾呈明公署有案。歲癸丑。濬姚慈界之洋浦十里許。甲寅。濬本鄉街河三里許。皆不辭勞瘁。親率監工。成效卓著。

鄉民愛戴。其生平疎財仗義。約計前後補助公益捐欵。共計萬餘金。似此熱心公益。無善不爲。有口皆碑。實近今所罕有。足爲全國士庶之矜式。引年敬老。取重於賢。查與民國褒揚條例第一條第四五六各欵悉相符合。且其捐助公益諸費。數在萬圓以外。實與第六欵所謂創興公益事業或捐助財產千圓以上者。亦超越遠甚。作鏌等生長同里。見聞較確。不敢壅於

上聞。爲特臚陳葉鴻年一生事蹟。據實環懇

貴知事恩准察核。可否按照民國三年三月

十一日

教令。　申詳　內務部。呈請

大總統頒給匾額題字。並金質褒章。光盛典以勵民俗旌賢良而維風教。全鄉幸甚。頂德

上禀。

右呈

慈谿縣知事夏

中華民國四年八月　日

錄慈北衆紳公呈知事請獎紳士柴啓標文

具公禀紳士吳作鏌　俞渭　吳作賢　葉崇榗　胡濬永　葉廷枚　陳鼎年　虞喬祥　樂錦濤　樓良　沈延祺　高彭年　陳錞瑞　沈鼎梅　翁湘　阮光陛　沈震夏　葉序　柴常春

爲耆年碩德儀範足式。懇　恩援例詳請核獎以維風教事。竊維風流宏獎。輶軒垂旌別之文。月旦公評。鈞軸著闡揚之典。是以熱忱公益者。均膺懋賞。爲善里黨者。不使向隅。此　大總統訓俗型方。我　知事下車采風。彰善癉惡之至意。全鄉人士所翹首欽仰者也。茲有鄉先生柴仰清者。一字啓標。現年八十一歲。精神矍鑠。仍復樂善不倦。爲鄉里所稱頌。謹按柴仰清幼習詩書。及長就商於豫章。時同治戊辰。見有同鄉人丐食道左。惻然憫之。知是遭洪楊之變。流離至此。乃輾轉設法。資遣回籍。得正邱首。歲甲戌。作客鄧州。抵鄂境。適值晉荒劇烈。饑民載途。時有難婦攜幼女求鬻者。乃惄焉心傷。出資八十餘緡買作友人偶。不數年子女輩出。夫婦感德。光緒己丑游粵。其年本鄉水荒。哀鴻徧野。嗷嗷待哺。陳紳錦泉馳書乞賑。仰清乃念切桑梓。先後

捐貲助賑千有餘元。活人不少。甲午。修古黃家橋改爲保安橋。乙未。改造盛安橋爲寶善橋。戊戌。又修正陽橋及通港橋。二橋當姚鎭往來、要衝。工程較大。乃與同鄉裘宗圻。公同擘畫。昕夕不遑。閱春秋而始成。源流四達。舟楫交通。居民口碑載道。不徒姓名勒石已也。已亥。商於滬同業中設有賒棺寄柩義葬恤嫠贍老惜字諸善舉。雖有常捐。恒虞不敷。且地近租界。人烟稠密。不便再寄旅櫬。仰清乃邀同沈丹華謝如勳等。創捐集資購地營造。由唐家衖南遷至日暉港。此舉迄今綿延不替。旅滬同鄉。羣沾惠澤。又本鄉有崇壽宮地據慈姚鎭三邑中點。鄉之百工借作會所。凡遇地方公益事宜。咸蒞而集議。自明迄今。廟貌雖存。傾頹日甚。乃與沈國銘等發起修葺。自光緒丙申以至戊申。閱十餘寒暑。始克蕆事。不但殿宇輝皇。輪奐一新。即工人公集。咸稱其便。舊時宮前。被行丐棲止。諸多穢褻。乃特添築一亭。使往來行旅。得所憩足。而流丐歸宿。亦得免雨淋露濕之悲矣。因名之曰兩宜亭。誰曰不宜。歲戊申。見淹浦之東老塘一帶。積骸暴露。仰清乃購義塚田四畝。建所暫厝。名曰漏澤院。藉免枯骸拋散之愴。又慈北與姚北接壤之漾塘。綿亘六七里。歲久失修。被占爲田。每遇霪雨。西來之水。潰決橫流。往往以鄰爲壑。彼則時切殷憂。乙巳秋。適作鏌自海外歸國。因久耳其名。并深感其德。乃特捐洋二萬二千元。請爲董理興修諸事。仰清與沈延祺同事監工。沐雨櫛風。不辭勞怨。閱二年之久。始慶竣工。本鄉無西水之患。仰清之力實居多數。癸卯。仰清慨念杜白二湖堤塘坍塌日甚。乃與沈高生邀集五都紳耆。在崇壽宮籌議設水利局。至乙巳。將所收湖租。首先築湖塘百丈以爲倡。嗣有徐孟彬贊襄其事。公懇作鏌出資修理兩湖事宜。至今水利局之設。實嚆矢於是。宣統辛亥。秋收不登。鄉民待賑孔亟。彼乃與同族荇莊潮海等。各墳洋數百元。爲族中賑欵。時作鏌正辦闔鄉平糶。而柴姓一族。實惟仰清所襄辦。先是仰清與族振朝桂芳丹墀于沿潮海等六人。公立濟貧會。併於光緒丁酉忠知縣任內立案。嗣其費逐漸增積。得購田地二百四十五畝。計近年所有生息。足敷賙濟之用。民國二年癸丑。仰清年已七十有九。迺又不憚煩勞。獨塡千餘金。購置基地。建造房屋數椽。倣范氏義塾之制。顏其額曰平陽仁濟堂。以惠族之貧苦無告者。他如上芭蘺虞姓之永興橋。柴姓路下之衆安橋。滄浦東之餘慶橋。均賴仰清一一重修。得復舊觀。以上諸大端。仰清共計捐洋四千餘圓。若此疏財仗義。救溺拯饑。築橋梁以利行旅。惜遺骸而慰孤魂。興修祠廟而禮重報享。施濟困窮而情殷撫卹。舉凡地方之公益。人民之義務。靡不次第興辦。艱辛親嘗。實屬熱心行善。爲近今所罕有。誠足爲全國士庶之矜式。引年敬老。取重於賢。若柴仰清者。查與民國褒揚條例第一條第四五六各欵。悉相符合。且其捐輸之銀。例諸第六欵所謂創興公益事業捐助財產千元以上者。亦超過遠甚。作鏌等皆生長同里。見聞較確。不敢壅於

上聞。爲特將柴仰清一生事蹟。據實臚陳。環

叩

仁台詧核。可否按照民國三年三月十一日

教令。

申詳咨部。呈請

大總統頒給匾額。並金質褒章。光盛典以彰善良。宏奬勸而勵風教。胥於此乎是賴。沾仁

上禀

中華民國四年八月　日

錄呈慈谿縣催請拍賣封產兼嚴緝賭匪文

具禀僑日神戶華商浙江工商顧問兼財政顧問員慈北錦堂學校校主吳作鏌

爲呈請拍賣封產。以歸公欵。嚴拿痞棍。以安閭閻事。竊作鏌於前清末造。捐資七萬餘。費時六七年。興修敝鄉杜白兩湖。博稽載籍。廣徵輿論。知歷來湖之興廢。不在始基之不固。而在善後之無方。所以人存政舉。人亡政息。難垂永久。乃特另籌的欵。設立水利專局。以董其事。初委沈增輝又名衍周者爲總理。不

料該痞虎狼成性。慾壑無饜。計自光緒三十二年冬至宣統二年夏。爲時祇三年半。先後向作鎮索取酬勞洋四千圓。所有湖田公租欵項。匿不報銷。又捐官時。借作鎮銀一千兩。又誆取錦堂學校代買料洋四百十圓。宣統元年四月。代沈東來將田十八畝。向作鎮押借洋六百圓。訂明是年冬歸楚。至期該痞函致敝校書記吳品笙。囑持劵到家收欵。及至將契劵交出。竟頓時反臉。持槍用强。聲言作鎮應酬謝水利事洋二萬圓。方可將公租帳項報告。吳品笙孤掌難鳴。含淚空回。至宣統二年春。作鎮奉江浙大吏。召回祖國。該痞深恐作鎮呈控劣跡。將此六百圓吐還。而公租之帳。始終不肯交出。以致鄉人士咸謂作鎮用人不當。似乎反利爲害。故不得已於是年冬回國。正在錦堂學校。邀請全鄉紳耆集議管理水利之法。不料該痞心虛。恐將歷年公租修理一切弊竇。盡行查出。乃用先發制人計。先則倩人行刺。繼且率領痞黨沈瑞竹等數百人。持械圍校。圖殺作鎮而甘心。致近隣婦豎。逃避一空。幸得地方官派兵保護。始得出險。後蒙浙撫增派委會縣。查明屬實。將該痞功名奏革。并勒令繳出水利局歷年簿據帳項等。歸慈北自治會。公舉葉鴻年爲總理接管。至該痞經手之帳欵。則俟查明清算後另結。經縣委等禀詳各在案。旋於宣統三年秋。光復事起。案遂延擱。該痞又膽敢乘時局未定。補刊報告。重支薪水。揑造假帳。計虛付呑没之欵。多至洋二千四百五十五圓。當由作鎮鴻年等聯名呈控。請將該痞所有房屋財產。查明發封。限日拍賣。以淸公欵。旋奉浙前督蔣查實。該痞曾强用手槍。迫人舉伊爲當選。乃飭屬嚴拿。該痞聞風。遠颺青島。嗣又奉都督朱。飭前縣金。於元年十二月親赴北鄉。將該痞房屋器具一律查封在案。所欠作鎮銀千兩。並校欵亦經呈控併追。并聲明千兩之欵。待歸還後。亦助充校費。惟產雖發封。而拍賣清欵。未蒙歷任知事尅期實行。以致一切應償之欵。仍然不能淸結。去夏得本鄉各紳來函。知該痞父子俱遭冥誅。後嗣斬絕。

闔鄉稱快。并風聞該痞雖故。而平日縱惡暴歛之遺資尚鉅。族衆謀鬮。紛爭不止。并聞該痞子姪黨羽等。將發封器物。私行搬盜一空等情。作鎮竊以該痞生前。鯨吞各欵。實慈北全鄉民命所關。況其圖害個人之生命。肆擾全鄉之治安。罪尤擢髮難數。故雖身已物故斷不能寬其罪戾。致無以爲後之橫行不法者戒。當經作鎮會同水利局代表葉鴻年總理吳作賢等。具請前縣。詎前金何兩知事。皆因循泄沓。未荷實行。不得已於去冬又呈請前楊知事。始蒙詳請上台。出示招賣。迄今仍無人投票。且風聞所封器具。痞黨盜取一空并聞該痞子姪揚言。如有人承買此產。必遭暗殺。因此更無人接手。謠傳如此。未必無因若果屬實。不法已極。爲此瀝陳下情。務祈仁臺迅派親信員役。查明實情。將前年所封沈痞之房屋器物等。照原卷速行限期拍賣以歸公欵而清積案。此其一也。抑作鎮更有請者。我慈北地濱海隅。民鮮教育。其誠樸純良者固居多數而游手好閒。專事賭博者亦不乏其人。近年變而加厲。花會盛行。如沈師橋及淹浦等處。爲其老巢。而且播遷靡定。沈阿宏即飯淘籮阿宏。翁守元沈瑞竹沈賴毛等爲總司令。日獲猜打之資。不下數千金。男女混雜。全鄉若狂。或露宿荒塚。或夢卜神廟。傷風敗俗。失節輕生。傾家蕩產。不一而足。弱者流爲乞丐。強者變爲盜賊。貽害全鄉。更無底止。查沈阿宏等。本係赤貧無賴。近均擁有鉅資。連絡衛隊等。無惡不作。衛隊長陳雲程工於逢迎。蒙蔽歷任上官。袒護匪黨。非特狼狽爲奸。抑且花會廟會。乃其首領。故該匪黨恃有奥援。乃得肆無忌憚。甚且上官舉一事捕一犯。命令甫下。若輩即先行通風。囑令暫避。兵來則散。兵去又集。因此鄉愚玩法更甚。至有春間禁會。釀成抗官之鉅案。巨魁沈阿宏翁守元沈瑞竹沈賴毛等四首惡。魚肉鄉里。積案如山。雖經歷任知事嚴緝在案。無如若輩與衛隊聯絡一氣。迄今三年。並未弋獲。捕務廢弛。國法蕩然。言之可慘。作鎮僑商海外。本不敢干預鄉事。惟念親族故舊。咸居故里不忍坐視。明知縣中公費無多。故特竭棉薄。願助賞格洋。如能獲到沈阿宏。五百圓。翁守元。五百圓。沈瑞竹。三百圓。沈賴毛。三百圓。共計一千六百圓。存儲錦堂學校中。呈請前縣嚴緝該四犯。乃日久未獲。該犯仍然逍遙鄉里。致使花會更旺。無村勿有。流毒全鄉。人神共憤。竊意作鎮既出如許賞格。何以遷延迄今。無一獲案。非衛隊長賄縱而何。人非至愚。情跡顯然。作鎮前蒙朱屈二公。暨前知事屢次函招回國興辦故鄉實業。無如虎狼當道。結怨已深。一旦回里。報復必烈。因此欲歸不能。度在
明公洞鑒之中。為此據實瀝陳。伏維
仁臺為我縣父母。務望推一路哭何如一家哭之義。除惡務盡。迅即密派親信偵訾實情。將沈阿宏翁守元沈瑞竹沈賴毛併衛隊長陳雲程等。一併立緝到案。嚴審確情。處以極刑。除積匪而安民心。地方幸甚。近知沿海花地十餘萬畝。頓遭海嘯。盡被淹沒。秋收無望。將來農民饑寒交迫。勢必流為盜賊。若不早將巨魁擒誅。預籌善後。恐後患更不可勝言。為特迫切上呈。伏乞
恩准迅即施行。不勝悚惶待命之至。頂德上
稟。

慈谿縣知事夏

中華民國四年八月　日　吳作鎮稟

錄呈浙江巡按使求禁花會嚴緝賭匪首犯節略

具呈浙江工商顧問兼財政顧問員僑日商民吳作鎮

敬畧者。竊作鎮籍隸會稽道屬。慈谿縣北鄉。地濱海濫。俗尚強悍。禾田拾萬八千畝。棉田五十萬畝。生齒二十餘萬。全鄉水利。經作鎮捐七萬餘金。錢費六七年心血。始得全功告成。旱潦無虞。可漁可農。衣食有賴。乃自前清末造。世風日替。劣紳得賄庇匪。胥吏玩法殃民。流氓成羣結黨。旺興花會。專事賭博敲詐。盜竊肆無忌憚。官權日弱。匪勢日盛。積習相沿。民不堪命。光復後改良政治。縣尊為知事。

差役爲衛隊。誠以親民之官。莫過於知事。安民之要。莫甚於衛隊。伏維我

公秉節以來。夕惕朝乾。無日不以國計民生爲念。任官行政。無不擇賢從簡。遴聽之餘。欽佩莫名。然而岳牧颺拜。至有四凶。周召夾輔。至有二叔。以是知知人難。而官人更非易易。從古已然。於今爲烈。慈邑自金何楊三知事蒞任以來。率皆因循粉飾。養癰貽患。流毒至今。變而加厲。盜賊橫行。從未破案。花會局賭。無村勿有。男女混雜。舉鄉若狂。傾家蕩產。失節輕生者不一而足。本年春。蒙

仁臺嚴飭前知事楊示禁捕拿。始稍斂迹。乃不數月故態復萌。以若輩恃有衛隊長陳雲程爲之奧援。故敢肆毒全鄉。爲所欲爲。陳雲程本係北鄉無賴。自充衛隊長後。工於逢迎。朦蔽歷任上官。袒護匪黨。非特狼狽爲奸。抑且坐地分贜花會廟會。乃其首領。甚至上官舉一事捕一犯。命令甫下。彼即先行通風。因此兵來則歛。兵去又興。致啓愚民藐視官長。釀成春間禁會抗官。鎗斃人命之巨案。匪首沈阿宏翁守元沈瑞竹沈賴毛等四犯。魚肉鄉里。積案如山。言其罪狀。罄竹難書。雖經歷任知事嚴緝。無如若輩與衛隊相連絡。遷延三載。並未弋獲。捕務廢弛。已可概見。至陳雲程得賄庇匪。主任花會。實屬有目共覩。慈北紳耆所以不敢公呈當道者。畏該惡等毒燄滔天。匪黨甚衆。無所不爲。以故箝口結舌。不敢以身試毒。且聞因而避居離鄉者。亦指不勝屈。作鏌僑商海外。本不敢干預鄉事。惟念先代隴墓。親族戚友。咸在故里。又以昔年創設錦堂學校。捐欵二十餘萬。學生數百人。何忍聽其遭此荼毒。故曾屢次稟請縣官。嚴禁花會。緝拿該首犯到案嚴懲。並非挾有私怨。實冀剷除花會禍根。以安閭閻。明知縣中公費無多。不能厚出賞格而緝要犯。乃特竭棉力。於本年正月。稟呈前楊知事。請其懸賞。如能獲到沈阿宏賞洋五百元。翁守元五百元。沈賴毛三百元。沈瑞竹三百元。共計洋壹千六百元。欵儲錦堂校中。乃爲日已久。非特無一獲案。而且該四犯逍遥鄉里。花會更燄。非

知事隊長縱匪而何。如此殃民玩法。成何世界。故作鎮於七月五日。又具禀於原任夏知事。求其嚴禁花會。立緝首犯。不意靜候多日。未荷施行。乃於八月六日。又縷陳前情。具禀到縣。候至今日。隻字未批。連日又接鄉間父老來信。痛陳花會賭場。更旺於前。綿亘數十里。通宵達旦。老幼男女。街談巷語。無一非言花會之事。何以夏知事置若罔聞。視同不見。親民之官。顧如是乎。似此政教。恐非
勛使治屬所宜有。伏審我
公愛民如子。嫉惡如仇。高懸秦鏡。自必燭照無遺。况此次慈北沿海棉田。多遭海嘯。秋收難望。若不早將花會禁絶。匪首擒誅。將來饑寒交迫。更恐變出意外。爲特畧陳實情。上瀆
清聽。務乞
恩准察核。迅賜派委會同營縣。將衛隊長陳雲程。并匪魁沈阿宏等。按名立緝到案。嚴訊確情。處以極刑。靖地方而救民命。不勝悚惶待命之至。謹畧。右　　呈
浙江巡按使屈勛鑒

中華民國四年九月　日

錄浙江巡按使屈復函

吳錦堂先生台啓。逕復者。頃接
華函。並附節畧等件。閲悉壹是。慈邑北鄉匪犯沈阿宏等。勾結黨羽。開設花會。迭經飭縣拿辦。迄今日久。尚未拿獲。該管地方官辦理不力。實難辭咎。現已嚴緝營縣。赶速偵緝。獲案嚴懲。至該縣衛隊長陳雲程。得賄庇匪。亦經飭縣立予撤革。訊明嚴辦。爲此函復
台端。即希查照。并頌
日祉。

屈映光印

民國四年九月十五日

錄呈浙江巡按使催禁花會嚴緝首犯函

文六勛使先生惠鑒。上月二十日拜讀
鈞諭。敬悉壹是。近維
勛躬曼懋。
道履綏安。翹企
幬輝。曷罄芬頌。慈邑北鄉花會。經我

公嚴飭該縣　夏知事拿辦。昨日接敝校十一日所發來信。幷附抄　夏知事致敝校長一之信。始悉翁守元一犯。已於本月二日緝獲。審明各案罪狀。供認不諱。據已申詳
鈞座。定案務求速正典刑。以寒匪膽。而慰萬民戴德靡涯。其賞格洋五百元。早已由敝校如數繳縣。尙有花會首犯沈阿宏沈瑞竹沈賴毛三名。仍未弋獲。衞隊長陳雲程。亦未斥革。乃近據故鄉父老本月來信。悉沈阿宏等犯仍恃有陳雲程奧援。明目張膽。旺開花會。非特未曾斂跡。抑且毒燄更張。通宵達旦。舉鄉若狂。又有沈阿剛。乃沈阿宏之爪牙。專司花會聽筒航船。更屬不法。毒害全鄉。竊思元惡不除禍根難絕今既蒙
勛使飭營縣赶速偵緝何以　夏知事仍任令沈阿宏陳雲程等逍遙法外。花會更旺。輿論譁然。爲特情迫續陳。仰求我
公可否迅即派委會營。密飭以上諸犯到案。嚴訊確情。處以極刑。以救慈北民命。無任企禱。肅此祇頌
鈞安。

治弟　吳作鎮鞠躬

十月二十日

錄屈巡按使復函

錦堂先生臺鑒。迺復者接誦
華函。具悉一是。獲匪翁守元一名。前據該縣
夏知事將訊供情形。詳報到署。已飭縣覆訊明確。從嚴擬辦。該逸犯沈阿宏等。與翁守元同惡相濟。不絕根株。人民終難安枕。現已嚴飭該縣會督兵警。嚴密偵緝。按名務獲究辦。以靖地方。並飭迅將該小隊長陳雲程停職。歸案訊辦。耑此函復。順頌
日祉。

屈映光印

十一月九日

錄呈慈谿縣催請拍賣沈增輝封產幷請嚴緝花會首犯函

博言知事先生閣下。久疏箋敬。殊切葭思。比維
勛躬暢適。

道履麻凝。定如下頌。茲敬懇者。昔年敝鄉公呈所請。已荷發封沈瘩增輝之產。如照前楊知事文告辦法。似乎不願還價者居多。爲特呈請　迅即出示。十二月　日乞　官廳派員在原封處監督買主還價。拍賣歸欵。以符定章。而了積案。故懇

貴知事即行出示。限期招人投票。以便當官照原卷按件。交割清楚。俾得產者得以安心管業。而公欵即可歸束。務乞

恩准。督核施行。是所企禱。至於花會一事。雖荷

貴知事會營嚴禁。緝拿首犯無奈陳雲程等。賭通袒庇。以致兵來則避。兵去又興。依然如故。而首犯沈阿宏等。非特不稍斂跡。而且更加擴充。聽筒航船。無村勿有。青年婦女。露宿壇廟。失節輕生。傾家蕩產者。不可勝計。

明公仁人。何忍坐視。若再久延。恐於

仁政盛德。兩有所虧。特

愛直陳。尚乞

垂鑒。肅此。敬叩

鈞安。

十二月六日　　治弟　吳作鎮鞠躬

錄請慈北衆紳公同稟請上峯嚴禁花會公函

鄉長先生大鑒。久違

鴻範。殊切馳系。比維

禔躬篤祜。　道履凝庥。翹企

慈雲。無任景仰。昨前接奉　公電。敬悉一切。當具復電。諒邀

鈞鑒。茲瀆者。近年花會之害。蔓延徧地。無處蔑有。稽諸會稽道屬。尤以我慈邑北鄉爲更烈。因衛隊長陳雲程。工於逢迎。聯絡上官。袒匪縱賭。愈趨愈劇。作鎮身羈異域。念切梓鄉。疊奉鄉間父老來信。拜讀之餘。寢饋難安。曾將其中大害。并爲首各要犯。詳細臚列。疊稟當道。求其嚴禁嚴辦。冀絕禍根而甦民困。特是渙汗大號。數載於茲。而成效極微。亮由堂廉崇高。作鎮人微言輕。不足以邀上官之眞信。或者別具政見。尤非鄉晚之所敢言。今將

數年來請辦情形謹爲我至仁且義之鄉長縷晰陳之。我鄉自修築水利後。本屬可漁可農。旱潦無憂。嗣因光復事起。人心浮動。匪黨横行。更遭海嘯。沿海一帶。籽粒無收。以致餓殍載道。情實可慘。故作鏌曾畧竭棉薄。賑平糶施。蒙

諸鄉長帮同辦理。始得民安樂業。不意民國肇興。法律稍更。游手好閒之徒。乘機𣊬起。成羣結隊。吸民膏血。始則賭博。繼興花會。航船聽筒往來如梭。猜打者十居八九。街談巷議。無一非言花會之事。誘以一賠三十之厚利。以致男女妄想發財。舉鄉若狂。求夢禱鬼。迷信妖妄。青年婦女露宿墳廟。失節輕生。傾家蕩產。弱者爲丐。强者爲盜。花會之害。甚於兵火。雖鄉曉屢次稟請歷任知事。乃皆因循粉飾。無一痛心民瘼。遷延至今春。愚民之膏血幾盡。爲特臚列詳情。再呈楊前知事。旋接復信。謂已嚴禁嚴拿。又謂公署公費無多。不能會營協拿。出賞格而緝要犯。鄉曉爲除惡務盡計。特竭棉力。許出賞格洋壹千六百元。以資鼓勵。而促晋行。不意懸賞多日。未獲一犯。而知事旋又卸任。乃於夏季六七兩月。疊稟本任夏知事。求其會營嚴緝花會首要。長篇屢牘。聲嘶力盡。不意該知事竟一味因循。隻字未批。而來信中還説地方安靖。如此玩視民瘼。粉飾了事。實歷來罕有。不幸天未厭禍。既染花會之毒。又遭海嘯之災。民不堪命。不得已爰將當時詳情稟控　屈巡按使。求其迅飭慈谿縣會營嚴拿。并斥革得賄庇匪之衛隊長陳雲程到案確審。旋得復信。謂已照准。已嚴行札飭該縣。立拿沈阿宏、翁守元等。到案嚴辦。並令立即撤革陳某到案審究云云。乃靜候多日。杳無舉動。惟聞花會依然旺興。匪首沈阿宏等恃陳雲程爲護符。日獲千金。而且裏外賄通。無所顧忌。是該知事置上台札飭於不顧。有意縱匪殃民。可痛孰甚。旋聞翁守元一犯。已緝拿到案。夏知事即向鄉曉索賞洋五百元而去。當時花會雖暫停數日。隨後復開。較前愈旺。衛隊等托名緝匪到鄉。竟至匪首沈阿宏家同卓共食。此爲全

鄉人士有目共覩謂非官匪相通其誰信之。諸鄉長近在咫尺見聞較確未嘗公然呈禁。亮山悄招嫌怨坐視地方糜爛毋乃太忍迄今鄉民被花會之害敲精吸髓典賣一空羣起思吃大戶大戶見貧民嘯聚應給難徧紛紛告災思籌賑撫之策殊不知民之所以困窮若是者皆花會之害堦之厲也今如花會之害不除則雖有萬金千倉散財發粟適以助若輩猜打花會之貲藉寇兵以齎盜糧庸有濟乎現聞　上官撥洋五千元又米百五十石以濟貧民但作鎮於秋間捐助浙江災賑洋五千元據　屈公來函擬備海嘯災賑之需而繼又助寗紹義賑會洋五百二十元今慈北賑欵五千雖撥自　上官有何恩澤可言是今欲救貧民之困難當先除地方之毒害若仍令貪官汚吏盤踞在上花會不禁匪首沈阿宏及隊長陳雲程等依然朋奸肆毒雖賑何濟

諸公仁人必蒙籌及善後以蘇民困鄉晚痛恨之餘意在矜恤果能設法將匪首等按名緝獲到案嚴辦禁絕花會根株則作鎮願再助賑飢洋五千元貯欵以待想

諸公嫉惡如仇視民如傷必能協力籌辦或者聯名呈控　上台求請另簡賢能嚴行禁緝以靖地方而救民命無任企禱耑此布告

敬叩

道安貯候

回玉爲盼

十二月十五日　　鄉晚吳作鎮鞠躬

所有呈請　上官公牘及往來函件另紙錄呈伏乞　垂鑒便知其詳

錄慈北全鄉紳耆公懇助振函

錦堂先生大鑒敬肅者本年兩次風潮家鄉損失無算花地淹沒田稻摧殘沿海貧民生機斷絕哀鴻徧地觸目酸心鄉間財力維艱籌賑實無善策雖經官廳撥欵五千元米一百五十石而杯水車薪無濟於事此弟等所以於本月八日合詞電請求我

公慨解仁囊以濟眉急茲奉

福電。以花會愈旺。民情困苦。知事貪賄不辦。雖賑何濟。即令弟等糾合公呈控告省憲。必求嚴拿到案。尚可補救辦賑等云。仰見大君子拯救民瘼。先從根本入手。眷顧之切。溢於言表。深謀遠慮。惶感良殷。查花會之患。始於八月。盛於九秋間。由弟等節次稟請。而官廳一味因循。坐視不辦。弟等近在咫尺。無力强求。致令我

公遠在海外。時深顧慮。歉愧交併。按本邑自夏公到任以來。地方愈壞。民俗愈刁。皆因夏公奸猾。遇事專重敷衍。對於北鄉尤甚。雖貪賄無據。而袒護隊官。緝獲不力。實有應得之咎。幸賴我

公馳告省憲。即蒙　按節雷厲風行。諭令隊官陳雲程勒限嚴拿。務獲沈阿宏到案。如果逾限不獲。即將該隊官解省訊辦。公令所布。早有明文。故近日雲程避匿北鄉。於就地各處嚴密搜拿。雖匪首尚未就擒。而花會早已淨絕。亦足稍紓我　公之遠念矣。惟是饑民嗷嗷。待澤孔殷。不沐我

公惠濟。而飢寒交逼。斷難生存。我

公至仁天成。當能廣播義粟。普救一方。斷不忍令數萬生靈。塡諸溝壑也。弟等蟄伏鄉閭。目睹凍餒。爲特不揣冒昧。爲災民一再請命。所望我

公解囊速濟。多多益善。俾鵠面鳩形者。咸被仁風。其造福實無涯涘也。弟等謹代閤鄉災黎。馨香以禱。至於控省公稟。現下正在擬稿。一俟繕正。即當馳呈省憲。合併附聞。專肅布懇。祗請

爐安。虔候

玉復。

葉鴻年　洪維嶽　俞　渭　陳鼎年
柴仰淸　韓景祺　葉崇楣　宓觀治　仝叩
沈延祺　沈佩藩　沈湛然　胡濬永
樂錦霞　高彭年　陳鍾瑞　馬來鴻

十二月二十二日

錄復慈北衆紳再捐賑欵函

鄉長先生鈞鑒。謹復者。昨奉

大教藉悉種切。鄉晚 曾於十二月十六日。敬具蕪牋。想亦早塵清鑒。彼此相左。諒今已接洽。承示我鄉災況。哀鴻遍野。待哺孔亟。聞命之餘。涕淚交流。何天之不厭災禍一至是耶。纔思災害之來。雖降自天。特吸民膏血。而使民典賣盡空。以至苦上加苦。實花會之害階之厲也。可痛孰甚。鄉晚 曾於七月五日。八月六日。兩次稟呈夏知事。求其嚴禁花會。迅緝首犯。以靖地方。然後再議辦振。詎候兩月。隻字未批。其庇匪縱賭。藐視國法。已可概見。不得已於九月二日稟告 巡按使。呈中有將來饑寒交迫。更恐變出意外云云。今接 來信。果如所言。我同胞何不幸有此知事。旌善則百計留難。如葉柴二公請獎事。雖不駁回。而於法外苛求數端。索請摺證明書及掛號費等。此爲全鄉人士所共曉。而儆惡則置若罔聞。雖有紳士疊稟。 上台嚴飭。而於匪首仍未獲案。得賄通匪之衛隊長。仍未撤革。鄉晚 恐禍根未絕。難保不移時花會復發。此心耿耿。殊難安枕。今蒙諸公勸募故鄉振捐。敢不惟 命。鄉晚 誼切桑梓。故竭我棉薄。再捐助慈北振欵洋五千元。已在前函奉 聞。亮荷接洽。應作何振放。想蒙示復在途。惟諸鄉長皆夙抱熱忱。善量深宏。必蒙踴躍輸將。俾無數窮黎。咸沾惠澤。一面還請除惡務盡。共驅此貪婪溺職之知事。別求賢能。庶花會已絕之根株。不至復萌。是所禱切。臨風悵望。不盡縷縷。耑此布復。敬叩年安。

鄉晚 吳作鎮拜啓

十二月二十八日

錄爲慈北盜案致衆紳公函

鄉長先生鈞鑒。昨奉公函。想達典籤。所陳各節。亮荷 回玉在途矣。爲念。謹啓者。昨接敝梓來信。驚悉敝村東山頭徐筌初家於舊曆十一月初七日夜半。突來盜匪五六十名。明火執鎗。用石撞門。蜂湧入內。綁縛人口。禁嚇聲張。連搶近隣徐志詠等數家。捆載細輭。揚長過萬安橋。繞銀山脚。往西而去。聽盜黨悉屬餘姚口音。據已報縣踏勘。許緝犯追贓。連來數日。並無動靜。聞先一日施羅張葉地方。亦被搶刼葉姓三家。亦未破案。似此盜黨橫行。肆無忌憚。成何世界。光復以來。歷任知事。率皆因循粉飾。輕視民瘼。連年盜案屢出。一未破獲。其捕務之廢弛。已可想見。誠如

諸鄉長公函所云。本邑自夏知事到任以來。地方愈壞。民俗愈刁。皆因夏某奸猾。遇事專重敷衍。對于北鄉尤甚。雖貪賄無據。而袒護隊官。緝獲不力。實有應得之咎云云。是

諸鄉長洞悉該知事縱匪殃民。劣跡多端。事實無疑。鄉晚早知花會之害。實爲盜賊之原。故連年一再稟陳當道。求請竭力嚴禁。緝拿首犯。無奈置若罔聞。養癰貽患。以致盜賊蜂起。全鄉不安。興言及此。痛恨實甚。第念徐氏既已遭刼。凡屬我鄉父老兄弟。無日不戰戰慄慄。寢饋難安。顧爲清本正源之計。一面當公稟　梁道尹。請求密派偵探幹練營兵。迅緝盜犯。追繳原贓。一面稟呈　屈巡按。請其撤革此昏聵藐法不職之知事。另簡賢能。以救地方而甦民命。想衆怒難犯。如能合力並作。必有達到目的之一日。鄙見如此。務祈

諸鄉長詧核施行。是否乞賜回玉。不勝盼禱。肅此。敬叩

新祺。

鄉晚吳作鏌拜啓

十二月二十九日

錄致慈北鳴鶴鄉自治接辦處公函

鄉長先生偉鑒。日昨疊奉三函。度塵

清鑒。茲接鳴鶴鄉自治接辦處暨各父老來信。始悉花會之害。業已除淨。地方凋疲。人民困難。不堪言狀。首犯沈阿宏等。尚未獲案。徐姓盜案。亦未破獲。夏知事捕務不力。咎實難辭。前蒙　示及作亡羊補牢之計。環控

上峯另簡賢能，想已辦妥。顧鄉晚所由總總過慮者，特恐因循玩愒之官不去，得賄庇匪之衛隊不除，誘賭殃民之首惡不誅，禍根未絕，難保不乘隙又興，所由中懷阢隉，不敢視爲安堵，而思有以正本清源也。

鄉長仁人，洞明事理，必蒙籌及善後，毋待鄉晚再瀆。茲又閱鄉老來函，知貧黎之衆多至二萬餘，是官欵所撥洋五千元，祇能備數日之糧，杯水車薪，不敷甚鉅。

諸鄉長皆素稱殷實，而又善願夙宏，還望各解仁囊，量力濟助，一面四出勸募，集腋成裘。想

諸鄉長德隆望重，登高一呼，萬山皆應，鉅數捐欵，不難立集，俾數萬嗷鴻，得出水火而登衽席，此則鄉晚之所馨香禱祝者也。所有鄉晚捐助之五千元，昨曾電告

諸公，請速派妥友向敝中號杜炳卿君收取代振，諒荷接洽照收矣。抑鄉晚又有不能已於言者，我鄉背山面海，地盡膏腴，本屬可農可漁，奈近年俗尚奢侈，民耽遊惰，青年子弟竟至非葷不食，非綢不衣，頓忘古人耕九餘三之訓，以故稍乖天和，即形饑饉，竊盜四起，雖屬長官政教之不善，寔由地方自治之未遍。計自民國紀元時値歉收，饑饉載道，鄉晚從

諸鄉長之後，振平兼施，所費亦頗不貲，奈歷年並無善狀，偶値中稔，或迎神賽會，或廟會賭博，耗財廢時，又以猜打花會爲最毒，敗壞風化，斲傷元氣，甚至典賣俱空，家無隔宿之糧，興念及此，可憫孰甚。

諸公爲各鄉領袖，自治代表，務望切寔勸導，父詔其子，兄勉其弟，各自勤奮，一洗曩日浮華靡麗之風，而躋民俗於敦龐，變民情爲誠樸，是又鄉晚所日暮渴望者也。臨穎神馳，不盡覼縷，肅此恭賀新祺，統希愛照不宣。

一月十一日

鄉晚吳作鎮拜上

録振欵已解而請慈北衆紳擇尤施放函

鄉長先生閣下逕啓者今日接敝中號來信。述及奉到
諸鄉長公函。爲因無人可派。命將鄉晚所助山北賑欵。滙寄寧波升泰莊收。當於舊曆十二月十五日。飭夥送交而江升泰莊。現鈔票洋五千元。已囑敝棧轉告。亮荷
接洽矣。應如何施放之處。仰求
諸鄉長公同商酌。擇尤施振。總祈貧民得沾實惠無任企禱。鄉晚因遠作異國。不克回里襄辦有勞
清神至爲歉仄。一切已詳前函。恕不瀆陳。耑此敬請
公安。

鄉晚吳作鏌謹上

一月二十五日

録慈谿縣夏知事請暫緩出示拍賣沈痞封産函

錦堂先生賜鑒敬啓者前奉
台函。示及種種。沈增輝房屋拍賣一節。業與
高壽丞先生函商。現値舊曆年終。又正在放賑時期。恐不易辦。一俟開春。即預先出示。定期拍賣。屆時當派員會同　竹莊　壽丞
品笙諸先生辦理。定不致誤。再敝署警隊長陳雲程。弟與之素不相識。本難深信。特以迭次著有緝捕成績。至受賄通匪。弟屢經親自密查。均無實據可尋。按受賄通匪係屬私罪。非有證據。不能辦理。是以據實陳請　爵使
批准。暫予銷去停職字樣。仍責成務獲沈阿宏以自贖。至沈犯花會。久已不做。刻下躲匿無踪。弟已密布偵探。必須拏獲到案。以靖地方。並仰副
先生垂念桑梓之至意。特此敬佈。順請
台安。

弟夏仁溥謹啓

録屈勛使允許奏奬葉柴兩公復函

錦堂仁兄閣下重瀛間隔。想望
音輝。辱荷

惠函藉承種切。
執事僑居海外。關懷祖國。凡鄉邦一切公益之事。莫不首先提倡。見義勇爲。令人傾慕。表彰激勸。此是守土者應爲之事。何煩齒及。此次沿海風災。
執事復慨助五千元。就地散放。以輔官力之不逮。
仁漿義粟。沾溉必多。　葉柴二君宣力賑務。具見熱心。且據稱耆年碩德。鄉望翕然。一俟
道縣詳文到署。自當據情
奏請給獎。諸祈
放懷可也。此復。順頌
旅安

屈映光啓

二月七日

錄再請夏知事即行出示拍賣沈痞封產函

博言知事先生鈞座。久疏箋敬。殊切葵思。緬維獻歲以來
先生勛躬納祜。
道履增庥。爲無量頌。茲瀆者去冬曾具公牘。懇請將沈增輝封產。出示期限拍賣。以抵公欵。而清案牘。嗣蒙
尊諭。以年關不便。待新正出示。定期拍賣等云。茲知有人欲買。可否求請
頒示。即行拍賣。并乞
飭委照卷點交受主。了積案而重公欵。勿再延遲。是爲至禱。耑肅奉懇。敬請
勛安。

治弟吳作鎮鞠躬

二月二十日

錄水利局總協理請夏知事嚴緝失贓呈

具呈慈北水利局總理吳作賢協理阮光陛爲霸持封產私竊贓物懇　恩提追嚴辦以懲刁詐而申　國法事竊已故沈痦增輝前因鯨吞公欵歷蒙

前都督蔣　前將軍朱飭令封產拍賣備抵。本年三月荷蒙繪帶圖樣親自蒞鄉。監督投票履行拍賣當衆檢查票價惟錦堂學校出數最鉅其屋即歸該校受領所繳價銀即償水利局及錦堂學校之欠欵所有屋內公堂公路受主公同公用。並蒙召集貼鄰沈恩輝等切實面諭毋得阻撓各在案惟前次檢查原封屋中器皿什物米穀等類經已盜取一空。初時頗疑沈痦族人所爲曾於去秋八月呈請究辦茲查此項贓物實係沈痦之兄恩輝同姪錦誠所盜取彼此朋分。且又慫壑難填暗偷不足更欲巧施伎倆。出而硬阻當時錦堂學校召有轉買受主。一應議妥。正欲訂契。受主至該屋查看詎沈恩輝沈錦誠兩人。挺身出來强行阻撓。有謂增輝之屋。祇有兩間。餘爲嗣產。又謂其屋後無走路種種恐嚇。致令受主不敢成交。如此肆意反對蔑視國法。實由前次失贓未蒙提追。致該惡等膽大妄爲。置官長命令於不顧。爲特公呈

貴知事。懇即勒提沈恩輝。沈錦誠到案。追繳原失贓物。並懲其强橫霸阻之罪。以杜刁詐而申國法。實爲公便。謹呈

縣知事　夏

中華民國五年七月　　日　吳作賢　阮光陛

錄水利局代表請知事發給管業憑照呈

具公呈原告慈北水利局代表（吳作鏌 葉鴻年）總理吳作賢

爲公請發給凴照。以了積案而息訟端事。竊（作鏌）等前於元年份。公控水利局前總理沈增輝。謀爲不軌。圖吞公田幷鯨吞局中公欵。洋貳千四百五十五元又錦堂學校銀壹千兩。申洋壹千參百七拾元。又誑取學校購料洋四百拾元。三共計洋四千貳百參拾五元。

歷經呈控嚴緝在案而增輝畏法遠颺荷蒙
前都督蔣。 前將軍朱。 前巡按使屈。疊次
統飭協拿未獲。旋即身故。又蒙
層臺飭前知事將其所有房屋。以及屋中器
具米穀等。發封拍賣。備抵所虧公欵。早蒙
貴知事於春間出示招賣。旋由錦堂學校暫
受。另行轉召。茲有師橋鄉紳士沈延祺介紹。
已將此屋轉售與該族人沈斯南爲業。三面
訂明。計價洋壹千五百元正作鎮等以案懸
已久。急宜清結。雖所出之數。抵償所欠。派還
水利局。祇洋八百六拾元五角四分。派還錦
堂學校。祇洋六百參拾元零四角六分。不敷
尚鉅。然以其人父子均罹冥誅。不爲已甚。即
屋中所盜竊諸物。前經控追在案。茲因沈延
祺再三情懇。請予免追。故亦從情姑寬。以便
早清案牘。現經該屋已由受主價買爲特呈
請
貴知事。懇將此案歷年所控各節。即行銷案。
并懇發給憑照。以便受主得以永遠管業。以
清積案而息訟端。寔爲公便。上呈。

吳作鎮
葉鴻年　呈
吳作賢

中華民國五年九月　日

錄致慈北水利局並諸紳耆公函

慈北水利局總協理。暨諸位紳耆先生均鑒。
謹啓者。昨接水利局員葉樓兩君來函。悉本
屆總理期滿。於月之初八日。在崇壽宮開會。
投票選舉揭曉三舍弟作賢。仍得聯任爲總理。
雖經代表阮芝卿君。一再固辭。未蒙允從云
云。作鎮以三舍弟病軀孱弱。難勝煩劇。擬請
諸公帮同籌畫。以勵不逮。正欲繕函代達。乃
忽接驚電。悉三舍弟厥疾勿瘳。於上月廿一日
遽爾身故。則是總理一席。必屬諸票數次多
之阮芝卿君。方爲正當。萬一不以爲然。或須
重行選舉。亦惟　諸公裁奪。惟新總理就任
伊始。不免稍有生疏。還望　諸公善爲指導。
藉策晋行。庶水利一切要務。不至隕越。亮我
諸公熱忱素著。必不因總理易人。而有所諉

郤也
至水利局前爲沈增輝鯨吞公欵。業經疊次
呈控長官嚴追嚴緝。旋因其人身故。未獲到
案。並蒙　層臺飭縣將其房屋家私。一併發
封倘抵。今春又蒙　夏知事親蒞監督拍賣。
初因無有受主。暫由錦堂學校承買。計價洋
壹千五百元。惟查照原卷。屋內所有雜物器
具米穀等。已被增輝親屬等盜取一空。正在
呈控追查。其時該屋適有受主。議定價目。欲
待成交。受主至屋內察看。而增輝親屬。膽敢
哭來覇阻。百般恐嚇。以致該受主畏難而退。
不敢訂交。故水利局乃指明覇阻情節。與屋
內所缺失之物。詳呈
夏知事。請其嚴行追辦。務求追齊失贜。重懲
覇阻之罪。而　知事正在嚴緝。該被告等自
知罪惡法網難逃。乃挽該鄉紳士沈君遐泉。
前來商懇。情願將該屋買回。訂定照原價洋
壹千五百元正。其原封時所失諸物。求免追
究。務乞恩施格外。以便早可成交。所言似亦
成理。作鏌等再四商酌。以此案遷延。已逾六

載。若不稍市仁恕。案無了期。雖此壹千五百
元之價。核諸原欠水利局及錦堂學校。兩共
總數洋四千貳百三十五元。又有後加諸費。
不敷甚鉅。然以其人父子俱已早故。作鏌等
亦不爲已甚。爲特曲爲矜全。從沈君遐泉之
情。公呈
縣署。頒發管業憑照。俾受主得以永遠爲業。
並請銷案。以清積牘。想諸公必能惠允也。
再者民國元年。作鏌因故鄉海嘯。賑平糶辦。
以濟災黎。其時振欵項下。分派師橋鄉米壹
萬八千六百廿參斤半。計洋壹千元。後知未
曾施放。據後將此米售得洋八百四拾六元
貳角正。至二年二月。由沈振鈺君報告前來
洋存渠處。當時因作鏌造册報　部。故將此
欵撥助水利局。作脩葺古窰下閘之用。今於
前月　日。收到沈振鈺君。繳來十一月底期
莊票一紙。待洋收到。即可包工興脩。惟希公
舉賢能。出任監督。庶使工料堅固。得垂永久
作鏌身寄海外。對於故鄉田廬。時切耿憶。惟
以不克躬親操作。爲

諸公分擔勞役，情殊歉然。所望我執事諸公，和衷共濟，勿辭嫌怨，勿憚况瘁，共保水利，以垂萬世，此則（作鎮）之所馨香禱祝者也。肅此，敬頌

公安。

民國五年拾月四日　鄉小弟吳作鎮鞠躬

錄慈谿縣知事夏批

呈悉。據該代表等呈稱，前官廳拍賣沈增輝房產，與錦堂學校，計價洋壹千五百元，以抵欠水利局公欵。現由錦堂學校照原價轉賣與沈斯南，請給照執業，並請將沈增輝所欠不敷之欵免予追究等情。查沈增輝業經身故，家屬無人，該代表等請從寬免追餘欠，足見寬厚，殊堪嘉許，應即照准銷案，執照隨批發此批。

十月廿三日

錄慈谿縣知事夏給發沈斯南管業房屋執照文

發給執照管業事。案查前北鄉水利局，已故經理沈增輝，虧空公欵一案，曾經該局代表吳作鎮稟准，將沈增輝坐落沈師橋東橋頭所有房屋，查封備抵，迭經本公署出示拍賣。無人收買，當由錦堂學校暫行承受在案。茲據吳紳作鎮，以前項房屋，現有師橋鄉紳士沈延祺介紹，轉售與該族人沈斯南爲業，三面訂明價洋壹千五百元正，以抵公欵。其不敷之數，尚鉅，姑念沈增輝父子均罹冥誅，從寬免追，開具該房屋間數清單，請求發給執照，以便受主永遠管業，以清積案而息訟端等情，具稟前來。除批示照准外，合行發給執照，仰該受業人沈斯南收執，自收執照之日起，該不動產，即歸沈斯南永遠完全管業，無論何人，不得爭執，須至執照者。

計開不動產列下。正屋四間，平屋三間，又二廂披。

一朝東南靠徵遠堂西南首第一第二正屋二全間。

一朝東南靠徵遠堂東北首第一第二正屋

二全間。一座徵遠堂後。朝東南平屋三全間。又二廂披。內外明堂前後遊巡。及大二門祖堂。紅白二事。公行公用無阻。

右給承買人沈斯南收執

中華民國五年拾月貳拾四日

錄呈呂省長請飭縣嚴禁花會文

具呈四等嘉禾章前浙江農商財政顧問日本神阪中華會舘理事長吳作鎮

呈爲花會重興。地方不寧。懇　恩嚴辦賭棍。以救民命事。竊作鎮身居異國。念切桑梓。故土慈谿縣北鄉地濱海濊。民業田疇。生齒二十餘萬。端賴種作勤儉。得以生息。光復之年海嘯爲災。人民蕩析離居。無以爲生。經作鎮出洋三萬餘。振平兼施。始得相安。業蒙前朱都督咨部在案。民國肇興。法制稍更。不謂游手好閑之徒。亦乘機迭起。始而各處廟會。旺興賭局。繼且賄通官署衛隊。當地劣紳。明目張膽。大開花會。約計山北一帶。綿亙數十里。無村勿有。航船聽筒。往來如織。誘以一賠三十之厚利。以致男女妄想發財。求夢禱鬼。露宿墳廟。失節輕生。傾家蕩產。不可勝計。而又以敝鄉一方爲最慘烈。以花會頭目沈阿宏綽號飯淘籮阿宏者。出自敝鄉也。曾據鄉間紳士報告。經作鎮查復核實。始悉首犯沈阿宏翁守元沈瑞竹沈賴毛等。恃賄通　知事衛隊長陳雲程之力。故敢肆無忌憚。到處開設。作鎮乃將花會爲害情形。幷爲首各犯巢穴。開列詳明。於三四年間。歷禀前任各知事。求其嚴緝嚴禁。無如告者諄々。聽者藐々。延宕多日。無一獲案。以致民間膏血吸盡。匪首皆身擁厚資。而官廳來信。且藉口署中公費無多。不能厚出賞格。會營協緝。作鎮爲鄉里除害計。不得已允出賞格洋壹千六百元。以資策勵。一面又呈請　前巡按使屈公。求其飭縣會營協拿。遲至四年十月。始獲到從犯翁守元一名。所有賞洋五百元。即日由縣收去。而以首犯未獲。花會依然旺開。及至數月後翁守元伏法其勢始得稍衰然已搜括無遺十室九空以致盜賊蠭起搶奪械鬬不一而足正當饑寒交迫之秋不謂天未厭禍又復海嘯陡起全鄉禾棉盡付澤國嗷鴻遍野慘不忍聞作鎮早爲嚴州被災曾助賑欵五千繼以故鄉災重乃特竭棉薄再捐洋五千元以救災黎惟以杯水車薪收效無多又以花會首惡未除難免移時復發正切杞憂乃疊接鄉間父老來信謂匪首沈阿宏仍復聯絡匪棍沈瑞竹沈賴毛徐寶堂等重開花會勾引四方男女混雜猜打旬日以來舉鄉若狂聞訊之餘寢饋難安伏查匪首沈阿宏所以膽敢一再藐法者以賄通 知事衛隊長陳雲程爲之護符而陳雲程本係北鄉無賴自充衛隊以來無惡不作作鎮早曾將此節告知 夏知事並 巡按使屈公亦曾飭其將陳雲程斥革乃該 知事均置若罔聞是其有意縱匪無怪匪膽愈大再接再厲前次翁守元之能獲案聞其與沈阿宏勢不兩立於陳雲程賄亦較少故耳沈匪手面闊大日賄陳雲程數十金陳與知事是否表裏雖不可知迹其袒庇衛隊縱放花會無怪物議沸騰公正紳士恨之刺骨爲特據實懇求

省長迅賜飭縣嚴拏花會匪首沈阿宏沈瑞竹沈賴毛徐寶堂等到案嚴懲并將陳雲程革職從重治罪以救地方而甦民命不勝悚惶主臣之至謹呈

浙江省長呂勛鑒

吳作鎮呈

民國五年拾月 日

錄呈呂省長請飭縣嚴禁花會函附省長訓令

久仰

鴻儀殊深蟻慕敬維

戴之省長先生學兼文武

績懋東南

望藹金風

作兩浙軍民之長

恩周玉宇慰萬姓

膏澤之私翹企

幬輝。曷勝藻頌。作鏌經商蓬島。繫念梓鄉。前以帝制發生。神州遍敷流毒。幸仗我

公保障浙水。得慶安瀾。果爾克邀

天眷。元惡冥誅。共和恢復。則是我

公才識之超。

勳業之隆。早已中外同欽。億兆咸戴矣。就任以來。除暴安良。軍民翕服。迄今省會已開。地方自治。漸就整理。遐聽之餘。無任鼓舞。茲敬懇者。因敝鄉即慈谿縣北鄉地近海隅。民多愚頑。數年來花會不絕。脂膏吸盡。以故一遇歲歉。饑莩載道。盜賊橫行。又以本任　夏知事坐視不管。縱令衛隊長陳雲程納賄庇匪。匪旺興花會。毒害全鄉。故作鏌茲特謹繕呈詞一通。並將前有呈詞函件一併鈔呈　台

鑒。務乞我

公迅即密　飭幹員會營嚴拿沈阿宏等各匪首。并撤革衛隊長陳雲程。一併到案嚴辦。禁絕花會。以安地方而救民命。實深企禱。諸多瀆聽。謹乞

深諒。臨穎神悚。不勝主臣。肅此。敬請

勛安。統希

鼎照。不戩。

治弟　吳作鏌鞠躬

附上前呈屈巡按使節略一扣。屈公復函二件。又慈谿縣

夏知事復函一件。慈北鄉公函一件。并請

亮詧。

錄浙江省長公署訓令第壹千壹百八拾貳號令新任慈谿林知事查拿該縣花會匪犯。並撤換陳雲程由。

令慈谿縣知事林覲光

案據該縣在日華僑吳作鏌。以縣屬北鄉匪首沈阿宏等開設花會。貽禍地方。縣警隊長得賄包庇。請分別嚴禁。查拿撤懲等情。具呈到署。查沈阿宏等開設花會。迭經前巡按使嚴緝查拿。并經該僑商允出賞格洋一千六百元。警隊長陳雲程。亦經前巡按使飭令撤換。何以該縣歷任知事。並不遵行。殊屬泄玩。茲據前情。合行鈔呈。令仰該知事迅將該犯沈阿宏等嚴密緝拿。務獲訊究。並將該處花會。從嚴查禁。務絕根株。其警隊長陳雲程。捕

務廢弛。無可辭咎。着即撤換。如查有得賄包庇情事。並應訴由專審員。依法嚴究。毋稍徇縱。仍將遵辦情形。具報察奪。並轉行知照。此令。

中華民國五年十一月三日　省長呂公望

錄致慈北衆紳徵求選舉良法函

鄉長先生閣下。久疏鯉候。時切馳思。流光如駛。忽又梅園破蠟。黍谷回春矣。緬想

履端叶吉。

潭第凝庥。無任忭祝。敬啓者(作鏌)久羈異域。時念梓鄉。前淸光緒三十三年秋。回國省墓。時適霪雨爲災。花稻盡淹。質諸父老。僉謂四浦淤塞。兩湖塘坍。致遭荒歉云云。因思先賢捐田爲湖。福我全鄉。厥功甚偉。當時適有不肖劣紳。肥私害公。爭奪湖租。彼此健訟不休(作鏌)爲保全舉鄉公益計。不辭艱辛。出任調處。一面勸息訟端。一面捐資從事興脩。仰仗闔鄉　諸賢哲協助之力。(作鏌)任六七年之勞役費七萬餘之金錢。乃得擇要告成。嗣爲水利局前經理沈增輝夜郎自大。鯨吞公欵。一切賬項。匿不報告。又敢圖占公田。謀作己產。經(作鏌)察覺。乃恐不安於位。膽敢爲先發制人之計。糾集匪黨。持械圍校。圖殺(作鏌)以杜衆口。幸而惡計不售。官署嚴拿。該匪畏罪。逃往青島。旋受冥誅。延至去秋。始將該痞封產拍賣歸欵。雖欽欠尚鉅。然以其人後嗣俱絕。祗得就此了案。總計前後。(作鏌)服勞是役。不第心血耗盡。而訟歷兩朝。案牘盈尺。所費又屬不貲。從未向公衆收取分文。亮亦全鄉諸公所洞悉也。不意去秋(三舍弟)病故。水利局總理一席。理應邀集全鄉紳士。另行選舉。萬不料有一二豪强。覬覦是職。竟敢運動一班。既無財產。又乏名望。而並非水利局邀請之本人。到崇壽宮强爭投票。大聲肆擾。鬧至三四小時之久。幾將決裂散會。窺其用意。非僅爲總理每年三百金之薪水。實因每年可收三四千元之公租。或想任意調用。私飽囊槖。故敢出此行爲。幸有數位正紳。主持公道。始得舉定　葉蕉生先生爲總理。以服衆心。

乃近接　葉公來函。謂年逾古稀。不克肩此重任。惟因覩此狀况。棼亂已極。不得不俯允衆請。暫承厥乏。業將所收租欵。存放甬江愼豐錢莊。務請速籌妥法。另選賢能接充。俾得交卸云云。作鏌聞訊之餘。痛念若輩不量才德。膽敢蹂躪定章。搶奪總理。殊屬不成事理。故擬再籌善策。限制選舉。以免爭奪。顧念兩湖四浦水利。與夫六十萬畝之花稻。數十萬人之命脈。關繫綦重。成效顯著。斷不容勢豪土覇者流。濫厠其間。僨厥公務。因思逢源清流。必從根本着想。田產多者。影響直接。關係等諸切膚。其愛護自必週到。爲特徵求衆意。從事商酌。約計六鄉之中。每鄉各舉二三人。其人必擇聞望素著。爲鄉里所器重。又必富有田產。極少有五十畝以上者。確爲殷實身家。方得有選舉權。並得被選爲總協理人。至當選舉總協理時。務各親自到場投票。不准委任他人。並不得有選舉權以外之人。混雜投票。每屆選舉前十四天。水利局當派發傳單。訂定日期。並邀請本縣　知事臨場監督。以昭愼重。選舉妥後。爲總協理者。務必恪守成章。謹愼將事。勿負委任。其會計兼文牘。照章祇有一人。倘有營私舞弊。萬不能瞻狥情面。曲予優容。俗言換官不換吏。難免不上下其手。致滋流弊。全在總協理勤加檢察。至所收租欵。由總協理公同酌存妥實錢莊。每月收支各賬。報告各處之有選舉權者。並錦堂學校。咸使聞知。倘有缺少。惟總協理是問。毋得推諉。總之作鏌殫精竭慮。復此兩湖。原冀福我鄉里。澤及世代。有生之日。斷不願有不肖者流。任意破壞。區區苦衷。伏維

亮察。務望

高明妥籌選舉良法。使鄉晚得所遵繩。以便訂正章程。具呈　公署。申請咨　部立案。俾垂永久。而利萬世。是否有當。惟希早日

賜復。無任翹盼。專此。肅請

公安。並叩

年釐。

鄉晚吳作鏌鞠躬

中華民國六年一月　日

錄慈北沈俊君來函

錦堂鄉長先生偉鑒。久欽高風。無緣識荆。去年曾接報告。備論花會之害。果仗鼎力。雷厲風行。頓然禁絕。連年慨捐鉅欵。修水利。拯災黎。若非仁人篤厚桑梓。曷克臻此。晚蟄居村里。不出戶庭。地方公事。自有高賢先達爲之主裁。譾陋如晚。初未嘗涉足其間。惟花會之害。目擊心痛。苟能弊絕風清。詎不思奮。顧自以爲涓塵之力。無裨時艱。熱腸如公。敢爲陳之。計自去年禁絕以來。匪魁沈阿宏。綽號飯淘羅。依然逍遙法外。雖出自該匪等神通廣大。實由於官府緝捕之不力。而地方紳耆。噤若寒蟬。大都懼其黨衆。潛謀報復。以致養癰不顧貽害耳。故今仍明目張膽。敢爲筒主。舊曆九月。秋獲未齊。趨附之人尚少。近則招徠日廣。生意繁盛。尤甚於去年今日。去年歲歉貧者質衣縮食。猜打乏資。今年稍豐。農工細民。畧有貯蓄。無不入此迷陣。以手胼足胝汗血工力之所得。而擲於虛牝。供無賴之慾壑。猶復醉生夢死。舉鄉若狂。可嘆孰甚。今日街談巷議。占卜詳夢。歲暮則典妻鬻子。投河奔井。哭聲相聞。斯固意計中耳。是稍豐無異於荒歉。興懷及此。疇不慘然。伏維明公。篤念民瘼。敬愛桑梓。又有去年之惠績。繫於人心。恩威所及。必能望風而靡。知過而改。希即重理舊案。轉禀省長。嚴緝匪類。務使奸宄匿跡。良民安堵。庶幾拜公之賜。頌公之德。益靡涯矣。專此。即候籌安。

鄉晚　沈俊頓首

錄吳作鎮致六鄉公函

鄉長先生閣下。敬啓者。春初曾奉公函。想荷青鑒。所有徵求選舉水利局總協理改良章程。雖間有一二議論紛歧。意似攻擊總協理。然多數意見。指教辦法。如出一轍。即　知事函諭。亦謂前鄉晚所擬草章。尚屬妥善。似可照行。爲特將衆意所酌改之第二條選舉章程。繕就呈詞。即日具呈公署存案。一面將所訂正之選舉新章。印呈　台覽。以便周知。查吾鄉向分五都。就中田畝最多者。首推廿八廿七都。次爲二十九三十都。其二十六都最少。田畝多者關係尤切。茲擬得選舉權者。二十七二十八都各四人。二十九三十都各三人。二十六都二人。共計十六人。先由各都選定。然後當衆公舉。其人必擇聞望素著。爲鄉里所器重。尤必富有田產。極少有五十畝以上。確爲殷實身家。方得有選舉權。並得被選爲總協理人。至當選舉總協理時。務各親自到場。不准委任他人。並不得有選舉權以外之人。混雜投票。察出議罰。每屆選舉前十四天。水利局當訂定日期。派發傳單與各都。並邀請本縣　知事臨場監督。以昭愼重。選舉妥後。爲總協理者。務必恪守成章。謹愼將事。勿負委任。其會計兼文牘。照章祇有一人。倘有營私舞弊。萬不能瞻狥情面。曲予優容。俗言換官不換吏。難免不上下其手。致滋流弊。全在總協理勤加檢察。永久依章辦理。勿使破壞。全鄉幸甚。所有三亡弟總理水利局事。至去年六月止。報告册內。揭存洋壹千四百六十九元五角五分。後又收沈增輝封產賣價。派洋八百七十五元六角。兩共洋貳千三百四十五元一角五分。計付出洋八百七十一元八角九分。除過丈洋壹千四百七十三元二角六分。存錦堂學校。水利局需要。隨時可取。惟三亡弟總理夫馬費自七月至十月末領。其支收各帳另頁印呈。三舍弟故後。於十月間將水利局帳簿等各要件。盡數移交葉蕉翁收管。去冬所收公田租欵。約有三千六七百元。又收到沈錦鈺君歸還昔年賑欵項下餘洋八百四十餘元。兩共約計洋四千五六百元。支用若干。希即從速報告。所存之欵。茲接鄉老公函。謂今屆霉雨兼旬。山水暴注。河水陡漲。兩湖滿溢。瀕湖之田。俱成澤國。以致秧苗浸腐。不克栽種。揆其原因。僉謂古淹兩浦閘下淤塞。出水紆緩。未能急流歸海。致遭此災。懇即從事濬掘云云。是知此舉誠不可緩。望即公議定奪。以便早日興工。且本年春夏之交。數省久旱。豆麥歉收。米糧雖未看漲。而棉花被美國減種。且因水脚貴昂。新花公議價約每擔八十五元至九十元各國用棉已頒命令限制。我國新花。價應在三十元至五十元之間。是爲從古未有。而水利局管理湖浦塘閘。似宜格外慎重。可卜有秋。苟得花稻豐收。我鄉增財甚巨。回憶光緒三十二年春。公議濬掘堰浦竺民兩浦。公派民田畝捐。及關係出水灶地畝捐。先由各紳士籌墊開工。而畝捐則概由　裘如齋君。向慈庫接收。及至九月間。向裘君領欵。函復祇收到九千餘元僅足抵堰浦之費。當時竺浦四月完工。其工費先由翁可堂君徐禮菖吳啓夏徐季仙等籌墊。至秋季可堂君等。力有不及。不能久待。於是向裘君等交涉。及至事將决裂。不得已由作鏌墊洋貳千元。交與裘君轉交翁君。此外又墊洋七百元。至宣統元年始收到畝捐項下洋貳千元。仍欠作鏌洋七百元。其竺民浦邊升漲之地。招佃戶開墾。每畝收洋五元三元不等。定三年後起租。其墾洋盡歸濬浦諸君墊欵利息等清訖。計墾得地壹百零七畝。當時由三舍弟作賢經理。所欠作鏌掘浦墊洋七百元。於民國四年。本利還清。不意去秋身故。所有經手公事。均須代與整理。查墾地在前清宣統二年。始得起租。內有兩年海嘯減收。且下閘以下之浦。朝潮夕汐。業已淤塞。似不能不即行疏濬。以期宣洩無虞。閘旁涼亭。去年建妥。所費亦巨。所有宣統二年起至民國六年六月止。收支各賬。印呈

公鑒。惟欠作鏌墊付濬浦費洋八百零七元四角九分外存徐曙章欠欵洋百元。系本年十月期交還。其地租逐年歸錦堂學校收取。以清墊欵。將來再有餘欵。可濬閘上之浦。但下閘每有靠海者出入私放。雖有出費管閘之人。安能逐日看住。幸有吳徐兩姓農人。協力照顧。得免私放。因其關顧水利。故將租欵內。每年撥付路燈油費洋百元。以作酬報。想諸公當亦以爲然也。特呈詳情。幸祈　公鑒

耑此。順請

大安。

鄉晚吳作鏌鞠躬

附錄前呈慈谿縣公呈一扣

具呈慈北辦理水利局代表吳作鎮水利局
總理葉鴻年
爲酌改舊章懇　恩備案以昭慎重事。竊慈
北水利局善後章程。前於民國二年十二月。
呈請。　公署。申詳咨　部在案。茲爲章程內。
第二條。選舉總協理一節。權限漫無限制。以
致去冬十月。在崇壽宮改選總理時。竟有毫
無財產。又乏名譽之人。濫竽而前。議論百出。
且強欲投票。紛擾數時。幾將決裂。幸仗數位
正紳。主持公道。勸阻。始舉定葉蕉生暫爲總
理。得保秩序。似舊章失之渾括。不能不畧事
酌改。冀臻妥善。茲經（代表等）徵求衆意。詢謀
僉同。以北鄉向分五都。二十八二十七兩都
最多。二十九三十次之。二十六都爲最少。田
畝多者關係密切。愛護自必周到。茲擬得選
舉權者。二十七二十八都各四人。二十九三
十都各三人。二十六都兩人。共計十六人。各
都先自推選。其人必擇聞望素著。爲鄉里所
器重。尤必富有田產。極少五十畝以上。確爲
殷實身家。方得有選舉權。並被選爲總協理。
至當選舉時。務必親自到場。不准委任他人。
並不得有選舉權以外之人。混雜投票。察出
議罰。每屆選舉前十四天。水利局當訂定日
期。派發傳單於各都。並邀請本縣
知事臨場監督。以昭慎重。而杜流弊。爲特謹
將酌改原由。并所訂正第二條選舉總協理
章程。繕就呈詞。敬呈
冰鑑。務求　恩准詧核備案以便遵行實爲
萬幸謹呈
民國六年六月　日
附慈谿縣公署批
來呈悉。所定選舉章程。以財產名譽兩項爲
標準。而又傳之以按都定額。分配當選人數。
有所限制。足徵熱心公益。規畫周詳。無微不
至。所請備案。應予照准。此批。
中華民國六年七月八日

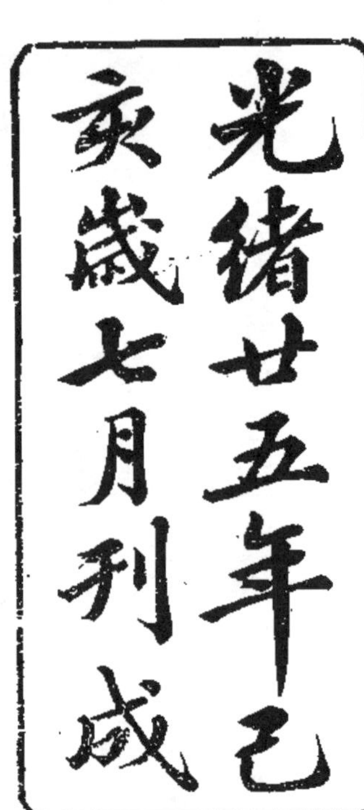
光緒廿五年己亥歲七月刊成

本書選用寧波市圖書館藏本影印

牟山湖志序

吾邑姚江中貫爲諸水之經沿江諸田資灌溉不竭而南北地勢迤高水輒中注非隨地築防以障之不足以興水利而尤恃有湖以爲之瀦蓄湖在西北界蘭風東山二鄉者曰牟山曰余支在東山鄉者曰汝仇汝仇自前明已漸墾爲田至今且邱壟累累蕩無復勢余支近亦加開濬而灌溉不廣故東山蘭風開元孝義燭溪雲柯六鄉水利大半賴牟山然亦時時有侵佔葑淤之弊所望業主之有力者及時勘禁而脩濬之光緒初余從母丈劉子栮中議出資首刱并糾集捐貲各數千金築塘鑱淤而牟山水利乃益溥迄今二十餘年而葑淤而侵佔又不覺諸弊迭生余

表兄介臣中翰慨然興繼述之思爰於乙未歲偕其鄉陳笙郊封翁爲倡邀集同志醵貲重加脩濬勘定界址精繪開方圖付之石印余於戊戌歲校訂新邑志巳將其牟山湖水利圖跋列入志中中翰又出其所輯牟山湖志屬余敘其端余閱之源流條理釐然井然洵足補湖經所未備永水利於無窮蓋中翰夙承中議君指示精測量算學其地多親歷而周度之而哲嗣伯南伯真兩文學又能相助爲理檢校錄繕不一一假手於人故厥志所載致爲詳核俾後之覽者得有所攷以續前人脩濬之功得有所據以杜後日侵佔之漸則斯志之爲裨良多矣

光緒己亥二月下澣　先天客葉秉鈞譔

牟山湖志

劉福升介臣氏著

男劉鵬伯南
劉鼇伯真校對

目錄

凡例

一新舊邑志所記堰閘河道僅舉大略此志專爲六鄉水利悉據現在情形勘定不嫌詳盡

一湖址遼闊水道紆迴界堰櫛比非圖不明兹依開方術測繪分爲兩圖以清眉目至統圖另繪大幅石印單行

一沿湖私墾灘田及裏外窰場尚未剷盡分别編號繪圖以昭核實

一明代復湖諸公崇祀跨湖庵湖神祠兩處别編姓名以誌不朽

一前明及本朝碑記彙刊備考其文已剝蝕者姑從闕如

一此志與余支湖志先後成書兩湖界堰毘連之處余支湖志不載閱者參觀可也

一此志務求核實不取繁文閱者鑒之

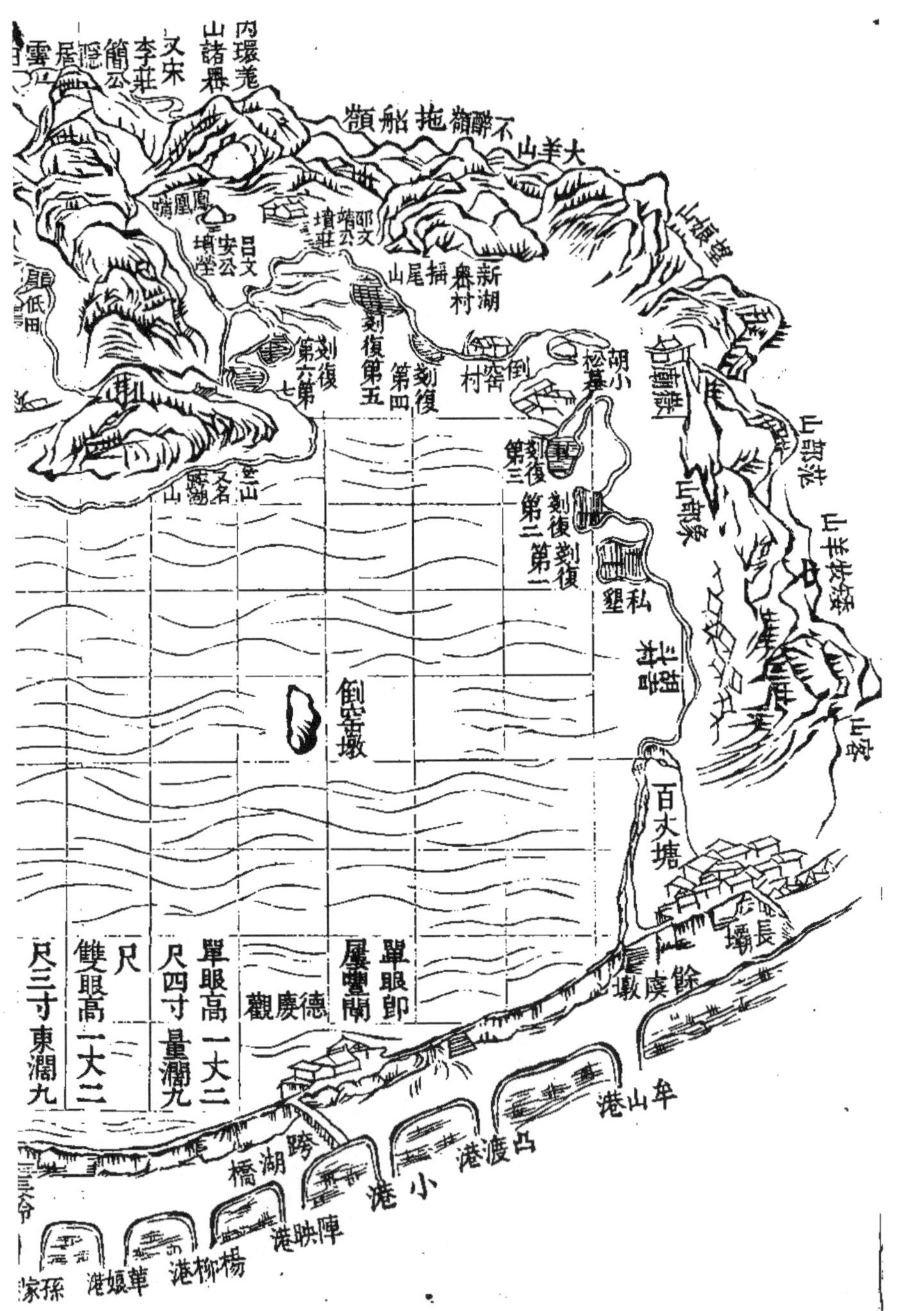

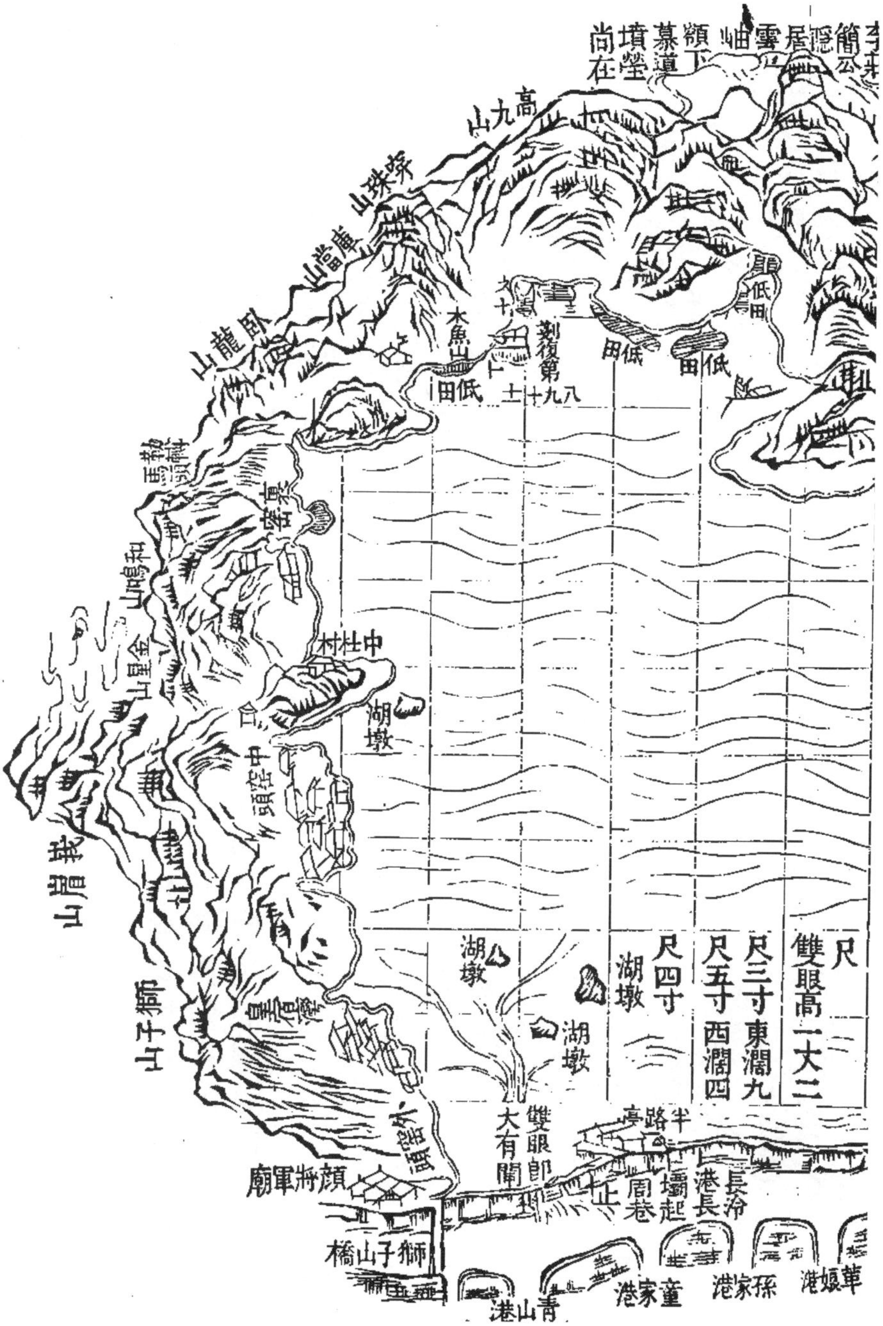

簡公
隱居
雲岫
額下
墓道
墳塋
尚在
高九山
葉珠山
庫當山
臥龍山
木魚山
低田
低田
低田
低田
中杜村
湖墩
和鳴山
金星山
中窪頭
峩眉山
獅子山
湖墩
湖墩
湖墩
雙眼高一丈二尺
東濶九尺三寸
西濶四尺五寸
尺四寸
半路亭
雙眼郎
大有閘
長冷港
長墻起
周巷
顏將軍廟
獅子山橋
青山港
童家港
孫家港

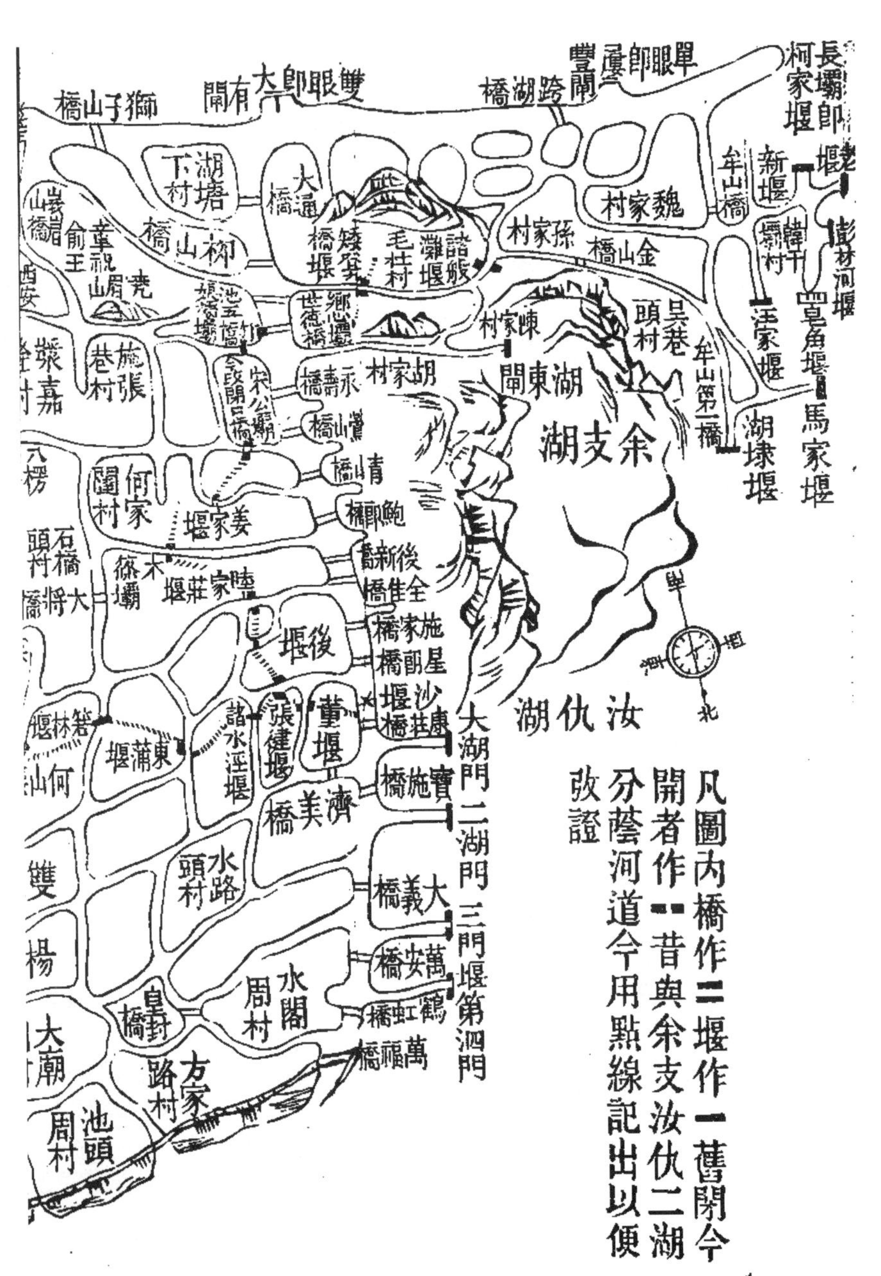
獅子山橋
雙眼郎大有閘
單眼郎壓豐閘
跨湖橋
長壩郎
柯家堰
老堰
新堰
牟山橋
魏家村
孫家村
金山橋
彭村河堰
馬家堰
湖埭堰
汪家堰
吳巷頭村
牟山第二橋
湖塘下村
大通橋
柳山橋
陳家村
胡家村
湖東閘
余支湖
永壽橋
姜家堰
何家閩村
施張巷村
後堰
施家橋
董堰
張建堰
東蒲堰
濟美橋
寶施橋
大義橋
萬安橋
鶴虹橋
萬福橋
水路頭村
水閣周村
皇封橋
方家路村
池頭周村
雙
楊
汝仇湖
大湖門
二湖門
三門堰
第四門
凡圖內橋作＝堰作▬舊閘今開者作▪▪昔與余支汝仇二湖分蔭河道今用點線記出以便攷證

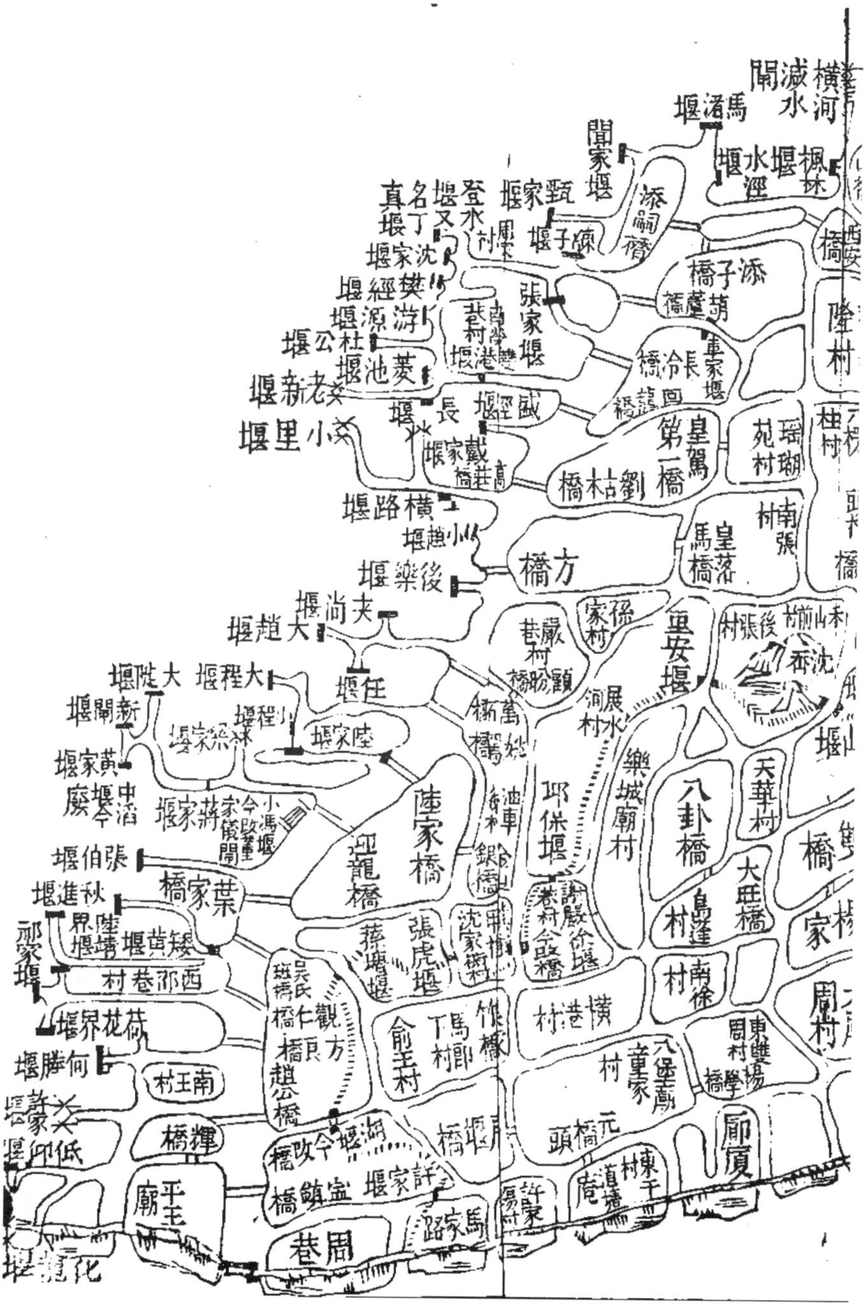
橫河
減水
閘
馬渚堰
閘家堰
楓林堰
涇水堰
添嗣橋
甄家堰
登水
名堰
真丁堰
沈家堰
添子橋
張家堰
游源堰
杜公堰
菱池堰
老新堰
小里堰
長堰
盛涇堰
戴家堰
劉古朴橋
第一橋
皇駕
瑞湖
苑村
橫路堰
小趙堰
後樂堰
方橋
皇落
馬橋
南張村
夾尚堰
大趙堰
孫家村
嚴巷村
重安堰
大程堰
大陡堰
任堰
新閘堰
小程堰
陸家堰
黃家堰
中涵堰
蔣家堰
張伯堰
陸家橋
迎龍橋
葉家橋
秋進堰
樂城廟村
八卦橋
天華村
大旺橋
邱保堰
油車
矮黃堰
西邵巷村
荷花界堰
何塍堰
南王村
輝橋
觀方
趙公橋
張虎堰
橫巷村
南徐村
周村
平王廟
周巷
馬家路
許家堰
元橋頭
董家村
八堡廟
廊廈
化龍堰

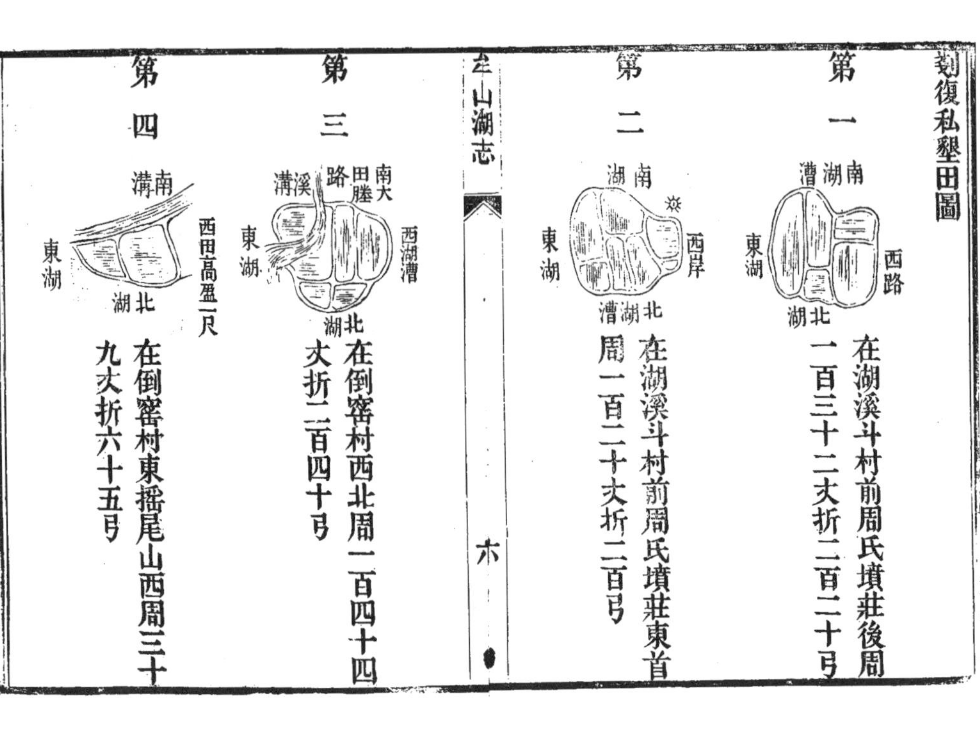

剗復私墾田圖

第一

在湖溪斗村前周氏墳莊後周一百三十二丈折二百二十弓

第二

在湖溪斗村前周氏墳莊東首周一百二十丈折二百弓

第三

在倒窖村西北周一百四十四丈折二百四十弓

第四

在倒窖村東摇尾山西周三十九丈折六十五弓

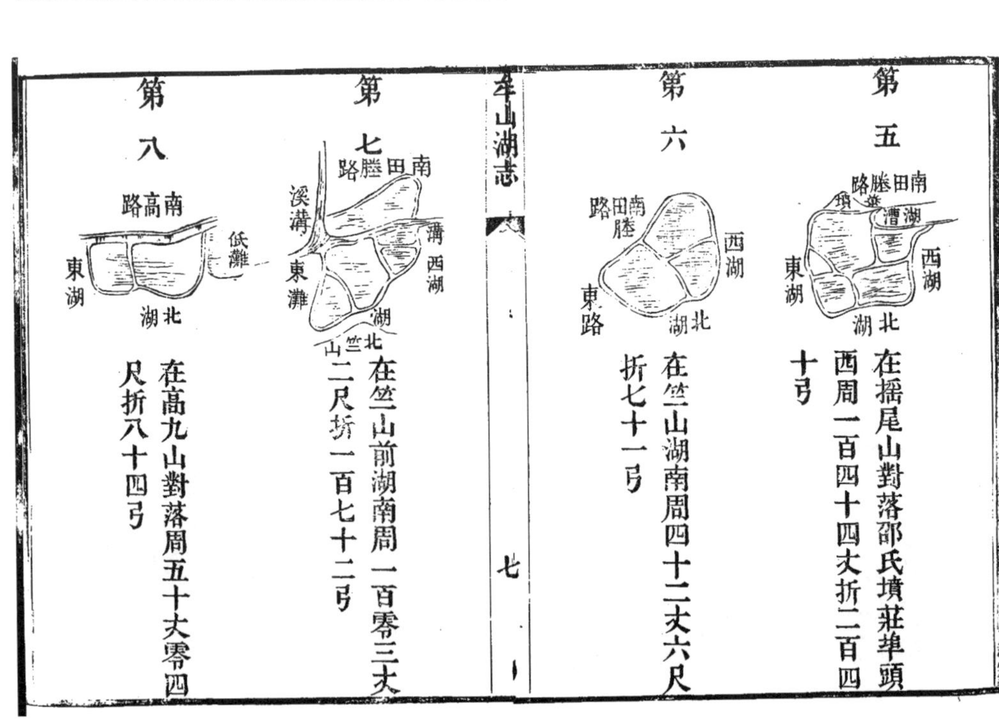

第五

在摇尾山對落邵氏墳莊埠頭西周一百四十四丈折二百四十弓

第六

在笠山湖南周四十二丈六尺折七十一弓

第七

在笠山前湖南周一百零三丈二尺折一百七十二弓

第八

在高九山對落周五十丈零四尺折八十四弓

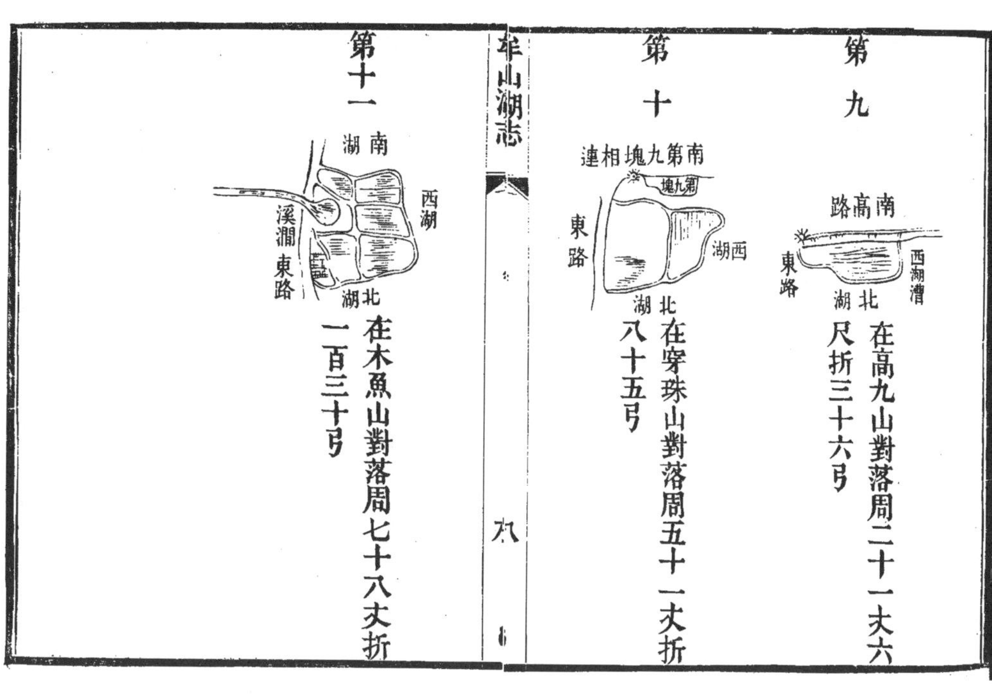

第九

在高九山對落周二十一丈六尺折三十六弓

第十

在穿珠山對落周五十一丈折八十五弓

第十一

在木魚山對落周七十八丈折一百三十弓

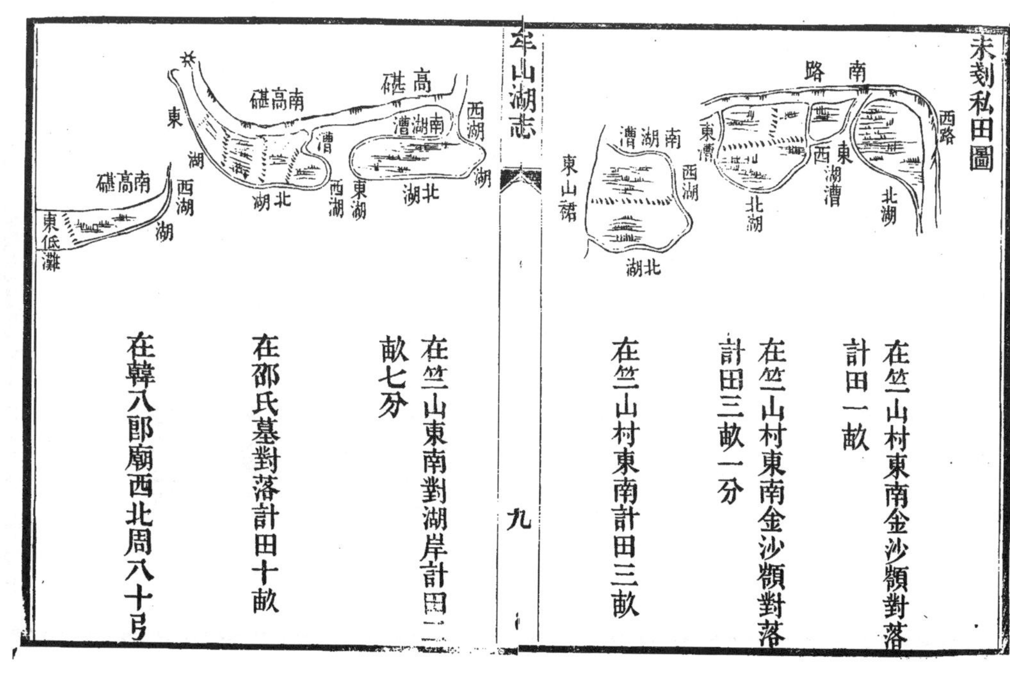

未刻私田圖

在竺山村東南金沙額對落計田一畝

在竺山村東南金沙額對落計田三畝一分

在竺山村東南計田三畝

在竺山東南對湖岸計田二畝七分

在邵氏墓對落計田十畝

在韓八郎廟西北周八十弓

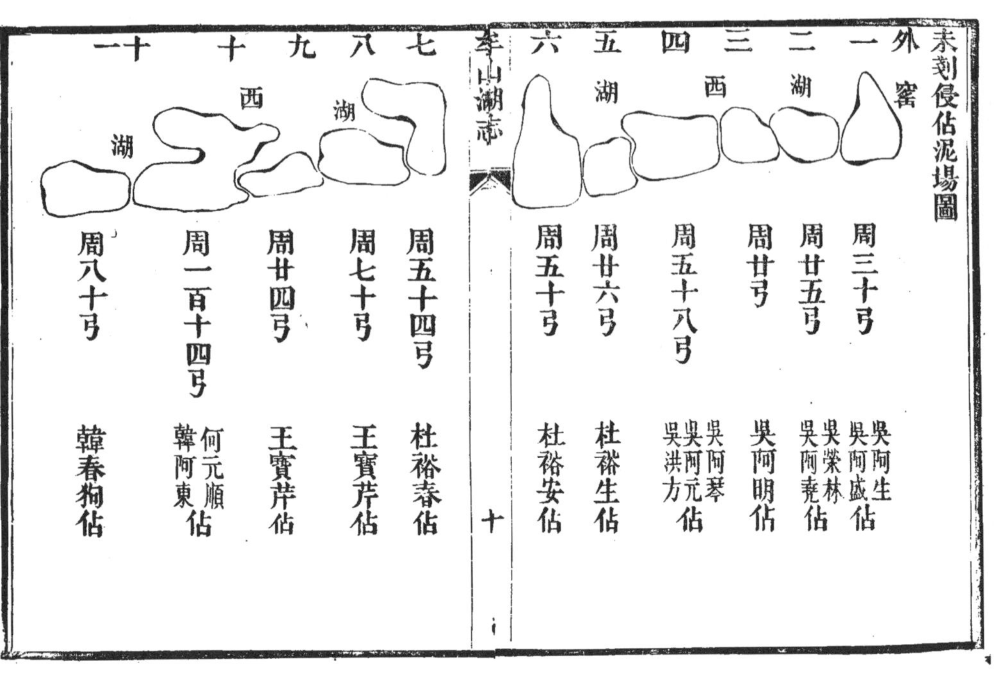
未刻侵佔泥場圖
外窰
一 周三十弓 吳阿生 吳阿盛佔
二 周廿五弓 吳榮林 吳阿堯佔
三 周廿弓 吳阿明佔
四 周五十八弓 吳阿琴 吳阿元 吳洪方佔
五 周廿六弓 杜裕生佔
六 周五十弓 杜裕安佔
湖 西 湖
牟山湖志 十
七 周五十四弓 杜裕春佔
八 周七十弓 王寶芹佔
九 周廿四弓 王寶芹佔
十 周一百十四弓 何元順 韓阿東佔
十一 周八十弓 韓春狗佔
湖 西 湖

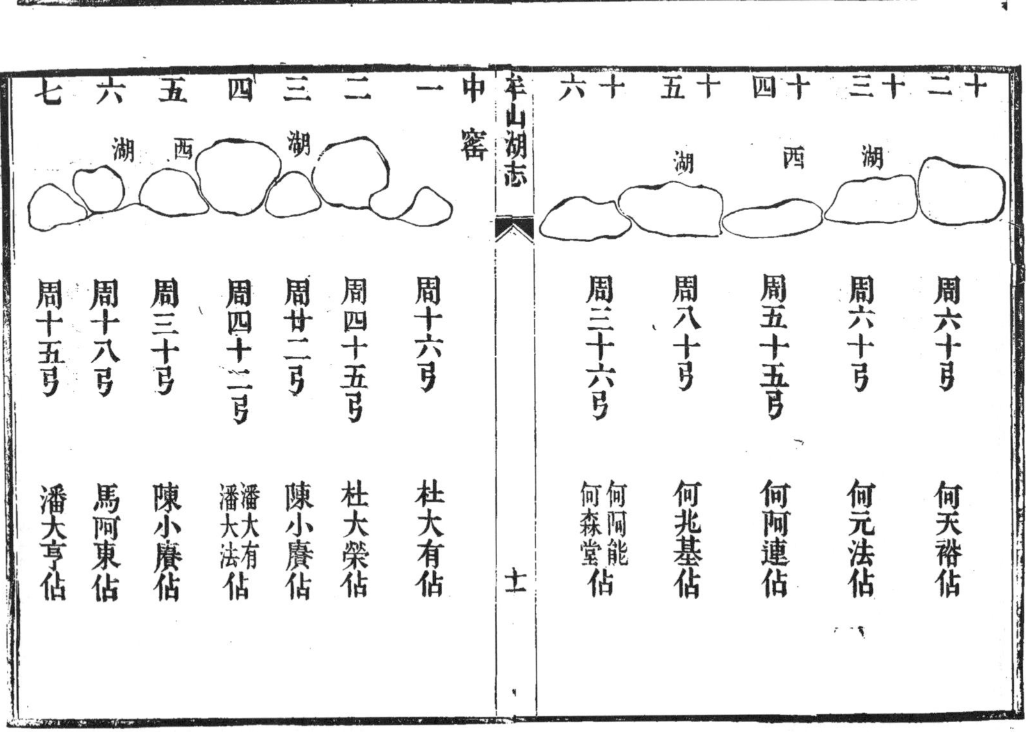
十二 周六十弓 何天裕佔
十三 周六十弓 何元法佔
十四 周五十五弓 何阿連佔
十五 周八十弓 何兆基佔
十六 周三十六弓 何阿能 何森堂佔
湖 西 湖
牟山湖志 十一
中窰
一 周十六弓 杜大有佔
二 周四十五弓 杜大榮佔
三 周廿二弓 陳小賡佔
四 周四十二弓 潘大有 潘大法佔
五 周三十弓 陳小賡佔
六 周十八弓 馬阿東佔
七 周十五弓 潘大亨佔
湖 西 湖

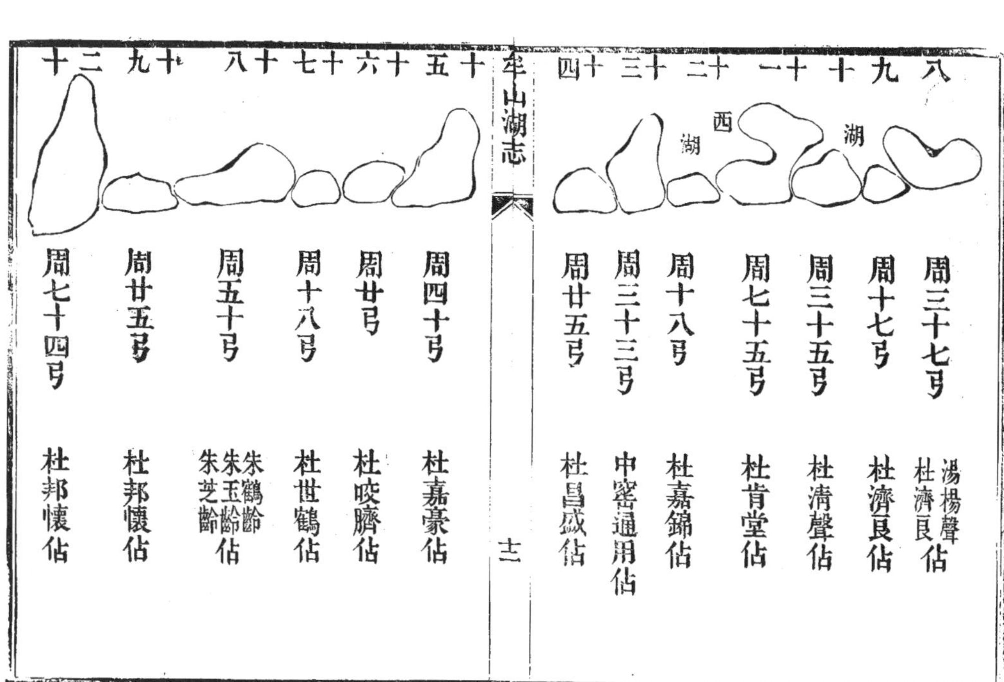
牟山湖志
十一
西
湖
湖
八
周三十七弓
湯楊聲
杜濟良佔
九
周十七弓
杜濟良佔
十
周三十五弓
杜清聲佔
十一
周七十五弓
杜肯堂佔
十二
周十八弓
杜嘉錦佔
十三
周三十三弓
中窰通用佔
十四
周廿五弓
杜昌盛佔
十五
周四十弓
杜嘉豪佔
十六
周廿弓
杜咬臍佔
十七
周十八弓
杜世鶴佔
十八
周五十弓
朱鶴齡
朱玉齡
朱芝齡
佔
十九
周廿五弓
杜邦懷佔
二十
周七十四弓
杜邦懷佔

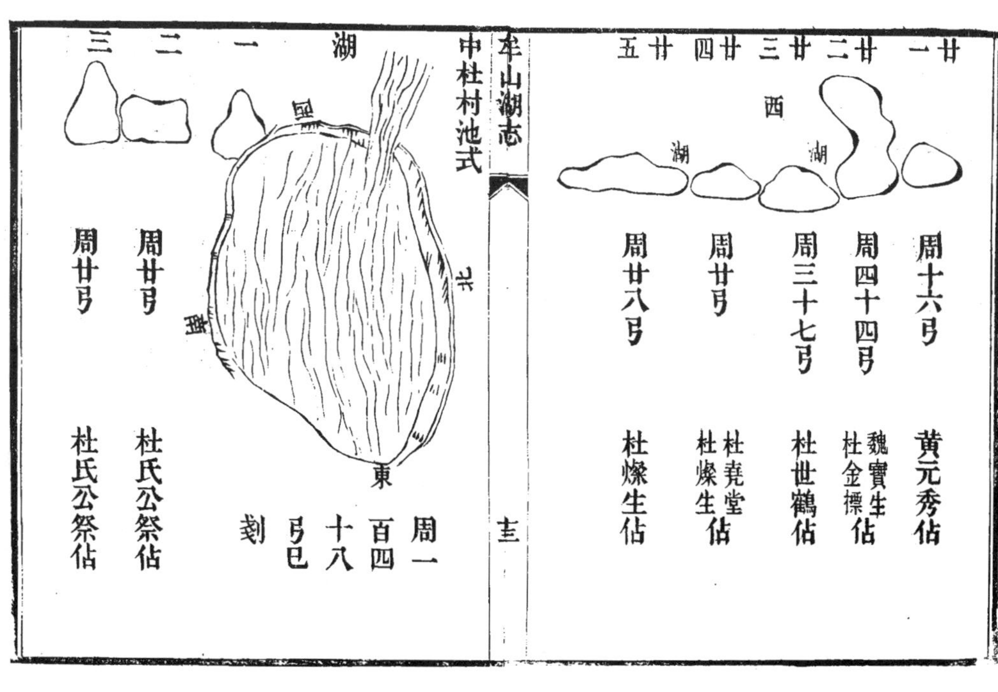
牟山湖志
十二
西
湖
湖
廿一
周十六弓
黄元秀佔
廿二
周四十四弓
魏寶生
杜金標
佔
廿三
周三十七弓
杜世鶴佔
廿四
周廿弓
杜堯堂
杜燦生
佔
廿五
周廿八弓
杜燦生佔
中杜村池式
西
北
南
東
周一百四十八弓已刻
湖
一
二
周廿弓
杜氏公祭佔
三
周廿弓
杜氏公祭佔

裏窖

一　周廿弓　杜可美佔

二　周七十弓　杜可美佔

三　周五十五弓　杜國森佔

四　周六十弓　孫阿和佔

五　周廿弓　湯森林佔

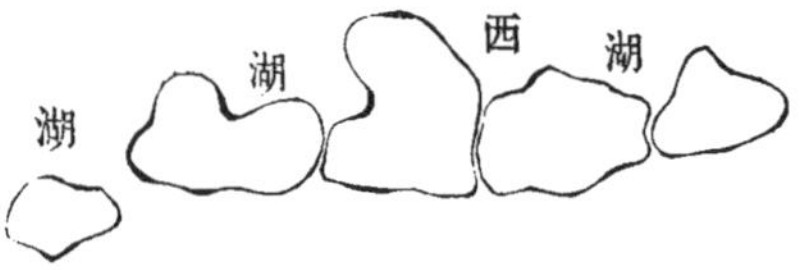

南宅村池式

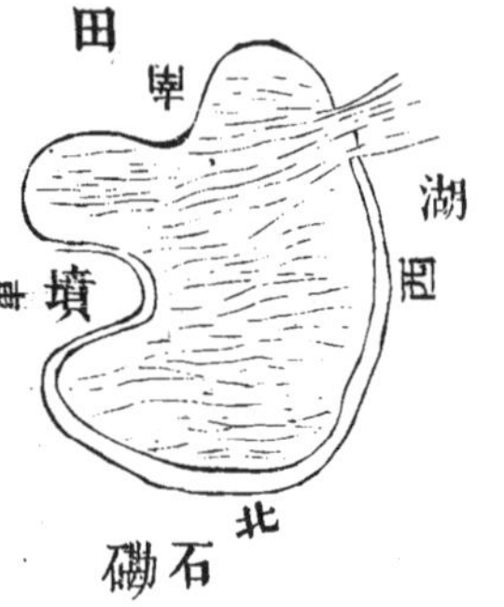

周一百三十弓已剷

牟山湖水利圖跋

光緒乙未之歲陳君笙郊邀集同志首倡濬湖脩閘之議詣縣請示將牟山湖私墾田先行剷復爲六鄉水利計誠善舉也顧善始尤必善終自汝仇湖廢後余支湖又淤小在昔三湖承蔭田畝各有界堰今則十存一二凡蘭風東山開元燭溪雲柯孝義六鄉所賴以蔭田者牟山湖實爲命府也使徒濬於一時而不作經久之計千鈞一髮不誠可慮哉爰有嚴君子昭工於繪事自丁酉夏五至戊戌暮春採訪周覽照牟山湖周圍丈量其湖邊已剷私田并私佔窖場逐一編號註明丈尺載入牟山湖志以便清查至於湖水所到之處接繪河圖以長泠港爲幹河照邑志所

載逐細訪查凡長泠以東諸堰有今昔異名者有今改爲閘者有今改車壩者皆下通湖汐勘歷詳明至長泠以西諸堰西南與余支湖分界西北與汝仇湖分界圖內照舊志用點線分出其堰有僅存基址者有已無形迹者有今改爲橋者有開通中流者挨查清確歷誌諸圖湖計丈尺河計里數庶幾全湖源流可以按圖而攷云

全湖周積

自獅子山頭起至百丈塘止實量一千四百八十二丈折二千四百七十弓以二百四十弓爲一里算計直長十里一百四十步百丈塘實量二百三十四丈折三百九十弓又接量湖內界路至獅子山頭起弓處止實量三千六百六十丈折六千一百弓以上四圍共得五千三百七十六丈折八千九百六十弓開方計算周積五百零一萬七千六百弓內除竹山周圍一千四百四十弓開方計算周積十二萬九千六百弓外實積四百八十八萬八千弓

兩閘啟閉成規

承蔭牟山湖水利各鄉公議兩閘啟閉成規列左

今議得東西兩閘每年的於清明節後五日無論湖內水大水小總以是日下板堅築不得因私刻延至既築之後如有持强圖便擅行開掘者許兩住持報明各鄉公同呈究須至碑者

乾隆庚子小春　穀旦

六鄉九都衆姓公立

大有閘即雙眼閘高一丈二尺三寸東洞闊九尺五寸西洞闊四尺四寸離獅山橋二百七十丈有奇謹按光緒二年先中議公出資重脩并湖塘培高二尺光緒十年邑紳周培元魏鼎三出資竟其工

慶豐閘即單眼閘高一丈二尺四寸闊九尺離跨湖橋一百丈有奇

長泠以東諸堰即舊志所記下通潮汐者以自南而北爲序

東山一都

横河堰舊志減水閘今於閘之南有車壩下有引洞靠後石閘三門水付東流通中河

開元一都

風林堰今改減水石堰長二丈四尺零闊三丈

水涇堰長六丈闊二丈有奇舊有引洞

馬渚堰下通中河有引洞長二丈四尺闊一丈二尺

聞家堰此堰舊志疑誤訪之父老傳聞云向係任祠所管或以呼任家堰而沿誤今俗呼泥堰又名後堰昔時車壩今久廢堰上有屋下有引洞通潮汐

甄家堰俗呼黄泥堰下有引洞在馬渚東北下長七丈闊四丈

練子堰今呼蓮池堰下有引洞長六丈闊四丈

燭溪三都

丁真堰又呼登水堰此堰早時在上二十丈水急不固下十丈又不固又下十丈今對丁真廟長五丈濶二丈高二丈有奇下半堰有石板石砌上半堰泥築下有石引洞通潮汐

沈家堰今呼周家堰長六丈闊三丈下有樹引洞通潮汐

樊經堰連預備兩道外一條通潮汐長四丈闊一丈八尺内一條長五丈闊一丈下有石引洞

游源堰今呼廟根堰下有樹引洞通潮汐長六丈闊三丈

菱池堰今改石堰長十丈闊十三丈舊有引洞通潮汐

杜公堰今呼趙公堰前呼俞家堰改車壩後因大閘頭村有新增之老新堰此堰仍封長四丈八尺闊三丈六尺下通潮汐

老新堰新增亦名閘頭堰舊志無下通潮汐現車壩

開元一都

張家堰在秋將軍廟南首其堰爲風水而築下無引洞舊志不載

雙江堰長十丈闊五尺爲風水而築下有引洞舊志不載

盛涇堰今名水溝堰長五丈闊三丈東首石砌下有石引洞通潮汐

長堰長五丈闊一丈下通潮汐

戴家堰今改車壩下通潮汐

小里堰今改車壩下通潮汐

孝義鄉一都

横路堰今堰上造屋下通潮汐

小趙堰今名三房堰内外兩條内一條兩岸石砌長四丈闊二丈石引洞光緒二十年新造外預備堰長六丈闊一丈五尺下石引洞通潮汐

後樂堰即灤樂堰兩岸石砌下石引洞通潮長三丈六尺闊四丈光緒二十年新脩劉慶升福升獨出已貲先於嘉慶丁卯五月孫慶福高祖　誥贈中憲大夫榮光公所造

夾尚堰俗呼馬家堰長三丈闊二丈下通潮汐

大趙堰長六丈闊三丈西首石砌下有石引洞通潮汐

任堰長七丈闊三丈六尺下通潮汐

大程堰長十丈闊一丈下通潮汐

小程堰長三丈至南首共二十丈闊三丈六尺下有石引洞通潮汐長洽以東諸堰引洞以此爲最大後築堰次之

陸家堰無查惟小程堰落北有預備堰一條下有引洞不通潮汐疑此堰卽陸家堰也

梁家堰今改車壩下通潮汐有引洞

蔣家堰長三丈六尺闊一丈下有石引洞此堰在梁家堰東北兩邊俱是上河堰下通大陸堰新閘堰黄家堰三處舊志不載

大陸堰長四丈闊一丈有石引洞下通潮汐上通蔣家堰

在石姥山西首

新閘堰長十二丈闊一丈下通潮汐上通蔣家堰舊志不載

黄家堰長一丈闊四尺下通潮汐上通蔣家堰舊志不載

雲柯鄉一都

中滔堰向在下河小馮堰之下此堰爲小馮堰預備自設董家義閘此堰卽開通

小馮堰卽小逢閘今名董家義閘通潮出海閘門闊一丈二尺高一丈一尺直長一丈七尺董家義閘乾隆甲子年造

張伯堰長三丈六尺闊二丈四尺通潮汐下有石引洞

矮黄堰長二丈闊四尺此堰在陸靖界堰之上兩邊俱是上河下通陸靖界堰有引洞

陸靖界堰俗呼界堰長四丈闊三丈六尺下通潮汐有石引洞堰在矮黄堰之下

孝義二都

邢家堰堰址今移雙板橋處闊五丈張駟記老堰向近邢氏居址故名邢家堰本是泥築自嘉慶初載陽葉公宿則吳公相土之宜移改石堰於茲歷年至光緒間坍塌不堪胞兄駟暨邵君錡之父經增邀同褚君源來三人合力添築泥堰越明年葉公賢嗣桂巖廣文有志承先同謀捐募建復石堰聯泥堰合兩爲一闊五丈許用石砌造引洞通潮旱資灌溉封泥衞堰水靡鋳漏有基勿壞永保無虞邇來屢旱開引掘堰不能還原勢難持久爲此公議立碑請示定例凡遇開引掘堰照應捐田畝派費培脩保護石堰現造縣志立有碑記一體採入並將捐目造資示諭開載上石　餘姚縣周爲出示曉諭事據貢生張駟同知銜邵錡等呈稱雲柯孝義二鄉之間有一界堰名邢家堰於光緒十年間捐募重建上堰泥築下堰石砌造引放潮旱資灌溉比來屢旱開

引掘堰迄不復脩念此堰無人經管任其坍塌崩壞無時爲此邀集各佃公議凡欲開引掘堰先照應派田畝捐費擇公幹者董其事爲脩葺泥堰保護石堰等情據此示外合行出示仰該農民人等知悉爾等須知堰以蓄水引以通潮水利攸關不得擅自私開既稱無人經管易失脩葺自后因旱開引掘堰准各照派畝費其各踴躍赴公毋違特示

秋進堰在東邵巷其鄉先雲柯後改孝義南首長二丈闊六尺下通潮汐舊志不載

荷花界堰長三丈闊二丈下通潮汐舊志不載

金家堰舊志名何廳堰在積善庵前後爲放水石閘一門光緒十六年改爲減水閘三門中一丈一尺左右八尺長一丈零五寸下通潮汐

許家東堰今改車壩通潮舊志不載

低仰堰東閘西堰閘闊八尺堰闊一丈餘姚縣高　爲出示曉諭事據孝義雲柯二鄉監生周文富李萬程黃槐庭陳以文蔡寶鈞耆民褚元春吳文講吳陞林等稱鄉內有低仰堰堰東有一閘咸豐元年經謝端肥伯卽采嶂之祖附貢生謝黼平見該堰年久坍塌有宜無蓄妨害民田親往該鄉設席迓董創議修造減水堰彼鄉殷紳雖韙其議而卒推諉不前遂經諭商謝端共出己資自行鳩工其時察看地勢將閘併改爲堰較爲得宜該處水甚急作工三年餘用錢數千串始克告成三十年於茲農田稱便祇因失於脩理又被近歲風潮迭起波浪洶湧沖壞泛漏窟洞多處謝端等亟思脩葺以承先志正躊躇間適生等以是堰旣須趕緊修理且揆度近時情形仍照咸豐元年以前舊址分建堰閘方合疏導之法該處業佃人等僉稱必須照昔年舊址重築堰閘倘逢旱年潮水可以放進能救十餘里路之田如遇大水閘板可以繞起使上江之水能通瀉於下江田地不致浸壞況自上虞西北鄉相距百餘里者倘逢大水必從低仰堰而出農商萬民均有裨益民田毋防旱水生等各出己資自願樂助者聽其自便現擬購料擇日動工恐不法之徒偷運石木作料等件公叩給示諭禁等情並據職員謝端謝采嶂稟同前情各到縣據此除批示外合行出示曉諭爲此示仰該處居民及地保人等知悉爾等須知低仰堰閘爲該處農田水利攸關亟應興修完固以資蓄洩現該生等各出己資興工修築洵屬善舉自示之後務各量力樂助共成善事如有不法之徒乘間竊取堆放物件以爲藉端阻撓滋擾情事許該生等指名稟縣以憑提究決不寬貸其各凜遵毋違特示

化龍堰下通東河無引洞在利濟塘後舊志不載

長泠以西諸堰卽舊志所載永閉不啟者以自北而南爲序

孝義二都

許家堰在徐祠東首長三丈闊五尺上蔭汝仇湖下蔭牟山湖

湖堰在周巷南橋頭南首今改橋

孫塘堰今啟

張虎堰在沈家衕后王村長四丈闊四尺下有引洞上蔭汝仇湖下蔭牟山湖

徐堰在趙長官廟處有徐堰古跡橋今啟

開元二都

邨保堰長三丈零闊四尺上蔭汝仇湖下蔭牟山湖此堰咸豐年間啟光緒八年紳士符光和重築改石堰

呂安堰今啟有里義橋一條

禾山堰今啟在禾山東北角形迹尚在

箬林堰即論霖堰長四丈闊五尺上蔭汝仇湖下蔭牟山湖

東蒲堰舊改車壩今啟

諸水逕堰在東蒲周村西孫張村東長三丈有奇闊四尺上蔭汝仇湖下蔭牟山湖

開元一都

火燒堰在下沙阪圩舍按牟山湖舊志當是楊水壩乃該處老民云是木篠堰與舊志大異其鄉確係開元一都舊志稱東山二都誤今僅存堰址形迹上蔭余支湖下蔭牟山湖

開元二都

陸家莊堰今啟在延齡橋東其鄉確係開元二都舊志稱東山二都誤又陸家莊村後有后堰一條上蔭余支湖下蔭牟山湖長四丈有奇舊志不載

張健堰今啟在孫張村東

東山二都

董堰在銅錢橋西首今啟堰址尚在

沙堰今改車壩北至泗門

開元一都

姜家堰在下沙阪楊家西首長六丈有奇有小橋引水此堰俗呼繆家堰 其鄉係開元一都舊志稱東山一都誤其堰上蔭余支湖下蔭牟山湖

宋公壩今廢此堰舊址在閘口橋東鄉係開元一都舊志稱東山一都誤

東山一都

竹橋堰俗名野貓堰 靠堰東竹橋港一帶謂之竹橋堰長六丈闊六尺上蔭余支湖下蔭牟山湖

鄉心壩今啟改四德橋堰即半橋堰 舊車壩上蔭余支湖下蔭牟

山湖按此堰詢之胡氏耆老證之前人筆記據云嘉慶年間此堰尚永閉係余支牟山二湖之水分界處彼時湖東閘雖設啟閉無時因堰上之田須余支湖承蔭故也

湖東閘北首石拖壩南首閘闊一丈今春築秋放相傳舊係泥堰即舊志所記湖埭堰後改石閘

矮凳橋堰在青雲庵東青雲橋西今啟上蔭余支湖下蔭牟山湖

諸般灘堰俗名諸家堰 在毛杜村前杜家灘其堰有灘諸兩字上蔭余支湖下蔭牟山湖

蘭風三都

柯家堰今名長壩 南首石閘兩道閘門闊一丈零八寸閘檻面比馬家堰高二尺一寸比牟山湖暈眼閘高三尺六寸立夏築立秋放北首石堰長十一丈與上虞夏蓋湖分界下蔭牟山湖

新堰長九丈闊一丈中拖壩兩邊俱石砌其堰半條上虞界半條餘姚界蔭牟山湖舊志不載

老堰今改滚水堰西首有石砌東首石灘長十二丈闊七尺堰在上虞界下蔭牟山湖舊志不載

彭林河堰長八丈闊一丈四尺中拖壩通上虞界下蔭牟山湖舊志不載

皂角堰有減水洞三個各闊三尺六寸東首餘杭橋橋下滚水堰橋洞闊一丈五尺爲餘上分界之處下蔭牟山湖舊志不載

汪家堰在馬家堰南首長六丈下無引洞中石拖壩爲餘上分界之所下蔭牟山湖舊志不載

馬家堰長七丈南首立夏築立秋放北首石拖堰東餘姚界西上虞界牟山湖水到堰下舊志不載堰記此堰啟閉係上虞經管

基址在餘姚境內蘭風鄉三都省志府志邑志確鑿可證即現在地界亦分明可見向來春築秋放本有定期非時不得妄啟是兩縣交界水利亦應爾也乃近來一遇水潦不時啟閉姚邑地勢較低屢受其害亦無法可施惟時交立秋虞邑田禾盡刈無須灌溉各堰皆啟閘板以通舟楫而我姚遇缺水之年秋禾正需灌蔭藉其來水不無小利此兩縣界堰關係農民與舟子者鉅矣光緒二十年虞邑土豪杜姓突然將馬家堰閘底加高三尺意在壟斷水利舟子農民羣相詫異恐不能平一呼而應者數千人將閘底開通照舊於是虞人曰職司在我分應與脩姚人曰基址在姚不能背脩相持不下至光緒二十一年楊紳卣香邀集兩縣紳董面定水尺閘門閘底闊狹高低照舊一律經兩縣水利紳董面同允洽此次由姚邑紳董捐資脩復并面議嗣後馬家堰如有損壞應脩之處虞邑紳董必須

會同姚邑紳董見面與脩庶免挐議而息紛爭是爲記

附水表光緒戊戌年測誌

今量得馬家堰閘門闊一丈五尺一寸閘底檻面比柯家堰檻面低二尺一寸比牟山湖單眼閘檻面高一尺五寸

湖埭堰中石拖壩兩岸石磡長二十丈有奇上蔭余支湖下蔭牟山湖

以上閘堰均照現在情形分別勘記以備攷證

崇祀湖神祠姓名錄

葉公煒字文光號元峰萬歷丙戌進士餘姚知縣復湖之始

馬公從龍餘姚知縣

史公樹德餘姚知縣

黃公琰餘姚知縣

趙公錦字元樸謚端肅邑孝義鄉人嘉靖二十三年進士歷官都察院左都御史太子少保吏部尚書

趙公世政邑孝義鄉人歷官太醫院使兼纂吏欽陞聖濟殿太子少保資德大夫萬歷戊子撰復牟山湖碑記

魏公漢邑開元鄉長泠港人萬歷丁亥創復湖議死湖事

張公弈邑開元鄉人與魏漢公同創復湖議

嚴公奇邑孝義鄉人與漢弈二公同事剏湖

黃公榜元邑東山鄉人與漢弈奇三公同時首告復湖

魏公守與漢公同呈死湖事

魏公觀忠字盡吾庠生漢公族姪繼起叩閽湖始復

從祀魏廿五呈控湖事作抱呈與魏漢公同死

碑記

夫維揚澤國也自夏后氏濬洪而彭蠡震澤爲萬世利從來尚矣我　國朝重農倣古立制其去江湖遠無潤谿可通則鑿湖蔭畝備旱潦在我姚爲三十一所牟山湖距邑西三十里南環姜山諸峯西客山東峨嵋山北固横塘十二里石閘三門按誌記載周五百頃四十三畝三角三十步溉田二萬二千七百頃有奇東灌長泠左右直走濱海蓋東山蘭風孝義開元燭谿雲柯六鄉九里之命府也咸賴湜澤一邑之水利其最矣夫何嘉隆以來豪暴射利丈占陞課虎視蛸集俛無湖也夫占一畝湖約耗民田數十畝占一頃湖約耗民田數十頃嗟嗟安忍此萬竈之害以

爲一家利哉曩歲大旱侵蔭民之蒿目泣槁楞腹啼飢莩骸載道痛首莫敢誰何先令我姚者往往動復湖念爲有力者奪議隨寢今宛侯先治上高考最天子賢之調治姚蓋視姚爲巖邑也比侯至培元剔蠹百廢次第舉稜稜有古循良風姚民竊歎侯來暮北鄉民訟汝仇湖者歲久弗解侯卽爲請復魏漢張弈嚴奇黄榜元等以牟山湖事聞於臺司諸大吏事下侯曰汝仇牟山湖一也民亦一也吾豈能縮朒坐視寄民命於天上乎若輩毋綳㗗也語諸縉紳曰湖之壞也水弗可蓄水不畜田無可蔭農人無以爲耕衣食索貢賦艱矣湖在矣烏可以不復哉湖復矣不增塘以防之與不復同塘築矣不甃石以固之與不築同乃併所規畫丈勘明悉遂上其事傳常二中丞公直指使王公都水使夏公太府劉公石公僉曰可因以鳩工啟土伐木運石楓林横河通濬諸渠悉皆董治準備漏洩向之犁然田者今則汪然復爲湖矣樓畝登場已不在他日而穰穰可慶孰非侯之湛恩溉澤哉姚民德侯深更僕未易數而此治績最爲章灼民胥闢址搆堂肖像而祝之請記於余余聞之傳曰懷生之物有不浸潤於澤者賢者恥之況數十里生靈之命府乎宜乎侯之深爲念也昔謝靈運從文帝請田回踵湖會稽守孟顗前後堅勿予翟方進壞坡以自利汝南民憤形於謠後鄧辰治汝南卽復於民茲兩人者或復於方請或復於已壞爲不畏强禦矣至今讀史

者猶壯之是故興水利之臣無如召南陽初爲谷陽長賢又調上蔡長始入爲諫議大夫後以南陽晉少府列九卿人羨其以功名終也今上高餘姚侯之谷陽上蔡也而次蹟公卿姚之人共祝公百世之下又豈無目侯如鄧如孟者也　萬歷戊子年五月都察院左都御史太子少保吏部尚書趙錦立太醫院使兼纂史欽陞聖濟殿太子少保資德大夫趙世政撰

餘姚縣程　爲牟山湖事據監生楊宏耀廪生陳飛熊民人王憲章等前月十九日具呈前事詞稱餘姚西上虞接境有新湖約長十有餘里內湖外港爲寗紹通衢向鋪路石渡人行走湖內蓄水灌田萬頃以資民食攸關非細茲

被就地棍徒偷掘路砭拖船放牛損壞塘隄坍塌不堪行人多失足之虞鄉民無旱潦之備遠近患之莫能修復已有百年矣茲有會邑人王生道久在治周巷經營商業目擊帳然願出千金重新培築於東西要處修建堰閘起造涼亭生等監工襄事五月以來厥工告成將見周道蕩平行旅自如湖水足備樂利現有不良之徒偷竊石料任後偷竊路砭拖船放牛開堰壞隄難保必無伏叩恩准示禁照模勒石飭令該地總保守管使塘隄永固得蓄湖水以利農商地方幸甚等情到縣除批示外合行嚴禁爲此仰該地人民知悉爾等當思此塘捍湖保水通利行人爲地方利年久坍塌就地不能興修王生道係會邑人也慨然

捐金培築尚忍竊其石料無恥孰甚除懲治外嗣後痛改前非竊石砭拖船放牛私開湖閘損壞塘隄一經捕保查拿或被地方告發定行究懲枷號示衆斷不姑寬特示

乾隆三十九年　　日立

特授餘姚縣正堂加七級紀錄十二次卓異候陞鹿　爲勒碑嚴禁以垂久遠事照得東一風三等都毗連接壤有牟山一湖即今俗名新湖東自獅山西至長壩隄亘十有二里實係通衢要道中設二閘一名大有一名屢豐閘旁兼設石堰以便農船來往湖資蓄水春築秋放承蔭民田二萬二千七百餘頃迄今年久失修塘坍閘倒行旅多有失足之虞農民長呼旱潦之患旋經職監葉俊等呈明謝鉅楊成九王士恭等同議捐修除在蘇杭經營之各鄉親處捐錢二百五十千外其餘費用均係謝鉅等三人慨助共計修費錢一千一百五十千所有一切工程係該董葉□葉俊何振颺陳桂陳倫□魏鑑魏有疆楊□陳倫輝胡邦憲等爲之經理現今完竣并於隄岸栽種柳樹呈請保護前來合行勒碑申禁爲此示仰該處地保管湖人等知悉爾等須知濬湖修閘以利農田栽柳築塘以便行旅務宜實力監守巡查倘有無知居民貪圖便捷不向壩上拔船敢在塘頭拖纜及不法棍徒偷放湖水竊石拔柳并塘岸掘泥者許即扭獲送縣以憑嚴究倘敢徇私容隱一經察出或被告發定將該地保先行提究決不寬貸各宜凜

遵毋違特示

計開各邑捐助人等姓氏列後

慈邑袁雨亭　助錢伍拾千文

蕭邑鮑聖華　助錢伍拾千文

上虞周允豐　助錢貳拾千文

本邑張一山　助洋拾肆元

魏昌清　助錢拾千文

諸符氏　助錢拾千文

楊葛氏　助錢拾千文

王張氏　助錢拾千文

錢塘孫文　助洋銀拾元

王大仁　助洋拾元
何　助洋拾元
歙縣葉明光　上虞羅　書　仁和張慶伯
錢塘趙恂如　羅如松　本邑黃偉三
史善教　陸東昇　共助洋銀肆拾元
本邑三槐鎧記助錢貳拾千文
以上捐助錢洋共計作錢貳百伍拾千文
謝　鉅　助錢貳百千文
全泰煤號助錢柒百千文
嘉慶二十一年五月　日穀旦立

欽加知州銜餘姚縣正堂加六級紀錄十二次羅　爲嚴禁盜放以保稼穡事據舉人葉九霙州同魏恭壽廪生孫月梯生員魏鎰孫成章葉又州宋懷瑾陳明監生魏樾陳嘉祿魏若璠楊　魏鍾麟魏若雲孫杰職員姚邦安呈稱切舉等於本年七月初五日呈控杜阿五串同陳美有胆將牟山湖更名新湖之雙眼閘肆行撬倒洩水害民等情荷准給示曉禁一面飭差查提訊究等因仰沐德政之至今杜阿五等已畏恩法挽同殷衿毛如珊等現將撬損湖閘照舊脩葺願在該處罰戲鳴衆舉等以杜阿五等既知前愆自認願罰不敢固執奚堪煩費仁心爲此公叩銷案並叩再賜給示嚴禁新湖內外居民及司閘管丁地保人等務須屆時啟閉彙同各村公築公開不准擅專盜放上

保稼穡下蔭糧田舉等照示勒石以垂永久等情到縣據此卷查先據舉人葉九霙等呈稱切有牟山一湖自故明萬歷年間剷復之後更名新湖灌溉民田二萬七千七百餘頃其春築秋放之期一視鄰邑長壩諸閘不準圖利私放請示碑禁相安已久現今上邑諸閘俱未開放突於七月初二日村豪杜阿五等多人希圖利便罔顧田禾胆將雙眼湖閘肆意撬倒經舉等趕往獲有放閘小船兩隻當即投明地保何廷奎李和煦即行雇工仍將開閘築固切思以一人之利而致碍民田以一己之便而致壞水利此端一開弊竇百出殊不知田禾重大賦命攸關不沐立拘重懲恐效尤者不一而足其何以堪爲此環叩飭拘重懲示禁等情卽經分別拘提示禁在案據呈前情除批示銷案外合行給示諭禁爲此示仰新湖內外居民及司閘管丁地保人等知悉爾等須知新湖載明縣志攸關水利田疇湖塘各閘應行公築公開啟閉以時俾資利益自示之後倘有不法棍徒私行開放致碍水利民田許該紳士人及地保管閘人等指名稟縣以憑嚴究決不寬貸各宜凜遵毋違特示

道光二十五年十月　日給

濬湖八策

一議祀有功以溯本源也牟山湖自前明嘉隆間豪暴侵佔幾無湖矣萬歷間邑人魏漢張奕嚴奇黄榜元歷訟臺司漢之姪觀忠叩閽邑侯葉公力爲剗復　國朝乾隆間會稽人王生道捐資修葺隄堰從前跨湖庵舊志名德慶觀塑有各位神像惟祀典闕如無人過問近因跨湖庵已圯諸神無所憑依誠恐日久漸至湮没殊非飲水思源之義今議修復跨湖庵將從前有功諸姓氏刊諸眾主附諸志乘以垂永久凡我水利諸同志春秋致祭隆追報之情乘會集之便可以稽查私墾周視隄閘云

一議設公所以專責成也跨湖庵居湖隄之中段設爲水利公所六鄉執事遇有公事商酌約期集議較爲便利庶免彼此推諉之慮

一議立司事以嚴稽察也六鄉既有水利公董輪流值年未必能常川在公所宜公舉樸實耐勞之司事一人駐在公所又必選勤幹年壯者四人以爲巡丁并備小舟二只一遇水發不但巡視湖內并湖外河道各堰壩輪流巡視或有倒壞立即知照堰主速行築復若日後經費有餘實在堰主無力修築者告知公所設法代築且巡丁與巡船亦擬逐漸添置船以十隻爲度每船巡丁二人如此則無稽察不周之慮矣

一議籌公款以備歲修也湖隄爲甯紹往來孔道湖閘內湖而外河風浪衝激尤易滲漏必逐年小修其基乃固今擬六鄉公董各籌公款若干登簿立摺存莊生息由值年董事逐年交代庶歲修不患無貲矣

一議保隄堰以慎啟閉也湖內外村居農民每於隄上拖船放牛兼偷掘路板偷放湖閘從前屢經立碑請示禁止乃經管無人日久忘禁今擬立公所駐司事派巡丁則拖船放牛偷板庶可禁絶至於湖閘啟閉乾隆年間六鄉九都公議啟閉成規曾經立碑遵守乃近來湖閘啟閉不遵成例須邀集六鄉公董妥議重申舊禁永遠恪遵如此則隄堰既保啟閉既慎可與言濬湖夫濬湖無他法惟有高築湖塘緊守湖閘而已乃議者或謂濬之使深無論掘出

之泥置於何處凡湖當水發時山水河流滙注於湖此時水必渾濁計每年積淤一寸十年已高一尺數十百年後即不必有私墾侵佔尚有湖哉然則將掘之使深常年修濬使湖深於河爲蓄水計誠是矣旱時洩水灌田洩不及半水與河底平不幾望洋興歎乎故湖不患其高惟有將隄閘加工每十年加隄一尺將閘修築加板則湖不濬而自濬即私墾侵佔不禁而自禁矣

一議清界限以杜續佔也湖邊私佔灘田已於光緒廿一年經六鄉公董稟縣立案請示即將已查出私田五十餘畝盡行剷復禁止續墾并内外窰戶侵佔湖邊泥場逐塊丈量編號繪圖本宜僱工挑掘使湖深依舊乃一則經費

浩大無可籌措一則各窰戶無所遷徙因此暫時從權逐一繪圖註明丈尺庶界限以清并以絕後來續添私佔之望昔人謂侵湖一畝耗民田數十畝之灌溉禁止續佔誠不可忽至日後公款寛餘仍宜將窰場逐一挑濬

一議疏河道以防旱澇也從前西鄉有汝仇余支牟山三湖鼎峙承蔭田畝各有界堰蔭田以汝仇湖爲最牟山湖次之余支湖又次之自明季汝仇湖廢後余支湖又淤小且西與中河長年通流不分高下近日三湖界堰卽舊志所云永閉不啟者幾乎永啟不閉矣以一湖而兼三湖之灌溉若再不禁私佔不修隄閘雖湖中湧出萬道飛泉無救於亢旱也況湖外河道淤淺更甚於湖則濬湖必兼濬

河且必先濬支河後濬幹河功乃可見則疏河道不誠要哉

一議相地勢以修閘堰也長泠以東志載諸堰下有放水引洞砌石加板以通下河潮汐旱時農民啟板放潮通入上河以灌田禾諸堰各有村堡承認修葺以田多者承值乃家有興替田有出入每遇寒村家業凋零一經堰倒無人承修卽有鄰村顧全水利暫時修築斷不肯永遠承值以免後累然則公所旣爲水利而設此等無人經管之堰亦當一律修補且修堰兼宜修閘不持向有之閘損者修之已也諸堰河道有可以洩水之處必當相度上下河地勢出水兩分之處有利於已無害於人與上下河紳民彼此接洽商妥隨時更改不但獲一時之利且以消數世之患六鄉上河一遇水潦兼受虞邑西北諸水來源浩大雖有橫河小馮低仰三閘加以楓林堰金家堰二處減水堰宣洩尚形不及田禾淹沒動輒經旬半月鄉農情極相約成羣每將丁眞堰小里堰小程堰三堰開倒洩水出海以救田禾父老相傳云一遭水災往往如此上河欲放下河欲阻遂至各逞意氣鳴鑼持械不傷人不止及至水退之後倒堰無人築復一則堰主卽有力亦有辭可藉一則鄉農此時已各鳥獸散矣誠得地勢相宜上下河共泯畛域之見更賴賢長官力持大體不以小利而遺大害不以小害而廢大利此中輕重得失賢父母自有權衡凡我公所

諸執事亦當力爲主持陳君笙郊有言上河遭水則通潮出海諸堰不開而自倒不倒而自開正慮此也福升所謂消數世之患者亦在此也但公事難於圖始論者動以如舊爲辭殊不知水利變遷無定今昔情形不同卽如楓林堰向係泥築車壩道光年間改爲石砌減水壩矣小馮堰向係泥堰乾隆間改爲石閘矣何隧堰前改金家堰後又改爲泥堰光緒十六年改爲減水石堰矣低仰向有閘咸豐元年改爲減水石堰光緒十年又改爲石閘矣總之因時制宜所望於關心民瘼熟權水利者

志畧

光緒戊戌之夏牟山湖水利全圖繪竣付之石印質諸同志以備攷證以垂久遠僉曰邑志湖經畧而不詳況舊志所記水道及堰壩都里按之現在情形多有未確且諸湖承蔭田畝及湖之大小亦未盡實茲圖既將牟山湖周圍丈量及湖水所到今昔異同分晰勘明際此邑志纂脩將竣不如另撰牟山湖志以補舊志所未詳庶幾永為利賴云僕因勉承同志之囑將水利全圖分而為二附籌濬湖八策并水道堰壩都里今昔異同更改之處條分縷晰計自丁酉至今周歷勘視本之實驗付之直筆以應同志其大綱則詳在水利圖跋至於剷湖稟稿縣示自乙未惲邑尊任內始歷有縣案可稽不及備載誠以此志專志水利耳

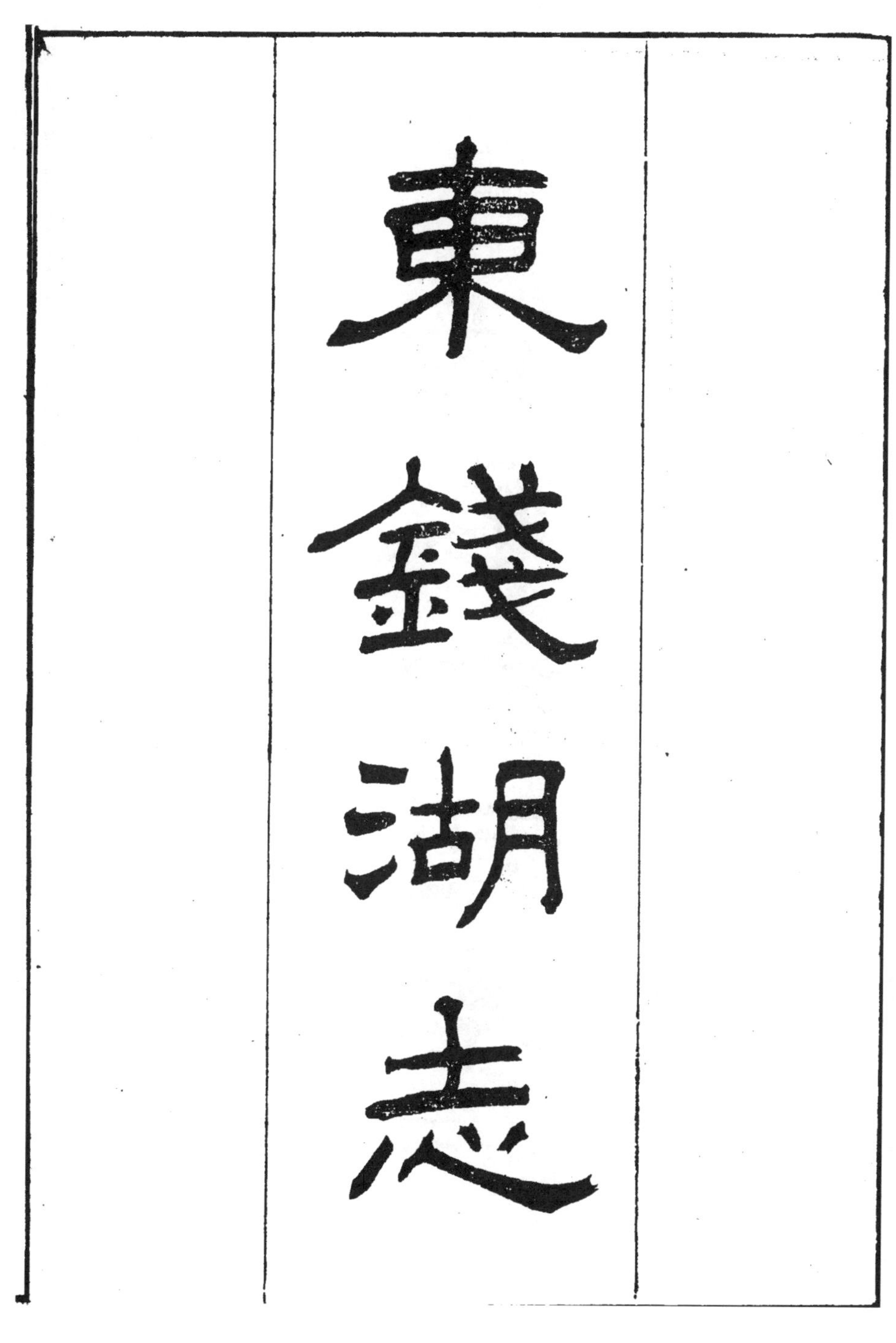

東錢湖志

丙辰初刊本

序

四明水利江海而外莫大於東錢湖昔人論之詳矣顧自唐以來未有專書湖亦日就淤淺此豈盡由於財力之不贍哉凡人之情不親履其地則無由觸發其好義之心杭之西湖以名勝聞天下其屢淤屢濬若一池沼之易固由於山明水秀所致亦以密邇會城日爲士大夫之所聞見故費易集而功易成也東錢湖之風景殆不減於西湖然距城稍遠萬山圍繞遊跡之所罕至故雖有人焉倡議疏濬而應者寥寥湖工之不能興何有於湖志其相因而及固自然之勢歟光緒季年鄞邑忻君錦崖鋭意濬湖久而未就易世之後吾邑陳君協中助以巨資別出白金若干爲纂志之用於是忻君募集工役先濬梅湖即於湖工局內附設志局延陸珠浦澍戚戴霽蓀彥分任編輯而以余嘗往來湖上於湖事粗有建白俾總其成余固辭不獲爲發凡起例以先之及梅湖之工甫竣而陳君謝世余亦病甚不能與陸戴二君時相商榷深懼湖志廢於半途無以酬陳君之意會忻君督促再三復延董莘夫斢就已編者詳加詮次分爲四卷付諸手民其有缺失俟後人訂正焉

嗚呼滄海之大且變爲桑田何有於區區之一湖而是湖賴忻君之苦心佐以陳君之毅力梅湖一帶向之茭葑彌望者今已一碧如洗大湖間有淤墊尚不至如梅湖之甚而自梅湖濬後湖水盡趨下流雖欲不濬全湖而不可得如爲山然未成者固不第一簣而忻君方進而不止陳君未竟之志有不藉以告慰者乎抑忻君之於陳君所謂曠世一遇者而濬湖之舉必賡續不已乃能衍其利於無窮湖固遠於城而是編薈萃衆說俾覽者如親履其地而觸發其好義之心吾知陳君雖往當有如陳君者接踵而起東錢之水將與杭之西湖永在人間不至爲廣德湖之續然則湖志之成倘亦他日湖工之先導也歟

民國四年乙卯季夏前翰林院侍讀鎮海王榮商

序

民以食爲天而農以水爲命田而不水雖后稷無所施其功此六府養民所以首水而終穀也東錢湖之水雨則瀦之旱則放之以溉三縣八鄉千百頃之田其有關於水利者甚鉅歷來郡邑志非不提其綱而挈其要求其窮搜廣輯勒爲全書者蓋罕有覯焉曩吾邑忻君錦崖憫湖之葑葑土淤日就堙塞也若疾痛之在身號呼而奔走者二十年會蛟川陳君協中聞而壯之慨然出巨貲以倡旣議先濬梅湖集徒役以興工矣忻君念湖工之未竟與經始之

不易恐其久而莫考也乃復力勸陳君倡議此豈無所爲而前哉夫前事之不忘後事之師也原陳君纂志之意詎惟是陶公釣磯余相書樓紀名勝而侈風景云爾哉夫亦謂湖自建置以來開濬不一唐之陸令宋之李守尙已暨其後者荆公魏王功用並著迨程胡兩御邱氏八議出濬湖之法於是大備不有專志以輯之後之人欲從事湖工其曷以動景仰之忱而奉遵循之矩陳君之用意何其周且詳也惜乎設局分編未及成書而陳君遽賫志以歿使其尙存必能募集衆貲大舉興修以竟周圍八十里全湖之功其所浚治豈僅梅湖一隅而已耶又豈僅湖志之告成而已耶雖然人之欲善誰不如我陳君往矣陳君之熱心公益固人之所同具也吾知此志一出觀感觸發之餘必有急公好義如陳君其人者汲汲焉起而肩其任全湖之功拭目可俟此則陳君纂修湖志之隱願也此又余表揚一人以風厲舉世之微意也是編爲卷凡四爲門十有六徵引旣博體例尤精分而纂者陸君珠浦戴君霽蓀也參而訂者董君莘夫也始焉起其例終焉總其成則友萊王侍讀尤有功於斯志者刊旣竣諸君子以余嘗贊斯舉

屬一言弁諸首余乃舉平日所願焉未逮者具道其冀倖之私以著於篇且以告當世之留心湖事者時丙辰孟夏月鄞林景綬

序

甲寅之春濬東錢湖工既竣忻君錦崖爰聘諸名士纂修東錢湖志誌不忘也將以開雕而求序於余曰崖也經營二十年奔走四千里重繭百舍不停墨翟之車瘏口曉音幾敝張儀之舌今幸逢陳君協中傾囊相助克底於成豈惟崖一人受其賜亦三縣八鄉之民所同聲而禱祝者矣然不昭示來許垂諸簡編則恐歲遠年湮將至數典而忘祖郢從燕說或且誤會而生疑此崖商請陳君所以復請撥款而有東錢湖志之修也余矍然起曰甚矣哉君之好

義也湖東錢湖之淤積數百年矣陸南金之開廣在唐天寶之年李夷庚之重修乃宋天禧之歲由是以降尠有所聞今君手無斧柯位非牧守而能遠紹前烈惠逮斯民君之功豈在二人後乎抑吾聞之志之爲體史也非關史事則委瑣而無文志之爲用傳也非有傳人則寥落而寡趣故天文有志地理有志所以明災祥詳沿革也禮樂有志藝文有志所以徵文獻稽掌故也他若西湖勝蹟五岳奇圖天台赤城之霞標燕都金臺之夕照英雄託迹人傑地靈名士隱居山明山秀志之亦宜也若東錢湖者名不越於桑梓風不採於輶軒僻在鄉隅遠離都會胡爲有志哉然吾之意則別有在也蓋聞非常之元黎民所懼處事之道毅力爲難況今國步多艱外患孔亟宣明大吏思煥發夫新猷蠻語參軍競研究於西學莫不譏老成爲迂闊視陂澤爲緩圖而君也不恤人言獨斷已志愚公移山之願至老而彌堅精衛填海之心矢死而靡忒叩帝閽而請命不惕黑頭爰立之威蹈焦原而忘身甘蹈赤舌燒城之禍卒至孚能及物誠可格天得告巨功旋償夙願君之遇雖蹇君之功可傳矣雖然無人倡之事將誰任無財佽之績

用勿成假令忻君託鉢天涯發棠莫許呼助將伯充耳不聞雖具媧皇煉石之心而天難補恨即奮五丁鑿險之力而道無由通亦惟有蹭蹬窮途徘徊歧路爲阮籍之悲效賈生之哭而已幸也慶逢知己猥藉大援毀子文之家紓救時亟踐季布之約慨輸巨金遂得芟刈菱葑疏通淤塞俾農人皆有喜色使旱魃亦爲失威陳君之功曷可忘哉然則此志之作謂關史事可也謂誌傳人亦可也或者曰鄭谷之鑿渠必求工竟賈逵之治水盈輟中途今所濬者不過梅湖一隅耳於全湖則未也非猶掘九仞之井而不

及於泉虧一簣之山而未竣其事乎不知長離去而宛虹來曜靈淪而望舒睇銅山東嚮洛鐘西應有開於先斯承於後故邗溝吳國而運河之成待隋元湖築白堤而塘工之完俟蘇軾召父杜母如叶壎篪蕭規曹隨若承堂構必有繼之猶何𧰼焉今修此志用持爲劵耳奉化竺士康

東錢湖志目錄

此未成之書宜請通人參訂方可刊行

丙辰正月廿六日王榮商識

凡例

一東錢湖舊無專書惟明末知鄞縣事袁州佐存湖錄三篇其中篇爲書東錢湖志後似當時已有作者而其書不傳是編摭拾見聞期於該備以存湖上之掌故

一所引各書皆註於各條之下其新增者亦註之

一是編專紀湖事凡距湖較遠者不錄

一光緒鄞縣志紀湖事頗詳是編采取最多仍參攷原書酌量增損庶不至貽稗販之譏

一湖上各家譜牘均攷碊證擇其可信者錄之

一列傳以簡要爲主各賢各傳史志已詳是編錄其有關湖事者他事則從其略新立之傳不妨稍詳然亦不宜過於煩瑣

一藝文擇其尤雅者其鄙俚者不錄

一是編首水利次名勝次文獻次工程凡四卷因編輯之人散居各處未能隨時商榷故不免蕪雜之譏討論修飾以俟後之君子

東錢湖志卷一

總纂鎮海王榮商友萊
編輯鄞陸澍咸珠浦
戴　彥霽蓀
詮次　董　淵莘夫
校對　忻錦崖愚仙

水利一

東錢湖距都會稍遠游人之所罕至有圖則湖勢所在一覽瞭然故以各圖冠水利之先圖非說不明各

家論說提要鉤元足資考證故以說次之又次爲山水則湖之本位又次爲塘堰碶閘之屬則湖之周防又次爲湖水經過之河渠及各鄉灌溉之都啚則湖之下流皆言湖事者所必詳也志水利

水利二　湖說

東錢湖在鄞縣東三十里周圍八十里夏侯曾先地志云其湖承錢埭水故號錢湖唐天寶三年縣令陸南金開廣之宋天禧元年郡守李夷庚重修乾道圖經一名萬金湖以其爲利重也在唐曰西湖蓋鄮縣未徙時湖在縣治之西也寶慶志是湖受七十二溪之水凡有七堰錢堰大堰莫枝堰高湫堰栗木堰平湖堰梅湖堰乾道圖經水入則蓄雨不時則啟閘而放之鄞定海今鎮海七鄉之田資其灌溉鄞手界翔鳳陽堂老界豐樂鄞塘六鄉鎮海崇邱鄉之八里○寶慶志慶歷八年縣令王安石釐復湖界嘉祐中始置碶閘治平元年重修六隄乾道五年守臣張津乞開葑趙伯圭踵其後遣知縣楊布量步畝計徒傭以費用不貲中輟淳熙四年知縣姚枱復請開湖魏王愷言於朝大濬之令長史莫濟司馬陳延年往來監視計開葑二萬一千餘畝魏王劄子然當時所除葑未出湖隄既復塡淤嘉定七年提刑程覃攝守捐緡錢置田收租歲給濬治之費而後來有司奉行不虔田租浸移他用湖益堙寶慶二年尚書胡榘守郡請於朝得度牒百道米一萬五千石又濬之懼無以繼奏以羸錢增置田畝令翔鳳鄉

長顧詠之主之分漁戶五百八爲四隅八歲給穀六石隨菱葑之生則絶其種立管隅一人管隊二十八以轄之縣丞以時督察仍命提舉常平司董其事自此不薙葑者十六年淳祐二年郡守陳塏因歲稔農隙令制幹林元晉發判石孝廣行買葑之法隨舟大小葑多寡聽其求售交葑給錢掉舟至者日千餘寶慶志元大德間勢家有以湖爲淺淀請以捺田若干畝入官租者都水營田分司追斷復爲湖後鄉民告有司舉行開湖故事拘七鄉有田食利之家分畝步高下標撥湖葑隨田多寡闊狹俾濬之積葑於塘岸然宿葑春泛冬沉明年復生所行爲具文至正志原置買葑田畝自元收以入官明因之洪武二十四年耆民陳進建言水利差官來董其事於農隙之時令七鄉食利之家出力淘濬雖少除葑草而根在復生況湖上溪澗沙土隨雨而下久不除則漸成畝畝而上下水田者無慮數千畝宣德間下水王士華以參政家居因田其中七鄉之民陳之監司得中止雍正府志正德間郡守寇天敘阻屯田之議堇山集嘉靖九年甯波衛屯軍復請爲田知縣黄仁山用父老嚴誨言勘覆不行雍正志曾王監國總兵王之仁又欲廢湖

爲屯知縣袁州佐申阻營弁周某又請佃廢梅湖州佐復移牒力阻（蔣學鏞水利攷）戶部主事董守諭亦以死爭之得免然侵湖爲田者日多清順治中故紳陸宇爊復言之乃申厲禁（鮚埼亭外集）同治五年鎮海人請於劍河漕鑿山引河以鄞縣梅湖之下水灌鎮海太邱等鄉巡道史致諤知府邊葆誠札委玉環同知黃維誥履勘具查鄞鎮兩邑地勢之高低鎮海通縣錢糧之加減議格不行詳奉總督左宗棠批示勒石永禁碑立府城隍廟（光緒志）其後東錢湖淤塞尤甚光緒十八年鄞人張祖銜建議挑濬是湖與就地紳耆接

洽末及興辦而祖銜卒其弟子忻錦崖志師之志歷二十餘年之久不憚勤勞俾鄞奉鎮三縣八鄉皆得沾水利顧自古相傳湖水溉三縣七鄉之田錦崖沿流溯源詢於奉化紳耆知湖水所沾共計一百三十二啚而奉化所屬者爲金溪鄉故謂之三縣八鄉民國二年鎮海商民陳協中助以巨資乃於青山寺立湖工局先濬梅湖將以次及於全湖而協中遽卒錦崖思復合衆力竟其功由是八鄉之田始不復有旱乾之患矣（新增）

附諸家論說

乾道五年守臣張津奏

東錢湖容受七十二谿方圓廣闊八百頃傍山爲固叠石爲塘八十里自唐天寶三年縣令陸南金開廣之國朝天禧元年郡守李夷庚重修之中有四牐七堰凡遇旱涸開牐放水溉田五十萬畝比因豪民於湖塘淺岸漸次包占種植菱荷障塞湖水紹興十八年雖曾檢舉約束盡罷請佃歲久菱根蔓延滲塞水脈致妨蓄水兼塘岸間有低塌處若不淘濬修築不惟寖失水利兼恐塘埂相繼摧毀乞候農隙趁時開鑿因得土修治埂岸實爲兩便從之

淳熙四年判明州趙愷劄子

臣奏照對四明被山帶海山高於田田高於海水有所洩每歲不苦水而苦旱前古因山形有不合處築爲長短塘受澗谷之水七十有二號東錢湖亦號萬金湖唐天寶中鄞縣宰陸南金益浚而廣之其長八十里灌田一百萬餘頃至本朝天禧中守臣李夷庚因舊廢址增築堅固自此七鄉之民雖甚旱而無凶年憂慶歷八年縣令王安石重清湖界嘉祐中始置碶閘至治平元年復修六隄立陸南金李夷庚之祠於隄旁皆有遺蹟又碑刻可攷惟是自治

平元年至今百有餘歲湖浸湮廢茭葑生之至二萬餘畝瀦水不多舊年於湖內取水灌注田畝一歲凡三次今止放得一次不能徧及郡人病之乾道五年守臣張津乞開茭葑得旨依奏趙伯圭踵其後遣知縣楊布量步畝計徒傭當用錢一十六萬五千八百八十八貫米二萬七千六百七十八石工役至大費用不貲以故中輟自臣到任恭承前後所降詔書指揮興修水利今年四月據知鄞縣事姚枱乞開東湖委長史莫濟司馬陳延年相視基址詢訪湖邊父老以及士大夫皆以爲當開遂委官量步畝實數

具奏以聞在法農田水利並以食利衆戶共力修治合是民間出財陛下聖慈愛念黎庶爲之出內帑會子五萬貫義倉米一萬石臣仰體聖意凡用竹木支犒賞搬運茭葑並用本州錢以佐其費緣其地界闊遠分作四隅差官董役復選擇士人有心力者相與辦集令莫濟陳延年往來監視計開葑二萬一千二百一十三畝三角一十六步至十月三十日畢事但搬運已開茭葑增廣塘岸或積在山坳更須月餘方得淨盡民間見百餘年積弊一旦掃除無不稱頌聖德臣亦忻快忭蹈良自慶幸臣本州官吏除長史莫濟司馬陳延年已蒙聖恩除職外其餘提督官以下委有勞効欲乞睿旨許臣開具保奏推賞庶幾爲民興利之官有所激勸三省同奉聖旨依議

淳熙三年賜皇子判明州魏王愷詔

陂湖川澤之利或通或塞存乎其人四明爲州實治鄞鄞之鄉東西凡十四而錢湖之水實溉其東之七吏犒不虔葑茭蕪翳利失其舊農人病焉卿臨是邦乃能講求利便而濬治之遂使並河七鄉之田無異時旱乾之患其爲澤豈淺哉剡奏徹聞不忘嘉歎

嘉定七年攝守程覃劄子

竊見慶元爲郡瀕海近江並無陂塘全仗東錢湖及廣德湖它山水灌溉田畝廣德湖久已成田餉水軍不敢復議惟有東錢湖爲民利甚溥湖面闊約十萬畝灌田一百萬餘頃爾後茭葑湮塞向者郡守控告期定陳乞錢一十六萬有餘貫米一萬七千有餘石雇役民夫開濬茭葑未嘗允可魏王判慶元日復行申奏蒙聖旨出帑五萬緡義倉米一萬石本府均官民戶有田之家出人夫器具又差撥水軍同共搬葑積於湖中候有水方行搬載暨有水之時

欺罔官司將葑復行平攤在湖徒費錢米無補纖毫其時茭葑尙少今乃不然民間因茭葑之漲塞並皆託囑請佃或持强侵佔爲已業種荷裹田今則湖中之水通舟如綫夏初缺雨盡開湖閘灌田無多幸而朝廷祈禱即應遂得一熟士庶陳述利害覃同通判親往相視委實堙塞若欲科率民戶有田之家畝頭出錢則騷擾尤甚復差水軍非惟無補水利且妨教閱覃區區管見不可求速效當磨以歲月合置田一千畝每畝常熟價值三十二貫官會計錢三萬二千貫每歲得穀二千四百餘石如義倉例輪委近

鄉戶物力最高者掌管分在近湖寺院安頓每歲農隙之時許民間判取淤葑計船之大小論取葑遠近里數葑之多寡立爲定則酬以穀子一年會計可以運二萬餘船若能去二萬餘船葑則可瀦二萬餘船水年年開濬水利日廣十數年之後必可復見舊湖基址諸鄉之田雖旱無憂若不早爲之計他時慶元之田既無水利可恃則與卭天山田等耳覃備員攝郡撙節浮用經備上項三萬二千緡責付等戶一面置田條畫規式置立板榜但其間除月波寺隱學寺嘉澤廟前堰四處舊有荷池許留栽種見委縣丞縣尉置樁釘立界至存留外餘外盜種强佔或有已裹成田並合開掘如仍前盜種强佔不問官民戶定行追治監責覃竊思所立規模今年置田明年收穀農隙興工役年田家方得其利如是則來年缺雨農家豈不利害覃今再備錢三千餘緡糴穀二千餘石一面收買淤葑庶幾向後可以倣此施行事大體重若非朝廷力賜主盟他日必有復萌侵佔者妄行陳乞更改伏望特賜敷奏行下本府常切遵守不許妄將上件穀子別有移用如違許民越訴照常平條法施行伏候指揮奉旨依所申事理施行其月

波寺隱學寺嘉澤廟前堰四處荷池亦仰一體盡行開掘仍出榜禁戢今後不許復有侵佔如或違戾仰本府追人根勘其情犯申尙書省內命官取旨鐫責其官民戶定重作施行

寶慶二年郡守胡榘劄子

竊見本府負郭膏腴連亘阡陌勸農之政莫急水利鄞縣七鄉歲不苦旱所資以爲灌溉之利者惟東錢湖湖面闊十萬畝周圍八十里受七十二溪之水所歸水盛可瀦旱乾則放凡湖下之田受灌溉者百萬餘頃年來茭葑障塞

官司失於開淘以致水面日狹積水浸少今年春夏之交偶缺雨澤委鄞縣丞從事前去開閘放水下田據稱所放一二板而湖水所存已無幾若因循度日不行經理深慮浸致堙淤坐失水利委涉未便契勘提刑程覃來攝府事嘗創開湖一局撥府錢三萬二千緡欲買田一千畝歲收租二千四百餘石募民歲取茭葑二萬船可添瀦水二萬船遲以十數年東湖之葑可以盡去然自置局之後有司不曾舉行已買之田歲收租穀未免將作應付修路之用未買之錢見充留於庫不曾買田今湖中茭葑日生月長無有窮已根株滋蔓日吞水地昨因士民有請桀卽躬親前往相視繼委通判蔡奉議重行檢踏據稱自前堰挐舟先登二靈山一覽盡見積葑充塞殆十之八九惟上水下水與梅湖三節粗存水面既已得其大概乃卽易舟前邁令舟人以竿刺水步步考驗根株之下虛實相半最深涉處不過數尺惟是葑積歲久勢雖浮上根實附下其間又雜茭葦彼此麗屬重以荷荇蓴蒲之類生生無窮異類同黨其近山岸處積堙更甚亦有因而為塍漸成畎畝者及詢問父老審訂事宜皆云東湖自魏王臨鎮之時申請濬

治一次今踰四十年有司未嘗過而問焉失今不治加以數年茭葑根盤水不可入雖重施人力亦終無補會稽之鑑湖蓋可鑒也倘蒙有司申請開濬則湖下兩縣田業可以歲享灌溉之澤湖上四望漁戶可以日獲錙銖之利號令一出其誰不然且魏王開湖之始役兼資於兵民功具舉於表裏故事立就其後有司非不念此而或廢於鹵莽或牽於事力或坐視不治或粗舉無益因循積累至於今極矣至於所用日時必須於農事之隙八九月之交水勢稍退興工併作則民有餘力官無峻期或縮或伸惟吾所命實為至便今具條列用功次第下項

一所開湖葑衆議欲自月波寺築至二靈山橫絕渡湖延袤八百餘丈工役尤大不可輕為今者之議欲自邵家山頭築至楊家山頭纔三四百丈工役減半可以舉行

一昨程提刑申請不許民戶種荷已蒙朝廷行下盡令屏除今未十年荷塘已占三之一茭葑因占三之二今若濬湖勢須盡行屏去自後不許種植荷蓮如或違犯許人陳首追人根勘

一濬湖必當放水先須修整諸處碶閘放運河水以入於

江然後放東湖之水以入於河河水豬蓄稍多庶幾湖田之民來春不失灌溉之利案原文四條光緒鄞志節錄其三今從之

寶慶志

東錢湖縣東三十五里一名萬金湖以其爲利重也在唐曰西湖蓋鄮縣未徙時湖在縣治之西也天寶三年縣令陸南金開廣之皇朝屢濬治周圍八十里受七十二溪之流四岸凡七堰曰錢堰曰大堰曰莫枝堰曰高湫堰曰栗木堰曰平湖堰曰梅湖堰水入則蓄雨不時則啟閘而放之鄞定海七鄉之田資其灌溉菱葑蒓蒲荷芡滋蔓不除

湖輒湮淳熙四年皇子魏王鎮州請於朝大濬之然當時所除菱葑未出湖隄既復塡淤嘉定七年提刑程覃攝守捐緡錢置田收租欲歲給濬治之費朝廷許其盡復舊址而後來有司奉行不虔田租移他用湖益湮寶慶二年時尙書胡榘守郡請於朝得度牒百道米一萬五千石又濬之十月命水軍番上迭休且募七鄉之食水利者助役各給劵食祈寒輟工明年春夏之交役再舉農不使妨耕兵不使妨閱募漁戶徐畢之十月七日告成詔勞功有差尙書猶懼其無以繼也奏以贏錢二萬八千三百四十七緡有奇增置田畝合舊穀食俾贏三千令翔鳳鄉長顧詠之主之分漁戶五百人爲四隅人歲給穀六石隨菱葑之生則絶其種立管隅一人管隊二十人以轄之府縣丞以時督察有旨悉如請仍命提舉常平司董其事郎陶公山立煙波館天鏡亭郡人寶文閣學士史彌堅記

自此不薙葑者十六年幾無湖矣淳祐壬寅冬制守陳塏因歲稔農隙命制幹林元晉簽判石孝廣行買葑之策不差兵不調夫隨舟大小葑多寡聽其求售交葑給錢各有司存初至數百人已而掉舟裹糧至者日千餘可見遠近

樂趨向也淘湖所收率以佐郡家支遣至此方全爲淘湖之用

至正四明續志

東錢湖在縣東二十五里一名萬金湖以其爲利重也唐天寶三年縣令陸南金開廣之屢經濬治周圍八十里受七十二溪之流四岸堰凡七曰錢堰大堰莫枝堰高湫堰栗木堰平水堰梅湖堰水入則蓄雨不時則啟閘而放鄞縣定海七鄉之田資其灌溉菱葑蒓蘆荷芡滋蔓不除湖輒湮宋淳熙間請於朝大濬之嘉定間提刑程覃攝守捐

緡錢置田收租歲給濬治之費寶慶間尚書胡榘守郡請於朝得度牒百道米一萬五千石又濬之猶懼其無以繼也奏以贏錢增置田畝令翔鳳鄉長主之分漁戶五百八爲四隅八歲給穀六石隨茭葑之生則絕其種自此凡十六年不舉淘湖之政淳祐壬寅郡守陳塏歲稔農隙行買葑之策不差兵不調夫隨舟大小葑之多寡聽其求售交葑給錢各有攸司入國朝大德間勢家有以湖爲淺淀請以捺田若干畝入官租者時都水營田分司追斷復爲湖延祐新志所謂欲塞錢湖此其漸也至□□間鄉民告有

司舉行淘湖拘七鄉有田食利之家分畝步高下標撥湖葑隨田多寡闊狹俾濬之積葑於塘岸然宿葑春泛冬沈次年復生則有司所行爲具文爾近年重修嘉澤廟有濯靈之異茭葑向春不泛荷芡蒓蘆生之者鮮然未足恃也每遇大旱之年放水湖下一舉而涸因知其積淤年久蓄水至淺東鄉河道又皆淺澁舊稱一湖之水可流三河半今僅及一河而竭是可憂也又況職守者不謹啟閉碶閘傍湖土壩通同漁戶每於水溢之時乘時射利私自開閘網魚洩水無度沿江堰壩又失修理日夜傾注於江防旱之策果安在哉此農事正官所宜究心者觀於古今之得失盍致意焉

嘉靖志

城東有東錢湖鄮縣末徙時湖在縣西故又名西湖湖水闊十萬畝前古因山麓斷處續隄合之受澗谷水七十二環里八十爲堰於隄者七曰錢曰大曰莫枝曰高湫曰栗木曰平湖曰梅湖而堰之有碶閘者四錢大梅湖莫枝湖水高決以注河凡得三渠半溉田百萬餘頃故東之鄉合鄞奉定爲七率無凶年惠利甚溥故又名萬金湖蓋因田

爲之故以原供之賦均之七鄉以爲常實唐天寶中縣令陸南金開廣之而繼治則宋守李夷庚二公功最高至王安石亦勤其事釐復湖界嘉祐間置前四碶閘立平水石於左右啟閉蓄洩應時而治治平元年復修六隄始廟陸李於隄旁曰嘉澤廟淳熙四年皇子魏王鎮州請出內帑金錢五萬貫義倉米萬石佐除湖葑費差撥水軍不問官民家凡食湖利者計畝頭出力爲役凡去葑二萬餘畝但所除葑不出湖外輒復填淤徒費金錢無補嘉定七年提刑程覃攝守乃議用官緡錢買田千畝歲收穀二千四百

餘石如義倉例使高貲富人有心計爲人信伏者掌之分頓近湖僧寺中每歲農隙募民剗取淤葑計船大小地遠近葑多寡數酬穀有差會稽之一年可去葑二萬餘船益豬水如葑數近湖壖漸漲又茭藕其中有力者與奸民相嗾田之因漸致湮廢乃盡請復舊址天子可其奏田者論如律著爲令刻板榜之郎月波隱學二寺嘉澤廟錢堰古有塘植荷者亦一切罷不許後有司坐視莫舉田租浸移他用湖日就湮寶慶二年胡榘以尚書出守復修覃議條畫較詳次第可舉用於農隙時八九月閒水勢稍退先用

水軍船盡去茭葑務薙其根至十月始募湖下有田之家出夫力助先修運河諸碶閘令放河水入江然後放湖入河河水豬春農不失灌溉湖既乾然後去淤積乃請於朝得度僧牒百道常平倉米萬五千石治之如前議而兵不妨閱農不妨耕民甚稱便又以羸錢置田若干畝儲穀以需後費又十六年陳塏因歲稔農隙竟行市葑之策兵農俱罷遣隨舟大小葑多寡聽民交葑給錢至者日千餘人益稱便矣而田之所收至此始全爲湖用計今殆三百年於茲時移物改田無所稽而漫然一湖莫有過而問者侵水者不獨淤葑而蘆葦蕁蒲之屬雜生其中日以滋蔓最深渺處以竿刺之不及數尺平波浩淼郎載輕舟行不得其故道輒膠不前近岸山坳閒壖漲者又茭藕之因爲塍陌漸成畝畝而上下水田者殆數千畝怙勢嗜利之家皆私有之不惟侵蝕湖水而因之私決碶閘便其樹藝漏洩無常七鄉之田乃無歲不以旱告此實廢湖之漸而西之廣德越之鑑湖可鏡也司民社者誠如程覃奏請故事嗜利者或縮縮退去而濬湖市葑之策要亦不可不行議者又謂聚茭葑淤泥即其中徑直處而隄之起邵家山跨楊

家山麓如杭之蘇隄計丈者不過四百隄成不惟可盡除茭葑而行旅往來便甚蓋計無過此者昔人議欲起月波接二靈山爲丈者餘八百信功鉅難成矣今度七鄉田計畝賦財擇高貲富人有心計爲民信伏如前云者使督役不以屬吏民未有不鼓舞而趨者

明戴鱀論湖事

錢湖邑東三十五里四山迴合舊蓄水可放三河半今淤葑侵塞宜亟濬治湖中築隄其說始於宋守胡榘劄議云欲聚淤葑築爲一隄始度自月波寺橫絕二靈山延袤八

百餘丈今將自邵家山築至楊家山纔三四百丈功力裁省可以舉行當時尙書省蓋已畫可不知何以竟格也今舟經湖中往往有觸風顚溺者誠如錢塘西湖橫築一隄於中不獨可以區畫淤土而行舟者亦有所賴其爲民利亦大矣或謂濬湖工費勞鉅不若增築湖隄隄益高則水益蓄而深其說似矣不知隄高則易以潰壞湖旁居民歲虞沈灌勢必盜決其害不可一二數也夫君子之爲政必有繼也誠有今日益隄以儲矣不數年湖且復淤將復益之乎濬湖之舉宋人蓋屢行之今歷百年而不能濬者非湖之罪也

袁州佐書東錢湖志後

鄞邑濱江海當百谷最下水極易洩故堰碶之修歲時惟謹而當其旣溢則田之窪者復以水爲災所以東錢一湖專受七十二溪之水汪洋渟蓄則下田無溢患若旱也則啟碶閘放之徧溉七鄉而高田無亢憂詎非萬世之利哉今讀往志綜厥大旨惟宜淘濬而不宜湮塞宜瀦蓄而不宜走洩宜全七鄉大利而不宜見小貪細貽亢溢之大害也客有獻策屯湖者其是非固未可深辨但此湖必先洩水而後可田旣田將益不利於蓄水是無湖也無湖則七鄉百萬餘畝溢無所蓄而旱無所灌是并無田也夫舍七鄉現成之田而求湖田難成之利智者不爲矣善乎邱緒八議其言之詳也有曰嚴侵塞之禁旣定水則凡水所不及有自僭爲業者必嚴加丈量重則起科而籍之以排花流水使無所隱是在厲禁以杜侵湖若夫去葑之策萬萬不可廢而愧予之未能也敢以告後之賢者

淸李暾修東錢湖議

鄞治東三十餘里有湖曰東湖曾南豐云鄞邑東鄉之田

錢湖溉之又名西湖亦名萬金湖言利溥也陸士龍答車茂安書言鄮治東臨大海西有大湖蓋因鄮縣未徙時湖在鄮城之西可知晉時已有湖矣唐天寶三年鄮令陸南金開廣之廢田十二萬一千二百一十三畝卽將其賦派入沾利之田每畝加米三合七勺六杪於是以爲周圍八十里之東湖築八塘曰大堰塘方家湖塘平水堰塘錢堰塘木樁堰塘梅湖堰塘梅湖塘栗木塘築四堰曰大堰木樁堰錢堰梅湖堰以受七十二溪之流蓄水三河有半灌溉鄞奉鎭三縣老界陽堂翔鳳手界豐樂鄞塘崇邱七鄉

之田五十餘萬頃宋李夷庚王安石補廢完固經理盡制淸波浩淼皎潔圓瑩若大鏡懸空光映日月大堰坐翔鳳鄉有從雲龍碶入江者有從蕭臯碶入江者有從貝則碶入江者有從楝木碶入江者木樁堰坐翔鳳鄉從大石碶入江者錢堰坐老界鄉從楊木碶入江者梅湖堰坐陽堂鄉其水直至鎮海縣崇邱鄉從東岡碶入江者諸堰之水條分流别而總以東岡碶爲出水之要地東岡在鎮海縣地方有二碶一新碶屬鄞縣所轄者一老碶屬鎮海縣所轄者地既曠野下通小港無居人稠密碶夫與近地不法

之民得易營私排簏捕魚放船一隻得錢若干爲生計貿不知東岡碶者乃東鄉大利大害之區也四五月間時雨連旬太白諸山山水大發常有一夜竟成巨浸故上則大石碶中則楊木碶下則東岡碶并一路小碶堰必先半日而開之則田中稻秧得遲一日之害而且水之退也亦先一日半日其間利害豈不懸絕哉若以東岡碶徒爲出水之地則謬矣大雨之後必有大旱雨意已除水勢稍退卽當上板築泥以蓄河水故東錢湖之塘堰盡爲出水之計而東岡碶之設固爲洩水計而實爲蓄水之計也啟閉得時旱潦不懼論東鄉之水利其要盡於是矣至一路塘堰共有七十餘所惟梅墟塘爲最長而且江河相隔止有一隄一有沖決江水入河東鄉之田皆爲鹹鹵之地可不深慮而預防哉湖中之侵佔不可不禁也沿山居民原有老隄與湖爲界始則於近岸處堆草加泥爲種作計漸搭茅屋今竟起造大厦矣又有將傍岸之地圖佈種射利旣種低窪之田惟藉偷洩湖水以冀收成如此效尤必致湖盡爲屋湖盡爲田而後已湖中茭葑原亟宜除昔魏王趙愷大濬之提舉常平司程覃又大濬之尚書胡榘成二公之

意農不妨耕兵不妨閱給漁戶錢没水取葑是時東湖千頃草萊荒翳之場復澄泓如鏡之舊但所除滋蔓不能挑出湖隄大雨大水隨卽塡塞亦無可如何也秘書修撰陳塏行買葑之策巡按御史張景有開濬不如加塘之說欲繼前美者皆可酌而行之也

全祖望萬金湖銘

甬東七十二溪之水會於橫溪而以其洩入江流也豬之爲湖其名曰萬金湖亦曰錢湖言其利之重也其支則有所謂南湖滄湖梅湖之屬唐人謂之西湖宋人謂之東湖

說者以爲前此縣治置於江東則西之其後遷於江西則東之然觀厚齋先生七觀唐有西湖爰在東郊湖姓以錢亦處東鄙其稱西湖溉田五百頃東湖溉田五千四百頃則似原分東西二湖者湖勢東高而西下其水皆自東而西或者西湖先成東湖後闢其究混而一之歟石塘周圍八十餘里有七隄焉有四牐焉浥注阡陌直至定海崇邱鄉而止蓋四明東道一巨浸也李陸二公之德遠矣特湖爲隄牐所限蕈菰菱芡蓮葑之流雜生其間滋蔓不治則漸淤宋慶歷七年王荆公嘗濬之治平初元主簿吕獻之

重新諸隄其時尚未聞葑泥之患乾道五年張津乞開湖中瀦水灌田則湖流尚有餘也是後始日以葑泥爲患淳熙四年魏王愷以鄞令姚枱之請大濬之而不得其道去葑泥無尺許復積於山間之隈當時雖平望渺茫若已奏功者未久葑泥又瀉注於湖中堙塞如故於是有爲買葑之策欲運諸海者亦不果嘉定七年提刑程覃攝守置田千畝收租欲歲募人濬之且請禁陂塘之侵佔種植盡復舊址朝議許之程未及成功而去有司奉行不虔田租浸移他用湖又廢寶慶二年尚書胡榘來守又大濬之以孟冬命水軍番上迭休且募鄞定七鄉之食水利者助役各給券食祁寒暫輟明春役再舉農不妨耕軍不妨閱農軍所不暇赴則以漁戶畢之是冬告成天子璽書褒功有差猶懼其無以繼也增置田使歲貯穀三千令翔鳳鄉長主之以漁戶五百人分主四隅人給穀六石沿湖稽察隨茭菰之生而絕其種管隅者一人管隊者二十人皆轄之府而以鄞縣丞董司之朝議皆報可於是立烟波館天鏡亭於陶公山守牧亦時往遊豫焉是時湖上稱大治胡之後不濬湖者十六年葑復爲患淳祐二年陳塏始行買葑之

策不調農不撥軍隨舟之大小多寡而售之交葑給錢各有司存其初不過數百已而至者千餘前此淘湖之田所收率以佐郡家別項支遣至此方盡於湖用之鄭清之作詩以美其事或曰買葑始於程覃未知所據蓋自程提刑而後三大吏皆實心水利之政不徒以一時之計塞責足以配食李陸二公而無媿雖胡制使生平不爲清議所許指爲二史之私人然其盡心於是湖則固不可以其人廢也自元時以買葑田入官於是淘湖之舉稀矣大德閒勢家有以湖爲淺淀請以捺田若干入官租者營田都水分司拒之復請爲

湖清容紀之志中以爲塞湖之漸時拘七鄉食利之家責以去葑其所行大都如魏王時旋去旋生至順中宣慰太平謀復置田買葑然不果而鄞尉王世英之治湖則有勞焉至正中重修嘉澤廟有濯靈之異葑泥向春不泛荷芡俱鮮生者總管王元恭喜而紀之志中然亦憂其不足恃而戒後人以善治之明洪武初又濬之其弊如大德而據爲田者竟不下數千宣德間下水王士華以參政家居開田甚多七鄉之民訟之稍阻正德嘉靖中衛軍屢請以爲屯田一則郡守寇天敘拒之再則縣令黃仁山拒之蓋湖

之危而僅免者屢焉至嘉靖以後而又一變先是湖民之薙葑也以爲無用故多積之山隈欲運之海則勞費甚侈其後知其可以糞田故爭自薙之而勢家竟私徵其稅於是有司聞之遂欲分其利勢家得其大半以其羨餘歸有司其實未嘗申之憲府先侍郎自宦歸有山莊在湖上因得聞其害以語監司而禁之萬曆中有司復私取之先宮詹自官歸復請之蓋是時湖民之得稍甦者吾家再世之功爲多天啟元年復有投牒有司請收葑稅者鄞令沈猶龍以爲葑稅出則薙葑者少而湖日淤乃大禁之苟有私徵者必治於是稅乃止截江之役兵餉不足搜山括海以厲民大將武甯侯王之仁方請塞湖戶部主事董守諭以死爭之得免向使之仁策行江師旋破無補於軍賦而湖隄一決不可復修其害大矣然而據湖爲田者日多順治中故觀察陸宇𤏲復言之申明厲禁嗣是亦屢有謀塞湖者當事頗知其妄不之許嗚呼城西之罾湖蓋久塞矣然猶可望它山之水自仲夏以救之若是湖則何望乎徒謂湖之可田而不知將并舊有之田而失穫也近者淤泥日積湖身日高足以注三河者且給一河而不足不肖之徒

尙私洩諸閘以取魚殆將不塞而自滿可無懼乎說者欲大濬之取淤泥以爲隄固之以石或自月波山接二靈山其廣八百丈有餘若自邵家山跨楊家山則稍近易成葑不至復注湖中矣而未有能行之者是爲銘曰湖山兀兀湖雲溶溶美哉保嘉澤以祐我甬東誰其尸祝李陸是宗亦有三大吏嗣克奮庸有元收田貽厲莫窮有明黃沈廊清而疏通廷爭息壤先公所同危而得存哀哉此疲農前此衛湖買田治葑胡後之人欲塞湖爲功三犀未立雙鵲是恫遺民惟董陸惓惓苦衷吁嗟民牧尙惜哀鴻築隄固

隝先喆有遺蹤重湖可保蒔卜屢豐莫師樓異有覗我祠宮

光緒志論湖事

舊志云一湖可滿三河半今僅及一河而竭蔣氏水利考亦云少時及見一河今又減半時爲乾隆五十三年而今又幾及百年矣湖葑之淤積湖田之侵佔湖塘湖碶之洩漏日以滋甚而且東岡碶一廢梅湖之水直瀉小江雖近時開鑿孔峙嶺引取湖水之舉已奉大府禁止而湖淤不去湖界不清湖罅不塞其患終非淺鮮也如平水北之湫

闕本置干觔大石高與堰平爲全湖蓄洩之則今於大石下山林鑿去一尺有餘湖水日夜漏洩又梅湖堰塘之小斗門虛設牐板水從板下奔瀉其旁石塘亦多崩圮此皆不可緩之要工舉宜修治當飭鄉長圖保不時看管其碶旁舊有菴者卽令住僧典守量給薪水如往時東岡碶之永豐菴大石碶之永利菴故事平水堰北有屋三楹今住尼僧屋後卽湫闕案今已改爲漁源鄉自治公所春夏之交請用官封黏貼碶門加鎖牢鐍卽留鑰於官署放水請領立時須發如有私開偷洩之弊許鄉長守僧禀訴守僧狥情私放並許近湖耆民禀訴立法以重有犯必懲庶幾湖無漏巵蓄水日滿則侵佃者旣以苦潦妨播種而捕魚者亦不敢貪微利而冒嚴法湖其日有益矣轉移之權視乎守令今卽不能淸界如荆公瀹淤除葑如魏王諸賢守而救目前之急以延東七鄉之民命願爲留心民事者急切言之也

巡道史致諤詳文

爲詳請事據前署台州府知府正任玉環同知黃維誥攝理甯波府鄞縣秘雲書同知銜甯波府鎭海縣淩卿雲爲詳請事竊卑職維誥於二月十六日奉憲臺札開據甯波

府邊守禀稱奉藩憲札奉撫憲批鎭海縣詳請疏鑿河渠據情勘議一案奉批興辦水利爲地方要務該紳民所議疏鑿河渠意在久利農田爲功桑梓深堪嘉尚惟自剡河漕至林隘及板橋河至水井頭居兩山之中疏鑿不易且慮山水漲發仍棄全功必須節節履勘確有把握而後舉行方不至廢於半途仰布政司卽轉飭甯波府督同該縣親往察勘明確究竟有無窒礙之處再行妥議詳辦仍候督部堂批示繳等因奉查是案前奉憲臺批飭會議當經轉飭鄞鎭二縣邀同兩邑紳士確核志乘與鄞縣水利形

勝有無關礙悉心議詳去後未據具覆茲奉前因並據鄞縣紳士張恕等以鎮紳胡樞等擾取水利大有關礙請委勘永禁等情禀奉憲臺札飭督勘卑府自應遵辦惟現屆春祭之期分應隨班致祭且各縣時有解審之案例應依限勘轉勢難遠離查有前署台州府知府正任玉環同知黃丞在浙年久熟悉地方情形且爲該二邑官紳所信服現因查勘南田差竣來甯合無仰懇飭委黃丞督同鄞鎮二縣會齊兩邑紳士確切履勘妥議詳辦實爲公便等情據此除禀批示外合行札委該丞立卽督同鄞鎮二縣邀

集兩邑紳士前往疏鑿處所確切履勘究竟於鄞縣水利形勝有無關礙據實妥議詳候核辦均毋違延等因奉此卑職雲書卿雲均奉札同前因卑職維誥謹於四月十六日由省起程十九日到甯次日改裝易服從東錢湖四圍周歷湖寬四五十里湖心淤塞過半存水無多湖流至鎮邑崇邱鄉東錢湖水盡處劍河漕地方舍舟登陸度茶漕嶺此嶺高五六丈不等過林隘李隘二村居民稠密約二千餘戶距三四里許度牛窩衕此嶺高亦四五丈不等從此三里而東卽崇邱鄉盡處與鎮邑靈巖鄉交界地名水井頭以上陸路約計十二三里若如鎮邑紳士呈請開河其中廬墓不無關礙估計需費至十三四萬串之多成功不易且引湖水東下添溉靈巖泰邱海晏三鄉計田十餘萬畝湖水之涸可立而待緣東錢湖坐落鄞之東鄉向來灌溉七鄉如老界陽堂翔鳳手界豐樂鄞塘六鄉皆屬鄞內鄞塘與奉化白杜等處共爲一鄉其餘則鎮海所屬之崇邱八里爲一鄉也徧詢士人云七鄉遇旱盡敷三十日車戽並無盈餘此卑職維誥明勘暗訪之實在情形也勘畢進鎮海縣城會晤卑職卿雲熟商傳到原呈紳士六人

初猶膠執前此公呈據鎮海縣志有湖米均派崇邱靈巖泰邱海晏之語詰以志載有邑人謝兆昌丁家山靈巖寺碑記有云東錢湖唐天寶三年開拓之易田爲湖以其田賦賦之七鄉每畝計米三合七勺三秒按所稱七鄉係指現受湖水之七鄉而言又鎮海志載東錢湖爲巨浸其經流所遍鄞有六鄉鎮有崇邱八里等語徧查該縣田賦項下靈巖泰邱海晏三鄉亦未注明添派湖米字樣原額例定米數較他鄉爲少是原呈查據志載派三鄉湖米一層無從徵信再三商辦衆紳稍有悔悟嗣後卑職卿雲親往

該處履勘傳集各鄉紳耆勘得劍河一帶居東錢湖下游一經開河勢若建瓴不但東錢湖水一瀉入海有損於鄞實無益於鎮兼之開鑿茶漕牛窩衕二嶺深至五六丈不等縱或成功傾圮亦易況向來沾受湖水之七鄉竊恐未必甘心糜費巨欵今日之水利未興後日之隱禍無窮也衆紳僉以爲然願寢前議衆口一詞並無勉强卑職雲書得聞此信傳集鄞邑紳耆諭以鎮紳不復新開河渠湖水無恙照舊灌溉七鄉亦皆允服僉求詳覆是以未經會勘卑職維誥等會商意見相同理合將奉委查勘會議緣由

據實具申仰祈憲恩據情轉詳督撫二憲暨各藩憲俯念東錢湖水實爲七鄉灌溉之源由晉迄今一千餘年不准鑿河渠藉資灌溉但可保衛農田原不必分此界彼疆乃擅變舊章致起爭競實爲公便等情到道據此職道查開胡樞等議請開河之處適居東錢湖下游於鄞邑水利大有關礙且所擬開鑿二嶺工程浩大廬墓攸關傾圮亦易現據該縣等勘詳情形實係有損於鄞無益於鎮即鎮邑紳民亦知損人不利已已俱願寢前説似應俯如所議並請永禁開鑿毋得輕變舊章以杜紛更而免爭競是否如斯合將飭委會勘緣由據情轉詳仰祈憲臺察核俯賜批示祇遵實爲公便爲此備由呈乞照驗施行撫部院馬批據詳已悉仰布政司即便轉移飭禁督部堂左批詳覆各情甚爲明晰應即勒石以垂久遠光緒志

永禁鎮海劍河漕鑿引湖水碑文書後

民生莫切於水利前人之所經晝具載志乘然必親歷其地而後形勢之高下江河之原委疆理之界限堰塘壩牐之興廢其確有可徵者信之其不可信者以無徵置之可也若第據乎志乘即所載有難盡信者矣嘗讀乾隆五十

三年錢志分任水利者爲象山倪韭山先生倪非鄞產而於城鄉內外河渠未及留意祇取舊志檔册而錄之當時所溉合鄞奉鎮爲七鄉又稱湖因田爲之故以原供之賦蔣樗庵先生已嗤其陋又攷雍正十一年曹志稱東錢湖均之七鄉夫所謂七鄉者在鄞則老界翔鳳陽堂手界豐樂鄞塘六鄉鄞塘南接奉化在鎮則崇邱鄉八里之接鄞地者葉恒嘉澤廟記亦言湖水及翔鳳等鄉并定海旁近之田定海今鎮海鎮人謝兆昌淨巖寺碑亦祇言崇邱八里得沾湖水是則湖水所溉及東岡碶而止此則志之可

徵者也至言鎮之江南三鄉若靈巖若太邱若海晏重山可閼當時議鑿阿育王山嶺引湖水灌之故以湖米均攤於四鄉之田且言靈巖太邱海晏三鄉空輸湖米之賦是鎮鄉居其四而鄞奉反居其三是說也實爲後日鑿引湖水之地當日纂修者不加詳審留此曲筆此則志之無足徵者也同治四年鎮人胡樞等果據是說請於劍河漕憲處王家溪鑿岡爲渠以引湖水余亟白於監司史公備言鄞地湖高於田田高於河河高於江勢若建瓴若引注鎮之江南三鄉則下流趨爲巨浸而鄞之上河立涸矣史公

然余言乃札玉環同知黃公履勘全湖堰牐及鎮邑江南鄉地勢實屬有害於鄞無益於鎮並查鎮邑賦册江南四鄉之賦減於江北各鄉乃知四鄉均派湖米之說亦屬子虛天下事之誤於筆墨者往往如是黃公會同鎮令凌公據實詳報史公於是轉詳大府勒石永禁樹碑郡廟正殿之東偏是役也史黃兩公實心講求力破成說以惠吾民其功非淺鮮也今史公去矣黃公未幾亦去吾民於二公其能忘乎史公名致謨江南常州人黃公名維誥江西新淦人若夫濬淤治葑以復民生二千年農田之利更有望於今之官斯土者 南蘭集

水利三

山水

福泉山　在錢湖之東南 嘉靖志 古有龍井水泉澄碧東北有洋山𡶀 成化志

明李璋詩　憶昨與人遊福泉乘風如步崑崙巔山行十里不逢樵與牧但見千巖筠檜擂春烟白雲滿谷響流水碧巒深處開瓊田茂林彷彿數椽屋花間午飯龐眉禪飯我胡麻能不饑示我服朮能長年更引數杯探異境朗吟驚動蛟龍眠龍宮金碧最高頂捫蘿直上愁貧緣身依雲外蔚藍色手拈海上蓬萊仙窮奇歷險欲咋指山靈見我應相憐別來如
復能再往郤令東望心悠然

王玉書遊福泉山詩　久向奇觀絕可看道人不會也盤桓啼山止有鳥雙曉臥壑還多龍一寒入海秋容眞善變憑高遠思判逾難茲來已
領山靈訊贏得烟霞客帶寬

明陸寶詠福泉山詩　虛空直上孑然身五色分懸一掌輪山化爲雲微有脊天垂入海杳無垠衰來試杖神猶主險到供詩料總新漸喜岳
遊家尺咫何論婚嫁畢前因

龍山　在上水俗稱龍口有豐氏墓葬此 採訪

穆公嶺　近綠野𡶀 敬止錄

金嘉嶼　吉祥安樂山之支峯 採訪

大慈山　在東錢湖下水南𡶀宋丞相史彌遠葬母之地以此著名 寶慶志 後彌遠亦葬此山有慈雲嶺接東陶嶺

又西北有高論嶺 敬止錄

元戴良游大慈山詩水行境謂盡陸出路旋通乃即蒼松徑步入青蓮宮連嶂既崷崒密林亦葱蘢地涉淸淨界身游紫翠重臨流玩廣沿企不眺奇峯寒鏡湛秋夕碧玉劃晴空蘭若與巖峻象筵緣教崇謁祠慨鄉相尋僧叩禪宗契理已無像觀念豈有窮願絕區中緣永依塵外踪嵜然遺身世年齊天地終

屠隆詩坐覽湖山上高霞淡空色疏花竹床深瞑葉松門積荒坡絕人行但有蒼霞迹勁風灃洪波浮天搖前芳陰崖石氣寒古洞水痕泐雲堂晚鐘微日落野烟白僧定香轉淸猿啼境逾寂學道剗情戀胡爲眷泉石堀埋日紛輪欣賞此晨夕挂冠來何遲永願謝羈勒

鳳山 在上水之南俗稱鳳凰山相近有鳳山廟在焉 採訪

磨嶺 在下水大慈嶴 新增

淸李鄴嗣詠下水磨嶺腳詩登輿縱新覽山川喜重齎解顏與輿夫徐徐緩前氣適肓皇天威微生飄一蔕汝曹傾命力觸除艮不細安步莫忘危豫防在既濟躓垤不躓山聖戒所深記五里落水磨始得踐原地回瞻憇腳所理屏亦天際半下尙雲中絕頂安可計昨來卧山狀眞與飛鳥逮片片堯時嵐從斯入夢寐

阮山 大慈山東南七里 嘉靖志

白雲山 在東錢湖之南 新增 唐僧巘雲居於是山恒有白雲覆其屋上因以名山有樂安侯墓五代之孫郃也唐末爲左拾遺朱溫篡位著春秋無賢人論歸隱此山 四明山志 山北有亭溪嶺 聞志 案曰此即敬止錄所云居錢湖一北與大梅鄰延祥寺之白雲山也聞志亭溪嶺在白雲山之北實指此山非明堂嶴之白雲山

宋樓鑰登白雲山絕頂詩天近罡風吹面寒繡衣玉立白雲間滄波萬頃海南海翠壁幾重山外山自覺登臨無限意維思富貴不如閒前峯若個神仙客指點煙霞見一斑

明楊承鯤詩入山知山美入水愛水居霏微白雲路彷佛仙人間綠溪掇瑤草石空窺素書洞門陰陰苔蘚溼瀑水逆流雪花入獨行不語亦不旋虎啼谷響松風急

淸全祖望孫拾遺淨慧社操苾碭雲深兮眞龍所出胡今不然兮天狼猖獗白馬波沈兮淸流泣血危哉侍郎兮以詐墜笏歸來王宮兮僅而得脫其餘霸府兮更無人物羅郞正議兮足壯吳越惜哉斯人兮尙參記室吾將隱兮明山之嶺參彼淨慧兮逃彼禪悅

假巖 上水之東北宋相史浩甃石百餘丈層巒疊嶂宛

若天成 嘉靖志

馬山 在韓嶺右一里許居民百餘家 採訪

雞山 上水之北與東石山之名雞山者不同 採訪

沙家山 址界山之右居民數十家 採訪

霞嶼山 東錢湖中四面環水上有霞嶼寺有望湖亭有觀音洞名小普陀 嘉靖志○案延祐志霞嶼寺大資史巖之鑿山爲觀音洞聞志及李濂遊記並誤爲史相所鑿○又案此山已遍種瓜菜寺與亭俱無遺址可攷即所謂觀音洞上有佛國洞天四大字尙存

元戴表元送人遊霞嶼詩霞嶼風煙接渺溟老仙舊鉢儆林扃峯前雁起湖雲淨池面龍來海雨腥閱世僧閒

頭黑白遊山客爽句丹青何緣
飛去清涼國兩腋翛翛著翅翎
明楊守阯遊霞嶼山詩東遊如入輞川圖野鳥沙禽相
喚呼碧樹森羅三寶地青山環繞萬金湖入逢首夏衣
穿葛節近端陽酒泛蒲一宿招
提問禪語面牆今有達摩無
清錢豹同王水功周囊雲范靜菴游霞嶼詩無約春風
又到門小山霞影動泉痕一樽桂棹同知己二月桃花
出宿根鳥立枝頭呼我住石留古意與人
捫午餘倚拊看垂釣片片湖光入遠村
忻孝則詠霞嶼山詩水中孤嶼映晴霞結石還摹小普
陀地近二靈分夕照岸懸四面繞蒼波禪房日久成荒
土佛洞春深挂碧蘿句詠湖
山誰得似白瓷盤裏一青螺
忻恕詠霞嶼山詩浮嶼青青色更多就中粧點竟如何
千年佛洞留香國一片螺痕賽普陀雨歇東頭霞半抹
波圓四面鏡新磨何人採盡
湖心景譜得春詞入棹歌

忻自淑詠霞嶼山詩小嶼一卷浮晴霞向晚收鷺飛秋
水碧花散洞天幽帶日烘前渡和烟鎖半流登臨須放
棹相望、
思悠悠
忻起林詠霞嶼山詩爲憐霞嶼水環瀠多少詩人好問
津落日界開螺頂黛晴嵐鎖住鴨頭春一天洞闢禪堂
遂四面亭迎翠巘新勝蹟而
今俱已杳不堪指點説前因
董沛霞嶼詩嵐氣浮曉烟中流蓄湖勢奉母遊補陀奇
想闢天際鑿石置洞天隱起佛光瑞四面開雲霞朝朝
麗山寺笙歌天外聲姬侍擁冠帔到今七百年臺宇盡
荒廢古樹經秋霜寒鴉向人墜我來憑弔時懷古發遐
思昔聞鳳凰山宮廟有圖記淮安飛渡江宸居作酒肆
粵海厓山中乘輿曾野次慈元舊行殿轉眼水同逝輿
廢本無常噴擊唾壺碎何
況梵王宮秋巖賸空翠

安石嶺 在二靈山之右聞志有王安石祠成化志

菊島 在黃菊花嶴之外孤懸水面圓與鏡同俗以銅鑼
山稱之採訪

二靈山 東錢湖東曹志山靈水靈故名成化志○案此山迤邐由東南來突
出湖中三面環水爲湖山最奇特
者敬止錄謂不與陸接未免失實
宋王安石詠二靈山詩海上神仙窟分明作畫圖山雲
連太白谿水落東湖路覺行邊斷亭從僻處孤直教殷
處士城市
迹全無
宋袁燮遊二靈山詩何人題作二靈山千古佳名不可
刊欲識此聲非浪得試於高處一憑欄○湖山秀美冠
東南況此山椒枕碧潭眼界寬
平無限景箇中好處不容參
明烏斯道二靈山詩東湖潤處二靈山龍吐雙珠落水
間四面亂峯雲氣白半天孤塔雨花斑當年馴虎歸何

處今日輕鷗只自閒問訊老
僧詩句好清風謖謖滿松關
王玉書遊二靈山詩烟沒湖波曉過灘少停佛塔石殘
殘前巖花嬾僧機靜下瀨萍枯魚況寒水氣連雲渾作
雨松風打壑總吹瀾漁師白
浪全無怖贏得遊人急眼看
明張恍詩欲訪山靈與水靈夕陽如錦照禪扃鴉拔秋
色歸深樹雁帶寒光逗遠汀花木樓臺明紺碧烟霞屏
幛列丹青須臾影落湖
天暝鐘梵微茫度杳冥
吳志諄詩芒鞋竹杖望湖亭蜡山上有迎輝亭覓得漁船訪二
靈芋子煨殘明月上兩三知已話蘆汀
王士華詩二靈山上白雲稀水國茫茫日色微烟罩野
塘含晚翠波浮漁艇帶餘暉樹連蒼靄天將暝巖倚空
青鳥半歸風景滿前吟
不盡那知塵世是和非
清忻涵清詩湖東山作卧龍形看到山靈水亦靈浪裏
孤鷗驚塔影林間二虎侍禪扃一抔土葬忠臣骨四面

峯圍雲母屏竟日此中尋古蹟芒鞵踏處草青青

清忻自叙二靈山詩屈曲復迴環湖東一卧山屏峯遥接翠鏡水別成灣塔影迷烟處鐘聲覺夢閒陳公高塚在終古白雲閒

王信德題二靈山詩爲訪名賢蹟扁舟到二靈山低雲護白寺小竹圍青古墓悲湮没忠魂歎杳冥歸途增感慨聊爲夕陽停

鮎魚山　山甚平坦面二靈山採訪

蝦公山　二靈山之西北採訪

高論嶺　大慈山西北聞志。案此嶺有二俱跨蝦公山背距大慈山不下十里

筆架山　在上虹橋之北形似筆架故名採訪

龍蜷山　在湖之東北勢高峻上有龍潭採訪

大涵山　在梅湖之東爲湖山外衛採訪瀕水而秀天霽風晴則水光山色上下相映成化志。案周志引成化志大涵山寶慶志作大含山亦稱大田山

明沈明臣詩悠然大涵山山下雲如海不因濯足來尋得漁磯在

鹿山　在梅湖北採訪相傳鮑郎嘗見鹿射之就視乃石室今遺鏃尚在默而搖之則動語則不動嘉靖志上有六峯敬止錄其東有嶺曰馬嶺採訪

明李文纘詩鹿山咫尺舊家鄰石罅虛通一綫文霜降况逢天日好登臨忘卻病餘身。如拳小石破山紋膚寸浮根豈是雲拂袖欹眠偷一晌奚童剗蘚費殷勤。誰家射郤箭鋒來逐鹿人亡事可哀我亦躭奇石亦怪祇堪攜伴共銜杯

清李鄴嗣詩鮑郎射鹿幾時回不數將軍没石才遺廟至今傳伏臘墓前狼籍數花開

董沛詩一箭穿雲貫六峰漢家飛將可追蹤神仙信有非常技射鹿歸來又射龍

玉女峯　尖秀獨出前臨梅湖山左居民數百家村名瓶窰採訪

鄮麓　當湖山東西之交四明談助

金童山　山形端厚與玉女峰相峙採訪

東石山　一名稽山出石寶慶志其石細膩勝於西石出成化志敬止錄作雞山今石已將開盡幾如一拳矣四明談助

清全祖望大石雞歌大石雞應扶桑其聲直與黃鐘之宮無低昂何以年來默默閟聲光或云是雞不鳴則已一鳴天下昌是以三緘其口卧高岡於今正值文明代定有清聲報玉皇山中昨又來瑞翅晨鳴善哉夕賀世俺視百鳥俱非類百鳥亦復笑且詈獨有是雞三點頭似欲引爲同聲相應同氣求大石雞尚長鳴吾令是鳥和汝清商音

雉山　在梅湖中距梅湖堰里許居民十餘家往來必以舟採訪

大鼈肚山　在雉山左不與諸山連屬採訪

小鼈肚山　一名玉印山大鼈肚山之前大僅數丈不及

大鼇肚山二十分之一採訪

倒蓮山　陽堂山之東鹿山之南左右微高中稍低陷採訪

陽堂山　俗名青山輿地志云此山四面懸絶下有鮑郎廟郎鮑君生所居也寶慶志鹿山之南嘉慶志

梨花山　在錢堰採訪春月梨花盛開爲東湖之勝概上有史丞相讀書臺嘉靖志

宋史宜之梨花山詩梨花飛雪滿春山錯認寒梅露玉顔幾日登山尋樂境香風滿袖送船還

明盧鎮梨花山詩湖上佳山水況逢春日來梨花飛白雪息鳥點蒼苔曲徑穿雲上芳樽待月開徘徊問遺事惟有讀書臺

施江濤詠梨花山詩山號梨花誰錫名支山月浸見縱橫梨花不謝山山影樞密風流剩月明○敝屣遺來宰相榮梨花同夢訂山盟錢湖何處無佳勝纔屬簽書便有名○雲徑穿來路欲迷祠荒忠定額猶垂秪餘一片空濛色未改當年煙雨奇○千峯浮白水悠悠誰仰山高痿近流一自忠宣重肯構梨花風月敞滄洲○山遊盡處復乘槎且向煙波醉落霞莫歎繁華易零落舊家大半是梨花

月波山　東錢湖西北與霞嶼相峙嘉靖志有二石洞史相鑿以娛母名補陀洞天敬止錄

明李堂遊補陀洞天詩相公囊括宋山河鑿石穿雲見補陀若見厓山還好景慈雲宫殿碧嵳峩

胡璉詠月波山詩水邊樓閣鬱嵳峩一櫂清秋看月波南竺老禪能梵語東州狂客作吳歌天垂斷岸明河動雲擁長松獨鶴過亦有風流賀監畫船載酒共婆娑

清忻涵清詠月波山詩月湧冰輪色似銀波光倒映淨無塵巖懸水際清涵影數近湖邊淡接人螺髻分明開古鏡佛頭彷彿認前身我將花下銜杯酌醉裏吟詩句未醇

忻起林詠月波山詩泛棹湖濱引興長月波山色暮蒼蒼此間不貯三潭石何處還尋五柳莊多少亭臺皆倒影參差松竹自分行從來勝地推名士未識何年屬梵王

清忻自淑詠月波山詩欲訪名人跡乘舟到月波越王穿洞古余相築亭峩倒影仍流藻餘輝別映蘿而今成佛宇騷客費吟哦

擂鼓山　在月波山右居民不滿二十家採訪

珠島　俗稱銅鑼山在飛鳳山側圓小不與陸接採訪

飛鳳山　陳野嶴之右採訪

上塔山　俗呼蚌殼山在湖北岸山極低小與衆山不相連屬有李公祠額曰上塔山廟其居民在山之北隔數尺水村名廟衕採訪

綠荷洲　上塔山西北俗稱謝落荷花採訪

青山　峯巒叠翠春時臙紅粉白如圖畫採訪

前志脫雷字敬止錄有嶺曰青山嶺其南有村名青山嶴葉恆故宅在焉採訪

宋舒亶青山詩鳴雲過雨翠成堆天淡平湖一鑑開萬木號風韻絲竹千峯帶月上池臺靜無俗駕金鋪地閒有高人玉滿杯聞道碧桃看欲發劉郎何事不歸來

史彌甯青山詩青山見我喜可掬我見青山重盍簪石鼎車聲煎玉乳竹鑪雲縷試花沈三杯暖熱淵明酒一曲淒涼叔夜琴莫怪相看
能冷淡交遊如此卻情深

元袁士元鄞之青山乃衣冠文物之地潛齋劉公實居是焉僕往歲與象山樊公天民長燈卓公宜之皆嘗讀書於斯暇日潛齋與吾二三子倘徉山水間以詩酒自娛如此者十有餘年後僕同里諸公亦漸散處近云此地爲鬱攸所廢艮可嘆也茲聞潛齋宅
甬東去僕書舍不遠因述舊懷寄之

彈鋏歸來感舊遊天涯何處話離愁青山有分長爲客白髮無情忽上頭冠蓋盡隨雲影散樓臺近逐電光收
聞君近卜江邊宅
仍許閒情共白鷗

明徐振奇庚子山居九日前夕有感去年重九樓頭月今夜皚皚滿鬢絲寂寞遥天虛悵望荒殘舊井劇愁思追陪戲馬非吾事俯映流螢彼一時明擬登臨聊遣放
不知誰許愜幽期。庚子山中午日詩聞說樓船將出

澼絖休吹斷畫行人誅求物力空皮骨供應軍儲達夜辰壯士願言終復楚窮民何計可逃秦徒懷孤憤霜盈鬢蒲酒相親自苦辛。已亥山中九日詩避亂偏逢亂因貧又益貧天行兼盜發海沸雜囂塵佳節當今日歡
心得幾人黃花笑
白髮紅淚溼青巾

西亭山　青山之北採訪層巒聳翠下瞰深淵人擬赤壁之勝並山而居者多高錢兩姓又名高錢山嘉靖志　宋錢塤居東湖與高友文爲鄰人稱其里曰高錢亦以名山敬止錄

元袁士元蒙泉高錢月夜見訪索詩遂即席以賦廣文踏月來相訪應見高情念故人坐久不知燒燭短醉來惟覺索茶頻十年客去青山在半夜詩成白髮新歲晚相逢莫相笑老梅已報玉堂春。過高錢探子章及禪寂詠心源不值載酒東湖歲已闌擬同朋舊醉開顏長鬚吟客近入郭多病老禪纔出山霞嶼寺連寒水遠月波樓鏁暮雲閒停舟自對梅花酌雪壓孤篷夜未還。戊戌十一月十九日過高錢舊館宿金子亨書樓古錢宅夜飲詩客樓昨夜東風急郵徑今朝宿雨乾馬上看山晴更好人間行路古來難官橋柳眼先春意故苑梅花自歲寒別久情懷要
須倒醉來狼籍任杯盤

元戴良遊西亭山詩屢約湖曲遊良辰輒蹉跎及今風雨夕一葦凌寒波遥遥度墟里靡靡轉陂陀暫息泉上樓倚闌頻笑歌此時知心友愆期
在山阿儔侶傒之久不至復如何

平峩山　在青山北白石山之東北西臨舒家岸河山頂圓如覆釜上有平峩寺採訪。案平峩山四明談助作平湖腦

白石山　其山清秀與東錢湖相對人多遊覽焉山有白

石故名延祐志　上有神仙石棋枰下臨東錢湖一名火石海舶見以爲怪嘉靖志

清忻思敏詩磷磷山石白遺跡想雲端不計斧柯爛可曾樵客觀螺形方狀具玉局細文完仙侶今何在棋枰
各跨鸞

東山　在橫溪之東嘉靖志　橫溪距錢湖不遠相傳晉謝靈運遊此宋鄞縣令謝鳳采菁茅憇焉因以謝安東山事名之有丁家嶺敬止錄

案曰謝鳳卽靈運子也敬止錄誤其官爲唐倅今改光緒志

明楊承鯤東山別墅詩始從東山遊遂爲東山客緣峯湖澗道望煙詣巖宅鬱紆行莫展傲眈情自得嵐彩生陰寒日氣相噴射濯溪拾紫茸窺洞計靈液仙人逝已久古蹟紛狼藉溜溜陰風生靄靄素霞積黿鼉宿深淵鴻鵠遊大澤軒冕艮儻來樂全我所適

平滿山　即殷家灣此山接連白石山其山平滿故因名焉沿山而居者三千餘家出海捕魚爲業居多採訪

師姑山　左爲殷家灣右爲莫枝堰居民稠密

下塔山　近莫枝堰低浮水面上有岳廟其右有路與大山脈連屬俗以西瓜形擬之採訪

壽桃山　莫枝堰之南採訪

茂嶼山　在錢湖西南距湖數里採訪有張氏世居焉嘉靖志明大司馬張時徹嘗構山房聞志旁有龜山蛇山琴山象形酷肖四明談助

明沈明臣茂嶼山詩吾道在青山高風邈自攀穿月分落照坐石俯潺湲碧嶂聞猨嘯青天見鶴還漁樵處處有何用白雲關○曠達恣幽討其如白日何地深山木老天空水雲多石髓難逢得吾曹且嘯歌不須勞夢寐興至許相過

沈九疇初至茂嶼詩清溪窈窕覔仙蹤臨水看雲面面重山過雨聲侵薜荔風吹秋色滿芙蓉湖天浩渺懸孤嶼海日東南引萬峯豈是桃源無路到扁舟今日使人逢

奕大山　面臨莫枝堰山峯秀峻上有石棋枰山麓有覺濟寺採訪

黃梅洲　俗稱黃魚眺採訪

獅子山　奕大山之東採訪

薛家山　張邁嶺左右居民數十家採訪

張邁嶺　獅子山東居民數十家與史家灣毘連採訪

蚌殼山　史家灣前山甚低小不與陸接採訪

陶公山　在東錢湖山下多朱姓居之世傳陶朱公嘗隱於此有釣魚磯在焉寶慶三年守胡榘建煙波館天鏡亭於其上寶慶志今所居者姓忻多無朱姓光緒志山形如

孤龍突出湖中沿山居民數千家耕讀捕魚爲業採訪

明傅攀龍忻氏草堂詩寄隱東湖上風塵不復來堂從山足起門向水邊開虎豹號殘夜松楸響廢臺桃源何處足此地亦悠哉

清李鄴嗣詩此地陶公有釣磯湖山漠漠鷺羣飛漁翁網得鮮鱗去不管人間吳越非

張幼學詩陶公山下路一過一婆娑舊麥青三寸新莎綠一窩近村聞牧笛隔嶼聽漁歌何必紛桃李春風樂事多

董沛陶公山詩陶公山下水深深苔覆漁磯樹覆岑絕代紅顏容一舸起家赤手致千金秋風蔓草宮遊鹿寒月蘆花浪打禽聞說煙波曾置館舊時臺榭費追尋

臥龍岡　在陶公山張邁嶺之左此山形如臥龍因以名

焉新增

珠山　在陶公山許家㘭外湖濱突出其形如珠故名之新增

象鼻山觜　在陶公釣磯之上向湖濱採訪

煙嶼　舊稱許家嶼在陶公山南數十步低浮水面忻氏祠堂在焉採訪

淸董沛宿許家嶼詩山色靑靑四面堆湖中懸島一樓開枯流礙櫂無遊舫高樹當門有釣臺過嶺雲隨飛鳥去隔隄人喚賣魚來良朋雜酒宜良夜明月淸風共舉杯

桃源山　在湖之西有嶺曰桃源嶺採訪

螺嶼　俗名田螺山在郭家嶼左相傳豐氏祖墓葬此採訪

郭家峙　隱學山之北居民百餘家採訪

擇陽山　隱學山之西南嘉靖志

隱學山　在東錢湖其下有棲眞寺放生池寶慶志　徐偃王隱於此延祐志　山北有隱學嶺聞志

元徐本原詩周穆曰盤遊九鼎幾欲移造父御八駿萬里觴瑤池邦家歎無主神器將安歸諸侯適朝徐瑞應惟其時忽聞黃竹歌拒戰非所宜避位向吳越直至東海涯德義感人心臣庶爭相隨山以隱學名上有棲眞祠翁仲翳草萊再拜空噓嘻遼鶴竟不返祔葬冢纍纍子孫繁且衍譜牒能相貽零落千載下惻然起遐思

明李瑋宿隱學嶺劉安宇宅詩塵勞擾擾嘆浮生雲卧山堂夜氣淸竹並陰崖常悚色雨餘廻澗已春聲尋梅短杖從人健剪燭深杯恰意傾隱學山中賦招隱劉安叢桂不勝情

百步尖　爲湖山之最高峻者嘉靖志　北爲櫟樹山櫟樹山下爲金溪山四明談助

宋袁燮百步尖詩一山屹立萬山朝壯觀稜稜倚碧霄惆悵古人埋玉處高名千古共岧嶢○自注故交謂沈國錄也沈葬象礉在百步尖之下

淸忻思敏詠百步尖詩奇峯鍾造化百步聳岧嶢峻峭雙肩削圓尖一頂么衆山俱繞膝高鳥僅翔腰倒影湖南下重重翠浪搖

雲南山　在韓嶺村之南張齊嶺西採訪

梟橋巖　上有瀑布泉嘉靖志

象坎山　又名范家山成化志　南有茅嶺聞志

九磊山　在象坎採訪

韓嶺　過東南接茅嶺去韓嶺里有張齊嶺嘉靖志

明徐家麟詩逢人小立問桑麻那許狂吟又冷嗟屐齒偏當豐草入山顏不使亂雲遮鷗依近渚春將逝竹抱低垣我欲家倦向茅庵聊趺坐老僧留試雨前茶

下爬山　在韓嶺村相近採訪

羊角巖　在象坎村上光緒志

西山　山下有村居民俗呼西山下採訪

順風旗山　在茶亭之左採訪

址界山　在沙家山相近訪採

蛤蚆山　在梅湖三甲嶴左訪採

竈山　在三甲嶴之左光緒志

蛇山　在三甲嶴之右光緒志

蜈蚣鉗　在倚子嶴訪採

邵家山

楊家山

案昔人爲濬湖堆泥計擬於二山之麓築隄四百餘丈以其較別處湖面狹而成功易乃詢諸父老不知

此山姑錄其名以爲他日築隄者稽攷耳

上水　韓嶺之北下水之南訪採

下水　上水之北福泉山橫其前二靈山蝦公山乃其門戶訪採

嶴

綠野嶴　舊有宋史氏滄洲堂取義裴晉公以名其嶴聞志　此嶴距下水湖口五里

范嶴　上水之左馬山之右居民數十家訪採

黃菊花嶴　二靈山之左董文瑀曾建種德堂於此嶴外有忻氏晚香莊訪採

柴場嶴　沿湖諸山皆福泉分支而莫高於柴場嶴與月波山青山隔湖相望爲湖上偉觀四明談助

三甲嶴　在筆架山右訪採

椅子嶴　在栗木塘東產石色黃不甚珍貴訪採

胡郎嶴　近瓶窰訪採出石色綠質細而脆不若稽山之堅四明談助

羅嶴　山有左右沙六道大牙相錯西對鹿山水落平津橋河山如羅網深二里光緒志

陳野嶴　在湖北岸山勢左右環抱風景絕佳其麓陳姓百餘家居焉訪採

赤塘嶴　左爲青山右爲白石山嶴中祇見錢湖一角而已訪採

墩嶴　或作頓嶴在湖西南訪採

蕭峽嶴　在覺濟寺後有溪水直流入於湖

郭潼嶴　在隱學寺前有溪水流入於湖

東道嶴　在橫街上溪水自從福泉山之水流入於湖

大慈嶴　在大慈寺後溪水過寺前直流至湖

楊山碶　在福泉山麓溪水自從福泉山直流至湖

深嶺碶　在綠埜碶相近溪水滙入下水溪直流至湖

余峽碶　在陶公山本碶之水直流入於湖

許家碶　在陶公山本溪之水流入於湖

雲南碶　在韓嶺村後

馬山碶　在馬山村之南

上水大碶　在拜祭嶺下

橫街碶　在新庵之上

上林碶　在橫街之上

雞山碶　在雞山村內

西壣碶　在雞山之北

下水南碶　在下水村之南

廣度碶　在廣度庵後

南莊碶　在廟衕村前

四顧碶　在師姑山村後

郭峙碶　在郭家峙村後

泉月碶　在泉月庵後

西山碶　在西山下村後

灣

月兒灣　鹿山西北隅採訪包家橋形如新月月出泉即吐湧不絕月中即止嘉靖志

諸葛灣　大涵山下嘉靖志

姜郎灣　在錢堰之東居民百餘家採訪

吳郎灣　梅湖塘之西南居民數十家採訪

史家灣　在陶公山左史氏聚族居焉採訪

丁灣　頓碶東爲錢湖底西爲丁灣其水合諸派西流獨出黃山頭橋落橫溪大河四明談助○案丁灣之山與湖山相連屬由郭家嶼登岸至此不過五六里○光緒志

井頭灣　在陶公出天鏡橋上新增

角尺灣　在方家湖塘南覺濟寺前新增

燕窩灣　在桃源嶺下土名高湫堰此處居民有數十家

掘斷灣　在二靈山內福應廟相近有溪

碧沙灣　在下峯岸

紅菱灣　在二靈山內

樸樹灣　在高綸嶺相近有溪

尊教寺灣　在陳埜碶底

道士灣　在黃泥大嶺

珠山灣　在珠島內鳳山之東新增

溪

上水溪　在湖東南源出福泉山北經橫街村再經溪堰村上水萬安橋入湖泊新增

韓嶺溪　在湖之南源出泗水嶺之北經過韓嶺市街下鑑湖橋流入於湖新增

下水溪　在湖之東南源出福泉山北經楊山嶴村再經綠埜嶴村過下水村溪橋而入湖泊

郭潼溪　在湖西南源出郭潼山經寨基村前流入於湖

象坎溪　在湖之南源出象坎山經象坎村溪橋入湖泊

柴場溪　在湖東南源出柴場山經支溪會合流入湖泊

三峽溪　在湖之東源出三峽山此有三溪之水會合流入於湖

青山溪　在湖之北源出青山嶺經青山寺舊址湖工局門前流入湖泊

黃菊溪　在湖東南源出黃菊嶴山經忻氏晚香莊前而下於湖

椅子溪　在湖之東源出寶華山經椅子嶴村居前流入於湖

范嶴溪　在湖之南源出范嶴山此二溪經范嶴村居前流入湖泊

泉月溪　在湖之西源出泉月庵後新嶺經泉月庵前流入於湖

郭峙溪　在湖之西源出郭峙山經過郭家峙村居前流入於湖

塘嶴溪　在湖東南源出塘嶴經二支溪會合流入於湖

大慈溪　在湖之東南源出大慈山經過官驛河頭村居前流入湖泊新增

井

泗水井　在韓嶺上建泗水亭井水清洌久旱不涸採訪

少涉井　在韓嶺獅子巖下此井之水韓嶺村居民千餘家皆取井水汲飲其水清洌味甘雖甚旱不竭採訪

聖井　在上水其井之水清洌底不可測上水村居民半壁皆取汲飲焉此井之水逆流而上父老相傳故名曰上水採訪

義井　在大碶頭往來行人汲飲其水清洌味甘大碶村居民皆取汲飲焉其名曰義井採訪

永井　在湖臨頭湖底湖水滿淹没不見此井遇旱時湖水涸出則見此井之水湧泉而出四方居民汲者絡繹不絶皆取井水汲飲焉採訪

瑞井　在陶公山大嶺下忻氏季房祖堂後居民屋下俗名樓下井傳曰其水清洌常盈汚泥濁物棄於井中水少涸濁此處居民之家水清則盛水濁則衰矣因名曰瑞井採訪

石佛井　在卧龍崗下居民俗稱之曰大嶴底石佛井此井之水常盈清洌味甘陶麓半壁居民皆取水汲飲焉採訪

方井　在錢碶湫闕二十步俗名方井此井之水清洌味甘此處居民皆取水汲飲焉採訪

日字井　在郭家峙其井形如日字居民呼之曰日字井此處居民皆取井水汲飲焉採訪

池

放生池　隱學寺内唐大歷中棲眞寺僧所鑿久廢宋熙甯元年復其舊熙甯七年太常奉禮郎監市舶司錢塘沈遼記之嘉靖志○文載金石門

萬工池　在大慈寺前宋嘉定十三年丞相史彌遠創爲功德寺賜教忠報國額鑿萬工池延祐志

潭

青山三聖井龍潭　青山鮑王廟下有龍湫名三聖井旱暵禱之常有蛇見即大雨聞志○案道光丙午曾請龍禱雨有雨與否不可攷光緒己卯請龍日適雨蛇見即雨之說似若可徵今年甲寅八月二十日即舊歷六月二十九日十廟農人至三聖井請龍日光朗然毫無雨意豈蛇見即雨之說有時而不可憑耶

凴橋巖龍潭　在百步山下周志其水清洌相傳龍潭光緒志

福泉山龍潭　其潭在山巔雲霧蓊勃生於水面若麗日晴霄澄澈如鏡或風振林葉落無墮潭上者光緒志

羊角巖龍湫　在此巖上有潭其水清洌雖甚旱不竭相傳曰龍潭採訪

角尺灣聖潭　在覺濟寺相近山麓湖濱水滿則淹逢大旱時四方之民皆取潭水汲飲焉採訪

水利四湖防

東錢湖四面皆山兩山不合之處以塘堰接之湖之西北

隅爲莫枝堰由城入湖者皆取道於此循莫枝堰而南爲師姑山其東爲平滿山下爲殷家灣居民三千餘家折而北踰黃泥嶺爲小嶴又北爲孫家嶴底有白石山赤塘嶴過橋而南爲泥鰍尾有青山本名青雷山有青山寺已廢今爲湖工局而志局亦附設焉過青雷橋而南爲綠荷洲其前有上塔山俗曰蚌殼在湖中折而東爲南莊嶴循嶴而北爲鳳背山飛鳳山前有小島曰珠島內有珠山灣飛鳳山之北爲陳野嶴有湖漕又北過溪橋有尊教寺折而南爲擂鼓山有湖漕三又北爲月波山有月波寺即余文

敏五柳莊遺址又北爲錢堰亦曰前堰有碶有湫閼居民六百餘家湖之北岸也又東爲五里塘塘之東即梅湖與東錢湖本爲一湖曩時濬湖者以運土不便故築爲是塘設二橋以通舟楫其湖面約佔全湖四分之一昔人謂梅湖下皆沙石蕁芡不生今則菱葑彌望淤積日高不急爲濬治則梅湖幾於可田矣塘之北爲梨花山又北爲姜郎灣吳郎灣小斗門又北爲梅湖塘有堰有碶折而東爲梅碶嶺其矗立湖中者爲雉山大鱉肚山小鱉肚山沿湖而東爲栗木塘有堰無碶在湖之東北隅此湖之東岸也由

栗木塘而南過橋爲椅子嶴村居民百餘家又南爲蜈蚣鉗又南過溪橋爲三甲嶴龜山頭蛤蚆山筆架山又南爲蛇山又南爲上虹橋即五里塘之南岸又南爲彭家莊過溪橋爲柴埸嶴又南爲蝦公山踰高論嶺爲樸樹灣又南爲鮎魚山過小橋爲紀家莊又過小橋而南爲墨魚山又南過小橋爲下水村居民七百餘家下水河頭有沙田若干畝明參政王士華嘗田其中又南過大溪橋有枕湖亭又南過廟前橋折而西過溪橋二爲官驛河頭又西踰安石嶺爲蝴蝶山又西爲二靈山折而南爲掘斷灣其西有

王荆公祠又西爲黃菊花嶴北出者曰狗頭頸前有小島曰菊島內有黃菊花嶴狗頭頸之西爲下峯岸其前曰霞嶼山四面皆水折而南爲址界山又南爲沙家山村居民百餘家有土地祠又南爲雞山過龍聚菴有小溪橋爲上水村居民三百餘家又南萬安橋過萬安橋而西爲范嶴居民數十家又西爲馬背步折而南爲馬山村居民百餘家有小山又南爲韓嶺有市鎮居民二千餘家入管江大嵩者取道於此又西過鑑湖橋又西過溪橋爲下[illegible]山嶺又西爲象坎村居民一百餘家此湖之南岸也有羊角巖

過溪橋三爲百步尖湖山最高處其下爲九磊山鼻橋巖又西過溪橋有茶亭又西爲順風旗在湖之西南隅踰順風旗而北過溪橋有湖亭廟有湖亭頭居民七十餘家折而東有徐祠又東爲郭家峙居民四百餘家有裴君廟又北爲桃源山濱湖而突出者曰螺嶼又北踰桃源嶺下爲燕窩灣村居民五十餘家又北爲高湫塘有高湫堰又北爲大堰碶橋有右蟹鉗踰右蟹鉗而東爲大堰頭居民五百餘家又東爲嚳底灣又東有左蟹鉗爲周家岸居民三百餘家其前爲煙嶼在水中舊所謂許家嶼是也折而北爲竹園戴村居民百餘家其突出湖濱者曰陶公山居民六千餘家爲湖上最繁盛之地有陶公釣磯煙波館天鏡亭諸古蹟循山而西湖中有蚌殼山與北岸之蚌殼山相對踰張邁嶺村居民一百餘家張邁嶺之南有史家灣居民二百餘家而西爲獅子山南山有薛家山村居民二百餘家又西爲角尺灣折而北爲方家湖塘北有湫閼有雙峯山又北爲小峯山塘之外亦名谷子湖又北爲平水堰塘之北有湫閼又北爲壽桃山之前有岳廟其前爲蘆汀又北卽莫枝堰有居民亦有市鎭此湖之西岸也

隄塘

錢堰塘　在湖之北十都二啚（錢志）石塘長七丈七尺濶二丈五尺清道光二十三年八月大風雨塘堰壞二十五年里人錢啟暄重修（光緒志）

方家湖塘　在湖之西十六都六啚（曹志）十六都六七啚合管（錢志）舊有碶二門今塞石塘長二百七十五丈四尺濶二丈五尺清咸豐元年修（光緒志）民國三年甲寅塘南年久失修一段塘壞里人忻錦崖集資雇工修葺完固（新增）

莫枝堰塘　在湖西北十六都三啚（錢志）石塘長三十丈八尺濶二丈五尺（光緒志）清光緒十五年己丑里人鄭世洽請撥賑濟款援以工代賑例修石塘加濶三丈塘身濶五丈五尺塘上建有關帝殿及鑑湖亭又建市屋兩對面六間（新增）

平水堰塘　在湖西北十六都三啚（錢志）石塘長四丈二尺濶二丈五尺在十六都三啚舊名平湖堰（錢志）清道光二十八年巡道麟桂署守徐敬重修（光緒志）

大堰塘　在湖之西十六都六啚（錢志）石塘長八丈濶四丈五尺建鑑湖菴其上（新增）

高湫堰塘　在湖西南十五都一二三四啚合管錢志石塘長二百五十六丈六尺濶三丈三尺淸道光二十三年八月大風雨塘壞二十八年巡道麟桂守楊鉅源署守徐敬捐俸倡修以近堰紳士袁世恒職其事工最完固光緒志　光緒九年癸未八月大風雨塘壞十年郡守宗源瀚請撥欵修葺完固新增

梅湖塘　在湖東北十都一二啚合管錢志石塘東自堰頭山至碶橋長三丈二尺五寸自碶橋西至堰身長十七丈四尺堰西石塘自東至西一百三十六丈濶三丈小

斗門西至高湫山足石塘長四丈五尺淸道光二十八年修光緒志　光緒中間塘身九十丈民國二年癸丑里人忻錦崖集資修新增

案曰梅湖塘身中私開一洞放湖水灌田常年洩漏相傳云乾隆間姜郎灣姜姓人有勢者爲之癸丑修理是塘忻錦崖將此洞塞之修整完固新增

栗木塘　在湖正東九都三啚錢志石塘長四十八丈濶二丈光緒志　民國三年甲寅里人忻錦崖集資修葺完固新增

五里塘　在錢堰塘之東別名梅湖湖山遊記淸道光二十八年修光緒志　光緒二十七年辛丑里人忻錦崖集資修塘砌路民國三年甲寅鎭邑陳協中濬梅湖之後塘石爲工役所搬移者一律修理完固新增

偃月隄　在梅湖之北搗臼灣濬梅湖時淤泥堆積而成隄上砌石隄右有橋名偃月橋皆鎭邑陳協中所建新增

碶閘

莫枝碶　在翔鳳鄉十六都三啚有碶李志碶長一丈六尺濶一丈三尺舊額設碶夫一名工食銀二兩五錢牐板銀二兩光緒志

大堰碶　在翔鳳鄉十六都六啚錢志碶長一丈六尺濶一丈四尺五寸舊額設碶夫一名工食銀二兩五錢牐板銀二兩光緒志

案曰初在葑田之上屢壞明洪武二十七年上部差監生鄭彥蕃徙碶鑿石山巖遂以堅固明州雜謠注

錢堰碶　在陽堂鄉十都二啚成化志碶長一丈五尺濶一丈四尺舊額設碶夫一名工食銀二兩五錢牐板銀二兩光緒志

梅湖碶　在陽堂鄉十都二啚光緒志碶長一丈二尺濶一丈三尺舊額設碶夫一名工食銀二兩五錢牐板銀二

兩（光緒志）

小斗門　在湖東北梅湖塘西高湫山足小斗門長八尺濶三尺六寸（光緒志）昔傳宋王荆公所建全謝山先生勾餘土音詞曰斗門惠澤垂東谷（新增）

堰壩

莫枝堰　在翔鳳鄉十六都三啚一作木櫧堰（錢志）石堰二東堰長一丈二尺濶二丈二尺五寸堰上設壩西堰長六丈二尺濶三丈三尺（光緒志）

平水堰　在翔鳳鄉十六都五啚舊名平湖堰（錢志）石堰長

四丈五尺三寸濶三丈堰上設壩清道光二十八年巡道麟桂署守徐敬重修（光緒志）

大堰　在翔鳳鄉十六都六啚（錢志）石堰長三丈六尺濶三丈一尺（光緒志）光緒十五年己丑里人戴其仁請撥賑濟欵援以工代賑例修理完固（新增）

高湫堰　在翔鳳鄉十五都二三啚合管（錢志）石堰長三丈四尺五寸濶二丈五尺堰上設壩道光二十八年修（光緒志）

錢堰　在陽堂鄉十都二啚亦名前堰（錢志）石堰長三丈二尺五寸濶一丈六尺道光二十三年八月大風雨堰壞二十五年里人錢啟暄重修（光緒志）

梅湖堰　在陽堂鄉十都二啚石堰三丈七尺濶舊一丈一尺清光緒二十六年庚子里人忻錦崖集資修理加濶一丈九尺今堰濶三丈（新增）

栗木堰　在陽堂鄉九都三啚（錢志）石堰長一丈三尺濶一丈（光緒志）

湫閼

高湫塘湫閼　在高湫堰塘北有湫閼自南至北八尺五

寸自東至西濶一丈二尺道光二十八年修（光緒志）

平水堰湫閼　在平水堰塘北至高湫山足有湫閼自南至北七尺六寸道光二十八年重修（光緒志）

方家湖湫閼　在方家湖塘北有湫閼二門自南至北九尺五寸咸豐元年修（光緒志）

錢堰塘湫閼　在錢堰塘之東有湫閼在焉自東至西八尺五寸此在民居村前屢次淤塞清光緒二十六年挑濬一空今已塞（新增）

案曰湫閼前有八今存四相傳莫枝堰西堰塘上有

湫閼高湫堰南近迎旭菴亦有湫閼栗木塘北有湫閼又有某處湫閼其名未存

橋

鑑湖橋　在韓嶺鎮

萬安橋　在上水湖濱大溪

臨湖橋　在下水鄉村

上虹橋　在梅湖五里塘南首

下虹橋　在梅湖五里塘北首

青雷橋　在青山嶴湖濱

天鏡橋　在陶公山井頭灣湖濱今已廢其名尚存

晃橋　在象坎百步尖下

偃月橋　在梅湖搗臼灣

水利五湖流

莫枝堰碶下注之水出八字橋歷黃蘇沙家五港楊樹四橋迤北爲鷺頭滙西折歷四港搬火楊家庫三橋至横石橋與前塘河會並出四眼橋注大石碶（光緒志）

大堰碶之水經觀音莊前徐西南横溪來水會於東北湖水出雲龍碶經過顏橋折西南而經石橋又經荷花橋又折西南徐東埭又折正南甲村又經蔡郞橋經過俞家埭孫家莊半屬奉化又經孫家莊孔峙湖水至白杜一帶皆屬奉化（新增）而雲龍碶橋其正北胡墅橋經張村橋又經安樂萬齡（俗呼三橋）折北又經武陵橋至横石橋東會中塘河之水經宋詔謝婆嘉慶三橋又折西四眼橋出鎮安永安二橋注大石碶而洩之江（光緒志）

錢堰碶北注之水其什二出高錢村歷西亭山廟下橋張家瀛其什八出陳孟橋歷方橋至平政橋北會梅湖碶水繞鹿山西折出張弦橋包家小橋萬齡橋汪洋橋張家瀛

高塘頭曹隘横涇王家弄而邱隘殷隘松樹下漕各渠交錯其中其水直趨四眼橋與後塘河會並注大石碶（光緒志）

梅湖碶水北注鹿山西折出平政橋會錢堰之水經月兒灣包家大橋直注滙緯橋歷五鄉碶鄞鎮渡橋丁家山大橋東岡碶長山橋義成碶湖水至小港一帶皆屬鎮海（新增）其末至滙緯橋於五鄉碶北分注梅墟龍山諸渠直下鎮海小港旁出樓家碶其西流歷鄮山橋及新橋盛墊福明鎮東四橋至張斌橋南折彩虹橋經和安橋半里許爲三塘河總會之渠西折經四眼橋同注大石碶（光緒志）

鄞奉鎮三縣八鄉沾錢湖水利都啚列后

鄞縣

老界鄉　宋赤城里在縣東總甬東隅及一都二都三都

四都

甬東隅　今管十啚

一啚　甬東司前　半邊街　天后宫前

二啚　百丈街　葛家橋

三啚　七塔寺　花娘巷

四啚　鎮安橋　買席橋　百丈街底

五啚　包家衕頭　智福菴　米行橋

六啚　太保廟　五河橋

七啚　包家衕頭　水僊宫

八啚　江北岸李家

九啚　江北岸引仙橋　倪家偃　甑橋

十啚　江北岸孫家　鄞定橋

一都　今管五啚

一啚　張斌橋　天官第戎　下茅　大墩徐　孔夫堂

二啚　金家橋　牛郎漕　余隘　四柱橋

三啚　七里墊　李家漽　周家漕　後陳　曹家　下茅　王家灣

四啚　朱𣑴　虞家　陽勝橋　下張

五啚　福明橋　張隘

二都　今管八啚

一啚　櫟木廟　周孟橋　潛龍漕　章家橋　荷花莊

二啚　王家街　柳隘　外河沿柳

三啚　小應隘　柳隘　古郎漕　松樹下漕　新市　後新屋

四啚　金家橋　陶家漕　橫涇　上新橋

五啚　橫涇河頭

六啚　鹿隘　曹隘

七啚　張郎漕　高塘頭　葛家漕

八啚　葛家漕　縣册誤八啚　高塘頭

三都　今管七啚

一啚　高錢河西

二啚　高錢河東　月兒灣　下王　上萬齡

三啚　康家㢑　界牌橋　姚村楊家㢑

四啚　東雅橋　西雅橋　馬車橋　張家瀛　鄭楊村

五啚　上邱隘　盛墊橋　六駕橋

六啚　下邱隘　中邁齡　盛墊橋
七啚　下邁齡　夏家滙頭
四都　今管七啚
一啚　化成巷　四都邵家　花汀邵
二啚　新鹽場 楊木碶　大漕　漲浦橋
三啚　梅墟街　上王
四啚　梅墟
五啚　潭河頭　梅墟街　徐家窯
六啚　塗田張 勝家園　美家衖 丁家漕　潭河頭 徐村

七啚　新鹽場
陽堂鄉　宋太白里在縣東總五都六都七都八都九都
十都十一都
五都　今管二啚
一啚　盛墊橋 新屋樂家　新橋 高隘　鐘家橋高隘罨湯夰壩 項家漕卓家灘五都王宋
二啚　鄭山橋 沈家庄　龍山下 天童庄　江底張 陳郎橋　彭家漕 柴邵
六都　今管三啚
一啚　滙緯橋　五鄉碶　後蟠龍　何家洋
二啚　五鄉碶夾塘　李家洋　鄭家橋

三啚　下莊施家　同罨　省罨　横罨　四都掌
七都　今管二啚
一啚　寶幢　小白河頭
二啚　明堂罨 沙沿河頭　小白　生姜漕
八都　今管三啚
一啚　趙家莊 南昌罨　天童街　東吳山鄉
二啚　鳳下溪　天童寺　三塘頭山鄉
三啚　天童寺僧都
九都　今管三啚

一啚　周家罨　畫龍　戚家廟　沙地山鄉
二啚　東吳街
三啚　缾窰 栗樹塘　史家灣　唐家灣
十都　今管四啚
一啚　石山街　鍾家山
二啚　前堰頭 方橋　梅湖堰 水門漕　章隘 鹿山頭　舊宅
三啚　緣野罨
四啚　下水河頭　大慈罨
十一都　今管四啚

一啚　天打巖　周河塘　大嵩山鄉

二啚　瞻埼　東坑　舵艫　周家寮　張家山

三啚　大嵩所山鄉

四啚　大嵩所山鄉

翔鳳鄉　宋滄門里在縣東南總十二都十三都十四都

十五都十六都

十二都　今管五啚

一啚　鹽場　竹賓山鄉

二啚　管山　犢山　羅浦　竹賓山鄉

三啚　鄒溪　大碧浦山鄉

四啚　大鹽場　横山山鄉

五啚　蔡家墩山鄉

十三都　今管四啚

一啚　上周嶴　童家嶴　童夏家山鄉　沙家橋

二啚　塘頭街　施家橋山鄉

三啚　西嶴　方里　黃土嶺　坊前　張齊嶴　東㴑嶴　山鄉

四啚　管江　上陳山鄉

十四都　今管四啚

一啚　上水街　范嶴　横街

二啚　俞家塘山鄉

三啚　葉公山　錢家山山鄉

四啚　北嶴　蔣家潭　華家嶴山鄉

十五都　今管四啚

一啚　韓嶺　馬山　象坎　西山下

二啚　觀音莊　郭家峙　高湫堰灣　楊嶴　水倉里　錢家漕

三啚　湖臨頭　頓嶴　嶺後　寨基　郭家峙

四啚　隱學嶺　茶亭下　象坎

十六都　今管七啚

一啚　莫枝堰　前徐　後王　打石衕

二啚　方邊　戴家岸　擸竹廟跟　鄭隘　范家漕　上史

三啚　青山嶴　殷家灣　河上　橋徐　莫枝堰　鄭隘　師姑山

四啚　陶公山　曹家　史家灣　薛家山　陳野嶴

五啚　毛竹園下　許家嶴　湖塘下

六啚　湖塘下　大堰頭　周家岸

七啚　陶公山西

手界鄉　宋赤城里在縣東南總十七都十八都十九都

二十都二十一都二十二都

十七都　今管四啚

一啚　舒家岸 沙家店　五港口河上橋林家邵家衘長漕 上陽 黃隘 謝家墓 田畈王

二啚　大悲橋 許家 汪家　姜村　中埠漕

三啚　四港　汪家宅跟　嶴里王柴家　海月塘

四啚　港六　史家墓　西徐 沙灘橋　方楊蔣 陸家橋

十八都　今管四啚

一啚　三橋　大河沿　十八都李家

二啚　陸村　觀月橋　黃龍港　章四港 秦家畝

東錢湖志 卷一 水利五湖流 圭

三啚　雅應　尖漕　天王廟後

四啚　雅應　西港　傅家漕　西應

十九都　今管三啚

一啚　搬火橋　童王

二啚　四港　橫石橋　天林莊　童王

三啚　白鶴橋 仇畢　宋詔橋 前後盛　道士堰 雙橋

二十都　今管四啚

一啚　周宿渡　繆家橋　高古塘　鄒家塘

二啚　長路頭　慧燈寺　金家漕　廿四間

三啚　廟堰頭　廟前張

四啚　李師堰　嚴家漕　林夏畈　青墩

二十一都　今管五啚

一啚　虹橋頭廟前陳家 蕭皐碶三橋鮑家　陳婆渡　張六四房 月浦

二啚　桃港

三啚　鰲洋　尨港　姜村　陳張

四啚　湖墅橋 謝堰頭　定橋 雙橋　前陳浪岸 傅家　後陳浪岸 寶林寺跟

五啚　姚家浦　雲龍碶

二十二都　今管二啚

東錢湖志 卷一 水利五湖流 壴

一啚　王甲嶴 碶港村　許家橋 長橋頭　茂嶼 上郇　陸家堰 下郇　秦家 葉家

二啚　石橋　張家花園　杜村　潼家漕

豐樂鄉　宋 姑干 石柱 里在縣東南總二十三都二十四都二十五都二十六都

二十三都　今管二啚

一啚　櫟斜保福地　丁灣　竺家莊

二啚　橫溪河頭　孔家潭　周夾嶴　陸廣橋村

二十四都　今管三啚

一啚　道陳嶴任家　朱家澍　青塘頭　夏涼 山鄉

二啚　上任　下潘山鄉

三啚　大嶴任家　蘆花橋　東山嶴　黄通嶴山鄉

二十五都　今管二啚

一啚　橫溪街南錢嶴姑干　陸廣橋　山西　西嶴

二啚　田王　陳歧　橫溪

二十六都　今管四啚

一啚　橫山後　新讓里王

二啚　吳家宅前蔡郎橋麗山後計家村　柯何董宅前　高家橋

三啚　蔡家衕孟家埭　官來衕周下俞埭　應家埭

四啚　俞家埭王家塾　孫家莊河東岸盛吳　讓里　王港駱

鄞塘鄉　宋姜山里在縣南總二十七都二十八都二十九都三十都三十一都三十二都

二十七都　今管九啚

一啚　俟家　姜山頭　鄭家莊

二啚　張華山　俞家

三啚　任家橫　施家橋　下李家　郁家墳頭

四啚　徐董埭東頭　荷花橋

五啚　甲村上王家橋河北　郟家埭

六啚　甲村下王家橋河南

七啚　徐董埭後小房

八啚　王家埭上李家　厲港岸凌家店　陳監橋

九啚　陳家叚　西任家橫　趙家橫

二十八都　今管十啚

一啚　伏飛廟前長車漕居敬橋倪家柴九房上唐王家井亭前後百丈張黄上下張程後岸

二啚　陳婆渡　程家堰　鮑家店

三啚　石家　石路頭

四啚　前周　後周　虞家

五啚　高塘橋　三里李家

六啚　江口橋　姜山　駱公橋後莊上境青墻衕上境

七啚　姜山里　上李家　下唐　駱家廟唐

八啚　姜山青墻衕下境

九啚　青墻衕西　姜山

十啚　青龍橋　馬池頭　姜山　水倉

二十九都　今管六啚

一啚　景江岸　陳託橋　新塘沿　王伯橋

二啚　南林寺　西樓　唐家灑

三啚　胡家墳　楊家衕　唐家滙　王伯橋　胡里埭

四啚　周家埭　東樓

五啚　虎嘯周下江　孫家漕下江

六啚　東林寺跟

三十都　今管六啚

一啚　荒田畈　石柱頭　下施孫施候

二啚　楝樹碶　周韓此處上河與下江

三啚　銅盆浦

四啚　任家堰　李化橋　上何　西張

五啚　翻石渡　任家下江

六啚　舒周下江

三十一都　今管四啚

一啚　陳家埶　高田塍下江　西馬

二啚　紅葉虎嘯　鳳仙橋下江

三啚　董家跳下江　東張　清和橋上錢應袁潘

四啚　沈風水　五港下江

三十二都　今管四啚

一啚　裏河　蔦蘆

二啚　徐家花園　張俞　董王下江

三啚　茅山　斗門橋　孫家山下江

四啚　走馬塘下江

奉化縣

金溪鄉　宋崑山里該屬二十八都二十九都

二十八都

二啚　白杜　柴家堰　陳港沿　馬嶺河

三啚　泰橋

二十九都

一啚　孔峙　埋界橋　金家堰

鎮海縣

崇邱鄉　宋長城里所該屬總崇一一啚二啚三啚　崇二一啚二啚三啚　崇三一啚二啚三啚　崇四一啚二啚三啚

一都

一啚　衕頭　沿江　漕頭前後袁小衕頭鹽司後朱家河頭衕前後衕康郎橋王家洋鄭家埠

二啚　竺山　泥灣　鋪前　桐木

二都

一啚　宋家衕　場頭樂　沙灣頭　小港葫蘆團裏宅　大衕口　水閣衕　老衕頭　嚴家

漈新堰頭　墳頭樂　墳頭張　湖水深鋪前

二啚　下蕢　皐俞　直下河　斗底陳　後蕢

胡家洋　石橋　周龍橋　嶴俞　倒江塘　沿江

三啚　石門　符家漈　前蕢　象鼻山　夏杜嶴　胡家洋　趙峙　鏊頭王　墓孝陳

四啚　陳山前　上倪橋　沈家山下　顧家橋　前徐後徐　范家橋　馮家斗　施家斗

汪家斗　長山橋　裏樂　陸家斗　陳山下　馬家直

三都

一啚　新碶下　剡嶴　金家斗　大橋頭

水汛頭　前徐後徐　樟桐嶴　嶺下胡　汪家橋　方前　長山嶴　長山橋

二啚　胡家衕　乾隆　金鏊　田洋樂　搗春山　志作塔　王家碶口　崗池　青墩

三啚　王瓦屋　梯子嶺　山家唐　老衙頭　外邵　裏邵　義成橋　戴家嶴　張家橋　新橋

四都

一啚　姚山頭　上邵　下周隘　下新屋　堰頭　高港　上周隘　牽渡頭　嚴家莊　石礎頭　丁山下前漕　丁山下後漕

二啚　莊家河頭　姚嶼嶴　黃滿堰　東崗　高路頭　鮑家洋　朱家洋　姚家斗　張家洋　下邵

東錢湖志卷一終

補遺

明邱緒濬東錢湖議

東錢湖會合七十二溪之流，渟蓄甚宏，而注溉三縣七鄉之田，其利賴甚溥也。自昔盡七鄉之河足資三次放瀉之益，雖亢陽赤地而苗不患槁，稱爲沃野。至於今則淤葑不治而侵塞，塡壅者相尋，兼之漏洩無禁，遇旱開放，不盈半河，窪者不支十日而亢者一不沾溉，欲民之無飢不可得已。是故浚湖之議在今日當亟講而力行之者也。浚治之目有八。一曰固湖防。今湖之爲塘者八，其尤長者則高湫、方家、梅湖塘也。夫塘短則兩山夾隘，脈或橫亘於下，其勢常固；塘長則兩山不接，皆客土所成，其勢善崩，非至堅

厚不固。曩年方家塘決廿里之外，皆爲魚鼈，其已事可徵已。今欲浚湖使深，土無所歸，宜以所浚之土即加塘上，倍闊二丈，增高五尺，則雖侵湖二丈之水，而所浚之土既得所歸，隄防之築又日以益固，可永免潰決之虞矣。二曰明水則。夫湖水淼漫，莫知多寡，必制水則以準之，然後蓄洩以時，而湖水可常盈也。自沿湖居民或侵塡以爲居室，或樊植以爲園林，土薄勢卑，湖水一盈輒掩其則，至有竊

減以就低者御史張景雖嘗改正然亦未能適當舊則也今必於固隄之後準定水則使一湖之瀦常足三河之用卽沒入居室園林皆所不恤則所害者少而所利者眾矣況其地本侵湖不治其罪亦已幸矣而況可復加顧慮乎

三曰嚴侵塞之禁侵湖之家以水爲病春夏水盈輒偷啟諸碶而縱洩之欲湖之無涸不可得已故既立水則之後凡水所不及之地自僭爲業者必嚴加丈量永從重則起科使尺寸不得隱則重科之害庶足以抵其自僭之利而民或者其有警心矣蓋已成之業不忍遽壞姑以是抑

之嗣是而猶有仍前侵塞必重爲之罪且并坐其塘長及里鄰凡並湖之民皆許舉首則厲禁之嚴庶幾民知重犯法矣　四曰重漏洩之罰東湖之碶有四曰錢堰曰梅湖曰平水曰高湫皆湖之所由以爲盈涸者也比來塘長碶夫皆取貧雞小戶充之既不能多捐功力又不肯愛惜湖水舊閘徒設不用板築但取薪茅雜沙土壅之恐其決也則減從低下不與水則相平水一踰則蕩無限止盡皆溢瀉且以捕魚爲利時常偷放平時無半湖之蓄又何望其爲旱乾之備哉今必取近湖富戶差點碶夫而塘長亦以士人之家任之則彼當自顧惜而盜洩之患可止矣　五曰去葑葑之害夫湖之所以淤塞者以茭葑蕁蒲菱芡之屬滋蔓其中日久湮積而茭葑之害實居大半自昔至今亦嘗屢浚然或稍治葑草而根在復生或薙之未出湖隄而旋復委置其在今日則蕪沒益甚矣謂宜課七鄉食水利之田始令畝先出銀一分不足則增加之務以茭葑盡去爲止而所去茭葑必募船裝載出湖直至江滸交卸差其船之大小而優給以直令細民樂於應募而絕其根之復生則民固不免於出銀之費而要之以佚道使之者也

雖盡七鄉之民而戶徵一人助役但毋令踰旬焉有不樂趨者哉卽費一時而惠及百年長民者宜不憚爲之矣

六曰公水草之利凡湖中水藻之所生可以糞田往時沿湖居民隨其居址山場所近各出力採賣利雖甚微亦足爲小民之一助乃今豪貴之家悉行標管至糞田之時重價勒民貨賣近湖之民或有取藁梩者輒肆笞箠誣一償百夫僭七鄉公有之物奪小民近便之利此豈人情王法之所宜哉此在當路者不畏强禦嚴爲立禁一以公之於民則濟民者庶不至於病民矣　七曰築隄以通道茭葑

可以舟載而浚湖淤土不可以舟載今自高湫栗木等堰往韓嶺及上下水者皆舟於湖屢有不測欲去淤土而便行人莫如卽其中徑直處取淤土而爲之隄起邵家山跨楊家山麓計其長不過四百餘丈闊四丈高四之一固之以石植之以木則土有所歸湖之瀦渟益富而行者有陸行之便或者以買石固隄費當不貲不知取湖心之土欲以力致他所其費更何如也若梅湖與大湖之間舊有一隄宜亦增高倍廣以去兩涯下之淤斯可矣　八曰因土以成山夫湖之塗渟可浚也而間有不可浚者何也溪澗

沙土隨横潦而出壅塞浮漲幾與隄平豪貴之家逐僭爲田邊湖小民率行佃種如近年下水湖口之爲者此廢湖之漸不可不慮也蓋既耕爲田其勢苦窪必洩水以便業水洩則灘漲皆出效尤而耕者踵至矣然漲土積高不可以頃畝籌算必欲盡出於湖之外卽百千之衆誰能畢之不如因高成邱隨其所在聚爲山阜旁樹楡柳使不爲波濤所齧如方家湖塘之下有河一帶非舟楫所通卽以旁近淤土塡之既而成田官賣以充淘湖之費又其地近山谷者卽隨高低大小聚而堙之則淤土可以盡去而蓄水

必多七鄉灌漑之利萬世當歌誦之矣或曰子之議則得矣其如工費鉅萬民不能堪何哉曰昔人有言不一勞者不永逸不暫費者不久安西門豹爲十二渠民頗煩苦之豹曰民可以樂成不可與慮始今父老子弟雖患苦我然百歲後期令父老子弟思吾言也其後渠成民卒利之數百歲後猶頌其功不衰況今民失湖利數苦旱災思欲濬治久矣因而率作之是爲所欲與聚將并患苦而無之矣何不堪之有哉今觀唐之陸南金宋之李夷庚凡治湖有成績者皆祠之不忘蓋可知矣何獨至於今而疑之乎

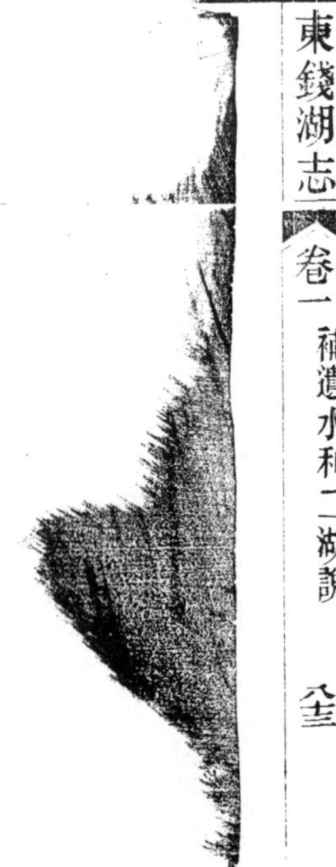

東錢湖志卷二

總纂鎮海王榮商友萊

編輯鄞陸澍咸珠浦

戴彥霽蒸

詮次董淵莘夫

校對忻錦崖愚仙

名勝

湖之源委水利盡之矣其附湖而存者名勝其最著也廟祠足以起人之敬冢墓足以生人之哀古蹟足

以動人之流連而慨慕至於摩挲金石好古者尤樂爲之寺觀於吾道若背而馳然遯世絶俗之士或有取焉物產多從同錄其最著者志名勝

名勝一 廟祠

嘉澤廟 青山嶴外訪宋唐天寶中令陸南金宋天禧中守李夷庚皆濬湖興利民德之故合祠焉水潦旱蝗有禱必應寶慶志舊在東錢湖之青山宋治平元年鄞簿呂獻之建嘉定間賜廟額加侯封元至順二年宣尉都元帥資善重建聞志至正二年郡守王元恭按行水利詣廟致祭因命增修且建言錢湖爲鄞水利至大陸李二侯有功於湖功大爵輕未足報稱請加封爵以示勸民致力之意至正續志入明廟圮清康熙二十六年知府李煦據聞性道呈毁下塔山五通祠改祀陸李二公聞志○案今廟址爲青山之支脉皆不稱下塔山莫枝堰之岳廟乃下塔山耳

宋關杞撰記東平呂君獻之爲鄞主簿之二年新錢湖之六隄屬節度推官石君聲叔刻辭以記其詳而又考迹其初不忘前人之功俾揭示來者乃立李陸之祠於其隄之旁始唐天寶間縣令陸公南金闢湖之廣爲渟滀灌浸之饒歷宋天禧中太守李公夷庚補其舊之廢址增築全固經畫以制使數鄉之民雖大暑甚旱而卒不知有凶年之憂二公之功及乎明民可謂深且厚矣然而民之安享其利無歲時之報是亦忘前人之施與

況於其法又宜祀之夫民莫不樂生而安業惡勞而就佚朝廷責任於守宰者不獨愷悌其政亦將資以深思遠慮厚其生殖物物各遂其養故風俗美而禮義行田里安而獄訟息予觀循吏之治有功德以加於民者必久而見思蓋以功則安而久以德則服而化雖相去數百年猶想仰其風采豈不盛哉孟堅謂黃霸等廩廩然庶幾有德讓君子之遺風則二公之烈祀之而無愧焉若呂君之屢奪於衆多之議而卒就其功有能表二公之祠以勸於後他日明民之懷思亦足以繼二公之賢故予爲之書而不敢讓治平元年四月初三日記

元程端學撰記古之有功於民者廟食厥土載諸祀典世世勿絶昭其報也後世淫祀既興民所趨有司莫或正之正祀有時而廢若嘉澤廟是已嘉澤廟者惠應李侯字祐陸侯之祠也明郡地濱江海潢潦敷淺善洩難瀦十日不雨民以旱告陸侯唐大歷間宰鄞即城東三十里因山環會築其斷闕爲湖三百頃以灌以溉七鄉之田百餘萬畝久而湮廢宋天禧間李侯守明循其遺跡大築隄防爲永遠計雖值旱而有年官民德之爲

建祠宇青山之湖濱，嘉定間錫廟額及二侯封誥以褒之。誥敕具藏惠安浮屠。遇旱蝗水潦，有禱必應，蓋有功德者精神不散而民心聚焉，以靈是謂正祀。近歲有司弗葺，祠宇像設腐爛漸盡，荒址蔓草，過者愍焉。予自史院歸田甬東，念建言於守令而難其人。適遇浙東道宣慰司都元帥太平資善公來涖於明，仁洽化行，上下救甯，曰可矣。往白之公，慨然增感，即命經營，俾鄞邑典史王君世英領其事。首捐俸以倡，餘力出於治水利之家。眾相告曰：是吾心也。富者效財，貧者效力，若予之趨父命也。蓋上以義使下，故民不知勞而事集。始事於至順二年十月，明年三月訖工。前門後殿，繚以石垣，規模宏敞，有加其度，端嚴儼然，赫赫若臨。設守者，復役供灑掃，復侵地三畝，又將理舊業，鳩財置田，爲買葑計，多王君之規也。於是方伯率其屬祭於祠下，乃屬予記本末。予既肇其端，遂不得辭。傳曰：凡祭有其廢之莫敢舉也，有其舉之莫敢廢也。惟東湖作於人，非若洞庭、彭蠡、具區、鉅野設於有天地之初也。自湖之作，而民賴以穀，可忘所自乎？此廟之所以作也。錫號加封，紀之郡志，蓋有舉

而莫廢也。雖暫圮於一時，乃人事不繼，非當廢而莫舉也。今其遇資善公之明，豈天之報德報功者無已，而假手於人耶？使凡涖茲郡邑者，皆能以資善公之心爲心，補其敝漏，不使漸盡而後將易爲力，而廟之存當與湖悠久，湖之澤物當與天地悠久。若夫繼二侯修碶閘，徹積葑，戒侵奪之法，則有前賢碑刻在茲，不復論。

葉恆撰記　鄞縣東廿有五里，廟曰嘉澤祠，唐縣令陸侯、宋郡守李侯。初，陸侯築隄聯亘諸山，環而爲湖，以瀦合眾流之水，其廣殆千頃。李侯加葺之，六梁以虞其盈碶，以時其啟閉。翔鳳等鄉廿有四都以及定海傍近之田，旱賴灌注，民戴侯德。治平初，建祠湖上之青山，復請於其上，賜今額。陸諱南金，追封孚祐侯；李諱夷庚，追封惠應侯。舊誥並在。又置田若干畝，以歲所入備民濬治，以廣渟滀。祠既廢，田亦散沒無稽，治湖之役遂以不舉，葑蔓日滋，積塞彌廣，有非人力所能勝矣。元至順三年，浙東道宣慰司都元帥太平公督近佐吏修復故祠。嗣是積葑稍糜，澄波浩渺，靈貺赫著，信乎其不可誣也。至正改元，置備田使臨涖浙河，專理水事，且詔郡縣農事

官知渠堰事，所以重民而務本也。總管王君元恭欽承詔命，奉職帷幄。明年春二月，視農東郊，推犂率耕，竣事謁侯祠，祀以少牢，奠薦告求。顧瞻祠宇，屹處崇岡，臨倚空碧，風雨飄陵，頹圮弗勝，大懼不足以妥侯靈、昭神惠。迺屬有司復青山惠安寺之役，節儲其費，徵材僦工，撤舊構新，仍世主之。於是除剔朽蠹，薙蘩翳，闢崖拓址，樹石揵寢殿，庭廡齋廬，畢致堅良，炳炳翬翥，益麗曩觀。門則因其舊而加完焉。作於四月庚申，以九月丁丑訖工。載肖侯像，離列殿居，垂紳秉圭，卬卬顒顒。山祗水神，持牙執鋋，趾梁嘯呼，擁衛後先，所以啟虔。夫敬虔者，其在茲乎！又明年，寺之主僧師訓介其父老，請書其事於麗牲之石。夫鄞際鉅海，澇有所洩，而獨以旱憂。今有以禦旱，則湖之利溥矣。由唐歷宋以至於今，六百有餘歲，民得憑恃以爲生，則侯之功大矣。由今而往，任民社於斯者，景仰興起，致力民庸，其示勸於將來者遠矣。然則是祠之興，其可已乎？況古之有功於民者，祭之於社，非直禦災捍患而已。今天子聖明，百神率職，災沴不生，文治休洽，君能因人心之所嚮，具宣德意，勤民敬神，是祠

也不重煩而底於悠久，豈非有關於治道乎？誠不可以無記。

清全祖望嘉澤祠詩　昔人置田以衛湖，後人塞湖以求田。昔人置田爲買葑，今人但逢載葑欲收稅。入葑錢古今乃爾不相若，豈知重湖告竭田無年。舊田并與新田捐，區區葑錢益復不足言。衛湖胥吏三十餘，陸令李守乃其渠。巍巍嘉澤祠，身後猶將積葑驅。固宜七鄉老稚歲歲薦魴魚，闢草萊者刑不赦，何不竟揮神斧施冥誅。

忻紳嘉澤廟詩　年來膏澤被民躬，祀事原宜振古崇。三縣可曾新廟貌，七鄉果否識神功。滿湖綠水恩流遠，數里青山夕照中。長養嘉禾歌大有，莫忘陸李兩名公。

忻德鎮嘉澤廟詩　青山嶴口小祠中，供奉當年李陸公。四碶六塘遺懋績，七鄉三縣被宏功。不堪鸜脰澄波杳，直與梅梁沛澤同。上塔分符偏闕一，迎神烟火賽年豐。

忻自聰嘉澤廟詩　長湖淼淼水悠悠，李陸功名萬世留。渟蓄一方勞手足，灌流三縣有田疇。烟蘿殿裏神靈異

荒草臺前廟貌修報賽鄉村隆祀事至今嘉澤祀千秋

王信德題嘉澤廟詩萬頃汪汪畔崇祠祀昔賢大湖看渺渺嘉澤誦綿綿敕命前朝古烝嘗里老虔近今諸守令興利孰能焉

西亭廟　西亭山上祀晉順助侯鮑英烈王子宋節度錢億建嘉靖志

白石廟　白石山之北祀唐薛仁貴採訪

洋山廟　洋山嶴分祀鮑蓋光緒志

靈佑廟　緑野嶴之西採訪祀宋邑令王安石錢志

鳳山廟　上水光緒癸未建分祀裴肅采訪

上堡廟　上水之橫街采訪分祠裴肅光緒志　正廳已傾圮采訪

中堡裴君廟　橫街外二里許採訪分祀裴肅宋乾道七年建清乾隆十四年光緒志○案光緒志少裴君二字

忠應廟　下水採訪分祀王安石錢志

雞山廟　雞山巔採訪分祀裴肅光緒志

永興廟　官驛河頭採訪分祀鮑蓋光緒志○案此廟無碑碣匾額可攷未詳祀何神光緒志謂祀鮑蓋不知何據

山前廟　瓶窰採訪分祀鮑蓋光緒志

山後廟　近大涵山採訪分祀鮑蓋道光七年里人王齊文等重修光緒志

南亭廟　栗樹塘採訪分祀鮑蓋錢志

東亭廟　東石山採訪分祀鮑蓋錢志雍正五年燬重建乾隆三十年復葺新之徐世綸記

新東亭廟　天龍山麓乾隆間由東亭廟分建光緒志

聖蹟廟　鹿山之北數十步採訪分祀鮑蓋光緒志

青山廟　青山下鮑王冢墓之所寶慶志　唐天祐間建名顯跡歲久頹圮宋嘉定間里人陳伯墅捐貲重修并捨田十餘畝伯墅出文介公之後素以道義自砥礪周貧卹

寡人稱長者及卒縣令趙崇岳令鄉民立像附廟西廡嘉靖志

明沈明臣過青山詩寂寂山容若有神月明疑見錦袍人布衣供奉淸華裏回首於今九百春

清鍾儁謁青山祠詩報德宜存祀褒封屢降書地靈龍作窟天旱雨隨車綺殿環原沃荒塋護竹疏青山廟食久餘蔭遍村廬

上塔山廟　東錢湖濱光緒志　祀宋郡守李夷庚其左龕祀主簿呂獻之採訪○案光緒志以爲合祀陸李誤

清應朝光撰記錢湖李陸二公之祀曰嘉澤廟在青山之麓肇建於宋治平初其來舊矣迤而南有上塔山廟專祀李公不知創自何時乾隆中修邑志廟始採入而以神爲裴肅涉湖濱諸廟誤也今新志又以爲陸李合

祀失之廟濱湖湖之對岸爲陶公山居民稠疊奄有萬家歲時致祭於此稍壞輒修勿令傾圮歲庚寅廟既新忻君自暄以舊無記謀諸族人成樹願刊諸版因屬余爲之予惟公守四明濬湖築隄事詳南渡以來圖經郡乘其利於民之博所以尸祝於民之由有嘉澤廟諸記在無事贅言顧是廟之立非有官斯土者主之而郎創於忻曹諸族之民也諸族之民不必概知圖經郡乘與前賢諸記也而無不知有公其爲士者亦不從錢志而改祀裴從新志所定而增祀陸雖愚夫孺子皆知公之姓名而不可以易然則公之功不在區區記於文在八百年來萬族之民之記於心也公諱夷庚宋天禧元年以吏部員外郎直史館知明州事嘉定間追封惠應侯云或問公像在中龕其左室一龕何神也曰吕主簿也關氏杞治平元年記云東平吕君獻之爲鄞主簿二年新錢湖之六隄立李陸之祠於隄傍又云他日明民懷思亦足以繼二公之賢則主簿之配享也允宜湖下擸竹廟亦李公專祠而主簿附焉是其證矣光緒十六年十月朔記

府主廟　在方家湖塘下分祀鮑蓋 採訪

文武帝廟　在東錢湖濱祀文昌關聖二帝 光緒志

柳山廟　在范嶴嶺下　分祀唐裴肅 採訪

萬靈廟　在錢堰湖濱分祀鮑蓋 光緒志

巖官廟　高湫堰之右祀漢梅福 光緒志

清聞性道記畧士君子平居則讀書養性立朝則莊志剴言及見時不可爲則潔身避世如蒼顏之孤松碧雲之獨鶴其素行固合乎中庸而絕無事於隱怪後世以塵目眛其素志詫爲神仙奇跡但自古惟忠孝人能成神仙郎謂之神仙無不可蓋有其誠之不可掩耳西漢梅福字子眞九江壽春人善讀書兼養性成帝時補尉南昌孝平元始中因王莽專政數剴切上書不省一旦挂冠棄妻子隨處流隱初借伏市門後至四明今鄞東南之大梅山有石洞仙井爐竈碁盤遺跡尚存石壁磨崖鑴梅仙巖三字有曲流瀉於大石潭神龍宅其中地靈神顯遠近多尸祝之此巖官所以有廟也巖者何紀仙巖之實跡官者何紀其常爲尉且班於仙籍者亦以官稱也伍宗勛寰宇歌有五巖官廟而壽春巖官其一也建在翔鳳鄉蒼門里禦災捍患夙著顯奕里人屢加修葺托爲桑梓之蔭豈非神稱千載眞品能以至誠之道參贊化育而然乎凡屬祠下者宜亦以至誠格思爲貴余從事邑志稔其顛末謹爲之記云

疊石廟　在錢湖西南寨基　分祀晉鮑蓋 採訪

頓峯廟　頓嶴村　分祀晉鮑蓋 採訪

裴君廟　陶公山又大堰頭郭家峙西山下韓嶺象坎俱有裴君分廟祀唐觀察裴肅 光緒志 ○案范嶴柳山廟光緒志載相傳神姓孫今改爲裴君廟

清全祖望撰裴將軍廟碑銘東錢湖之濱有裴將軍廟宋嘉祐中所建郎所謂寶慶廟者也又有裴將軍廟蓋亦府君之神而其餘里社祀府君者多不勝舉志乘不詳碑版皆滅訪之父老則皆云觀察府君肅是也予攷唐開元而後明州入亂天寶中吳令光之掠明也河南尹裴敦復平之栗鍠之亂府君平之王郢則節度裴璩平之三裴皆有戡亂之功而獨祀府君其功殆有獨隆者也貞元十有二年栗鍠以鎮將作亂刺史盧雲遇害招誘山越攻陷郡縣山越之名見於孫吳國志大抵皆在丹陽近境而吾鄉則未之聞胡身之曰鄞縣慈谿之南奉化縣之西北有山越種以今地里質之當爲鄞之傳霸河慈之鍾乳山潘嶴奉之箬坑等地次年府君討平之禽栗鍠於天台送至京師伏誅然則湖東居民之奉祀蓋必府君當日師行所過能捍賊鋒而不擾民力故相率報之獨是府君之搗賊巢在天台則其過軍自奉化應泛甬江歷長汀若由湖東以入萬山錯互反爲

迂道而行亦甚艱意者山越爲梗故取間道以出賊之不意未可知也夫以大軍往來所過繹騷乃若居民不以爲苦反志遺愛焉而歷世廟食其亦賢矣乃數十年以來有妄指爲祀晉公者不知何所據依晉公於吾鄉無涉歷不應得祠當以府君爲是於是祠下父老懼其流傳日遠遂爲非奉之祀乃乞予爲碑以紀之府君濟源人也其官由常州刺史遷蓋以進奉德之故唐史多貶詞然其定亂之功則有不可没者更爲之銘其祠曰

神之來兮東湖東前挾稍兮後持弓猶有當年甲冑容
越鄮溪兮度管江甘棠夾道兮被神幢蕭蕭馬鳴絶吠
尨廟門兮嵯峨靖山越兮
晏海波迎神之曲當凱歌

擴竹廟　平水堰下光緒志　祀宋郡守李夷庚主簿呂獻之附焉周志　道光二十七年重修陳伯庸記

清陳伯庸記鄞凡廟食之神有土著者有自遠方迎奉者有專祀分祀附祀者綜核由來無非古之文臣武將

高士異人克敦忠孝廉節生有功德於世殁則屢顯靈異士人始尊爲境主稱曰本廟俎豆馨香春秋匪懈禮誠設而其情誠洽也夫尊親之則人之政績姓字屬宇下者當無不代述流傳即婦人孺子亦得以稱道弗衰復考郡邑志載境主姓李諱夷庚宋天禧中守明州理煩治劇之暇有勸水利濬瀹唐邑令陸公諱南金所闢之錢湖增築隄防經畫全固利賴靡涯其功其德大且溥矣洎治平元年東平呂公諱獻之爲鄞主簿亦留心水利新六隄更追溯遠起迺於青山下建祠合祀李陸二公嘉定間加李侯封曰惠英陸曰孚佑賜廟額曰嘉澤祗土人蒙庥沾恩特奉惠英侯祀之附呂公於殿西署曰擴竹斯舉也情至禮當無容議其後也所惜粃建年月歷久失傳侯之姓與諱亦互相訛舛烏乎可哉今僅道光二十七年丁未歲修葺事蕆廟貌聿新得不畧爲表紀俾瞻拜游歷者益信神之功大德溥洵堪血食千秋呂公繼善不忘所事乃能配享無窮則不特仰戴其靈貺之赫亦或感激人心於萬一所謂神而明之存乎其人也若廟以擴竹名者相傳昔人販竹售胡家市有求皆應故筏過每擴株竹於前由始積貲垣宇漸致恢廓名是之取此語實雖難稽而顧名思義一一誠是嗚呼始神之出矣迄今八百餘年政績昭昭如日星姓字彰彰如雲漢顯而精爽憑依隱而農漁獲護繼興者儻請奏晉封報功列志擴鳳翔之尸祝勒螭蟠之鼎銘是尤所禮望焉

胡墅廟　在莫枝堰下八字橋南小山麓光緒志　宋寶慶中郡守胡榘治東錢湖有功民德之於濱湖之地立廟祀焉鄭世洽記

清鄭世洽記胡公諱榘字仲方廬陵人淳熙間嘗攝象山縣入朝爲樞密使編修官寶慶初以兵部尚書知慶元府紹定二年正月除顯謨閣學士充沿海制置使兼知慶元府七月除龍圖閣學士正奉大夫致仕公在慶元多惠政重修學宮祠先進名宦及校官之有功黌序者歲以人日行鄉飲禮升歌鹿鳴會者千五百人是鄞

學新創規模初具士率善充郡弟子員公乃以縣庠爲小學未成童而父兄貧不能教者召之來使郡學級以所業課之扁其堂曰養正撥田以益其租重修郡城俾薄爲厚增卑爲高新望京靈橋東渡三門而立明山鄞江二樓其上郡城有食喉氣喉二碶設日月湖涇潦於江歲久浸塞既被火乃聞於省下令禁止東錢湖周廣八十里受七十二溪之水以溉民田茭葑滋生豬蓄浸少傍湖民且占以爲田公請於朝得度牒百道米一萬石命水軍番上迭休大濬治之又以贏錢增置田畝收租入爲經費又嘗造昌國渡船禁北渡買撲增西渡夫役鼇州郡稅捐請減總制錢五萬緡主修四明志廿一卷公一言一行俱有關於國本郡計與民生利害云

文昌殿　在殷家灣採訪

小梅廟　在觀音莊前亦名青山行祠光緒志　分祀鮑蓋嘉靖志

豐樂廟　在錢湖西南櫟斜村相近採訪祀宋學士魏清元至正年間建明成化間里人張宗勉修嘉靖志清嘉慶六年重修竺之侃記〇光緒志

王文公祠　舊稱福應廟在蒳島之內祀宋慶歷年間荆公王安石爲鄞令修錢湖有功民德之立祠祀焉新增

元袁桷詠王文公祠詩半山執政偏惠獨施鄞土斗門東谷間利澤霑尤普漠漠茂草區誰還問祠宇

賀公祠　舊稱湖亭廟郭家峙右祀唐秘監賀知章光緒志

清王信德題湖亭頭賀公祠詩飄然一棹賦歸休詔許黄冠越郡遊身後瓣香仍故里錢湖可勝鑑湖不

岳公行祠　舊名下塔山廟宋端平間建以岳武穆王飛常顯靈於此故里人祠之嘉靖志

清董沛東錢湖岳王祠詩老檜欹風影已寒將軍遺廟對層巒東湖諒比西湖好故國公垣不忍看

胡公祠　在陶麓湖濱祀宋寶慶年間尚書胡榘來守慶元府修濬錢湖有功民德之立祠祀焉新增

景賢祠　在青雷山下濬湖工程局內清光緒三十二年丙午湖上士紳等呈請於官祀宋陳文介公禾以下十八人民國三年五月間忻錦崖赴京呈請袁大總統奉大總統令於局內正廳立遺愛祠祀唐宋以來有功於湖者新增

遺愛祠　即青山寺正廳祀唐宋至今有功於湖事者新增

清竺麐祥撰東錢湖遺愛祠碑記遺愛者追思之辭也愛民之政或暫或久久莫若水利歷數百年民食其德而猶未已故民之思之也亦千載不能忘鄞遺德廟鎮海宅山廟奉化辛令廟類皆祀前人嘗興水利者是也東錢湖自唐天寶間鄮縣令陸公南金闢之使廣溉田八百頃至宋天禧間明州太守李公夷庚增堤使固瀦蓄既深灌輸益遠厥後薙葑築堰修濬保存者復三十八顧惟陸李二公有祀曰嘉澤廟餘無祀焉有清季世湖又淤忻君錦崖居瀕湖目睹湖之將堙也惄焉憂之謂鄞奉化鎮海三縣八鄉之田將奚以溉銳意思濬奔走二十餘年晚遇陳君協中畀以巨貲始得從事於濬然工僅能及梅湖梅湖者東錢湖一隅也全湖盡濬則尚有待耳若是乎致力於湖之難耶曩者三十八人之事之難未必不似今日而陸李二公剏始之難或什百倍蓰焉亦未可知也濬梅湖既竟鎮海王友萊先生爲纂東錢湖志四卷忻君乃歷稽陸李二公以下三十八人非盡官玆土者而咸題木主祀以祠曰遺愛祠門三間堂三間東西室十間堂後室五間丙舍傍舍十餘間園圃四百弓斯祠也昔日青山寺也浮圖氏之教有所希求則供奉之厥旨隘且私故忽興而忽廢中國聖賢之道凡有功德於民則祀之所以報既往所以感將來其義至公故多久存者青山寺廢十年矣造像無一存忻君修葺完繕以爲祠用省而義豐固君子之所取也夫自唐天寶至宋天禧將五百年陸李二公爲之而已足自宋天禧迄今踰五百年經三十八人爲之而猶未足是先民知愛其湖而弗使淤後人不知愛其湖而任意以淤之也今忻君既爲其難又不忘前人之德則後之人宜亦無忘忻君之功湖毋俾淤祠毋俾墜

余文敏祠　月波寺內光緒志

清徐時棟撰月波寺崇祀余文敏公碑記明余文敏公有丁憂錢湖之勝得月波寺廢址拓地百畝爲五柳莊公自爲之記既而莊圮清康熙間余氏歸地於寺乃重建月波而祀公殿隅久之寺僧遷像他處地僻道遠未

有過而問者又久之公示夢於湖上忻君鼎銘曰我所居湫隘當還我西樓忻君以命其子自昌道光二十七年自昌集同人成之越十年當咸豐六年公九世孫承樑者少孤家貧無依公專祠之在日湖者居之比年貿遷海舶得蓄積有羸餘於是至東錢湖拜公西樓愀然蹙頞而歎曰樓居狹小几筵促廹不足以妥我先人而又圖像載更失其故貌是孫子者之罪也鳩工治西廊塗墍丹雘煥焉改觀新作神龕出家藏畫像摶土惟肖卜月若日奉公成禮公八世從孫濤吾友也屬記其事而公專祠之在日湖者與呂祖宮鄰數十年前或私賣其前隙地於道士道士垣之一日公降神於廟史而怒主者曰汝堵我顧使我出入安所乎主者懼毀垣而爲門如故嗚呼相國風流去今未遠園林臺沼之勝既已無可彷彿僅得託一椽於琳宮梵宇間而緇衣黃冠日逼處此起而與我鄉先生爭此土尙賴三百年未泯之英爽實式憑之俾得藉手恢復於荒莊廢圃之中以俎豆斯人而存掌故徵文徵獻敬恭桑梓者獨無責乎是不可不爲吾鄉諸君子告也是歲十有一月己未記○徐時棟煙嶼樓集

董沛詩名山洞府郎神仙戶册猶題萬曆年江左風流謝安石湖中烟景李平泉蘆汀雪滿鷗醒夢松爐雲歸鶴倚肩豫計歸來歸未得綠波空繞寺門前

忻宸琛題余文敏公祠詩洞天福地亦佳哉閒覓風流懷正開相與名山重訂約一年定有一回來

丁灣社 在湖西南近櫟斜之北光緒志

徐時棟撰丁灣社碑文鄞之東有丁灣村聚姓百家所以歲時報賽者築土爲壇奉枯木而已道光十五年五月余會張氏之葬至其地聞而異之山人告余曰此其事遠矣曩村人任氏淸晨立溪頭見柏樹尺許漂而來拾之歸斧之見血大驚夜夢偉丈夫呼曰柏吾神也謫來至汝家祀我吾福汝乃買地奉之既而禱之皆應里中人神之歲於是乎祈報以至於今言己導余往古木環拱老樟參天崇岡複嶺靈風森然壇壝無多級而巍

乎在其上者尺許之枯柏也余肅然改容喟然而歎曰嗟乎吾乃今而猶得見先王之遺意也古者大社之外有王社有國社侯社其次曰置社置社者里社也禮民百家爲社二十五家亦爲社丁灣聚姓百家地宜社禮大社主用石民社以木丁灣立民社社主宜木禮大社用松東社用柏西社用栗南社用梓北社用槐丁灣在縣之東木宜柏田主各以其野之所宜木是故柏主者其宜也宜木各以名其社與其野是故柏野者其名也擇地爲壇壇而不屋古皆如之秦漢以來未之改也自社制不行坊隅村落各有里神以意造衣冠狀貌亦各有姓氏崇之以土木享之以牲牢窮奢極巧先王之法蕩焉無遺丁灣雖僻不圖猶得見之且夫坊隅村落之各有里神也豈天降而地出哉其始皆社也其後好事而有力者變置而鋪張之風移俗易蔓延以徧於天下丁灣僻在山陬其民貧而朴自其高曾祖父歲於是乎祈報至其孫曾奉事惟謹無敢改作歲月浸久見之者且驚且疑不能知禮之所繫又不能明其故此不經之說之所以來也至於歲月又久保無有好事而有力者惡其說之不經又恥其不他里若遽從而更張之則是先王遺意將并此幾希者亦掃滅而無餘也是又可懼也山人喜曰有是哉我未之前聞也盍爲我記之因闔其說著其禮而復爲之辭俾得以報賽歌而樂其神其辭曰錢湖之西黃山之南有水如帶有峰如林中山有田中田有廬載耕載穫作我室家下無苦濕高無旱焦田祖有神時我黍苗葉無螟螣節無蟊蠈田祖有神無害我稼穡我稼我穡既蔦既干既倉既庾既有大年村酒既熟雞豚既肥蒸豚割雞載酒滿卮山歌村舞吹笛擊鼓婆娑笑語以迓田祖黃山之南錢湖之西田祖來思黃冠草衣皤皤父老熙熙復生載拜載迎同○我太平以卜來歲來歲有秋天子萬年農夫之休○煙嶼樓文集

名勝二 古蹟

周

徐偃王宅　隱學山舊名棲眞徐偃王隱學於此一云在翁洲王十朋會稽賦翁洲訪偃王之廬成化志

陶朱公釣磯　在錢湖西北陶公山世傳陶朱公嘗隱於此有釣磯在焉寶慶志

明洪性詩霸越平吳此息機蓑衣終日坐苔磯一作風月高名在千古江山舊事非春雨荒臺苔蘚合夕陽古渡釣船歸探奇欲試登臨興流水無情白鷺飛

清忻孝則陶公釣磯詩終朝垂釣學歸漁明哲全身意氣舒十載功勳誠幻境一竿風月足幽居湖邊可有西施石坡下甯無范蠡魚自此苔封人去後高名千古有誰如

光緒志曰周代古蹟世遠難憑以舊志所有姑存之

宋

二靈山房　東錢湖中有山突然曰二靈宋熙甯間左正言陳禾築室讀書其中乾道圖記

全祖望詩鄞東有湖洞經清萬山之中推二靈二靈又以賢者名是爲文介之居停元祐黨人漸凋零文介晚出繼其聲辛毘牽裾不足京其在諸公後可與清敏相抗衡山房小築足清致湖雲冉冉窺山扃滴露研硃點四經佳見聚書過萬卷相與疏通而證明了翁遺子受學誠至今空山風雨夜佞臣過之凜精英吁嗟乎文介不特善廷爭亦復辨奸於未形不見定夫康侯皆賢者妄詆文若誤蒼生

元戴良二靈山房記鄞之名山水不可以一二數而東湖爲最奇東湖之名山水不可以一二數而二靈爲最奇二靈山房則又得夫二靈山水之最奇者也山有二靈寺郎寺右廡爲山房寺與山房皆因山以爲名而寺乃宋知和禪師講道之處山房則今大沙門天淵濬公之所居也天淵自萬壽退歸已逃隱此山時山房未成二靈山水未見其爲奇也一日命僕人剪篠簜翦薪蒸闢其屋之隘陋而加葺焉且鑿東壁爲牖以通明於是山房成而境始奇蓋東南諸山騰躍奮迅北走而達於湖若奔馬之飲江若遊龍之赴壑其旁羣峯羽翼乎茲山者亦皆效奇獻巧若翔鳳之展翅而衆鳥爲之後先環之以錦屏舒之以練帶巘肰巒肰如拱如揖凡境之最奇所以接乎目而交乎心者舉入乎山房矣天淵置圖書几研供張諸物於其中客至則相與倚欄而立縱日以嬉不知日之將入但見澤氣上騰與林光山色相掩苒歘兮攢青倏兮浮白乍合乍歛翕忽蕩漾已而皓月微吐橫射庭隙流水下澈影動虛櫺悄骨悽神恍不類人間世此又一奇也山房之境信奇矣肰必得人矣而益奇向非天淵之居此也是山庭宇不過一廢區耳天淵至而山房之名出然後里邑之人慕天淵之學者皆往遊矣四方之人聞天淵之名者又皆往遊矣後來繼今聞風而興起者又將若是而山房傳之不朽斯爲奇也顧不益大矣乎噫此予所以慶二靈之有遭而山房之記所爲作也或曰學佛之人不三宿樹下蓋懼其有累也天淵知人間情緣之爲累而不棄之而學道知宗門荷負之爲累又棄之而閒放今以一奇境之故而眷眷於山房如此庸詎知是事之非累乎噫爲此說者非惟不足以知佛之爲道而亦不足以知天淵矣天淵悟心乎空色而超神乎幻有其於山房之奇境猶太虛空之容物明鏡之鑒妍媸而未嘗有意於容與鑒也目之所見果足以累其心哉且見者我也境者物也我爲能見物爲所見苟物我兩忘能所俱泯則累惡乎生山房之爲天淵累也久矣於是或人顧予而笑曰願因吾子從之遊遂併書之

鄭魯公夢溪　在東錢湖

鄭魯公若沖微時夢入東湖深處見金碧陸離中有當充達庵四字若御書然莫能解也及安晚貴偶與穆陵

語及之穆陵卽書此四字懸之魯公墓莊因呼其溪曰
夢溪句餘土音

鄭若沖紀夢詩包括乾坤一環堵拍手千門輝藻黼編
茅何事傍雲根川觀巖居天固予憶昔臥病歲壬午夢
行澗石憇衡宇嘗充達菴表其門大楷金字委仰覩吉
符應已分行藏二紀唐捐悟無補我生六年哀怙恃三
殤相繼泣同乳隻影危蹤巢在幕孽子孤臣氣如縷千
金不忽坐垂堂十稔未能酬鞠撫六張五角具孤虛萬
死一生逃險阻矛頭淅米劍頭炊耕嘗得晴刈嘗雨菲
未蒻根有荊棘鼠牙雀舌皆強禦意行足下起關山夕
計朝謀成齟齬先時敗事後失機轉睽觸諱默招侮貧
來富往見交情言信行忠貽臯詈一本難令親者親四
海何由兄弟普數奇常愧李將軍五窮未嗟韓吏部八
生美惡半乘除我嘗一味無甘苦五十知非計已遲見
機而作今猶愈結廬茲境了前緣端居漫作溪山主列
壑攢峯無聳誚疊顯飛柯不瞋拒一室凝塵號全拙茶

鐺酒壺簡編聚草亭臨流倚夢溪觀罷魚游呼鶴舞地
饒松竹秀而腴林生蕙蘭香頻吐泉清洗耳何妨枕晴
軒炙背還堪俯採藥尋梅度嶺去空翠霏烟迎步武乘
堅策肥彼何人藜杖枝筇自撐拄人家燈火照籬落山
頭月色窺松戸蹻雲歸逐度溪風自喜此身輕一羽意
安不厭飯藜蔬睡美那能候鐘鼓少壯顏從鏡裏非利
名心向樽前腐長因橫逆反忠仁詎向艱深探城府事
變起滅眞浮漚身世行藏俱逆旅玉堂茅舍一蘧廬鷄
起鵬摶各飛舉蠻觸戰爭兩蝸角雞蟲得失了無補興
廢紛紛汗馬牛賢愚泯泯埋塵土長嘯勿礙天地郛游
思還從竹素圖要知歲晏日斜時此心只與虛空侶一
觴一詠姑自娛斷不傷今更思古力命悠悠詎足論漫
述平生
記軒廡

清忻思忠詠鄭魯公夢溪詩醉臥東湖繞碧溪魯公昔
日夢何奇御書難使婆心解後事先從角枕知果有穆
陵題墓道端因安晚語神辭而今
水綠篠陰處鬱鬱佳城繫我思

東湖書院　宋豐有俊字宅之創建袁燮記○錢志傳悞作東山書院

宋袁燮記秘閣胡公以江西計使兼鎭隆興疏化原禮
髦俊如恐不及通守豐君有俊言曰古者學校既設復
有澤宮今長沙之嶽麓衡陽之石鼓武夷之精舍星渚
之白鹿羣居麗澤服膺古訓皆足以佐學校之不及此
邦爲今都會而不能延四方之名流講誦磨切殆非所
以助成風教請築館焉胡公大然之旣瀹東湖徘徊橋
亭遺址之上望徐孺子亭及其祠宇及三李堂想前之
高蹈有契於心且愛其風景之勝長隄回環柳陰四合
水光照耀芙蕖舒紅爛如雲錦重之以古木森列飛梁
之外佳致無窮此固拔俗之士所欲藏修息游於其間
者計臺及郡丞皆曰美哉此景營棟宇叢簡編以便賢
儁之繙閱而榜之曰東湖書院惟是爲宜僉言允協郡
博士劉君餘慶慨然躬任茲事爰以學宮歲用之贏並
湖增築東西十有餘椽南北十有九椽門庭堂宇宏麗
崇深庖湢器用咸備無缺糜錢二百萬米百餘石以竟
其役規制益廣合三十有四間經始於辛未之仲秋而

告具於仲冬此所以安其居也若夫供億之費胡公旣
以湖之歲入東自二臺西及闤亭給之某卽從豐君之
請而益以公田之租又所以致養也區處周悉賓至如
歸領袖之英金蘭之契萃十有一郡之書縱觀博采擷
其精華所獲者富矣雖然君子之學豈徒屑屑於記誦
之末者固將求斯道焉何謂道曰吾心是也無偏無黨
王道蕩蕩無黨無偏王道平平去其不善而善自存不
假他求是之爲道志之所至詩亦至焉詩之所至禮亦
至焉禮之所至樂亦至焉樂之所至哀亦至焉哀樂相
生天理自然人爲之私一毫不雜是之爲道儒者相與
講習有志於斯以養其心立其身而宏大其器業斯館
之作固有望於斯也豈非急務哉某懼夫後之人不達
此意或廢而爲游觀燕
衎之所故書此以諭之

史八行避地居　史詔字升之大觀二年有孝友睦婣任
恤中和八行之舉遂與母避居邑東大田山人稱八行先

生 聞志
史詔大田山居詩斗酒藏春甕開軒有客迎烹鮮供母箸督僕佐春耕園果霜前熟山禽雨後鳴市朝風味好輸我一般清
全祖望史越公奉母堂詩大田山下路蘭葉徧南陔烈考原純孝孤兒敢不才白華眞有種苦蓼莫含哀一綫酬名德孤根振死灰薪傳由正議徵命謝天臺八行科何羨終身慕未衰北堂遵樂育孤女廣栽培訟以覯型化風因錫類開招魂憐五世篤慶在中台他日崇家諱艮非雅素來

焦徵君講舍 在大涵山麓焦乂公路山東布衣紹興中至四明寓此 鄮峯眞隱漫錄
清董文升過大涵山訪焦先生隱蹟詩勝地留眞隱波光湛若虛東州高士望南渡寓賢居洛學傳薪火豐公

謝薦書溪毛無片席臨弔一躊躇
全祖望大涵焦先生書院記二程倡道洛中浙人惟永嘉九先生得登堂而餘皆私淑也吾鄉則高憲敏公童持之趙庇民皆在太學侍楊氏洛學之來甬上自此始旣南渡而山東焦先生以避地至亦伊川門下也憲敏輩以其所得共證明之其所言多與楊氏合於是日益請業而吾鄉之洛學迨日盛蓋嘗讀史忠定王集言先生以布衣入錢塘聲稱滿朝丞相趙豐公方振洛學已起用和靖漢上諸老欲薦先生力辭不可豐公至尊禮之已而先生來寓大涵之麓居人頗藉藉道先生家居必修容雖見妻子不少惰出與物接動必中禮後生輩多遠之而習爲夷居之流者甚且非笑之而先生不顧也已而漸有從之者望之儼然卽之温然則已心折及詳叩其議論則有大過人者始皆願附講席而信豐公之譽爲不虛及先生沒而弟子遵其禮法如先生無恙時雖極貴顯者其容止莊敬衣冠端嚴人之見之不問皆知其爲先生弟子也吾聞沈簽判公兒弟先生之高弟也其事先生終日拱立不以其學成有假借先生之喪心制三年無失禮及簽判爲後進師造次必稽孔孟之言是是非非無所曲從風裁甚峻諸生畏而服之蓋皆得之先生之教而諸生奉簽判亦一如其所以事先生者於是甬上之人益知以尊師爲先務而簽判之子端憲卒爲大儒嗚呼先生不應弓車之辟投閒海澨躬行實踐亦不輕著書以啟爭端斯眞所謂有道君子皜皜乎其不可尚矣然考朱子所記程門學者雖以無所表見如唐謝輩莫不存其姓氏而先生獨闕焉甚至吾鄉志乘亦不知寓賢中有是人也豈識推輪爲大輅之始甬上乾湻之盛孰非先生所首導哉吾觀大涵之墟其山嶒峻以秀其水清越以長固應爲高人所託足自予得先生講堂重爲修治而學統攸歸不得僅以遺世之洞天目之而又東爲同谷習菴深甯東發三公之精舍也前有輝後有光矣
焦先生名瑗公路其字
全祖望詠大涵焦隱居講舍詩光堯臨御日洛學正褒崇乃有游楊侶偏追箕潁風翹車辭上相微尚託冥鴻

小隱大涵水長瞻太白峯道高心倍古德盛禮彌恭慨自夷居輩相尋放誕中乍逢鷩嶽嶽侍久覺融融漸醉醇醪味同遊元氣沖簽書傳正派端憲溯芳蹤學錄遺高弟圖經失寓公徵文原脫落考獻益溟濛一綫從誰繫陳編○勾餘土音
賴直翁
案曰焦隱居公路爲程門弟子顧不見於伊洛淵源錄爲吾鄉寓公顧不見於志乘向非史直翁之集則泯然無考矣
清忻文郁焦徵君講舍詩理學淵源振浙東大涵山下寓焦公數椽風雨林泉外幾輩英豪談笑中門著清規應養鹿心甘冥跡是飛鴻徵君遺事誰人續賴有陳編史直翁

東湖別墅 在史魏公家 頤庵居士集
劉應時史魏公東湖別墅詩雲抹山容疑潑綠月涵波影自搖金丈夫出處如雲月猿鶴安能識此心 徜徉

綠野春波上徙倚石樓煙靄間只恐蒼生望霖雨未容謝傳老東山

竹邨居　在下水史氏別業史氏世寶集

史嶔竹村居詩霜筠萬箇繞龍孫中有茅檐據水村疏處只容猿鶴過喜無俗客敢登門

東湖書院　祀宋陳公禾今稱其遺族者多堇山堂集○光緒志

李堂詩東湖書院没煙蘿文介家聲耿不磨自有尊彝同氣脉不須遺族滿山阿

天鏡亭　煙波館　在東錢湖陶公山上宋寶慶三年守胡榘建寶慶志

宋史彌堅煙波館詩架屋成仙館煙波一望收浪從門外撼月向水中浮繞路青裁竹憑闌遠對鷗得閒來自坐看盡萬山秋

明烏斯道天鏡亭詩亭中危坐月輪孤何必西游賀監湖白水搖光千頃瀾青天倒影一塵無魚龍不敢生風浪鷗鷺何須伴釣徒當日胡公新解事此中端不許陶朱

清忻恕豕天鏡亭詩寶鏡開奩晃翠微高臨山館更漁磯千家煙火湖心住萬古靈圓月下飛對我自然空色相停人於此認依稀平川十里天光淨何惜登臨坐夕暉

忻起林天鏡亭詩釣魚磯上徑斜通古嶺亭開對海東有客每臨三五夕此身如入廣寒宮霓裳歌罷聲何在螺髻妝殘色欲空天鏡誰將嘉號錫湖山領袖屬胡公

滄洲堂　在綠野嶴閩志　袁清容嘗於九月望日過東湖上山僧能道嘉定間事出示史忠宣公所製滄州堂上梁文袁桷案史忠宣之滄州爲詩注○甯宗筆見鮚埼亭集

史文靖宅　在東錢湖上公名彌忠嘉靖志

讀書臺　在梨花山史嵩之讀書處成化志

高縣尉宅　在高錢山高友文字仲章號寓齋初爲泰州如皋尉親歿築室湖山墓左屢薦不起偕同里錢塡原作頊依成化志改抗談古今名其地曰高錢閩志

錢深雲宅　在高錢山錢頊字深雲世居湖上好學有節概與同里高友文以談經史相資名勝志　晚年別構一室植松竹以自娛閩志

劉隱君南窗　在青雷山採訪　隱君名準當宋末教授生徒絕意仕進卜築青山之原學者稱南窗先生閩志

清全祖望詩慶元際宋末比屋皆故家國亡遺悍吏摧困如蟲沙隱君早識微高卧湖水涯湖水深復深弋者所不加南窗足寄傲天半貢晴霞春來蒓菜滑和以新蘆芽絕似西山蕨不賣東陵瓜

月波樓　在湖之北月波山宋淳熙五年越王史浩創建月波樓疊石成巖爲寶陀洞天閩志

清忻涵清月波樓詩月湧冰輪色似銀波光倒映淨無塵巖懸水際清涵影樓近湖邊淡接人螺髻分明開古鏡佛頭彷彿認前身我將花下銜杯酌醉裏吟詩句未醇

忻自淑月波樓詩欲訪名人蹟乘舟到月波越王穿洞古余相築亭峩倒影仍流藻餘煇別映蘿而今成佛宇騷客費吟哦

徐進士宅　在象坎宋徐日宣宅字淳化號冠雲生於外家史氏八歲時遷居東錢湖之右象坎登淳祐七年進士授廸功郎調徽州教授後召至京師文天祥聞日宣至就見之鄭清之望其聲名欽其德行（徐氏家乘）

元

種德堂　在黄菊花嶴董文瑪所居文瑪字茂實本居城中厭其煩擾因卜東湖之嶴隱焉名堂曰種德吟嘯其中（董氏先賢傳）

東湖書院　在鄮麓元泰定間邑士陸天祐子居敬思誠

建奉紫陽朱子以教鄉里子弟且割田以贍至正間翰林編修馬易之建先進思始二祠（聞志）

元程端學記東湖去城三十里山圍而獻秀水瀦而浮光舟行若乘氣淩空不知身在塵世也其北曰鄮麓土腴物阜民居鱗集余少時常侍友仁孫先生講學其中欲結屋讀書以領湖山之勝顧南北馳驅未遑也池陽阮侯申之之尹鄞也興學尊師以爲治陸君天祐有二子曰居敬曰思誠感其尹之化而思其父之遺命郎其地架義塾首奉紫陽朱夫子像以教一鄉之子弟講有席息有榻凡庖湢之所食飲之器蔬蒔之圃雖微而完經始於泰定乙丑迨天歷戊辰而落成焉兄弟共割田百有五十畝其弟復益十畝奇爲報祀廪餼之須浙東帥本齋王公名之曰東湖書院堂曰育英爲書大字以榜之嘉其志也於是院侯賓請邑教吳君思永端席設講招延訓導陳君宏可專其教而以狀介余友趙君垕孫君俞叔來謁余文以示夫學者使知昜焉余謂世人負千金資出所羸崇佛老之舍以求福田利益今陸氏不及中人之產乃能殫力以淑其鄉人其志未可與時俗語也且其事有契於余心者乃爲識其本末而告之曰古今之學不異而効不逮於古者盍思其故哉古者二十五家郎有兩塾而黨有庠術有序國都皆有學人無貴賤皆得受業今之郡縣學書院非士類不入而農工商無所於肄古者自洒掃應對至於致知存養小大有序食息起居莫非爲學修於家者經國理民之本今之學者句讀未分已事割裂裝綴圖擬之習肆然自侈其所長而不知無所用之嘆乎不識爲已不辨義理而後天下無全材爲師者以是教其徒父兄以是令其子弟人生而蒙枉其路而塞其明奈之何其有造也然則凡遊此塾者必洒其陋必圖其新學朱子之學而不徒象設爲尊賢之具豈惟一鄉之幸歟至順元年六月望日立石

劉仁本先進祠記古者鄉先生歿祀於社近代則祀於學曷其祀之道德之尊崇行義之高峻文章之光華儀範後世表章來學生而宗之歿而祀之禮也鄞東錢湖近地爲高錢里爲文獻淵藪迄今詩書之澤未泯也國

朝泰定間鄉義士陸君天祐卽湖山之秀慕性理之學慨然有志教子居敬思誠置田度基構東湖書院崇奉朱子延師授徒俾講明性命道德仁義禮樂之懿然學官率以他職攝至正二十有二年鄉論謂馬君易之舉翰林國史編修官待次於家宜屬書院事既至修葺補苴學事稍具獨先進未有祠乃相育英堂東序闢屋兩楹奉鄉先生陳公高公以下凡十人又西偏作思始祠奉興學縣尹許阮二侯又陸氏之先既成狀來徵文紀石按狀曰左正言陳文介公禾在宣和間言宦者童貫蔡惡至引上裾而諫有古諍臣風曰寓齋高公友文棄官養親隱居東錢湖屢薦不起曰夢溪鄭魯公若沖築常充達也教子讀書後子淸之朱理宗師相曰深雲錢公賏力田務本篤教三子業儒皆補上庠入官曰南窗先生劉公準知宋國事日非隱居教授終身不仕鄉人所尊曰友仁孫公會叔與二程公敬叔端禮時叔端學俱以師道自任講春秋三傳於湖山間孫有綱齋文集程有分年日程讀書法及春秋本義或問辨疑又寓齋曾孫於山夢說冰蘗厲行不入城府不受薦辟作詩

有唐人風度魯公四世孫景尹奕夫篤守清白講學文績嘗著論語本義中庸大學章句凡此十人者生同道居同里才德行義同爲鄉人所宗嘉言惠澤以淑後來則歿而祀於鄉學固其宜也自書院之創多歷年所而先進有祠始於南陽君其知禮而能盡心者乎苟得命於朝列之學官則學與祠庶其有終譽矣姑爲之記

葉編修宅　在湖西北青雷山南麓村名青山嶴採訪編修葉恆所居有張郎之書醉翁亭記屏風聞志

吳徵君寓居　吳志淳字主一無爲州人避兵於鄞明史趙撝謙傳時天台毛彝仲錢塘楊彥常臨安劉庸道永嘉柴養吾豐城揭伯防魏郡邊魯生輩皆先後寄跡於鄞詞章翰墨人爲傳之成化志

二程學舍　在湖上元泰定間程敬叔時叔兄弟二先生講學於湖山間四方來學者衆才德行誼爲鄉人所宗採訪

楊李宗槐堂心學於斯在其時獨善翁師友實一輩文孫有靜清別紹考亭派乃授之二程連舟得津逮時叔談春秋經學更精粹敬叔分年程蒙求亦攸賴當年贄舍中絃歌發清籟太白莊高東湖深杖履到處有清音如何尚書志家學屈身異代玷故林○勾餘土音

明

白雲先生宅　在東錢湖之韓嶺金華字宗實隱居自樂嘯傲湖山明成祖召見賜以白金文綺不受上目之爲迂叟里中稱爲白雲先生聞志

東湖別業　在湖上章誾居甬東詩括

章誾詩老去厭城郭湖上最情親疏雨蠲山蕨東風采澗蘋鳥啼花樹晚鹿下野塘春當路多雄士誰能訪隱淪

金忠襄第　在韓嶺白雲先生第兵部尚書金忠居聞志

楊氏義門　義士楊苗成化間應詔輸粟二千五百石助邊旌立義門聞志宅在丁灣古蹟尚有一池中架石梁相傳其宅內廚房暑天藏食物處談助

茂嶼山莊　旁有龜山蛇山琴山象形酷肖談助張尚書時徹構莊其上敬止錄門左琴山上有步虛亭後圃寒澗在門梁石而渡小山幽靚花木涓涓亭曰品山沈嘉則所命名也王穉登客越志一時文學之士多有陪侍之章敬止錄

明沈明臣茂嶼即事詩才到東山好身心每晏如滿浮春院酒高枕夜牀書松響山連閣蛙喧水近居五更殘夢醒月落曙窗虛○不識尚書貴山中幽事多漁來賣鮮鯉客有饋生鵞雨外新樓閣雲間舊薜蘿野人成獨往醉起和農歌

余寅雨歸自茂嶼呈司馬公二首冒雨憐於邁從公又雨還萬山知汝健雙屐笑人間窮海元英積空塘朔氣斑登樓高自遣猶得俯塵寰○老去主人强高懷殊未央旆情無不可冒雨亦何妨濁世頻掀袂浮生一舉觴安知天地外別有姓名香

謝瀧茂嶼莊詩幾年懷勝賞此日共徜徉幸侍東山屐欣開綠野堂迴溪晴散碧曲徑夜生香一自離城市塵

囂已頓忘○夾道秋光滿登臨興不孤名園千樹發高會七賢俱石屋雲爲障霜花錦作圖山中餘載酒未許戒歸途

黃元恭詩品山亭下品山人日日山中不記春一自白雲邀鶴駕但從綠野狎鷗鄰春風秋月蘇門嘯翠竹明沙錦里巾借問巖巒誰第一欲分方丈迭爲賓

高瀛詩空江渺何許微茫半村雨何當披元雲風月來相主○白雲亦自好白雨一江秋長年陪謝傅著屐過西州

李生時詩結屋雲間寄此身圖書四壁靜爲鄰扶笻誰作看山侶鼓枻偏過載酒人黃菊紫萸堪共挹青苔白石不生塵尊前漫有吟秋興況值湖天月色新

張子中詩連峯起天末積水下煙橈時菊擅殊色羣芳空復凋相歡一尊酒共來白雲謠繾綣臨茲夕流光去莫邀

楊明詩出郭騁遐望郊原總是春帶煙芳草綠收雨碧山新鶴引登臯杖風吹漉酒巾蓬邱移茂嶼塵世有仙人○連日淹春醉朝陰又夕曛靜聽鳴澗瀑間看度山雲舊夢花前說新題竹下分風塵都莫問只與鶴爲羣

包玉詠茂嶼莊詩夙有憐春興尋芳到碧山巖花沾雨潤野鹿臥雲閒絕壁泉爲帶虛臺斗可攀十年勞夢想容與不知還

鮑道亨詩豈有煙霞癖尋春入翠微溪雲流樹溼山雨帶花飛引水聲喧座巡簾香襲衣淸狂何太甚竟夕欲忘歸

錢公達詩何處神仙宅湖山啟畫圖喬松蟠古洞鳴鶴伴幽閑白社盟初結黃化興不孤栖遲人境寂眞擬學潛夫

洪漠詠茂嶼莊詩每有登臨興停舟湖嶼東雲根穿曲竇木葉墮秋空鶴啄苔餘綠霞飛日映紅淸幽人跡罕宛似輞川中

戴良才別茂嶼詩家故空山裏看山意正濃若爲辭爾去又與世人逢行處無芳草帆前失數峯定知今夜夢猶自倚孤松

包大炣詩三月春光暮飛花半落溪山深雲自住日午鳥頻啼問字余將筏尋芳誰杖藜遠從司馬御此地足幽栖

張淶詩神仙湖上窟春日遠躋攀酌酒看明月題詩品衆山松雲當戶落溪水到門閒洛社遺風在追陪有白綸

王嗣奭詩山中日倍長空翠集草堂得意看羣動無心賞衆芳煙霞譚塵妙筍蕨食單香酣適方思卧風篁歸石牀

詠歸堂　茂嶼莊內詩彙

明倪珣詩魯國有狂生曠然沂水濱樂景會單裌好風生暮春童冠有佳敘邁往迷蹊徧翺翔萬仞上孤鳳鮮可倫達人解尙友千載揖芳芬撰履陟山椒返棹郎河濱朝邀煙霞友暮引猿鶴賓元黃曷隘寬日月偕走奔雲英契已遠洙泗調彌眞世累遺末俗獲心在古人

望湖亭　在東錢湖中浙江通志霞嶼山上有望湖亭光緒志○

案近人云大慈嶴有望湖亭遺址然舊志未載可信否

明張時徹詩烟霞探不極獨上望湖亭孤嶼懸明鏡羣峯展畫屏舠舟舒月白松檜匝雲靑盡日山中醉人言是謫星

清忻超望湖亭詩
裴點湖亭足玩遊，錢湖風景望中收。
二靈層塔靑霄接，五里雙橋碧水流。
檻外煙橫山遠近，窗前浪摺鳥沈浮。
其間妙處深無極，載月歸來一葉舟。

五柳莊　在東錢湖上相國余有丁所搆郎月波寺廢址也以神宗御書名山洞府四字爲坊自爲之記余文敏集

記曰五柳莊在甬東東湖靑山麓下面湖杭山莊計百畝許週遭鑿渠渠廣一丈渠外千樹柏渠內徧栽桃枝竹雜以桑柘莊前樹垂楊五建綽楔額曰五柳門三間扁曰日涉園左右闔者右貯巾車孤舟器具稍進植槿爲籬籬間一竹扉曰常關門門內堂除廣六丈深如之中有古松一皮皺皵若老龍鱗而枝幹詰曲可憑者鑴字其上曰盤桓樹左右築矮垣穴之左曰猶存徑右曰不遠途各畫地一區廣袤五丈左藏盆花數十本右畜諸禽鶴三鹿二鴿數十二垣外一曲溪可通園圃堂曰來凡三間左一間曰遺世居右一間曰情話室復中一

間曰覺是齋左曰寄傲窗凡二間曲通左个右曰消憂所亦二間曲通右个再後五間傍各二間茅覆之周簷瓴甓曰衡宇最後場圃廣袤十丈繚以土牆書牆上曰植杖場以穫稻菽棲雞豚墻之外植枸杞若籬中鑿一溝曰窈窕壑溝旁蒔甘菊及一畦朮一畦門冬千頭蹲鴟他藥稱是東南隅亭六角曰晨熹亭傍小屋三間曰翳景軒四面構百卉爲屏屏下埒花臺種牡丹芍藥其上蘭十海棠二玉蘭一木菊一屏花外百樹杏百樹桃百樹李五十樹林禽二十樹梨二十樹櫻桃十樹枇杷五樹楊梅樹下二畝韭十畝靛五畝茜五畝蔴擇隙地引池水使曲水濱置一版屋曰引觴處西南隅鑿池二畝許栽菡萏狀如偃月造草閣三間俯池曰臨流閣閣左植葡萄四大木搘之右植海榴十傍作薔薇架木香亭甃石池五六尺許畜金銀魚數十頭閣後植槐四又後爲篔簹閣可十畝竹數千竿竹中茅菴曰流憩菴菴前砌石卵方二丈設員石二一池環繞閣外紆曲如帶長菱茨芰蒲一池廣十畝堆石其中爲十洲三島畜嘉魚數百頭繞池百樹芙蓉中艤一小舟可泛池邊支石爲磯設釣竿駕立一石曰始流泉泉郎注引觴池中東北隅樓三閣曰舒嘯樓樓四角有梧桐四樓前闢地十丈高下蟺蜒栽菊數十種樓後圃十畝曰西疇百樹柑百樹橘二十樹柚二十樹栗二十樹柿二十樹胡桃二十樹棗十樹銀杏樓左疊石爲洞洞深丈許曰知遠洞洞上臺曰矯首臺從樓上度若閣道然通一梁曰孤往梁西北隅積土爲邱曰崎嶇邱邱可五畝邱上栽五十樹梅百樹棕二十樹松柏背邱小房二間左曰易安閣右曰怡顏窩閣前立太湖石石畔茶花二雜蒔水仙花於閣左右歸來堂五楹堂中壁畫書歸去來辭設竹椅八聯竹椅二方桌二遺世居扁懸門上方繪仙人像小銅鐘一泗濱磬一爐瓶各一鼎一藥櫳一藥刀一藥碾一情話室扁如之以舍親友左右支牀於壁間若禪牀長桌一衣桁匭架一覺是齋七楹中爲龕供家大人爐瓶各一矮方桌一矮藤櫈四寄傲窗扁懸窗前一間左右壁下各裝書櫃窗下讀書桌一讀書椅一一間設大牀一通左个備雜供張具消憂所扁亦如之一間設琴一博具一奕枰一高低臺各一一間通右个藏茗椀食

檯爐罌鼎鬲之類衡宇五楹橫五間中一間爲蓐食所二間藏錢鎛蓑笠二間支土牀以宿傭作者傍左右各二間左二間爲庖廁右二間爲從人寢處晨熹亭之數武環柱以桶促膝可坐中置一六角桌外設竹披蔽風雨晴則張布幄翳景軒三楹中一間設小榻一員竹墩二員竹桌一右一間爲行廚左一間藏灌花什器及帷幄等物引觴處藏蒲團六浮觴器若鵠首者六臨流閣五楹上覆茅草下支石柱半在地半在池上四面無窗南列欄楯東西闢橫木爲橙東有醉翁椅一瓦墩四石桌一流憩菴上蓋槀中眠長石二條置石枰一舒嘯樓通三間爲樓廳廳五楹四面欄干欄內立長窗窗外可旋走長桌一圈椅六樓下中一間小方桌一小交椅四左一間繩牀一薰爐一盥器一右一間設梯梯邊茶竈一知遠洞中祠土地石爐一石案一矯首臺臺傍石欄立四柱可施帟幕易安閣五楹下鋪板爲枰枰上薦以蒲薦上圈紙格如蓋中止一几門南向一窗東向二入則脫屨怡顏窩上如閣制下架木柵去閾枰尺許柵上鋪草褥褥上襲以壇茵中嵌一方爐爐上垂鐵綆懸一

銅鏇一錫壺以需煑茗蒲墩坐具一南穴三牖皆員中
稍大閣右設一陛入窩門門掛氊幕巾車兩輪裁元布
爲蓋張其上中設茵馮前施衡可式孤舟方底傍列窗
牖覆以竹篷可舒卷中置一籐筐可卧可坐舟後具炊
食器上插羽爲旌兩旁設舷可叩計中宮十一畝東南
方三十畝西南方三十畝東北方十五畝西北方五畝
餘十畝
爲溝
余有丁別湖莊詩年來屏跡大湖濱共說先生隱是眞
此日忽隨青雀舫逢人不製白綸巾煙霞應解牽行騎
猿鶴終能遲主人無奈驪駒
催物役野心仍自戀湖春
明沈一貫余祭酒公五柳莊詩貴游無事屢通書書滿
牀頭只舊題惟有王弘粗解事一壺相見野亭西　江
湖風物醉還醒日日山行復水行縱
是春來多脚疾藍輿二子一門生
李瑋湖上余樓書感憶昨登臨湖上樓留情落日放歸
舟捫蘿紫翠洞天冥問事漁樵山徑幽花下相憐吾白

髮人間將變此滄洲十年不
到池臺主烟鎖空門生暮愁
王嗣奭弔五柳莊四十韻有序五柳莊乃故相余文敏
公別墅公風流豪邁喜遊陟遇有名園佳致繪圖成帙
後請告里居於東湖上得月波寺廢址地擅湖山之勝
披籍選奇薈蕞衆妙亭軒樓榭盡拾歸去來詞中語而
名以五柳園亭之盛一時罕儷營數年未就方構舒嘯
樓而大拜命下矣刻期督成招親朋暢飲數日而別歿
於京師不復再至夫綜括半生拮据累歲營此菟裘弗
獲終老緬懷彭澤竟屬空談歲己酉余再過而亭臺卉
木半已凋謝愴然
興懷賦詩弔焉
赴召樓工急嚴期戒落成墁濡燒炭炙甃晚運沙平移
樹疑前種栽花促早榮賓朋窮閥閱冠蓋咽軒楹劈晡
麟膏望吹簫鳳語清華筵攢水陸高會錯籌觥指景杯
中賞題詩席上賡平湖增浩淼列岫轉崢嶸歸去辭元
好追摹意更精樓緣舒嘯得軒以覺非名窈窕憐丹壑
奔趨念鎬京終期盟白石蹔起爲蒼生痛飲窮宵月嚴
裝趁曉程酒船紛祖帳扈騎盡軍營魚鳥辭鞭鐙風雲
逐旆旌煙霞青嶂隔劍履玉階行龍衮親三事鵷班首
六卿山元鳴玉佩御縹出金莖黼座晨猶暖邊烽夜不
驚入朝隨首輔退食從優佾狎客移珠履妖姬弄玉笙
三槐殊不惡五柳若爲情猿鶴生愁思林泉起悵聲物
情迷止足天道識虧盈台柱蒼茫折天杠慘淡橫自從
氷作鑑無復火爲城去日朱輪重歸途素旐輕候門嗟
稚子植杖負村氓衡宇秋煙冷南窗夕照明名山珍御
墨洞府閟榛荆鼠穴穿雕檻蝸涎蝕繡桁壞牆莓蘚合
墮瓦薜蘿擎屏柏疏寒翠巖桃剩晚英園丁新玉樹牧
豎竊金橙過客無酬對孤雲管送迎野人初佐築廢苑
又分耕秖說桑麻長誰知陵谷更秋聲占叢竹春事屬
流鶯熊掌憑人取鴻冥孰我
爭如何金馬客多負白雲盟
李鄴嗣余相國湖莊詩湖山傳相國易世見風流作圖
培紅藥開堂受白鷗高懷圖上見餘韻鑑中浮尙有門
牆在遺民
問昔遊

呂時憶東湖余相公舒園詩遥憶東湖上挐舟泛若邪
荷翻人摘藕枝動鳥啣花石磴隨峯轉煙樓隔岸斜雖
云丞相墅儼
似野人家

舒園　亦相國余有丁園詩槀

徐振奇余相國舒園詩相公林下事如何灌木陰陰古
月波梵唄一空餘吹舞綺紈猶自長藤蘿洞深滴翠狐
狸窟徑窄埋雲鳥鵲巢最惜神
宗親灑翰蒼苔斷石費吟哦

梅湖山房　在梅湖

明沈一中梅湖山房夜宿詩霜露驚時變庭除隱月光
茫茫烟水闊靄靄岫雲涼虎嘯山疑裂雞鳴夜轉長有
懷愁不寐明
發舉秋嘗

鏡軒　在錢湖中明州雜謠注

大慈山房　在東湖大慈寺余寅讀書處甬上耆舊傳

張時徹訊余君房讀書大慈山房詩豈是逃禪客棲遲湖上峯看書親佛火旅食借僧春夜坐頻邀月晨興每候鐘自便塵市遠日日斷過逢

思舊館　太常寺丞全大程自江上歸棄家入東湖窮山中躬耕山田十畝湖口大程薄社吟序云石雁從管江突圍出過予山館適予他出兒子固留之不肯竟去中道被難不得一訣而嘿農諸子亦并命矣爰署此館曰思舊以志山陽之悼詩巢

全大程署思舊館詩果能從孺子或得脫蘆中慷慨甘兵解倉皇哭道窮舊盟寒息壤遺恨志元宮把臂同楊

華騎箕上碧空

徐戶部山居　徐振奇以戶部郎參瓜里軍事國亡棄家入東錢湖青雷山中凡二十年詩巢

徐振奇庚子山居九日前夕有感詩去年重九樓頭月今夜皚皚滿鬢絲寂寞遙天虛悵望荒殘舊井劇愁思追陪戲馬非吾事俯映流螢彼一時明擬登臨聊遺放不知誰許愜幽期○又己亥山中九日之作避亂偏逢亂因貧又益貧天行兼盜發海沸雜囂塵佳節當今日歡心得幾人黃花笑白髮紅淚溼青巾

梅園精舍　在九磊山麓兼山堂集

清陳錫嘏梅園精舍序生平有山川園亭之好丙戌年十三讀書城東邱氏村其春與朋輩放舟東錢湖登陶公山絕頂指點霞嶼月波諸勝循湖而夕陽嵐影與波光上下欣然樂之往來城市間見萬壽寺西偏孫氏日涉園板扉蘿徑竹樹周遮輒低徊留之不能去辛卯壬辰與其主人子遠讀書園中晨夕彌連忘其園之非我有也忽忽數十年硯田奔走仕路縈牽望東錢湖如三神山回首舊游幾同昨夢子遠且去而為僧別號蓮隱一日詣余言東錢湖九磊之麓有古梅園老梅數百株春初花放望之如雪昔有僧結茆於此名梅園精舍今余將繼之為棲隱之所藉子一言告諸方外余思蓮隱學佛有得芒鞋竹杖不難以天地為蘧廬何有於區區數椽之卜築若以其地有梅花足愛蓮隱獨不記日涉園乎庭前紅緑數本每當花發奇香撲人色若雲錦今皆化為寒煙矣九磊之梅雖多度未必勝於日涉也豈達觀者猶未忘情眷眷焉不能留之於彼者猶欲得之於此耶蓮隱家有九旬老母兄涉庵先生年七十未有子嗣蓮隱亦猶人情耳種情未絕山水花木之不忍舍而獨忍舍其父母兄弟乎二三同志始為蓮隱落成是庵俾掛錫其中晨鐘暮鼓慨然而思日涉園與梅園精舍之興廢有悟於盈虛消息大化之無盡藏天理人倫之不可一日息其幡然而歸甯待再計耶他日余將扁

舟叩門放棹湖心追尋三十年前登臨舊跡因與蓮隱翦燭話舊攜手同歸湖畔之庵其不如市心之屋也請先以是序為招隱之章矣

愛竹軒　在青雷峯下九靈山房集

元戴良題葉敬常愛竹軒詩嘗詠淇澳律亦鳴解谷遯聽豈不懷希聲竟誰續有美幽隱人早厭喧囂俗作室臨地偏開軒愛筠緑雨葉媚晨靚烟梢延晚矚攀枝想龍化摘實遲鸞宿賢思晉士七逸慕唐人六清遊茂林下沈飲迴溪曲喧颸蕩昏旦層輝麗川陸至樂非外求深情自為足謬循遊士蹤偶覯高人躅可隨竹畔風瀟灑歸君屋

醉碧樓　在殷家灣採訪

清錢維喬跋癸卯秋余以公餘泛舟東湖因宿鄭氏之醉碧樓波光岫影縈拂戶牖曠然有買山之想既而晤

主人蓉峯醇樸無塵市氣殆古人所謂小隱者耶夫湖有水能滋田疇人有德能滋子孫蓉峯居湖濱爰書樹滋二字以贈之且爲之朂

金鯉堂　在陶公山忻氏所居　光緒志

清陳勱撰金鯉堂記吾鄞東錢湖中陶公山之麓忻氏聚族居焉余嘗遊其地山明水秀爲湖上佳勝舊有堂曰金鯉初不解命名之意詢其宗老則曰吾家自閩中來元初曰宏勳嘗官慶元路晚隱定海之金塘明洪熙間勝道始卜居此山四世至玉年二十七病疽歿繼妻楊年十九痛哭而絕三日乃蘇斷髮誓死無他志以夫素嗜鯉每忌日必設偶值河枯悲慟不已忽漁父持鯉至以一金得之祭畢食胙得原金於魚腹中人以爲哀感所致後世子孫遂以金鯉名其堂云余歸而稽諸志乘其言合一日偶與客言其事客曰魚腹得金容或有之而謂所得卽原金其說誕妄不足信余應之曰解衣剖氷截筒沈水涌泉出舍側古有之矣孝子之事親至性所結天亦若曲爲憐憫以成其志夫婦之於夫猶子之於親也其爲綱常之大無以別也自來孝子節婦其事足以驚天地而動鬼神異應響答類出於尋常意計之外後生淺識徒以目不經覩輒疑爲天壤間必無之事此其人自揣無此至性不能致此奇顯之報反斥其說爲語怪耳夫豈扶世立教之意哉客默然而退後數載忻之宗人重修是堂請余爲之記因憶前語而詮次如右

袁氏始基堂義學　在縣東十六都六啚大堰道光五年里人袁萬經萬振建置田四十畝　光緒志

鄭氏思本堂義莊　在縣東南十六都三啚殷家灣同治七年里人鄭懷亨建置田八十畝以卹族之孤寡搆屋三楹爲資給之所　光緒志

清董沛鄭氏思本堂義莊記以吾之所有益人之所無仁者事也而自來贍族之田率以義名何哉博施濟衆堯舜猶病環顧千百家而汲汲焉待一二人之力而衣之而食之其力必有所難周而其心亦有所不慊施者倦矣受者無窮將使族之人安坐東手而享温飽之奉是導之爲遊民也奚可也故行吾之仁要在斷之以義義者何宜也衡其緩急權其輕重而無事於戶給之也族之人自有其力以養其身非吾之所宜知也曰鰥曰寡曰廢疾則窮民矣然而衰殘瘝痌之人留其待盡之生而餘其垂死之息其周之猶易也爲日促也若夫盛年之寡婦稚歲之孤兒其身足以承宗祧之重而延薪火於子孫其力不能任耕稼之勞而免飢寒於旦夕其來日方永永懸百變之境以相待而或困於無依則且貽門戶之辱而遭溝壑之慘族不幸而有是人也君子之所不忍聞也行吾之仁而斷之以義其必有所先矣東錢湖鄭氏吾鄉之巨族也其賢者曰榯城君嘗置田八十畝以卹族之孤寡構堂三楹爲資給之所此義舉也瀕湖而處者不一宗匪獨鄭氏也其有力者不一家亦匪獨榯城君也而鄭氏乃以義聞嗚呼當粵寇之變君猶子弼庵先生屏跡空山不受僞署稿餓七日以身殉之義也其勇也而君於亂離甫定乃能以惠濟之心施及於貧弱無告之族屬其義也仁也叔姪同時而所以爲義者不同而目之曰義則同也同治庚午君既歿諸子聖鍔等介弼庵先生之子世洽來請記爰卽義莊之所由名者而繹之如此其莊中條繫之約具於別籍茲不復贅云

金石　附

宋

隱學山復放生池碑　在隱學寺旁

宋沈遼記隱學山之棲眞寺有放生池焉在錢湖之陰其流西出而南匯其爲浸五百畝唐大歷時宏教詮師於此修行垂三十年有徒萬指方天下鑿放生池而此寺最爲勝者以錢湖之廣彌亘數百里而蟲

魚龜鼈蠡蚌之屬咸集於幢下洋洋然圉圉然使有生之命饗無窮之樂者於是爲聖人之澤其至乎詮師入滅其徒散去五代焚擾寺與池且廢而其故址餘波幾不可辨較大歷之世方袍圓頂者百無一在而居離離若將旦之星或在或亡尙誰統律哉熙甯元年太常博士張侯峋爲令乃復改作使聚十方僧以寶雲正公領之未踰時而正公去以修公主之縣爲召山旁耆耋畫其經界於是池做正矣後三年黄侯頎時民或治其地益辨正之四隅爲立石表焉蓋池與湖相通而不相犯也迨今光祿丞虞侯大甯乃始白於州州爲出檄以詔來者然後畢復大歷之勝矣余以爲放生池者以好生之德被及羣物堯舜之事也爲政者以堯舜之事事於上其可不謂賢於人乎今敎主修公乃昭慶法師之高弟本天台之學爲時所依嚮以余備官於州往來數相從請紀其因緣之緒余方得惠施之樂而識流水之義於是喜爲書之而不拒焉

史彌遠碑　在大慈山

碑已仆正面没土中好事者從旁窺之有御製御書四大字玫彌遠卒於紹定六年理宗御製神道碑額云公忠翊運定策元勳之碑錢志

張卽之書醉翁亭記屏風　在青山元編修葉恒故宅聞志

案屏風今舊物依然惟木質年久有朽腐處字畫大半漫漶可認者僅百餘字耳

元葉恒張公翰墨記宋張卽之字温夫參政太師衛國公孝伯子也爲石林公宅相善翰墨神動天機隨照壁上書醉翁亭記暨雜詩今爲余家世寶慶元六年以衛國公郊祀恩授承務郎嘉泰四年銓中歷官至大中大夫直秘閣學士自號樗寮道人歷官中外政績懋著封歷陽縣開國子食邑五百戸賜紫魚袋壽八十一卒於家贈正奉大夫住林村市資敎寺傍其寺多其筆蹟　葉氏家乘

清張鷺重訪張樗寮書壁詩并序東錢湖青山嶺南葉氏有宋張樗寮書壁其上爲歐陽公醉翁亭記左則杜少陵寒食舟中作燕子來舟中詩右則贈韋七贊善嚴中丞枉駕見過詩也歲乙酉予嘗走閱流連忘歸丁未十一月二十三日偕董佩公周屺公再訪焉覽誦之餘如逢故人喜而成詠與二子同之　廿年重問字不改舊山青夕照分高下湖光上窈冥　煙埋彝鼎色鬼泣鳥蟲形幸有探奇約題詩慰草亭

邱胤王龢舟青山尋宋學士張樗寮墨蹟詩張子遲回面石岡客來山館一藜牀耽書尙肯談戈法卻飲時能錄酒方市近水村魚畫集門迎竹塢筍冬香翛然木葉憑雙肘無恙沙鷗卧夕陽

明

惠安寺鐵方響　景泰六年造在青山寺錢志

名山洞府　在月波寺洞中明神宗御書以賜余有丁者今石刻斷裂名山二字不知所在惟洞府二字尙在末題萬曆九年冬臣有丁恭摹上石此石長三尺廣尺許想自斷裂後移置者山門外石坊尙存二柱刻有大湖流日月深谷駐乾坤聯語採訪

隸書聯語　在月波寺大殿後石壁間句云山川亂雲日樓榭入煙霄不書歲月姓名採訪

附御史謝兆昌東錢湖碑記

古之厚民生者重農莫如治水國家所以考牧守之蹟必

先於此若古甯郡則以郡東東錢爲巨浸而鄞於鎮海相鄰錯壤湖之四面周環八十餘里其徑流所徧鄞有六鄉鎮有崇邱八里引湖水灌田禾四十萬畝而湖水南來自五鄉碶北向迤東直達於鎮之小浹江以趨於海故崇邱不引錢湖則田疇無以資其利錢湖不注小浹江則水迅無以分其勢是則鄞與鎮兩縣泉源水脈相爲表裏利益共之所以自昔至今鄞鎮兩縣人民均輸湖稅無有爭差明張大司馬時徹宋令東岡碶文彰彰不可磨滅迺有傅李二姓惑於堪輿之說敢於鄞鎮交界處折毁亘古橋梁

攔流造壩使湖流百世之利阻遏不通恃力抗衡水淺則僅及鄞田而崇邱不沾其涓滴水大則波高於堰而崇邱獨被其激衝夫鄞鎮人民急公樂業昔有同心豈能逞豪戶之私謀不遵成制快於自便而使崇邱廣輪三十里之畝疆偏枯受害乎於是合邑士民控於縣縣請於府親行按視嚴杜侵凌正其故道錢湖之水自鄞入鎮之區條分縷析通流如昔六邑之人皆誦公秉心公溥洞燭隱情纖悉不能欺匿因記其始末以鐫諸石郡侯張公名星耀邑侯黄公名官柱攷府志

水利碑示　永貽水利

甯波府示東錢湖禁約

一不許私擅標管專利病民

一不許佔塡傍湖淤岸爲田

一不許種植茭藕菱芡等項如違許令諸人俱得採取

一捕魚撈葑聽從民便不許近地豪强佔阻

一選立湖民四名常川巡視不許勒取分例

一採取湖草聽候委官給票量納稅銀大船六分中船四分

一領票採草進出俱照截角出堰即繳原票不許沈匿影射已上欵示如有違犯究罪枷號

萬曆十九年十月　吉立

禁約碑示

甯波府奉　撫鹽二院詳允東錢湖嚴立禁約開后

計開

一禁勢豪乘湖淤漲及淺地餘岸開墾耕種并塡築基地者計贓究徒

一禁宦佃乘湖淤漲處所霸植菱藕等物違者計贓究

徒

一禁奸民盜決隄防以致淹没田地房屋違者引例充軍以上各欵如有犯者許諸色人等指名呈究

萬曆四十年六月　甯波府知府戴　鄞縣知縣江立

石

月波寺碑記　稽寺之建始於宋淳熙五年越王史創月波樓又於寺建四時水陸道場嘗日孝宗賜慈悲普濟額明洪武十五年定名月波後寺圯大學士余搆五柳莊至國朝康熙十年余氏歸地募眾捐資重建殿宇以奉　聖火幾二百年於茲矣住持僧人更替不一重建之業漸即廢頹公議延請阿育王寺分派永春上人主持寺事賴其拮据綢繆田園復業殿宇改造工費浩繁不十年而煥然一新其勤勞有足多者今上人老矣每向眾言曰創業難守成非易寺業無幾茲之修整弗替頗積三十年心力始得及此後之視今猶今之視昔願後之住持者慎守前緒更式廓之并有祈檀眾之勇於護持焉余等思爲久遠計莫如勒石垂後爰誌其顛末以爲異日之勸勉云爾道光二年壬午

覺濟寺碑記　覺濟寺建於錢湖之濱由來久矣其地勢之奇崛宛如奔馬飲江游龍赴海而羣峯聳翠如拱如揖氣象萬千故文人學士登臨顧盼莫不撫景留題此誠鄞東之勝蹟也奈世遠年深殿宇漸圯遠康熙年間如愷大師募緣重葺紺殿巍峩依然如舊厥後住僧來去不一聽其風霜交剝梵宇灰飛鐘磬寂寥僧徒雲散衲居楊樹禪院每經此地聞鳥雀之爭喧覩蓁茅之滋蔓未嘗不太息咨嗟以圖興復但功程頗大力不從心耿耿予懷者十數載乾隆丁酉歲檀越忻昌盛余經佐忻起鳳余葉唐忻昭嗣諸公發願重建致書邀衲共肩其事衲雖年邁踴躍樂從偕徒雲照暨孫聖德各鄉募化積少成多於次年戊戌如月擇吉起工告竣於庚子涂月自大殿山門與東西二廊僧寮廚湢無不次第落成蓋獨力難支眾擎易舉以頹垣礫瓦淒凉滿目之區一若蘭若馨香蓮臺淨潔雖衲主持其事然非諸公樂善好施則點金乏集安能接踵如愷大師而使數百年之古剎不湮没於荒湮蔓草中哉後之居於斯者能念前功嗣而葺之庶斯寺之永固與錢湖山並垂不朽是爲記乾隆十九年

名勝三 冢墓

周

徐偃王墓　在隱學山舊名棲眞成化志

北宋徐氏譜王葬明州之隱學山延祐四明志隱學山

徐偃王隱學於此延祐成化嘉靖三志皆曰隱學山徐偃王隱學於此於是譜牒之家紛然謂偃王於此曾立書院教養生徒此皆無稽妄說求隱學之說不得而强爲之解者也案古字多以音近假借隱者偃也班固古今人表曰徐隱王師古曰卽偃王也最爲確據楚辭稱偃王行仁義王逸注曰偃謚也而周書謚法解但有隱謚而無偃謚北宋徐氏譜曰王死從亡之臣謚之曰隱則隱之卽偃曉然可見乃其旁證復有三端左僖元年公敗邾師於偃公羊春秋公敗邾師於纓其證一詩魚麗傳曰士不隱塞釋文曰隱本作偃其證二匽偃二字通廣韻訓匽者隱也其證三蓋偃王既葬是山後世卽以其謚名之無可疑者而學字則不知其義或當爲此域之域無徵不信姑闕疑焉然則三志及譜牒之說又可見王墓實在是山何則使是山本名偃學而曰偃王葬此猶疑其因山附會之也今山名隱學葬者乃是偃王而向之說者又不知偃隱同字之義然則苟非實有相承之說烏得憑空而鼓舌哉徐本原思剡集有拜徐偃王墓詩山以隱學名上有棲眞祠嘉靖志敬止錄聞志曹志亦皆曰周徐偃王墓在隱學山宋元以來相承舊說歷歷如此至乾隆閒嘉定錢氏號稱博洽來修鄞志既列徐偃王墓於冢墓門而忽辨之曰徐偃王墓前志皆未載聞志始增入之已爲乖舛及觀其所辨似謂偃王

斷未至浙江卽至浙江亦是衢州而斷非甯波問其所據則無他書但是昌黎碑文而已而不知偃王實至浙江而不知偃王至浙江實在甯波而不在衢州於何證之證之於昌黎以前之書括地志曰徐城在越州鄮縣東南入海二百里案卽今甯波鄞縣夏侯志曰翁州卽今定海廳上有徐偃王城傳云周穆王巡狩諸侯共尊偃王穆王聞之速令造父御乘騕褭之馬日行千里自還討之或云命楚王帥師伐之偃王乃於此處立城以終以上凡八十字載在史記秦本紀正義中夫括地志在昌黎之前括地志所引夏侯志又在括地志之前夏侯志所引之傳今不知何書又在夏侯志之前而明明說偃王至浙江明明說偃王至浙江之甯波三書雖亡此八十字幸存史記正義中史記正義固非僻書乃全不考核遽便武斷號稱博洽者當如是乎又且十道四番志乾道圖經寶慶志王十朋會稽賦周世則會稽賦注史鑄會稽賦注延祐志大德昌國志之屬靡不言偃王城翁州以居者史記正義或是僻書不應修甯波之志而其舊志亦東之高閣也煙嶼樓集徐偃王墓考　道光二十八年臨川裔孫

甯波府知府徐敬修墓鐫碑新增

元徐本原詩周穆日盤游九鼎幾欲移造父御八駿萬里觴瑤池邦家歎無主神器將安歸諸侯悉朝徐瑞應維其時忽聞黃竹歌拒戰非所宜避位向吳越直至東海涯德義感人心臣庶爭相隨山以隱學名上有棲眞祠翁仲翳草萊再拜空噓嚱遼鶴竟不返祔葬冢纍纍子孫繁且衍譜牒能相貽零落千載下惻然起遐思

晉

鮑王墓　在陽堂山又名青山簡要志　即靈應廟神鮑蓋尸解之所曹志

案故老相傳鮑王墓在鹿山西偏危巖下樹林陰翳過者起敬距青山二里許豈以廟在青山遂混而一之歟

唐

刺史黃晟墓　與其母高陽郡太君齊氏妻潁川縣君鍾氏俱在隱學山延祐志　簡要志作大慈山一云乾化二年改葬晟象山縣常樂寺後山寺蓋晟所建聞志

宋

殿中丞陳翊墓　在郭童嶴山嘉靖志

案嘉靖志誤爲陳之翰墓光緒志更正之

郭先生維墓　西湖之原大德昌國州志　此西湖即錢湖維自河南徙鄞卒葬西湖光緒鄞縣志

左正言謚文介陳禾墓　在二靈山子學士曦祔成化志

熙甯間左正言陳禾築室讀書其中後即葬此敬止錄

明董琳詩甬東山色翠嶙峋文介佳城近水濱細雨落花啼謝豹淡煙荒草臥麒麟犯顏只欲除奸黨碎首無慚列藎臣識陋亦叨風紀職敢將忠鯁繼前人

明錢豹尋陳文介公墓詩舊時松柏摧殘盡斷碣荒崖不可尋惟有丹心垂宋史朝朝白日映波心

清王信德二靈山懷陳文介公詩謫官遇赦托沈冥高臥湖山羨二靈折檻朱生甘報國下帷董子愛談經佳兒書聚牙籤富高弟名傳骨鯁馨惆悵荒塋何處覓忠魂空傍一峯青

居士樓异墓　在陽堂鄉梅湖樓鑰撰墓志攻媿集

遺逸陳之翰墓　在翔鳳鄉隱學山陳瓘撰墓志寶慶志

徽猷閣直學士謚莊簡蔣猷墓　在翔鳳鄉隱學山汪藻

撰墓志浮溪集

蔣弘憲登先學士公墓詩疊巘圍深谷先塋隱碧峯碑殘苔半蝕石圯草全封華表存遺蹟丹青憶舊容衣冠靈氣在感慨白雲重

寶文閣學士兩知明州兼制置使仇悆墓　在沙家山曹志

案聞志作上水沙家山在上水外半里許

成化志悆字泰然益都人大觀三年進士兩知明州抑豪强扶善弱學宮兵火力新之斥廚錢以廩諸生撤佛祠材甓以修州廨行鄉飲酒禮歲歉發官儲賑民蒙讒乞休退居奉化助郡學田百六畝聞志悆築沙堰七百餘丈人立善塘廟祀之卒葬於鄞

史冀國夫人葉氏墓　在東錢湖上長樂里山聞志樓异撰

墓志

清史在鼎謁墓詩生前苦節耐時光漠漠幽魂節更長春露秋霜六百祀墓旁猶覺姓名香

贈太史越國公史詔墓　在綠野𡺼嘉靖志　危素撰墓表

史彌大謁越公墓詩滿眼松楸護石塋此來倍覺暗傷情煙雲深處眠翁仲俎豆香時薦特牲一寺近迴溪水曲萬山青向墓門橫楊花無限縈春思送我輕舟十里程

直祕閣廣東提刑徐子寅墓　在翔鳳鄉隱學山攻媿集子寅行狀

贈少師禮部侍郎謚憲敏高閌墓　在青山成化志　墓入防護錄光緒志

贈太師越國公史師仲墓　上水金家𡺼之原夏承撰墓志採訪

越王謚忠定史浩墓　翔鳳鄉吉祥安樂山樓鑰撰神道碑攻媿集　墓入防護錄光緒志

贈太師齊國公史漸墓　翔鳳鄉上水寺山葉適撰墓志水心集

贈通議大夫袁文墓　在陽堂鄉穆嶺之原子燮撰墓表絜齋集

贈直華文閣通判舒州謚端憲沈煥墓　在翔鳳鄉象坎山龍尾周必大撰墓碣文周益公集　墓入防護錄光緒志

全祖望詩簽書父子盡醇儒更有徵君蹷道腴再世衣冠同翕聚一林樵楷倘扶疏崇邱山下薪傳杳眞隱堂中蕙帳枯鄉里義田乃餘事可憐高誼亦荒蕪

朝請大夫通判婺州史浚墓　陽堂鄉包家山樓鑰撰墓志攻媿集

丞相衛王史彌遠墓　在大慈山成化志　東湖下水𡺼彌遠葬母於此故名後彌遠亦葬此山有寺敬止錄

元劉仁本詩山行十里亂峯迴相國墳塋紫翠堆石馬秋風兩翁仲杜鵑春雨幾亭臺慈雲塔下蒼苔滿旌德觀前紅杏開爲憶當年尊榮美短篷蘋末過湖來

明李堂詩梵宮地畔七浮屠殿址層層漫綠蕪幸有老松人不見滿林落日正啼烏

屠隆詩霜落蒼藤老樹枯眼看巨石壓重湖墓前只有山僧住黃葉青燈照野狐○田夫自說史王孫滿徑蓬蒿秋掩門世上人磨銅雀瓦玉釵一半古苔痕○朱門早起亂鳴鑣留得寒江弔暮潮一片黃沙銷白骨碑陰彷彿記前朝

沈一貫詩落日低垂丞相阡狐狸穿冢出平田大碑已斷無文字惟有山僧說歲年

清董沛詩丞相墳前野草枯御題碑碣半模糊不知此地牛眠老勝似天童嶺上無

學士謚正獻袁燮墓　在陽堂鄉穆公嶺長子喬撰壙志楊簡撰墓志神道碑從祀錄　墓入防護錄光緒志

贈太傅資政殿大學士謚忠宣史彌堅墓　在錢湖寶華

山南麓建世忠寺以奉香火錢志

明王應鵬詩丞相豐功在史臣至今人重玉堂親我來細剔殘碑蘚拱木陰陰鳥自春憶昨東京走使輡六陵風雨草蕭蕭何如累葉平章者處處雲樓五鳳翹

通奉大夫荊湖北道轉運使史賓之墓　在寶華山世忠寺右子森卿撰壙志四明文獻集

樞密院簽書謚清敏陳卓墓　在青山成化志

贈太師魯國公鄭若沖墓　東湖夢溪句餘土音注

著作郎傅行簡墓　在栗木塘嘉靖志

兵部尚書兼吏部尚書謚正肅袁甫墓　在綠墪嶴浙江通志眞德秀撰墓志錢志

鄉進士舒衍墓　在豐樂鄉櫟斜袁燮撰墓志絜齋集

承直郎壽春推官史徽孫墓　在金嘉嶼史渃墓次百步許清容集徽孫葬記

武節大夫處州兵馬鈐轄袁任墓　在翔鳳鄉青山袁甫撰墓志蒙齋集

刑部尚書余天任墓　在青山成化志

訓武郎荊湖北路兵馬都監顧義先墓　在翔鳳鄉青雷峰之原袁燮撰墓志絜齋集

宣教郎饒州樂平縣丞袁櫄墓　翔鳳鄉滄門里鍾保嶴兄燮撰墓志絜齋集

永嘉縣尹史桀卿墓　陽堂鄉寶華山子收孫撰壙志四明文獻集

梅逸隱君林澤墓　在青山祖父墓旁本堂集林隱君祠堂記

安撫使陳寧孫墓　在高論嶺聞志○案成化志作高崘嶺嘉靖志曹志誤作山崘嶺

提領朱元吉墓　在赤塘嶴聞志

靜清處士史蒙卿墓　在陽堂鄉穆嶴之原袁桷撰墓志清容集

元

妙心居士韓君垕墓　在東湖盛峯山劉仁本舒莊爲著銘詩大書勒諸隧道滎陽外史集

海鹽州學教授袁裒墓　在陽堂鄉綠野嶴正肅塋旁十步袁桷撰墓表清容集

贈禮部員外郎葉遜墓　在翔鳳鄉青山之原王褘之墓銘王忠文集

贈中奉大夫江浙行中書省參知政事翰林侍講學士謚

文清袁桷墓　在翔鳳鄉上水慶遠嶴蘇天爵撰墓志滋溪文藁

案成化志在橫山浙志聞志作橫嶴山光緒志始從墓志

元柳貫詩十年漬酒緜不到文清墓遥遥許劍心夢寐傷遲暮千里來東州九仞際逆旅諒哉生芻束耿耿復誰語空懷郭林宗不見王文度山風吹空林更絶重湖步

贈承事郎同知奉化州事袁瓘墓　在錢湖黃嶴清容集

徵君吳志濬墓　在東錢湖上句餘土音

全祖望詩曹南詩篆雁山推晚慕澄湖避地來應歎膏緣明被禍九靈竟向獄中栽

明

秦府教授鄭本忠墓　在福泉山東北洋山嶴成化志

兵部尚書諡忠襄金忠墓　在象坎山成化志　楊士奇撰墓志聞志

徵士安節先生紀宗德墓　在十都錢家嶴牛脊山光緒鄞縣志

白雲先生金華墓　在象坎山光緒鄞縣志

賓州知州俞得儒墓　在陽堂鄉萬金湖玉印山黃潤玉撰墓志南山集

長蘆都轉運使金達墓　在范家山先塋之次魏驥撰墓志光緒鄞縣志

頤庵處士包旬墓　老界鄉先塋之左黃潤玉撰墓志南山集

布政使豐慶墓　在錢湖南鑽天鳳採訪

明威將軍包浩墓　在上水橫街慈雲嶺側李廷學撰墓志採訪

浩字民化號東園冠帶官正德四年應詔加官定海衛指揮僉事封明威將軍以次子樸貴贈廣西都司都事

右都御史戴鱀墓　在鹿山嘉靖志　村名下王墓入防護錄

光緒志　張時徹撰墓志芝園集

贈太保建極殿大學士戶部尚書諡文敏余有丁墓　在東湖隱學山許國撰墓志許文穆公集　後遷南郊之馮家灣賜祭葬浙志

南京廣洋衛經歷包大中墓　在梅湖父塋張時徹撰墓志芝園集

贈太子太保兵部尚書鳳陽府推官李生威墓　在赤塘嶴子德先德升祔泉堂文鈔

清李承烈謁太保少峯公墓詩攝衣登崖巍屈曲穿雲翠古寺苔半扉空庭花滿地出門一俯瞰斗覺眼界寬

萬家若棋布一水如帶盤前山隔雲樹中有先人墓披
荆入蒙茸惝恍不知處山靈如詔余草際谿樵路紆迴
復紆迴長松捲風怒峩峩神道碑瞻拜起悚懼地僻絶
人跡金高印虎步迤邐出波頭樵子爭登舟雙槳弄秋
水滿載青松楸湖光更皓潔倒映
羣巒列回顧兩處峯殘陽補山缺

贈光祿寺卿監察御史吳禮嘉墓　在栗樹塘（光緒鄞縣志）

順天教授紀光祖墓　在東錢湖錢家嶴之陽董其昌撰墓志（光緒志）

贈太保兵部侍郎謚忠毅李㰕墓　在丁灣（聞志）墓入防護錄（光緒志）

蘇州府同知周應浙墓　在東錢湖黃家嶴山應浙自撰

生壙記（光緒志）

甯國知府錢敬忠墓　在錢湖之青山全祖望撰神道碑（鮚埼亭集）

開州知州謚節愍黃嘉爵墓　在陳野嶴（曹志）墓入防護錄（光緒志）

寒灰道人錢光繡墓　在高錢山之陽全祖望撰錢徵君述（鮚埼亭外集）

工部司務傅奇遇墓　在東山頭（光緒鄞縣志）

霜皋先生徐鳳垣墓　頓嶴林時躍撰墓志（西臺留稿）

蓉鏡先生傅攀龍墓　在唐家灣（光緒志）

清

懷遠將軍倪士奇墓　在高錢山之陽（周志）

墨雲先生董允爵墓　在梅湖栗樹塘之尹嶴全祖望撰墓志（鮚埼亭外集）

臨江知府李昌昱墓　在赤塘嶴（錢志）

舉人鄭聖飈墓　在姚邨之原（新增）

舉人袁世恆墓　在懋嶼山之麓徐時棟撰墓碣（煙嶼樓集）

清處士忻延壽墓　在錢湖東北珠山灣之麓配袁氏高

振霄撰墓表子錦崖墓附焉（清高振霄墓表）○（新增）

高振霄墓表錢湖忻君没後五十七年而其配袁孺人以卒既祔葬葬後十一年其孤錦崖以狀乞余爲文以勤諸石顧其事有足以風世者曷敢以不敏辭君諱成鏕字延壽鄞縣人居錢湖陶公山之麓先世業農祖諱汝修食餼膠庠爲名諸生父諱惟南及君復力田君少失怙事祖母張太孺人母王太孺人以孝聞撫弱弟以友愛稱不幸天其天年惜哉娶袁孺人婚二年而君卒卒後四閱月而舉子即近所稱篤志湖事之錦崖者也孺人艱貞卓絶忍萬死爲支撐門戸計凡君有未竟之志皆孺人爲之竟其事孺人年十七歸於君十九而寡苦節勁操摒擋家事歷數十年如一日至老而神明不衰居恆語其子以湖事爲勗曰濬湖大舉吾老矣不及見其事之成也毋鋭於始而怠於終汝其識之毋忽先是有志士曰張明經品階奮義集資濬北郊河道功既成又慨東錢湖爲三縣八鄉水利所關自宋迄今年久失修湖壖漲地多爲居民所侵湖身漸隘其害不可勝

言於是議大舉濬鑿其役重限於力責志以終錦崖嘗受業於明經之門猛以湖事自任號呼奔走徧於鄉人士之門議且成爲忌者所梗遂不得行錦崖隻身走京師訢於朝冀其志之必達而初非爲修怨計也朝下其議於省文檄督趣詞意嚴急當是時地方有司方摉括地方公積疲精駭汗以措舉新政爲報最地不暇根本重計爲念而前之梗議者方出而執地方之柄卒以遷延因循坐失事機近則地方財力已罄矣向之號爲富壞者不數年間羅掘無完膚郡之人皆恤恤乎有朝不保夕之慮且夕天災猝發盜賊乘間以起爲顧景備患計而力有所不堪者焉能爲地方大利謀數百年之效耶亦可慟也而錦崖持之益堅人皆以爲愚而不恤焦唇焠掌無少回撓其志亦可哀也忻君可謂有子矣君卒於咸豐五年乙卯秋七月癸酉年二十有一孺人卒於光緒二十七年辛丑秋七月庚午年六十有五葬於珠山之麓孺人以節著能繼哀感孺人之蹤有司上其事獲旌表如例

名勝四　寺觀

先照庵　明時復舊清行浩重修　聞志　在福泉山巔舊稱福泉精舍今名先照寺　光緒志

清李鄞嗣福泉精舍記畧余年五十厭聞人祝年因與老友徐靖皋先生約出門作山澤遊聞福泉山巔有精舍主人爲直庵禪師遂泛舟歷東湖霞嶼自大嵩嶺輿行上二十里至山山本爲龍所居其上絶頂臨海常有大風霧土無毛土人非大旱請龍樵徑俱絶至神廟初年始有僧縛草此中入龍併宅時人稱爲萊菔乾禪師自後有天台廣接禪師始創爲精舍其徒慧海守之逾二十年請古拙禪師主席拙公去更請直庵禪師繼席蓋二公俱山翁老人法嗣也余輩造山門天已暝直公出山庖所有燒燈快集至夜分次日早起惜天陰不得望日出已稍霽出望見大海浮寺門若在足下鉢盂峯爲我前几二濤澎湃海中亂嶕點點黃牛大峽若小櫝伏草間離寺門數丈郎龍潭自闢精舍後山始有樹有草徐還憩山堂白雲片片自外來起掩扉不使入已而雲起佛座起牀下復須開扉放之出佛身日爲嵐蒸常有微汗梵鼓逾再晷卽溽無音禪堂柱椽俱用山中堅木歷數年漸糜如粉一方袍二三年輒壞蠹嘗於臘八日四村近寺男女百餘人上山禮佛大雪驟下須臾山徑盡封百餘人守山食僧廚年夜糧俱盡至雪霽鋤開一徑始得下有牧馬二夥十餘人知山中夏涼善水草遂驅馬數十頭上山散牧二夥臥佛堂索僧食是夕龍閃閃出挂樹梢巽馬立死數頭二夥大驚次日各負死馬驅餘馬下山去居僧具述其事若此直公復言山中未嘗得佳容惟居士一至是行專請居士作一記爲山鑿空余唯唯既而喟然曰吾鄉東在天盡處天盡斯海飛此山上接天下接海鴻濛新闢亦爲世外一奇而自萊菔乾老僧鑿荒歷百年文章之士未嘗一至然則凡海內奇山水亦只讓釋氏有之耳余因爲記之傳諸同好庶幾後人有讀余文一續余遊者

李鄞嗣自大嵩嶺上二十里至福泉精舍作詩捨舟上樵徑晴眺分纖毫循塗凡屢盤獲奇隨所遭崩崖露雲根長風勢漸饕諸巒徐東體始識身已高過雨忽足下髮上天氣交在輿尙苦疲何況舁者勞首虖乘人車筋力嗟爾曹斗上復梢垂豁然闢林坳老松得成鱗巖土抽春毛梵僧搆幽棲人龍同一巢入門氣得蘇亘筍羅山庖到此漸浮名徒爲猿鳥朝我何不徑然將家住藤梢

徐鳳垣宿先照院詩絶巘懸蘿入層巒鳥外分燈然松殿月僧臥石牀雲海闊魚龍隱天空風雨聞一塵常不到猿鶴應同羣

埋雲庵　在福泉山　採訪　明時重葺　聞志

清李鄞嗣里田嶺五里大風霧至埋雲庵詩出門未十丈萬狀習以闔大風來雷行白霧如雨潗鶻黎唬不已騰蛇盡離蟄勢推兩儀翻聲驅百靈急黃父咽漿飽魑魅跳畢集山夔一腳仆彷皇兩頭繫霣霣數步迷颶颶

諸竅入將嘆不成噎欲住足難拾暗墮即百仞舉身蹈兀岌我生歷衆死奇險性所習漸老出危塗豈謂茲遊及五里憩埋雲飛廉威始戢坐久面色回稍得舒呼吸太陽復吐光藉照衣裳濕百年有顛傾微軀仗獨立失足愼須臾斯義儻終執

佛路庵　福泉山麓庵僧古鏡俗係大嵩倪氏道德遠聞皈依甚衆人稱爲倪古佛庵因名佛路爲壽昌普同塔院敬止錄

延壽王寺　洋山嶴之南採訪舊號延壽王院晉天福二年建宋熙甯元年增壽聖二字紹聖三十二年改額廣福寶慶志後圮明宣德間重建佛殿并甃福泉鎖翠萬歲寶

珠四橋成化志嘉靖間建法堂僧房清順治十年重建佛殿朱志康熙間重修聞志

明鄭駒詩梵王殿閣倚秋高山勢盤桓壓巨鼇望望已應千慮息登登稍覺一身勞翠明石磴懸蘿薜雪暗林棲敬羽毛清景悟人僧愛客烹茶松下聽松濤

自在庵　福泉山麓採訪○案光緒志列已廢佛寺誤

大慈寺　在大慈山採訪宋紹興二十年建聞志嘉定十三年丞相史彌遠創爲功德寺延祐志賜教忠報國額前有萬工池及七塔明洪武四年燬寶定重建并建上蒙堂竺曇禧居曰四華世界十五年定名大慈後燬嘉靖間重建復燬清順治康熙間以次建復聞志

元戴良撰上蒙堂記洪武四年十月大慈山教忠報國禪寺災住持沙門南宗定公收合餘燼結屋集徒蟻穴蜂房亦既遍處山間林下然念名緇奇衲來遊是山者上雨旁風無所障蓋乃建上蒙堂以居之爲屋前後各四楹間中爲堂而旁立四室室置一榻焉經始於某年某月某日後某月某日落成旣成馳書海上俾余爲之記昔宋大覺璉禪師主四明育王寺即寺建蒙堂以延九峯韶佛國白參寥潛同居以講道自後諸方禪席咸慕效而爲之蒙堂之建蓋有自來矣至於蒙之爲義或者有未解也易蒙之象曰山下出泉蒙說者曰蒙稚也泉之始出乎山未知所適若童稚然蒙之所以命名也若夫名緇奇衲尋流而得源覩物而悟意其於道也固已知所適矣何乃假蒙以示訓哉余釋之曰學道無他求至乎聖而已人莫昧於蒙而莫明於聖猶水之微乎泉而鉅乎海也蒙雖昧至乎聖則明泉雖微至乎海則鉅君子觀蒙之象而果行育德非特施於山下出泉時

也於其所自有養之而不喪也於其所當行決之而不疑也此學道者所以長養聖胎於是堂處則養之以不喪出則行之以不疑而大覺之有功於叢社可謂至矣南宗當是寺回祿之餘而首興是役得非君子之用心而大覺之徒與南宗於此亦旣無愧於大覺矣第不知居是堂者其亦無愧於九峯韶佛國白參寥潛三人者否乎余於是堂之成固未始不爲南宗喜而又不能不爲諸公憂也憂之何如欲其如三人而已矣然三人之道不可以言喻而可以象明諸公出入是堂觀蒙之示訓而求山下之出泉也則知自心靈源初未嘗竭始乎養正終乎聖功亦本諸此而已苟或不然非惟有愧於三人而亦有負南宗作堂之意矣於是或人豁然而解請疏其說以爲記

又四華世界記距錢湖五里許有阿蘭若曰大慈竺曇瑞師居之其居之室名之曰四華世界而命爲記余聞四華世界之說則知西方過十萬億佛土有世界曰極樂有佛曰阿彌陀其人無有三惡八難十纏九惱有能

誠心大願歸心是度者苟念力具足至盡命時精誠不亂則佛爲現瑞光攝受俾得隨願以往生焉其土極嚴淨玻璃爲地而飾以七寶行樹中有八功德池池有華曰優鉢曇曰拘佛頭曰波斯迦曰一芬陀利是謂四華也又云佛之難値猶優鉢曇華之時一瑞世故師名瑞字竺曇而以四華世界名其室云或曰大雄氏憫人之溺於染著是以讚歎極樂勸之往生而非實有之也故曰惟心淨土自惟彌陀則所謂四華世界果何在耶今師既舉以名室而又寓夫嚮往之私焉則似泥夫迹之有也失其旨矣師曰吾佛之道雖有之而不有雖不有之而有非知識所能知非言議所能辯子方譏我以泥夫有而我又懼子之溺於無也苟一切時不著於佛不著於法而淨穢兩忘能所俱泯超然無有之表則啟處周旋固未嘗離乎淨土而四華世界亦豈遠在十萬億佛土之外哉或不能爾吾見情以竟遷識以事變言有則泥夫有語無則溺於無則雖日生四華之中而淨土之遠有不啻十萬億佛土之外而已夫如是則四華世界又可以有無論之哉余聞而異之且愛其言理而明因

筆受爲之記使世之求乎無生之生者有以知夫舟筏之在是焉

宋史守之贈大慈寺誦翁開士詩挂錫雲飛處心閒境亦閒萬緣空俗想一鉢飽松關身幻從茲化風高未許攀繁華滿眼底
付與水潺潺

賈實烈門詩東湖湖上放船遊路入大慈山更幽薜荔月涼猿嘯夜菰蒲水暗雁啼秋每知燕坐禪心定自笑勞生幻影稠欲問三車成
未往獨依天北望龍樓

元揭汯詩祥光慧景起東垂坐擁諸天萬法隨海外高僧來問偈日邊過使請題詩蒲庵月滿思親處桂室雲生出定時悟得佛中無
量壽好將清泰祝皇釐

明鄭駟詩相君別業獨湖山樓閣參差紫翠間地接慈雲開墓道天分靈鷲隔塵寰秋風松桂池亭老宿雨莓苔石筍斑愧我重遊多
感慨夢魂應共鶴飛還

楊承鯤詩鐘鳴千峯靜僧徒候寺門溪晴積水亂殿閣嵐尚屯惠劍久缺折慈波浩無源風吹琉璃燈金碧宛然翻至今熟食祭多是史相孫道傍三大冢石馬古制存其上積雲氣其下多草根猶有百年木烈風無朝昏嗚呼神明力冥漠古今魂當其發策時赤手撐乾坤
沈吟彗日閣此座何其尊君看泡影悲可以悟瞢恩

王章遊寺詩蓮社仍多竹雲峯尚見花昔來何幻化今到忽春華泉瀑危吞石梅飛綠就沙清風更飄舉不動萬山
斜

徐渭汎錢湖八寺詩花雨淨氣埃仙舟鏡裏迴湖平孤嶼出天闊萬峯來雲掩全藏寺山青盡點苔惟餘孟夫子迢遞
獨尋梅

明李堂詩梵宮池畔七浮圖殿址層層漫綠蕪幸有老松人不翦滿林落日正啼烏

董應延同余君房泛舟東湖入大慈寺詩水府探奇入因君一溯洄紺園青嶂合碧澗白蓮開鳥向屏間度舟

從天上來自來參
了義不獨遊炎埃

徐鳳垣大慈寺訪漢電詩山鳥嘑深竹蓮峯湧化臺經過僧話舊掃榻客重來古木埋雲黑幽花夾水開空悲陵谷改石
路遍蒼苔

清李鄴嗣大慈寺漸遠山麓行風輕拂五里細麥秀畦畦野色亦可喜爲慕贊公房遙尋烟靄裏竹色擁山門浮圖漾池水坦步登山堂靜氣肅席几坐處一峯尊雙巒夾恭峙幽嵐四面來松濤入傾耳延我上繩牀傳甕亦移晷叙別惜悤悤後期屬相竢旁有宋相墳缺翻饗亭若初起六陵一塔瓶此公翻血祀大龜攫碑倒遺笑冷人齒豈得山川靈報應奪常理亘把冬青枝太息追所始

寶華寺　大慈山丞相史彌遠功德寺寶慶寺宋嘉定十三年建後廢明洪武間僧併延慶寺天順元年重建佛殿

方丈及建莊於寶華橋成化志清康熙十八年重建聞志
元袁士元詩寶華風景畫難成殿閣一層高一層老翁到此足先倦輸與往來行腳僧○丈室蕭然斗一方梅花爲帳竹爲牀山僧睡起無餘事自向晴窗割蜜房
戴艮詩失腳江湖鬢欲華尋僧姑啜趙州茶卓泉不復問飛錫說法空傳見雨花水曲隔林迷梵唄雲衣入戶亂袈裟同遊賴有蘭臺客時出新詩鬬彩霞
明王來詩湖上行來第幾山白雲半掩老松關於今臺殿重輪奐昔日諠譁總是閒

上林寺　在上水橫街採訪舊號壽甯院宋乾德間建久廢清康熙間僧超濟重構更今名聞志

靈隱庵　在上水橫街

慈雲庵　在上水慈雲嶺下

龍聚庵　在上水湖濱

無量壽庵　在下水採訪冀國夫人葉氏墓側錢志宋史忠定王浩所建後殿奉贈冀國夫人葉氏贈越國公詔夫人徐氏像屢圮屢修清嘉慶間裔孫義震捐募重新併增祀典四明談助○案四明談助作裔孫春亭光緒志易以義震
宋史浩下水庵曉望偶題疏樹梢頭露曉星薄寒侵榻睡初醒沙鷗何處驚飛起點破遙山一抹青
史蒙卿無量壽庵詩生平安樂地不愛名利煎其中一空闊寥寥無色天

千華庵　在下水採訪福林寺之千華閣址聞志

廣慶庵　在下水光緒間改爲佛首寺採訪

二靈寺　在湖東南二靈山錢湖中山靈水靈故名錢文穆王命韶國師建石塔七層有菴曰金襴宋熙甯間正言陳文介公禾築室讀書其中後延知和禪師居之有二虎作侍名其院曰二靈宣和間重修塔院建炎兵燬紹興間復建賜額普光淳熙間有名僧妙雲高僧了宣居之元時都寺允恭棲此以簉爲侍古鼎銘公知退居焉天淵濬禪師居山明太祖賜有勉官說又賜住山詩十三首興建山房九靈戴艮有記有室曰光明恕中温公在詩永樂間併

於天童後圮成化間重建後遷於山下又圮清康熙二十年天童西堂德介貿地建於山麓四十三年監院普覺徙建於山頂考天童寺志
風光軒贊并序　天淵禪師居二靈之風光軒方外友戴艮謹拜手稽首而述贊曰觀色以目聽聲以耳何有風光揭名於此風出乎谷光或在湖各各異相如盤走珠有大比邱一笑而會聲色不離觀聽罔礙於時此老晏坐軒中是心廓然同太虛空同太虛空非愚非慧軒居已望風光亦棄
陳錫嘏復興二靈序甬水之東有二重天世稱東錢湖湖中疊翠綿邈淵渟如鏡山多不可指數滙七十二溪於其中山之小者近而易窮巨而遠者游舫病之丙戌歲余方垂髫來游於鄞登陶公山尋天鏡亭指點霞嶼月波戊申秋赴友人約訪大慈過二靈遙瞻先文介暨學士公之墓未能登崖瞻禮爲悵誦董侍御琳之淡煙

荒草卧麒麟之句爲泫然久之自此耘耔研田無繖更親山水矣乙卯入都珥筆水天至已未始得奉板輿南旋正思放浪於豐臯腴壤今壬戌春壽昌於石禪師扣扉作别言欲重興二靈古迹先往結瓢稽昔湖寺之建其爲功也大矣塔始於大寂國師其後先文介公構讀書之室從遊者衆遂於此講學焉又建蘭若延知和尊者居之室而慈室法師爲繼元則恭都寺古鼎銘明初天淵瘖闍山房以居藏九靈先生爲之記厥後或興或替煙冷草衰中無寸椽片瓦之資而於公欲徒手以爲之創不亦難哉公嗣法天童嘯堂和尚靜默寡言愼持勿苟其足以繼古德之宗風者爲不少豈區區興建云乎哉然而興復非易事也非大有願力者不能發是心發是心而不能愼持者亦不足以成其事從來成大事者剛猛者不能爲之而沉默者足以全之吾知於公將有得於斯矣夫使古刹復興則古墓之存可無爲狐狸之窩將與兹山共傳不朽文介父子不甚有賴乎他日放歸田里構小亭於瓏畔修先公故事與一二同志相羊於青岑碧水對垂楊宿鈔聽夕磬鳴琴不亦快哉故樂爲之

序

知和海尊者師蘇臺玉峯張氏子兒時習坐垂堂堂傾瞑目自若父母異之因出家往謁泐潭乾有省次謁衡岳辯辯尤器重元符間抵雪竇之中峯棲雲兩庵有志於道者多往見一僧來禮拜師問近離甚處曰天童師曰太白峯高多少僧以手作望勢師曰猶有這個在日郤請師道師作斫額勢僧擬議師便打師初僧天童普交間道盟曰他日吾二人宜踞孤峯絕頂爲世外之人不可作今時籍名官府屈節下氣於人者交後爽盟至則竟不相接正言陳公禾以計誘師出山延居二靈居無長物惟二虎侍焉宣和七年四月十二日趺坐而逝先是一虎威人以偶遺之其一卧死於爐餘之地陳公狀師行貫及示屢異迹甚詳旣逝三年有僧自蜀來問海尊者何在人言此但和公耳僧曰正其人也見其塔曰此非吉地勸爲石龕易葬之見舍利盈溢光耀林表師住棲雪庵詩○竹覓兩三升野水松窗五七片閑雲道人活計只如此留與人間作見聞○移住二靈詩○自從南岳來雪竇二十餘年不下山兩處住山身已老更尋幽谷養衰殘○十方世界眼前寬拋郤雲庵過別山三事衲衣穿處補一條藜杖件清閑○黃皮裹骨一常僧壞衲蒙頭百慮澄年老懶能頻對客攀蘿又上一崚嶒

張商英訪二靈詩昔年二虎歸何處今日當門一片湖識取湖光與虎迹高風肅肅萬年孤

戴良寄天淵老禪詩路入錢湖景二靈玻瓈影裏樹冥冥木杯幾渡源頭水貝葉長翻笈內經禪室夜開容虎卧法筵朝講使龍聽何時去結東林社待看曇花瑞世青

僧祖銘詩爲愛山靈與水靈一庵高古白雲層風光只在闌干外半屬漁樵半屬僧

丁鶴年寓二靈寺詩二靈古稱山水窟興來獨往亦一奇叩舷時聞小海唱奪卷復觀長江詩月中聽鶴坐不寐煙外盟鷗歸每遲桃源流水倘得路便應黃髮爲漁師

錢豹同高辰四訪二靈不值詩太空涵流水遊意恰秋分十里湖光盡扁舟石磬聞焚香惟侍者畫壁兩山君溪午分僧飯婆娑見白雲○二靈訪干石詩喜得小航便卬須我友過不衫亦不屐登塔又登阿人意同秋水山情在薜蘿茅堂侍二虎雲影自婆娑

寶福庵 在椅子嶴采訪

吉兆庵 在瓶窰采訪俗稱東庵光緒志

廣靈庵 在瓶窰采訪俗稱西庵光緒志

鎮福庵 大涵山麓相傳郎焦徵君講舍遺址光緒志

紫霞庵 在大涵山西唐家灣采訪

東園庵 在石山街采訪一名天龍院光緒志

黃巖寺　在鹿山之馬嶺採訪俗稱馬嶺庵舊在巖上咸豐間移建今地光緒志

龍聖寺　在鹿山麓採訪旁有龍眼井久旱不涸光緒志

秀水庵　在陽堂山靑山廟側採訪

觀心堂　在梅湖濱姜郎灣光緒年間建採訪

白鶴庵　陳孟橋東數十步採訪

月波寺　東錢湖月波山下宋淳熙五年越王史浩建請賜慈悲普濟額寶慶志創月波樓疊石成巖爲寶陀洞天又於寺建四時水陸道場明洪武十五年定名月波聞志

二十年圮正統十四年重建成化志後又圮萬曆間相國余有丁構五柳莊御書名山洞府賜以建坊清康熙十年余氏歸地重建殿宇聞志尋於西廡祔祀有丁采訪○祔祀有丁在西廡光緒志作東廡誤

元金原素遊寺詩獨上高樓思渺然月華波影淨娟娟姮娥手種天邊桂洛女神棲水上蓮醉倚朱闌歌白雪臥聽鐵笛起蒼煙此中足遂追遊樂不問西湖買畫船

朱石詩秋來新水入湖多載泛蘭舟訪月波上下樓臺含倒影玲瓏巖石响鳴珂雨花梵唄空中起雲影天光鏡裏過此去濯纓塵慮息滄浪猶復聽清歌

胡璉詩水邊樓閣鬱嵳峩一棹清秋看月波南竺老禪能梵語東舟狂客解吳歌天垂斷岸明河動雲擁長松獨鶴過亦有風流如賀監畫船載酒共婆娑

劉鼎詩滿目湖光水鏡開上方樓閣絕塵埃三秋風露清如洗萬疊岡巒翠作堆結社肯容陶令醉賦詩獨羨己公才此時情思殊蕭爽恰似蟾宮曉夢回

明徐振奇冬步月波詩寒巖古洞少人游性癖山行未肯休草木盡枯飛鳥絕僧伽無語竈烟收四圍靜觀皆眞意一種閒情自暗投梅王尙含春信杳澄波相對漫悠悠○月波重構詩奕棋世事不勝哀漢殿吳宮盡已灰時代屢更山色在興亡無定水紋洄招提曾作高歌地宸翰今隨深洞埃和尙摯波成滿果蒲團一個見如來

明徐鳳垣和我庸月波寺韻老至名山不厭遊尋眞採藥未甘休湖沙晴日寒相映石屋朝嵐雨乍收臥佛信如僧入定歸雲還與鶴分投先朝有賜殘碑在知爾登臨秋思悠

清董沛詩曉色起寒嵐招客入幽勝修竹環寺樓雲深不知徑天半忽聞聲悠然度清磬○登寺樓望百步尖詩兀然上高樓湖光豁晴眺空翠無定姿羣林媚初曜十丈靑芙蓉凌虛聳孤峭○觀音洞詩盤盤鑿奇石剝落靑苔衣洞口微雲生雨至不失時乃知天地氣山澤呼吸之

尊教寺　晉天福三年建名慧日宋治平元年賜今額寶慶志元至正間重修明宣德間廢正統十四年重建佛殿成化志○案此寺久廢光緒志以遺址無考列於已廢佛寺然陳野嶴之左有灣曰尊教寺灣則尊教寺在此無疑近有僧築寶三楹額曰古尊教寺不得作已廢論

宋舒亶詩竹楔緣寒渚松蹊藉綠苔樓臺隔林見花木帶雲開溪旱常流水峯靑自隱雷月華幾萬頃誰棹酒船來

鎮福庵　東錢湖之東大涵山麓相傳卽焦徵君講舍遺址光緒志

清泰庵　在青雷山之北採訪明永樂間建聞志

平嶽寺　平嶽山顚光緒志

清董慶酉詩峯外鐘聲寂林間翠靄凝深山人不到獨坐看雲僧

小天王寺　赤塘嶴

覺濟寺　在奕大山下採訪久廢清康熙間僧如愷重搆聞志

咸豐八年兵燬同治四年重建光緒志

月臺庵　平水堰下

上乘庵　在谷子湖旁採訪

鑑湖庵　大堰側

迎旭庵　高湫堰側採訪

祇園禪寺　原名泉月庵在郭家嶴右隱學山左採訪舊在嶺上清僧智圓改葺聞志民國三年僧雪來又拓大之因改今名採訪

隱學寺　在隱學山採訪唐建中二年建號隱學寺宋大中祥符二年賜額棲眞寺有放生池寶慶志後仍名隱學元至正二十五年圮明洪武十年重建永樂十四年又圮宣德八年重建佛殿方丈山門及四顧庵成化志後復圮嘉靖間重建萬曆間遷寺山旁清康熙間重建聞志

元徐本原隱學山寺記補遺鄞城東南四十里許有寺乃周時徐偃王行仁義爲楚王所滅遂舉家遁於昌國翁山煉丹修道還居於鄮之龜山之陽南開闢田園築室建中初嶺南節度使徐浩祀祖墓見書院舊址荒蕪遂整治焉建寺名隱學院建中二年請額創佛殿雄麗設像尊嚴立棲眞祠於寺之東每歲以祀祖焉宋祥符元年賜棲眞額開慶間復舊名隱學若佛殿若淨土若山門若方丈其棟楹樑桷之屬蠹朽圮墮而寺沙門名納字弘遠慨神棲之匆甯念先業之當繼乃鳩工踵創前模凡六年而終成立叢林及四顧庵其有放生池蕩五百畝界立湖亭塔幢爲久經之規也夫能殫屢歲之勤創此因以成勝概厥功懋哉書曰罔不能初唯其終克念前緒用光曩業以綿無窮爰書諸石以記來者遂書以爲記

宋舒亶和遊棲眞寺詩曾是談經一草堂千年金碧欲飛颺頂峯有路青天近絕壑無塵赤日涼月底露驚猿鶴夢雲中風動薜蘿香芝蓍茶竈平生念遙謝仙人白羽觴

元徐本原詩訪古叩禪關招提盡日閒烏啼青嶂裏僧語翠微間今日棲眞地前朝隱學山石壇芳草碧墓道落花殷德洽民心服身罹國步艱代周知遜位命楚及羞顏鳳去彭城路龍潛越水灣惟留翁仲在不見令威還碑蘚應難認煙蘿已倦攀隴雲同杳杳澗水自潺潺瞑合千峯紫春殘一徑斑夕陽歸興緩清磬隔塵寰

明薛敬重遊詩薄言山寺去兩度出東郊湖草添新漲山禽改舊巢煙霞埜納路鹿豕故人交鐘磬雲深處來聽幾度敲

徐漸遊寺書壁詩病骨逢僧健藤牀聽佛經有雞方覺旦無鼓不知更樹作門牆立山呈几案清昨宵松竹近頻問雨聲鳴

陸槩詠隱學寺詩谷口秋雲薄芙蓉一水香荒臺凝露白發碣護苔蒼事去留陳迹人來對夕陽百年回首意欲別更凄涼

范鴻儒中秋後一日訪棲眞寺詩秋色偏江津菰蒲露氣新亂山迎拄杖落葉趁行人白業吾知己青松佛作鄰雲心與水性彷彿悟前身

清羅品宿寺詩乘興遊來値暮時因過梵宇一棲遲梅含宿雨香偷霧柳怯嚴寒綠暗絲鐘鼓聲聲驚客夢煙霞處處發詩思當年隱學知誰氏代遠人遙信轉疑

世忠寺　錢湖之東宋咸淳間建久圮明天順二年重建成化志　正德十六年建僧堂後殿圮僅存僧堂清康熙九年重建殿宇聞志○案錢志云史氏譜彌堅葬寶華山之南麓建世忠寺以守香火則寺亦史氏所建矣聞志以爲晉天福間建未知何據今從成化志第書宋咸淳間建光緒志

擇陽寺　在擇陽山采訪漢乾祐二年建宋治平元年賜額悟眞寶慶志　明洪武間定名擇陽聞志嘉靖間廢爲墟墓清康熙五年去寺里許構庵朱志同治元年兵燬六年重建光緒志

王應鵬詩仄徑穿雲上名山此地尋偶因六月暑來坐萬松陰樹杪飛晴瀑林間起夕禽平生勞役念爭似野人心

鏡中庵　在西山下卽梅園庵故址采訪

雲在庵　俗稱晒經坪在西山下采訪

廣濟庵　在韓嶺采訪

已廢寺觀

青山寺　在青山采訪晉天福三年建宋大中祥符三年賜額惠安寶慶志　唐天祐元年中元日有十六僧現於山頂又名其寺曰羅漢院延祐志　宋陳居仁建羅漢院成化志　元僧祖銘建鐘秀閣洪武間定名青山尋圮聞志　天順間重建方丈佛殿成化志　萬曆間圮清順治十五年重建聞志　尋圮光緒間僧廣昱重建宣統元年廢寺爲錢湖兩等小學校旋改景賢祠於後堂民國二年八月鄞奉鎭三縣

設立湖工局民國三年五月間忻錦崖進京呈請　大總統立案奉　大總統命令湖工局內正廳建立遺愛祠自唐宋以來開闢錢湖有功於湖者議合諸公皆祠祀焉寺址雖存不得作佛寺論故列於此新增

宋盧愼微撰記四明山支萬山限郡控海孰究其極唯東南一峯截天屛開無雲黛濃別名青山焉山之勝地之靈可以圖寫可以筆記乃曰茲山有羅漢禪院天福三年信士李降權輿也降因感夜夢洎達晨興歷境荒榛果獲遺址年代寖邈故錄不傳者耋耆昧厥由冏究將以作事謀始無乃求舊維新遂以狀告於州牧牧伯顯念休異昭揚聲形爰聽僝功旋嘉訖役比徒鳩衆祐邦福民然香續燈晦旭誰怠佛因孔明靈應具彰天祐元年中元日日中有十六僧騰翔出現萃於山巔遠近咸睹逡巡而滅時許王方治江左之地聞而異之乃錫

院額并紀實以羅漢名焉厥初以降距五十祀六移權勢丹楹刻桷雕牆峻宇葳有完者大平興國八年有寶甯上人嗣焉上人冰雪勵行水月空性以爲眞關不可以泥丸封法輪不可以金柅止是莊嚴於眼界隨制度於心機內竭泉貨外募檀施補葺圮落變革昇痺計較工用騈羅杞梓是經是營不越期星厥功告成莫之與京利既根矣善亦涯矣則嘗謀曰夫傳法則稱祖證相則爲因祖其祖因其因於是率財造法堂矣上棟下宇以待風雨棟宇其頹像設嚌依於是率財修羅漢堂重建正殿矣井之德養而不窮也泥而不食窮其甚乎於是出已財治井并蓋井亭矣彼衆員來我居未寬於是出已財買山拓址矣食廩未裕農廚乏供於是出已財買田立莊矣作無不濟求無不獲於是感鄉望黃仁昉高承德及黃德進妻洪氏男尹京捨山并地矣夫如是元風扇俗欽崇上士之慈仁大化攝心胥會衆生之歸向輪奐已就瞻仰斯在一旦上人謂愼微曰有爲之跡斯言可徵願託記述以垂悠久愼微曰噫若夫如來之教橫於四海也惟皇啟迪則可久惟徒扶樹則可大可

久之謂德可大之謂業式德以業聲贖之所信念余不敏又何足文之也哉直能終始前後之由刻於貞石庶圖不朽云爾時景德

三年十一月九日記

清張起宗撰重興碑記夫山川之融結凝聚苞含閎鉅層峻平衍瑰奇莫可名狀天開之地闢之而人謀協焉要皆爲古佛道場非凡夫俗士所易得而棲遲者也然其間興廢有何常哉當其興也絕喧離囂負然異境雖樓峻殿供養莊嚴及其廢也窮年寂滅曠劫蕭條荆芒所聚猿狖居之此何以故蓋造化之深機固有待而興者郡東青山禪寺創始於晉天福間在唐天祐中中元日有十六僧見於山頂逡巡而滅宋陳文懿公居仁因建羅漢院大中祥符三年賜青山惠安額元住持古鼎銘禪師居之建鐘秀閣一時名公如袁文清桷黃文肅潛輩皆與師交契題咏成帙入明天淵禪師清濬相繼住持二公皆有道高僧說法於二靈兩山之間天順中重建復圮崇禎初有越僧無公宿草味衆欣然曰此地當復興矣乃謀於近檀葉氏縛芥蓋瓢與同里妙蓮鋤荒結屋僅蔽風雨

守晨燈夕課而已

清順治間得歸宗上人成源源言貌非常鄉耆忻爾□等歡然引接入寺源以縮衣節食霜肩雲足之經營□覩善緣輻輳勝果有因殿宇落成山門巍煥壞造金容周環備設業堂寮舍衆始得而休息諷誦儼然復叢林之舊觀上可以祝嵩壽而慶昇世下可以共道俗而導熏修今延際公開演毘尼化招提而爲覺城不謂山中野外成此蘭若將使青雷峯畔講誦之聲與二靈鐘鼓答響無休然則廢此而興不有待歟工成乞記余深有慕焉烏

乎辭

宋舒亶和劉誼翁留題惠安寺詩塢雲過雨翠成堆天淡平湖一鑑開萬木號風韻絲竹千峯帶月上池臺靜無俗駕金鋪地間有高人玉滿盃聞道碧桃看欲發劉郎何事不歸來○十里松行翠插天暗溪嫩草半芊綿笙歌自滿蕭郎宅琴鶴空隨賀老船未分舊遊雲寂寞遙知歸夢蝶聯翩故山幸好宜回首還見人間換一年

元愛理沙題鐘秀閣詩楹外澄湖平不流窗間疊嶂屹將浮煙霞五色錦屏曉風月雙清瑤鏡秋薝萄濃香吹法席芙蓉涼影蕩仙舟結巢擬

傍雲松住回首朝簪愧未投

明陳銳題青山寺鐘秀閣詩手開樓閣羅諸象面對湖山衛百靈玉鏡夜寒通沆瀣翠屏秋淨倒空青避烟鶴起檐間樹行雨龍歸凡上瓶我亦

逃禪雲水客便應蕭散共松扃

清董沛青山寺詩錢玉頗佞佛寺溯晉初年門近山光入樓低樹色連鹿歸雲護洞龍蟄井生泉涵得清虛象平湖好

放船

胡宋銓題青山寺詩湖波一掬石崚嶒村落人家屋幾層寺外青山山外水隔花犬吠看雲僧

悟空寺　大慈山丞相史彌遠功德寺寶慶志　明洪武三十一年燬今廢成化志　○　案敬止錄作三十年

辯利寺　大慈山宋端拱中建寶慶志　舊爲上水保安院丞相史彌遠請爲功德寺賜今名敬止錄　今廢成化志

敎忠報國寺　大慈山爲丞相史彌遠功德寺寶慶志　紹興二十年建淳熙六年賜額延祐志　今廢錢志

妙智寺　大慈山丞相史彌遠功德寺寶慶志　宋嘉定中建明洪武十九年廢成化志

霞嶼寺　東錢湖之心小嶼兀然於其中大資史巖之鑿山爲觀音洞髣寶陀之山因建寺且割田以贍延祐志　明洪武十九年廢永樂二十年修復宣德八年重建成化志

今廢光緒志

元袁士元用呂嵓齋和鄭以文望霞嶼寺韻倚林立湖曲夕陽明遠嶼隔水見招提游興浩難阻輕舟盪輕波魚吹浪花吐四望山意佳推篷吟復佇

明李鍔詩孤嶼晴霞映竹關楚王宮殿水雲間微□迴與人相絕幽寨只宜僧自閒最愛靈巖如赤壁從題形勝作金山平生素有烟波癖到此悠悠忽忘還

胡璉詩水中孤嶼若浮螺來往爭傳小補陀碧洞涵虛開白石朱甍倒影入蒼波老僧衣鉢千燈後客子舟航一葉過此日登臨撫遺蹟滿湖秋色暮霞多

保福禪寺　在大梅山唐貞元間法常禪師初結茅之所建院曰北蘭大中元年改報國仙居以梅子眞嘗隱此山也宋大中祥符三年賜大梅保福額明宣德間住持普霑建荷衣松花二堂取常師荷衣松食之句也近寺有西澗庵聞志

東山禪寺　在湖上正東唐大順二年建名安國院宋政和二年賜福昌額淳祐七年丞相鄭淸之增田重建賜慧福額明洪武十五年定名東山聞志

廣福寺　在湖上東北錢志

靈山寺　在湖上東北廣福寺相近錢志

五峯禪寺　在湖東南晉天福六年建宋大中祥符間賜

五峯崇福額成化志　久廢淸順治間重建聞志

福聖寺　在湖上正東舊號東山乾德四年建治平元年賜額延祐志　久廢錢志

興善庵　在湖上東北聞志

永福庵　在湖上東北錢志

梅園庵　在湖上正南

月濤庵　在湖上正南

瑞峯庵　在湖上正南此有四庵相近聞志

吉祥庵　在湖上正東舊名積慶庵錢志

史大成訪僧詩春草迎人綠山僧靜自怡搓柑香在手刻竹瀝爲詩夜寂江聲近林深磬韻遲偶尋支遁語不覺性情移

元津庵　在湖上正東聞志　張幼學詩欲問元津津久迷等閒塵路破禪扉雙虹居士何貂續二水先生已雁題不可掃除苔滿地總難通曉鳥喧溪現前一句僧知否捲盡殘雲日已西

慧日庵　在湖上東南聞志

雲峯庵　在湖上東南聞志

金沙庵　在湖上東南聞志

棲霞庵　在湖上東南聞志　此處有金沙自在棲霞三庵相

近

顯忠旌德觀　大慈山宋丞相史魯公母齊越國夫人葬於山中賜額創建爲功德所寶慶志　今廢錢志

清修怡眞觀　大慈山宋丞相史魯公建寶慶志　今廢錢志　宋陳元平宿大慈山悟眞觀詩終南道士學彈琴門外松蘿鎖翠陰瀨海八龍朝出洞隔山羣鹿夜歸林琪花過雨金風澹玉樹籠煙碧月沈三十六壇鐘鼓寐雲璈聲接步虛音

太清悟眞成道宮　大慈山成化志　宋丞相史魯公建寶慶志　今廢錢志

物產

光緒鄞志所錄物產幾及千種除海產及四明山特產錢湖殆無不備而舊志之屬東錢湖者殊寥寥此次湖志全錄既嫌其贅節錄又慮其漏茲錄舊志之專屬湖上及非專屬湖上而爲今所有而著者

穀之屬

稻　早黃　晚青　光糯　細稈桃源志有仁鬚似天落稻○案上水諸村多有之　野稻宅山圖經○案近錢湖各村多種之　淮白　天落稻李鄞嗣竹枝詞注良穀　救公饑李鄞嗣竹枝詞注救公饑早穀名　紅六十日等　西風烏撒米　勒馬看李鄞嗣竹枝詞註俱東鄉早晚稻名　早糯　黃糯　赤糯　麻糯　虎皮糯

寶慶志、

黍　禾之黏者古今注　有秔黍穄黍成化志

穄　俗呼蘆穄光緒志

大麥　莖葉與小麥相似春秋皆可種穀譜

小麥　苗生如韭成如稻秋種夏熟

蕎麥　一名烏麥日用本草　一名荍麥磨麪如麥故與麥同名本草綱目

蠶豆　百穀之中最爲先登農桑通訣　其利倍於豌豆十倍農政全書

綠豆 發秧在於春結實亦在秋其色綠其粒細其味甘涼

羅漢豆 種秧在於冬結實在夏其色白其粒圓其味甘平可以作羹因羅漢名焉 案曰錢湖多此土產

豇豆 種秧在春結實在秋色烏斑粗味甘溫可以嘗食

黃豆 其殼有毛俗呼毛豆 穀譜 ○案丁嶴產者極佳

帶豆 有青紅二種一名羹豆 嘉靖志

扁豆 一名沿籬豆 穀譜 即布日豆有數種 嘉靖志

脂麻 有黑白二種 成化志

蔬之屬

蘆菔 蕪菁屬今謂之蘿蔔 爾雅疏 出東湖者肥大甘脆 錢志 ○案今湖上所出有長圓二種下水最多韓嶺次之其味以生高錢錢堰者爲最良

甘藷 一名番藷自海外得此種 甘藷疏 宋代明州貢乾山藷一十五斤 元豐九域志 ○案湖上豬山種此者極盛

雪裏蕻 亦作雪裏烘李鄴嗣竹枝詞縱然金薤瑱蔬好不及吾鄉雪裏烘 案湖濱山地多種之

芋 有水旱二種旱芋山地可種水芋水田蒔之 本草 ○案錢湖下水綠野阜多種旱芋

蕁 一名葵賈思勰以爲蓴 通雅 吳越人喜食之 蔬譜 明人呼蓴羹爲金米 舒亶四明雜詩注 今東湖多有之 寶慶志

韭 一種而久者故謂之韭 說文 莖名韭白根名韭黃花名韭菁叢生 蔬譜 首春未出土時最美故云春初早韭 爾雅翼 生山中者名藿 爾雅疏○案蔬譜云山韭與家韭相類 一名畾大畾小畾地產是菜故以爲名 四明山志

蔥 本白而末青色尤美 案爾雅茖小蔥 一種樓蔥江南人呼爲龍角蔥龍爪蔥羊角蔥 蔬譜 人間食蔥有二種凍蔥經冬不死漢蔥冬即葉枯 唐本草

蒜 葷菜 說文 有大小大蒜爲葫小蒜爲蒜葫又稱葫蒜以自胡中來故名 爾雅翼 山蒜澤蒜石蒜同一物也但分生於山澤石間不同 本草 蒜苗用糖醋浸之經年逾妙 東陽縣志

雲薹菜 案塞外有雲臺戍始種此菜故名 一名油菜 蔬譜 開花黃如金摘心爲菜茹 正字通 春日食其心曰菜汞 案會稽縣志草芽曰汞凡草木牵多汞挺然秀擢者汞使之然也 取子搗油名菜油 嘉興府志

黃矮菜 俗說黃雅菜 杭州府志 亦呼黃芽菜 戒庵漫錄

莙薘 案本草菾一名莙薘一作軍薘 出大食國 甕牖閒評 一名女菜 嘉靖志

菠薐 出西域泥婆羅國 甕牖閒評○案唐書太宗時泥婆羅獻波稜菜葉類紅藍實如

蔱蔡火熟之能益食味莖微紫葉圓而長綠色格物論八九月種者
可備冬食正二月種者可備春蔬味甘美蔬譜南人呼菜
詢芻錄一日雨花菜清異錄

薺　菜可食也藝文類聚引說文○案顏注急就篇薺其實名蒫薺子味甘人取
其葉作菹及羹爾雅疏○案王磐野菜譜春月菜之生熟皆可食薺甚小自生
園圃通志有江薺倒灌薺蒿柴薺掃帚薺碎米薺野菜譜薺
之爲菜最甘故稱其甘如薺爾雅翼不植而野獲者曰薺
菜嘉善縣志○案月令所呼靡草俗謂野菜

藜　似藿而表赤史記正義可以爲菹山海經亦可以爲杖原憲

杖藜應門是也爾雅翼

蓼　辛菜說文生於水中者曰水蓼生於澤者曰澤蓼顏師古急
就篇注古人以和羹今人以爲麴六書故

芹　案說文作菦水菜也詩泮水箋葉似芎藭花白色而無實根赤
白色爾雅翼有伏芹赤芹竝堪作菹本草陶注食之宜丈夫五音
集韻

藻　案海藻別見食屬水中菜也玉篇

茄　有紫白二種案格物論凡三色青紫白視他菜最耐久供膳之餘
糟鹽豉醋無所不宜須曬甕之農書浙西常茄皆皮紫其
白者爲水茄江西常茄皆皮白其紫爲水茄亦一異也
容齋隨筆茄謂之落蘇其紅而小者味辛曰辣茄可菹之爲
醬宅山圖經土人和麪爲餅名拖茄東陽縣志

蔣　菰也說文今人謂之茭通志○案本草注菰根蔣菜也南人呼爲茭草又謂之
茭白圖經本草○案爾雅正義南方呼菰爲茭故謂蘧蔬爲茭白葉如蒲葦中心生
白臺如小兒臂爲菰米臺中有黑者爲烏鬱下澤處爲
菰葑苗莖硬者曰菰蔣秋實卽雕胡米也彙苑八九月間
生水中味美可啖嘉靖志

瓜之屬

南瓜　形橫圓而豎扁熟食味麪而膩蔬譜○案湖上南瓜甚多惟味不
甚佳不及出同谷者良

西瓜　馬山西瓜味甚佳明州雜詠注

冬瓜　一名地芝廣雅長者如枕大者如斗蔬譜有毛綠色生
自然白粉格物論性溫可食學圃雜蔬○案湖濱諸山多種之

黃瓜　一名胡瓜案本草張騫使西域得種故名實遺錄大業四年避諱改爲黃瓜俗又呼爲王
瓜月令所云王瓜生一名土瓜入藥此物蔓生葉似括
樓子如梔子非今種食者種食乃黃瓜而俗誤目王瓜
云此瓜爲衆瓜之首故名此傳會之說也管天筆記

絲瓜 案俗名天蘿 嫩時可食嘉善縣志 瓤絲如網可滌器名天蘿絮蔬譜

梢瓜 案嘉善志作筲瓜 形類絲瓜色白味不及也格物論 瓜之不堪生噉而堪醬食者名曰菜瓜圓者如甜瓜長者如王瓜皆一類也以甜醬漬之爲蔬中佳味學圃餘蔬

金子瓜 形如西瓜而小子有紅黃黑三色産同塁者佳至正志 此卽香瓜浙江通志

長瓠 一名蒲盧一名夜開花多出湖上土産

藥之屬

土人參 形似蘆長白山者苗有桃葉梅葉竹葉之別清明前後採味甘補益人其力不減人參鄞東太白山及湖上福泉山有之採訪

黃精 芝草之精也羊公服黃精法 福泉山多有之採訪

貝母 一名莔草本草別錄 圓而白華葉似韭爾雅注 ○案貝母爲鄞江橋大宗產物近湖上間有種者

菊 有紅菊白菊紫菊黃菊西施菊成化志 疊金菊一名明州黃又名小金黃花心極小疊葉濃密狀如笑靨花譜 種類甚多聞志 宋新仲菊坡有玉盤盂枇杷菊花譜 案曰羣芳譜菊之類有佛見笑粉紅千瓣成化志誤分爲二物今刪

香薷 俗呼蜜蜂菜象其花房也本草綱目 生山巖石罅中苗高尺餘莖細而辛香嘉靖志 一名香菜千金方 暑月亦作蔬菜本草宗奭注

荆芥 一作薑芥 二月布子生苗莖細葉似獨帚葉而狹小八月開小花作穗成房內細子有細葶藶子狀黃赤色漢吳普云假蘇一名荆芥葉似落藜而細唐人蘇恭祖其說而陳士良蘇頌復爲兩物之疑案蘇陳皆以荆芥假蘇爲二物 亦臆

說爾雅本草綱目

莝朮 生於湖上福泉山其苗似桃味甘新增

桃參 生於湖上福泉山巔其苗似桃味甘澁新增

梅參 生於湖上福泉山巔其苗似梅味酸澁新增

薄荷 莖葉似荏而尖長根經冬不死又有蔓生者春採莖葉人家庭院多蒔至正志 也浙江間人多以作茶飲之本草蘇頌注

蘇葉 下紫色因名紫蘇案本草綱目曰紫蘇者以別白蘇羣芳譜一名赤蘇以色白也 其氣甚香夏採莖葉秋採實然有數種

藿香案本草綱目豆葉曰藿其葉似之故名 似蘇合交州記 二月生苗莖梗
甚密葉似桑而小薄六七月採之須黃色乃可收本草綱目
菖蒲 冬至後五旬七日菖始生呂氏春秋任地篇 葉長一二尺
中心有脊狀如劍無花實本草圖經
蘄艾 苗莖類蒿而葉背白苗短者良三月三日五月五
日採至正志 一名醫草急就篇注 出四明者佳唐本草○案本草綱目產四明
者謂之海艾
土紅花 成化志○案本草綱目大蘇小蘇一名野紅花

果之屬

楊梅 產東湖者色白名酪蜜脚寶慶志 范㬋楊梅味甚佳
明州雜謠注○案今范㬋無楊梅
全祖望東錢湖食白楊梅詩蕭然山下白楊梅曾入金
風詩句來未若萬金湖上去素娥如雪滿谿隈○赤標
怒結火珠林沉紫嫣紅滿翠岑傲骨不隨時令轉縞衣
獨立矢貞心○聞說山中果熟時游人檀板競歌詞應
將白紵垂垂舞別
寫仙人冰雪姿
銀杏 俗呼爲白果嘉靖志 ○案銀杏湖山常有之惟錢堰山麓有銀杏三本年久大數
抱人稱其地爲銀杏樹下
梅 梅園出梅明州雜謠注
棃 李鄴嗣竹枝詞象坎人家接櫟斜春來白處盡棃花

樹頭裹到冬心摘一顆眞消冰雪柤案今象坎並不種棃
芡 雞頭也說文 一名芡實多生湖水採訪 種池塘葉大如盤
面有縐紋夏實形如大雞頭剖其子圓如珠至正志 甘滑
可食孫公談圃
菱 今水中芰爾雅郭注 一名水栗見風俗通 生湖塘池春種夏實
有紅綠二色又有刺菱至正志 又一種曰老菱案楊萬里有食老菱
詩 可蒸食新增
芰 四角菱閩志○案禮記疏屈到嗜芰即菱角者又案王安貧武陵記四角三角曰芰兩角曰菱
楊愼誤以芰爲雞頭本草綱目

落花生 種自閩中堆沙植之花落沙上結實如蠶衢州府志
今鄞產曰土花生味稍遜新增
鳧茈案爾雅翼名爲鳧茈當是鳧好食之 一名荸薺最大者與閩中地栗
相似而甘脆差減俗謂之土地栗寶慶志○案說文解字義證鳧茈俗呼地
栗日用本草小者名鳧茈大者名地栗 荸薺生湖泊下田中亦可種苗似
龍鬚而細根似指頭黑色至正志○案本草衍義皮厚色黑內硬而白謂之豬葧臍
皮薄色淡紫內軟而脆者謂之羊葧臍

草之屬

茅 叢生荒野間野人刈以覆屋格物總物○案茅山間常有之福泉山巔更

多

苜蓿　一名懷風草一名光風草一名連枝草有子黍米大狀如腰子群芳譜有二種開紫花者一莖數朶開黃花者一莖一朶用以肥田甚資其利錢志

木之屬

松　嘉靖志

柏　有圓柏側柏群芳譜

敬松　似松而葉大嘉靖志

梓　楸屬廣韻

梧　似桐而皮青理細而縝葉亦似桐稍小而銳四月間華下垂細蕊莢長數寸結實纍滋古亦謂之梧桐郎晉涵爾雅正義

桐　桐有數種有其子可以取油者有華而不實堪作琴瑟者爾雅翼○案湖上之桐可取油者少

檀　有黃白二種黃者尤堅忍六書攷

櫟　以堅忍得名六書攷

楮　即今穀樹本草陶注汁能寫金廣州記

楓　似白楊葉圓而歧有脂而香本草霜後葉丹可愛騷人多稱詠之三輔黃圖

榆　一名田柳曹志有赤白二種群芳譜

豫章　古樟木也曹志

冬青　一名女貞江右謂之萬年枝經冬不凋玉正志俗呼爲凍青樹群芳譜

山桃　成化志

香櫨　曹志

溪口　聞志

青椮　海船碇擔皆須青椮爲之錢志

椶櫚　一名栟櫚山海經注

竹之屬

貓竹　一作茅竹又作毛竹幹大而厚異於衆竹人取以爲舟纜群芳譜○案湖山均有之韓嶺尤多

龍鬚竹　玉正志

烏竹　成化志其笋最佳曹志

筋竹　筋竹爲矛稱利海表竹譜

淡竹　成化志

筍　春夏之交土中出筍折取之爲蔬如其竹名毛筍烏

筍龍鬚筍最盛次則筋筍淡竹筍光緒志

羽之屬

青鸞　東錢湖青鸞大如鶴羣翔碧藻間客越志

烏凰鵲　東錢湖有烏黃鵲目黃味黑光如漆吳中所無客越志

鳧　即今之野鴨漢書揚雄傳注　江湖水泊多有之玉正志　○案東錢湖極多湖上人有業捕鳧者

鱗之屬

土附魚　一名吐哺魚附土而行不似他魚浮水故名養魚

經　東湖有之寶慶志

全祖望東錢湖吐哺魚歌姬公下士之殘膏化爲浙海波臣侶一落西泠聖湖滬一游東甬錢湖潴春波正動春酒香春韭調湯味最良水族雖然多巨子偏於別種獨擅場吳餘越半各著名嬴秦算袋成墨精誌公繪尙重金陵倘較資格俱後輩合與甯王白魚連尾登圖經我食此魚忽一笑世間遭遇眞難料西湖之種登玉食東湖寂寞誰相吊不作廟犧作野雞留畀詩人供品題酬爾十洲春一瓻

鯽魚　形似鯉而小出湖中者色黑嘉靖志　○案東錢湖極多捕此爲業者以千計

鱧魚　出湖河身圓鱗細而黑頭有七星如北斗夜半仰首向北嘉靖志

銀魚　口尖身銳如銀條又一種極少者名麪魚寶慶志

鰻　江湖河中者曰慈鰻小而色黃寶慶志　○案今錢湖亦有色青者

鯉魚　俗呼類爭出錢湖最多尾赤鱗粗採訪

鰟魚　俗呼排魚身白扁長尾赤捕魚者春夏之際結草爲巢魚多聚於此新增

蟲之屬

蝙蝠　一名仙鼠古今注　月波山洞中多有之較他處大採訪

食之屬

茶　韓嶺諸山均有之其味以姜郎灣出者爲最佳採訪

石之屬

白石　白石山有白石延祐志

紅石　綠石　出稽山者色微紅而堅出胡郎嶴者色綠而質脆宜於裝點園宅近滬上西人喜用之出椅子嶴者色蒼黃而質粗採訪　○案錢志謂椅子嶴嚴石色白今則蒼黃者居多

器之屬

石器　杵臼之利嘗資之玉正志　○案近杵臼多以稽山胡郎嶴兩種石爲之

酒瓶　瓶窰曾燒官酒瓶明州雜謠注　○案今無窰

瓦　方家湖塘下居人以燒窰爲業採訪

貨之屬

炭　山人燒柴爲之光緒志○案韓嶺市頗多

靛青　成化志　圓葉者名馬蹏靛尖葉者名蓼青山鄉種之以染綵布色深碧光緒志○案湖上數十年來甚盛近以種靛青地種雪裏蕻菜味劣而靛青遂漸少

松秧　青山嶴多種松秧數十里中山人俱購於此採訪

東錢湖志卷二終

東錢湖志卷之三

總纂鎮海王榮商友萊
編輯鄞陸澍咸珠浦
戴　彥霽蓀
詮次　董　淵莘夫
校對　忻錦崖愚仙

文獻

天一生水地二成之瀦之而爲湖守其利而勿失則賢士大夫之力也其他或以德著或以藝稱以及閨中之貞操方外之遐蹤皆足爲山川生色而文字之流傳尤與湖光相輝映文獻顧不重歟然而專己守殘或失則隘徇私愛博或失則濫剪其榛蕪補其缺漏於後賢有望焉志文獻

人物一　名宦

唐

陸南金字季孫蘇州府志吳人知書史操履謹完仕爲太常奉禮郎唐書本傳天寶二年爲鄮令縣東二十五里有西湖南金開廣之溉田五百頃唐書地理志○光緒志云舊治在貿山湖在治西故稱西湖至

漑田五百頃則唐代實墾之數今不啻十倍之矣民德之嘉靖志立祠湖旁寶慶志

宋

李夷庚宋天禧中以吏部員外郎直史館知明州事市有花樓神爲祟夷庚毁其祠增鎮明嶺高數丈建州學文廟合於子城南北自是賢才輩出濬東錢廣德二湖大興水利去後民立祠祀之曹志

王安石字介甫撫州臨川人慶歷七年爲鄞令寶慶志重濬東錢湖界魏王愷劄子起隄堰決陂塘歷東西十四鄉爲水陸之利樓鑰經綸閣記邑人德之今縣之經綸閣及廣利寺崇法寺皆有祠嘉靖志

呂獻之東平人嘉祐末爲鄞主簿新錢湖六隄立李陸二公祠於隄旁闕杞李陸二公祠記

張津乾道三年以直秘閣知明州曹志五年乞開茭葑魏王愷劄子奏言東錢湖容受七十二溪方圓廣闊八百頃傍山爲固疊石爲塘八十里自唐天寶三年縣令陸南金開廣之國朝天禧元年郡守李夷庚重修之中有四牐七堰凡遇旱涸開牐放水漑田五十萬畝比因豪民於湖塘淺岸漸次包占種植茭荷障塞湖水紹興十八年雖曾檢舉約束盡罷請佃歲久菱根蔓延滲塞水脈致妨蓄水兼塘岸間有低塌處若不淘濬修築不惟寖失水利兼恐塘埂相繼摧毁乞候農隙趁時開鑿因得土修治埂岸實爲兩便從之宋史河渠志

趙伯圭字禹錫孝宗同母兄隆興二年知明州兼沿海制置使以憂去服闋乾道五年再知明州在郡十年政尚寬和濬湖陂均水利一統志參曹志嘗遣知縣楊布至東錢湖量步畝計徒傭將行張津開茭葑之策以費大中輟魏王愷踵成之參魏王愷劄子

趙愷孝宗子淳熙元年判明州一統志三年四月知鄞縣事姚枱乞開東湖愷以地界遼闊分作四隅委官董役復選士人有心力者相與辦某令長史莫濟司馬陳延年往來監視計開葑二萬餘畝至十月三十日畢工奏聞獎敘有差魏王愷劄子七年薨於官父老乞建祠立碑以紀遺愛一統志

石書問字叔訪新昌人新昌縣志淳熙十一年知鄞縣寶慶志開東錢湖付之食利戶治爲浙東諸邑最平園續稿

程覃字會元嘉定七年以西浙提刑攝慶元府時東錢湖

歲久葑淤覃議用官緡錢買田千畝歲收穀二千四百餘石貯近湖僧寺屬富人有心計爲民信者掌之以農隙募民駕船薙葑計船大小地遠近葑多寡爲酬穀差一年可去葑二萬餘船復禁奸民之植茭藕湖壖者請於朝得報可刻板月波隱學二寺中復撥錢及田造器服以勸學者蠲海錯果蓏之征公府廨宇城郭戎器倉場橋道及鄉飲器具纖悉畢備其吏事精勤如此曹志

胡榘字仲方廬陵人寶慶二年以兵部尚書知慶元府事先是錢湖湮塞攝守程覃用緡錢買田貯穀薙葑計畫

最爲詳備日久寖弛榘修覃議於農隙水退時用水軍船薙去葑根至十月募湖下有力家出夫助力先修運河諸碶閘放水入江復放湖入河湖涸易施挑濬而運河貯湖水仍不妨春農請得僧牒百道常平米萬五千石治如前議民甚便之復以羸錢二萬八千三百四十七緡增置田畝以其入分給漁戸人歲六石令隨時薙絕葑根曹志

陳塏字可齋長樂人淳祐元年以祕閣修撰知慶元府兼沿海制置使命制幹林元晉簽判石孝廣行買葑之法聽民交葑給錢初止數百人已而掉舟至者日千餘

明

曾直字叔温吉水人進士宏治十七年知鄞縣廉勤簡撲獄無留滯公庭闃若無人嘉靖志博求邑中典故如東湖水利究心尤悉累官至大理卿以清操聞天下李志

寇天敘字子惇榆次人進士正德十二年知甯波府爲政務崇大體不屑細苛下車物色賢士大夫而擯其溷濁者有干請郎權貴人亦拂衣起曹志嘗濬治東錢湖連歲雨多瀰漫上下用功無地時有議屯田者天敘阻止之

華山集陞應天府丞曹志

黃仁山字元靜新淦人嘉靖志嘉靖八年以吏科給事中讁任鄞令嚴立條約清革蠹弊閩志甯波衛軍請錢湖爲屯田仁山用父老嚴詆言勘覆不行浙江通志陞太倉知州閩志

柯相字元卿池州人進士嘉靖十一年知甯波府事朔望視學進諸生問難可否而懲勸之又悉心水利濬東錢湖挑葑去淺民無旱熯之憂以剛直忤時調武昌去曹志

沈猶龍字雲升華亭人萬歷四十四年進士除鄞縣知縣明史本傳東錢湖係七鄉水利湖中茭葑民嘗取以糞田

是爲縉紳專據私征其稅故取葑者少而湖日淤復有投牒當路請官收其稅者猶龍力持不可且嚴禁私稅由是茭葑日去豬水日深而湖下之田不虞暵旱矣（朱志）天啟初徵授御史出爲河南副使明亡偕里人李待問章簡等守華亭城破中流矢死（明史諡忠烈勝朝殉節諸臣錄）

魏成忠字藎卿號鵬池高淳人（朱志）萬歷戊戌進士筮仕餘干有政聲（沈一貫東岡碶記）二十九年調繁來甯（曹志）留心水利嘗遣騶從乘葉舟往來閱視窮鄉（王嗣奭密娛齋詩註）尤盡力於東岡碶增爲十三洞躬挽石運甎以作衆氣節贏金買

田四十餘畝築室三間召僧主之以供守夫補弊之資（朱志）又從東鄉雲龍等碶修築之以及西鄉石塘等碶殫勤夙夜利罔弗興（沈一貫記）

張伯鯨字瀚伯（李康先懷棠祠碑記）一字繩海江都人萬歷四十四年進士（明史本傳）天啟二年知鄞縣事懲鄞俗奢靡躬行儉約（朱志）濬雙湖（全祖望白鶴廟祀典）復城中故渠出沙礫護長春塘（朱志）新西津壩并葺隄堰之將圮者又增東錢湖碶板二尺以防泄所溉東鄉田八千餘頃（懷棠祠記）累官兵部左侍郎攝尚書疾作告休明亡守揚州城破自經死（明史諡忠節殉節諸臣錄）

宋繼祖字汝孝漢州人由進士知定海縣任定三年築湖塘廓學宮皆爲士民興百世之利先是崇邱鄉田引鄞東錢湖水以資播蓺舊有蛇堰遏小浹江一決則水勢若建瓴盡注於江故湖水與河渠未乾而先涸三農病之繼祖躬履其地去舊堰二十里所地名東岡山築堰其下又去堰二十餘所築碶堰以蓄水碶以洩水相水勢以爲啟閉於是東岡以上江盡爲河豬渟留蓄崇邱永無旱患鄞之七鄉亦胥被其利（光緒志）

袁州佐字秋水濟上人乙酉避地浙東（續耆舊集）以薦知鄞縣（四明談助）總兵王之仁欲廢東錢湖爲屯州佐中阻營弁周某又請但廢梅湖州佐復移牒曰東錢湖廢田積水民輸湖米則已納田租矣今復廢之爲田是虛征也且梅湖卽錢湖之別名特其東北隅耳自錢堰至高嫩嶺長隄計三千七百步欲屯梅湖須藉此隄以堵水必加高五六尺其間下無石脈高則必潰所屯之田仍爲湖淹又梅湖塘下有旱田三千七百畝另設小斗門細流分注若屯梅湖以遏其源旱田必廢棄此成彼亦復何益

或謂可引錢堰之水灌之豈知湖碶之下各有所歸從高湫平水而下者專灌奉化横溪一帶從大堰莫枝而下者專灌十七十八二十都陶江雲龍一帶從錢堰而下者專灌一二三四五都一帶從梅湖而下者專灌六七都及鎮海崇邱鄉一帶錢堰與梅湖相去十里中隔大山豈有相通之理梅湖廢而六七都及崇邱之鄉亦立槁矣大湖之下皆泥故葑多梅湖下皆沙石葑芟不生即廢之終不可田復作鄉屯問答始得罷議蔣學鏞水利考

又有進言梅湖即不可塞而湖旁天漲沙塗可以興屯

之仁又下檄州佐上言天漲沙塗皆湖田也侵之則不塞而自塞矣湖旁土豪固有侵沙塗以爲田者方議廓清奈何尤而效之因請嚴加丈量凡侵湖址爲田者皆加其賦使助軍需既可以杜侵湖水之害而於餉亦不無少補之仁從之未及行而國亡變服行遯山中其後不知所終續耆舊集

清

周鎬字懷西號犢山無錫人乾隆四十四年舉人嘉慶八年知鄞縣東錢湖四面環山山缺處設碶閘濱湖之民私利佃漁賂閘夫洩水稍旱即涸鎬爲嚴啟閉之令添設閘板實泥其中滴水不漏而封其鎖匙於庫非旱不開湖之西南八十里有范家湫堰爲内河鎖鑰逼江易倒對岸爲董家跳董姓之田距湖既遠遇大旱湖水不能及田而江之淡潮可以引灌往往抉堰去之近湖之民歲與搆訟鎬審度地形徙堰於董姓田上厚其基址甃以巨石使堰下之田取給江潮堰上之田取給湖水兩造稱便鎬撰水利紀畧十六年去任縣人立祠祀之光緒志

程雲俶字稻村江西鉛山縣人清光緒二十年任甯波知

府決意濬湖緣忻錦崖以東錢湖圖及章程十一條呈覽遂偕水利分府蕭福清商議濬湖事宜並邀集郡紳籌款願首捐千金以爲之倡惜事未就而病綿惙時猶諄諄謂家人曰濬湖事吾雖不及觀其成然吾歿必助此款毋忘吾言遺吾憾也後旬日其子方矩方軌遵遺命貸千金送交郡紳郡紳皆慨然以太守加惠兹土意良厚然工鉅成否不可期姑待之爲辭嗣是署郡守莊人寶繼其事親詣履勘籌撥款項購備機器用民夫開濬得四千二百三十餘方又修梅湖堰塘莊公去後高

太守英蕆甯收捐辦工具有端緒會有以巨費難繼爲言者事遂中止（新增）

蕭福清字勉夫江蘇吳縣人清光緒十四年任甯郡水利分府至二十二年三月巡道吳引孫委福清履勘全湖情形四月偕縣人張錫藩忻錦崖至湖上察驗稟覆後屢次召錦崖商議濬湖事宜首捐廉以倡一面延請算學師丈量繪圖設局興辦頗具熱腸因高太守英被頑紳阻止事遂寢（新增）

人物二 鄉賢

宋

陳禾字秀實元符三年進士累遷左正言俄除給事中未改命首抗疏劾童貫復劾黃經臣怙寵弄權願急竄之遠方論奏未終上拂衣起禾引上衣請畢其說衣裾裂上曰正言碎朕衣矣禾曰陛下不惜碎衣臣豈惜碎首以報陛下此曹今日受富貴之利陛下他日受危亡之禍上變色曰卿能如此朕復何憂內侍請上易衣上卻之曰留以旌直臣翌日貫等相率前愬謂國家極治安得此不祥語盧航奏禾狂妄謫監信州稅遇赦得自便

還里東錢湖有山巋然曰二靈禾築二靈山房讀書其中（宋史本傳 乾道圖經）復起知廣德軍移知和州尋遭內艱服除知秀州力辭改汝州辭益堅久之知舒州命下而禾卒賜中大夫謚文介（宋史）

子曦字元和號雪窗後自知制誥知濠州政稱第一召拜翰林學士（成化志）初曦祖謚喜藏書曦復爲藏書記告其後人勿墜素業（圖經）卒與父禾皆葬二靈山曦曾孫大震元孫伯鼎俱登翰林時人稱爲祖孫三學士（成化志）

史簡字廉夫（樓異撰冀國夫人墓志）父成瀕湖以居時有慈谿葉世儒者踰西山遊東湖見成樸素清雅因愬其家簡甫十歲行止端方氣宇開展從容至前長揖而侍執禮甚恭世儒大奇之及爲孫女擇配遂字焉（慈谿葉氏譜）簡從王致遊爲郡吏廉勤從事事後母任氏至孝郡人爲競渡戲母欲觀之兄弟俱貧簡獨揮金治具承親之志挽親友出遨西湖郡守召未遑即至恚其不告摧折之簡因憤悒以歿年二十有三後賜太師冀國公（光緒志）

史詔字升之簡之子母葉氏以遺腹生詔貌頎秀豐下幼有立志長師鄉先生樓郁陳忠肅瓘貶四明常與遊從

學問爲士大夫稱道以孝行聞遇大比輒引避誓終身母子不相離母好施予詔委曲承順貧不能自給者歲時周之以爲常故舊子弟教養於家有鬻女償官逋者陰遺之錢不令知出於己嫁遺女二十餘人喪不能舉者買山葬之大觀二年詔舉八行鄉人以詔應命遂與母避於東湖之大田山郡守迹所往迫使就道誓不赴建炎四年卒年八十有三後賜太師越國公子師仲木禾才並知名才參知政事木禾皆鄉貢進士光緒志

史浩字直翁師仲子年四十登紹興十五年進士第孝宗

時爲丞相有賢名晚治第於鄞之西湖上即月湖建閣奉兩朝賜書上爲書明良慶會名其閣舊學名其堂光緒志又治第於東湖錢堰之麓史氏譜紹熙五年薨年八十九封會稽郡王謚文惠嘉定十四年追封越王改謚忠定配享孝宗廟庭光緒志子彌遠字同叔浩罷相歸東湖與弟彌堅先後生浩深器之一日攜客遊湖寺二子從浩預戒從者進食踰晡時彌遠凝坐無怒色理宗時復爲丞相東錢湖茭葑半塞以譜牒米斛助濬之彌遠相甯宗十七年迨立理宗又獨相九年濟王不得其死論者交攻之紹定六年卒追封衛王謚忠獻光緒志大事紀

史浚字堯翁才之子以父澤補將仕郎監潭州南嶽廟乾道六年調古田尉兄浩帥閩避親不赴魏王愷知明州辟爲沿海制置使司準備差遣東錢湖積葑轇轕王欲開治之以屬浚浚引嫌辭又白王曰今爲民興利所費既多軍士當必樂趨第嚴爲紀律毋令擾民足矣請列杙岸旁取葑積之久自成隄若屬之官吏必致煩擾民疲於奔命吏急於言功止得目下瀰漫可觀根蔓不除適滋後害已而皆如浚言淳熙四年知新昌縣朱熹爲

提學一見如舊即以滯訟委之浚資明而健決兩詞至前情僞立見十三年差權通判婺州所至有惠政積官至朝請大夫嘉泰三年卒年七十有五光緒志

史彌忠字良叔木之孫與弟彌念同舉淳熙十四年進士爲鄂州咸甯尉秩滿歸囊中裝視之官時良多其父漸怒及發篋視之皆書帙也開禧二年監文思院宰廬陵有能名後守南安改吉州提舉福建常平鹽茶事時從弟彌遠久在相位數勸其歸年未七十首乞致仕及子嵩之爲丞相積封至金紫光祿大夫累除紫政殿學士

迎政府就養不一歲而返淳祐四年終於東湖里第贈少師保甯軍節度使封鄭國公謚文靖嵩之以彌忠卒去位帝手詔起復嵩之固辭不允帝聽其終喪居閒十有三年卒贈晉國公謚莊肅光緒志 湖上梨花山有讀書臺嵩之讀書處也成化志

史彌堅字固叔浩幼子少警敏端靜從楊簡遊爲高弟累舉春官授通直郎累官至兵部侍郎兄彌遠入相以嫌出爲潭州湖南安撫使六年知鎮江府未幾奉祠去十年起知建甯府以兄久在相位數勸歸不聽遂食祠祿

於家居東湖十有四年不復仕甯宗御書滄洲二字賜之加光祿大夫奉化郡開國公紹定五年卒贈太傅資政殿大學士謚忠宣光緒志

史彌應字定叔彌忠弟與兄彌悉同舉嘉定七年進士爲甯海縣尉罷歸知連州爲彌遠所不喜時其家赫奕寵榮彌應常椎譏閉門求志自樂道人行空山中歷覽泉石見必細吟有詩數卷皆耿介拔俗之語嘉熙末卒子一之字子貫知上虞縣通判光緒志

劉準餘姚人後有名昪者仕慶元遂家於鄞準自幼好學長而有成當宋末知國事日非隱居教授絕意仕進以甬東負郭非隱者居卜築青山之原依先隴而居焉以教子讀書爲事學者稱南窗先生子汝舟字端父守父訓無戲言惰容郡之名士大夫相繼來居一時林下衣冠爲盛汝舟用呂氏鄉約身率推行非其人輒謝絕不附權勢不事請託不入城府不語及州縣得失務本節用有餘則以濟人卒年七十二成化志

高友文字仲章汴人武烈王瓊之後建炎間子孫隨駕南渡遂家焉友文性端謹學問該博舉進士調如皋尉初

欲仕以養親親沒守墓不談名利客誚之曰子方筮仕正宜樹立以圖顯大何乃獨爲沈默友文歎曰祿以養親親亡矣何以仕爲屢薦不起年七十有二卒光緒志

錢填字深雲祖億判明州子孫遂家於鄞世居東錢湖之里讀書尚節概不事修靡晚年別築一室植松竹以自況日與同里高友文談論經史得一善則佩服不忘鄉人敬慕之推尊爲先進成化志 後人名其地曰高錢光緒志

顧義先字忠卿以史浩奏補承信郎歷浙運推綱軍器所受給軍器所久不葺物多朽腐增造屋百餘間經畫有

方計慮深長而躬率以公廉服役者無所容其姦遷樞密院正將京畿第二將爲義役首以膏腴倡錢湖之葑歲歲滋長水利日虧義先糾率鄉人每欲買田歲收其入買葑而遠運之葑減則水增誠無窮之利郡守程覃與義先意合因助成之然數買民田官自爲之非私家所得專數年後郡計不足未免移用而買葑之本寖微輸租稍稽追逮立至民又不堪其擾義先以爲此事正如義役聽民之所自爲以官司參之乃可以經久將以爲請而卒年七十七（袁燮撰墓志）

史巖之字子尹嵩之弟嘉定十年進士授長興尉紹興二年陞長興知縣遷眞州通判權知眞州端平三年轉大府卿知臨安府淳祐二年知紹興府歷華文敷文顯謨龍圖閣學士四年除端明殿學士仍知紹興改知福州福建路安撫使開慶元年除資政殿學士荆湖南路安撫使知潭州復改福建安撫使冬命爲沿江制置司壽昌軍應援鄂州爲賈似道所忌除資政殿大學士提舉明霄宫致仕（光緒志）

史賓之字子西號漁樂彌堅長子少事邱密開禧二年以祖澤授承務郎紹興務監酒三年改江西提舉司幹辦公事四年知武康縣改知寶應嘉定四年除建康分司糧料院十一年調江西榷院十五年遷知漳州寶慶改元知寶慶府三年知饒州端平二年知衢州尋知徽州嘉熙二年知嚴州凡六爲郡守皆以治辦聞陞將作大監湖南提舉糾劾州縣吏曹幹轄等官及論薦賢否無不得其當與臺諫不合遂奉祠主管雲臺觀復除戶部郎中直敷文閣（全祖望答萬經帖子作敷文待制）轉荆湖北路轉運使（元明善史夫人墓志作副使）按囚重者必刑輕者從寬民德之（子森卿撰

父墓志）時從兄嵩之爲相賓之年未老遽乞休歸（答萬經帖子）居東湖遨遊山林間淳祐十一年卒年六十三（壙志）贈通奉大夫（史畋孫撰父永嘉公壙志）

林澤字堅叔雅好梅自號梅逸幼穎悟博學多聞居親喪致毀瀕死遂絶意進取惟杜門教子家本僅足口未常言利而以周急爲樂創惠生道院延良醫病者藥隨需不少靳至鬻產以給里人賴之德祐元年冬時事孔棘人皆勸澤入深密澤謂靑山去城一舍而近祖父墓在焉必此乎依明年二月十六日遊騎猝至執之脅令首

路大罵不屈以死年五十六（陳著撰林隱君祠堂記）子公輔字國器痛父難語及則泣繼以血年四十後遂蘇冠羽衣誦莊老言委家於弟公弼就父墓左右築清隱山房而息焉（光緒志引清隱山房記）

人物傳三　鄉賢

元

袁㝗字德平甫之孫父溪通判潭州㝗年二十宋亡隱居東湖之沙家山㝗習字學工小楷行書著書學纂要詩筆溫雅簡潔又諳臺閣故事自號鹿眠山人嘗想先世遺業爲求志賦後以安定書院山長授海鹽州儒學教授未拜延祐七年卒年六十一（光緒志）

陸天祐倜儻好義慕性理之學欲建義塾未就而卒遺命其子居敬思誠置田度基（錢志基誤居）搆學一區於東湖之里崇奉朱子像浙帥王獻命名曰東湖書院割田一頃六十畝以爲報祀餼廩之需又建先進祠祀鄉先生陳禾而下凡十八延師講學以淑一鄉子弟時人莫不嘉之（成化志）

葉遜字謙甫世居青雷山父年耄病且殆遜禱天願減己年以增父壽恍若見空中有神人示以三指者病遂愈後三年乃歿遜服喪過哀既免喪猶不御酒肉人稱其孝待人無間疏戚一以誠實大德間歲祲朝廷命富民出粟以賑貧乏有司擇鄉里爲人素服者俾第其多寡遜首被其選既而疫大作遜致醫者爲人切脈而合藥施之閭閈中賴以全活者甚衆卒年六十七子恆別有傳（王禕撰墓銘）

葉恆字敬常遜之子世居青雷山治春秋善文辭泰定初以薦被旨入胄監研精講學晝夜弗倦（嘉靖志）擢春官第

（寗波府簡要志）至元四年（柳貫海隄錄後序）爲餘姚州判官有幹局數延見父老行誼之士詢諮政理（餘姚縣志）鋤姦抑强百廢興舉州東北際海歲被風濤害稼嘗以竹石築土隄以捍率不能久（成化志）州人病之（嘉靖志）恆視隄曰欲去此患非石隄不可於是請計田出粟擇人以司之恆往來相度苦心督治（餘姚志）長亘二十里（成化志）二萬一千二百十一尺下廣九十尺上半之高十有五尺因舊爲新包山限海東西爲一無復部分越三年爲至正改元而隄始成（餘姚志）民不知勞隄南舊有汝仇余支二湖廢斥幾四十

年隄成而湖復瀦水時其啟閉田獲灌溉海潮之患遂絕成化志復作公署餘姚志延孫元蒙行鄉飲酒禮於姚庠鄭眞撰孫元蒙行狀後遷翰林國史編修官時安南遣使入貢詔爲館伴使送使者出境餽以金繪珍玩一無所受遷國子助教調淮安路鹽城尹民多不律恆輒法其尤橫者臺察交薦將大用而卒嘉靖志餘姚民請廟祀於朝至正二十七年詔封仁功侯賜廟額永澤鄞縣光緒志引餘姚志

袁士元一名甯老字彥章自幼嗜學長益旁搜遠輯窮經尤深於書善文能爲詩隱城西別墅種菊數百本自號

菊村學者鄉人尊之爲菊村先生劉潛齋居青山士元設教湖上象山樊天民與長鐙卓宜之皆讀書於青山中徜徉山水間以詩酒自娛者十有餘年光緒志

吳志淳字主一無爲州人工詩善草隸元末知靖安都昌二縣奏除待制翰林爲權倖所阻豫泗兵起徙家豫章復徙居鄞之東湖入明遂不仕晚賦遺懷詩云爲儒已入他州籍垂老頻收故國書誦之悽然增淪落之感卒老湖上光緒志

明

金華字宗實負志節洪武中從戍燕山衛弟忠以卜事干成祖靖難後拜兵部尙書華心薄之忠守通州有功欲推恩官之華辭不就嘗召賜金綺亦不受成祖目爲迂叟賜歸居東湖韓嶺足不履城府坐斗室寄情經史手點書餘萬卷至老不懈遇朋從往來詩酒爲樂興至泛舟湖上釣月吟風竟夕而還忠嘗迎華至金臺官舍未浹旬謂曰汝祿雖萬鍾其如我湖山樂何遂拂袖歸忠卒復召見賜金綺華謝曰臣布衣野人不敢用此年八十七一日讀宋史至王倫附秦檜事撫掌發嘆而逝嘗

自號白雲野叟時人因稱爲白雲先生平生吟詠甚多俱失傳有湖上詩一首載耆舊集詩曰樹頭蜂蝶共尋春只有啼鵑最惱人便與黃鶯一樣打無人識得是君臣其寓意甚感慨此所以深薄其弟而不受成祖之官也光緒志弟忠字世忠歿謚忠襄忠子逵字復顯官至長蘆都轉運使光緒志

陸偁字君美號碧洲宏治六年進士官至福建按察副使正德三年致仕歸監司行部每見咨訪輒縷縷陳說利害如障陂東湖增石宅山堰皆惠利一鄉者嘉靖廿九

年卒年八十四光緒志

錢璡字廷珍幼好學負膽識父象爲建陽典史鄧茂七犯治象率民壯二千人擊卻之有冒其功者讒於監軍曹吉祥遂逮治璡偕象聽鞫者詈之璡曰父子天性有父受枉而子侍者乎鞫者卽以父子之道爲首題令作七藝璡立就鞫者歎曰象有子若此何必爲辠官事大白登景泰五年進士李志除廣西道監察御史歷任雲南江西按察使璡居梅江念瀕江田多淹沒歸里後與兄珪倡築長隄廣計二百八十丈被其利者三縣七鄉共一

百二十六里民德之稱爲錢公塘璡復築梅莊吟詠嘯傲於其間生平好義常以己粟賑關西詔授正七品階承事郎曹志

葛理字葵軒成化十六年舉人爲當塗知縣寬厚廉簡甚得民心適有寇難籌辦軍需不辭勞勩歸里後敦尚孝友爲人排難解紛共服其公時萬金湖沿淤塞出貲疏濬之周志

楊苗字德成慷慨多大畧成化間詔民輸粟助邊一時未有應者苗獨出粟二千五百石躬輸之邊特賜璽書立義門旌之嘉靖志

王相字懋賢生而穎慧絕倫少受家學長卽沈酣經史嘗授徒高錢山中每夜灼一燈誦讀不休飢則拾躑躅火而啗之或竟夕不眠鄰傭厭苦之竊議曰何物怪孽欲以是博官耶相聞之迄不爲止正德十六年舉進士選庶吉士愈自攻苦如寒士嘉靖元年授編修三年上主張璁之說欲考興獻帝舉朝爭之不能得相與同里學士豐熙等同疏東華門外哭諫聲聞大內上大怒命繫爲首者八人於獄次日卽拷訊杖三十踰旬再杖之相

竟卒年三十七隆慶初賜官蔭其子熜爲國子生相素豪邁尙志節事親篤孝家貧屢空晏如里黨莫不賢之學者稱爲宋塘先生一作介塘光緒志

余有丁字丙仲號同麓嘉靖四十一年進士殿試第三人及第與吳江申時行太倉王錫爵聯名後皆入相有明一代所未有也錢志萬歷元年以左庶子領南翰住便道之家買山東湖中得古洞初扣之鏗然已發之谺然浮石四垂乃疏峰披道分流抗丘市樹其側感歸去來之辭名其莊曰五柳樓曰舒嘯齋曰覺是臺曰矯首而總

之爲舒園許國撰墓表柳莊之外別有舒園似誤光緒志五神宗御書名山洞
府賜之聞志二年起南國子祭酒四年復移疾歸以東湖
日讀漆園書充然有得手疏之爲若干卷藏於山六年
起少詹事未至陞太常卿累遷戶部尚書建極殿大學
士十二年卒賜太保謚文敏有丁素達生奉養甚備所
居一日必飭亭榭蒔花木以自娛善飲喜賓客客常滿
座非大故不廢絲竹每對客詫東湖之勝口津津未嘗
一日置也初葬東湖之隱學山前創一庵守增奉祠給
田若干頃墓志後遷南郊之馮家灣賜祭葬浙江志

邱緒字纘充諸生世居邱隘父鏗娶余而妾黃生緒以不
得於余被出適江東包氏未幾轉適他所後二十年緒
展轉詢問至台州之王碧川始覓得之有濬東錢湖議
足裨邑政事聞表其宅曰孝友緒自幼好學博綜羣籍
執經聞業者屨滿其戶閭里莫不感動緒事余毋孝處
兄弟友愛純篤光緒志

李瑋字偉卿世爲農父喜藏書瑋盡能讀之作詩有奇語
及壯遊京師歸杜門著書於舍東構草亭蒔菊數百本
每黃花初盛豎一竿如酒帘狀上書曰酒熟花開高懷
者來足跡罕入城市性孝友留心風土利病著國課論
東錢湖賦臚列農田水利事甚詳見者重之年踰九十
神氣不衰好學如故云光緒志

董守諭字次公少受業於黃道周講學大滌山中天啟四
年舉人七試南宮不第魯王監國授貴州戶部司主事
定海總兵王之仁請塞東錢湖以爲田守諭疏言湖不
可塞之仁大怒欲殺之守諭慷慨無所懼議竟寢光緒志

林時對字殿颺號繭庵崇禎十三年進士授行人魯王監
國累遷副都御史力爭東湖之不可塞得罪於王之仁

於是方國安以東林遺孽糾遂在國丙戌後與孫檠旭
齊世振林必達詩筩酒社徜徉泉石間康熙十四年當
事以遺逸薦時對與檠旭等皆以疾辭人稱甬東四節
卒年九十一光緒志

陸宇𤏩字周明一字贛庵父世科子南京大理寺卿宇𤏩
性亢直邑中東錢湖貴家多侵爲田每偷洩水以害七
鄉之稼宇𤏩抗陳大害得以禁止聞志魯王監國授監紀
同知俄進按察副使光緒志

徐振奇字可貞一字我庸少有至行與錢肅樂善肅樂成

進士宰太倉以書招之不答及蕭樂起事江干將不次薦之固辭而止國亡遁入東錢湖之靑雷山棄家不顧已而沿湖盜起屢遭厄然卒不肯去居山中二十餘年諸子固請乃返城東與一二素心人談忠孝事以勵晚節時高宇泰仿汐社例舉南湖耆舊之會愼選遺民共得九人而振奇年最長每風日晴和角巾方袍扶杖遊湖上經行之地見者皆讓道雖婦女兒童亦知爲徐先生也時論以漢王彥方比之八十後自署通介道人光緒志

全大和字介石號他山父天授崴貢官應山知縣大和崇禎中以薦舉入京見時事日非不求仕而歸魯王監國錢肅樂薦授大理寺左評事不受事敗逃入東錢湖窮山中旋卒光緒志

全大程字襄孫號式公大和弟魯王監國授太常寺博士不受旋以太常莊元辰邀豫城守事薦授尙寶司丞復參派置幕府還太常寺丞以所言不用特劾東歸航海之役追扈不及偕大和逃入東錢湖窮山中然尙與董志甯輩通消息幾罹難嘗以事至禾中恐衣裳爲關津所訶乃以黃冠行然終悔之日豈有道人而尙走風塵者自是不下山卒年六十光緒志

全吾騏字聿靑號北空大程子爲大和後當大和避地東湖吾騏年十八大和謂曰汝能絕意人世乎吾騏曰謹受敎卽披野服隨入山高宇泰嘗嘆曰謝臯羽弃其子行遯終身不相聞問鄭所南則無子未若全氏之駢聚也王家勤來管江先過吾騏而去次日被執而死吾騏爲築思舊館以懷之王玉書欲葬楊文琦兄弟骨而不克石門曹思遠成其志吾騏爲襄其事旣畢爲文哭告於玉書墓性至峻子弟至前者不敢妄有言笑卒年六十八光緒志

周容字茂三一字鄮山少卽工詩善書畫明亡後棄諸生於靑雷山薙髮爲僧其父涕泣勸阻未幾返服遂放於酒無日不醉始容未知名時爲御史徐殿臣所識至是殿臣避地天童爲土兵縛去寘平西將軍王朝先營索餉數萬不日囚水牢中容挺身往請殿臣得釋歸而朝先部下大譟謂容受賄故來請朝先怒下容獄拷掠之容由是臂因別著臂翁容蹤跡遍天下所至皆有詩里

中史大成招容往已而有博學鴻詞之辟容以死力辭次年卒於京邸年六十四著有春在堂詩文集光緒志

清

李暾字寅伯一字東門父鄴嗣世稱杲堂先生暾負才氣文詩倚筆立就與鄭南谿性謝北溟緒章萬西郭承勳倡和號四明四友性好遊而喜客四方之士至甬上無不叩李氏暾待之各以其差百函並發半面不忘自朝至暮不以爲倦尤留心甬上水利時時爲當道言之有修東錢湖議傳於世卒年七十五光緒志

王斐一名茂德明季諸生居錢湖陶麓國亡棄衣衿寢處堂樓中終其身足不履地新增

錢豹字文蔚塤之後少有才錢肅樂以同姓厚期之已而世亂不復進取每過榆林與王玉書周齊曾相得甚懽徐振奇避兵青雷豹從之遊偶入城則主高宇泰家錢肅樂常曰文尉不涉世味穆然靜遠性所蘊蓄蔚爲聲詩蓋劉遺民之徒歟續耆舊集

忻恕字汝修號仰峯廩膳生居東錢湖之陶公山工制藝嘉慶二十一年秋試房官已薦元矣主司誤置落卷中遂不售鄞令周鎬屢至東錢湖就恕諮訪利弊恕請清理湖界侵佔之風稍戢所居曰近水樓鎬爲文記之著有近水樓遺稿曾孫錦崖校印行於世附詩十首則恕季子肇寅所著也容膝軒文集

袁經字緯地一字葦隄正獻公燮之後太學生居弈山創宗譜設義田建塾於所居之側教族子弟扁其堂曰始基奉正獻栗主於中正獻墓在穆公嶺歲久蕪沒經偕弟鐈跡其地屐齒所履鏗然作聲負鍤往開視之則楊慈湖所作正獻墓志也遂營封樹以告其宗族於是袁氏子孫散處他邑者皆會葬其右百步爲正獻父通議大夫文墓並修治之道光廿六年卒年六十二董沛撰墓表

袁鐈諱萬振字聲鏞號鏡蓉經從弟居東錢湖大堰頭太學生生平多義舉如剖腴田以興義塾名其堂曰始基修理正獻公之墓併捐貲以崇春秋之祀其敦本睦族類如此咸豐二年卒年五十六王信德撰傳

張恕字貫一號鐵峯郡城人道光六年優貢考取八旗官學教習八年中式本省舉人同治辛未重遊泮宫事母至孝里中善舉靡役不與尤究心水利鎮海縣民將由

劍河漕疏鑿山麓以通鄞東水道怨謂此河一開則東錢湖立涸鄞東沃土皆瘠壞矣請官禁止光緒志光緒初與修鄞縣志水利一門皆怨所爲也新增

錢承明字啟陽豹之後道光二十三年錢湖隄決平地成巨浸水退又苦旱人以病越數年郡守召邑之薦紳議復其舊承明慨然出貲爲鄉里倡且鳩工董其役隄以復完正誼堂集子鳳翰光緒八年副貢治詩古文有聲

鄭聖颺字方金號弼庵世居錢湖殷灣道光二十四年舉人循例捐內閣中書以孝友績學負鄉望咸豐八年逃

軍史致芬亂游民從之者衆聖颺集家族厲以忠義相保聚鄰村數千家無一人從亂者十一年粵賊陷郡城詭詞安民偪紳士爲僞鄉官乃以殷灣屬聖颺傳僞檄至時聖颺已避地塘頭其族知聖颺必不屈匿僞檄不以告明年客至塘頭徵及之聖颺大憤曰吾身不污僞官吾姓名已污僞檄吾何以生爲遂絕粒不食七日死至殮目不瞑同時李炯字莪山道光十七年舉人任浦江教諭解職歸先是賊入浙境浦江有嫠居民爲變者捕殺數十人而事解顧其魁逸去名捕不獲炯忽遇之歎曰吾雖去官然不可使此人漏網擒送有司及郡城陷賊徧掠諸鄉炯仰藥死浙江忠義錄

袁世恒字鎮北又字貞齋號月樓經之子自少失怙事後母以孝謹聞昆弟五人怡然敬愛仲弟爲人後所後母與大母兩世嫠居皆端莊寡言笑世恒百言勸慰時一爲之解顏仲弟孱弱常身搘其家錢湖水利溉民田數十萬畝邇年隄堰敗壞僉議興復而大堰塘數十丈與其旁湫關爲湖上要害當道度世恒能任事且近其家舉以委之會淫雨水大至每下石輒漂決世恒持畚著

屐無曉夜立道上指揮工匠未嘗言勞也始其地諺曰堰塘崩袁氏興塘崩世恒以副車中道光丙午舉人季弟伯子先後入庠序比當修舉形家者阻之曰將有災中作仲弟夭沒復阻曰將更有災世恒皆不聽弟歿百日世恒亦卒年四十四世恒所爲塘堅密抗莊異乎他役方興修時所籌畫與當道不合持論侃侃義形於色當道數使人諷世恒幸見過世恒不往曰吾爲吾事而已非媚世者也其風骨如此子三順則順賓順實徐時棟撰傳新增

袁信芳一名順賓字以燕號葦孫世恒子精制藝通經術常攜詩書易白文坐對終日不倦晚年好蘇詩每拈韻輒飄飄欲仙嘗有品茶句云時宜知不合滿腹幻槎枒蓋自道其胸臆也清光緒丙子舉人丙戌成進士援例指省江西署廣昌縣知縣先是癸未秋患潦大堰塘幾壞當事者以信芳父世恒曾修塘前所修處堅密無損因以其事相屬郡守某與某紳難其事估工料費二萬金議捐沿湖水地既定稿具詳信芳力持不可謂民居水利並重捐之適滋事修築不過白金三千足矣及塘

成用如數而功極堅牢其生平遇事率真類如此子從周字月孫己卯舉人新增

忻成魁字占春世居錢湖濱陶公山家貧有孝行侍父不解衣帶月餘醫罔效日奔禱於城南呂祖祠如是數旬父恍惚見呂祖臨臥榻視之而去遂霍然起其後成魁常所著內衫不肯易母强易之則臂血與布堅膠不解乃始知刲肉療父疾也鄉里稱之光緒志

張祖銜字品階甯府優附生清光緒己丑秋八月山洪暴發損禾稼壞廬舍鄞北灣頭塘河自明嘉靖間甯波府同知种公祚修濬後三百餘年至此受害實甚祖銜過其地惻然傷之乃與同縣張錫藩等謀濬是河按畝捐錢而所計無多工用不足一日雨中祖銜棕笠芒鞋求助於陸編修廷黻陸感其誠詣太守胡元潔請援以工代賑例得番銀一千六百元畀之事稍稍集祖銜尋斥私產以益之河乃大治見鎮亭山房集壬辰建議濬東錢湖接洽鄞奉鎮三邑紳耆具呈各當道其時浙學使者儀徵陳彝莅鄞陸爲之言陳因書爲仁有本四字額署其閭越二年卒灣塘居民聞而走哭其家且舁其柩而葬其

鄉復牒有司請附祀清灣种公廟祖銜以湖事未及興辦病革時猶切囑其弟子忻錦崖曰湖之事未就余之心未了也汝能爲之余在地下當爲汝佑矣不數日而逝由是錦崖承其訓繼其志復邀集同志至今二十五年不輟焉新增

陳協中一名濟易鎮海人先世籍廣東之新安父長淮咸同間以武弁來鎮海勦匪遂家焉嫡母海甯夏宜人殉難於杭州母氏陶生協中早失怙舅氏陶長發挈至上海習五金業通英文算學性勤慎爲西人所信任延主

天津商務津水苦汙濁協中創設濟安自來水廠並定救火規則津人便之尋與德商俾爾福合資貿易掛視高綫架空鐵路蹟而傷其股然治事不稍懈以輸餉敘縣丞銜晚年值滄桑之變慨然謂其友林際春曰夫盛極必衰者天之道顧世之富人多耗財於無名之地吾甚惜之吾家雖不豐然衣食之外粗有盈餘今欲罄所有以潤鄉里以何者爲最溥際春曰吾聞鄞縣忻錦崖謀濬東錢湖奔走二十餘年而應者尚寡足下欲而成之此百世之利也協中曰善乃招錦崖赴津定議相戒

勿洩其名時梅湖淤塞尤甚遂於癸丑八月興工遣其戚胡學泮主出納凡役工三千人費白金四萬三千餅又以三千金爲修湖志之費明年三月梅湖工竣將以次濬全湖而協中已於二月初病卒年五十鄉人德之附祀於遺愛祠焉容滕軒文集

明　技藝

金忠字世忠少讀書善卜易嘗附商舟舟失囊金忠以六壬課占之曰金當於某水涯得之果如其言後至燕賣卜北平市多中市人傳以爲神僧道衍稱於成祖成祖將起兵召忠卜得鑄印乘軒之卦曰此象貴不可言自是出燕府中常以所占勸舉大事成祖深信之成祖稱帝論佐命功擢工部右侍郎守北京尋召還進兵部尚書詹事府詹事洪熙元年追贈榮祿大夫謚忠襄光緒志

清　技藝

袁世滋字莉洲世居錢湖大堰頭七歲父與客弈蹲於案而觀之客沈吟輒指其道父以是負怒撲之墮於下少頃則又蹲矣稍長讀書城中鄭起鳳有弟子劉姓者設局城隍廟世滋往觀之劉問孺子亦善弈乎對曰何善

也願學焉爾劉強之弈始頗易之既而敗復之又敗劉大驚盡邀其故侶迭對之則皆敗衆駭異是時年纔十二以是名大起閩人董文琪號國手聞世滋之善弈也來鄞與之弈世滋稍遜之七日夜不倦業遂進蓋與文琪敵矣嘗客杭州登吳山觀音閣偶與一人弈弈者叩其姓詭曰方比十數下弈者斂棊曰吾審子音固疑之覿子貌又疑之子必鄞縣袁小麻也奈何諱袁爲方耶一時能弈者皆呼爲袁小麻云正誼堂藁弈人傳

列女

明

楊氏忻玉妻年十九玉病痘楊吮之後死楊慟哭亦絶三日家人且殮乃蘇猶噫噫作哭聲遂斷髮誓無他志每食必依玉柩側玉嗜鯉每忌日必設鯉一年偶値河枯無從覓楊悲慟不已忽一漁父持鯉至以一金得之祭畢食胙得原金於魚腹中人大異以爲哀感所致呼爲哀感孺人年八十二而卒後世遂以金鯉名其堂陳勱記詳古蹟光緒志

孫氏慈谿人適鎭海黃誼昭生子淯三載而夫亡節婦年

甫二十有一誓死不嫁以保孤爲已任淯稍長延師督課復娶兄女爲之婦閱四年生二子未幾淯又死時明初田賦至重輪糧者率身詣京師節婦攜寡媳幼孫間關千五百里至南畿見尙書蹇義言海湖爲患十歲九荒乞築塘以捍居民蹇遽曰如此何爲不嫁節婦徐應曰政恐失節事極大耳蹇面爲發頳俯首不能對者久之翌日以聞朝命主事薛某至甯與有司相度成塘起龍山迄觀海延袤七十餘里兩邑民至今蒙利立碑廟祀焉舊志

清

忻氏年二十一歸郡庠生董璘前室侯氏遺一子三女忻佐理婚嫁克盡母道嘉慶戊辰璘以省試卒於途忻所生三子長岾七歲次岭四歲季岱生僅十月忻痛哭不欲生顧念諸子幼弱姑猶在堂乃勉持家政門內整肅無譁笑者比諸子成立婚娶了事而季子岱又歿其妻李氏年僅二十忻謂之曰爲節者須動心忍性置其身若已死亡然後可以持廉恥之界吾年二十八而守節汝更少焉其勉之哉李氏性婉順能得姑歡心撫兄公

子濂爲夫後愛逾所生忻氏卒年六十六以道光十年旌李氏以道光三十年旌吳鍾駿撰雙節傳光緒志

袁氏陶公山忻德鐘妻年二十七夫亡守節終身道光二十九年旌光緒志

全氏楊哲茂妻居錢湖壬戌賊掠鄉村全與夫哲茂先後被戕子某覓得父屍方鬻棺以殮而賊復至斫其屍而去子號慟不絶自縊死光緒志

殷氏歸忻應華年甫十七而應華没撫遺孤成立年七十卒　康熙間有司旌其門光緒志

忻氏戎之發妻年十九夫亡事姑撫子守節乾隆十六年旌錢志

忻氏王宗堯妻年二十四夫亡守節事姑撫子以苦節稱卒年六十三乾隆五十二年旌表其閭光緒志

戴氏年二十歸儒生忻自英舅姑在堂奉侍惟謹越九年自英卒撫嗣子成璋守節三十餘年同治二年旌表其閭光緒志

忻氏史善謀妻年二十七夫亡守節五十六年同治八年旌表其閭光緒志

忻氏諸生鑑之女年十八歸張周烈越八年而周烈卒忻年二十五子兆韓生甫四月撫之成人俾讀父書爲邑諸生守節三十五年同治七年旌表其閭光緒志

忻氏少事繼母以孝聞年十八歸王世淸爲繼妻事舅姑克修婦職逾年夫以劬學致疾卒忻痛不欲生舅姑勉之曰汝夫已矣吾二人將汝是倚賴且吾家一綫在汝腹中奈何不愛其身以重二人憂忻聞言始强起視事越三月生子信德忻仰事俯畜備極勞瘁子稍長督以讀書未嘗有姑息意舅姑相繼逝世喪葬盡禮道光戊午六月陶公山漁戶揭竿聚衆鄉民無知多從之者忻聞之嘆曰小民罔識禮教敢於犯上禍且立至亟命信德遷避西山下十月官軍焚燬賊巢民居亦多被燼一時譁然猝出怨言詈官長信德方奉母避地無家可歸忻獨安之曰若輩自作不靖貽害鄉鄰吾亦不幸遇此耳敢懟其長上耶其知大義如此年五十四卒守節三十六年同治四年旌表其閭陳勱撰傳光緒志　信德食餼郡庠事母孝行篤厚鄉黨稱賢者其字實夫行克副之人以爲母教所致云新增

王氏年十七歸忻惟南逮事君姑克盡婦道舅仰峯爲邑名諸生不幸早世惟南棄儒就農氏勤襄家政不少懈惟南歿氏僅二十歲長子四歲次子在腹茹苦含辛乞靈鍼黹上事衰親下撫遺孤比二子稍長遣就塾督課惟嚴遭姑喪悉遵禮里人賢之卒於同治二年八月十三日年四十九光緒二十二年學使陳彝聞於上旌之賜貞松寒竹四字額新增

袁氏忻延壽妻結褵二載夫故太姑姑均在堂夫弟尙未成立節哀順變措拄家事閱四月舉遺腹子錦崖字愚

仙及長俾授業於張明經品階之門後品階以東錢湖年久淤塞會同志以籌疏濬功未舉而疾革遂以此事屬錦崖袁氏聞之躍然曰此事誠要茍底於成吾死即暝目矣其敦勉錦崖如此光緒庚寅有司以其節上聞旌表如例（新增）

沙氏王恩詢之妻伉儷六年恩詢卒翁在堂夫弟未婚夫妹未嫁氏奉翁謹歷二十年無怠容視夫弟猶弟夫妹猶妹後夫弟娶金氏生一女而亡始就哺於外四歲即攜歸撫養如己出續娶李氏不慧屢觸翁怒氏爲解曰

娣雖拙幸無疾病但能生男爲吾家嗣續亦足釋大人憂也其心迹行習如此年三十七歲卒隣里惜之（新增）

陳氏史悠貴長子久源之妻幼爲童養媳順正聽從不虧婦道久源卒年二十一歲氏僅年十四歲誓志守節奉翁姑甚謹氏父念其靑年難守欲奪其志招之歸家托媒妁氏聞而號泣絕粒願傭工度日以終天年父佯許之薦於下王田家而托媒如故氏亦知父之不諒苦心也每出河問土人曰此河深淺若何能死人乎其死節之心蓋早存於胸中矣既而風聞議婚定適父招其歸遂早起投河死時光緒二十六年庚子八月二十三日也年二十一歲鄉人惜之謂其有共姜之遺風焉（採訪）

仙釋

宋

知和號衣和庵主蘇州崑山人（嘉靖志）有道釋子也（乾道圖經）隱居雪竇山畜二虎馴伏（嘉靖志）或跨之以遊逾二十年（敬止錄）初知和偕普交問道盟曰他日吾二人宜居孤峰絕頂目視靑漢爲世外之人不可作今時藉名（聞志名宦作口）府屈節下氣於人者後交爽盟至則竟不容接（兩浙名賢錄）

熙甯間左正言陳禾延和居二靈庵（圖經）宣和七年示寂塑其像二虎侍焉（敬止錄）

妙雲字慈室參大慧有省居東湖有詩云山環湖水水環山短艇白鷗窗几閑野外更將供給至飽參著得十僧間後主延慶日事講貫學者如市雲詩頌翰墨妙絕一時人皆稱南湖名宿云（延慶寺志）

大觀字物初姓陸氏邑之橫谿人初參北礀於靜慈悟旨命典文翰聲稱藉甚（兩浙名賢錄）後主大慈育王兩寺說法之暇嘗命工築大嵩塘田供禪七至今育王大慈二塘

皆觀之遺澤也聞志

元

祖銘字古鼎姓應奉化人年十八從金峩寺僧橫山學出世法危素撰塔銘居青山寺在鄞東湖之濱劉仁本題其書樓云青山湖上老僧居百尺危樓萬卷書架插牙籤朝日上香消古鼎夜窗虛欄干竹色浮蝌蚪枕簟芸香落蠹魚近憶校讎人未遠雨花零亂獨躊躇又嘗退居湖上之二靈聞志至正七年住徑山錫號慧性文敏宏學普濟禪師年七十九書偈而逝塔銘銘洞徹元微踔厲縱橫

袁桷黃溍虞集歐陽元皆稱慕之元詩選

明

清濬字天淵黃巖人祖銘入室弟子開法於邑之萬壽寺退隱東湖二靈山洪武四年召見太祖勞問甚至錫賚而還十六年召補左覺義聞志住靈谷寺御製詩十二首賜之濬和詩稱旨宋濂嘗有序原作詩誤據宋濂集改正送還四明稱其才不下祕演浩初甬江高僧小傳聞志初誤然年六十五示寂四明詩萃

清

廣昱字光煜初爲天童寺住持後至青山寺住持二十年勤慎寺事寺中屋宇器具皆其建置傳徒善治亦克勤寺事再傳後因地方紳士辦學寺遂廢新增

文獻三　藝文

鄞縣經遊記　宋　王安石

慶歷七年十一月丁丑余自縣出屬民使浚渠川至萬靈鄉之左界宿慈福院戊寅升雞山觀碶工鑿石遂入育王山宿廣利寺雨不克東辛巳下靈巖浮石湫之壑以望海而謀作斗門於海濱宿靈巖之旌教院癸未至蘆江臨決

渠之口轉以入於瑞巖之開善院遂宿甲申遊天童山宿景德寺質明與其長老瑞新上石望玲瓏巖須猿吟者久之而還食寺之西堂遂行至東湖登二靈山觀湖形勝具舟以西質明泊舟堰下食大梅山之保福寺莊過五峰行十里許復具舟以西至小溪以夜中質明觀新渠及洪水灣還食普寧院日下昃如林村夜未中至資壽院質明戒桃源清道二鄉之民以其事凡東西十有四鄉鄉之民畢已受事而余遂歸云王臨川文集

望東湖五首　宋　袁燮

澄泓萬頃浸冰輪千尺驚看玉塔新滿目輝光相照耀乾坤何處不精神

天上金波印水心水中波浪亦成金小舟蕩漾金波裏陡覺廣寒宮殿深

世故紛紛賺白頭何如良夜一扁舟霜風拂面心神肅塵慮寧容一髮留

五十頽然一禿翁湖山清興渺無窮扁舟欲學鴟夷子未有平吳霸越功

世上功名姑置之微茫心事要深思水光月色精神好長

使襟懷似此時

又二首

重巒疊嶂巧縈紆中有汪汪萬頃湖山色水光相映發清輝含處妙難摹

平生酷愛水浮天每到東湖意豁然要識此湖功利溥旱時無限蔭民田

雨中度東湖

宿靄埋山未肯收晚風吹雨濕衣裘漁舠一葉煙波裏添我胸中萬斛愁

咏東錢湖　　宋　史浩

行李蕭蕭一擔秋浪頭始得見漁舟曉煙籠樹鴉還集碧水連天鷗自浮十字港通霞嶼寺二靈山對月波樓於今幸遂歸湖願長憶當年賀監遊

東湖遊山　庚申居下水　　史　浩

四明山水天下異東湖景物尤佳致古來奇處蕪沒多極目空餘老蒼翠最稱險奧唯福泉崒嵂萬仞摩青天屹起精藍名壽聖松風颯颯泉涓涓一徑崎嶇通下水風物人情更淳美兩椽茅屋何蕭然是即吾廬靠山起吾嘗終日

倚闌干眼界峩峩碧玉攢有時出戶一乘輿枯筇蠟屐隨清湲攀蘿直上上水去煙霞迤邐僧家路龍藏虎蟄天地中有村虛號韓嶺漁歌樵斧聲相參陶公霞嶼崢嶸出秀寬陟岵欹巘空墮淚次經象坎白雲庵陰崖斷谷常青嵐傑緜延數非一巃山孤立水中央規圓不賴人鑱刻地雄山壯泉源豪七十二溪俱怒濤截山突吼起六堰百尺花蹊金石牢鳴根擲釣漁艇短數百成羣來往欸綠簑青笠若忘歸細雨斜風渾不管棲眞蘭若唯南隅聞是徐王舊隱居蓮塘十里香風闊鳧鷺鸂鶒時沉浮一帆迅抵青山

寺丈室雲堂高贔屭森森松竹蔽村祠細讀刓碑知故事云是皇朝李使君濬濁澄清利後人迄今旱歲賴實利血食往往長秋春破霧穿雲梯磴滑石觔山腰徧金剎濯足清流舒嘯長蕢當十畝清風戞紫衣道士氏曰朱高論山前結草廬客至石壇無俗物橫琴數曲酒一壺對岸二靈只一葦依約誰家葬龍耳夜深疏雨洗遙空一朵濃雲罩山嶺金襴禪老今大顛壞衲蒲團日坐禪我行不問西來意消息還將方寸傳烏石山頭滕嶴口泓澄萬丈輝星斗過客誰知此地靈只聞靜夜生龍吼鑑湖蕪沒多田疇臨

平車馬尤喧啾紛紛未識茲萬頃神仙窟宅合在南北東西陬周遊幾十里此興猶未已歸來模寫筆不停大匠從其誚狂斐鄧峯眞隱漫錄

雪夜行舟罵鬼　史浩

朔風一夜吹寒雪萬里靑山變華髮東湖興盡回扁舟兩岸蘆花照天發篙工撥櫂光陸離一簑好景渡頭歸忽驚波面嶄幽晦問訊歸程船復退空巖有鬼鳴啾啾鼓檝場波如部隊須臾夜朗分西東對岸村虛指顧中妖氛孽影叱咤散人家燈火猶朦朧嗚呼山鬼爾何錯滅頂於余奚所作不能隋爾禳禍釁沴炙殘盂圖咀嚼我有長㦸叩上眞我有健步飛如神請呼雷公起霹靂割截汝輩爲徽塵嗚呼山鬼聽我語從此逍遙自游止如斯攬括枉費力生死由天不由汝

次韻孫季和東湖二首　史浩

出郭乘清興扁舟一趁風山光眞黛比水色與天同宿鷺班班白寒楓處處紅誰知吾勝槪名冠甬勾東

水拭雙鸞鏡山環六曲屏雲端迸朝日木杪見疎星梅塢春長在柴門夜不扃援琴誰寫景思得與君聽

與東湖壽老　史浩

乞得西湖養病身小園眞隱謾頤眞已將竹院舍幽客更築鄉畦招可人茗盌晝看花墮影吟窗夜與月爲鄰清涼境界天家予自是全無一點塵

下水庵曉望偶題　史浩

疎樹梢頭露曉星薄寒侵榻睡初醒沙鷗何處驚飛起點破遙山一抹青

因見父老云東湖九百九十頃七十二谿故有是作

東湖九百九十頃七十二谿攢翠波乞我扁舟任飄泊卻

教明月吽漁歌

請倫講師住月波水陸院疏　史　浩

風煙佳處鍾梵飽聞下臨萬頃澄波中印一輪明月龍天呵護兩宮之睿藻交輝星斗昭回儲禁之神毫煥發來居此地拱侯當仁倫公講師得雋祇園傳芳台嶺口角妙談三觀胸中絕挂一絲屢主名藍爭馳羣衲宜向無礙道場滋味乳更於甚深寶洞肆潮音優曇華忽爾重開果符眾望靈山會儼然未散永祝帝齡

請如大德住無量壽庵疏　史　浩

東湖萬派琉璃下水千巖翡翠中是曾先之窟宅久煩神物之護持輒企巾瓶虔修香火如公大德夙馳道譽綽有慈風雖明淨摩尼已絕纖塵之染污而清深蘭若向祈大手之發揮便好承當不須擬議

請道監院住教忠報國院疏　史　浩

卓矣生全純孝歸歟天予吉藏脊惟我祖之靈宅是眞仙之窟松楸已拱香火久寒必得其人乃膺此選道公大德入啓霞室登眞隱園瞬目揚眉旣聞指訣搬柴運水莫匪神通伫大闡於慈緣以一新於勝地

請雲講師住上水辯利寺疏　史　浩

路當雙澗會門有兩山朝文宗之翰墨猶存名族之松楸已拱常嗟勝地未遇當仁來者紛紛隨分經營於粥飯去之寂寂何心領畧於風煙宜得俊流可畢能事雲公講主六塵休復三觀淹通昔年馳譽於青蓮今日應緣於辯利會見殘僧野寺化爲古德叢林便請承當毋煩辭避

請澗大師住上水教忠報國院疏　史　浩

丹桂叢中聳二親之吉兆白雲深處儼諸佛之道場欲挽巾瓶來修香火澗公大師鬱爲法器綽有化緣奮雙拳創

建月波山咄嗟已就渡一水再興安樂剎談笑可成行看一代宏規永作諸方嘉話惟茲快便請勿牢辭

請罙首座住上水教忠報國院疏　史　浩

拱秀發之松楸久爲吉地煥光騰之金碧中有梵宮欲成古大道場必待得眞法器罙公講師學明止觀法妙聞思能於在處建立伽藍宜向是間發揮叢席會看棟宇敞百代之栟幪更俾鐘魚飽十方之雲水以此無邊佛果用酬罔極親恩便請承當毋煩退避

教忠報國院募觀音殿甎瓦疏　史　浩

東湖勝地上水精藍聳吉祥安樂之名山儼妙智圓通之瑞像寶殿昭回於奎畫普門示現於靈蹤雖雕梁玉舄之僅全而蓋瓦級甎之未備輒憑諦信用助帡幪勿生有限量身心待私家而成就當起無住相佈施隨生處以莊嚴報應靡差慈悲廣攝一念既萌於自己百祥豈屬於他人快便眞箇難逢當機切忌蹉過

月波山求化疏　史　浩

鄞有錢湖古稱洞府山列千尋之翡翠波涵萬頃之琉璃即蘋葉藕花之中立梵刹寶坊之勝神呵鬼護煌煌帝所

之宸奎鳳翥鸞翔奕奕青宮之墨妙天童育王與之鼎峙道人衲子是以雲遊展鉢之衆加多入廩之儲未裕雖豐濃香火咸推講懺之至嚴而扣擊鐘魚唯慮堂廚之弗繼是用謀及龜筮禱爾龍天遠投諦信之家求衍膏腴之地喜既垂於青眼諾斯重於萬金儻令累陌連阡稍歸下處會見發祥遺祉俱萃高門共成常住不拔之基永祝至尊無疆之筭

二靈山普光院求化疏　史　浩

一山孤秀宛在水中四獸爭雄皆爲從者乃東湖尊貴之地有二靈勝絕之名詔國師曾此結茅和庵主繼因卓錫久成湮沒茲發光明雖勑額新頒龍天歡喜[illegible]梵宮殘廢雲水寂寥輒登檀信之門用丐帡幪之賜儻垂金諾成此寶坊施頃有限之資財報受無窮之福利　鄮峯眞隱漫錄

三月末泛湖　宋　鄭清之

半晴陰更重午暖冷猶爭墜葉蒲芽綴新蕁荇面生鐘聲帶雨溼帆力貯風橫客至雙飛鶴歸與茗可烹

湖上口占

賣葑千艘底處藏媧天濯熱卧湖光山雲既雨猶相逐水

草無花亦自香野徑徧穿人借問僧茶旋點客先嘗翻思舉世趨炎者誰識蘋風五月涼

東湖泛舟　宋　史彌甯

扁舟去穩似乘槎瞥眼輕鷗掠浪花絕愛陶公山盡處淡煙斜日幾漁家

清明前一日友人招泛東湖　宋　陳宗仁

僧舍經旬只病眠不知春事滿湖邊相攜步出城東去楊柳桃花氣欲煙

令節正逢一百五輕舟閒泛兩三人弄珠樓下波如酒醖

碧搖紅濿濿新

一　東湖聯句　　元　袁　衷

舊學蕪三史新居隘一廛煎熬魚煦轍奔竄鳥驚弦擬整
登山屐桷須乘破浪船出關塵已遠衷過埭意爭先歸舶
攢桅聚桷浮梁斷鎖懸潮渾江葑沒衷膣破岸藤纒戍栅
依樟蜜桷官堤砌石平機閙蚕嗅織衷砧響雁傳箋乍靜
喧煩耳桷猶欣輾轉眠鶻橋華屋廢衷鵝滙曲河連䋲實
閒農具桷䕷巖絕竈煙急裝紅蔽膝衷辮髮黑垂肩估客
編文具桷村家緯木棉生涯疲剖剝衷世路窘迍邅龕室

休行客桷郵亭嘆逝川韝鷹圍獵罷衷聯騎縱游旋路轉
分支港桷川明幻別天鄮城花已闇衷甬水恨空傳數堠
搜唐刻桷題詩紀宋編會堂夫子像衷汲井隱居泉海眼
藏龍窟桷山心射鹿田水鳴知棹急衷岸走訝途遷隱見
岡巒近桷低昂橋柚鮮青山猶五里衷綠樹已千年歸犢
如雲擁桷閙花似火然苧裳游女淨衷蘆管野伶妍繫纜
披團鼇桷循溪捨竹簑徑香幽菊傲衷土薄假山偏燈火
精廬古桷衣冠故物全登門論子姓衷對坐敘姻聯金餽
篩窗影桷丹砂養井淵螢光飛熠熠衷鶴唳翼娟娟斗室

橫烏几桷方床藉素氈魂清時入夢衷意得寬忘筌遡墓
戚扇戸桷遵湖復扣舷滄淵遠秀麥衷眞隱拱朱篆碧澗
諸天杳桷蒼珉帝畫鐫榜危頻縮武衷像寂且擎拳紫府
商林歇桷丹書漢澤宣銅鋪苔暗蝕衷徑庋燕新穿倦鳥
辭枯柳桷游龜戴旱蓮古奩開瀲灩衷斜轂覆漪漣淤塞
茭排劍桷洲乾蓼糝鈿官徵都尉粟衷漁納水衡錢玉絕
山靈泣桷祠荒野老憐紙旗靈社鬧衷草广曲河塡此去
眞珋爾桷斯言信偶然柏幽藏魍魎衷潭暗衮蜿蜒雅興
呦呦鹿桷勞生踮踮鳶攬芳眞啗蔗衷寫絕擬和鉛轍迹

蕪菁翳桷麻蓁臬耳緣貞娥鬱龍虎衷胄相紹貂蟬宰木
分神隧桷思亭列石筵風霜翁仲老衷香火釋迦專楚些
招歸魄桷王官慨昔賢拜峯誰控勒衷篆水自書玄屈曲
東西路桷縱橫南北阡繁華睎轉電衷得失口垂涎絜酒
悲宗老桷囊空想地仙房溫連梵唄衷市近接漁膻破露
生衣濕桷登坡弱足胼卧牛遺扁暗衷眠鹿會斧皮金刹
從茲訪桷塵纓合少鐲伐山靈運躁衷銜雪子猷顛檜爆
蜂偷蜜桷蘆寒烏啄縣蟹稀螯數百衷樵影斧論千淡日
收人影桷空風漲土埏蒲葵遮望眼衷繭紙論吟篇陰道

家僮懶柟偷程地主偎蟻封徒曲折衰駒隙漫拘攣碎石
行行直柟脩篁个个員深蕞鷩雉翠衰夾徑聳楠梗濯錦
芙容豔柟飄香桂子駢雕楹回複道衰斜閣布陶磚刻畫
功難盡柟輩飛勢欲翩奉常陳劍履衰尙服賜紘綖繐織
鮫人綃柟帷凝尉國旆妖姝汚粉頰衰士偶聳高顴袪石
當時力柟臨淵昔日權只今留舊業衰何處覓幽禪燕頷
風雲會柟龜趺星日躔蛛窠緣衮服衰風跡上朱邅累僕
供朝汐柟因僧進午餐佳城蹲五鳳衰素業廢三鱣勝已
窮蘭若柟名猶慕偓佺臺空霞佩冷衰殿寂羽幢蔫觀主

何年住柟眞官永世鍵畫梁誰復葺衰美蔭久頹腋木已
非眞李柟僧宜賤壽籛悲來雲幕幕衰恨極水潺潺重嶺
藏椒屋柟斜暉拾蕙櫋暫歸心未穩衰欲去眼空眩憶昔
窮誅闢柟如今猛棄捐慈山名轉赫衰困堧恥誰漪積翠
林霏悄柟流波海月涓遠鐘催宿鳥衰横笛挂烏犍柱笏
風騷負柟攜壺主僕牽情懷同黍醴衰臭味比香荃圓澤
休論舊柟華胥復記前乳彪號澗側衰哀狖嘯雲巔悖族
盤飧盛柟通家笑語闐鴂靑歸漿熟衰艀艋逆風沿濟勝
應難促柟臨流且賦遄鴟夷歌逝矣衰漁父卜終焉紫權
遮籬角柟丹楓壓廟堧鍊形金骨化衰團礎土砂堅破屋
啼山鬼柟荒碑立老鶻歲時羞野饗衰水旱禱靈尊西帝
澄金宇柟東湖鑄玉璿涼颸舟泛泛衰晴日草芊芊射鴨
縈長弋柟叉魚擊短鋋酒壚横野甕衰屠几列肥牷衒市
僧袍麗柟招虛販鼓鼙登臨難婉戀衰想像費平銓更欲
南窺海柟誰能北跨燕同心雙繭緒衰狗俗走珠蠙朗鑒
詞聯嶌柟玄談茗更煎翺翔誠放浪衰觶啚類狂孱已乏
凌雲句柟時思縮項鯿還家如夢寐衰共點曉霞邊柟甬上耆舊集

葉孔昭爲尊公刋海堤集喜而有作　元　戴　良

翁昔爲州建土功石堤萬丈海爭雄歌謠德美南陽似紀
載文成吏部同要見流傳千載遠肯教露落百年中誰家
有子賢如是手把新編喜未窮

十一月十日紀宗正夏君衡約遊東湖舟行未數里
雨忽大作乘夜至湖下宿高氏墓廬頹垣敗屋而四
顧蕭然君衡呼酒劇飲談至夜分霑醉就睡亦佳甚
獨惜孔昭葉君既行而復止不得與此清會次早詹
溜不絶遂泛舟而回舟中作此以示同遊諸公且寄

孔昭　戴　良

遠覩芳年謝坐厯清景遊幸茲舟楫具肯爲晦冥留空江已滥濟凝雲猶未收浦寒雨隨作篷漏霰仍投澄湖限遙境溢潦翻近疇急時暗促榜失路夜迷洲老篙泊洄曲童子棲浪頭僅尋空館息爾動羈客愁鳥聲入簷急虎迹當門稠人咤久失主鼠欣新得儔障牖掛衣袂燭竈爇薪樵肴核稍羅列醴醪聊獻酬僕御競歡謔賓朋恣吟嘔外患悠悠逝中悁亹亹瘳已諧安集意游爲棲宿謀掃地藉槀秸解包出衾裯棟溜訏潛滴礎潤驚暗流偃坐頹屈蠖跰

卧劇拘四悶懷仍抑噫若語重伊嗄默誓屏遊屐嘉願赴歸舟陰晴分預卜行樂且復休第恨同袍友近在東家邱窮年訂期約此夜闕綢繆鬱鬱蓄良思依依仰淸猷茲會已云失何時復相求

舟次高錢遲孔昭不至詩以速之　戴　良

屢約湖曲遊良辰輒蹉跎及今風雨夕一葦淩寒波遙遙度墟里靡靡轉坡陀暫息泉上樓倚欄頻嘯歌此時知心友徂期在山阿儔侶徯之久不至復如何

承天淵天敘二禪師下顧適出不及一會而去詩以謝之　戴　良

相聞非一日相會在何年行道偶來過盡興復言旋豈伊塵外迹合屏區中緣去就旣殊路動靜詎皆禪身名端可遺物類諒終纏悠悠仰高韻默默阻中悁

湖上對雨有懷天淵老禪　戴　良

空濛暗遙甸淅瀝響高樹乍縈林表來復灑重湖去瀟瀟孤興發望望寒川莫念與道人期雲深不知處

遊東湖　戴　良

漾舟疑港斷進帆喜湖廣境麗趣非一路迷心已往雲峰

互稠沓煙波紛滉瀁梵宇浮鏡入琳宮躡屐上浪起孤嶼沉水落衆山長隱隱草畔堤悠悠蘆際榜幽懷自此多客情復誰獎身固脫虞穽心猶寄塵網安得超世姿來縱山泉賞

和嵊縣梁公輔夏夜泛東湖　元　袁士元

短櫂乘風湖上游湖光一鑑湛千秋小橋夜靜人橫笛古渡月明僧喚舟鴛浦藕花初過雨漁家燈影半臨流酒闌興盡歸來後依舊青山繞客愁

寒食過東錢湖

儘說西湖足勝遊東湖誰信更清幽一百五十客舟過七十二溪春水流白鳥影邊霞嶼寺翠微深處月波樓天然景物誰能狀千古詩人詠不休

閒居東湖述懷　元吳志淳

野水耕鉏喜近郊柴門風雨夜蕭騷卧龍豈欲煩三顧老鶴長鳴向九皋北闕湛恩新賜爵近臣傳敕舊同袍自憐經濟全無術祇有山林興最高

東湖閒居集懷

頗覺年來步屧遲僻居成嬾靜相宜醉眠白石能醒酒坐

愛青山獨廢詩百歲功名心似水十年江海鬢如絲出門稚子如相問何事山翁倒接䍦

其二

幾載風塵厭鼓鼙故園回首意都迷避秦直欲尋漁父訪戴惟應入剡溪自喜比鄰來饋餉頻煩太守問幽棲此生不爲名拘束林下何妨獨杖藜

其三

四十方過暮景斜晴窗校字岸烏紗休誇白首揚雄宅祇說清狂賀監家歲月有情空潦倒田園無計作生涯山妻不識朝天服卻笑朱衣似晚霞

雪後泛東湖　元丁鶴年

雪後湖山玉作圍小舟乘興弄清輝貪看月裏鸞回舞不覺風前鷁退飛雲母屏空春閬寂水晶宮冷晚霏微仙家一笑乾坤老誰馭瑤池八駿歸

東湖懷古　明木卿謨

山行蹊行窄俞論仰高賢幾處漁樵別千家門巷駢寶幢蒲作佩玉几茗堪煎遺俗猶然古書聲里塾宣

東錢湖絕句　明李堂

東湖風景過西湖史相祠宮列畫圖不用舟人頻指點留詩欲吊岳墳孤

相公囊括宋山河鑿石穿雲作補陀若見匡山還好景慈元宮殿碧嵯峨　游補陀洞天

深山何物仆穹碑石穴金丸禍已隨莫歎師王空一槨穆陵遺事更堪悲　仆碑

梵王宮殿七浮圖殿趾層層漫綠蕪幸有老松人不剪滿林落日正啼烏　大慈寺

東湖　明陸銓

湖日初晴爛晚霞竹輿披露度芳華短苗斜引溪前水小荻新穿雨後沙馬踏落花過藥圃鶯啼修竹到僧家閒來不覺塵心淨坐聽鳴橈弄水涯

湖上　明　金　華

湖頭蜂蝶共尋春只有啼鵑最惱人便與黃鶯一樣打無人識得是君臣

湖邊晚泊　明　全元立

落日荒城外棲烏匝樹陰江空浮月早山暝薄颸深遠火驚郵吠歸舟咽櫓音鄉心正愁絕飄泊動孤吟

湖上　明　包士瞻

檻霽鮮雲度穿花隄上行田田新葉翠欵欵白鷗輕解帶涼風至開尊古木平湖光倏紺紫落日在山荆

湖上　明　周元孚

湖干卜築幾人家竹裏疎煙日半斜曝背老翁閒捫虱挾丸童子慣驅鴉墻東摘得黃柑熟隣北能供白酒賒乘興不妨歌險韻待將雪意問汀花

東湖　明　周應辰

一自山廻滙作湖稻苗東望水天扶因之利藪供漁舍兼亦仙家列畫圖浪打墓門秋與闊雲藏溪寺月同孤葑舟多是蓮田壅有個蓴思擬棹無

東湖　明　李生寅

平湖八十里東望去城偏波闊山爲岸春深雨似天數郵沙上柳一縷嶺頭煙何物鴟夷子相呼引釣船

游東湖　明　金　鎰

湖上放船好秋高眼獨明水光浮地白山影露雲青把酒臨鷗渚掀篷認鶴汀笙歌謾繚繞詩思正縱橫

湖上竹枝詞　明　豐應元

小舠輕刺過灘沙九月丹楓賽錦霞七十二溪流欲偏只須隨路宿山家

雨晴泛湖　明　楊承鯤

谷口湖全白漁家柳半青今朝好晴色都上水心亭

水遠高于席山青欲入船鸕鷀漫自在出沒大湖天

秋色吟浮東錢湖作　明　李　瑋

秋色滿平湖我來屬新霽天廻諸峯清波靜孤霞麗倚櫂一長謠傳盃更流盼羣動細自嬰此身舟不繫富貴須鹿由文章乃雉翳祗恐雷火藏豈憂太岳厲煙水本相侔重

淵浩無際何處蘆中人歌聲起鼓拽

史相墓下作　明　沈一貫

落日低垂丞相阡狐狸穿冢出平田大碑已斷無文字惟
有山僧說歲年

從張大司馬湖上雨歸　明　余寅

冒雨憐于邁從公又雨還萬山知汝健雙屐笑人閒窮海
玄陰積空堂朔氣班登樓高自遣猶得俯塵寰

將之鄮溪過東錢湖作　明　張琦

眼光久誤是非機今日湖頭試道衣狎浪鳧雛依母出銜

人雉羽挾雌飛晚晴沙客歸村小春病山僧下嶺稀不負
風光答佳句前身誰是謝元暉

過東錢湖　明　徐鳳垣

風微帆易度天闊水生波湖外農家少村中野寺多春田
魚子跳夏樹雀兒歌一逕斜陽外羣鷗鼓棹過

奉家君避寇東湖　明　董應遵

海宇連烽火江城廹羽書亂離吾輩賤搶攘故人疏算老
憐親健排愁苦晝餘蒼茫湖上月偏自照村居

湖上曉起

愁深不成寐早起意偏慵野鴨驚漁火村姑急曉舂人稀
韓嶺市僧寂月波鐘忽覩風帆急心疑報遠烽

東湖　明　包燮

憶昔避亂東走湖六月亢陽萬壑枯老妻足折氣力無皮
肉焦死悲道途屈指于今忽六秋杖藜不過心悠悠夜來
雨歇晴泛舟七十二溪合一流長隄日落漁人聚煙生細
網不知處鳧鷗逐隊來復去舟人指點沙邊樹陶公嶺下
多居人一枝一葉憑有神何不化作千萬軍與我一掃天
下塵

同徐可貞高隱學退山兄梅湖觀荷　錢豹

西陸蟬聲五月天蓮花翰苑似爭妍山樓共醉歸來晚顛
倒騎驢失後先

同徐可貞過湖上

片片雲歸石風高落雁天一湖秋作色孤嶼鳥啼煙棋罷
見茅店詩成過釣船帘飄古樹下沽飲亦陶然

其二

終日湖之曲扁舟可夕陽斷霞明細嶺歸牧亂橫塘幽景
恰如此子懷且更長登崖隱學士此別寄滄浪

遊五磊寺

雨久溪容濕晴憐野色靑尋幽到海岸古寺得山情片月疏松影千僧一磬聲老人留予住語謂見生平

董巽子將發東吳余要之從梅湖而過舟次和韻　明　邱肩玉

水程殊蓄意況復子能留十里湖山語孤篷主客舟雨餘還戀柳煙末欲歸秋造次菰蒲入攜雲到嶺頭

其二

湖當山一束船夾草根過梅湖在東錢湖側其形差小先塋在焉時湖水甚涸健翮

淩高隼寒汀折露荷人家深竹見夕氣水光多久坐能寬醉微風拂面和

東湖秋泛　明　章朝銓

乘輿攜樽泛素秋涼風吹雨坐來收雲分暝色迷初岫月落平林隱釣舟杜若洲香聞夜露芙蓉秋冷浴羣鷗何當放浪江湖裏長作披風弔月遊

汎東湖　明　范欽

澄波四望空畫舸泝泠風野寺輕鷗外人家細雨中菰蒲臨水映洞壑與天通卽擬尋眞去花源杳未窮

東錢湖　清　錢維喬

東坡昔日守潁州復有西湖供讌游我今作令明州住亦有東湖索題句三年繫清夢半日駕短篷水光山色漾明鏡下上但覺雲溶溶輕陰遠環諸嶺翠落照乍返澄波紅沿流參差見短屋隔嶼隱約聞疏鐘茲湖三邑資灌溉七十二鄉眾流會百夫築堤愼所防一舸投罟洩斯害頻除茭葑蔓未已或借樊籬佔成界昔人建議悉良法俗吏奉行枉秕稗我來雖亦圖幽尋采風兼與懷古深晁鷗飛散簿書眼霞月欲盪塵煩襟丞相書堂久寥落不及陶朱釣

魚樂古來富貴亦須臾何況卑官强束縛卻思勝境晦乃全此湖僻處猶天然我將縱筆拓眞本攜歸買不費一錢

泛舟東湖同徐霜皋作下六章登福泉山詩　清　李鄴嗣

結遊慕春餘遲契得吾友爰此古鄮湖盪舟下水口柔槳聽風行湖光四面受遙色秀山家餘暉帶門柳一峯領眾嵐巃嵸盡俯首孤霞插中流茲意非可耦湖山相淡歛披襟與之久世人徒趨名遊觀事亦有歌吹喧西湖盡在白蘇後未若茲湖佳幽尋自不偶千年隱學處靜氣寄巖藪

終日惟單舟煙濁集吾手發興旣我曹奇唱庶無負風迹
留古今斯文倘同朽

下水磨嶺脚　李鄴嗣

登輿縱新覽山川喜重霽解顏與輿夫徐徐緩前氣適冒
皇天威微生飄一蔕汝曹傾命力躅險艮不細安步莫忘
危豫防在旣濟躓垤不躓山聖戒所深記五里落水磨始
得踐厚地回瞻憩脚所埋屛亦天際半下尙雲中絕頂安
可計昨來臥山牀眞與飛鳥逮片片堯時嵐從斯入夢寐

福泉精舍呈直菴大師四首　李鄴嗣

始得稱人外歸然精舍存山門浮海面佛座插雲根成歲
常非候分天未有痕平生避世意應向此中論
禪扉徒自啟少有客相尋白霧濛昏曉高雲失古今佛身
蒸有氣鼓面濕無音大暑人間酷難從席上侵
一逕入來處遙從飛鳥前持鐃開大雪負鉢上高天色讓
蒼宮老權推白帝偏諸方龍象滿誰問定中禪
直公契闊久攜手此時同坐我竹生處看人雲起中飄花
一水過鳴磬萬山通夜靜諸天久還依佛火紅

鄮東竹枝詞　李鄴嗣

東湖水滿便堪凭高下田禾盡望登最喜太平王令長官
糧不作十分徵王忠烈公章治鄞九年歲徵糧輸八分卽止
東錢山水秀堪圖不數城南日月湖若使移來邊郭外十
洲三島任人呼東錢湖山水之勝以離城五十里故遊者罕至
十廟沿隄霞嶼孤東湖本亦號西湖愛他千頃煙波闊不
學西頭鶯脰蕪東錢湖初在鄮縣之西故亦號西湖
湖水趨河河落江一高一下遞相降勤修隄閘防開閉召
父曾來治此邦鄮東地勢湖高於河河高於江江高於海故濱海而無水害鄞守令留心水利者有儲仙舟王元暐陸南金李夷庚李炤任侗張峋邱崇元程覃吳潛諸公俱廟食

開田湖畔稍侵千儘說東錢水面寬三縣七鄉民命重請
將利害問鄉官湖水所灌三縣七鄉然豪大家每侵爲湖田
此地陶公有釣磯湖山漠漠鷺羣飛漁翁網得鮮鱗去不
管人間吳越非湖上有陶公山
福泉山寺憶曾登佛面常教海氣蒸夜半開門迎赤日龍
涎窩裏卧高僧寺在山頂面大海前有老龍潭先怪常見
象坎人家接櫟斜春來白處盡梨花樹頭裏到冬深摘一
顆眞消冰雪柤象坎諸村梨以櫻皮裹枝上至臘盡方摘眞快果也
肯向王家受尺纏湖頭到處狎鳬羣縱然靖難功臣貴不

及先生一片雲金尚書忠有兄日華風節最高成祖賜以文綺亦不受自號白雲先生

詠遊東湖一律　元　忻都

草玄閣下任春歸燕子雙雙欵竹扉獨向武陵長避世只應鷗鳥共忘機萬金湖上還垂釣千仞岡頭且振衣老閱人間渾感極得逢摩詰好相依

湖上雜詠　明　忻濯

淡煙疏雨兩濛濛楊柳初傳花信風幾許閒情消茗碗一春生計寄詩筒繞湖村路雲霞滿隔竹人家雞犬通多少探芳尋勝客蘭橈都在釣磯東

汎湖七律　明　忻液

避暑臨風六月秋前山羅列水悠悠山花笑待多情客水鳥飛隨不定舟衣製芰荷期遁跡歌翻桃葉欲消愁興酣勿問歸何宿新月澄波一枕流

湖濱新柳七律　明　忻永錫

春回湖上百花明柳色先看曉弄晴拂岸柔條堪繫舸傍簷新葉待巢鶯煙籠舞影當杯淺雲擬飛花點席輕遙憶征人臨此際依依對景動歸情

湖上書懷七律　清　忻天錫

水色蒼茫岫鬱葱潛居奚必泣途窮心閒始薄王侯貴身健誰知藥石功破屋豈能巢乳燕晴雲何事滯歸鴻衡門自有棲遲樂收拾殘盃滌晚風

東錢湖汎棹五古三十陷全韻時有濬湖之舉　清　忻涵清

齋頭春雨歇湖光開寶鑑食飽無個事扁舟湖心汎水煖鴨頭綠山青螺黛蘸箇中風景賒得來豈因賺憶昔南金公芳蹤究難淹野老沐膏澤我得張雲帆所嫌近村涯近村人語儳將擬赤壁遊洞簫聲微黯湖山放我懷名利烏足陷羈束不風流只爭名利欠笑彼好事者似盜出於覽

我自樂天機人毋於水監婦藏一斗酒何必鼎須饞酒至半酣時吟詩語入梵山僧坐蒲團無悔焉容懺亡何秉性愚刻舟竟求劍放棹不知歸月吐星天讖棹歌度前村村犬聲驚闞

陪守道詩僧泛東湖賞蓮玩月而歸　忻琳

袈裟不着負詩筒來泛煙波浩渺中高下浪聲歡羽客往來船勢趁樵風蓮花有座浮清水玉鏡無臺掛碧空漫道回頭便是岸篙篙着力路難窮

登葉墓有感　忻愷

多爲兒孫變虎豹指點峰巒胡取鬧何以葉墓未葬前先出堅貞與大孝只使此地秀靈鍾亦爲死者食其報堪笑遊人耳食多從前之墓窮未到

錢湖十景　忻　恕

陶公釣磯

霸越歸來刖有天一竿秋雨一簑煙雲山早遣倪迂畫風月先爲賀監緣白髮未曾簪我輩青袍無奈著當年生涯自分惟如此留與高人問水邊

余相書院

小築園林息宦情湖山從此結新盟曉吟竹葉當窗碧午聽茶聲入夢淸自昔山中棲宰相於今洞裏訪先生遊人欲問讀書處夜半樓頭月尙明

上林曉鐘

露草煙枝暗幾重老僧常破上林鐘姑蘇城外撞偏早壽聖屏南聽未逢四五更傳靑嶂列兩三聲出白雲封關心縹緲歸何處古木前頭隔數峰

又

滿天風露溼遙空何處梵宫報曉鐘四五更殘靑嶂外兩三聲出白雲中客非壽聖坪南過信與寒山寺裏通不待片時天乍白枝頭幾處放朝紅

白石仙枰

鏗然逸響破雲巔一局棋攤古樹邊片石當年留勝蹟空山今日認飛仙花應落盡秋燈夜子擬敲殘午夢天漫說西南風漸緊層層苔蘚鎖寒煙

二靈夕照

氣昏日夕靄蒼蒼獨占羣巒豔晚妝數點飛鴉寒布黑幾株疎樹澹描黃倒含塔頂現奇彩返照佛頭開寶光一幅

詩情兼畫景下山樵擔者番忙

霞嶼寺嵐

湖心一架翠回環煙樹晴霞鎖小山石洞空浮煙水裏梵宫應在有無間淡濃墨似新添畫蘊藉人如嬾霽顏未了髻頭廻望合斷雲殘雨碧沙灣

殷灣漁火

晚煙暮靄起湖東傍岸漁燈點綴工遠樹高連楓葉赤方塘低透蓼花紅雲深舵尾濛濛雨秋老船頭瑟瑟風夜半愁眠詩入夢不知誰是少陵翁

蘆汀宿雁

聲斷衡陽水國秋滿湖蘆荻白花稠一生雲水家無定千里關山夜轉愁夜半西風寒料峭天高新月影沉浮偶焉一宿即飛去爲憶子卿不肯留

百步聳翠

百步峯尖熟削成聳然相對翠煙横林間畫景偏嫌淡海外文心不喜平踏脚欲隨危石轉舉頭幾處怪雲生登高所向無空闊笑指諸峯露晚晴

雙虹落彩

染彩新虹落絳霄長隄走馬夾紅綃春風五里楊花路秋雨連湖柳岸橋人在鏡中遊似幻船如天上坐非遥妝成一幅天然景不藉丹青筆細描

東湖竹枝詞　忻恕

家在東湖一畫圖不將西子比西湖西湖風景東湖有西子從來天下無

古堇水利説東錢李陸功勞自昔傳只爲居民多佔築幾將滄海作桑田

春風鼓動海生潮采戸（漁船大者名采戸）年年似葉飄潮或怒時風又急妾魂飛上九重霄

生長山邊近海邊共誇山海味相連筍羹麥飯多清淡怎及黄魚頓頓鮮

麥黄秧緑正東風愁殺田家四月中晴礙插秧雨礙麥半晴半雨好天公

端午艾旗高挂戸清明楊柳插盈門吳中舊事知多少惟有此風今尚存

嫁郎須嫁種田郎做娘須做養蠶娘蠶有新絲田有穀願將辛苦奉公堂

煙火湖中九九天家家兒女賽嬋娟寒衣不管催刀尺惟喚卿卿買翠鈿

儂住湖濱打鴨場勸郎莫打水鴛鴦鴛鴦不打雙雙好打去分飛各斷腸

壽聖湖頭唱竹枝後來蘭蕙續新詞蘇臺尚在香魂杳付與東湖明月知

東湖竹枝詞

由來煙火話陶公照得紅如赤壁中卻笑周郎無妙計東湖不借借東風

李陸開湖惠四民吾鄉例合受明禋有如綠野谿邊廟也
塑青苗悞國人
幾間小築傍湖濱如見當年坐嘯人明月一樓寒悄悄誰
來洞裏認前身
一竿風月坐東湖姓范姓陶又姓朱而今片石無人管留
與倪迂入畫圖
五里梅塘一綫牽彎彎虹影晚晴天越王舊日跟隨客走
馬春風望若仙
一嶼湖心賽普陀當年妝點問如何落霞孤鶩齊飛處面

面波光似鏡磨
山川情性最難摹葉墓胡爲共羨乎墳蔭人來人蔭墓一
門三相古來無
向書墳畔白雲橫舒卷隨心樂一生若使當年肯出岫豈
惟難弟更難兄
山前山後屋高低一片魚鱗瓦不齊買棹若逢王摩詰雨
中春樹句先題
湖頭狂客每狂吟吟到錢湖值萬金錢有盡時金有價何
如水利永於今

錢湖十景七律　忻鑑

陶公釣磯

渺渺扁舟掛綠蓑當年曾泛洞庭波陶公山訝遺名舊范
蠡魚疑此處多裝點石磯希勝跡流連漁子動高歌我懷
宏景眞鄉老曾否褰裳憶芰荷

余相書樓

石洞裝成背畫樓余公娛老足清幽新篁滿徑迷青眼好
鳥幾春伴白頭對鏡地懷唐吏治憩亭人想晉風流（舊有昨是
今非等亭）於今寥落莊前柳同慨舒園往事悠

霞嶼鎖嵐

夾岸嵐光百尺浮一卷橫鎖雨初收洞天霞蔚疎林暮宮
殿黍離古時秋霧縠散來青接巘淚忙捲去翠連洲卻憐
影爲蒲帆破日日樵風送晚舟

百步聳翠

百步峯開秀插天青青雨霽更鮮妍岡頭春筍亭亭矗空
際秋螺面面圓瀑布濃陰流澗底曬經綠影亂坪前（下有臯橋
巖曬經坪）春遊絕頂憑歌嘯定有人猜是謫仙

上林曉鐘

月落星稀碧漢橫晚鐘旋向上林鳴竹溪無礙音沉杳松谷餘鈴韻答清可有雲封傳早課不關霜應寄幽情山中夢覺知多少起舞何人燦一檠

二靈夕照

二靈山水夕陽天好向晴湖放畫船黃亂麥畦雲靉靆碧縈葦岸浪澄鮮僧房半架留花影梵塔幾層鎖樹煙爲愛登臨歸去晚嶺頭復送月娟娟

雙虹落彩

梅塘五里架雙橋虹彩何曾向晚銷南北屏連仙子幻東

西鏡落美人嬌每因殘雨添紅綫豈藉餘霞襯絳綃好句謝樓思太白梨花臺梨花山有史氏書院上景重描

蘆汀宿雁

塞雁聲聲下荻洲一湖風景接三秋花飛共耐風餐苦水淺難忘露宿愁霜冷信傳千里外月明魂轉五更頭應知不是衡陽浦傍曉遐征別野鷗

殷灣漁火

煙生晚飯幾漁舟有客相看倚畫樓楓葉蘆花相掩映斜風細雨半沉浮鷗眠應怕餘光逼魚戲還驚倒影流明滅殷灣渾不定雲山夜夜助清幽

白石仙枰

湖北磷磷白石巔何人畫局漫爭先於今鶴上青霄去終古枰留落照前碧蘚縱橫空坐地蒼松陰翳任談天名山眞覺遊忘倦不在峯高在有仙

東湖十景應詩社諸友作

陶公釣磯

陶公遯跡羨知幾山麓當年著釣磯浪漲深潭紅雨墮下有龍潭煙通孤館綠陰圍上有煙波館一竿舊事隨流水片石長存

伴落暉自有湖天開寶後騷人多少此因依

月波書院

余相書樓點綴多遜來憑眺竟如何竹窗疎影愁明月柳岸層陰悵碧波疊石洞寒懸巨蝠望湖亭沒架新蘿不堪遺像蕭條在爲想當年擊筑歌

霞嶼鎖嵐

許嶼東偏蚌嶼南小山環水鎖晴嵐橫穿石洞天開一近接春帆港別三寶殿誰成飛鳥傲煖崖猶染落霞酣西湖亭向湖心架遜此天然景色涵

百步聳翠

南屏環列聳觀瞻獨出尤推百步尖文筆削成疲漢卓箭鋒磨就入雲銛勢搖崩岁千山伏影落孤寒一鏡添山下久傳端憲墓沈公名煥高風並峙更何慊

上林曉鐘

鐘聲瀏漉度遙岑曙色分明報上林龍口豐墓阡此吟殘藍水靜雞頭山名喚出碧雲深夢驚竹屋樵喧路歌引蘭橈客渡潯貝葉蓮花經有課松關幾里綠成陰

二靈夕照

晚景東湖入畫屏此間山水更空靈長綿菊裹霞分赤倒影菱灣樹透青伏虎高僧曾駐錫批鱗學士此談經文介陳公曾居此從來勝地因人重憑弔幾多過客停

雙虹落彩

一望晴橋彩掛空依稀上下架長虹紓餘倒影雙流藻杳窈分輝兩岸楓蟾窟路開秋水碧雁塘槎泛夕陽紅隨時佳景騷人取經始難忘史相功

蘆汀宿雁

翔雁隨陽八字鋪高穿峴棡下汀蘆霜天信宿誰爲主日夜警延自有奴笱短河豚時欲上叢深雛鴨此相呼何堪點點來秋影一色花飛白滿湖

殷灣漁火

燃竹初紅落照餘輕舟繫處且停漁杏花壇外煙拖淡楓葉村前影透疏常愛日臨爭煖酒不愁星映待烹魚游絲大網分爭利數姓殷灣卜宅居

白石仙枰

欲覓仙踪愛晚晴登臨白石有遺枰童顏鶴髮空人影流水長松憶子聲柯爛誰賞閒歲月橘剖難記舊輸贏井文

猶在憑惆悵冉冉湖雲傍岫生

東湖十景七絶　忻宇春

陶公釣磯

平吳霸越謝成功退隱湖濱作釣翁自有石磯留勝蹟此山依舊屬陶公

余相書樓

五柳莊開僻地幽高低亭榭接書樓而今零落埋荒草剩有波聲帶月流

百步聳翠

尖尖百步絶躋攀屹立湖南第一山何日登峯能造極芒
鞋踏破翠雲鬟

霞嶼鎖嵐

霞光倒映水光靈裝點孤山入畫屏一自洞天新琢就晴
嵐鎖住佛頭青

雙虹落彩

走馬梅塘五里通洞橋高架各西東不嫌明鏡從今破道
是雙虹落半空

二靈夕照

競說山靈與水靈連環看似卧龍形獨留孤塚埋忠骨終
古殘陽照石屏

上林曉鐘

山廻水曲路街横中有叢林拓宇宏湖上月沉天欲曉敲
殘雲裏幾鐘聲

蘆汀宿雁

秋水蒼茫夜色微宿蘆汀雁渾忘機風來瑟瑟忽驚起明
月滿湖花亂飛

殷灣漁火

水闊煙深望渺然翏時漁火滿前川客舟對處添愁思疑
在寒山寺外眠

白石仙枰

仙人偶下洞雲深對局彈棋坐碧岑惆悵爛柯山寂寂曾
留片石到於今

秋夜泛東錢湖　黄定齊

湖廢買葑之制利淤求田前人已言其弊近歲侵
佔尤甚捕魚者每偷放閘水而下游之東岡碶復
移鎮邑一洩便枯湖之幸而不廢者幾希矣賦此
以告留心水利者

湖水平隄淺浪生湖山寥寂月微明霜催樹禿空秋影荻
穩鷗眠隔櫓聲隱者高蹤誰繼軌使君遺澤亘留名泊舟
無渚沿邊穫枷板喧喧夢不成

七鄉三邑藉沾濡疊嶂重巒舊曲紆雨足九秋菱告稔天
開一鏡雁來趨引流慣試侵漁伎漏牐誰珍點滴珠欲訪
月波頻阻淺寺樓鐘動更踟躕

西探鷽脰已平蕪此地金猶擬萬呼便使沿隄誇十廟幾
容遠郭比雙湖葑錢久罄淤爭積碶石新移洩易枯嗅起

斐翁秋正肅冥誅曾否奉神符全太史嘉澤廟詩鬬草萊者刑不赦何不竟揮神斧施冥誅

流連續社咏成篇湖利關心湖曩年細湖曾言湖利倚涙我來探

嶴窟憫時人已隔重泉鄭溪有夢清殊昔嘉澤無靈碧減

前老朽難爲知己報霜凄愁絕拜松阡陳埜嶴葬有祖塋○黃氏家集

湖上晚歸　　董沛

絕壑探幽勝渾忘路幾彎亂峯秋樹碧危塔夕陽殷漁唱

前溪晚僧歸古寺閒片雲飛盡處獨鳥下松關

錢湖曉發

晨光辨熹微撑船出湖渚漁者抱鷗眠猶聞夢中語

管江弔三烈士明諸生杜懋俊杜兆茄施邦玠也

管江烈烈三書生一施兩杜人中英唐王畢命魯王走猶

思手奪明州城明州城東扼江路昌國將軍內無助帛書

謀洩華楊擒山寨懸懸作孤注王師水陸分道來海道已

截山險開蛟螭潛藏虎豹伏滿山礟石轟驚雷英俟懋俊字

據寨三日戰援絕糧空鼓音斷倚巖不仆身如竿飛矢叢

叢貫頭面邦玠一炬全家焚兆茄被縛當軍門斬十二刀

首方墮嗚呼烈士皆絕倫吾鄉舊號忠義藪錢張諸公並

山斗笑彼紛紛賣國徒一霎榮華變蒼狗東隅底定二百

年村無驚鐸墩無煙山農抵掌話前事鬚眉凜凜毛骨寒

鵑花淚紅土花碧猿鳥猶疑畏鋒鏑何人鼎建三烈祠能

使湖光頓增色

湖上漫題

龍飛鳳舞勢雄奇襟帶江湖舊霸基二百年留天水祀十

三州奉越王祠潮迴大壑孤泰石雷劈陰崖避宋碑倘有

青山埋骨處神光夜夜閃旌旗

同舍弟泛舟東錢湖

料峭西風送暮寒片帆搖曳水雲間無端吹入蘆花蕩斜

擱船頭飽看山

其二

山外千家傍水居炊煙幾處影模糊蕭蕭紅葉停車路指

點秋巖夕照圖

其三

最上高峯接翠微迴環石徑荷樵歸陶公去後無人隱冷

落青山舊釣磯

其四

水田漠漠鷺鷗飛半向東來半向西兩岸湖波太空闊中流祇少白公隄

其五

澄碧浮空鏡影圓四圍山抱一湖寬前村唱出漁舟晚疎蓼殘荷下水灘

其六

咳唾隨風萬里流滄溟我亦寄扁舟莫言觀海難爲水如此風光足勝遊

其七

湖上知交半死生山邱華屋總關情鄭溯庵舍人赤厓明經銀昆季袁瞰湖文學世濟小樓廣文順則叔姪暨忻橘仙明經葆善並下世寒蛩野草多哀意似聽秋墳鬼語聲

其八

舊蹟年來惜已荒平泉莫問相公莊千年刹宇依然在啻佳名山有梵王

其九

歸途間向寺門過留客偏逢衲子多郤與賴濱同此夕望湖樓上話東坡

月波寺　王信德

濱湖小築最清幽勝地偏從世外留僧臥白雲和夢冷山含微雨入庭秋越王洞裏煙長護余相莊前水自流憑吊空餘陳迹在夜深蝙蝠上書樓

四月五日與聞薇畛兄張生葆齋史生徵甫仝泛舟裏湖訪史致和兄遂同遊世忠寺謁史忠宣墓遊罷史兄邀飲其家冒雨而別因紀以詩　王信德

欲訪前朝寺名山勝景傳遊蹤酬此日古蹟認當年豈是嬉春地剛逢入夏天秧聯朋友樂棹泛水雲妍少住湖濱好多情地主賢招書來已久導路去爲先白石平橋度青

松小嶺穿果然開寶刹宛爾絕塵緣宋代留香火名臣有墓田清風思越國大節憶忠宣神道碑難覓科名表尚懸崇祠憑眺望高塚任流連興覺同儕倦歸從故道旋鶯花時彷彿雞黍誼纏綿談處風生座來時雨滿船行程都可紀歷歷在詩篇

東錢湖賦　明　李瑋

李子生有邱壑性家距東湖一里旬時常攜具賞焉乃得涉其梗槩一日舟中對客揚推陳之客曰湖之佳麗覼縷如斯豈若料其物土韻爲可誦之辭因起而舉酒屬余酌

以三厄此余所樂道者亦何以辭蓋惟鄞之東錢亦名萬金職其所產財藪貨林輪廣百里繚繞重岑自唐開浚以迄于今雖常典之闕書亦圖經之攸載甃澶漫乎修防鬱矗肩乎石埭障千頃之汪洋闕洪濤之澎湃期不隨陊恃以隔閡七十二溪注于茲三縣七鄉沾其溉卽蠙見而蛭興曾曷足以爲害苟蓄洩之不時彼雍萍之焉在是以蒞茲土者循良輩出慮切民生首功李陸嗣以魏程胡渠之淘治也兵不妨閱農不廢耕安石之修舉也塘岸必鞏水則必明芟蘊而熄瀦納而盈啟閉惟謹排決迭行置田斂

稅浚有贍也專官督察事有監也禁田淺淀杜其僭也劉石記事欲有驗也時乎海君繻罪水仙指怨伊鬱隆曦昭回雲漢庭樹雖存谷蓷已暵乃無曝于厓人亦不占于石燕慰多稌之欲甦仰巨浸之一灌代上天之隆澤洽下土以波餘且溉且糞乃菑乃畬霑之蔚若興之粦如暨西顥之屆候飭南畝以成儲甌窶汙邪穧秉滿車我倉我庾如陵如坻蓋計其穫畝之利奚誇于鄭白之渠此澤以惠民但湖之要領未及乎宏大之觀森邃之境生植之芸芸人物之挺挺者乃若晴則流光瀲灎雨則寒色空濛雪則皓

潔泓澄淼水天之一色霧則曖溟蓬浡疑世界之鴻蒙月朣朧兮淵潒寂寥湛湛焉其鏡空風飀颷兮砅汎潺瀑礚礚乎其皷攻啐拳石之霞嶼擁點黛之羸峯若雙碣之相望巋然千泱漭之外滔淹之中其東萊二靈之蘇屠兮環縈映乎高論崛福泉之奔峭兮斜邐倚乎慈雲綠野堂開松行驛存逝華表之鳴鶴遺羨道而墓門其南韓嶺象坎湖亭皐嶠莖百步之危尖兮不及謝公之屐踰隱學之長巒兮以舒孫登之嘯其西則高湫莫枝何跳方塘青山聊瑱白石崖岡煙波館偪天鏡亭荒北則有月波洞府栗堰

塘回內外重湖上下虹橋長隄懸度續于論嶺如入元津之洲也而山圖赤斧之可招寺之存而著者大慈延壽棲眞資壽世忠普濟其圯而湮者悟空禪寂寶華尊教青山妙智太清之宮悟眞之觀懿方之菴旌德之院其間松嶂柳隄雲汀花塢仙龕神皐羊坡蠡浦龍湫虎穴儲風納雨騷士游人賞今弔古禪堂之邃寂漁艇之繁多度鐙豁兮靜夜互欸乃兮隔波广構卯兮如畫竹屋炊兮在阿商帆酒帘樵唱菱歌千景萬象繫如余何若夫重淵榴柢化牛之質石不朽水涸微出舟或遘迕乃爲不吉人言田氏之

紫荆也而吾殆不可以覈其實中流有嶼彷彿金山横穴
通透內有微彎谽閜靈洞殊異麈寰人言史相之造設也
而吾固疑爲神之所剏里爲之廟鄉爲之社府主威稜巖
官昭假十殿星兮塔山上下宵或見燐氣若屯馬草木之
所翳薈風雲之所出没靈怪之所陰潛傀奇之所營窟應
召無方陟降倏忽子所不語吾奚盡述且聞地之傑者人
必英壤之膏者物必羸釣臺寓陶朱而著蹟東吳幽夫差
而借名梅尉仙隱鮑郎神明仁功建築隄之業忠襄弼靖
難之兵史門三相鄭氏二卿繼體岐嶷奕世老成雋人負

材而應運多士含章而挺生歷閭門之餘址紛往彥之佳
城伊嶹之所毓實炳其有靈陸產柀棚篠簜犴獒鷹獏鶬
隼鶻鵃之屬水產菼茆芡芰蝸蠃獱獺鴛鷁鷺鶩之族瀺
瀹乎鱗介蔆薱乎菘菔百果之參差九穀之穜稑蘇菽椒
薑芋桑苧蕢戲廣浮深羣游侶浴品別類殊宗生叢育記
之不殫籌之不足若乃胥斯原之爽塏兮夥人民而處旃
申衍隰之高燥兮歲歲瓜葵與瓞焉犕敷紛之日灌分蔬
滋熙以旰暝苟不辭于作勞兮實墆鬻之多錢致家戶之
隱賑兮遞雞狗之比聯卽湊隘爲墟市兮歘闤闠之駢田

人揮汗而靅霂兮轉貨財之流泉弛節傳而損質劑兮辨
艮苦而遂引遷喜廢舉之丞集具得所而言旋亦可以徵
俗尚之淳樸廛閈之阜安也爾乃際養之須農隙之際蒲
且敏手便嬛妙技赴漭漭兮釣深駛萃萃兮戾翳逞潚蕭
乎罨罧肆蹂躪之交制飛繳躍鋋鳴根鼓枻欲馳鶩以揭
驕將澰躍而迢遰紛泊沓雚駃瞿悽遽羽不及翔鱗不及
逝狡者受僇活者受殪其有溪叟村稚拙夫寡婦罣麗律
絅獗獝習噘涉淵濼入乎藪蕃青骹掩黃口連灑比緵施
罧繫罶鯤鰤不遺鼂鰌亦取湖上之家封腥割鮮亦皆得

以樂其業而利其有也歟至於微雨初晴六合無滓嵐消
而巖競秀風恬而波不起韡躑躅兮彌山匝芳苓兮十里
揚狎獵兮重葩布藕熒兮繁蕊遡四照兮紫屏嬌廣望兮
明綺林葱既肥濡腴且旨有嚶者鵯有鷺者雉不豫不遊
惟吾之恥于斯時也被禽呼爲花惱攜照袋具清醥命榜
人速同好就翠巒浮碧潦縱一葦之所揭不窮其所歷之
東西或艤櫂而登岸印屐齒以香泥可邂逅于樵牧亦臨
況于闍黎信沓篠以入谷邃勃窣以循隄迺採靈藥爰掇
丹荑諷少陵蝦菜之句企伯玉雲水之棲藉薦草兮一憩

跨懸磴兮危躋客言既醉止主稱歸去兮暢超然之高情摛峭壁之新題吾與子者豈不以爲快也哉嗟乎此吾儕菌薙之樂也若夫陸李之祠廢而未復是誰之尤也茭葑之根積而漸塞是誰之憂也且言湖之爲湖峇以水利乎民奈今之勢門然而未仁治灘爲田水不得蓄轄管荷藕湖是以湮民不敢控亦不敢嗔苟有拖其一枝捋其一秆者輒破其產亦何異乎麋鹿以殺人顧爲客曰汝弗能救與對曰不能吾但與子即斯景也畢暢酌兮盡興誦子之辭爲湖山兮增勝

東湖賦　　明　忻耀彤

繄清冽之浩淼兮獨千頃以遺名維大隄之環亘兮繇介甫以傳聲疇曰西而曰東兮古花署之移城或曰錢而曰金兮號屢易而靡爭予偶泛舟於春日兮蕩洲嶼之芳衡同艮朋而漱石兮漫放謌以濯纓迺觀寒溪凝玉澄空瀉輝遠山如黛峷嵂交圍睡鴛鴦兮浦溆浴鸂鶒兮漣漪霞光靄而煙紫鳥飛岫而雲歸是以高賢隱匿喆士遯肥慕白雲以棲志翫素波以息機則有陶朱寓釣鷗鳥相迎周徐□□□□□身閉梨花於宵雨兮忠定握卷於丹楹賦涼風以五月兮□□□□□青蘋龍唧洞府兮植五柳以娛情鴻冥獻歌兮借秘監以遐征更有兩士鄰經而閭史二高註集而養親余忠敏投簪柳岸金少師逸老松津書院祀紫陽而講學陶磯映郡伯之書槳重於澗湧萼深風翻煙漲浮鷺守鷹錦鱗吹浪方擷藻夫清渚兮憶景物而惆悵更釣月於銀潢兮思山川而蕩漾則見夫月波掩映兮鑿窈洞於聲聞仙秤留跡兮幻白石之紛紜飛松鶴兮標霞嶼橫翠嶺兮盻慈雲虹橋上下長堤接駐馬之濆二靈山水浮圖

含秋漢之雯若夫九磊岡聳百步峯巍大慈散鐘聲於林麓覺濟燿幢影於蓮隈梅垂青而林鬱池因復而濼迴以至織煙波兮披薜荔開天鏡兮洗尊罍燈傳惠安於蒼壁洞擬海岸於岑樓延壽發四橋之綵錯陽堂成晚歲之奇材吁嗟茫洋汧沕瀲灩冲瀜偉觀匪一隱蹟孔留動詩人之寄慨聯逸韻而難休況茲巨浸能灌溉乎平疇湖彼治蹟孰盛大而難儔則有王公之懋德兮享黍稷於春秋陸李之並勳兮垂碑碣於梧楸予停舸於此際兮命兒航以唱酬偶仰懷乎往烈兮即登拜而

唫謳問誰繼起奕世貽謀則又有鎮邦皇子開濬治之多則攝守程公捐繙錢而著德若乃行買葑之策實維可齋建給錢之功端推林石太守請牒於寶慶之年學士紀績於貞珉之日惟能宏其源以敷其利兮故文與事而並傳洵不朽者斯人兮將心與金石而偕堅第思夫往古之鴻業兮豈有美而獨專維冀乎後之司牧兮更踵武而稱賢於是漫摛管以作賦聊染翰以成篇已而返棹於湖上拍手而謌曰遨遊楊柳岸謌詠夕陽舟杏花影裏兮飲罷湖天光兮共水流

藥泉聞性道評曰是湖非獨擅山水之勝攬實爲灌溉之弘澤自郡西廣德湖廢後東錢一片波猶作靈光耳吾甥生長湖上目識山水之奇蹤心懷灌溉之歷績彙而賦之博綜詳覈詞致之工遂與山川相映發洵足稱不朽者已

梅槎洪圖光評曰昔宗少文圖山水於四壁以當臥遊是鍾情於山水而不必攜濟勝之具何必身親五嶽者始爲快意之游耶爾燦家世湖曲習湖之景得湖之槪更繼觀題湖之詠而彙成一賦吐珠璣於篇裏調宮徵於字中使覩者心俯吟者歎絶令萬金千頃波若爲君家已有不必圖宗家粉壁只以數紙盡之湖神有靈當不使描寫殆盡使人恨如獨步黃鶴樓也

遊東錢湖形勝賦

清 史大成

錢堰奇觀珠山勝槪宋名東井唐號西湖帶八塘而通四碶遲七鄉而及三縣古松怪柏爭勝于牛趾之地瑶草琪花競秀于虎號之坪地接馬山湖通象坎錦屏漾霞嶼之口銀鏡浮月波之面浮浮漁艇每弄姜郎灣前隱隱客帆時過陶公山外慈雲嶺斷秀峯遠映于寒潭福泉山危重巒直繞于煙捕看青山嶺畔遠浦歸舟觀綠野塘邊平沙落雁懸青獻碧秀聳和尚之山逐浪挑空波泛觀音之洞美矣師姑山内木石俱奇休哉道士灣中花卉具備臨澄清之水者黃泥嶺起拔峭之峯者白石山五路溪邊瀑泉飛雪九磊山上流水涵雲且潭有鮎魚之名山有田螺之狀蟒鉗浮湖而有象龍口伏水而有形灣名各尺古時必有意而謂坪曰曬經昔日非無因而稱涉貓尾港而聽漁舟之唱登羊角巖而聞雁陣之聲韓嶺地屬通都范嶴向爲幽僻若夫栗樹出八塘之表莫枝推諸堰之尊李希夷修錢湖而有蹟王安石陟寶巔以成吟余府丞相之墳威權不泯葉氏夫人之墓貞節猶芳塔上二區神明顯靈而莫褻湖塘三里丞相濟涉而可思望湖亭猶在史府巖前之記讀書院不負宋朝彌遠之謀明哲矣金尚書卜穴于八垇田上純孝哉史樞密盡情于五祖塋前一十八峯遙

知秀氣之毓七十二峯盡被王化之恩嗚呼裏山外山疊疊兮青山上水下水悠悠兮綠水慨陶公其已逝矣自偃王而何在乎徒存釣魚之磯空有穿蘇之石睹梨花于書院悲芳草于茶亭煙波之館雖虛天鏡之橋豈廢時已遷變景若長新雖歷歷而可言莫區區而詳記懷山水而頓賦因探摭以成詞

記還簪　　徐時棟

咸豐二年夏東錢湖有男子自城中乘航歸登岸見少婦前行墮其簪拾而袖之而隨之行行數十武覺返覓無有

色倉黃男子睨而笑婦問曰客豈見吾簪乎微露其袖中示之婦哀曰吾假諸鄰以歸省母而失之吾家貧不能償也幸還我諸之而袖簪前行婦不得已隨之行迂道入山僻將私之不可强之固不可男子忿然曰不可已耳袖簪遽去婦不得已呼之回涕泣將從之男子憐其狀忽心動私念曰使吾妻不幸而爲人逼迫至於此吾豈獨甘心乎哉遽止之而還其簪問其夫邇村人也曰日下晡矣道遠吾送汝歸爾婦既歸隱其情而以還簪告其夫夫德之往謝由是兩家通聞問如舊姻焉其明年當還簪之日男子復乘航將入城航人方艤舟待他客而少婦復以省母過其旁見男子坐船頭問焉往曰往城中呼之登岸曰爲我買用物而以烈日行數十武蔭大樹下語刺刺不已既別婦返視則航行久矣不得已遂歸是日大風發湖上航行數里覆一舟無脫者於是男子驚曰夫呼我而登岸者乃鬼神使來救我者也始以其情告村中村中人皆大驚無敢有邪行者

徐子曰舟覆而一航皆死彼男子亦刼中人耳浸假拾其簪而不歸婦於男子爲秦越而男子死於貪矣浸假歸其

簪而私之婦視男子如寇讎而男子死於淫矣一念之轉移而遂得生而不拯之以他人而卽以其人而不報之以他日而卽以其日蓋鬼神樂於人爲善而顯示人以報應者如斯夫

紀陶公山王氏婦　　董沛

陶公山下王氏婦石破天驚世希有兩男相悅吾聞之兩女相悅眞絕奇尋常燕好閨房親滴酒不肯沾齒脣一飲能盡三五觔一醉便化男子身王門夫壻出門久婦飲沈酣恰思偶鄰家少孃十八九朝暮相依若牝牡銀燭繡榻

嬉笑聲隔牆有耳人竊聽鴛鴦出浴酒氣醒借見朽落還女形翻手爲雲覆手雨顛倒陰陽亂無主一醒一醉相雌雄歡伯之力天帝同夫歸瑣瑣窮其事兩女含羞兩頭縊七月二十八日事五不女外一種人佛所未曉吾所聞

東錢湖志卷三終

東錢湖志卷四

總纂　鎭海王榮商友萊

編輯　鄞陸澍咸珠浦

戴彦霽蓀

詮次　董淵莘夫

校對　忻錦崖愚仙

工程 開濬始末

昔之濬湖者屢矣而工程無考非獨紀載之闕也語曰得魚而忘筌得兔而忘蹄湖工旣成則筌蹄有所

不計也今之湖工從事旣久積牘甚富自他人視之則亦筌蹄已耳而當事者以爲有苦心存焉爰彙錄前後公牘其重複者去之不雅馴者删之前事之不忘亦後事之師也志工程

稟道府縣文 光緒壬辰十月十九日　陳勱等

稟爲事關三縣七鄉利被九農五穀亟宜設法興修要工抄粘條陳公叩恩賜察核給示曉諭事竊惟邦以民爲本民以食爲天天時有旱澇之虞惟有備斯能無患地土有肥磽之别賴人力以濟其偏查鄞東三十五里有東錢湖

闊十八里周圍八十里受七十二溪水滙成巨浸不特東鄉之田賴茲灌漑奉鎮之田亦沾餘澤始自唐天寶中縣令陸公南金開濬宋郡守李公夷庚縣令王公安石諸名宦相繼補築一切修治成法詳載志乘至今黎民感戴馨香弗替自明迄今數百年來未經修理以致日久漸形淤塞甚至田舍侵佔湖面逐漸剝蝕舊稱一湖之水可滿三河半今則不及一河如今年甯地苦旱稻禾將爲槁苗幸賴湖水爲之灌漑然已患其不敷沾被矣昔先正李暾之議湖謂不加修治必致盡爲屋田且以積漸之弊愈難補

救當今之時正有然也勷等情關桑梓知目今緊要工程莫如修復東錢湖勢難再緩爲此策議修治章程具稟公叩仁憲并懇酌量籌款撥給一面擬仿照十六年分淸灣河辦理成法於得沾水利田畝按畝開捐此處田畝較鉅并懇飭令隨糧呈繳藉以興辦要工冀仰副仁憲興利除弊之至意勷等自當籌款先塡伏叩恩准先行給示曉諭俾三縣七鄉之民永享樂利除禀道憲暨縣主外公叩老公祖大人察核施行

謹將修濬錢湖大畧擬條開呈憲鑒計開

一全湖地面廣大各處齊濬款項較鉅擬於梅湖全局及正湖各港先濬深四尺湖心有淺處半之候資用充餘再行酌濬

一湖浜貼近之處居民棲止若遽行濬深恐於牆腳觸碍擬請諭令各啚地保商同近方紳耆距民房四五尺之外開濬

一湖浜地少民眾村居稠密處難保無塡築水地等情然勢難查核擬概寬既往但禁將來自後釘椿淸界毋許塡築

一全湖濬出之泥擬任民挑培田土及銷運窰場等外在梅湖者加築五里塘上正湖者相渡湖面之心方位築墩數座以免行舟風浪之險水深而墩高兩無所妨

一議定興工時擬借湖浜菴廟便房一二椽公請謹慎幹練數人分督土工藉資棲止

一動土以後或用機器挖運或用土工挑掘視水勢深淺酌定

一湖邊各塘及碶堰各處年深日久不無坍塌之患擬隨濬隨修以防潰決

濬湖籌款大畧

一約計濬費不下十萬左右非按畝釐捐款無可籌約計田畝五千餘頃之則擬於明年凡水利沾及各田除坍丁絶戶外無論紳民僧產每畝擬捐錢二百文前修清灣河每畝派捐錢五百文錢湖田畝較多不得不酌減其錢隨糧帶收零出小票開有押田向收花者收捐以光緒十九年分一年爲限

一各善舉及祀會等田本擬停捐因濬費不敷凡善舉祀會擬照民田起捐一年其祀會戶捐錢錢洋向承值者收

捐應由承值者自行攤派

一畝捐外凡湖內外及城鄉殷實之家擬再勸令量力佽助襄成善舉

一畝捐錢洋既須隨糧帶收其各戶畝分多寡擬請諭飭糧房照册查清責成糧房地保人等分段立簿備查一面派公正紳士隨時查核

一現在畝捐未集擬先借各殷戶暫墊各款除已借允若干外先行動工餘隨用隨借以資要需俟明年畝捐齊集借墊照數發還

一是湖既經濬修總期全湖濬成方利久遠甯郡如有别存公款擬請撥幾成藉補不足而收全功

一事竣後除繪全湖圖外擬將湖浜各處灘岸曲直凹凸闊狹長短情形分繪小圖并沿湖邊岸酌量丈尺按段釘定石樁以清湖界而杜侵佔

一各處釘樁時擬會同就地紳耆地保宗房長及業主等人公妥酌訂庶昭平允

一各處釘樁編號刻石并載明各小圖旁刊印畫本若干分給地保責成隨時查察修理

甯波府胡批

疏濬東錢湖原爲灌溉農田之善舉所需經費仿照清灣河成法於得沾水利田畝每畝捐錢二百文既出自地方公議各業戶自必踴躍樂從惟向來地方公捐總歸就地紳耆經收經用不假衙門胥吏之手此次條議畝捐隨糧帶收零給小票並飭縣書地保清查戶名畝分造册立簿是否妥協可行仰鄞縣查照黏呈條程悉心妥議詳復以憑核明給示曉諭至議由甯郡撥款一條既據並禀道憲應候批示遵行條程抄發

甯波府胡批

鄞縣知悉本年十月三十日奉道憲吳批發徵舉孝廉方正揀發江蘇委用知縣陳勱等除稟明府縣外公叩察核施行等情奉批據稟鄞邑東錢湖關係三邑農田水利現因湖身淤塞設法修復誠爲地方要舉惟工程浩大需費過鉅舍按畝開捐別無間款可撥所議章程是否妥協仰甯波府轉飭鄞縣逐條確核一面前詣該湖周歷履勘繪具圖說通稟察辦毋稍違延切切章程抄發等因到府奉查此案前據該縣紳耆陳勱等具稟到府當經批飭該縣

議詳在案茲奉前因合亟札飭札到該縣立卽遵照逐條確核一面前詣該湖周歷履勘繪具圖說通稟察辦以憑核明給示毋違切切特札

鄞縣知縣楊批

據稟東錢湖日漸淤塞該紳等現擬籌捐疏濬係爲水利農田起見自應趕緊開辦所呈章程現奉府憲批飭妥議著候奉到道憲批示核議詳辦可也黏抄附

稟道府縣文　光緒十九年癸巳八月　陳　勱等

稟爲利遠工要費大力小不得已瀝情再叩恩賜察核倡籌興辦全水利以利民生事竊職等前因甯郡東鄉之錢湖有關三縣七鄉農田水利緣年久失修侵佔淤塞年非一年亟應設法修濬以全水利曾經據情公叩稟蒙憲批據稟東錢湖日就淤塞該紳等現擬籌捐疏濬係爲水利農田起見自應趕緊開辦所呈章程旣奉府憲批飭妥議著候奉到道憲批示核議詳辦可也黏抄附等因職等本應靜候核辦惟查年來因該湖淤塞漸多侵佔愈廣若再事蹉跎深恐湖身漸淤則剝蝕愈甚舊稱一湖之水可滿三河半今則不及河半如上年甯地苦旱開湖灌田不及

十日然非此十日之水賴湖之田皆不堪設想矣況各鄉田疇多逼近江海全賴湖水灌漑不至成爲斥鹵總之該湖實有關三縣七鄉之農田水利卽關三縣七鄉之民生休戚則目前濬湖之舉實爲必不可緩之要工爲此擬呈略節不揣冒昧公叩公祖大人察核倡籌興辦全水利以利民生除稟道府憲外頂德上稟

鄞縣知縣楊文斌批

東錢湖關係三縣七鄉水利年久不治以致淤塞修濬自不可緩昨奉府憲轉奉道憲批飭勘明妥議稟辦惟查是

項工程需費十萬之多籌措非易雖議沾利各田按畝派捐衆情是否允協先向殷戶墊款動工究可借墊若干是否確有把握且從何處疏起深廣丈尺若干凡此皆應預爲籌及來禀均未切實聲敘又無繪圖呈核似此鉅工非率爾所能興辦也言易行難尤當熟籌審計該紳等其再妥議繪圖具復核奪章程附

甯波府胡批

旣據另擬章程並禀道憲姑俟奉批飭遵黏抄附

甯紹台道吳批 光緒癸巳年九月初一日

查上年十月間據該紳等具呈卽經批府轉飭鄞縣按照所呈章程逐條確核并詣該湖周歷履勘繪具圖說通禀察辦在案迄將一年未據議覆殊屬玩違據呈前情仰甯波府速飭鄞縣查照先今批示尅日勘明妥議通禀察奪事關三邑七鄉水利勿再宕延切切事略抄發

甯波府胡札鄞縣楊

鄞縣知悉本年九月初一日奉道憲吳批發徵舉孝廉方正揀發江蘇委用知縣陳勱等禀稱見前云云奉批見前九月初一吳道批云據此查此案前據該紳耆等並禀到府當經批示在案茲奉前因合亟抄批札飭札到該縣立卽遵照先今批示尅日勘明妥議通禀察奪勿再宕延切切特示計黏抄府批一帋

禀道府縣文 光緒十九年癸巳十二月陳 勱等

禀爲費大力小瀝請撥款興辦並賜出示曉諭事竊 職等前禀東錢湖亟應濬復奉批云云現經職等竭誠苦勸約有二千餘元之則然事大費鉅杯水車薪不濟於事若再事遷延又虞耽誤惟有仰求仁憲可否於公款中酌量撥給若干俾各戶興感踴躍捐助一面出示曉諭十六年濬

清灣河曾蒙恩撥洋一千六百元此次濬治正湖更求倡助 職等因事關桑梓要工是以不揣冒昧謹再續擬各略節公叩察核 計呈略節一扣繪圖一紙

擬濬湖略節列后

一擬全湖地面廣大各處齊濬款項較巨先於正湖各港隨淺深酌濬數尺一面趕卽籌款隨濬正湖

一擬韓嶺陶公山等湖浩渺不至淤塞所深恐者應家灣錢堰頭大碶等處湖浜多侵佔築屋又水不能出勢必公湖轉成爲私河矣三縣七鄉之民逼成凍餒矣

一擬得沾水利田畝大約四五十萬之則奉邑湖水流通白渡等處鎮邑湖水流通小港等處所議定畝捐應請按畝輸捐

一擬濬湖經費甚鉅其殷實家不論此疆爾界務期一體同仁勸令慷慨樂輸以成美舉

一擬應修濬最淺之處如梅湖錢堰湖尤甚此兩處濬深三尺而葑草之根已除自然不淤錢堰湖尤係出水之處須先行疏濬其工費隨時酌定

一擬湖身有淺深擇其最淺之處先濬後濬深處請於就

地士民中博訪周諮藉取羣策羣力之效

一擬湖浜貼近之處民居棲止若遽行濬深恐於牆腳觸礙距民房大路四五尺之外濬深以杜其弊

一擬濬出湖泥任民間挑培田土及銷運窰場等外其泥或堆山嶴或加湖塘隨時相度方位如韓嶺等處築墩兩座墩高而水深兩無所妨一舉兩得且可以避行舟風浪之險

一擬湖口出水之下河壅滯已久亟須各處去其滑石濬深疏通庶幾湖水可以流通

一擬漁船回洋往往將壓船草石任意發落湖口易致淤塞請示禁止

一擬各湖口出水碶閘橋梁修整完固以杜坍塌

一擬興工時借湖浜寺廟便房數椽公請謹慎幹練數人分督土工以資棲息

一擬碶夫應請飭令責成隨時啟閉毋得日久玩忽狥私滋弊以資瀦洩

一擬濬湖落成之後商同就地紳耆應請飭令各啚地保釘樁清界

一擬湖上設立濬湖公所可辦善後修理事宜應請就地紳董合與司事酌辦善後之事

鄞縣知縣楊批　光緒癸巳十二月十六日

查光緒十六年間疏濬清瀯河係撥賑款接濟現在無間款可以籌撥姑候開篆後詣勘核辦仍候道府憲批示可也略節繪圖附

甯波府胡批　光緒癸巳十二月廿六日

查東錢湖爲三縣七鄉農田水利攸關年久淤淺本應設法疏濬據擬仿清瀯河成案於得沾水利各鄉按田捐資

旣由公議各業戶樂從本無不可惟須先將應濬之處估量工程若干需費若干得沾水利七鄉田地若干可集捐款若干分別詳造細冊送候核詳上憲酌籌款項批示遵行是湖工段既廣關係尤重非尋常河工可比所議條章似屬太略卽希會同妥議辦理仍候道憲批示此復黏圖附

甯紹台道吳批 光緒癸巳十二月廿二日

該湖修濬固不可緩但工繁費鉅必須官紳合力籌商方克有濟查十六年淸灣河由府撥給一千六百元係爲本

地被災飢民以工代賑今昔情形不同無可撥給且甯郡亦無別項公款可以撥助而經費如何捐集需用若干尤須先事統籌方可定議舉辦究竟是湖工程該縣曾否履勘作何辦理款項如何籌議仰甯波府督飭該縣等查明本道先今批示迅卽確勘核議通稟察奪仍將遵辦緣由刻日具覆毋再任延切切繪圖略節並發

稟道府縣文 光緒甲午三月二十二日 張善仿等

稟爲情切桑梓義難坐視奉批瀝陳籲叩恩賜察核倡籌興辦並賜出示曉諭事竊東錢湖亟應興修歷次稟請在案去年十二月間稟蒙憲批見癸巳十二月楊縣批仰見仁憲規畫周詳之至意曷勝感佩職等明知興修此湖本非易易然事實億萬生靈所係倘今日議修而中止異日更難有踵議之者是職等欲修此湖轉廢此湖矣就全湖齊濬而論工費固大若將錢堰梅湖最淺之處先行疏濬逐漸推廣視款之多寡量力興修先收得寸得尺之效庶幾全湖疏濬漸可成功伏仰公祖大人關切民瘼凡遇地方利弊靡不實心興除今此舉關切民生休戚實爲旣遠且大再四思維惟有仰懇憲恩先賜倡導並賜給示勸捐俾各戶觀

感踴躍樂輸藉資興工感荷憲恩萬代不朽

鄞縣楊批 光緒二十年甲午三月二十八日

查去年冬間曾據該紳等稟奉府憲批飭先將應濬之處估量工程若干需費若干得沾水利七鄉田地若干可集捐款若干分別詳造細冊呈候核詳等因下縣現閱稟呈節略仍未明白聲敘亦未造冊呈送工程較大未便稍涉簡略希卽遵照具覆察辦仍候道府憲批示遵行 黏抄附

甯波府錢批 光緒廿年四月十六日

查是湖工程既大籌費本難若全湖一律疏濬斷非一時

所能集此巨款若就目前之計籌款無多支支節節而爲之工力倍費於湖亦無大益必得統籌全局先有把握然後次第興工以收得寸得尺之效則大功可期集事正擬會紳赴省稟商上憲撥發款項以爲倡導並再陳明如何集捐之法庶稟承有自事無窒碍適又籌辦海防姑從緩議一面札縣先行籌議復候核奪此復 黏件附

甯紹台道吳批 光緒廿年甲午五月廿四日

東錢湖爲甯郡最要之工倡率導募集資本道實樂爲之惟須謀定後舉未便率爾操觚耳茲據呈略所慮尚妥而

勸殷實之外似以畝捐爲正辦但總宜實事求是勘明湖身應濬丈尺立定劃一辦法章程方有把握據稟前情仰甯波府迅卽督飭鄞縣刻日履勘確議通稟察奪毋再因循任廷切切黏抄發

稟程太尊 光緒二十三年二月

爲工關緊要民情樂輸謹擬事略公叩察核轉詳並請出示曉諭俾速開辦事竊東錢湖日就湮塞前稱一湖之水可滿三河今則不及半河每遇旱暵流灘及遠農田無從灌注秋收卽形歉薄況田多瀕江全賴河水抵禦鹹潮若河水淺涸鹹潮易於倒灌爲患尤甚曾經迭次稟請開濬雖歷蒙各憲批准終以籌款竭蹶迄未遵辦去夏蒙道憲吳委令水利通判蕭詣湖察看 職訓 張錫藩舉人鄒宸笙監生忻錦崖隨同細勘鄉民聞是舉也所喜過望顧嘗與熟悉水利之耆老計議工程卽用西式挖泥機器費省功倍亦需款七八萬元之譜當此時艱何項指撥方恐切要水利補救乏術年來近湖各村莊耆鄉董多向 職 等商議情詞剴切僉稱民自官履勘之後望濬之切如旱望雨如因濬費無措情願量力出捐鄞俗鄉民遇旱禾將稿則走

龍潭祈雨具牲醴祀神計畝輸若干錢無吝色用之濬湖爲一勞永逸計又何疑焉 職 等見其語出真情用敢據情公叩大公祖俯順輿情詳請撫憲批示祗遵惟開辦之先應購機器并需用各節苦無墊款茲有鄞縣人見係闔郡大利首先認墊且其人熟悉機器開濬等事可以經理一切候工程告竣應如何獎勞之處出自憲恩未敢瀆請伏念開濬是湖關係重大非得官爲督辦不足以昭慎重奉批後並請派員駐工彈壓並便監察工程實爲德便

程府批 光緒二十三年二月二十一日

東錢湖爲鄞奉鎮三縣農田所資灌溉今該職等擬集捐開濬具見關心水利深堪嘉尚惟工大費鉅且已涸湖地居民逐漸侵佔歷有年所一旦修濬其中有無窒碍籌勸畝捐是否各戶樂從欲圖其終必先愼之於始候札飭鄞奉鎮三縣訂期會同查勘情形博訪周諮詳細稟覆核奪

稟撫藩道府鄞奉鎮三縣文　張錫藩等

稟爲工關緊要民情樂輸公叩檄司出示曉諭並委員督同彈壓興水利以保農田事竊東錢湖源廣流長鄞奉鎮三縣七鄉五十餘萬畝農田賴以灌溉自宋迄今日就湮

塞蓄水無多故每逢旱年流離及遠農田無從灌注秋收每多歉薄況田多瀕江全賴河水抵禦鹹潮若河水淺涸鹹潮倒灌爲患尤甚曾經上年稟蒙甯道憲吳飭委甯通判蕭不辭勞瘁督同職訓張錫藩監生忻錦崖等詣湖逐細察勘分別緩急尙因工程過大墊款無措未敢輕易舉辦查湖身高於河者二丈有餘四面環山所恃以洩水者惟四碶焉旁皆有闢計莫枝堰碶洩入於河者東流至鎮海之小港止約河長六十里寬五六七丈不等又西流至奉化之白杜止約五十里寬亦如前又直流至郡城之新河頭止計長三十里寬亦相等其大堰碶洩下之水亦至奉化白杜止河長約四十里寬亦同前其錢堰碶所洩之水流至鎮海之小港止約五十里又梅湖碶所洩之水亦流至鎮小港止約六十里河寬均與前相等湖乃河水之來源也源不暢則流易竭近來湖中滿望茭葑日漸淤淺每至夏秋雨澤稍愆禾苗將槁農夫無策往往按畝輸捐走龍潭求雨雖多費無吝色職等常與鄉董商議僉云與其爲求雨無益之費莫若用以濬湖一勞永逸茲據各村莊董邀集耆老農民公同會議咸樂從焉濬湖之舉乃得

沾水利者莫大要圖況自官勘之後民之望濬是湖若大旱望雲霓現在公家籌款維艱情願民間合力捐助云云職等見其語出眞情詢悉實係踴躍樂輸並無苦勸抑勒等弊用特議由業戶出工佃戶捐食約計可集錢三萬千串選擇七鄉中公正紳董百八商令每人先墊洋一百元合成一萬元爲創始墊款卽令經收本畝捐款掣發收照造册繳局接濟公用並扣還墊款一面仍將所收數目榜示以昭徵信而杜侵混至開辦擬自各碶閘起濬水路一條闊五丈深五尺濬至深處爲止延請精於算學者以開

方法丈量按方給價庶工無虛糜現量得二十三萬七千餘方每方給價一百二十文合計須錢二萬九千串左右尙有挑泥及一切局用不敷另有紳富數人見係莫大善舉慨允再爲捐助務蕆是舉其湖邊居民設舊有侵佔地基若令拆還近於滋擾况係善舉尤以便民爲主應請概置不問求請稟明立案曉示開辦以便遵照等情前來伏念開濬是湖工程浩大非常行司出示曉諭委員督理不足以昭愼重敬擬辦法九條繪圖聯名稟叩察核俯賜檄司出示曉諭並派員監督開辦一面呈請分飭鄞奉鎭三縣妥爲保護萬民感戴

撫憲廖批

飭遵事光緒二十四年六月十二日奉撫憲廖批鄞縣先用訓導張錫藩等呈東鄉東錢湖工關緊要濬難再緩民情樂輸並請委員督同彈壓興水利以保農田等情詞奉批東錢湖旣爲水利農田所關日就淤淺各紳董集議開浚捐款又爲衆願樂輸自應照准仰布政司迅飭鄞縣畢令卽日會紳往勘查議稟轉圖單存摺抄等因奉此查此案前據該紳等來司具呈當經明晰批府飭遵在案兹奉

前因除逕札畢令遵照會紳確勘稟辦外合行札飭札到該府速卽飭令鄞縣畢令會紳確勘一面由府道照前批出示設局勘明開辦並令將湖中築墩如何方能永固不致坍卸妥議具覆察奪均毋違延切切特札

藩憲惲批

據稟鄞邑東錢湖源遠流廣灌溉民田五十餘萬畝現日湖身淤淺蓄水無多設法浚治自不可緩估計土方捐錢二萬九千餘串佃戶出工業戶捐食約可集錢三萬串經費已無虞不敷呈內有名者共二百九十餘人併有公正紳董百人情願踴洋爲創尤見衆議僉同意在不日告成擬呈章程內酌定所開水路寬源計方給價榜示捐款禁止居民後再侵佔湖邊各節亦皆明晰允當可以照辦仰甯波府速飭鄞奉鎭三縣會同覆查確實熟籌妥議稟局核明出示曉諭就近遴委幹練耐勞之員督同各紳董設局開辦駐工監視捐款須出樂輸不可稍涉抑勒開支務歸核實不得稍涉侵漁期於農田水利確有裨益是所厚望至所濬之泥於湖中極深處壘築成墩俾往來船隻遇風可避用意甚善惟泥性不固衝激易坍非四面釘樁砌

石不能經久不知該紳等曾否計議及此若墩基不固旋築旋坍淺處甫深深處又淺全湖容水之地並不見多集貲濬治未免結勞無益應令妥籌穩固辦法零行稟覆察奪均毋違延切切仍候

道憲吳批

據稟該紳等擬開濬東錢湖以款經籌畫人皆樂輸議稟請示開辦并派員監督等情前來本道逐加察核所議各條均尙切實可行惟是湖工大費鉅全在實事求是行之以堅持之以恒庶多著一分心力卽可多一分功効而圖

始要終不厭詳慎其間有無未盡事宜可否卽准照辦之處仰甯波府迅卽督飭各該縣確核飭遵并速查明通稟察奪毋任率忽泄延切切稟程名單均抄發

府憲程批

此案前據具稟卽經飭縣查勘核議迄未具覆據稟前情候再札催鄞奉鎭三縣迅卽會勘議覆察奪摺附

縣憲畢批

旣據逕稟應候奉道府批示遵行

三縣會勘後稟撫藩臬稿 光緒戊戌

署理鄞縣知縣畢詒策
調補鎮海縣知縣周延祚 謹稟

敬稟者竊本藩憲札飭奉撫憲批鄞縣先用訓導張錫藩等呈東鄉東錢湖工關緊要浚難再緩民情樂輸並請委員督同彈壓興水利以保農田等情詞奉批東錢湖旣爲農田水利所關日就淤淺各紳董集議開浚捐款又爲衆願樂輸似應照准仰布政司迅飭鄞縣畢令卽日會紳往勘查議稟轉圖單存摺抄發等因札飭會同勘辦稟復察奪並先奉藩憲批飭會同復查確實熟籌妥議稟府核明出示曉諭就近遴委幹練耐勞之員督同各紳董設局辦

捐款須出樂輸不可稍涉抑勒開支務須核實不得稍涉侵漁各等因奉此卑職等遵卽會同紳董逐一履勘查湖周八十里爲鄞邑一具區分流以及奉化鎭海故三邑田禾賴以灌漑者五十餘萬畝湖底有港六天旱之時湖水乾涸由此六港蓄水分灌七鄉又有四碶七堰以資蓄湖以月波寺至梅塘一帶淤淺最甚計長十七八里茭葑一片不能引灌及遠韓嶺鎭湖水甚深風波尤大此外湖塘碶堰亦多坍塌廢圮難資啟閉湖底六港淤塞過半此卑職等勘明東錢湖之情形也查東錢湖水利攸關三邑

如此其重乃年湮日久聽其淤塞而不加挑濬者一則工程浩大一則經費難籌今該紳等籌議興修稟奉憲臺批准集捐開辦三縣編氓同聲感頌卑職等與在事紳董再四熟籌議於湖中月波寺設立濬湖總局城內另設分局以便經收捐款一面由各紳董逐段勘明釘立界址再湖邊已佔田戶不計外嗣後嚴禁就地居民不許再有侵佔並分別淺深寬狹擇要挑濬淺者或用人力深處或用機器臨時再行酌用塘工坍缺卽將所濬之泥修補碶板不齊更須一律修整韓嶺港風浪最險分築二墩四圍砌石

以利舟行而期堅固此卑職等籌議挑濬工程之情形也以所濬工程估計經費非一二萬金所能竣事該紳董擬爲得尺則尺之計視捐款之多寡定挑濬之工程但濬通之後沾水利之田而旱澇足備者計有一百三十二啚鎭邑十二啚鄞邑一百十八啚據每啚殷富願先捐洋一百元約可得洋乙萬餘元然後按畝計工富者出貲貧者出力不稍抑勒在城紳富由官爲倡分別勸捐多得一分捐款卽多濬一分湖工持之以恒以期集事此卑職等議籌捐經費之情形也惟開辦之始尤須通籌全局方免將來

藉口捐貲樂輸亦不能漫無稽察工雖核實尤須嚴定開支應請憲臺遴委廉潔自愛幹練耐勞一員常川駐局會同紳董認眞督率以補卑職等所不及一面諭設總董以專責成須發告示俾衆咸知其餘分董責令總董選舉分別給諭所收捐款概用兩聯捐票應請憲臺蓋印飭發逐日彙總送由委員核明加章仍照所議將收支各數榜示周知每月開册分報查核一俟工竣卽刊刻徵信錄以昭大信除由卑職等隨時商辦往來彈壓並設法勸籌外所有遵飭會勘核議緣由理合肅泐稟陳仰祈大人察核批

示祗遵再此稟係卑職詒策主稿卑職文翹卑職延祚會商意見相同會銜不及會印合并陳明

署鄞縣畢照會稿爲照會事本年二月十七日光緒己亥奉府憲莊札開光緒二十四年十二月二十七日奉藩憲惲札開本年十一月十七日奉撫憲廖批署鄞縣知縣畢詒策合同署奉化縣知縣郭文翹鎭海縣知縣周延祚等稟遵飭會勘東錢湖工程籌議復陳懇乞示遵由奉批據稟已悉仰布政司核復飭遵繳等因奉此並據該縣具稟到司查甯郡東錢湖爲鄞縣奉化鎭海三邑蓄洩之區灌

漑地田五十餘萬畝所關至鉅旣經畢令等會同勘明月波寺一帶最爲淤淺此外湖塘堰碶亦多坍廣函應分別挑築以利農田稟內所議挑濬工程員董駐局分辦各節果否允給統計全工應挑土方若干修築堰碶幾處實用經費若干除各畝願捐外尙短若干在城富紳可捐若干按畝計工可得若干聲敘尙未明晰冬令天晴水涸能否趁此擇要興工抑或俟捐有成數再行開辦稟內亦未議及應再由府就近確查妥議酌定章程通稟核辦以期周妥奉此玆因合亟札府寓目立卽遵照確切查明妥議詳

細章程開辦日期通稟察奪事關三縣農田水利毋稍玩延是爲至要切切等因轉行下縣奉此除移知督辦濬湖委員外擬合照會爲此照會貴紳董請煩遵照憲批指飭各節刻日妥議復縣以憑轉稟望速施行須至照會者右照會濬湖局紳董

三縣會勘稟程府批 光緒戊戌

批東錢湖湖底六港半皆淤塞湖塘碶堰亦多坍塌現經該縣等勘明擬卽設局挑濬卽將所濬之泥修補塘身並將碶板一律修整復於風浪險處分築二墩所需經費先由每畝富紳各捐洋一百再行按畝計工以期集事籌議極爲周妥所請委員設董以及頒給告示印發捐票各節均應照辦惟前據甯紳先用訓導張錫藩等稟請委員監督到府業經移委前任水利通判蕭督同辦理在案據稟前情候卽出示曉諭一面照會張紳等董理各項濬湖事宜並造收捐聯票送候蓋印發塡各該縣等應卽妥爲彈壓以維善舉仰鄞縣移知奉鎭二縣一體遵照仍候

稟請出示曉諭稿 光緒戊戌

稟爲設局濬湖叩請出示曉諭並行縣一體保護興水利

以垂永遠事竊鄞邑東鄉之東錢湖鄞奉鎭三縣八鄉數十萬畝農田賴以灌漑自宋迄今湖身逐漸淤塞蓄水無多流難及遠若不設法開濬有妨民食關繫非輕爰集各鄉紳耆公同會議所需經費擬由大業戶出工小業戶捐食殷商富戶量力勸輸開辦之初每畝由鄉董紳耆量力籌墊業經先後稟奉前憲核示暨蒙道憲吳飭委水利分府蕭親詣履勘復經稟奉撫憲廖批以東錢湖旣爲水利農田所關日就淤淺各紳董集議開濬捐款又爲衆情樂輸自應照准仰布政司迅飭鄞縣畢令卽日會紳往勘查

核稟覆並奉藩憲惲批縣會勘覆府出示委員設局勘明開辦並令將湖中挑濬之泥堆築成墩如何方能永固不致坍卸妥議覆奪各等因並蒙鄞奉鎮三縣主會紳至湖履勘詳覆在案並沐前憲諭令迅速設局開辦紳等自應仰遵憲諭次第舉辦除已慎選公正紳董分司其事並擇吉設局辦理暨另請委員兼督彈壓外尙恐業佃人等未及週知業經妥議章程稟奉前憲批准給示伏查此項告示尙未核給現值仁憲蒞任爲此公叩大公祖大人察核俯准開列章程出示曉諭業佃踴躍輸捐不得觀望並行

各縣一體保護俾得興辦實爲德便所有未盡事宜容再隨時稟明合併聲明上稟

莊府尊濬東錢湖告示稿 光緒戊戌

爲出示曉諭事查接管卷內案據鄞紳職訓張錫藩等封職傳宜垚大挑教職鄭世治卽用教諭忻澤霖大挑教職陳祖康揀選知縣鄒宸笙應朝光貢生傳廷鑣生員程聖輅職舉陸修瑞副貢陳宜坊監生張振翰職員徐琳中書科中書張渭高監生忻錦崖等奉紳歲貢葉挺森生員孫紹業等鎭紳職舉張昌年候選道王福昌舉人謝覲櫆生員李厚培徐之鴻等稟稱鄞邑東錢湖爲鄞奉鎭三縣七鄉五十餘萬畝農田賴資灌溉現因湖身淤塞蓄水無多偶逢雨澤愆期禾苗卽形枯槁每致秋成歉薄民食攸關爰集各鄉紳耆公議設局開濬所需經費議由大業戶出工小業戶捐食殷紳富戶量力捐輸並商公正鄉董墊洋爲創先後叩請給示開辦等情到府並據稟奉撫憲暨藩道憲批府飭各縣會同確勘妥議稟辦等因節經札飭鄞奉鎭三縣會勘籌議去後茲據各該縣等勘明稟復並據張紳等以尙有業佃人等未及週知議章稟請出示曉諭

前來查閱章程內開各鄉董墊繳款項俟明年秋季歸還按月給息一分又得沾水利各田每畝大業戶捐錢一百八十文小業戶捐錢七十文等語均尙公允應卽一律繳捐以裕經費除批飭各縣妥爲彈壓一面移委前任水利通判蕭督辦外合行出示曉諭爲此示仰各鄉殷紳富戶及業佃人等知悉爾等須知濬湖蓄水原爲灌溉農田起見惟是工程浩大需費甚鉅全賴集腋成裘共襄善舉自示之後務各踴躍捐輸量力佽助毋稍觀望推諉以致事敗垂成其各鄉董允墊之款亦卽赶先繳局俾資開辦倘

有不肖痞棍阻撓生事致碍善舉一被指控定即檄縣究辦決不姑寬其各凜遵毋違特示

稟請鄞奉鎮三縣會勘稿光緒戊戌　張錫藩等

爲應請分檄訂期會勘核明出示曉諭設局開濬以全要公事竊職等因東錢湖蓄水無多集貲設法濬治以利農田曾稟憲案已蒙飭勘施稟經藩憲惲批由仁憲速飭鄞奉鎮三縣會同覆查確實熟籌妥議稟府核明出曉諭就近遴員督同各紳董設局開辦等因嗣又奉撫憲廖批由藩憲迅飭鄞縣畢令即日會紳從勘各在案刻當秋成豐

稔民情踴躍羣皆允洽亟應及時興辦用特稟請大公祖大人分檄鄞奉鎮三縣訂期會同履勘稟呈仁憲給示曉諭委員設局督同開濬以興水利實爲德便

莊府批

候札飭鄞奉鎮三縣迅速會勘明確妥議具覆察奪

稟請蕭分府委員稿光緒戊戌

稟爲開濬湖工需員督理叩請移委兼督事竊以東錢湖工關繫要濬難再緩業經分認籌墊民情輸捐緣由先後稟蒙各憲批准已由鄞奉鎮三縣主會勘詳沐仁憲俯准給示創捐各在案伏思設局開辦造册收捐分司坐理事繁責重雖由紳等慎選司事實心經理第工程浩大人夫衆多若不稟請憲委能員稽察督理恐不足以資統攝而昭鄭重查正任水利分府蕭公上年曾奉道憲飭委親往履勘深悉全湖形勢洞燭機宜且能不避艱辛就近紳民異常欽仰現奉調辦北局釐務紳等本不敢冒昧稟請無如另請生手不特情形不熟深慮事多隔閡恐鮮實濟一再籌思北卡幸在鄰近即不能常川駐湖而兼督籌商總攬大綱必能措置裕如於湖工大有裨益紳等爲維持善

舉起見爲此稟祈大公祖大人俯念工程緊要恩准移委蕭公就近兼督仍請隨時照料以全善舉而慰民望感德不朽

莊府憲移水利分府蕭文稿光緒戊戌

爲移請事照得鄞邑東錢湖源遠流廣爲鄞奉鎮三縣七鄉五十餘萬畝農田賴以灌溉現因湖身淤淺蓄水無多迭據鄞紳先用訓導張錫藩等稟請設局開濬一面稟奉各大憲批示行府即經札飭鄞奉鎮三縣會勘籌議去後迄未具覆茲據張紳等以貴分府熟悉全湖形勢且爲紳

民欽仰稟請移委督理前來查設局濬湖事雖由紳經理而工程浩大夫役眾多自非官爲督辦不足以資統攝據稟前情除批示並俟縣中復到卽行出示開辦外合先備文移請爲此合移貴分府請煩查照希俟開辦後督同在事各紳監視照料熟商辦理以維善舉而期周妥望切施行須至移者

稟請王分府委員稿 光緒己亥

稟爲開濬湖工總理需員叩請移委會同籌辦事竊以東錢湖工關緊要濬難再緩業將分認籌墊民情輸捐各緣

由先後稟經各憲批准已由鄞奉鎭三縣主詳沐仁憲俯准給示創捐並以工程浩大人夫眾多需員統攝稟蒙前府憲程移委水利分府蕭隨時督同辦理各在案伏思設局開辦造册收捐分司坐理已由紳等愼選司事實心經理外總攬大綱雖蒙蕭分府就近兼督第城鄉兩局事務殷繁勢仍需員總理以資臂助查現署水利分府王熟悉水利於是湖形勢洞燭機宜擬請會同蕭分府籌商辦理以全要公於湖工大有裨益紳等爲維持善舉起見伏乞大公祖大人俯念工程緊要恩准移委分府王會同商辦一體照料襄成善舉而慰民望感德不朽

稟請借漁團款呈道府稟稿 光緒己亥

爲機器已到需款孔亟公叩恩准暫行撥借濟以全善舉事竊甯郡東錢湖關係鄞奉鎭三縣七鄉農田水利湮淤已久亟應修濬因經費浩大力難舉辦茲已稟蒙宏恩在上海招商局借定大號便利機器其機器管駕業經來甬前往該湖閱歷據云如用此等機器事半而功十倍機中逐水伙食等項均亦必不可省但機器由江入湖裝卸改換以及需費繁重在在非錢不行而鄉捐各款須開工後

可收實屬緩不濟急頃職等懇蒙縣憲面諭現在一時無款堪以借撥惟查海防漁團項下尙有存款九千餘元或暫借撥三四千元能否可行尙須稟請道府憲批示祇遵等因除稟府縣憲外爲此不揣冒昧稟叩大公祖大人俯念水利要工恩賜允准轉飭暫行借撥俾速興工實爲德便

莊府批

開濬東錢湖機器既已借定來甬需費自應赶籌以便開辦據請暫借存局漁團經費似尙可行惟此爲防海要款

所以備豫不虞前經稟定不准挪移別用在案此次雖係暫借應候據情稟請撫藩憲核示准借若干再行飭發仍應責成該紳等即速歸還不得久任懸懸切切仍候道憲批示並飭鄞縣知照繳

稟縣借撥漁團款稿

稟詞同前

鄞縣告示稿 光緒己亥

出示曉諭事照得東錢湖攸關合郡水利業經紳董稟奉勘明並奉各大憲批准修濬在案現於月波寺設局不日

即可動工所有湖濱居民年月深久無不侵佔漸次盖造房屋現屆修濬理宜一律拆讓本縣念爾等多屬漁洋小民安土重遷情有不忍爰稟大憲從寬免追茲奉憲飭凡湖畔從前盖有房屋久使民居處所概准免予追復大憲體恤輿情洵稱周至誠恐爾等未及周知心懷疑畏合亟出示曉諭爲此仰東錢湖畔一帶居民知悉爾等須知湖源水廣灌溉多資七鄉農田自此豐年永慶從前侵佔既蒙免追此次修濬興工各宜踴躍從公勉力帮役一面聽候立石清界詳請給照遵管免致不法人等以侵佔湖地爲詞向爾等哄嚇藉圖索詐爾等各宜感激嗣後不許絲毫再有侵佔致干禁究切切凛遵毋違特示

莊本府安民告示稿 光緒己亥

出示曉諭事照得甯郡之東錢湖爲鄞奉鎮三邑水利攸關茲因年久失治隨在淤塞三邑八鄉田畝旱潦無備卽經各紳董稟奉勘明並據情稟奉各憲批准設局籌款興辦在案查該湖湖身原有若干本係載明志乘無可蒙混今欲濬治本應將所淤地田悉數追收以復舊規第念該湖旁自淤漲以來已非旦夕就地居民因日久間曠或開

墾種植或建造房屋固已視同己業今若盡令遷徙則該居民等相安已久一旦失所情亦堪憫本府念切民依因思其地如果無碍水利自可成功莫毀免其遷徙除照會該局員紳知照辦理外合行出示曉諭爲此示仰湖濱居民人等知悉爾等須知侵佔湖身有干例禁本應擯逐照舊追收姑念爾等耕鑿已久生計攸關但使無碍水利並非港汊支流爲水所必經之處免其拆改遷讓以示體恤惟經此次開濬之後爾等濱湖民居不得再有尺寸侵佔倘敢姑違定提嚴究不貸其各凛遵毋違特示

開辦告示稿 光緒己亥

照得東錢湖爲鄞奉鎭三邑農田水利攸關現因湖身間有淤塞不能流通暢達旱潦無資是以各紳董議定章程稟明大憲設局開濬凡在承蔭田畝業佃各戶務宜遵照定章聽候查辦不得阻撓亦不得在局喧嘩毋違特示

稟留王分府駕公稿　　張錫藩等

稟爲挽留公駕襄成善舉事前蒙恩諭委署理分府王憲協同正任分府蕭憲督辦濬湖事宜現屆隆冬之際農工已畢及時濬辦事半功倍且挖泥機器不日到申現擬一

面造船一面試工待確有把握卽當擇日開辦蒙蕭憲回任得以督辦湖事第恐頻頻往來湖局久離衙署殊多未便如另委別員輔理蕭憲難孚衆望惟王憲老成練達才德兼優俾任此職於湖事大有裨益不得已公叩大公祖大人俯念民生格施調劑札留王憲公駕駐局督辦一年襄成善舉頌德無涯公感上稟

放洩梅湖水塞上下虹橋諭單稿 光緒己亥十一月十三日

冬令農隙水涸錢湖開濬正及其時前閲湖周梅湖一帶葑草蔓延尤甚計十數里欲開湖工必先去葑現定十五日將上下虹橋暫爲關閉先放梅湖之水俟湖涸葑乾用工删刈一面開港試辦運泥出湖特諭

稟莊本府蕭分府稿　　張錫藩等

爲繕具清册以昭核實事竊東錢湖關係三縣八鄉水利迭經職等於上今兩年隨時隨事籌擬捐辦開濬詳列章程稟蒙各前憲暨大公祖大人批准給示曉諭遵辦在案兹挖泥機器及船隻合計銀五千五百兩機器向上海泰來洋行電致法國機器廠購定於十二月十五日運赴上海上棧其船隻卽由泰來洋行僱工就湖上釘造已成其

銀訂明分三次均派償清現屆歲底統計付過規元銀乙千七百兩折洋二千二百八十一元二角又付洋三百元合銀一千九百二十三兩六錢七分尚蒂欠銀三千五百七十六兩三錢三分左右俟明春籌措再付半價將機器運赴湖上苟能合配停當駛用無碍大小亦照前議不差尺寸然後全價付清惟年内機器未能及早應用職等籌思再三若不先用人力開工時閲兩年尚未開辦恐各業戶人心渙散况湖上淺處俱多宜以人力爲正辦爲此趕將各工次第脩集先於五月内售料添補碶板擇於十一

月初九日築壩堵橋放水先從梅湖開工試辦一切覺有端緒湖傍居民人心亦甚安謐於十二月十三日停工雖爲時未久而規模粗具卽爲明年新正接濬張本起訖較爲分明惟是集腋成裘事莫難于創始上收下付案必歸於實銷所有官撥漁團費洋三千元蕭分府塡款五百九十元職等嚴信厚經手申地收捐洋三百九十元又信厚自己名下先助洋四百八十二元又三縣八鄉得沾錢湖水利各業戶應捐之款已收一千零二十元共計收洋五千四百八十二元除上今兩年內分項逐漸開支外今實

存洋六百三十二元九角四分八釐亟應淸揭收付賬目繕具淸册謹呈電鑒以昭核實除已稟呈府憲外分府外敬繕稟及淸册呈電謹稟　光緒二十五年十二月廿九日

稟本府稿　光緒廿六年三月十九日

爲工關緊要需款孔殷公叩恩准飭縣催傳莊書頒催造册收捐並乞賜籌畫各捐以濟要需事竊職等前以東錢湖浚難再緩議籌業捐妥議章程稟經各大憲批准札飭前鄞奉鎭三縣暨前府憲程莊先後會同履勘遵照詳准凡得沾東錢湖水利大業每畝出工資制錢一百八十文小業每畝出食資制錢七十文當經出示勸諭並移委水利分府蕭王督理一切謹於上年四月分設城鄉兩局開辦各在案除職等集捐外並蒙前府憲莊借撥漁團經費洋三千元先將堰碶閘板修齊復于十一月堵橋洩水先用土工開浚梅湖新港運泥出湖修理梅湖塘五里塘等處現因春作方興放橋蓄水以利農事查全湖廣闊人力難施之處必需機器開浚上秋由德商泰來洋行定購挖泥機器一部計價銀四千二百兩當付銀一千兩並就湖上配造機器船隻計價銀一千三百兩業已竣工是項機

器已由外洋到申寄棧亟待付款運甬而各業捐需由莊書頒催造册核收節經稟催飭造迄今年餘延未造齊送核現蒙鄞縣憲徐催傳諭知趕造並先給示惟奉鎭二縣亦未造册叩乞仁憲札飭奉鎭兩縣憲一體傳知造送出示以便收捐濟用當此工關緊要捐款未集公叩大公祖大人恩准迅賜奉鎭兩縣催傳造册同送惟目前機器待運疊經德商泰來洋行飛電催促急若燃眉勢難延緩且濬湖運泥非機器不可謹請除籌辦大小業捐外先於甬江各錢舖商借銀洋以運機器且可接濟湖上開辦之資

是外殷商富戶並乞次第勸捐俾湖工早觀厥成用收實效將來三縣八鄉之民皆拜大公祖大人之賜於無旣矣

又稟請王憲來甯駐局稿（光緒二十六年三月十九日）

爲湖工緊要憲委未臨公叩迅賜移知速駕來甯駐局經理匡成要工事竊紳等籌濬東錢湖稟蒙前府憲移委署理分府憲王協同正任分府憲蕭督辦濬湖事宜仰荷王憲實心襄事具有條理去冬卸篆後紳等稟請挽留憲駕駐局督辦一年襄成善舉已蒙俯准因其請假奉眷屬回皖並允今春重來甯郡贊襄一切迄已數月未見惠臨當

此湖工開辦之際機器到申籌款待運遵照收捐稽核彈壓在在胥關緊要蕭憲職守攸羈未便久離衙署往來湖局伏思王憲老成練達才德兼優眾望悉孚禆益匪淺爲此公叩大公祖大人迅俯賜移知前署分府王憲駕蒞甯郡常川駐局督理捐款經理壹是庶職等有所稟承用收實效以全要工

稟鄞縣呈繳根照稿（光緒庚子七月二十六日）　傅宜垚等

稟爲呈繳根照奉諭聲敘開單公叩恩賜確查核轉以昭覈實而明曲折事竊職等與故職訓張錫藩同爲修濬東錢湖董事上年五月間先將四處碶板修整完固十一月初九日堵塞湖內上下虹橋內障大湖之流外放梅湖之水其時洪濤巨浪旋堵旋決用工信非易易至十二月十二日梅湖水涸趕卽開濬湖港並將五里梅湖兩塘傾頽石塊運砌完整旋以堅冰積處憐念工人寒苦於廿三日卽令停止迨今正月初九日亟復開濬一面搬運泥石增築塘岸爲蓄水計至三月初二日農事方興而淘工始歇梅湖舊有一堰制不甚廣未能繫船鄉民舟行入湖恆苦紆繞且爲上春大水衝塌亦經職等更築增闊倍半民稱

便利現在尚未竣工通盤核計雖修濬工程十不及一而經營創始幸有端緒今夏亢旱彌月不雨湖水不致盡涸卽非修濬之功亦係更換碶板蓄水較多之效各鄉設立分局查造業戶畝册本爲收捐地步前奉出示給諭遵照辦理並無窒碍所歷各啚於造册時有卽行輸捐者有未輸捐者有先付四五成或二三成不等至於允墊之款緣上年六月水災各啚不能齊一開辦以後按戶收捐允墊一節概置勿論嗣奉示諭捐照體制不符刊換三聯印票暫行停止業將收支細數開摺送呈察核在案其前刊捐

照係前署府憲莊移請督辦錢湖水利署分府憲王代印緣未加用水利分府代印圖章致閱者不甚明白茲奉憲諭轉奉府憲函開衆論有云公會田居三分之一如子年甲收之類其公共祀會之田前並議有章程按上下年分自行攤派照輪流之年數多寡庶現年當辦不至獨虧又甯地風俗富戶畏充莊首將產業化立數戶類多假借某祀某會名目實則一家己產惟各局領催深悉底細若鄰縣寄莊並託付親戚照管之田總以沾溉錢湖水利者爲核實外此如山鄉隔江之田其地勢顯判高下兼有溪壑

江塘劃清界限不致紊亂又言上冬送到清摺開工不過十二日而連前初開議時繳用合各局司董薪工支銷洋一千八百餘元之多實屬駭人聽聞然集議以來赴鄉履勘測量繪圖妥議章程稟准省郡各大憲暨赴滬購造機器籌辦指捐刊印畝册捐照收票章程圖式迄今三載不知幾費周章當不以十二日爲限數從前種種支銷較大職等與爲襄辦告或難辭而故職訓張錫藩並爲總理一秉至公二月物故輿論翕然委非以少報多甘受身後不韙之名伏思此項公事已故生員張祖衔創議修濬光緒二十二年偕其徒監生忻錦崖徧歷三縣八鄉與各局紳董接洽徒步周諮不辭勞勩其時許可者凡二百九十餘人惜乎志與運違祖衔物故二十三年夏蒙陞前道憲吳委令水利分府憲蕭周歷察看故職訓張錫藩等隨同詣勘嗣延精於算學者以開方法丈量繪圖聯名稟蒙各大憲批准並蒙前鄞奉鎮畢郭周三縣會同履勘詳覆各在案前府憲程照會各董事再三勸勉首肯捐廉不時與諸董事悉心核議務期斟酌至當惜事未舉辦遽歸道山郡民咸爲感泣署前府憲莊下車伊始詢及濬湖之事樂爲

提倡議定業捐章程出示曉諭上年三月會同督辦錢湖水利分府憲蕭王邀集七鄉局董至炎帝殿僉議嗣後同詣履勘遂於四月十七日用小牢祭告湖神作爲開工之期其先一切經費均由蕭分府憲節次墊給莊前府憲商借漁團經費洋三千元令赴滬由泰來洋行購定德國挖泥機器一部並就湖上購造機器船殼一艘合計銀五千五百兩節經付洋三千元機器一項其先蒙陞前道憲吳函致職道嚴信厚向招商局允借遂令督管機器者帶同洋工來甯赴湖測量淺深緣不合用嗣由江西購買即赴

江西估驗以轉運未便而止復由泰來洋行購定往返甚多周折今府憲以繳用過大責成職等仰見仁憲慮事精詳諄諄以撙節爲諭正實事求是之至意第以工程較大款需孔鉅職等隨時審度亦以籌款維艱不敢虛糜爲念迄今款尚未清工亦未了若可仍照原案辦理夫復何言然月按戶造册收捐允墊既置勿論又奉示諭停收闔邑咸知恐先後兩歧于人似難取信至造送捐戶花名册簿並未塡註大小業畝分緣捐照無畝分字樣惟於存根註明俾便將來核對斷無朦混情弊職等爲此不揣冒昧詳晰聲敘將捐戶花名册簿並捐照收票存根開單公叩公祖大人俯賜確查核轉以照覈實而明曲折

稟府高批光緒庚子三月十九日

東錢湖淤淺年久該紳等不憚繁難起而議濬用意甚善惟檢查稟案飭沿湖得沾水利之田按畝抽捐外先由各啚鄉董每啚墊洋壹百元以爲之倡此誠該紳等前稟所謂不開工不便收捐期民見信也乃上冬報銷清摺此項墊款尚未列收案經紳等通稟聲明且予月息一分前府告示復詳敘無非爲鼓舞業捐起見未便竟置不論先自

失信現在機器運滬即須付價應將此款按圖收齊匯滬找給所飭之洋即湊作工用卷查該紳等前稟謂已由嚴紳信厚原向上海招商局借定機器一副尅期運甬曾否如約運到何以又向德商泰來洋行定購需款至四千餘兩運費造船計合洋七千餘元之多當時未據稟府籌商似此鉅款遂爾定議未識初議作何著落而檢查該紳等節次稟詞前後不甚符合工費甚大士愼多口先賢云君子信而後勞其民本府不得不究本尋源求其事事核實以取信於民也現該紳等惟有急速收集各啚認墊之款以踐前言用昭大信蓋小民可與樂成難與圖始到處皆然所有前稟各啚捐款果屬非虛自必輸繳恐後以爲矜式況此層本該紳等原稟所請辦法應亦不難照行其向錢莊通融能否應期應由該紳等自行商辦此等工程不辦則已辦則必底於成檢閱歷次條議先將梅湖濬深並各村前開濬數丈以便汲飲以次及於湖底六港再有餘費則湖面淺處一律挑泥辦法原有次第而要貴矢以實心持以恆力擇耐勞之人以督工節可省之費以助用期不虛此一番舉動而後已本府蒞任此間觀此水利要

工深願贊成其事故以所見與該紳相勸勉除已札縣示收大小業捐外現請催造奉鎮畝册及移分府監督既有稟准案據并候循案移行遵辦仍由該紳等將修過塘堰若干開工若干暨挑濬地段若干隨時稟報以便查存至機器挖泥雖較利便而非運用得人不能程功上年湖州開濬碧浪湖亦以重價購一機器後以不善用法棄置湖邊殊爲糜費不知該紳等已先雇有熟悉機器人否另稟並悉

稟爲請嚴紳襄理局務稿 光緒己亥年四月

稟爲殷紳好義急公倡捐資助恭請恩准照會俾資襄理以全要公事竊職等以甯郡東錢湖年久淤塞有碍水利迭經集議稟奉各大憲批示札飭鄞奉鎮三縣會勘籌捐設局濬辦並蒙先後移委正署任水利分府憲蕭王督同辦理並奉仁憲出示曉諭各在案惟湖身遼闊工程浩大職等會商宜用機器輔以人功奏功速易特購機器價値甚巨爰商語慈邑簡用道員嚴紳信厚旋承該紳以桑梓善舉畛域何分允向上海招商局轉借挖泥機器一部尅期運甬截至湖上裝配應用並蒙倡各捐照英洋一千員以資開辦該紳似此好義急公實所罕有職等以湖工重大經辦艮難該紳老成練達卓著鄉閭得其分任仔肩一切籌辦事諮度宜深有裨益爲此公叩大公祖大人恩准照會嚴信厚襄理局務以全要公實爲德便

鄞縣徐移奉鎮二縣移文稿 光緒庚子三月

爲移請事案奉前府憲莊札開光緒二十四年十二月二十七日奉藩憲惲札開本年十一月十七日奉前撫憲廖批署鄞縣知縣畢貽策會同署奉化縣知縣郭文翹鎮海縣知縣周延祚等稟遵飭會勘東錢湖工程籌議復陳懇

乞示遵由奉批據稟已悉仰布政司核復飭遵繳等因奉此並據該縣具稟到司查甯郡東錢湖爲鄞縣奉化鎮海三邑蓄洩之區灌溉田地五十餘萬畝所關至鉅旣經畢令等會同勘明月波寺一帶最爲淤淺此水湖塘堰碶亦多坍廢亟應分别挑築以利農田稟内所議挑拔工程員董駐局分辦各節果否允洽統計全工應挑土方若干修築堰碶幾處實用經費若干除各圖願捐外尙短若干存城紳富可捐若干按畝計工可得若干聲叙尙未明晰冬令天晴水涸能否趁此擇要興工抑或俟捐有成數再行

開辦稟內亦未議及應再由該府就近確查妥議酌定章程通稟核辦以期周妥奉批前因合亟札府寓目立卽遵照確切查明妥議詳細章程開辦日期通稟察奪事關三縣農田水利毋稍玩延是爲至要切切等因奉經敝前縣分別移請妥議具復旋據濬湖紳董張錫藩等擬議章程奉前府憲莊批准並出示曉諭一面飭縣查造戶畝細册等因又經敝前縣節飭總散各莊書造册送核去後迄今一年之久未據造送殊屬玩延茲據濬湖紳董開送節略以各莊書册未造送捐款難收請卽飭催前來除諭催敝

邑各莊書造册並出示曉諭外擬合備文移請爲此合移貴縣請煩查照出示曉諭一面查明凡沾東錢湖水利各啚一體諭催各該莊書查造戶畝細册送縣核明轉發濬湖局核辦望速施行須移

水利分府蕭禁錢湖侵佔湖地牌由稿 光緒庚子七月二十三日

爲飭查事照得侵佔官河已干例禁况東錢湖爲三縣七鄉百萬畝農田藉以灌溉侵佔一分則民受一分之害茲訪查得史家灣地方有漁民史祥發釘樁佔築又陶公山地方漁民王顯德王文星趁旱佔築湖地作爲住地且聞史祥發曾佔數十畝販賣如此不法大爲地方之害本分府有總巡水利之責未便置之不理合行飭查爲此仰役協保迅赴該處確查有無侵佔情事限某日內帶回該啚保役繪圖貼說稟復到府以憑核實開辦去役毋得違延干咎速速

王榮商奏片 光緒二十八年十二月十八日

再浙江寗波府屬之東錢湖溉田五十萬畝久爲農民所依賴近年葑泥漲滿蓄水無多每遇旱乾收成歉薄民食不足半由於此光緒二十五年冬該紳士稟明地方官購

辦挖泥機器設局挑濬因兵警而止現在接辦無人機器空存深爲可惜請旨飭下浙江撫臣責成寗波知府遴選公正紳董設法挑濬全湖以竟前功庶於農田大有裨益臣爲鄉邦水利起見謹附片具陳伏乞聖鑒謹奏

上諭頒浙江巡撫誠札飭寗紹台道 光緒壬寅年十二月廿九日

光緒二十八年十二月二十九日接准兵部火票遞到軍機大臣字寄護理浙江巡撫布政司誠光緒二十八年十二月十八日奉上諭翰林院侍讀王榮商奏請開湖溉田等語浙江寗波府屬之東錢湖據稱年久失修前經該府

紳士購備機器設局挑濬因事中止着誠按照所陳體察情形酌量修濬以竟前功原片著鈔給閱看將此諭令知之欽此欽遵旨寄信前來承准此合行恭錄札知札到希卽督府欽遵辦理此札計黏抄原片

光緒二十九年正月初九日正月十六日到郡

稟商部文

忻錦崖

爲懇恩代奏開湖溉田以防災旱事竊緣浙江甯波府屬之東錢湖年久失修致有淤泥湮塞每至夏秋暘雨愆期禾苗枯槁竟成歲歉之苦其患甚久光緒十七年間曾經

已故生員張祖銜詣湖逐細履勘與就地紳耆會商挑濬事宜未及舉辦而故監生忻錦崖張祖銜之徒嘗隨師閱歷接洽鄞奉鎭三縣八鄉紳耆會同已故職訓張錫藩等擬議章程聯名稟稱撫院藩司業札飭鄞奉鎭三縣官紳會同勘驗在案當蒙在籍候補道嚴信厚踴躍樂從解囊資助復經甯波府知府程雲俶與各紳董悉心籌議首肯捐廉未及興工程守因病出缺旋經署知府莊人寶樂爲提倡親詣履勘籌撥局款飭令紳董購備機器前升道吳引孫派委水利通判蕭福清周歷勘驗蕭通判首先捐廉令精明算學者丈量繪圖估計工程約需銀十萬元議由業戶出工佃戶出食光緒二十五年四月設局開辦是年秋收後興工嗣因廿六年夏間京津兵燹突起閭閻震恐暫行停止於光緒廿八年十二月十八日奉上諭翰林院侍讀王榮商奏請開湖溉田等語浙江甯波府屬之東錢湖年久失修前經該府紳士購備機器設局挑濬因事中止著誠勳按照所陳體察情形酌量修濬以竟前功原片著抄給閱看將此諭令知之欽此等因當經護理巡撫誠勳札飭道府欽遵辦理彼時鄉民聞知皆有踴躍之心伏

思監生辦理開濬實地方公益年久未見成效因此晝夜憂愁惟恐再行延誤一遇旱災其患匪輕是以情急跋涉來京籲懇商部貝子爺大人恩准可否據情代奏請旨特派丞參大員駐城查辦督修興工開濬並請旨飭下浙江撫臣責成甯波府知府會同紳董興辦以竟前功庶闔郡三邑鄉民數百萬戶利賴無窮矣謹呈計呈甯郡修濬東錢湖章程一本內有圖說又黏呈簡明章程五條

計開簡明開濬章程

一前議業戶出工佃戶出食每畝計工資錢一百八十文

計食資錢七十文按戶造册似嫌煩瑣此次改擬按畝抽捐祇捐業戶不捐佃戶每畝捐制錢二百文隨糧帶征分作二年徵收庶所取不費較爲簡便

一前議先濬正港六條闊五丈深五尺量得廿三萬七千餘方每方給價錢一百廿文核計二萬九千串運泥出湖及一切辦工經費均屬不計近年百物價昂工食驟漲此次擬改挑濬全湖深約三尺須加費五萬餘串核計徵收之數尚不敷用運泥出湖及一切辦工經費自應零行設法向殷富籌捐以期集事

一擬請飭派幹員駐城監督以杜弊竇

一擬請飭下浙江撫臣責任甯波府城地方官提道府縣通判會同商議遴選公正紳董協辦以全善舉

一前議湖濱侵佔之地既往不咎以後湖工竣勒石永禁不得再佔尺寸違者禀官究辦拆毁

商部批　光緒三十年二月二十一日

據呈已悉候咨行浙撫欽遵前次諭旨迅即飭屬體察情形會同公正紳士妥籌辦法以竟前功章程存案圖等件發還此批

商部咨文　光緒三十年二月二十四日

爲咨行事光緒三十年二月十三日據浙江鄞縣監生忻錦崖禀稱甯波府屬之東錢湖年久失修淤泥湮塞農田無以資灌溉每届夏秋恒苦乾旱光緒十七年間經已故生員張祖銜倡議開湖與就地紳耆會商挑濬事宜未及舉辦而故監生爲祖銜之徒忻錦崖復經編歷鄞縣奉化鎮海接洽三邑紳耆思成厥志復與已故訓導張錫藩等會議章程聯名上禀撫藩道府縣各衙門經藩司札飭甯波府會同鄞奉鎮三縣勘驗前知府程署知府莊與各紳董悉心籌辦撥款訂明挖泥機器升任道吳復委水利通

判蕭福清以開方法丈量繪圖估計工程約需銀十萬元紳董集議由業戶出工佃戶出食二十五年四月設局是年秋收後興工甫經開辦適值二十六年海上用兵事時致輟二十八年十二月十八日奉上諭翰林院侍讀王榮商奏請開湖溉田等語浙江甯波府屬之東錢湖據稱年久失修前經該府紳士購備機器設局挑濬因事中止著誠勳按照所陳體察情形酌量修濬以竟前功原片著鈔給閱看將此諭令知之欽此當經前護院誠札飭道府欽

遵辦理生與各紳董聞知踴躍均謂此舉可成並因按戶收捐造册糜費改議按畝抽捐制錢二百文隨糧帶征分作二年交納較爲簡便當經稟明府縣在案奈署知府葆縣令周延擱年餘迄今不辦迭經撫藩道各憲批札府縣均置若罔聞生自備資斧奔走十餘年深知此舉關繫緊要惟恐再行延誤將來若遇災旱其患匪輕是以情急來京叩懇大部恩准咨行浙江巡撫責成甯波府知府會同紳董急速興辦則三縣鄉民數百萬戶利賴無窮等情並呈簡明章程五條刷印章程一本前來查此項湖工既係

有關水利自應赶速興辦以慰農望相應咨行貴撫查照迅速飭屬詳細查察情形及早舉辦毋任延宕至籌款一節該監生所擬每畝抽收制錢二百文隨糧帶征分作二年交納之處是否可行有無室礙應令該地方官一併體察情形會同公正紳董妥籌辦理並希卽行咨覆以憑核辦可也

商部咨文行浙撫聶檗同藩司翁札飭甯波府喻兆蕃文　光緒甲辰年三月廿二日

爲特札飭遵事本年三月十六日奉撫憲聶檗行光緒三十年三月初八日准商部咨開前事等因到本部院准此查此案前於光緒二十八年十二月間奉寄諭當經誠前護院分飭遵辦嗣據甯波府查明具稟又經誠前護院批司飭府督同縣紳赶緊妥議稟奪在案迄今未據議覆玆准前因行司查照准咨事理立卽轉飭迅速妥議詳辦事關奉旨飭辦之件毋任再延計咨等因奉此查該府屬之東錢湖攸關鄞奉鎮三縣農田水利光緒廿四五年間集捐開濬因事中止上年欽奉諭旨查確修濬以竟前功等因業經前署司查核全卷明晰指飭責成該府督飭三縣

官紳妥籌稟辦嗣據該前府高守稟覆遵辦情形又經批飭切實查議稟奪各在案迄今年餘未據具覆實屬玩延玆奉前因復查鄞縣監生忻錦崖此次所稟改議按畝抽捐錢二百文隨糧帶徵分作二年交納核與核前府稟覆大業每畝出錢一百八十文代工小業每畝出錢七十文代食辦法兩岐當時紳民已有捐重之說現欲按畝一律捐錢二百未免較重於前集捐辦工總以博採周諮輕重得宜爲正辦而尤以經理得人用歸覈實爲要著究竟應濬湖身若干丈尺撙節勘估實需工費若干前購機器現

在何處能否勘用如何明定捐章尅期舉辦合亟馬遞札飭札到該府寓目遵照先令指飭立卽分飭各該縣會督紳董親詣確勘體察情形妥籌切實辦法繪圖貼說稟由該府悉心統籌全局明定章程詳晰通稟察奪事關奉旨飭辦水利要工立待詳請復奏毋再玩延致干未便切切特札計抄咨光緒三十年三月廿二日廿七日到郡

稟浙江聶巡撫文光緒甲辰三月　忻錦崖

爲懇恩札飭開湖溉田以防災旱事竊甯波府屬之東錢湖界連鄞縣奉化鎮海三邑年久失修致有淤泥湮塞每

至夏秋暘雨愆期禾苗枯槁成災其患甚久於光緒十八年間曾經已故生員張祖銜與就地紳耆會商挑濬事宜詣湖徧歷履勘嗣張祖銜病故復經伊徒監生忻錦崖嘗隨師閱歷思繼其志重復徧歷三邑八鄉接洽紳耆會商邀同已故職訓張錫藩等彙議章程聯名稟稱撫藩二憲劄飭鄞奉鎮三縣官紳會同勘驗在案並承在籍候補道嚴信厚急公好義踴躍樂捐共成此舉復蒙甯波府程守雲俶與各紳董悉心籌議首肯捐廉未及興工旋因程守病故出缺嗣經署守莊人寶樂爲提倡重復履勘籌撥局款飭紳董購備機器卽經升任道吳引孫觀察派委水利通判蕭福清周歷履勘蕭通判首先捐廉令精於算學者以開方法丈量繪圖估計工程約需經費議定章程於光緒廿五年四月開辦嗣因廿六年京津兵燹突起閭閻震恐暫行停止光緒二十八年十二月十八日奉上諭翰林院侍讀王榮商奏請開湖溉田等語浙江甯波府屬之東錢湖據稱年久失修前經該府紳士購備機器設局挑濬因事中止著誠勳按照所陳體察情形酌量挑濬以竟前功原片著鈔給閱看將此諭令知之欽此等因當經護院

憲誠劄飭道府欽遵辦理在案彼時鄉民歡騰皆有踴躍之心或者從此可保無災旱之虞豈料署守蓀謙竟將奉旨挑濬事宜置若罔聞縣令周延祚視爲具文反生怠玩殊屬不解生等以三邑民生并惜錦崖師生自備資斧費十餘年之苦心萬不肯褒於一旦事敗垂成勞而無功況地方水利有關國計民生迄今一年有餘署府縣罔顧民瘼均未出示生等意欲卽爲興工開濬而業戶佃戶又未奉府縣曉諭使鄉民觀望不前坐失前功矧此舉已欽奉諭旨前撫院劄飭舉辦勢難再緩之大功生等因此晝夜

憂愁惟恐一誤再誤是以情急不辭跋涉叩懇商部貝子爺大人外理合黏批并繪圖說檢同章程禀求憲天大人恩准俯賜核案札飭府縣出示欽遵諭旨會紳興辦而竟前功俾三邑數百萬戶民生利賴無窮頂德上禀計呈甯郡修濬東錢湖章程一本

光緒乙巳年三月初九日叩閽發步軍統領那咨浙撫聶文三月十五日發往忻錦崖

爲咨送事據中營樂善園汛守備張治清拏解叩閽人犯忻錦崖一案訊據忻錦崖供我係浙江甯波府鄞縣人捐

納監生年五十一歲在縣屬東齊塢村居住原本府東錢湖水渠灌溉鄞縣奉化鎮海八鄉五十餘萬畝田地皆賴湖水灌澆民間得食年久棄修於光緒十七年間有生員張祖銜商同三邑紳耆擬開挖引湖水章程具禀呈遞本省巡撫蒙批三縣會同甯波府勘議出示興修迨至光緒二十六年間因京津戰事停工二十八年十二月間經翰林院侍讀王榮商條奏奉旨交誠巡撫體察情形酌量修濬經誠巡撫札飭欽遵乃地方守令置若罔聞于三十年二月我來京具禀在商部呈遞蒙咨浙撫籌辦延至於今尚未詣勘詳查有江西學政已革翰林盛炳緯從中把持未能舉辦是以我又具禀來京聞得聖駕出郊於本年三月初九日在西直門外北關地方叩閽當敢官人將我拏獲連原呈等件一併解案的等語查忻錦崖輒敢攜帶呈詞等件來京叩閽實屬不法訊之該犯所供各節是否屬實亟應詳細訊究相應將忻錦崖並原呈等件咨送浙江巡撫究明辦理仍將如何完結緣由咨覆本衙門並都察院可也具訴狀監生忻錦崖係浙江甯波府鄞縣人年五十一歲爲詳細陳明開湖溉田以防災旱今被在籍革員

任意把持遲私阻撓等情仰祈聖鑒事竊因浙江甯波府屬之東錢湖居鄞縣之東界周圍八十餘里其水灌溉鄞縣奉化鎮海三縣八鄉沾田五十餘萬畝開於唐天寶三年鄮令陸南金廢田十二萬一千二百十三畝其賦派入沾利之田每畝加米三合七勺六抄至宋天禧元年郡守李夷庚設四碶八閼七堰九塘淳熙四年魏王趙愷守郡奏聞於朝撥出內帑會子錢五萬貫義倉米萬石大濬之寶慶三年郡守胡榘請事於朝得度牒百道常平米一萬五千石又濬之迄今七百餘年未曾修濬以致淤泥湮塞

蓄水無多每届夏秋雨暘愆期禾苗枯槁收成歉薄久爲農田之患民食不足半由於此光緒十七年經已故生員張祖衔倡議開湖與就地紳耆會商挑濬事宜未及舉辦而故監生係祖衔門下思繼志以蕆其事逐細履勘接洽三邑紳耆二百九十餘人民情樂輸邀同已故生員張錫藩等擬議章程聯名稟蒙浙江巡撫藩司劄飭鄞奉鎮三縣會同詣勘甯波府知府程雲俶與紳董等一再籌議酌定章程議由業戸出工佃戸出食每畝出工資錢一百八十文佃戸出食資錢七十文均經出示曉諭未及興工程

守因病出缺署知府莊人寶樂爲提倡親詣勘驗蕭通判首先捐廉延精於算學者丈量繪圖估計工程約需銀十萬元不時與紳董悉心核議在籍候補道嚴信厚急公好義踴躍輸資樂與圖成其時地方官員皆能實心行事於光緒二十五年四月設局開辦二十六年六月京津戰事日棘閭閻震恐暫行停辦光緒二十八年十二月十八日奉上諭翰林院侍讀王榮商奏請開湖溉田等語甯波府屬之東錢湖據稱年久失修前經該府紳士購備機器設局挑濬因事中止著誠勳按照所陳體察情形酌量修濬以竟前功原片著鈔給閲看將此諭令知之欽此等因當經護理巡撫誠勳劄飭道府欽遵辦理在案一時草野歡騰咸謂事可觀成詎意地方守令非前可比因循坐視竟將奉旨飭辦水利要工置若罔聞三十年二月復經監生來京稟蒙商部咨行浙江巡撫劄飭甯波府親詣確勘體察情形妥籌辦法並經紳耆聯名稟明浙江巡撫當即劄飭迄今又逾一年並未詣勘籌辦稟覆推原其故查係已革前任江西學政翰林院編修奸紳盛炳緯違抗諭旨從中把持挾制官長逞私阻撓以致官長畏其勢力未能舉

辦伏思由前至今十餘年迭次履勘丈量繪圖再四籌議明定章程設局開辦俱有端緒今因奸紳逞私阻撓若舉半途而廢豈不將前次共事之輩枉費徒勞即三邑鄉民無不嗟嘆深爲可惜監生鄉曲愚民瘁十餘年之苦心自備資斧不辭跋涉之勞三次赴都係爲地方水利起見非有纖毫私意介於胸中用敢不揣冒昧鋭志圖成茲因各紳耆催令監生奔馳來京籲懇皇太后皇上天恩軫恤民瘼請旨飭下浙江撫臣責成府縣迅速舉辦毋任奸紳阻撓以竟前功並請特派幹員督同地方官紳切實妥籌辦

理俾免覬望而杜弊竇所有前議按畝抽捐業戶出工佃戶出食原係眾心允洽惟須查造清册似嫌煩瑣此次改議祗捐業戶不捐佃戶每畝捐制錢二百文較前核減錢五十文應請隨糧帶征分作兩年徵收較爲簡便合併陳明伏乞聖鑒謹呈　光緒二十三年三月　日

商部咨文光緒乙巳年六月

飭遵事本年六月初九日奉撫憲聶按行本年六月初三日准商部咨開案查浙江鄞縣監生忻錦崖於光緒三十年二月十三日到部具呈以甯波府屬之東錢湖年久失

修有關水利歷經就地紳耆稟由前撫札飭地方官勘驗籌辦因事中止於光緒二十八年十二月十八日奉上諭云云當經前護撫誠札飭道府欽遵辦理在案奈地方官延擱不辦置若罔聞是以情急來京呈請咨行浙江巡撫飭屬會同紳董赶速興辦等情業經本部於三十年二月廿四日行文該省飭令地方官會同紳耆體察情形及早籌辦勿任延宕並令咨復在案查修濬東錢湖係奉旨交辦之件復經本部咨查去後其如何等議已否開辦迄今未據復到該道府所司何事乃至民間水利有益農田之舉廷旨部咨前後交催猶復遲延如此實屬顯違定例相應咨行貴撫查照嚴飭所屬遵照前咨迅速辦理詳復到部如再遲延本部定行按例參處切切等因到院行司查照准咨事理立即轉飭遵照迅速辦理具復以憑轉咨毋延等因奉此查此案前奉廷諭並商部咨行均經先後行府督飭三邑官紳勘明情形統籌全局妥議稟辦各在案迄今未據具覆殊屬玩延茲奉前因除移甯巡道查照外合行札飭札府厲日遵照憲行並迭次札飭事理分飭鄞奉鎮三縣會督紳董親詣勘確體察情形妥議切實辦法

繪圖貼說悉心統籌全局明定章程詳細通稟察奪事關水利要工毋再任延致干參處切切

商部稟稿乙巳年九月十一日

具稟浙江甯波府鄞縣監生忻錦崖稟爲湖工緊要事敗垂成懇恩代奏派員督飭復辦以普公益事竊監生遠承師命近接鄉情毀家興利者十餘年跋涉馳驅者數千里皆求達開濬甯波府屬界連鄞奉鎮三邑之東錢湖以溉田防患一事緣監生先師生員張祖衔慨湖田湮塞倡集邑紳會議挑濬以利農田事未及成齎志以歿遺命監生

紹述其志監生竊思農業爲工商之本而水利爲農務之源重以三邑紳耆之公意故前曾不避艱苦於光緒三十年馳赴大部稟陳一切蒙恩准咨行浙撫札府興辦公民踴躍感激莫可名狀孰料甯波府知府喻兆蕃惑於頑紳前已革翰林院編修江西學政盛炳緯之阻撓至今延擱不理陽抗大部重農之意顯違撫院揚仁之令陰阻公民興利之誠監生承多數紳民之意迫得匍匐部堂籲懇貝子爺大人俯念窮黎振興水利派飭丞參大員到浙會同撫部命甯波一府三縣刻日詳勘復設湖局所督令興辦

則民生感戴與日俱長矣抑監生更有陳者湖事經創始曾由邑中紳董與地方艮吏熱心興辦官民鼎力集款開濬尚未眉目旋因庚子變事停工以後鎮邑紳士翰林院侍讀王榮商奏請開湖於光緒二十八年十二月十八日奉上諭可其奏仰見天恩關心民瘼體恤農情有加無已事關奉旨興辦之件及經大部責成而該頑紳及有地方之責者膽敢因循玩愒在監生一介愚民本不敢妄非官長惟有迫切痛籲泥首貝子爺大人恩准可否據情代奏請旨飭下浙江撫臣責成甯波府知府會同公正紳董與辦以竟前功而闔郡三縣民生數百萬戶鄉民利賴無窮爲此謹呈

商部批

照錄批監生忻錦崖請代奏派員督飭復開東錢湖呈據呈已悉查此項湖工係奉旨交辦之件復經本部迭次咨催語極嚴切並未據該撫咨復有案或是工程重大籌款不易辦事無人是以稽延到今惟此案業經浙紳具奏於前本部未便再行入告姑念該監生陳詞迫切應准據情再咨浙撫查辦仰即回籍静候示遵可也此批

商部咨文光緒乙巳年九月

商部爲咨行事光緒三十一年九月二十日據浙江鄞縣監生忻錦崖呈稱開濬東錢湖工程緊要事敗垂成懇請代奏派員督飭復辦以普公益一案查此案於光緒二十二年十二月十八日奉上諭云云上年二月間該監生到部呈請咨行浙撫責成甯波府會同紳董急速興辦並呈章程懇請核辦等情當經本部咨行該撫飭屬查察情形其籌款一節該監生所擬每畝抽收制錢二百文隨糧帶征是否可行有無窒碍應令詳細體察會同公正紳董妥

籌辦理復部核奪等因去後未據咨復到部於本年五月廿四日行文該省以此項湖工係奉旨交辦之件復經本部咨查其如何籌議已否開辦迄今未據復到該道府州縣所司何事乃至民間水利有益農田之舉延旨部咨前後交催猶復遲延如此實屬顯違定例應嚴飭所屬遵照前咨詳復到部如再遲延定行按例參處等因在案茲據前情該監生以三縣水利之故承其師長遺命不憚犧牲一身迭次具呈墾請重修此項工役其中恐有别情該地方官不難詳細體察善爲辦理以服其心乃經本部前後

咨查該撫並未具復即此一端該地方官之辦理因循已可概見除批示外相應録批咨行貴撫查照實在情形詳復到部以憑核奪可也

甯波府喻兆蕃詳文 光緒三十一年乙巳六月

奉咨事案於光緒二十九年正月初十日奉前護撫憲誠札開承准軍機大臣字寄光緒二十八年十二月十八日奉上諭翰林院侍讀王榮商奏請開湖溉田等語浙江甯波府屬之東錢湖據稱年久失修前經該府紳購備機器設局挑濬因事中止著誠勳按照所陳體察情形酌量修濬以竟前功原片著鈔給閲看將此諭令知之欽此遵旨寄信前來承准此恭録札司轉飭欽遵辦理計粘鈔原片等因即經恭録轉行責成該管知府欽遵諭旨督飭三縣官紳確勘統籌妥議稟辦尙未具覆旋於光緒三十年三月奉前憲合聶商部咨開以據浙江鄞縣監生忻錦崖稟稱浙江甯波府屬東錢湖年久失修淤泥湮塞農田無以資灌溉每屆夏秋恒苦乾旱光緒十八年已故生員張祖銜倡議開湖未及舉辦而故監生爲祖銜之徒思成師志復與已故訓導張錫藩等會議章程稟經藩司札飭府縣

勘驗與紳董悉心籌議開方法丈量繪圖估計工程約需銀十萬元議由業戶出工佃戶出食二十五年秋後興工甫經開辦適值二十六年海上用兵事致中輟二十八年奉旨修濬以竟前功各紳聞之踴躍均謂此舉可成並因按戶收捐造册糜費改議按畝抽捐制錢二百文隨糧征分作二年交納較爲簡便稟明府縣延擱不辦若遇災旱其患匪輕是以情急來京叩懇大部恩准咨浙急速興辦則三縣鄉民數十萬戶利賴無窮等情並附呈簡明章程五條刷印章程一本前來查此項湖工旣以有關水利自

應赶速興辦以慰農望相應咨行貴撫查照迅速飭屬詳細查察情形及早舉辦勿任延宕籌款一節該監生所擬每畝抽收制錢二百文隨糧征分作二年交納之處是否可行有無窒碍應令該地方官一併體察情形會同公正紳董妥籌辦理並希即行咨覆以憑核辦可也等因到院行司轉飭遵辦又於三十一年四月奉前憲合聶行准步軍統領衙門咨以據中營樂善園汛守備張治清拏解叩閽人犯忻錦崖一案訊據忻錦崖供我係浙江甯波府鄞縣人捐納監生年五十一歲在縣居東齊塢村居住原本

府東錢湖水渠灌溉鄞奉鎮三縣八鄉五十餘萬畝田皆賴湖水灌澆民間得食年久棄修於光緒十八年間有生員張祖銜商同三邑紳耆擬開挖引湖水章程具稟呈遞本省巡撫嵩批三縣會同甯波府勘議出示興修迨至光緒二十六年間因事停工二十八年十二月間經翰林院侍讀王榮商條奏奉旨酌量修濬地方守令置若罔聞三十年二月我來京具稟在商部呈遞嵩咨浙撫籌辦未詣勘詳查有江西學政盛炳緯從中把持未能舉辦是以我又具稟來京聞得聖駕出郊於本年三月初九日在西直門外北關地方叩閽當被官人將我拏獲連原稟等件一併解案的等語查忻錦崖輒敢攜帶呈詞等件來京叩閽實屬不法訊之該犯所供各節是否屬實亟應詳切訊究相應將忻錦崖並原呈等件咨送浙江巡撫審明辦理仍將如何完結緣由咨覆本衙並都察院可也計送人犯忻錦崖一名原呈地圖共三紙等因到本部院准此查此案前於光緒三十年三月初八日奉商部咨據該監生忻錦崖在部具稟咨行到浙即經轉行該司飭速妥議詳辦在案迄今又已年餘尚未議覆准咨前因除將監生忻錦崖

押赴錢塘縣妥慎收管外行司查照准事理立即轉飭甯波府督同各該地方官迅速詣勘體察情形詳辦毋任宕延一面即飭錢塘縣赶將該監生解往甯波府歸案訊辦發來原呈清摺地圖仍錄繳本部院衙內備查計黏抄咨並發原呈地圖三紙各等因到司奉經分別移行遵辦並迭飭府縣會督紳董親詣確勘體察情形通籌全局妥議切實辦法通稟察辦各在案茲據甯波府知府喻守兆蕃稟據鄞縣知縣高莊凱奉化縣知縣王汝賢鎮海縣知縣韓銓聯銜稟稱卑職等遵經往返商定於六月十一日在

郡取齊十二日會同履勘並先照會各紳董查照是日約同在籍工部主事梁紳秉年等奉化縣舉人江紳迥等鎮海縣原奏紳士在籍翰林院侍讀王紳榮商等由郡起程至莫枝堰與濱湖紳士舉人史紳悠誠等會晤衙舟前進廣覽周諮當得東錢湖坐落鄞縣東鄉受七十二溪水四碶七堰以溉鄞奉鎮三縣八鄉之田據稱約五十餘萬畝其中鄞縣六鄉奉化一鄉鎮海一鄉共計畝一百三十二舊志載湖志周迴八十餘里自趙宋迄今國朝未嘗疏濬居民侵佔湖界亦非一旦葑菲叢生湖身漸塞港道少暢

流之勢碶版多朽腐之痕韓嶺稍深而風浪特大梅湖倍塞而滋蔓難圖揆厥情形實有不得不濬之勢卑職等卽假湖上月波寺爲憩息之所與各紳悉心會議查該湖應濬之處計里甚廣而當務之急首在梅塘梅塘約長五里濶三里共面積十五里葑草比他處爲多蒂固根深入泥已盈二尺必須爲拔本塞源之計方可收一勞永逸之功通盤籌畫以該處十五里面積計算濬深三尺非三四十萬元不可一時議論紛紜有謂宜照原議每畝捐錢二百分年加倍攤收可得二十萬串便足舉事者有謂湖水利於下淤抽收畝捐宜責鎮海次及鄞縣致各存私見互相推諉者謂濬出淤泥難於安置作墩培塘於遠近居民皆有窒碍者有謂湖外之河道已淤濬湖而不濬河南鄉各田未均其利派捐恐難盡從者甚有謂甯地隘民稠所爭在漁業與專重農務之區有間濬湖尚可從緩者其中主濬者自屬激於公義主不濬者亦多習於因循因循固難與計遠謀而公義亦不可不孚衆論事關重大宜先籌款所從出次求主得其人三謀衆允其議慎重於始黽勉赴功庶不致以利民之端肇擾民之政繪圖貼說稟復到府

並據紳士內閣中書張昌年等以忻錦崖堅執已見欲興大工並敢誣控盛紳阻撓請澈查究以彰公道等情聯名呈請訊詰前來卑府遵卽東邀原奏紳士王榮商等會同擬議僉謂濬湖之舉非籌有的欵斷難驟議開工籌款之方舍畝捐別無良策惟抽捐一事約有八難鄉愚苟且目前本無遠慮其田未曾受旱嗰令輸助非所樂從其難一按畝計捐未經清丈必不免以多報少互相爭執其難二五十萬畝亦以約畧之詞其中有不受湖水灌溉者自未便責令照捐其難三該處素號膏腴故祀田居其大半分

年輪值利有所歸攤捐不勻必多延欠其難四中有敎民產業倘視爲不急之工任意抗捐大衆尤必觀望其難五湖外卽河水近者自受無窮利益水遠者輒藉口河淤須濬方肯出資其難六往年畝捐由紳收僅百分之一二已滋物議卽改由地方官隨糧帶征又苦無鱗册可據其難七該湖爲各邑山水所注祇有冬春數月可以施工捐難驟齊必先籌墊如此巨款何人承擔其難八辦理已形棘手經營之始頭緒紛繁爲事擇人尤非易易各紳之意見大致相同質之原奏王紳亦僅以查明田畝妥籌緩辦爲

主義率作興事全恃合羣各紳度量物力心知其難但不肯居阻撓之惡名亦不聞有贊成之片語蒼茫四顧呼助無從屢以辦法詢之邑紳莫肯爲應現在惟有仍責成各該縣先將近湖田畝查明確數再由卑府體察輿情相機勸辦繪圖稟請轉詳咨復等情稟奉前憲台聶批飭核明詳咨等因奉據此除監生忻錦崖赴京揑控一案已據該府聲明另飭訊取確供擬議詳辦到日應由臬司主政核詳不贅外伏查甯郡東錢湖周迴八十里攸關鄞奉鎭三縣農田水利自宋迄今七百餘年未嘗疏治葑茭淤塞之

處固多居民侵佔亦難免欲求興此大工必先籌費清界入手光緒二十四五年間張錫藩等倡議濬湖集捐開辦歷時數月僅開湖港三條計長七百八十五丈用費七千數百元當時紳民卽有湖捐太重辦工太費之言高前守稟明停辦意在更定妥章另籌辦法適值津沽事起收捐爲難因而中止今自二十八年欽奉諭旨飭濬以來屢次行查迄無善策原奏王紳回籍後亦不聞另發一議其爲工大費鉅猝難集事可想而知乃該監生忻錦崖一再赴京具呈謬執一已之見妄欲舉此大工其愚可哂不與衆紳商議自定捐章復誣盛炳緯爲阻撓其情又實可惡現

經官紳會勘明確僅濬梅塘一處約需經費三四十萬元全湖修治費更不貲年來未加糧捐閭閻已形竭蹶若再因此湖工按畝派捐錢二百文非數年之久不能集此鉅款民力實亦未逮窒碍情形已可不言而喻該府所陳八難確是實情自未便勉强從事所有修濬東錢湖工程祇可請從緩議仍如該府所稟責成各該縣先將近湖田畝查明確數由府會紳隨時體察情形籌有妥善之法另再稟辦以順輿情而昭愼重理合備文詳請仰祈憲台察核

附奏並請咨明商部都察院步兵統領衙門查照再此案工程欽奉諭旨飭辦之件是以並請奏咨是否有當敬候憲裁示遵實爲公便合併陳明爲此備由呈乞照詳施行

旅滬鄞邑同鄉紳商十餘人公稟甯紹台道高甯波府喻文 光緒乙巳年十一月

具稟商民陳忠良等爲湖工緊要濬難再緩公叩恩賜察核善全大局出示曉諭急速興辦興水利以保農田事竊職等世居鄞邑東鄉向在上海洋行爲業近十餘年聞有開濬東錢湖之舉此係三縣八鄉水利攸關爲沾溉農田

之要稔悉已故生員張祖銜張錫藩等先後爲之倡踵其事者厥有監生忻錦崖曾與各鄉紳耆均已接洽閭閻無不稱善雖工程浩大需款孔鉅然伊始經營良非易易數年以前甫經開辦旋奉停止鄉民爲之失望嗣聞鎮海王侍讀奏聞於朝須下諭旨咸爲事可覩成矣乃遷延歲月終未舉辦而該監生忻錦崖毀家興利矢志堅貞不肯以累年心力隳於一旦三次赴都自備資斧不辭遠途跋涉之勞又聞得其越控之咎固有難辭而究其心跡實是忻錦崖係爲八鄉之利非爲一己之私此非獨八鄉之民深爲欽佩皇天后土實所共鑒顧懇大公祖大人體恤農情振興水利伏思是湖若不及今修濬將來侵佔日增淤塞日甚湖漸隘而漸淺勢必仍爲平疇而後已又誰復起而問津焉是湖水利關繫在鄉不在城故鄉民之欲濬者爲多至忻錦崖控告盛紳爲奸紳而眾紳士公呈以爲夙稱公正忻錦崖以奸紳目之未免荒謬然不憶盛炳緯前爲江西學政時犯科場大弊被御史李慈銘奏參革職奏劾有貪黷卑污士林不齒字樣上下皆知則忻錦崖所控不爲無因而眾紳士似未免曲爲阿附盛炳緯告假回籍忻

錦崖稱爲革員已革未革當有部案可查職等聞得盛炳緯阻撓湖工善舉地方官惑於讒言將此湖工棄置不理在滬同鄉聞之無不憤激之至若不趁此開濬邀集滬上同鄉聯名赴省具呈求達開辦湖工爲要且此非職等所敢與職等同處鄉閭均沾水利目擊情形案關公舉孰察忻錦崖所志所行情殊堪憫未忍緘默用敢不揣冒昧瀝情公叩大公祖大人迅賜察核扎飭府縣善全大局出示曉諭急速興辦則三邑鄉民數百萬戶感戴不朽矣實爲德便公頂上稟

鄞邑南鄉耆生禀鄞令文 光緒乙巳年八月

具禀耆民厲貴鶴等禀爲案關公舉情殊堪憫公叩恩賜察核善全大局矜恤愚衷伸公義而孚輿情事竊耆等世居南鄉各安本分近十餘年聞有開濬東錢湖之舉此係三縣八鄉水利攸關爲沾溉農田之要稔悉已故生員張祖銜張錫藩等先後爲之倡踵其事者厥有監生忻錦崖曾與各鄉紳耆均經接洽閭閻無不稱善顧工程浩大需款孔鉅經營伊始艮非易易數年以前甫經開辦旋奉停止鄉民爲之失望嗣聞鎮海王侍讀奏聞於朝咸謂事可

觀成乃遷移歲月終未舉辦而該監生忻錦崖矢志堅貞不肯以累年心力隳於一旦竟敢一再遠走京師自備資斧不辭跋涉之勞其越控之咎固有難辭而究其心跡忻錦崖係爲八鄉之利非爲一己之私此非獨八鄉之民深爲欽佩皇天后土實所共鑒伏思是湖若不及今修濬將來侵佔日增淤塞日甚湖漸隘而漸淺勢必仍爲平疇而後已又誰復起而問津焉至錢湖水利關繫在鄉不在城故鄉民之欲濬者爲多耆等同處鄉閭均沾水利熟察忻錦崖所志所行情殊堪憫未忍緘默用敢不揣冒昧瀝情公叩公祖大人恩賜察核善全大局矜恤愚衷伸公義而孚輿情實爲德便上禀

鄞縣高批 光緒三十一年八月初五日

此案業經本縣會同奉鎮二邑勘禀應候奉到憲批遵照辦理

禀撫台張藩台寶文 光緒丙午年八月十八日

具禀鄞縣舉人陳宜增等禀竊以甯波府屬之東錢湖周圍八十餘里其水灌溉鄞縣奉化鎮海三縣自唐天寶迄宋寶慶開之者代有其人濬之者代有其人曾以汪洋一

派惠及八鄉民田賴之民漕亦賴之下之利在此上之利亦在此也詎意至今七百餘年失於修濬葑蔓瀰封淤泥湮塞蓄水無多每值暘雨愆期禾苗枯槁收成歉薄深爲農田之害於光緒十八年間經已故生員張祖銜與舊地紳耆接洽聯名具禀當道挑濬事宜未及舉辦張公物故監生忻錦崖係張公門下又復痛念先人思繼志以蕆其事二十一年程府雲敷蒞任决意修濬錢湖繪圖擬章程十六條面呈程公公得此圖册濬湖之議遂定棠吳觀察派委水利通判蕭公福清履勘錢湖情形蕭公邀同已故

主員張錫藩監生同至錢湖察驗稟覆在案二十四年延請算學師丈量繪圖估計工程約需洋銀十萬元當時與官紳核議監生逐細履勘接洽三邑紳耆二百九十七人聯名稟請前撫廖公藩惲公咸蒙批准札飭守令會同紳董勘驗從實稟覆湖工興辦府縣均經出示曉諭其時爲捐廉提倡者則有通判蕭公福清爲慨助千緡者則有道員嚴公信厚爲籌撥款項者則有莊公人寶紳董等藉得購備機器二十五年四月設局開辦是年交冬僱夫挑濬得四千二百三十餘方又修梅湖碶塘執料二十六年夏

間被內地頑紳造謗阻撓高太守出示諭湖事遂中止惜哉悲哉然湖事雖停監生之意未灰嗣經鎮海王公侍讀奏聞於朝遂頒上諭鄉民聞之事可觀成不料地方守令依然置若罔聞因循坐視監生關心水利切思修濬因是一再赴都稟蒙商部咨轉又被阻中止監生心大不甘再行赴都叩閽檄馳而下甯郡時適前撫聶公札飭甯波府道轉飭鄞奉鎮三縣會同紳耆勘驗詳細稟覆急速興辦各在案豈料甯波府喻兆蕃詳文揑稱收畝捐事有八難推諉湖事因此不得重興然抑思濬湖之利在民濬湖之

資亦出於民衆民業已樂輸何懼此區區八難況據詳文云一難者謂鄉愚苟且目前本無遠慮未曾受旱迫令輸捐未免非所樂從不知沾湖水之田有五十萬畝是湖若不開濬遇值大旱少減穀一石一畝因每石計洋銀一元共得洋銀五十萬之數其利已不少屬在同井誰不踴躍輸資何至勉强赴公同於臨渴掘井所言一難者何有又云二難者謂按畝派捐未經清丈難免以多報少互相爭執不知三邑之田皆係千古不易之田早經丈量清楚從未聞以多報少無端爭執所言二難者何有又云三難者

謂五十萬畝約畧之詞其中不受湖水灌溉者未便責令照捐不知合三縣八鄉一百三十二圖素有五十萬畝之說其中已受湖利者未受湖利者民誰不悉平時鄉民情願樂輸不待地方官之深慮所言三難者何有又云四難者謂該處素號膏腴祀田舉其大半攤捐不均恐多延欠不知普天之下莫非王土以極易輸捐之公欵區區按畝二百文誰忍執定祀田反推諉此善舉所言四難者何有又云五難者謂其中教民產業倘視爲不急之工任意抗捐衆必觀望不知教民亦樂爲善況外國人素重水利決

不至有阻撓所言五難者何有又云六難者謂湖外卽河水近者自受無窮利益水遠者輒藉口河淤須濬方肯出貲不知事出義舉誰不關心今則鄉民遠者亦莫不慷慨輸貲何須地方官託詞湖工難成所言六難者何有又云七難者謂往年畝捐由紳收僅百分之一二已滋物議卽改由地方官隨糧帶征又苦無鱗册可據不知計畝收捐爲公起見物議從何而來湖工本官民共事詎待地方官隨糧帶征狃於改章之說所言七難者何有又云八難者謂該湖爲各邑山水所注祇有春冬數月可以施工捐難

縣齊必先籌墊如此鉅款何人擔承不知東錢湖在鄞邑之東並無別邑山水所注地方官之說何來況按畝抽收分作二年交納爲期已寬前經公議約需洋銀十萬元各在案合三縣八鄉湖捐上下忙之期一年約有四五萬之數可收不至捐難縣齊加以其中殷商富戶量力貲助公舉奚至無成所言八難者何有且據詳文云濬出淤泥可爲二局公司之用何來窒礙復云甯郡漁業爲大宗農務可以不急更不知甯郡六邑卽如鄞邑一縣已有錢糧九萬之數不急農務糧漕從何而出此皆地方官之强詞也又復云監生執一已之私見其愚可哂不知監生之愚眞愚爲濬湖之事不避艱險不避寒暑承辦十餘年爲八鄉之利非爲一已之私地方官不辨湖事者儼以智巧之士自居故身避而不肯爲蓋地方官平時惑於城紳輕視鄉間之紳者然不知城紳者僅知有一已之私不如鄉紳者專爲眾人之利何得偏於聽信謂五六十萬鉅款託詞難集殊濬湖效驗得寸則寸得尺則尺湖中去一方之泥卽多儲一方之水此不必執於五六十萬之巨款爲此搪塞之詞且紳董等前爲設局開辦錢湖工程應當收支逐細

詳報在案俱有實册明文共計收洋銀七千二百元收漁團洋三千元收畝捐洋銀二千二百元收嚴公貲助洋四百八十元收蕭公捐廉洋銀六百元收各董事借墊洋銀九百元此所收各洋之明證也又支出德國泰來洋行購定挖泥機器一部連船計銀五千五百兩當付定銀一千兩折洋銀一千四百元又付稅餉洋銀三百八十元又付造船洋銀一千四百元三共計洋銀三千一百八十元外修梅湖碶石砌工料計付洋銀八百元又修梅湖塘計付洋銀四百五十元又濬梅湖港三處計得四千二百八十

方計付洋銀七百五十元又各司事收捐造册薪水火食紙筆油燭一切雜項付洋銀二千元計三年以來所用資費不多此所支各洋銀之明證也所謂糜費者何在誠以紳董等辦事具有熱腸無如地方官憚於瑣瀆不肯重興湖工上年七月間原奏紳士王侍讀面催府縣籌辦湖工而府縣始終畏難所請三月內查明湖水所沾每畝清册即行舉辦至今一年有餘未曾舉辦地方官之因循概可見矣監生承師長先人遺命不辭勞瘁是年八月間又赴京都稟稱商部蒙商部咨催湖事部文云監生不憚犧牲

一身堅志重修毀家興利者十五年赴京跋涉者數千里吾鄉眾紳耆二百九十一人皆係辦地方鄉約公務者爲公非爲私覩此事墮已咸痛三縣之民不得其利反受其害能無憤乎能無憤乎故合三縣八鄉紳耆公請鎮海原奏紳士王公侍讀榮商爲開濬湖工局總董此吾鄉眾望所歸自當竭力興辦不至有始無終也今幸吾浙重見青天得遇撫憲大人駐節浙省甫及半載凡於民間諸務弊必除利必興奸必察公必顧大有百廢具舉之狀紳董等聞風起興因是不揣冒昧瀝情具陳聯名公叩憲天大人選派公正大員赴甯查辦督修興工開濬並請撫憲大人恩准俯賜核案札飭府縣急速出示欽遵諭旨會同公正紳耆興辦湖事而竟前功俾三邑數百萬戶民生利賴無窮當爲頌德歌功雖千萬載聲垂不朽紳耆等因是除稟撫憲大人外并爲續稟藩憲惟冀共沾憲恩重興三縣永遠水利童叟幸甚婦孺感甚所有上年部文摺一扣眾紳耆名摺一扣濬錢湖刷印章程一本濬錢湖啟一紙抄呈黏後伏乞垂鑒紳耆等特此涕泣叩求哀哀上稟

撫憲張批光緒丙午八月二十七日

查此案前據甯波府會督三縣官紳查議濬湖工費較鉅籌款甚難擬請從緩仍責成各該縣先將近湖田畝查明確數由府會紳隨時體察情形籌有妥善之法零再稟辦由司核詳經前兼署部院瑞咨覆都察院商部步軍統領衙門查照在案茲據稱合三縣八鄉紳耆公請原奏紳士王侍讀爲開濬湖工局總董究竟有無其事並曾否籌有妥善之法仰布政司即飭甯波府查明稟覆核奪

稟撫藩暨道府文宣統元年己酉十一月　王榮商等

爲甯屬錢湖最關水利開呈名單公叩迅飭府縣妥籌開

辦以甦民命而保利益事竊東錢湖一役迭經官紳籌辦在案三十一年三月忻錦崖措資赴都道傍叩閽由步軍統領衙門隨文遞解到籍官府託辭八難其事遂寢三邑鄉民無不扼腕是年八月忻錦崖復行赴都稟請商部催促並赴閩稟請督憲終未舉辦竊思甯屬水利以錢湖爲最大亦爲最要是湖沾溉農田五十餘萬畝今年天時亢旱統計秋成祇及半收八鄉賴湖之水愈於他處祇減二分每畝約減收五十觔通計減收二千五百萬觔平價計値洋銀四十萬元以他處較之尙多洋銀六十萬元此湖

水之利益也若能濬深全湖沾湖之田可無旱災之虞蓋民者何惜此一朝之勞而不爲永逸之舉乎民食攸關重於生命何得漠然視之況經費一項以農田之利出自農田此非外求者也本年八月十九日初次開會三縣城紳赴會者四十餘人九月十五日二次開會鄞縣各鄉紳董赴會者百二十餘人皆各齊聲稱善願與贊成惟從前議由業戶出工佃戶出食恐嫌煩瑣可否據情奏請隨糧帶征每畝輸錢二百十文分作三年征收較爲簡便衆議允洽紳等係爲地方水利起見爲此不揣冒昧覼縷瀆陳伏叩憲天大人俯賜電鑒迅飭府縣妥籌開辦以甦民命而保利益實爲公便上稟計呈名摺二扣錢湖圖一幅

撫憲增批　宣統元年己酉十二月初四日

據稟甯屬東錢湖年久失修現議設法疏濬經費一項請隨糧帶征每畝輸錢二百十文分作三年征收等情查東錢湖於農田水利關係匪輕興修自不可緩惟集款方法必須審愼如無窒碍自應力予維持及早籌集以便興工仰布政司速飭甯波府查議詳覆核辦名單圖說存

藩憲顏批　宣統元年己酉十一月十八日

查此案前於光緒三十二年八月間續據鄞縣舉人陳宜增等稟奉前撫憲張以曾否籌有妥善辦法批司飭府查稟在案來牘所擬開濬經費改爲分作三年隨糧帶征旣稱衆議允洽仰甯波府核議稟辦仍候撫憲批示此復圖摺均存

府憲鄧批　宣統元年己酉十二月初十日

此案現奉藩憲批示到府希候札行各縣會同士紳妥速籌議以憑核轉此復圖摺存

稟鄞縣鄒轉詳公文　宣統庚戌二月十四日　王榮商等

禀爲湖工緊要亟應集款興辦仰祈恩准核議轉詳並行給示以憑遵辦事竊紳等於去年十一月會同鄞奉鎮三邑紳耆聯名禀請修濬東錢湖一案均奉憲批在案嗣奉撫憲批據禀甯屬東錢湖云云伏思是湖有益於水利農田盡人皆知按畝之捐出自農田委係正項的款不假挹注紳等再四籌議自無窒碍隨糧帶征較爲便捷分作三年征收尤屬輕而易舉查閱撫憲决議改良徵收錢糧方法案內第六條有原有禀准立案隨糧帶征之各種附捐須將項目數目於串票上加蓋戳記字樣此次征收辦法

並擬於串票上遵用戳記自去秋至今春組織團體節次赴邑廟會議衆口一辭靡勿齊聲稱善輿情如此何虞事之不濟惟望憲天亟爲提綱傳與於斯役者遵循有自萬民幸甚爲此肅禀公叩公祖大人俯賜察核查議轉詳並請先行給示以憑遵辦實爲公德再先設濬湖公會於邑廟前縣巷衙係舊有之仁安公所合併聲明急切上禀

鄞縣鄒批　宣統二年庚戌二月二十日

此案前奉府憲奉撫憲批飭業已分移奉鎮二縣在案據禀前情候照會就地各紳董並再分移奉鎮二縣邀集該處紳耆訂期晉郡公同議決核辦此復

甯波府鄧札鄞奉鎮三縣移文　宣統元年十二月二十三日

札鄞縣知悉本年十二月十三日奉藩憲顔札開本年十二月十四日奉撫憲增批甯波翰林院紳士王榮商等禀請濬東錢湖由奉批云云毋稍違延等因奉此查此案前據該紳等具禀到府即經批示在案茲奉前因除分行外合行札飭札到該縣立即遵照迅速會同奉鎮二縣暨士紳人等刻日籌議通詳該辦毋稍違延切切特札簽發鄞縣

鄞縣鄒照會發諸紳董籌辦濬東錢湖事　宣統二年二月初六

調署鄞縣爲照會事宣統元年十二月二十五日奉府憲鄧札開本年十二月十三日奉藩憲顔札開本年十二月十四日奉撫憲增批甯波翰林院紳士王榮商等禀請濬東錢湖由奉批云云到縣奉查此案前據貴紳等具禀當經批示在案茲奉前因擬合照會爲此照會貴紳等請煩查照憲札辦理望速施行須至照會者右照會紳董忻印錦崖

補遺前撫台張藩台寶札文批示　光緒丙午八月十八日禀三十日札

藩憲寶爲札飭事光緒三十二年八月二十日奉撫憲張批鄞縣舉人陳宜增等禀籌濬東錢湖何有八難請委查辦重興水利由奉批云云見前八月廿七日批並據鄞縣舉人陳宜增等具禀到司奉據此合行札飭札到該府卽便遵照查明公請原奏紳士王侍讀爲開濬湖工局總董究竟有無其事並曾否籌有妥善之法通禀察奪毋違切切特札光緒三十二年九月十六日藩憲寶批光緒丙午九月十六日此案已由該舉人等禀奉撫憲批司另札飭遵照仰甯波府查照遵辦毋違各件黏存

撫藩二憲札文

爲札飭事宣統二年九月二十四日奉撫憲增批本司詳請甯屬紳士王榮商等禀鄞奉鎭三邑農田均需之東錢湖亟應修濬經費按畝收捐請交地方自治會議公决示遵由奉批各詳辦理仰卽檄飭府縣俟三邑議董兩會選舉成立後開會集議組合方法取决公論卽行核明詳候察奪繳等因奉此查此案先據甯屬紳士王紳榮商等以前情呈奉撫憲增批示查此案前據該紳等具禀到院業經批司飭府查議在案據禀前情究竟能否照辦仰布政司迅卽核飭甯波府查議詳奪毋得遲延禀批發草章預算表併發仍繳等因並據王紳等具呈到司本司當以前在甯紹台道任内深知東錢湖攸關鄞奉鎭三縣八鄉農田水利屢議開濬迄無結果披閱王紳等所議草章預算經費各節似與從前籌議方法較有把握現在自治機關已將成立籌辦水利本爲自治範圍以内應辦之事參事議事會各職出自公推自能體察民情物力善籌辦法而議員陳時夏等亦有是議是以詳明擬飭府縣將是案發交自治會先行開會集議取决公論其辦工收捐之如何

手續草章是否允協卽由該會審查確定以期折衷至當仍由地方官長監督施行詳奉撫憲批示前因自應遵辦除王紳等原呈另行批發外合行抄詳札飭札到該府立卽分飭鄞奉鎭三縣遵照憲批辦理一俟該三邑議董兩會選舉成立開會集議組合方法取决公論呈由該府彙核妥議通詳察辦並照會王紳等知照均毋違延切切特札

禀撫憲增藩憲吳文　宣統三年辛亥六月初七日　王榮商等

爲湖工緊要濬難再緩錄呈前批公叩恩賜察核准予轉

詳遵示一面迅賜檄委幹員會同地方官長督飭三縣八鄉紳耆剋期修濬俾湖工早日告成農田均沾利益事竊查監生忻錦崖爲濬湖興利一案垂二十年赴京赴省案牘如山詎料辛苦備嘗而事功未竟推原其故半由經費籌集較難半由官宰提倡不力舉辦如此棘手未免令人灰心轉念東錢湖爲三縣八鄉之命脈五十萬田資灌溉千萬人戸賴衣食其關係國計民生實非淺鮮此忻生之所以呼籲奔走而矢志圖成者也去年八月廿九日曾經紳等聯名將原議改良湖工經費每畝捐錢二百十文分

作三年征收隨糧帶征之各種辦法詳晰聲敘具稟到臺當蒙批將是案發交自治會先行開會集議處決公論又蒙詳奉撫憲批准仰即核飭甯波府分札三縣并照會各紳遵照辦理等因各在案仰見憲㢀審愼周詳兼籌並顧之至意紳等奉到批示傳知八鄉一時草野歡騰莫可言狀旋於十月間地方官奉到大札遵即照會自治會并知照王紳等和衷籌辦滿望自治會諸君急公好義事在必成不料遷延未議嗣爲僧會交涉業已辭職解散無從會議查忻生苦心孤詣破産傾家無非爲水利起見今已事半功倍何忍一旦廢棄况目今甯屬米價騰貴最低之米每升亦以百數計貧民仰屋咨嗟情殊可憫以工代賑固爲當務之急湖工早竣利賴無窮饑民奪食鋌而走險之舉自可無虞矣是濬湖興利不但於民食有所補救而地方亦有關於治安也現已公舉鄞人日本農工大學校土木材料科畢業生陳樹棠爲估計工程不揣冒昧合詞公叩瀆求憲天大人恩賜核轉准予檄委老成練達幹員督飭三縣八鄉紳耆剋期濬湖以竟前功而裕民食頂德上稟

撫憲增批　宣統三年辛亥六月十一日

此案批發已半年有餘如鄞縣自治會因事未議何以奉鎭兩縣亦未議覆無論應辦不應辦或須更改辦法必當集議公決豈能置之不聞事關三縣水利又有畝捐本撫院未便率准委員督辦惟三縣各自會議設有意見參差更形困難該紳等建議此事應即編訂詳細章程就近呈府發縣交議統俟議決由府覈核詳奪仰甯波府查照辦理抄稟批發

藩憲吳批　又六月十一日

此案上年八月間來牘郎經詳明飭由地方官委任自治職辦理時閲經年因何迄未就緒未據該府報明有案自治會雖暫時解散仍應即日組織仰甯波府遵照前飭尅日遵辦勿再任延並將辦理情形先行禀報察奪來牘抄發

稟甯波府鄧文 宣統辛亥三月廿七日

爲濬湖要工萬難再緩抄黏撫藩憲批并開湖章程公叩分飭鄞奉鎮三縣迅交各邑自治會協議尅期修濬以興水利而裕民食事竊東錢湖爲三縣八鄉之命脈上係國

課下關民食自唐迄宋代有開濬距今七百餘年任其葑瀰蔓淤泥湮塞曾未有起而修濬者致五十萬畝田苗一逢災旱輒成枯槁農民受害此爲最鉅此忻生錦崖所以爲此事二十餘年奔走呼號職等所以爲此事百餘次禀牘紛馳而百折不回者也今撫藩憲又批示催辦矣其開湖章程及預算表早達冰案際此立憲時代水利農事稍有心肝者莫不視爲重要力爲贊助我大公祖熱誠素著合郡稱道對於此事亦必竭力提倡以觀厥成而爲之邑宰者諒不至再視具文痛癢不關爲此再呈章程及表并黏撫藩憲批懇求大公祖迅飭鄞奉鎮三縣即日各自治會議决俾早日開濬以完要工則三邑人民感且不朽矣項德上禀

甯波府鄧批 宣統辛亥六月廿七日

來牘閲悉此案現奉撫憲批行到府業已分飭鄞奉鎮三縣遵照辦理茲據呈送草章及預算表摺希候抄發鄞奉鎮三縣轉交各自治會公同議决呈由各該縣會詳核辦此復草章表摺均存

呈甯波府鄧開濬東錢湖略節 宣統辛亥年閏六月廿八日

敬略者竊修濬東錢湖事宜禀蒙省憲批示水利在自治範圍之內責成自治辦理今城鄉地方自治業已成立茲事不能不亟行舉辦而任自治職者或不知原因無從入手前奉省憲檄飭辦理已蒙轉飭鄞奉鎮三縣遵照在案懇飭三縣將飭辦之件照會城鄉自治公所另函召集議長鄉董擬定七月十八日詣郡廟東官廳開水利聯合會懇請駕臨領席由議長鄉董協議公舉會長會董議員凡既經承認者請各給照會俾專責成蓋由自治而組織水利會則水利會與自治會各設機關其協議辦理實相聯

合現擬於郡城絲巷衙設立水利會所即舊有之仁安公所於湖上靑山寺設立水利工程局所即廢置之錢湖學堂以爲城鄉辦事之所至應行分設會所局所及開辦事宜容俟節次協議稟陳爲此謹繕略節仰祈大公祖大人俯賜察核提倡不勝感戴之至 三邑議員等謹略

稟護理甯波府江文 宣統辛亥八月初一日

具稟濬湖總局 紳董等 謹稟爲七月十八日召集城鄉紳董在郡廟籌議濬湖事宜本爲組織水利會推舉正副會長及正副會董其時到者三十餘人各鄉自治職到者祇

及半數以致未行推舉據高嘉鄉自治職意見書以濬湖與自治宜劃分兩途而竺紳麐祥與鄧太尊磋商則以議董必需自治局中人辦事必取局外人以免疑慮云云確有見地然必俟各紳到齊始得實行非祇稽遲時日恐屬懸而無卜玆忻生錦崖自願親詣各鄉自治公所通告原因與議長鄉董先行接洽務令各鄉舉定議董定期召集公舉會長會董似此辦法較爲簡捷應請給忻生錦崖照會一件俾便下鄉以資證佐並請補給和谿鄉議長鄭潤玉鄉董顧爽亭大咸鄉議長蔡雲章鄉董金杏泉照會二件先發往該處二鄉爲此肅稟伏乞大公祖大人俯賜察核提倡不勝感戴之至頂德上稟

護理甯波府江照會開濬東錢湖董事忻錦崖 辛亥八月

爲照會事據濬湖總局紳董稟稱七月十八日召集城鄉紳董在郡廟籌議濬湖事宜本爲組織水利會推舉正副會長及正副會董其時到者三十餘人各鄉自治職到者祇及半數以致未行推舉據高嘉鄉自治職意見書以濬湖與自治宜劃分兩途而竺紳麐祥與鄧府尊磋商則以議董必須自治局中人辦事必取局外人以免疑慮云云

確有見地然必俟各鄉到齊始得實行非祇稽遲時日恐屬懸而無卜玆忻生錦崖自願親詣各鄉自治公所通告原因與議長鄉董先行接洽務令各鄉舉定議董定期召集公舉會長會董似此辦法較爲簡捷應請給忻生錦崖照會一件俾便下鄉以資證佐等情據此合亟照此爲此照會貴董請煩查照希即親詣各鄉自治公所通告原因與議長鄉董先行接洽務令各鄉舉定議董定期召集公舉會長會董俾得進行開濬事宜望速施行須至照會者

右照會開濬東錢湖董事忻

稟民政部長江文宣統辛亥年十月十四日　忻錦崖

爲呈請事竊甯郡東錢湖關係鄞奉鎮三縣八鄉水利自唐宋以來有功於湖諸守令不下二十餘人如陸李王胡諸公雖已有廟祀此外未奉明禋殊爲缺典故當濬湖議起卽經稟請設立遺愛祠棄祀從前有功錢湖者因之經費無力建造尙未實行茲因湖上錢湖學校停辦其中堂空曠儘可設置神龕作爲遺愛祠至該學校課堂卧室本在兩廂房毫無關碍曾經該鄉紳董公議允洽懇請民政部長出示曉諭以便遵行頂德上稟

民政部長江批宣統辛亥十月十七日

學校爲學生就學之地據稟前情如果無碍學務尙可照准惟錢湖學校因何停辦原有經費若干現究如何缺乏該紳董擬設立祠祀一節已未與該校董校長商量妥洽均未據明白聲敘希卽按照批飭各節明白呈覆再行核奪至該校固有經費仍應留爲將來興復學校地步不得遽行改充祠費並著知照

稟民政部長江文宣統辛亥年十月廿九日　忻錦崖

爲策議設祠早經公允備情詳敘再叩恩鑒迅賜出示以便遵行而昭愼重事竊甯郡東錢湖關係鄞奉鎮三縣八鄉水利溯唐以來有功於是湖諸守令不下二十餘人除陸李王胡四公已有廟祀外其餘諸公未奉明禋殊爲缺典是以生等因濬湖議起稟請部長察核當蒙批示在案云云伏查錢湖學校創辦由王世釗君等籌劃組織並未向殷實富戸出貲補助雖舉忻君元燮爲經理校長而常年經費皆藉就學子弟學金支持因該校在青山嶴中地處偏僻繞水隔湖與各村相窵故就學學生未見踴躍嗣以該鄉陸續開辦小學堂共有三處以故錢湖學校學生

更形缺乏且經費無著是以停辦迄今已有二年本年五月初七日王君世釗邀集湖上紳董及自治會議長等到會者共有十九人當時王君世釗向諸君磋商謂錢湖學校既已停辦所有校舍深恐日久坍塌與其錮閉荒廢不若修理公益之用中堂空曠正可作爲遺愛祀祠後有餘屋以作濬湖公局所有屋外荒山田地將來開墾收花以抵管理祠内傭人之費公推忻生錦崖董理其事至於錢湖學校原設在兩廂房日後俟有的款可籌再當接辦既無碍於學務復有裨於公益一舉兩得事出便利經衆贊

成議決設立並無糾葛之虞爲此瀝情稟請察核公叩錢湖學校停辦並欲設立遺愛祠緣由詳敘聲明伏乞民政部長察核准賜出示曉諭以便遵行而昭愼重不勝待命之至上稟

甯波軍政分府民政部長江　宣統辛亥十一月初八日

照會事案據紳董忻錦崖等稟稱竊甯郡見前云云叩請示諭遵行等情到部卽經批飭按照各節明晰呈復再行核奪至該校固有經費仍應留爲將來興復學校地步不得遽行改充祠費在案兹據該紳董忻錦崖等以奉查錢

湖學校見前云云瀝情稟請察核等情前來除批示外合併備文照會爲此照會貴議長請煩查照希卽會同核議尅日呈復本部以憑察奪望速施行須至照會者右照會

漁源鄉自治會議長

呈浙都督蔣并本城鄞縣知事江文　民國壬子年二月廿二日　忻錦崖等

爲濬湖時廹籌款情急公叩恩賜鑒核批令鄞奉鎭三縣知事速將征解錢糧盈餘項內提撥以資修濬而全要公事竊東錢湖爲鄞奉鎭三縣八鄉之命脈五十萬田資灌漑千萬人戸衣食皆頼於此且關係國計民生自唐宋開濬以來迄今七百餘載菱葑瀰漫淤泥湮塞曾未有起而修濬者以致五十萬畝田苗一逢災旱輙成枯槁農民受害非淺所以生爲此事二十餘年奔走呼號迭經稟請開濬案牘如山詎料辛苦備嘗而事功未竟去年六月間曾經鎭海王紳榮商聯合鄞奉鎭公正士紳三十八人將原議改艮湖工經費按畝捐錢二百一十文分作三年征收隨糧帶征之各種辦法詳晰聲敘聯名具稟蒙前清撫藩批准仰卽核飭甯波府鄧公分札三縣并給各縣自治會照會及濬湖章程預算表并知照王紳等遵照辦理是年

七月十八日召集城鄉紳董及各縣自治議長鄉董在郡廟籌議濬湖事宜本爲組織水利聯合會推舉正副會長會董適値大水其時到者三十餘人各自治職到者祇及半數以致未行推舉嗣蒙江護府照會生親詣各縣各鄉自治公所通告原因與議長鄉董接洽務令各鄉舉定議董定期召集公舉會長會董已至半數適値光復以致停辦生爲濬湖事苦心孤詣破產傾家無非爲水利起見今已事半功倍紳等何忍坐視一旦廢棄况今甯屬米價騰貴貧民仰屋咨嗟情殊可憫卽以貧民之力雇而作工以

工代賑兩有裨益則饑民奪食鋌而走險之虞自可無慮是濬湖興利不但於民食有所補救且於地方有關治安幸沐光復政治一新凡關於地方有利可興者無不力爲整頓濬東錢湖爲第一最關緊要之機關求懇祈即批令鄞奉鎮三縣知事速先撥款以濟急需紳等伏查鄞邑征收錢糧除報解省外盈餘之款銀折洋有六萬三千名曰縣稅留作地方公益之用足見德政保全生民遐邇傳頌感佩莫名茲紳等濬湖之資仰懇於錢糧項下盈餘之款提撥銀洋二萬五千元又契稅項下撥銀洋五千元以作

濬湖常年經費核與前定章程按畝捐錢隨糧帶征三年爲限之案辦理相符奉鎮兩邑之畝捐聽照鄞邑辦理衆皆贊成爲此公叩鄞縣知事恩賜鑒核公議將征解錢糧盈餘款項内提撥以資修濬而全要公頂德上稟浙省都督恩賜鑒核批令鄞奉鎮三縣知事速將公議征解錢糧盈餘款項内提撥以資修濬而全要公

浙省蔣都督批 民國壬子年舊歷二月廿七日

鄞奉鎮三縣紳董忻錦崖等呈請提撥濬湖經費批東錢湖爲鄞奉鎮三縣農田水利所關年久淤塞修濬自不可緩惟湖工經費按畝捐錢二百一十文分作三年征收計每年每畝捐錢七十文是否舊時稟准有案鄞縣征收錢糧每年實有縣稅若干所請提撥錢糧盈餘及契稅銀元以作濬湖常年經費之處能否照准仰財政司迅即查核具復飭遵呈及章程抄發圖表并發仍繳

浙省蔣都督咨行鄞縣知事江文 民國壬子年二月廿六日

據署理財政司長高呈稱本月十二日奉鈞府批鄞縣紳董忻錦崖等奉化縣紳董葛蔭元等鎮海縣紳董李鏡第等呈稱提撥濬湖經費由奉批見前云云等因奉此查農

田水利爲自治範圍以内之事該紳等擬按畝捐錢二百一十文分作三年勻收作爲濬湖經費應由鄞奉鎮三縣自治會聯合會議議決後呈由該三縣知事核定至鄞縣縣稅實有若干現在該縣開征伊始尚難懸揣惟查地方行政經費應由縣稅項下指撥濬湖亦地方行政之一是項經費由縣稅項下動用尚無不合錢糧盈餘即縣稅中之一部分若契稅銀元係國家正項收入碍難提撥奉此批前因理合備文呈復伏祈鈞府察核飭遵等情據此除分行外合就行令縣知事查照轉知該紳董等遵照辦理

此令鄞縣知事

鄞縣江知事照會濬湖紳董忻錦崖文民國壬子年五月五日

照會事本年四月三十日奉都督蔣令開據署理財政司長高呈稱本月十二日奉鈞府批鄞縣紳董忻錦崖等奉化縣紳董葛蔭元等鎭海縣紳董李鏡第等呈稱提撥濬湖經費由奉批見前云云仍繳等因奉此查農田水利爲自治範圍以内之事該紳等擬按畝捐錢二百十文分作三年匀收作爲濬湖經費應由鄞奉鎭三縣自治會聯合會議議決後呈由該三縣知事核定至鄞縣縣稅實有若干現在該縣開征伊始尙難懸揣惟查地方行政經費應由縣稅項下提撥濬湖亦地方行政之一是項經費由縣稅項下動用尙無不合錢糧盈餘卽縣稅中之一部分若契稅銀元係國家正項收入碍難提撥奉批前因理合備文呈復仰祈鈞府察核飭遵等情據此除分行外合就行令查照轉知該紳董等遵照辦理此令等因奉此擬合照會爲此照會貴紳董請煩查照辦理施行須至照會右照會濬湖紳董忻錦崖

稟鄞縣知事江請給發鄞縣會議員照會文壬子三月十九

爲濬湖乏資蒙准撥款公叩恩鑒迅賜照會新選舉縣議事會城鄉各議員聯合會議妥速議決俾便實行以濟要公而慰衆望事竊東錢湖爲鄞奉鎭三縣八鄉之命脈五十萬田畝賴資灌溉茲因年久淤塞修濬乏資稟請浙省軍政都督府批見前云云等因批飭財政司長高呈請查農田水利見上云云呈復已蒙浙省軍政府都督行令鈞鑒查照辦理生等已於四月廿九號卽舊曆三月十三日邀集就近鄞奉鎭三邑紳董在郡城仁安公所内濬湖局會議到者十餘人皆各贊成錦崖苦志從事費盡心血幸三邑諸紳鑒憐同爲臂助得以玉成今蒙恩公通念民瘼濬湖爲援救萬民第一緊要之機關速請補救爲此公叩知事大鑒迅賜照會新選舉縣議會城鄉諸議員聯合會議妥速議決俾得實行以濟要公而慰衆望

呈請鄞縣沈知事給濬湖局告示文民國壬子年十二月廿五日

爲設局濬湖急須開辦叩請給示曉諭俾衆周知以全鉅公事竊濬湖總局設立在甯城邑廟前仁安公所善堂内蓋創此善堂者係張渭高君向外埠募貲造屋建堂行施善事錦崖創辦濬東錢湖組織濬湖事宜接洽鄞奉鎭三

縣城鄉諸紳董前清光緒戊戌年間稟請撫藩札飭鄞奉鎮三縣會勘詳復設局開辦由前府程選舉董事六人張渭高君亦在其內詎於庚子年間北方遭變由是湖工停辦張君渭高於是年五月間物故幸其子張自震克盡先志勉力接辦迄今十有餘載至宣統二年庚戌春錦崖向張自震磋商借仁安公所正屋西樓二間後進樓上下一間二衕作爲濬湖總局辦公之所其中堂并花廳均作公用事甚妥協孰知客歲光復之後十一月間城自治總董欲將善堂取銷房產變賣充作經費因湖工局設在其內

錦崖竭力挽回幸自治總董深明大義同一公益始得共相保全茲辦湖工在即紳等依舊在仁安公所內作爲濬湖總局誠恐遐邇紳民未及周知爲此公叩知事大鑒准迅賜給示曉諭俾衆周知以免參差而全鉅公

鄞縣知事沈批　壬子年十二月二十六日

呈悉准予出示曉諭以資進行此復

鄞縣沈知事給濬湖總局告示文　中華民國二年二月十三日

出示曉諭事據濬湖局紳董忻錦崖等呈稱竊濬湖總局設立在甯城邑廟前仁安公所善堂內蓋創此善堂者係張渭高君向外埠募貲造屋建堂行施善事錦崖創辦濬東錢湖組織濬湖事宜接洽鄞奉鎮三縣城鄉諸紳董前清光緒戊戌年間稟請撫藩札飭鄞奉鎮三縣會勘詳復設局開辦由前府程選舉董事六人張君渭高亦在其內詎於庚子年間北方遭變由是湖工停辦張君渭高於是年五月間物故幸其子張自震克盡先志勉力接辦迄今十有餘載至宣統二年庚戌春錦崖向張自震磋商借仁安公所正屋西樓兩間後進樓上下一間二衕作爲濬湖總局辦公之所其中堂并花廳均作公用事甚妥協孰知

客歲光復之後十一月間城自治總董欲將善堂取銷房產變賣充作經費因湖工局設在其內錦崖竭力挽回幸自治總董深明大義同一公益始得共相保全茲辦湖工在即紳等依舊在仁安公所內作爲濬湖總局誠恐未及周知呈請給示曉諭等情據此除批答外合行出示曉諭爲此示仰合邑人民一體知悉須知濬湖局現經公同商允仍借仁安公所餘屋爲該局辦事之地以資進行而全要工其各遵照

鄞縣沈知事給錢湖青山月波二寺濬湖二處工程

局告示文 中華民國二年一月二十五日

出示曉諭事案據修濬東錢湖聯合會呈請竊開濬東錢一案前奉令飭鄞奉鎮三縣知事召集三縣紳董并自治職員公同集議嗣於郡廟叠開三縣聯合會並經過三縣縣議會討論章程公舉董事茲已籌有墊款洋七千元以便春季招工開辦并查照成案仍以湖上之月波寺爲工程局錢湖學校地址餘屋爲工程分局呈請出示曉諭以昭鄭重等情據此除批答外合亟出示曉諭爲此示仰諸色人等一體知悉須知湖上月波寺現已公同議定爲修

濬東錢湖工程局錢湖學校廢址爲工程分局務各協力維持互相保護以重要工倘有不法棍徒阻撓滋擾情事許卽指名稟報以憑飭提移辦不稍寬貸其各凜遵毋違切切特示

鄞奉鎮三縣濬湖聯合會呈請鄞奉鎮三縣知事集銜出示文

爲呈請事竊開濬東錢湖一案去年三月間奉都督蔣民政司褚飭令鄞奉鎮三縣知事召集三縣紳董并自治職員公同集議嗣於郡廟叠開三縣聯合會并經過三縣縣議會討論章程公舉董事僉稱東錢湖水利關係三縣八鄉自宋以來久經失濬淤塞侵佔年甚一年一遇旱乾三邑田畝不敷灌溉中華農田立國固有之農田水利豈容聽其廢弛茲已籌有墊款七千元開辦在卽凡計方估工按畝造册種種手續次第進行以便春季招工起土理合呈請三縣知事集銜出示曉諭俾三縣人民知千年盛舉重見今茲唐宋名宦陸李王胡諸成績不致頽廢地方幸甚國家幸甚除備文呈請奉鎮兩縣知事外擬合呈請貴知事請煩查照施行

鄞奉鎮三縣知事給三縣濬湖聯合會告示文

集銜出示曉諭事據修濬東錢湖聯合會呈稱竊開濬東錢湖一案去年三月間奉前都督蔣民政司褚飭令鄞奉鎮三縣知事召集三縣紳董并自治職員公同集議嗣於郡廟叠開三縣聯合會並經過三縣縣會討論章程公舉董事僉稱東錢湖水利關係三縣八鄉自宋以來久經失濬淤塞侵佔年甚一年一遇旱乾三邑田農不敷灌溉中華以農立國固有之農田水利豈容聽其廢弛茲已籌有墊款七千元開辦在卽凡計方估工按畝造册種種手續

次第進行以便春季招工起土理合呈請三縣知事彙銜出示曉諭俾三縣人民知千年盛舉重見今茲唐宋名宦陸李王胡諸成績不致頹廢地方幸甚呈請查核等情據此除批答外合亟彙銜出示曉諭爲此示仰農民人等一體知悉須知東錢湖關係三縣八鄉水利淤塞年久現經公同議決設立三縣聯合會公舉董事籌款修濬定期開辦俾三縣農田得資灌溉利益均沾務須協辦襄助以全盛舉倘有不肖之徒藉端阻撓妨碍公益一經察覺定即提案移辦不貸其各凜遵毋違切切特示

鄞奉鎭三縣濬湖聯合會捐册敘

四明水利莫大於東錢湖會合七十二溪之水灌溉三縣八鄉之田自昔盡八鄉之河足資三次放瀉雖經月不雨而苗不槁今已遜其大半矣茭葑瀰漫佔築日甚邱緒八議徒託空言將來無湖安有田無田安有食此治之不可不亟也忻君錦崖奔走呼號踰二十載上年三月間奉都督蔣命令疊開三縣聯合會於郡廟當場公舉董事討論章程并經過三縣縣議會會同認可舊歷十二月間鄞縣知事沈鎭海縣知事錢偕各縣紳董涖湖踏勘目睹東錢湖湮塞情形愈增焦急當由三縣彙銜出示以催開辦夫固事在必行矣至經費問題畝捐固爲正當而按戶造册手續頗繁一時未能集款所恃以爲挹注者在殷富之樂捐倘冀大君子不吝解囊共襄義舉庶幾畚鍤大興旱乾有備陸李王胡諸成績不致頹廢則三縣人民拜賜多矣

呈鄞縣知事蕭會同奉鎭二縣聯銜詳請獎勵陳君轉達中央文稿 民國甲寅年四月十四日

具呈原經董事忻錦崖三縣議董鄒宸笙等

爲大興水利慨助鉅款公叩速賜移會奉鎭二縣聯銜詳

請獎勵以示褒揚而順輿情事竊維鄞東三十里有湖曰東錢湖受七十二溪之水灌溉鄞奉鎭三縣八鄉之田年久失濬茭葑瀰蔓淤泥湮塞蓄水無多每遇旱乾收成歉薄民食不足半由於此錦崖生長湖上目擊心傷由是發起疏濬經營二十餘載徒以經費貲絀將伯空呼幸有陳君濟易字協中籍隸鎭海經商天津念切桑梓樂於公益去年五月間由林子皋君致函邀錦崖赴天津與陳君面晤允助鉅資並委囑伊妹丈胡君學泮字涓蘩爲代表自去年八月起錦崖等與三縣聯合會集款僱工設局開濬

梅湖至十月止計用銀洋三千餘元十一月起由陳君濟易接辦湖工本年三月止計用銀洋四萬三千元又撥出纂修東錢湖志經費銀洋三千元共計銀洋四萬六千元茲裏湖工程已竣外湖工程尚須籌款而陳君濟易竟於今年陽歷三月四號即陰歷二月初八日溘然逝世三縣人民同爲扼腕伏聲公益善舉功德及民無論紳商理宜請奬今陳君助資濬湖有功於民若不公同請求轉達中央立予奬勵無以昭激勸而鼓勵後人爲此公叩知事俯賜移會奉鎮二縣聯銜詳請奬勵以示褒揚而順輿情

浙江巡按使屈批札鄞縣公署來文 民國甲寅年陽歷七月七日

逕啟者本年七月三日奉浙江巡按使屈批開據會呈已悉該故紳陳濟易慨輸鉅帑獨任要工疏濬東錢湖成二十餘年未竟之全功治七十二溪合流之水利沾溉及三縣八鄉之廣用款至四萬五千之多實屬好義急公惠在桑梓現在裏湖既經疏竣外湖甫議開工正盼樂成遽聞溘逝披閱來牘爲之悵然嘉慰之餘彌深惋惜允宜特膺殊奬用表豐施仰即轉飭補送事實清册及捐款確數年月具詳到署再行核轉可也此批抄由發等因到縣奉此相應函到請貴董事查照希即補送事實清册及捐款確數年月報署核轉爲盼此致東錢湖湖工局董事忻錦崖

呈鄞縣知事蕭文 民國甲寅年陰歷四月初五日

濬湖局董事鄞縣忻錦崖奉化蔣嵩瑞鎮海李鏡第爲螟蜅業捐撥助湖工叩請迅賜函請螟蜅商董鄒宸笙向螟蜅行商助以全要公事竊東鄉東錢湖爲鄞奉鎮三縣八鄉水利農田關係設局僱工疏濬現今裏湖工程告竣外湖工程浩大經費支絀措置較難查有前清甯波府邊案定鄞縣東南鄉小對螟蜅歸螟蜅行專售不准外行

私收私販額定銀二十七萬元由螟蜅行照扣業捐二釐公益善捐三厘每年實繳業捐錢五百四十千公益善捐八百四十千其捐均由小對漁船扣出惟螟蜅行前有十一家小對漁船四千餘號今螟蜅行僅止三家小對漁船不滿一千五百號去年實祇收捐五百元而行家繳出有六百餘元賠累不少應請酌減免得賠累現今業捐取消東錢湖與東南鄉有密切關係紳等悉心調查將近年衰旺年份平均計算擬定額念萬元以昔有今無之業捐原有月湖書院之捐助作濬湖并善後經費紳等呈請浙省

行政公署已蒙訓令查疏濬湖工關係農田水利自應籌款接濟惟是項業捐及月湖書院捐現在能否照舊經收助作濬湖經費是否可行令縣體察情形查明核辦仍將辦理情形具報等因伏聲是項捐款仍然照舊經收助作濬湖并善後經費事甚相宜衆皆樂從爲此公叩知事鑒准迅賜函請蝢蜅商董鄒君宸笙向蝢蜅行妥商撥助以全要公不勝感禱

呈大總統以及稟內務部農商部水利局公文

呈大總統內務部甲寅舊歷閏五月初五日
稟農商部水利局甲寅舊歷閏五月初十日　忻錦崖

爲呈請事竊甯波府屬之東錢湖居鄞縣之東界周圍八十餘里其水灌溉鄞奉鎮三縣八鄉之田唐天寶三年鄮縣令陸公南金開廣之至宋天禧元年郡守李公夷庚設四碶八閘七堰九塘淳熙四年魏王趙公愷守郡奏聞於朝撥出內帑錢五萬貫常平米萬石大濬之寶慶三年郡守胡公榘請事於朝得度牒百道常平米一萬五千石又濬之自宋迄今七百餘年未曾修濬以致茭葑瀰漫淤泥湮塞蓄水無多每屆雨暘愆期禾苗枯槁收成歉薄錦崖等於前清光緒十八年間周歷履勘倡議挑濬接洽三邑

八鄉紳耆二百九十七人衆議簽同二十五年聯名稟蒙前清撫藩台札飭鄞奉鎮三縣會同詣勘本城地方官與紳董一再籌議本擬沾湖水之田按畝派捐設局開濬兼修碶塘詎至二十六年庚子因拳匪滋事停辦錦崖生長湖上目擊心傷鄉曲愚民歷二十三年之苦心自備資斧四赴京都奔走省會不辭跋涉勞瘁專爲地方水利起見幸民國元年荷蒙浙都督批令召集三縣聯合會集款數千元以資開辦旋於上年五月間幸有陳君濟易字協中籍隸鎮海經商天津念切桑梓樂於公益由林君子臯心切水利函邀錦崖赴天津與陳君面晤樂助鉅資並囑胡君學泮字湄蘩共襄湖事自上年八月起錦崖等與三縣聯合會集款僱工設局開濬梅湖至十月止計用銀洋三千餘元十一月起由陳君濟易接辦湖工至本年三月間止計用銀洋四萬三千元又撥出纂修東錢湖志經費銀洋三千元共計銀洋四萬六千元錢湖分裏外裏湖卽梅湖工程已竣外湖工程尚須籌款挑濬其泥培築湖塘查外湖占梅湖十分之七其濬費約需銀洋十二萬元之譜欲向殷商富戶勸捐巨款而若陳君濟易者未之有也惜

不幸而逝世矣繼陳君而起者未識果有其人否也惟吾鄞甬東地方有和豐紗廠者經營中之巨擘也此業專賴水火二字該廠所食之水全年需水半湖節届夏至農民乏水灌田聚衆向該廠饒舌屢經 錦崖解散刻下濬湖不敷其費查邇年來該廠獲利豐盈有六十餘萬之多湖水用機器吸取湖水付之東流衆議欲該廠捐助十萬元俟此得款待湖工告竣記於湖志載明不致有農民乏水饒舌之虞伏思水利農田國家之大端也濬築不可緩圖築塘則水滿而不溢濬湖則水遠而流長一舉兩得不致有

頻年荒歉之虞無徵收之欠如此輿情洽而水利興民心固結而國課完全懇求札飭和豐紗廠以及殷商富戶樂助公益除分呈內務部外爲此伏叩大總統俯賜准行令飭浙江巡按使諭知該廠及殷商富戶接濟經費以保農田而全公益不勝感禱頂德之至謹呈中華民國三年陽歷六月廿七日

計開湖工善後局簡章

一鄞縣城中邑廟前仁安公所善堂內設立濬湖總局以備支應濬湖之款東錢湖上前青山寺錢湖學校廢址作爲濬湖工程局此二處所設之局前已立案於地方官以後爲永遠湖工善後局

一籌辦善後事宜全湖四碶朽腐碶板以舊換新湖上四碶乘大旱時各鄉農田要水開放碶板啟閉歸與湖工善後局承辦以歸專責僱工備置器物并修理湖塘堰壩碶閘每年逢春夏交際之時薙芟葑草

一湖上之地居民侵佔造屋者不少今已公同議決既往不咎自癸丑年八月濬湖開辦起以後不得再佔尺寸如違召集三邑人民拆毀稟官究辦

一湖旁公產公款以及堰壩等項係湖工善後局經管每

年所出之息以作善後事宜經費

一創始纂修東錢湖志爲後世人籌辦濬湖堪照舊章易於辦理湖志以立四大綱曰水利山川曰人物古蹟曰金石藝文曰祠廟塚墓歷朝修濬錢湖名公鉅卿並歷朝湖上人物均載於志湖上建遺愛祠自唐宋開闢錢湖有功者議合諸公而祠祀焉今將湖濱居民所佔湖地一概丈量繪圖亦載於志嗣後不得再佔以禁將來

大總統命令及內務部公文

鄞縣公署爲咨行事本年八月六號奉浙江巡按使第一

二六零號飭開本年七月十日准內務部咨開濬東錢湖原經董事忻錦崖禀甯屬錢湖最關水利懇請轉飭妥籌經費接濟以保農田一案並湖工善後局簡章到部正核辦間奉政事堂交奉大總統批令交部核等因奉此查該董所稱並簡章係屬注重水利起見惟擬由該縣和豐紗廠以及殷商富戶捐資辦法是否可行相應抄錄原禀並簡章咨行查照就近確切查覆以憑核辦等因並附抄件到署正核辦間又據清理甯屬官有公有財產委員孫佐詳稱查有坐落鄞縣東鄉距城七十里名東錢湖者四周

環山廣可四五十里周可八十里沿山原有老隄與湖爲界居民始則於近岸處堆草加泥爲佈種計繼蓋茅屋漸營廣廈並將傍近涸地墾種因爲塍陌積成畎畝歷年旣遠湖涸益廣居民久經佔爲私產委員攷諸誌乘記載是項湖涸確係國有原荒應認爲在通則第二條所列之範圍卽經前往察觀察得沿湖四周確已盡成涸地現有湖身核諸誌乘載記約須縮小三分之一以上約略估計其已涸之地當不下三四萬畝惟界湖老隄久經湮沒原有湖界不復明晰非經勘丈斷難清釐竊以是湖關係三縣

水利歷朝郡吏加意經營以湖身遼闊濬治非易故歷有湮涸以底於今積涸之地旣經居民營建墾植欲復舊觀非惟國家地方無此財力且令人民久經保有之產舉盡陸沈勢必羣起反抗揆諸事理當屬爲難是已涸之地斷不能復使成湖爲水利計惟有保存現有湖身勿令再有湮涸至沿湖地畝旣係湖涸純屬國有原荒似難長予廢棄擬請舉行清丈編列字號分別舊涸新涸其已經人民建築及墾種者遵照國有荒地承墾條例第廿九條一律補徵地價給照升科在新涸地畝尚在荒廢者則招民承

墾庶國有土地不致長此廢棄而人民所有權亦得以確定惟是辦理手續綦繁斷非短促時期所能蕆事應請飭委專辦俾有責成所有查出東錢湖涸地情由理合專案具文詳請鑒核施行等情前來究竟該湖面積若干工程經費幾何和豐紗廠未據來署立案究竟何時設立資本幾何現狀若何與該湖有何關係該經董擬向該廠捐助鉅款能否樂輸并勸殷商富戶捐資辦法是否可行准咨前因除另委員會同澈查外合亟飭仰該知事迅卽會同奉鎮兩縣知事尅日將所指各節並孫委員所稱沿湖涸

出地畝究有若干將來若何處置及忻錦崖附陳簡章所稱湖工善後局經管之湖旁公款公產係何項產業每年出息若干逐一澈查確切繪具圖說明白會復以便核辦轉咨毋得稽延干咎並將奉鎭兩縣知照原照抄件照抄黏發此飭等因並黏抄湖工善後局簡章到縣奉此相應備文抄附湖工善後局簡章咨請貴縣查照前飭希卽逐一查明妥議辦法見覆以便會詳是爲至盼此咨奉化縣知事

呈導淮監督張謇先生文 民國甲寅四月廿六日

鄞奉鎭修濬東錢湖聯合會

呈請事竊江浙漁業公司其入款由進口漁商輸之進口鮮船皆吾浙之鄞定鎭三幫而定鎭船惟四月魚汛時有之其全年經營魚商出入上海者惟鄞之湖幫卽東錢湖人也湖幫魚商每年輸入於貴公司者銀洋約二萬元今疏濬東錢湖工程浩大經 敝 會公議向貴公司挪用銀洋二萬元卽由貴公司派員監工查帳以湖民所輸者用之湖民似屬正當況先生以民國偉人而爲導淮監督同是水利兼顧湖工諒必不分畛域且是湖工程在前清形之奏牘見之諭旨在民國由浙都督核准施行固含有官辦性質者也忻君錦崖奔走號呼踰二十載苦心可憫爲此略敘緣由并附敝會章程及通告書懇請先生俯如所請是爲至禱右呈請導淮監督張

稟鄞縣知事蕭爲陳君詳請獎勵造送事實册轉達中央文稿 民國甲寅八月十九日

稟爲造送事前奉鈞函轉奉浙江巡按使屈批開據會呈已悉見前云云理合造具事實淸册及捐款確數年月淸摺呈送伏乞知事電鑒核轉施行上稟

謹將故紳陳濟易事實造册呈送鑒核

計開

一陳濟易字協中浙江甯波府鎭海縣人經商天津於前淸光緒三十三年間辦鎭海城內開濬河道助銀洋壹千元宣統元年起至三年止經辦天津浙江兩等學堂出資金三年共銀洋六千元民國元年溫處水災助銀洋壹千元陳君濟易念切桑梓樂於公益去年八月起湖工董事忻錦崖等與三縣聯合會集款僱工設局開濬梅湖至十月止計用銀洋三千餘元十一月起由陳君濟易接辦湖

工至今年三月止計用銀洋四萬三千元又撥出纂修東錢湖志經費銀洋三千元共計銀洋四萬六千元茲裏湖工程已竣外湖工程尚須籌款陳君濟易於今年陽歷三月四號即陰歷二月初八日溘然逝世時年五十歲生於同治四年乙丑十二月二十三日卒於天津民國三年甲寅陰歷二月初八日逝世鄞奉鎮三邑人民同爲扼腕應請獎勵理合登明

濬湖局董事忻錦崖詳請鄞縣知事蕭轉咨省稟稿

民國甲寅年九月二十八日

稟爲遵飭繪圖稟覆事竊甯屬東錢湖最關水利措籌濬資接濟以保農田開具湖工善後局簡章不得已赴北京呈請大總統並稟請內務部農商部水利局蒯經貴知事於本年八月六號奉浙江巡按使飭開准內務部咨開奉政事堂交奉大總統批令交部核等因奉此查該董所稱並簡章係屬注重水利起見惟擬由該縣和豐紗廠以及殷商富戶捐資辦法是否可行迅即會同奉鎮兩縣知事尅日將所指各節並孫委員所稱沿湖涸出地畝究有若干將來若何處置及忻錦崖附陳簡章所稱湖工善後局經管之湖旁公款公產係何項產業每年出息若干逐一澈查確切繪具圖說明白會復以便核辦轉咨等因伏查農田乏水農民皆放湖水灌溉今歲夏秋天久無雨旱旣太甚而農民於旱時需水更急日夜流放以致沿湖有涸出之情形一待天雨山水奔流則涸者仍盈若請將沿湖涸出之處作爲地畝營利墾植則湖身日漸侵削其何以保三縣八鄉農田之灌溉也委員所稱沿湖涸出地畝究有若干疑鄉民以涸出之地作爲墾植似亦傳聞之訛至於湖工善後局經管之湖旁公款公產無非僅祗相近之

碶堰塘壩房屋基地每歲租息統共不過租洋百餘元碶板堰塘等類逐年修葺雇人看管隨時啟閉動輒需費以區區之租息其能濟事乎　錦崖切心湖工奔走二十餘年自慚碌碌無一展長然於此湖事不辭勞瘁亦云甚矣茲　錦崖年逾六旬精神漸衰心亦畏於從公惟所惜者無接手之人耳茲有王世釗陰謀吞款敗壞湖工假設湖工善後局私舉南鄉蔡艮初君爲經理南鄉執事諸君云每年往來湖上不過一次路遙莫及但未熟識其事　錦崖　自去年迄今湖工善後事宜經辦已久而善後局章程早已訂

定爲此繪圖伏乞知事亶鑒核辦施行再公署每年有銀洋五十元可領備修理錢湖四碶及小斗門此已湖工善後局成立修理碶板及啟閉須由湖工善後局承辦此銀洋須歸湖工善後局接收以作添加碶板及啟閉之用懇俯准備案實爲德便謹稟

飭領匾額文 陽歷一月七日

爲飭知事十二月三日奉巡按使署第四三四九號飭開查鎮海故紳陳濟易捐輸巨款疏濬東錢裏湖纂修湖志一案前據該縣知事造送事實清册前來當經據情咨陳

內務部轉請褒揚在案茲准部咨內開准咨開故紳陳濟易慨輸巨帑獨任要工疏濬裏湖纂修湖志請轉呈優予褒揚等情到部經本部歸入特例呈請褒獎十一月廿八日奉批令應准題給功在錢湖匾額交由該部轉發以示褒揚單存此批等因奉此相應將匾額一方註册費條規一份咨送貴使飭縣給領所有應繳褒揚註册費希卽速收繳部以重公款再以後各縣所去印甘各給應一律改用證明書等因並附匾額一方註册費條規一份到署除咨復並通飭各縣知事知照外合亟檢同咨送匾額一方暨照抄註册費條規飭發該知事查照卽便轉給該故紳家屬具領並飭按照應繳註册費數目迅將費銀如數措齊繳由該知事詳解到署以憑轉繳毋任延欠切切此飭計黏抄並附匾額一方等因下縣奉此合行飭仰該濬湖總局董事查照轉知該故紳家屬迅卽將應繳褒揚註册費洋陸元繳署並具領匾額毋延爲要此飭鄞縣知事蕭鑑右飭東錢湖湖工總局董事忻錦崖准此

記略

民國壬子年湖工局籌備湖工事宜至癸丑八月起先行

作壩開放湖水雇夫開濬梅湖至是年十月止濬土方一萬二千丈又修理梅湖塘以及栗樹塘共計用費銀四千員至是年十一月起陳氏接辦雇夫開濬梅湖土方二十七萬五千丈又濬梅湖十字港濶四丈七尺半深六尺長共一千三百四十五丈支港濶二丈六尺深三尺半長共三千一百六十五丈去葑草搭草廠等共用費銀四萬三千員

卷四終

鄞城文光三益齋仝刻